böhlau

Lebenswelten osteuropäischer Juden

Erinnerung an die Lebenswelten osteuropäischer Juden, an ihre Geschichte und Kultur, ist eine Erfahrung des Leidens, aber auch des Selbstbewusstseins und der Kraft. Mit den Arbeiten dieser Reihe – wissenschaftlichen Forschungen, Neuausgaben bedeutender älterer Beiträge und Quelleneditionen – sollen Lebensverhältnisse und Alltag, Werte, Normen und Einstellungen, Denken, Fühlen und Verhalten der Juden ebenso wieder gegenwärtig werden wie das Zusammenleben mit der nichtjüdischen Umwelt und das Einwirken politischer, wirtschaftlicher und gesellschaftlicher Strukturen. In der Auseinandersetzung mit diesen Welten gewinnen wir sie als Teil unserer eigenen Geschichte zurück.

Herausgegeben von
Monica Rüthers, Heiko Haumann, Julia Richers

Band 20

Streik!

Fabrikunruhen, jüdische Gesellschaft und staatliche Behörden in den nordwestlichen Gouvernements des Russischen Reiches 1895–1904

Eine mikrohistorische Perspektive

von
Sandrine Mayoraz

BÖHLAU VERLAG WIEN KÖLN

Die Druckvorstufe dieser Publikation wurde vom Schweizerischen Nationalfonds zur Förderung der wissenschaftlichen Forschung unterstützt.

Zugl. Diss. Universität Basel 2018

Umschlagabbildung:
Das Covermotiv zeigt einen Ausschnitt aus dem Flugblatt ‚Tsu alle grodner arbeyter un arbeyterinen' des Grodner sozialdemokratischen Komitees (Bund), 27.01.1904.

Korrektorat: Anja Borkam, Jena
Einbandgestaltung: Michael Haderer, Wien
Satz: Michael Rauscher, Wien
Druck und Bindung: CPI buchbuecher.de, Birkach
Gedruckt auf chlor- und säurefreiem Papier
Printed in the EU

Vandenhoeck & Ruprecht Verlage | www.vandenhoeck-ruprecht-verlage.com

ISBN 978-3-412-52402-9 (Print)
ISBN 978-3-412-52403-6 (OpenAccess)

Inhalt

Dank

An erster Stelle möchte ich mich bei Benjamin Schenk und Julia Richers, die meine Doktorarbeit betreut haben, bedanken. Sie haben mich in meinem Beharren auf diesem Thema stets unterstützt und mit ihren anregenden Kommentaren und Hinweisen meinen Weg bis zur Abgabe des Manuskriptes eng begleitet. Meinen ehemaligen Kolleg:innen vom Lehrstuhl für Osteuropäische Geschichte der Universität Basel danke ich für die angenehme Arbeitsatmosphäre während der vielen Jahre meiner Anstellung am Departement Geschichte als wissenschaftliche Projektassistentin sowie für ihre wertvollen Diskussionen, insbesondere bei unseren intensiven und denkwürdigen Lehrstuhl-Retraiten. Namentlich möchte ich Alexis Hofmeister erwähnen, der einige Kapitel dieser Doktorarbeit gegengelesen hat und immer bereit war, einzelne Konzepte und Schwierigkeiten meiner Arbeit zu besprechen. Mehrere Aspekte meiner Dissertation durfte ich an verschiedenen Orten vorstellen und mit unterschiedlichen Personen diskutieren. Für ihre anspruchsvollen Fragen und Kommentare danke ich Julia Richers und ihren Kolleg:innen aus dem Forschungskolloquium in Bern, Alexander Semyonov (Higher School of Economics, Sankt Petersburg), Darius Staliūnas (Litauisches Institut für Geschichte, Vilnius) und dem Team des Deutschen Historischen Instituts in Moskau. Heiko Haumann verdanke ich ebenfalls wertvolle Anregungen sowie die enge Begleitung für die vorliegende Publikation. Für die stets kompetente Betreuung im Publikationsprozess möchte ich mich beim Team des Böhlau Verlags, insbesondere bei Dorothee Rheker-Wunsch und Julia Beenken, herzlich bedanken.

Die zahlreichen Recherchen für diese Doktorarbeit hätten ohne die großzügige finanzielle Unterstützung mehrerer Institutionen nicht stattfinden können. Diesbezüglich danke ich der Stiftung für Sozialgeschichte Osteuropas, der Basel Graduate School of History, dem Reisefonds der Universität Basel und dem Deutschen Historischen Institut in Moskau. Außerdem bedanke ich mich bei den Mitarbeiter:innen der Archive und Bibliotheken, in denen ich geforscht habe, insbesondere bei denjenigen in Amsterdam, Grodno, Minsk und Vilnius, die bewiesen haben, dass es unkompliziert und freundlich auch sehr gut geht.

Diese Dissertation zu schreiben war für mich nicht nur ein anregendes wissenschaftliches Abenteuer, sondern auch eine wunderbare menschliche Reise. Auch wenn die Ergebnisse dieser Arbeit rein visuell wegen des Textformats schwarz-weiß aussehen, stecken eine beeindruckende Anzahl an farbigen Eindrücken, Erfahrungen und Gefühlen zwischen den Zeilen. Allen Personen, die mir an verschiedenen Stationen des Forschungs- und Schreibprozesses durch ihre Ratschläge und Ermutigungen gezeigt haben, dass man eine solche Arbeit doch zu Ende bringen kann, danke ich ganz herzlich. Meine Freundinnen Davina Benkert, Carla Cordin, Lenka Fehrenbach und Alexandra Wenk haben nicht nur Teile des Manuskriptes kritisch gelesen bzw. lange mit mir über das Konzept der Arbeit mitgedacht, sondern waren mit Humor und Philosophie immer da, um meine Stimmung aufzubessern, wenn es dringend notwendig war. Danke! Meinen Eltern und Super MG bin ich für ihre liebevolle und ständige moralische Unterstützung unendlich dankbar. Schließlich möchte ich Tobias diese Arbeit widmen: als Erinnerung an die zahlreichen lustigen und unvergesslichen gemeinsamen Erlebnisse, die durch diese Forschungsarbeit zustande kamen; als Dank für die Geduld und die Unterstützung in Krisenzeiten, für das Gegenlesen des Manuskriptes in unterschiedlichen Stadien und für die motivierenden Zeichnungen an den Rändern; als Andenken an unsere langen Diskussionen über Tausendfüßler.

Anmerkungen, Namen und Orthographie

Wenn nicht anders angekündigt, sind alle Übersetzungen aus dem Russischen und aus dem Jiddischen meine eigenen. Russische bzw. jiddische Begriffe, die keine festen Begriffe im Deutschen geworden sind, werden immer wissenschaftlich transliteriert, klein und kursiv geschrieben. Für die russischen Eigennamen wird die wissenschaftliche Transliteration benutzt. Die Namen der jüdischen Protagonist:innen werden meistens so geschrieben, wie sie in den russischsprachigen zarischen Quellen vorkommen; so auch die geographischen Namen. Deswegen werden beispielsweise für Vilnius bzw. Białystok die Bezeichnungen Vil'na bzw. Belostok gebraucht, weil sie so in den zarischen Quellen der Jahrhundertwende üblich waren.

In der vorliegenden Dissertation geht es nicht nur um Arbeiter, sondern vor allem auch um *Arbeiterinnen*. Es ist deshalb naheliegend, eine gendergerechte Sprache benutzen zu wollen. Allerdings treten dabei Schwierigkeiten auf. Die historischen Fakten müssen stets mitgedacht werden: Manchmal waren die Akteur:innen nur Männer, manchmal nur Frauen, manchmal gemischt, manchmal ist das Geschlecht nicht mit Sicherheit rekonstruierbar. Zudem scheinen gängige Ausdrücke wie „Arbeiterbewegung", „Arbeitermassen", „Arbeiterunruhen", „Arbeiterproteste" etc. nicht gendergerecht genug, um die Realität der Akteur:innen der vorliegenden Arbeit abzubilden, besonders vor dem Hintergrund, dass gerade Frauen hier eine zentrale Rolle spielen. Nach grundlegender Reflexion habe ich mich dazu entschieden, die Arbeiterinnen nicht anhand des generischen Maskulinums nur „mitzudenken", sondern sie als Akteurinnen und Betroffene ausdrücklich zu erwähnen, weil ich sie in meiner Dissertation sichtbar machen will. Dies führt besonders bei zusammengesetzten Substantiven wie beispielsweise „Arbeiter:innenbewegung" oder „Arbeiter:innenunruhen" zu ungewöhnlichen Formen. Dennoch bin ich der Überzeugung, dass angesichts des Themas meiner Arbeit die Leser:innen meine Entscheidung nachvollziehen werden.

Einführung

1. Einleitung

„Khaverim, varft alle di arbeyt!“[1] Dieser klare Aufruf, den das Grodner Sozialdemokratische Komitee am 27. Januar 1904 in der Stadt verteilte und an alle Arbeiter:innen adressierte, stellte den Höhepunkt des seit Dezember 1903 feststeckenden Konfliktes zwischen der Belegschaft und den Fabrikanten der Tabak- und Zigarettenfabrik von Šereševskij und Russota in Grodno dar. Seit September 1899, als der erste Streik ausgebrochen war, war es mehrmals zu Arbeitseinstellungsaktionen gekommen. Diese Streiks gehörten zu den immer häufigeren Arbeitsniederlegungen, die seit der Mitte der 1890er Jahre das Zarenreich prägten.[2]

Mit der Aufhebung der Leibeigenschaft 1861 und den Anfängen der Industrialisierung hatten ökonomische Umwälzungen und die damit verbundenen sozialen sowie gesellschaftlichen Veränderungen das Russische Reich in der zweiten Hälfte des 19. Jahrhunderts stark erschüttert.[3] Im Ansiedlungsrayon[4] hatten diese verschiedenen wirtschaftlichen und politischen Entwicklungen schwerwiegende Auswirkungen auf das ökonomische Leben der jüdischen Bevölkerung.[5] In den Städten fanden Jüd:innen immer öfter Stellen in den Fabriken bzw. in der handwerklichen Industrie. Die Arbeits- und Lebensbedingungen er-

1 „Kameraden, hört alle auf zu arbeiten!“. Flugblatt Tsu alle grodner arbeyter un arbeyterinen, 27.01.1904, International Institute of Social History (IISH) Amsterdam, Algemeyner Yidisher Arbeyter Bund Collection (AYABC) Dossier 29, S. 12.

2 Ab dem Jahr 1895 verlief nicht ein Jahr ohne mehrere große Streiks und Kollektivstreiks (auf den gesamten europäischen Teil des Russischen Reiches verteilt). Siehe Puškareva, I. M.; Borodkin, L. I.; Glazunov, S. V. [et al.] (Hrsg.): Trudovye konflikty i rabočee dviženie v Rossii na rubeže XIX–XX vv., Sankt Petersburg 2011, S. 84. Bekannte Beispiele davon sind die Streiks der Textilarbeiter:innen in Sankt Petersburg im Juni 1896 und Januar 1897 (siehe Kapitel 3, S. 75).

3 Für einen Überblick über die Bauernbefreiung und die Konsequenzen davon, siehe beispielsweise: Moon, David: The Abolition of Serfdom in Russia, 1762–1907, Harlow 2001. Auf das Thema der Industrialisierung im Zarenreich wird im Kapitel 2.3 kurz eingegangen.

4 Für eine Definition des Ansiedlungsrayons, siehe Kapitel 2.2, S. 36 dieser Arbeit.

5 Haumann, Heiko: Geschichte der Ostjuden, 5. aktualisierte und erweiterte Neuausgabe, München 1999, S. 99, 104–109.

wiesen sich meistens als miserabel. Schon in den 1880er Jahren gab es spontane Streikausbrüche der Arbeiter:innen, die bessere Lohn- und Arbeitsbedingungen forderten. Diese Protestaktionen vermehrten sich in den 1890er Jahren. Parallel dazu suchten in Vil'na die jüdischen sozialdemokratischen Revolutionär:innen nach einem neuen, effizienten Weg, eine solide und direkte Verbindung mit den Fabrik- und Handwerkarbeiter:innen herzustellen. Nach anregenden Diskussionen und Auseinandersetzungen, die zur Publikation zweier entscheidender Broschüren führten, engagierten sich die jüdischen Sozialdemokrat:innen für eine Massenagitation unter den Arbeiter:innen, worin ihnen russische Sozialdemokrat:innen anderer Städte außerhalb des Ansiedlungsrayons folgten.[6] In den sogenannten nordwestlichen Gouvernements von Vil'na, Vitebsk, Grodno und Minsk agitierten die Revolutionär:innen unter den jüdischen Arbeiter:innen eifrig.[7] In Vil'na wurde im Herbst 1897 der Allgemeine Jüdische Arbeiterbund, der sich als Vertreter der Interessen des jüdischen Proletariats verstand, offiziell gegründet, noch einige Monate vor der Parteigründung der Russländischen Sozialdemokratischen Arbeiter:innenpartei (Rossijskaja social-demokratičeskaja rabočaja partija, im Folgenden RSDRP).

1.1 Analysekategorien, Methode und Fragestellung

Wie sich diese simultanen Prozesse der Anfänge der revolutionären sozialdemokratischen Bewegung, der Agitation und der Arbeiter:innenbewegung konkret auf dem Feld der Fabriken um die Jahrhundertwende entfalteten und welche Konsequenzen sie für die Arbeiter:innen hatten, wird in der vorliegenden Arbeit untersucht. Im Fokus dieser Dissertation stehen die vielschichtigen, wechselseitigen Auswirkungen der Entwicklung der Arbeiter:innenunruhen einerseits und der Arbeiter:innen- sowie revolutionären Bewegung andererseits im nördlichen Teil des Ansiedlungsrayons des Zarenreiches von der Mitte der 1890er Jahre bis kurz vor die Erste Russische Revolution. Die vorliegende Arbeit versteht sich als Beitrag zur Geschichte der jüdischen Arbeiter:innenbewegung im Russischen Reich zwischen 1895 und 1904. Der nördliche Teil des Ansiedlungsrayons

6 Es handelt sich um die Schriften *A briv tsu agitatorn* von Samuel Gožanskij (1894) und *Ob agitacii* von Arkadij Kremer (1894). Genaueres zu diesen Schriften sowie zum Thema der Strategieveränderung und ihrer Auswirkungen auf die ganze sozialdemokratische revolutionäre Bewegung im Zarenreich siehe Kapitel 3, S. 74 dieser Arbeit.

7 Zum Begriff des *severo-zapadnyj kraj* (nordwestliche Region), siehe Kapitel 2.1, S. 34 dieser Arbeit.

wurde ausgewählt, weil die Region als Geburtsort der jüdischen revolutionären sozialistischen Bewegung gilt. Als solche ist sie besonders gut geeignet, um die Verbindungen zwischen Streiks, Agitation, Revolutionär:innen und jüdischen Arbeiter:innen zu analysieren. Auch die Zeitperiode deckt die Anfangsphase der jüdischen revolutionären Bewegung und die Intensivierung der Arbeiter:innenunruhen bis zur Ersten Russischen Revolution ab. Vor 1895 sind für diese Region keine Quellen der zarischen Behörden zu Streiks und Arbeiter:innenprotesten erhalten.

Die vorliegende Arbeit geht von der Analyse konkreter Streikfälle in drei unterschiedlichen Fabriken aus, um das Handeln und die Reaktionen der verschiedenen Akteur:innen sowie ihre Verflechtung mit den allgemeinen Entwicklungen der Zeit genauer zu analysieren. Die Zigaretten- und Tabakfabrik der Brüder Ėdel'štejn in Vil'na, die Zündholzfabrik des Händlers der Ersten Gilde Zaks in Dvinsk und die Zigaretten- und Tabakfabrik von Šereševskij und Russota in Grodno stellen die Bühne für die Untersuchung dar. Alle drei Fabriken haben gemeinsam, dass sie die größten der jeweiligen Region und somit bedeutende Arbeitgeberinnen waren. Wenn hinter ihren Türen Streiks ausbrachen, hatten diese möglicherweise Konsequenzen für zahlreiche Menschen, vor allem wenn infolge einer Arbeitsniederlegung in einer Abteilung weitere Bereiche der Fabrik lahmgelegt werden mussten. So verfügten alle Arbeitseinstellungsaktionen über ein größeres Potential, außerhalb der Fabrikmauern in der Öffentlichkeit ausgetragen zu werden. In der Sekundärliteratur zu den Entstehungsjahren der jüdischen Arbeiter:innenbewegung werden alle Streiks, die in der vorliegenden Dissertation detailliert dargestellt sind, in Zusammenhang mit besonders bemerkenswerten Arbeiter:innenkämpfen erwähnt, ohne dass der genaue Verlauf der Ereignisse oder die Auswirkungen für die zeitgenössischen Akteur:innen reflektiert werden.[8] Dies soll in der vorliegenden Dissertation erfolgen. Zudem sind sowohl die Fabrikbesitzer als auch die Mehrheit der Belegschaft jüdisch, was eine neue Sicht auf die jüdische Arbeiter:innenbewegung und die Spannungen innerhalb der jüdischen Gesellschaft erlaubt. Außerdem ist die Mehrheit der Arbeiter:innen dieser Unternehmen *Frauen.* Die Auswahl beruht auch

8 So bin ich auch auf diese Streikereignisse aufmerksam worden. Siehe zum Beispiel: Mendelsohn Ezra: Class Struggle in the Pale. The Formative Years of the Jewish Workers' Movement in Tsarist Russia, Cambridge 1970, S. 83 (Zaks und Šereševskij 1899); Tobias, Henry J.: The Jewish Bund in Russia from its Origins to 1905, Stanford 1972, S. 41 (Ėdel'štejn 1895); Minczeles, Henri: Histoire générale du Bund, un mouvement révolutionnaire juif, Paris 1995, S. 79 (Zaks und Šereševskij 1899).

auf einem pragmatischen Grund: Zu den Streikfällen sind noch Archivspuren auffindbar.

Das dreifache Identifikationsmerkmal der Akteurinnen, die an den hier betrachteten Streiks teilnahmen (Arbeiterin – Frau – Jüdin), stellt eine besonders interessante Situation dar, die zugleich wesentliche methodische Probleme aufwirft. Wenn jede dieser drei Kategorien zur Identität der Streikenden beiträgt, wird in der analytischen Praxis schnell klar, dass man die Kategorien schwer getrennt voneinander betrachten kann. Die Grenzen zwischen dem, was eine Akteurin spezifisch als Frau oder als Mitglied der arbeitenden Klasse oder als Teil der jüdischen Gemeinschaft erlebte, verschwimmen oft. Zudem kann diese Kategorisierung in der Wahrnehmung anderer Akteur:innengruppen variieren, je nachdem, welche Zwecke diese verfolgen. Beispielsweise werden sie von den Revolutionär:innen logischerweise als primär der arbeitenden Klasse zugehörig dargestellt, um ihre Thesen des Klassenkampfes in den Vordergrund zu rücken. Diese Sichtweise wird dann oft in der Sekundärliteratur über die Arbeiter:innengeschichte übernommen, in der streikende Arbeiter:innen als Kollektiv in den Vordergrund treten. So tendiert dieses Kategorisieren zu einer Pauschalisierung der Akteur:innen als handelndes Kollektiv, das so in der Realität gar nicht existierte.[9] „Die Frauen“ gab es so wenig wie „die Jüdinnen“ oder „die Arbeiterinnen“. Trotzdem helfen diese Kategorien von „Frau“/„Arbeiterin“/„Jüdin“, die Fakten und ihre Bedeutung für die unterschiedlichen jüdischen und nichtjüdischen Akteur:innen einzuordnen.

Durch die Mikroperspektive, die sich aus der detaillierten Beschreibung der ausgewählten Streikfälle ergibt, werden Verbindungen sichtbar, die sonst im Schatten bleiben. Das Konzept der Mikrogeschichte, das sich seit den 1970er Jahren entwickelt hat, sieht eine „Vergrößerung des Maßstabes“[10] bzw. eine „Verkleinerung des Beobachtungsmaßstabes“[11] vor. Basierend auf der Methode der

9 Zum Problem von Akteur:innen, die unreflektiert als Gruppen bzw. Kollektiv agierend betrachtet werden und zu den Schwierigkeiten der Benutzung von kollektiv gemeinten Begriffen als Analysekategorie, siehe zum Beispiel Brubaker, Rogers: Ethnicity without Groups, in: Archives européennes de Sociologie 43, 2 (2002), S. 163–189. Obwohl Brubaker seinen Artikel auf die Nationalismusforschung bezieht, sagt er selber, dass die Kritik auf weitere Begriffe der Sozial- und Geisteswissenschaften wie beispielsweise Klasse, Gender oder Religion erweitert werden könne (ibid., Fussnote 2, S. 164).

10 Hiebl, Ewald; Langthaler, Ernst: Einleitung: Im Kleinen das Große suchen. Mikrogeschichte in Theorie und Praxis, in: ibid. (Hrsg.): Im Kleinen das Große suchen. Mikrogeschichte in Theorie und Praxis, Innsbruck 2012, S. 7–21, hier S. 11.

11 Burghartz, Susanna: Historische Anthropologie/Mikrogeschichte, in: Eibach, Joachim;

„dichten Beschreibung", die der Ethnologe Clifford Geertz geprägt hat,[12] soll das Forschungsobjekt detailliert geschildert und analysiert werden, so dass komplexe und heterogene historische Zusammenhänge besser erfasst werden:

> Die vom Konzept der „dichten Beschreibung" übernommene detaillierte Beobachtung von lebendigen Prozessen sozialer Interaktion macht es möglich, die Ebene der Erfahrungen und Handlungen der historischen Akteure und Subjekte durchaus auch in ihrer Heterogenität und Widersprüchlichkeit in die Analyse und Interpretation vergangener Gesellschaften angemessener und vielfältiger einzubeziehen.[13]

Im mikroperspektivischen Zugang geht es nicht darum, das untersuchte Objekt bzw. Thema oder die Fragestellung zu verkleinern, sondern in einem ersten Schritt den Untersuchungsgegenstand heranzuzoomen und danach die Erkenntnisse in den breiteren historischen und historiographischen Kontext einzuordnen.[14] Durch die sorgfältige Betrachtung von Ereignissen, Handlungen und Interaktionsprozessen auf Akteur:innenebene entstehen nuancierte Bilder, die es gestatten, einem multiperspektivischen Ansatz zu folgen.[15]

Die besondere Quellensituation der vorliegenden Arbeit, auf die später noch eingegangen wird, macht den Anspruch, einen bestimmten Streikfall genau und ausführlich rekonstruieren zu wollen, sinnlos. In Anwesenheit von zum Teil widersprüchlichen Darstellungen, deren Wahrheitsgehalt man nicht feststellen kann, ist es schlicht unmöglich, „die Wahrheit" herauszufinden. Die unterschiedlichen Quellenarten erlauben, verschiedene Interpretationen und Narrative zu den Geschehnissen freizulegen. Deshalb ist die Frage danach, wie in den unterschiedlichen Akten ein Ereignis aus diesen Streikfällen und was für ein Ereignis gemacht wurde, viel spannender als die Rekonstruktion der Taten

---

Lottes, Günther (Hrsg.): Kompass der Geschichtswissenschaft. Ein Handbuch, Göttingen 2002, S. 206–218, hier S. 214.

12 Geertz, Clifford: Dichte Beschreibung. Beiträge zum Verstehen kultureller Systeme, 5. Auflage, Frankfurt a. M. 1997.

13 Burghartz, Historische Anthropologie, S. 217.

14 Hiebl, Langthaler, Einleitung, S. 10. Siehe auch Lüdtke, Alf: Alltagsgeschichte, Mikro-Historie, historische Anthropologie, in: Goertz, Hans-Jürgen (Hrsg.): Geschichte. Ein Grundkurs, Reinbek bei Hamburg 2007, S. 628–649, S. 638.

15 Alf Lüdtke bringt in einem seiner Artikel das Beispiel der wichtigen Bedeutung der „dichten Beschreibung" für die Entwicklung einer nuancierten Darstellung des Verhaltens der Deutschen während des Nationalsozialismus. Siehe Lüdtke, Alltagsgeschichte, S. 629.

selbst: Wer interpretierte die Streiks und wie? Welche Motive steckten dahinter? Wurden die Vorfälle vereinnahmt und, wenn ja, wozu?

Um auf diese Fragen erfolgreich antworten zu können, wurde viel Wert auf den kritischen Umgang mit den Quellen gelegt. Die historische Quellenkritik stellt also die zentrale methodische Vorgehensweise der vorliegenden Arbeit dar. Fragen wie „Wer hat die Quelle geschrieben?", „Für wen?", „Zu welchem Zeitpunkt des Geschehens?", „Warum?" usw. mögen zwar banal klingen. Allerdings ist ihre genaue Beantwortung unabdingbar, um die einzelnen Quellen in einen größeren Kontext einzuordnen und um die Vielfalt der verschiedenen Narrative, die mit diesen Streikereignissen entstanden, in ihrer ganzen Breite offenzulegen. Gerade deshalb wurde auch besonders große Aufmerksamkeit den Argumentationslinien und der Ausdrucksweise der analysierten Quellen gewidmet: Welcher Textgattung ist die Quelle zuzuordnen? Mit welchen Arten von Argumenten arbeiten die Autor:innen? Gibt es Entwicklungen in der Argumentation, wenn ja: welche, wenn nein: warum? Was wird in den Quellen nicht angesprochen oder thematisiert?

Gestützt auf die oben beschriebene Vorgehensweise ermöglicht eine genauere Betrachtung der Streiks, die divergierenden Sichtweisen der Akteur:innen darzustellen und in Resonanz miteinander zu bringen, um danach Rückschlüsse auf drei Fragenkomplexe zu ziehen, die die Fragestellung der vorliegenden Dissertation bilden:

Erstens kommt die gegenseitige Beeinflussung der Arbeiter:innenunruhen, der Arbeiter:innenbewegung und der revolutionären, sozialdemokratischen Bewegung zum Vorschein. In der Durchbruchsphase der Entwicklung der revolutionären Bewegung, die sich nach dem gescheiterten „Gang ins Volk"[16] zum größten Teil dem marxistischen Gedankengut zuwandte und für die die Arbeiter:innen also eine wesentliche Rolle im Aufbau einer zukünftigen sozialistischen Gesellschaft spielen sollten, setzten Streiks in den Augen der sozialdemokratischen Revolutionär:innen ein Zeichen für die Bestätigung, dass das Proletariat ein Klassenbewusstsein entwickelt habe. Umgekehrt bedienten sich die Revolutionär:innen der Arbeitseinstellungsaktionen auch, um weitere Arbeiter:innen für ähnliche Handlungen zu motivieren und zu mobilisieren. Wie genau funktionierte dieser Prozess? Welchen Einfluss übten die sozialistischen Gruppierungen auf die jüdischen Arbeiter:innen aus? In welcher Konstellation begann ein Teil der Arbeiter:innen zu rebellieren? Durch welche Wege kam der Streik in die Fabrik? Welche Rolle spielte dabei die Propaganda? Wurde

16 Siehe Kapitel 2.4, S. 54.

sie von einer bestimmten Arbeiter:innenorganisation bzw. -partei getragen oder stellte sie nur die Aktion vereinzelter Personen dar? Wie wurde der Protest von den Revolutionär:innen interpretiert?

Zweitens wird die Reaktion der lokalen Behörden auf die Streiks analysiert, mit Hinblick auf die Frage des Umgangs mit den Streikenden und den damit verbundenen potentiellen öffentlichen Unruhen. Wie verstanden die Fabrikinspektoren, die Gouverneure und die Polizeibeamten die jeweiligen Streikausbrüche und wie handhabten sie sie? Welche Rolle spielten dabei die zentralen Behörden in Sankt Petersburg?

Drittens werden anhand der gesammelten und analysierten Informationen Schlussfolgerungen über die streikenden Arbeiterinnen und ihr unmittelbares Umfeld gezogen: Gab es ein auslösendes Element, das dazu führte, dass sie ihren Protest gegen zu niedrigen Lohn und zu lange Arbeitstage durch Streiken ausdrückten? Streikten sie als Arbeiterinnen, als Frauen oder als Jüdinnen? Was bedeutete ihre Teilnahme an einem Streik für ihre Anbindung an die jüdische Gemeinschaft? Spielte diese Anbindung eine spezifische Rolle im Konfliktverlauf und in der Konfliktlösung?

1.2 Forschungsfelder

Die vorliegende Dissertation bringt mehrere Forschungsfelder zusammen: Jüdische Geschichte, Arbeiter:innengeschichte, Geschichte der revolutionären Bewegung und Frauengeschichte. Für die Kontextualisierung der Analyse der Streikfälle waren zudem regionalgeschichtliche Darstellungen sowie Literatur zum rechtlichen Rahmen, durch den die Arbeiter:innen und Fabrikanten um die Jahrhundertwende eingefasst waren, sehr hilfreich.[17]

---

17 Über die sogenannte Russifizierungspolitik sowie über den multisprachlichen, multireligiösen und multiethnischen Charakter dieser Grenzgegend zu Preußen und die Konsequenzen davon auf die Wahrnehmung und Politik der zarischen Zentralmacht siehe zum Beispiel: Weeks, Theodore R.: Defining Us and Them: Poles and Russians in the „Western Provinces", 1863–1914, in: Slavic Review 53, 1 (1994), S. 26–40; ibid.: Nation and State in Late Imperial Russia. Nationalism and Russification on the Western Frontier 1863–1914, DeKalb 1996; Dolbilov, Michail: Russkij kraj, čužaja vera: ėtnokonfessional'naja politika imperii v Litve i Belorussii pri Aleksandre II, Moskau 2010; Staliūnas, Darius: Between Russification and Divide and Rule: Russian Nationality Policy in the Western Borderlands in mid-19th Century, in: Jahrbücher für Geschichte Osteuropas 55, 3 (2007), S. 357–373. Zum mehrjährigen Prozess der Entstehung der russischen Fabrikge-

Über die Geschichte der russischen Arbeiter:innenschaft und deren Kämpfe für bessere Arbeits- und Lebensbedingungen gibt es zahlreiche Forschungsarbeiten. Die sowjetische Forschung hat sich intensiv mit der Arbeiter:innenbewegung beschäftigt. Allerdings weisen diese Arbeiten oft eine tendenziöse Richtung auf. So wird beispielsweise für die vorliegend behandelte Region die Rolle des Allgemeinen Jüdischen Arbeiterbundes minimiert und die spezifischen Schwierigkeiten der jüdischen Arbeiter:innen nicht direkt angesprochen.[18] Was die westliche Forschung betrifft: Die zu Klassikern gewordenen Studien von Reginald E. Zelnik, Victoria E. Bonnell und Mark D. Steinberg konzentrieren sich alle auf die Arbeiter:innen selber, ihre eigene Identitätskonstruktion, den differenzierten Aufbau eines „Klassenbewusstseins" und die komplexen Verhältnisse zwischen ihnen, den Fabrikbesitzern und dem Engagement in der Arbeiter:innenbewegung.[19] In diesen Büchern geht es um größere Fabriken, die sich in Sankt Petersburg oder Moskau bzw. in deren Nähe befanden. Charters Wynn hat seinerseits in Bezug auf die oben genannten Fragen als Erster seine Aufmerksamkeit auf eine multisprachliche, multiethnische und multireligiöse Region in der Peripherie des Russischen Reiches gelenkt, die sich allerdings gegen Ende des 19. Jahrhunderts so schnell industrialisiert hatte, dass sie auch zu einem der bedeutendsten Industriezentren des Landes geworden war.[20] Im Hinblick auf die Dezentralisierung der Forschungsperspektive von den Hauptstädten in die Provinz sind zwei grundlegende russische Werke zu nennen: erstens das riesige

---

setzgebung sowie die damit verbundenen lebendigen Diskussionen zwischen Unterstützern und Gegnern einer Regelung siehe: Puttkamer, Joachim von: Fabrikgesetzgebung in Russland vor 1905. Regierung und Unternehmerschaft beim Ausgleich ihrer Interessen in einer vorkonstitutionellen Ordnung, Köln/Weimar/Wien 1996; Volodin, Andrej Jur'evič: Istorija fabričnoj inspekcii v Rossii 1882–1914 gg., Moskau 2009.

18 Zum Beispiel: Agurskij, Samuel: Očerki po istorii revoljucionnogo dviženija v Belorussii (1863–1917), Minsk 1928; Bič, M. O.: Razvitie social-demokratičeskogo dviženija v Belorussii v 1883–1903 gg., Minsk 1973; Abezgauz, Z. E.: Rabočij klass Belorussii v načale XX v. (1900–1913 gg.), Minsk 1977.

19 Besonders hervorzuheben sind: Zelnik, Reginald E.: Labor and Society in Tsarist Russia. The Factory Workers of St. Petersburg 1855–1870, Stanford 1971; ibid.: Law and Disorder on the Narova River. The Kreenholm Strike of 1872, Berkeley 1995; Bonnell, Victoria E. (Hrsg.): The Russian Worker. Life and Labor under the Tsarist Regime, Berkeley 1983; ibid.: Roots of Rebellion. Workers' Politics and Organization in St. Petersburg and Moscow, 1900–1914, Berkeley 1983; Steinberg, Mark D.: Moral Communities. The Culture of Class Relations in the Russian Printing Industry 1867–1907, Berkeley 1992.

20 Wynn, Charters: Workers, Strikes, and Pogroms. The Donbass-Dnepr Bend in Late Imperial Russia 1870–1905, Princeton 1992.

Projekt *Rabočee dviženie v Rossii: Chronika,* das ein systematisches, jährliches Monitoring aller Arbeiter:innenaktionen im Russischen Reich zwischen 1895 und 1904 mit Angabe der dazu zur Verfügung stehenden Quellen veröffentlicht hat;[21] zweitens eine Publikation, die als unmittelbare Konsequenz der *Chronika* entstanden ist und anhand von detaillierten quantitativen Datenanalysen die Geschichte der Arbeiter:innenbewegung im Russischen Reich neu beleuchtet, indem die Tätigkeiten der Arbeiter:innenbewegung in der Peripherie des Zarenreiches stark sichtbar gemacht werden.[22] Da die Region, in der sich die in der vorliegenden Arbeit analysierten Streikfälle ereigneten, weit entfernt von Moskau und Sankt Petersburg liegt, wird hier ebenfalls eine Dezentrierung der Perspektive über die revolutionäre und Arbeiter:innenbewegung vorgeschlagen.

Über die ersten Jahre der jüdischen Arbeiter:innenbewegung ist in den 1970er Jahren intensiv geforscht worden. Insbesondere zwei Historiker haben grundlegende, heute noch aktuelle Forschungsarbeit geleistet: Ezra Mendelsohn hat auf der Basis sowohl von Parteiquellen als auch von Zeugnissen der wichtigsten Akteur:innen der Zeit die Charakteristika des jüdischen Proletariats, die ersten Organisationsversuche von Intellektuellen und Arbeiter:innen und die unterschiedlichen Propagandastrategien bis zur Gründung des Allgemeinen Jüdischen Arbeiterbundes in Litauen, Polen und Russland dargestellt.[23] Henry J. Tobias hat die Entstehung des Bundes, dessen wichtigsten ideologischen und strategischen Entwicklungen bis 1905 analysiert.[24] Seitdem haben sich mehrere Autor:innen mit dem Thema des Allgemeinen Jüdischen Arbeiterbundes und seines Verhältnisses zu anderen sozialdemokratischen Parteien und jüdischen politischen Bewegungen im Zarenreich sowohl bis zu den Revolutionen von 1917 als auch im Polen der Zwischenkriegszeit beschäftigt.[25] In der Mehrheit stehen vor allem strukturelle Entwicklungen der Parteien und ihre Geschichte

---

21 Bovykin, V. I.; Kir'janov, Ju. I. [et al.] (Hrsg.): Rabočee dviženie v Rossii 1895 – fevral' 1917 g. Chronika, 10 Bde, Moskau 1992–2008.

22 Puškareva, Borodkin, Glazunov, Trudovye konflikty.

23 Mendelsohn, Class Struggle in the Pale.

24 Tobias, The Jewish Bund in Russia.

25 Siehe beispielsweise: Frankel, Jonathan: Prophecy and Politics. Socialism, Nationalism and the Russian Jews, 1862–1917, Cambridge 1984: Weinstock, Nathan: Le pain de misère. Histoire du mouvement ouvrier juif en Europe, Bd. 1: L'Empire Russe jusqu'en 1914, Paris 1984; Minczeles, Histoire générale du Bund; Jacobs, Jack (Hrsg.): Jewish Politics in Eastern Europe. The Bund at 100, Basingstoke 2001; Gitelman, Zvi (Hrsg.): The Emergence of Modern Jewish Politics. Bundism and Zionism in Eastern Europe, Pittsburgh 2003; Zimmerman, Joshua D.: Poles, Jews and the Politics of Nationality: The Bund and the Polish Socialist Party in Late Tsarist Russia, 1892–1914, Madison 2004.

sowie ihre ideologischen Positionierungen im Zentrum. Einzelne Ereignisse (wie zum Beispiel Demonstrationen, Streiks oder Konflikte mit konkurrierenden Organisationen) werden aus der Sicht der Aktivist:innen bzw. der Parteimitglieder und der ihnen nahestehenden Organisationen und Zeitschriften dargestellt. Ihr Verlauf und ihre Konsequenzen werden ausschließlich anhand von revolutionären Quellen analysiert und von einem „Arbeiter:innenbewegung"-Standpunkt betrachtet. Daraus ergibt sich eine Perspektive auf die Ereignisse, die ideologisch gefärbt ist. Wie diese Aktionen von den jüdischen Arbeiter:innen rezipiert wurden und wie die zarischen Behörden darauf reagierten, wird durch eine bundistische bzw. sozialdemokratische Brille betrachtet.[26] Das in der Forschung der 1970er bzw. 1980er Jahre weitverbreitete Narrativ, nach dem eine vollständige jüdische Arbeiter:innenbewegung sich seit den 1880er Jahren progressiv entwickelt und sogar die Spitze der allgemeinen revolutionären Arbeiter:innenbewegung des Zarenreiches gebildet habe, ist zum Beispiel von Eli Lederhendler in seinem Aufsatz über das Nichtvorhandensein von klaren Klassenstrukturen unter der jüdischen Bevölkerung im Ansiedlungsrayon scharf kritisiert worden. Die Beobachtungen Lederhendlers ziehen jedoch keine konkreten Streikaktionen in Betracht.[27] Mit der Analyse weiterer Quellenarten, die von den Behörden stammen, sowie durch ihr Inbeziehungsetzen mit den revolutionären Dokumenten will die vorliegende Arbeit ein differenzierteres Bild der in den Blick genommenen Streiks anbieten.

Seit Mitte der 1990er Jahre haben die russischen Frauen, die den revolutionären, sozialistischen Parteien beitraten, an Aufmerksamkeit gewonnen. Die kollektiv biographischen Studien von Beate Fieseler sowie von Anna Hillyar und Jane McDermid gewähren einen entscheidenden Einblick in die Identität dieser Frauen, die sich für die Revolution und den Sozialismus engagierten, und in die Gründe dieses Engagements.[28] Allerdings nehmen diese Werke, nicht zuletzt wegen der zur Verfügung stehenden Quellenlage, die aktiven Mitglieder

26 Siehe auch den Überblick über die bundistische Historiographie von Frank Wolff, der dieses Problem auch anspricht. Wolff, Frank: Historiography on the General Jewish Labor Bund. Traditions, Tendencies and Expectations, in: Medaon, Magazin für Jüdisches Leben in Forschung und Bildung 3, 4 (2009), <http://www.medaon.de/de/artikel/historiography-on-the-general-jewish-labor-bund-traditions-tendencies-and-expectations/> [22.01.2018].

27 Lederhendler, Eli: Classless: On the Social Status of Jews in Russia and Eastern Europe in the Late Nineteenth Century, in: Comparative Studies in Society and History 50, 2 (2008), S. 509–534, hier S. 531–532.

28 Fieseler, Beate: Frauen auf dem Weg in die Russische Sozialdemokratie, 1890–1917. Eine

der russischen Sozialdemokratie und nicht die „einfachen“ Arbeiterinnen in den Fokus. Den russischen Arbeiterinnen haben Rose Glickman sowie wiederum Anna Hillyar und Jane McDermid ihre Aufmerksamkeit geschenkt.[29] Insbesondere Rose Glickman hat exemplarisch aufzeigen können, wie russische Arbeiterinnen lebten, über welche Handlungsmöglichkeiten für die Verbesserung ihrer Arbeits- und Lebensbedingungen sie verfügten und wie sie in der russischen Gesellschaft wahrgenommen wurden. Die jüdischen Arbeiterinnen bleiben dennoch aus diesen Untersuchungen ausgeschlossen. Die Tatsache, dass es sich um christliche Arbeiterinnen handelt, von denen die meisten seit kurzem in der Stadt lebten, führt dazu, dass die Argumentation sich oft um einen wesentlichen Faktor dreht, der für die jüdischen Arbeiterinnen nicht vorhanden ist, und zwar um die Bedeutung der Verbindung der Arbeiterinnen mit dem Land und mit ihrer ursprünglichen Bauernschaft.[30] Auch wenn diese Analysen sich auf eine lange Zeit vernachlässigte Gruppe – russische Arbeiterinnen – konzentrieren, weisen sie einen ähnlichen geographischen Schwerpunkt wie diejenigen über russische Arbeiter auf. In diesen Analysen geht es um die großen Industriezentren um Moskau und Sankt Petersburg. Der Ansiedlungsrayon bleibt ausgeschlossen. Dies ist wahrscheinlich auf die strukturellen Unterschiede in der industriellen Entwicklung sowie auf die periphere geographische Lage des Ansiedlungsrayons zurückzuführen. Obwohl das Modell der großen Fabriken mit mehreren Dutzenden bzw. Hunderten Angestellten in den nordwestlichen Provinzen des Ansiedlungsrayons auch existierte, war das jüdische Proletariat eher in Kleinbetrieben tätig.[31] Die Arbeiter:innenunruhen waren dort quantitativ zwar geringer als in den großen imperialen Zentren. Sie waren jedoch für die Entwicklung der jüdischen Arbeiter:innenbewegung entscheidend.

Werke, die sich auf jüdische Frauen aus dem Zarenreich konzentrieren oder sie zumindest als untersuchte Subjekte integrieren, sind diejenigen über die Identitätskonstruktion und Selbstwahrnehmung russisch-jüdischer Frauen um die Jahrhundertwende. Diese Forschung hat sich oft auf Frauen fokussiert, die aus dem Russischen Reich kurz- oder langfristig emigriert waren, meistens, um

---

kollektive Biographie, Stuttgart 1995; Hillyar, Anna; McDermid, Jane: Revolutionary Women in Russia, 1870–1917. A Study in Collective Biography, Manchester 2000.

29 Glickman, Rose: Russian Factory Women: Workplace and Society 1880–1914, Berkeley 1984; Hillyar, Anna; McDermid, Jane: Women and Work in Russia 1880–1930. A Study in Continuity Through Change, London 1998.

30 Spezifisch zu diesem Thema siehe Engel, Barbara Alpern: Between the Fields and the City. Women, Work, and Family in Russia, 1861–1914, Cambridge 1996.

31 Mendelsohn, Class Stuggle, S. 1–26.

ein Studium in Westeuropa aufzunehmen.[32] Rebekka Denz hat zum Beispiel in ihrer Studie die Frauenrepräsentation in der bundistischen Biographiensammlung *doires bundistn* (Generationen von Bundisten) untersucht.[33] Diese Frauen waren aber bedeutende Mitglieder des Allgemeinen Jüdischen Arbeiterbundes, die sich politisch engagiert hatten, und keinesfalls „einfache" Arbeiterinnen, die in ihrem Alltag plötzlich mit dem Dilemma des Streikens konfrontiert waren. Daher scheint eine detaillierte Untersuchung der Arbeiter:innenunruhen unter jüdischen Arbeiterinnen im Ansiedlungsrayon sinnvoll, um diese doppelte Forschungslücke (über jüdische Arbeiterinnen einerseits und über Arbeiter:innenunruhen im Ansiedlungsrayon andererseits) zu füllen. Die Schwierigkeit, sich einen Zugang zu den jüdischen Arbeiterinnen, ihren Aktionen, ihrer Selbstwahrnehmung und ihrer Denkweise zu verschaffen, hat in erster Linie mit der Quellenlage zu tun.

1.3 Quellensituation

Die Quellenproblematik hat zu tiefgreifenden Reflexionen und Anpassungen des anfänglichen Themas der vorliegenden Dissertation geführt. Die ursprüngliche Idee, die streikenden jüdischen Arbeiterinnen mit ihren eigenen Wahrnehmungen selber ins Zentrum zu stellen, erwies sich schnell als eine Wunschvorstellung, die infolge der Absenz von Memoiren und Erinnerungen aus der Hand dieser Arbeiterinnen nicht realisierbar war. Die fehlende Überlieferung solcher Quellen stellt ein bekanntes Problem dar.[34] Als Frauen aus der Unterschicht, die in der Mehrheit weder lesen noch schreiben konnten und für die die Verschriftlichung der eigenen Gedanken und Erfahrungen nicht zur üblichen kulturellen Praxis gehörte, sind sie in der Kategorie der Selbstzeugnisse im Vergleich zu Frauen aus der *intelligencija* untervertreten.[35] Zudem hatten die

32 Zum Beispiel: Neumann, Daniela: Studentinnen aus dem Russischen Reich in der Schweiz (1867–1914), Zürich 1987; Raggam-Blesch, Michaela: Zwischen Ost und West. Identitätskonstruktionen jüdischer Frauen in Wien, Innsbruck 2008; Hirsch, Luise: Vom Schtetl in den Hörsaal: Jüdische Frauen und Kulturtransfer, Berlin 2010.

33 Denz, Rebekka: Bundistinnen. Frauen im Allgemeinen Jüdischen Arbeiterbund („Bund") dargestellt anhand der jiddischen Biographiensammlung „Doires Bundistn", Potsdam 2009. Bei dieser Biographiensammlung handelt es sich um: Hertz, J. S. (Hrsg.): Doires Bundistn, 3 Bde, New York 1956–1968.

34 Denz, Bundistinnen, S. 47; Fieseler, Frauen auf dem Weg, S. 63.

35 Am Ende des 19. Jahrhunderts waren rund 50 Prozent der jüdischen Frauen im Russi-

meisten Streikenden, die in der vorliegenden Dissertation erscheinen, Jiddisch als Muttersprache, ihre Kenntnisse des Russischen waren stark begrenzt.[36] Die Wahrscheinlichkeit, dass ihre eventuellen Erzählungen nach der Revolution in russischsprachigen Zeitschriften publiziert wurden, war also dünn. Außerdem war es vor allem der Allgemeine Jüdische Arbeiterbund, der sich in der untersuchten Region in die Konfliktfälle zwischen Arbeiter:innen und Fabrikanten einmischte. Somit war die sowjetische Führung aus politischen Gründen wenig daran interessiert, solche Erzählungen zu veröffentlichen.[37] Auch auf der Seite der jüdischen Fabrikbesitzer des Ansiedlungsrayons sind bis auf eine Ausnahme keine autobiographischen Darlegungen bekannt.[38] Aus dieser Quellenknappheit entstand das Konzept, die jeweiligen Streiks anhand einer Vielfalt an Quellenarten zu analysieren und so das Geschehene durch ein Prisma zu betrachten, das unterschiedliche Seiten desselben Problems erscheinen lässt. Es wurde ein Forschungsprojekt geboren, das durch die mikroperspektivische Beleuchtung der untersuchten Streikereignisse und die damit zusammenhängende quellenkritische Reflexion über die Entstehung, das Ziel und die Bedeutung jeder benutzten Quelle ein nuanciertes Bild dieser Streiks und ihrer Auswirkungen ergibt. Die jüdischen Arbeiterinnen verschwinden nicht aus der Arbeit, denn es werden Schlussfolgerungen über sie als direkte Beteiligte an den Streikaktionen gezogen. Auch wenn sie keine Selbstzeugnisse in Form von Erinnerungen oder Memoiren hinterlassen haben, kommen sie als aktive Akteurinnen in anderen Quellen vor: Insbesondere die erhaltenen Verhör- und Befragungsprotokolle geben einige Auskünfte darüber, wer diese Frauen waren und wie sie sich im Konflikt mit dem Fabrikbesitzer und den zarischen Behörden verhielten – zum

---

schen Reich Analphabeten. Siehe Hyman, Paula: East European Jewish Women in an Age of Transition, 1880–1930, in: Baskin, Judith R. (Hrsg.): Jewish Women in Historical Perspective, 2. Auflage, Detroit 1998, S. 270–286, hier S. 274.

36 Die deutliche Mehrheit der von der Polizei befragten Arbeiterinnen brauchten die Anwesenheit eines Rabbiners, damit dieser die Übersetzungsarbeit zwischen ihnen und den zarischen Behörden übernahm. Siehe zum Beispiel Kapitel 5.9.

37 Ein ähnliches Problem hat man mit den Biographien bzw. Biographiensammlungen von aktiven Sozialdemokrat:innen, die keine Bolschewiki waren. Spätestens Ende der 1920er Jahre wurden sie ignoriert, weil sie der Parteilinie nicht entsprachen. Siehe Fieseler, Frauen auf dem Weg, S. 118–121.

38 David Schick weist auf das Problem hin und sagt, dass die Autobiographie von Moses Lissiansky, der Mitgründer einer Schuhfabrik in Odessa, die bisher einzige bekannte Autobiographie eines russisch-jüdischen Unternehmers sei. Schick, David: Vertrauen, Religion, Ethnizität. Die Wirtschaftsnetzwerke jüdischer Unternehmer im späten Zarenreich, Göttingen 2017, S. 18.

Beispiel welche Verteidigungsstrategie sie benutzten oder ob sie ihre Aktionen als illegal wahrnahmen.[39]

Dieser Arbeit liegen also unterschiedliche Quellenarten zugrunde, die durch Recherchearbeit in Russland, Belarus, Litauen und in den Niederlanden zusammengestellt wurden.[40] Man kann sie in drei Kategorien unterteilen. Erstens wurden in verschiedenen Archiven Akten der zarischen Behörden gesichtet, die im Rahmen der Arbeiter:innenunruhen im Allgemeinen sowie der spezifisch analysierten Streikfälle entstanden waren. Dabei handelt es sich vor allem um Berichte der Fabrikinspektoren, der Gendarmen oder Polizeibeamten, der Staatsanwälte und der Gouverneure. Wie gerade erwähnt, sind manchmal Befragungs- bzw. Verhörprotokolle verhafteter Arbeiter:innen erhalten blieben. Dank ihnen kann man die Fragen, die die Polizeibeamten den Arbeiter:innen stellten, rekonstruieren und so feststellen, was die Hauptsorgen der zarischen lokalen Behörden waren. Sie vermitteln zudem Informationen über die Streikenden selber. Zweitens stützt sich die Analyse auf Dokumente, die aus den revolutionären Kreisen stammen: Flugblätter, Berichte, Broschüren oder Artikel aus revolutionären Zeitschriften in russischer und jiddischer Sprache. Durch diese können sowohl das Verständnis der Streiks von Seiten der Revolutionär:innen als auch deren Ausnutzung zu Propagandazwecken erfasst werden. Drittens ergänzen autobiographische Aufzeichnungen von Revolutionär:innen, die sich zum Zeitpunkt des Konfliktes in der entsprechenden Stadt aufhielten, dieses bunte Quellenkorpus.

Die Quellenlage zeichnet sich durch ihre Asymmetrie aus. Zum Beispiel verfügt man für die Zündholzfabrik von Zaks in Dvinsk über eine ausgiebige zarische Dokumentation zum Streik vom November 1899, während man zu den weiteren Streiks, die die Fabrik bis 1905 mehrmals erschütterten, nichts findet.

---

39 Zum Umgang mit Verhörprotokollen als historischen Quellen, siehe Kapitel 5.2, S. 133 dieser Arbeit.

40 Es wurde in folgenden Archiven und Bibliotheken gearbeitet: Rossijskij gosudarstvennyj istoričeskij archiv (Russländisches Historisches Staatsarchiv, Sankt Petersburg, RGIA), Rossijskaja nacional'naja biblioteka (Russländische Nationalbibliothek, Sankt Petersburg, RNB), Gosudarstvennyj archiv rossijskoj federacii (Staatsarchiv der Russländischen Föderation, Moskau, GARF), Rossijskij gosudarstvennyj archiv social'no-političeskoj istorii (Russländisches Staatsarchiv für Sozial- und Politikgeschichte, Moskau, RGASPI), Nacional'nyj istoričeskij archiv Belarusi (Nationales historisches Archiv von Belarus, Minsk, NIAB Minsk), Nacional'nyj istoričeskij archiv Belarusi v g. Grodno (Nationales historisches Archiv von Belarus in der Stadt Grodno, NIAB Grodno), Lietuvos Valstybes Istorijos Archyvas (Historisches Saatsarchiv Litauens, Vilnius, LVIA), Internationales Institut für Sozialgeschichte (Amsterdam, IISH).

Im Gegensatz dazu sind für die Zigaretten- und Tabakfabrik von Šereševskij und Russota in Grodno zwischen September 1899 und Januar 1904 in den Archiven der zarischen Behörden drei Streiks dokumentiert. Die Akten sind für diese Fälle jedoch weniger ausführlich als für den Streik von 1899 in der Fabrik von Zaks. Ähnliches gilt für die von den revolutionären Organisationen verbreiteten Flugblätter, die nicht alle aufbewahrt wurden. Deswegen wird am Anfang jedes Streikfalles genau vorgestellt, welche Quellen Grundlage der Analyse sind.

Wie es mit Verfasser:innen zu erwarten ist, die aus so unterschiedlichen Perspektiven schreiben, weisen die Quellen teilweise widersprüchliche Darstellungen desselben Streikereignisses auf. Wenn sie auch nicht systematisch das Gegenteil erzählen, legen sie oft einen ganz anderen Schwerpunkt zum Thema dar. Gerade aus diesen Unstimmigkeiten entsteht ein Spannungsverhältnis, das die verschiedenen Standpunkte und Interpretationen der beteiligten Akteur:innen zu demselben Ereignis zum Vorschein kommen lässt. Wie glaubwürdig die Aussagen einzelner Dokumente oder Flugblätter sind, welche Version einer anderen vorzuziehen ist – dies stellt nicht die zentrale Frage der vorliegenden Dissertation dar. Denn wie ein Streik dargelegt und welche Bedeutung ihm gegeben wird, hängt stark von den Einstellungen und Zielen der Verfasser:innen der Quellen ab. Ein Fabrikinspektor, der das Departement für Handel und Manufaktur über die Entwicklungen einer Streiksituation informieren muss, verfolgt in seinen schriftlichen Berichten nicht die gleichen Absichten wie eine überzeugte Sozialdemokratin, die Flugblätter zur Arbeitseinstellungsaktion verbreitet. Bei den benutzten Quellen handelt es sich also um unterschiedliche Textgattungen, die sich in ihren Adressat:innen und Zielsetzungen stark voneinander unterscheiden. Dass ein Genre glaubwürdiger bzw. objektiver sei als ein anderes, ist angesichts der Tatsache, dass die Schriften verschiedene Funktionen hatten, schwierig zu behaupten. So beispielsweise erweisen sich die Berichte der Fabrikinspektion teilweise als ungenau; ein Problem, das gegen die Ziele und die Wünsche des Finanzministeriums verstieß, über vertrauenswürdige Daten und Berichte über die Situation sowie Schwierigkeiten der größeren Fabriken des Reiches zu verfügen, und das von den Behörden in Sankt Petersburg wiederholt kritisiert wurde.[41]

---

41 So beklagte sich das Finanzministerium über zu allgemeine Berichte oder nicht ausgefüllte und retournierte statistische Karteien, die die Fabrikinspektoren hätten ausfüllen müssen. Siehe beispielsweise: Zirkular des Direktors des Departements für Handel und Manufaktur an die Oberfabrikinspektoren, 25.02.1900, RGIA, F. 23_30_7, S. 130–131ob.

Für die Forschungsarbeit als Historikerin bedeutet dies konkret, dass Widersprüche oder Ungenauigkeiten auch nach detaillierter Kontextualisierung und Analyse der Plausibilität nicht immer aufgehoben werden können. Eine zusätzliche Schwierigkeit stellt die Tatsache dar, dass die Quellen, anhand derer man Rückschlüsse über den mutmaßlichen Verlauf der Streiks ziehen kann, gleichzeitig diejenigen sind, die Auskunft über die Deutungen der Geschehnisse durch die einzelnen Akteur:innen geben. Diese Verwobenheit erschwert die Narration der Geschichten, die hier vorgelegt werden. Daher wurde entschieden, diese zwei Ebenen, das Geschehene einerseits und die von den Akteur:innen produzierten Interpretationsansätze dazu andererseits, im Erzählfluss der einzelnen Kapitel nicht strikt voneinander zu trennen.

1.4 Überlegungen zu einzelnen Begriffen

In der Arbeit wird das Adjektiv „jüdisch" häufig verwendet. „Jüdisch sein" kann unterschiedlich definiert werden, im osteuropäischen Raum der Jahrhundertwende beispielsweise durch Religionszugehörigkeit (Judentum) oder durch Sprache (Jiddisch). Je nachdem, vor welchem Hintergrund und von wem der Begriff benutzt wurde bzw. wird, kann diese Kategorisierung aber eine Fremdzuschreibung sein und von den Betroffenen selber als nicht zutreffend empfunden werden. Insbesondere im Kontext der Forschung über die russische revolutionäre Bewegung sollte man sich der Schwierigkeiten und Gefahren, „jüdisch" als Deutungskategorie anzuwenden, bewusst werden. So erkennt der Historiker Oleg Budnitskii, dass der Begriff „jüdische Revolutionär:innen" problematisch sei, weil viele der hiermit gemeinten Personen ihre jüdische Herkunft geleugnet bzw. weil in ihrem Leben diese gar keine Rolle gespielt hätten.[42] Sie waren nicht gläubig und hatten sich an die russische Gesellschaft assimiliert – einige konnten kein Jiddisch, sondern nur Russisch.[43] Zudem galten für die Anhänger:innen

42 Budnitskii, Oleg: The Jews and Revolution: Russian Perspectives, 1881–1918, in: East European Jewish Affairs 38 (2008), S. 321–334, hier S. 324. Zur Problematik der Definition von „jüdisch" sowie zum Thema der Selbst- und Fremdzuschreibung, siehe auch Masé, Aline: Naum Reichesberg (1867–1928). Sozialwissenschaftler im Dienst der Arbeiterklasse, Zürich 2019, S. 27–29.

43 Das war zum Beispiel der Fall bei Lev Trockij oder Grigorij Zinov'ev. Diese Ablehnung bzw. Selbstidentifikation mit dem jüdischen Milieu konnte je nach Lebensperiode auch variieren. Siehe dazu: Weill, Claudie: Les cosmopolites. Socialisme et judéité en Russie (1897–1917), Paris 2004.

der Sozialdemokratie theoretisch Rasse, Ethnie oder Religion nicht als Definitionskategorien. Vielmehr sollten Konzepte wie Klasse oder Solidarität für sie eine zentrale Bedeutung haben.[44] Dennoch hatten die besonderen sozioökonomischen und politischen Faktoren, die die jüdische Bevölkerung im Russischen Reich charakterisierten, einen wichtigen Einfluss auf das überproportionale Engagement junger Menschen jüdischer Herkunft in der revolutionären Bewegung. So sei ihre Beteiligung „the result of their civil inequality and national oppression", weshalb es durchaus gerechtfertigt sei, den Ausdruck zu benutzen.[45] Inna Shtakser ihrerseits definiert den von ihr gebrauchten Begriff „jewish communities" als „informal societies of neighbours with mutual religious and ethnicity-based interests".[46]

In der vorliegenden Arbeit geht es darum aufzuzeigen, inwiefern die Zugehörigkeit der Akteur:innen zu einer jüdischen Gemeinschaft (im Sinne von Shtakser) konkrete, spezifische Einflüsse auf ihr Verhalten hatte. Es steht außer Zweifel, dass Arbeiter:innenproteste und Streiks um die Jahrhundertwende in den großen Industriezentren, und insbesondere in der Umgebung der zwei Hauptstädte, gang und gäbe waren.[47] Dennoch weisen die hier angeschauten Streiks einige Charakteristika auf, die mit einer jüdischen Spezifizität zu tun haben. Wie die Arbeiter:innen oder die Fabrikanten sich selber zu ihrem Judentum als Religion oder als Ethnizität stellten und wie sie ihr Jüdischsein definierten, kann man anhand des Quellenkorpus, auf dem die vorliegende Studie basiert, nicht bestimmen. Trotzdem wird aus bestimmten Episoden der dargestellten Ereignisse klar, dass sie zu präzisen Zeitpunkten als Mitglieder derselben Gemeinschaft handelten, um zum Beispiel alternative Wege der Konfliktlösung zu finden. Sie teilten dieselbe Sprache (Jiddisch) und so den gleichen Kommunikationsraum, dessen Zugang den zarischen Behörden aufgrund mangelnder Sprachkenntnisse versperrt blieb. In den Quellen tauchen die Begriffe jüdisch und Juden *(evrejskij, evrei)* meistens in den Dokumenten auf, die von den zari-

44 Mendelsohn, Ezra: Jews and Christian Workers in the Russian Pale of Settlement, in: Jewish Social Studies 30/4 (1968), S. 243–251, hier S. 244.

45 Budnitskii, Jews and Revolution, S. 326.

46 Shtakser, Inna: The Making of Jewish Revolutionaries in the Pale of Settlement. Community and Identity during the Revolution and Its Immediate Aftermath, 1905–1907, Basingstoke 2014, S. 1.

47 Siehe beispielsweise die in der Fußnote 2 dieses Kapitels schon erwähnten Streiks der Textilarbeiter:innen in Sankt Petersburg 1896 und 1897. Eine detaillierte Auflistung aller Arbeitseinstellungsaktionen findet man in den entsprechenden Bänden von Bovykin, Kir'janov, Rabočee dviženie v Rossii.

schen Behörden verfasst wurden. So steht am Anfang der Berichte der Fabrikinspektoren oder der Polizeibeamten die Information, um was für eine Fabrik es geht, in der der Streik ausgebrochen ist. An dieser Stelle wird meistens präzisiert, dass es sich bei den Fabrikbesitzern und bei den Arbeiter:innen um „Juden" bzw. „Jüdinnen" handelt. Diese Präzisierungen sind als sachliche Informationen zu verstehen. Sie dienten dazu, Fakten über die betroffenen Unternehmen zu sammeln. Nur in wenigen Fällen ist die Definition „jüdisch" mit einer unmittelbaren (negativen) Kritik verbunden; dies wird an den entsprechenden Stellen ausführlicher besprochen.

In den nächsten Kapiteln wird oft von Revolutionär:innen, Sozialist:innen, Sozialdemokrat:innen oder Bundist:innen die Rede sein. Diese Begriffe werden hier bewusst oft als Synonyme verwendet, bis auf das Wort Bundist:innen, mit dem klar ist, dass es sich spezifisch auf Mitglieder des Allgemeinen Jüdischen Arbeiterbundes bezieht. Die Betroffenen selber scheinen keine strikte Trennung zwischen „sozialistisch" und „sozialdemokratisch" gemacht zu haben.[48] Zudem wollten die Sozialdemokrat:innen die politische und soziale Ordnung des Russischen Reiches radikal auf den Kopf stellen und waren in diesem Sinne zweifellos Revolutionär:innen. Außerdem ist die Frage nach der Ausdifferenzierung zwischen rein gewerkschaftlichen und politischen Aktionen nicht einfach. Im Gegensatz zu anderen westlichen Ländern wie beispielsweise Großbritannien oder Frankreich, die Gewerkschaften 1824 resp. 1884 legalisiert hatten, blieben gewerkschaftliche Organisationen genauso wie politische Parteien im Russischen Reich bis zur Revolution von 1905 verboten.[49] Im Zarenreich entwickelte sich also keine organisierte, von den revolutionären, sozialdemokratischen Organisationen distinkte Gewerkschaftsbewegung.[50]

---

48 Siehe Polexe, Laura: Netzwerke und Freundschaft. Sozialdemokraten in Rumänien, Russland und der Schweiz an der Schwelle zum 20. Jahrhundert, Göttingen 2011, S. 44–45; Masé, Naum Reichesberg, S. 25–26.

49 Puttkamer, Fabrikgesetzgebung, S. 2. Zum Weg der Legalisierung der Gewerkschaften in Großbritannien siehe zum Beispiel Rule, John (Hrsg.): British Trade Unionism 1750–1850. The Formative Years, London 1988. Für Frankreich siehe Sirot, Stéphane: La grève en France. Une histoire sociale (XIXe–XXe siècle), Paris 2002, S. 177.

50 Als Ausnahme könnte man zwar die *zubatovščina*-Bewegung erwähnen. Diese vom Chef der Moskauer *ochrana* Sergej Vasilevič Zubatov ab Anfang der 1900er Jahre auf die Beine gestellte Organisation zielte darauf, gewisse ökonomische Forderungen der Arbeiter:innen zu verteidigen und durchzusetzen, ohne jeglichen sozialdemokratischen Einfluss. Auch in einigen Städten des Ansiedlungsrayons entwickelte sich die *zubatovščina* in Form der Unabhängigen Jüdischen Arbeiterpartei. Allerdings wurde das Experiment

Als die revolutionären Gruppierungen ab den 1880er Jahren begannen, sich immer mehr für den Marxismus zu interessieren, fokussierten sie ihre Arbeit auf die Arbeiter:innenklasse. Sie wollten die Arbeiter:innen über die marxistischen Konzepte der Klassengesellschaft aufklären, um aus diesen „bewusste" Arbeiter:innen zu machen. Mit der aktiven Unterstützung der ökonomischen Forderungen der Arbeiter:innen seit den ersten Jahren der 1890er Jahre mischten sich die sozialdemokratischen Organisationen intensiv in gewerkschaftliche Tätigkeiten ein.[51] Deshalb verwischen die Grenzen zwischen revolutionären (politischen) und gewerkschaftlichen Beschäftigungen; so auch die genauere Unterscheidung zwischen einem „Aktivisten", einem „Sozialdemokraten" oder einem „Revolutionär". Die Arbeiter:innenbewegung war zumindest in ihren Anfängen stark von sozialdemokratischen Gruppen geprägt. Zum Beispiel seien Gewerkschaftsarbeit und politische Aktion des Allgemeinen Jüdischen Arbeiterbundes so eng miteinander verflochten gewesen, dass die Differenzierung kaum möglich gewesen sei.[52] Man kann zwar nicht davon ausgehen, dass diejenigen, die sich für die Verbesserung der Arbeits- und Lebensbedingungen der Arbeiter:innen engagierten, auch die politischen, revolutionären, sozialistischen Ansichten automatisch teilten. Wie in den Streikfällen, die die vorliegende Dissertation unter die Lupe nimmt, noch thematisiert wird, scheinen vor allem wirtschaftliche Aspekte im Zentrum der Forderungen gestanden zu haben. Allerdings ist die Beteiligung revolutionärer, sozialdemokratischer Kräfte an den Streikaktionen nachweisbar (sei es durch Instrumentalisierung der Ereignisse in einer zu einem späteren Zeitpunkt veröffentlichten Publikation oder durch die Verbreitung von streikbezogenen Flugblättern). Deshalb wird hier von „revolutionärer Arbeiter:innenbewegung" gesprochen, wenn sozialdemokratische Aktivist:innen (das heißt Mitglieder einer sozialdemokratischen Organisation) Schriften in direktem Zusammenhang mit Streikereignissen verbreitet und somit ihre Beteiligung an den Streiks bewiesen hatten.

---

rund anderthalb Jahren später vom Innenministerium abgebrochen. Haumann, Heiko: Geschichte Russlands, Zürich 2003, S. 294. Siehe auch Kapitel 6.4, S. 254 dieser Arbeit.

51 Ausführlicheres zu dieser Strategie und ihren Konsequenzen siehe Kapitel 3, S. 74.

52 Weinstock, Pain de misère, S. 133–135.

1.5 Aufbau der Arbeit

Die vorliegende Arbeit ist in drei Teile gegliedert. In einem ersten Schritt werden die Region, die Akteur:innen und die Streikgeschichte im Russischen Reich bis 1895 kontextualisiert. Im Kapitel 2 werden die nordwestlichen Gouvernements des Zarenreiches vorgestellt sowie ein Überblick über bedeutende gesellschaftliche und wirtschaftliche Charakteristika der Region und ihrer jüdischen Bevölkerung vermittelt. Das Kapitel 3 bietet eine kurze Zusammenfassung der wichtigsten Streiks, die im Zarenreich vor 1895 geschahen, und verbindet sie und ihre Konsequenzen mit der Entwicklung einer Fabrikgesetzgebung sowie mit der parallelen Entstehung der revolutionären Bewegung.

Kapitel 4, 5 und 6 stellen mit der detaillierten Schilderung und tiefgreifenden Analyse mehrerer wirkungsvoller Streikfälle den Kern der vorliegenden Dissertation dar. Der Streik in der Tabakfabrik der Brüder Ėdel'štejn in Vil'na im August 1895 (Kapitel 4) ist als erster, von den zarischen Behörden dokumentierter größerer Streik der Stadt besonders spannend, weil er zum Beweis für das Erwachen eines jüdischen Proletariats von den jüdischen Revolutionär:innen stilisiert und zum Ausgangspunkt der jüdischen Arbeiter:innenbewegung in der Region gemacht wurde. Der Streik vom November 1899 in der Zündholzfabrik von Zaks in Dvinsk (Kapitel 5) ist dank der Aufbewahrung der Befragungsprotokolle verhafteter oder als Zeug:innen verhörter Arbeiter:innen aufschlussreich, um den Umgang der lokalen zarischen Behörden mit der Streikaktion zu analysieren. Zudem erlauben die Protokolle, sich ein präziseres Bild von den streikenden Arbeiterinnen zu machen. Da die Fabrik sowohl jüdische als auch christliche Arbeiter:innen beschäftigte, kann außerdem der Konflikt durch das Prisma der religiösen Zugehörigkeit betrachtet werden. Man wird konkret sehen, inwieweit die sprachlichen und religiösen Unterschiede eine Schwierigkeit für die Entwicklung der Arbeiter:innenbewegung darstellten. Die drei Streikaktionen, auf die im Kapitel 6 fokussiert wird, fanden im September 1899, Oktober 1900 und Dezember 1903 bis Ende Januar 1904 in der Tabak- und Zigarettenfabrik von Šereševskij und Russota in Grodno statt. Die Auseinandersetzung mit drei zeitlich eng aufeinanderfolgenden Streiks in derselben Fabrik gibt interessante Einsichten im Hinblick auf die Frage nach einem eventuellen Lernprozess aus früheren Streikausbrüchen, sowohl auf der Seite der streikenden Arbeiter:innen und der revolutionären Organisationen als auch auf der Seite der lokalen Behörden.

Mit dem breit angelegten Fazit werden die in den Streikfällen ausgeführten Fäden anhand der drei Fragenkomplexe zu einem Schluss zusammengezogen:

Streik und revolutionäre Arbeiter:innenbewegung, Streik und Behörden und schließlich Streikende als Frauen, Arbeiterinnen und Mitglieder der jüdischen Gemeinschaft. Dabei werden die Wechselwirkungen auf lokaler Ebene in den größeren Kontext der Entwicklung der Sozialdemokratie im Russischen Reich und des Radikalisierungsprozesses der jüdischen Arbeiter:innen eingebettet.

2. Die Gouvernements von Vil'na, Grodno, Vitebsk und Minsk gegen Ende des 19. Jahrhunderts

2.1 Allgemeine Charakteristika dieser Region

Die Provinzen oder Gouvernements (Russisch: *gubernii)* von Vil'na, Vitebsk, Grodno und Minsk waren dem Russischen Reich nach den Teilungen des Königreiches Polen-Litauen am Ende des 18. Jahrhunderts zugekommen. Bezeichnend für diese Gegend war die Vielfalt an Religionen und Sprachen: Juden, Orthodoxe, Katholiken und Unierte, Jiddisch-, Polnisch-, Litauisch-, Weißrussisch- und Russischsprechende wohnten in einer komplexen Zusammensetzung nebeneinander. Trotz dieser Vielfältigkeit blieben religiöse, ethnische und soziale Charakteristika eng miteinander verbunden. Laut Theodor Weeks lässt sich die Situation wie folgt schematisch zusammenfassen:

> The large landowners were sometimes absentee Russians, but more often resident Poles. The intelligentsia drew mainly from the Polish and Jewish populations. [...] Officials, including teachers, were largely ethnic Russians from the Russian interior and tended to be very isolated from local conditions and society. Finally, the peasant masses belonged to the Lithuanian and Belorussian ethnicities, with Latvians and Ukrainians in certain border areas.[53]

Gegen Ende des 19. Jahrhunderts waren in den Gouvernements Vil'na, Minsk, Grodno und Vitebsk zwischen 11,7 und 17,4 Prozent der Bevölkerung jüdisch und zwischen 3 und 8,2 Prozent polnisch.[54] Diese Minderheiten verteilten sich

53 Weeks, Nation and State, S. 78. Siehe auch Rodkiewicz, Witold: Russian Nationality Policy in the Western Provinces of the Empire (1863–1905), Lublin 1998, S. 17.

54 Weeks, Nation and State, S. 86, Tabelle 5. Der genauere Anteil der polnischen und jüdischen Bevölkerung sah wie folgt aus: Im Gouvernement Vil'na: 8,2 Prozent (polnisch) und 12,8 Prozent (jüdisch), im Gouvernement Vitebsk: 3,4 Prozent (polnisch) und 11,7 Prozent (jüdisch), im Gouvernement Grodno: 6,2 Prozent (polnisch) und 17,4 Pro-

aber nicht homogen auf die gesamten Provinzen. Die Region zeichnete sich vielmehr durch große Unterschiede der ethnischen und religiösen Zusammensetzung zwischen Städten und Land aus. So wohnte in den Städten mehrheitlich eine polnische, russische und jüdische Bevölkerung, während auf dem Land litauische und weißrussische Bäuer:innen lebten. In den meisten Städten war der Anteil der jüdischen Einwohner:innen hoch, was unter anderem auf die Gesetze, die die Niederlassung der Jüd:innen auf dem Land stark einschränkten, zurückzuführen ist.[55] Somit entstand eine komplexe Bevölkerungskonstellation, die für die Politik des Zaren und ihre Auswirkungen bedeutend war.

Diese nordwestlichen *gubernii,* die von der zarischen Verwaltung als *severo-zapadnyj kraj* (nordwestliche Region)[56] bezeichnet wurden, hatten für das Russische Reich eine wichtige strategische Bedeutung, da sie zwischen dem Zarenreich und Preußen lagen. Die zarische Regierung definierte diese Region als russisch und orthodox. In den offiziellen Daten zu diesen Provinzen wurde die ukrainische und weißrussische Bevölkerung als „russisch" erfasst, die große Zahl der litauischen Bevölkerung verschwiegen, die Jüd:innen und Pol:innen trotz ihrer historischen Präsenz seit mehreren Jahrhunderten als Zuzügler:innen betrachtet.[57] Insbesondere die Pol:innen sahen die zarischen Behörden als „the centuries-long enemy of Russians and Orthodoxy", und dies, obwohl sie bei weitem nicht die größte Minderheit der Region darstellten.[58] Diese Meinung hatte der Januar-Aufstand von 1863 noch verstärkt.[59] Die „polnische Gefahr", die die russische Regierung identifizierte, entstand auch wegen der wirtschaftlichen Be-

zent (jüdisch), im Gouvernement Minsk: 3 Prozent (polnisch) und 16 Prozent (jüdisch). Die Zahlen stammen aus dem Zensus von 1897 und wurden aufgrund der Angabe zur Muttersprache zusammengestellt.

55 Kappeler, Andreas: Russland als Vielvölkerreich. Entstehung, Geschichte, Zerfall, 2. um ein Nachwort ergänzte Auflage, München 2008, S. 239; Weeks, Nation and State, S. 88.

56 Streng genommen waren mit dem Ausdruck *severo-zapadnyj kraj* Mitte des 19. Jahrhunderts folgende Gouvernements gemeint: Vil'na, Kovno, Minsk, Grodno, Vitebsk und Mogilev. Siehe Staliūnas, Between Russification, S. 357–373, hier S. 359. Für eine ausführliche, ausdifferenzierte Begriffserklärung siehe auch Staliūnas, Darius: Poland or Russia? Lithuania on the Russian Mental Map, in: Staliūnas, Darius (Hrsg.): Spacial Concepts of Lithuania in the Long Nineteenth Century, Boston 2016, S. 23–95. In der vorliegenden Arbeit geht es vor allem um die Gouvernements Vil'na, Vitebsk und Grodno, der Begriff „nordwestliche Gouvernements" wird aber trotzdem benutzt.

57 Weeks, Nation and State, S. 71–72.

58 Ibid., S. 73.

59 Ibid., S. 73; für eine detaillierte Schilderung der zarischen konfessionellen Politik zur Zeit Alexanders II. und nach dem Januar Aufstand von 1863 siehe Dolbilov, Russkij kraj;

deutung der polnischen Grundherren sowie der Tatsache, dass die Pol:innen den großen Teil der lokalen *intelligencija* ausmachten. Die russische Regierung sah die gute Vernetzung der Polen mit dem Ausland und die verbreitete Idee der historischen und kulturellen Stärke der „polnischen Nation" ungern. So zeigte man sich überzeugt, dass die polnische Bevölkerung das Potential hätte, ihre Bestrebungen nach der Wiederherstellung der alten *Rzeczpospolita* zu konkretisieren und so eine Hegemonie über die Region zu erlangen. Bedrohlich in den Augen des Zaren war, dass die polnische Kultur mit ihrer mächtigen Katholischen Kirche – die Mehrheit der Priester war polnisch – eine bedeutende Anziehungskraft auf die Bauern, die sozial „aufsteigen" wollten, besaß. Im Gouvernement Vil'na war beispielsweise ein Großteil der weißrussischen Bevölkerung katholisch. In derselben Provinz sowie in derjenigen von Grodno besaßen die Polen dreimal mehr Land als russische Gutsherren und konnten so einen kulturellen Einfluss auf die Bäuer:innen ausüben.[60] Die Politik der russischen Regierung in diesen Provinzen nach 1863 zielte also vor allem darauf, die Macht der Polen einzudämmen.[61]

In diesem Kontext stellten die Jüd:innen ein zusätzliches Problem dar. Die Regierung warf ihnen unter anderem häufig vor, einen schlechten ökonomischen und moralischen Einfluss auf die Bäuer:innen zu haben.[62] In der nordwestlichen Region basierte die Ökonomie vor allem auf der Landwirtschaft. Wie unten noch besprochen wird, war die industrielle Entwicklung sehr schwach im Vergleich zu anderen Reichsgebieten und zum benachbarten Kongresspolen. Die jüdische Bevölkerung dominierte aber den Handel und das Handwerk, und die Mehrheit der existierenden Fabriken war in jüdischen Händen.[63]

Dolbilov, Michajl; Miller, Aleksej (Hrsg.): Zapadnye okrainy Rossijskoj imperii, Moskau 2006.

60 Weeks, Defining Us and Them, S. 29–30; Weeks, Nation and State, S. 76, 86.

61 Weeks, Defining Us and Them, S. 26; Klier, John D.: Imperial Russia's Jewish Question, 1855–1881, Cambridge 1995, S. 151–152. Klier geht im zweiten Teil seines Buches insbesondere auf den wechselseitigen Zusammenhang zwischen „Russifizierung" und „jüdischer Frage" ein. Die unterschiedlichen Maßnahmen, die für die Einschränkung des polnischen Einflusses auf die Gebiete des Russischen Reiches eingesetzt wurden, fanden unter dem Begriff „Russifizierungspolitik" Eingang in die Sekundärliteratur. Für die Strategien der Russifizierungspolitik vor dem Januaraufstand siehe zum Beispiel auch den Aufsatz: Staliūnas, Between Russification.

62 Weeks, Nation and State, S. 73–74.

63 Ibid., S. 77–78; siehe auch Slezkine, Yuri: Das jüdische Jahrhundert, Göttingen 2006, S. 132–135.

2.2 Jüdische Bevölkerung

Nach den Teilungen Polen-Litauens erbte Russland die jüdische Bevölkerung der Gebiete der verschwundenen Königlichen Republik, die sie eingegliedert hatte, und sah sich zum ersten Mal mit dem, was Mitte des 19. Jahrhunderts die „jüdische Frage" werden sollte, konfrontiert.[64] Die Politik der Zaren gegenüber der jüdischen Bevölkerung war von Anfang an von Widersprüchen gekennzeichnet. Einerseits wollte man aus den Jüd:innen „nützliche Subjekte" machen, die der Wirtschaft Vorteile bringen würden, andererseits versuchte man, ihren angeblich schädlichen Einfluss auf ihre Umgebung (hier war vor allem die Bauernschaft gemeint) zu vermindern. Diese zwei Ansichten konkurrierten bis 1881, als die zweite sich infolge der politischen, sozialen und wirtschaftlichen Entwicklungen deutlich durchsetzte.[65] Das auffälligste Element der zarischen Politik war der sogenannte jüdische Ansiedlungsrayon *(čerta evrejskoj osledosti)*. Er war das einzige Gebiet des Russischen Reiches, in dem sich Jüd:innen niederlassen und arbeiten durften. Es handelte sich um ein breites Territorium im Westen des Reiches, das von der Ostsee bis zum Schwarzen Meer reichte und das im Norden die *gubernii* von Vil'na, Minsk, Vitebsk und Grodno einschloss.[66] Katharina II. hatte die Prämissen des Ansiedlungsrayons gelegt, als sie 1791 der jüdischen Bevölkerung verbot, sich in Innenrussland zu etablieren, um christliche Händler vor der jüdischen Konkurrenz zu schützen. 1835 wurde der Ansiedlungsrayon von Nikolaus I. offiziell festgesetzt. Unter Alexander II. fand zwar eine gewisse Lockerung der Gesetze zum Ansiedlungsrayon statt: Angehörige bestimmter Gruppen (unter anderem Händler der Ersten Gilde und Besitzende eines universitären Diploms) durften außerhalb des Ansiedlungsrayons wohnen und arbeiten. Unter seinem Nachfolger Alexander III. wurden jedoch mit den Mai-Gesetzen 1882 die einschränkenden Bestimmungen verstärkt. So durften die Jüd:innen nicht mehr außerhalb der Städte wohnen, der Kauf von

---

64 Zur „Jüdischen Frage" und ihrer Entwicklung im 19. Jahrhundert siehe Klier, Imperial Russia's Jewish Question.

65 Polonsky, Antony: The Jews in Poland and Russia, 3 Bd., Oxford 2009–2012, hier Bd. 2, S. 3. Für eine Darstellung der Zarenpolitik gegenüber der jüdischen Bevölkerung in den ersten Jahren nach den Teilungen Polen-Litauens, siehe auch Kappeler, Russland als Vielvölkerreich, S. 70–86.

66 Für mehr Details sowie die Entstehungs- und Entwicklungsgeschichte des Ansiedlungsrayons, siehe Klier, John: Pale of Settlement, in: YIVO Encyclopedia of Jews in Eastern Europe, <http://www.yivoencyclopedia.org/article.aspx/Pale_of_Settlement> [04.08.2015].

Gut auf dem Land sowie der Handel sonntags und an christlichen Feiertagen wurden strikt verboten. In den folgenden Jahren wurde der Zugang zu den Universitäten stark eingeschränkt.[67] Auch die Jüd:innen, die es geschafft hatten, sich außerhalb des Ansiedlungsrayons zu etablieren, mussten mit zunehmenden Schikanen und Kontrollen rechnen, die in radikalen Aktionen kulminieren konnten, wie beispielsweise der Vertreibung tausender „illegaler" jüdischer Händler und Handwerker aus Moskau 1891.[68]

Die Verstärkung der Diskriminierungen kam zu den dramatischen Veränderungen in den wirtschaftlichen und sozialen Lebensverhältnissen der jüdischen Bevölkerung in der zweiten Hälfte des 19. Jahrhunderts hinzu. Diese Umwälzungen waren mit den Änderungen im gesamten Russischen Reich eng verbunden: Durch die zunehmende Industrialisierung, die Aufhebung der Leibeigenschaft und die zahlreichen Diskriminierungen wurde ein großer Teil der jüdischen Bevölkerung aus ihren traditionellen Berufsfeldern (beispielsweise Schankwirtschaft und Kleinhandel) ausgestoßen.[69] Jüdische Handwerker:innen konnten mit der industriellen Produktionsweise nur schwer mithalten, der Konkurrenzkampf zwischen Jüd:innen und Christ:innen, aber auch zwischen den Jüd:innen selbst, nahm infolge des starken Bevölkerungswachstums in den Städten zu. Dies führte zu einer Verarmung der Mehrheit der jüdischen Bevölkerung. Die Lebens- und Arbeitsbedingungen verschlechterten sich immer mehr. Nur die wenigsten konnten als Bankiers oder Großindustrielle ein Vermögen erwerben.[70]

Umwälzungen gingen nicht nur von äußeren Entwicklungen, sondern auch von innerjüdischen Umständen aus. So hatte die Entwicklung der Haskala-Bewegung (jüdische Aufklärungsbewegung) im Russischen Reich seit den

---

67 Polonsky, Antony: Relations between Jews and Non-Jews: Historical Overview, in: YIVO Encyclopedia of Jews in Eastern Europe, <http://www.yivoencyclopedia.org/article.aspx/Relations_between_Jews_and_Non-Jews/Historical_Overview> [04.08.2015].

68 Weeks, Nation and State, S. 119. Für eine detaillierte, differenzierte Studie der russischen Politik gegenüber den Jüd:innen sowie der Reaktion bestimmter Gruppen in der jüdischen Bevölkerung auf diese Politik unter Alexander II. und seinen Nachfolgern siehe Nathans, Benjamin: Beyond the Pale: The Jewish Encounter with Late Imperial Russia, Berkeley 2002.

69 Für eine ausführliche Beschreibung dieser traditionellen Berufsfelder sowie ihres langsamen Verlustes im Laufe des 19. Jahrhunderts, siehe Haumann, Geschichte der Ostjuden, S. 95–101.

70 Haumann: Geschichte der Ostjuden, S. 102–108; Shtakser, Making of Jewish Revolutionaries, S. 23; Polonsky, Jews in Poland and Russia, Bd. 2, S. 181; Slezkine, Das jüdische Jahrhundert, S. 135.

1840er Jahren neue Debatten über ein modernes Judentum ausgelöst. In der Folge dieser neuen Ideen trat eine junge Generation von jüdischen Intellektuellen auf, die Russisch beherrschten und sich stark für die Modernisierung der traditionell orientierten jüdischen Bevölkerung des Zarenreiches engagierten. Zum Beispiel wurde 1862 in Sankt Petersburg die Gesellschaft zur Verbreitung der Aufklärung unter den Juden in Russland (Obščestvo dlja rasprostranenija prosveščenija meždu evrejami v Rossii, OPE) gegründet, um unter anderem den Besuch säkularer Schulen, den Erwerb der russischen Sprache, die Eröffnung von Bibliotheken und die Publikation jüdischer Zeitschriften zu fördern.[71] Das traditionelle jüdische Leben begann also durch die äußerlichen politischen und wirtschaftlichen Faktoren, aber auch durch die zunehmende soziale Polarisierung und Säkularisierung innerhalb der jüdischen Gemeinschaft zu bröckeln.

Die Zunahme der antijüdischen Vorurteile, Aussagen und Handlungen in den russischen konservativen Kreisen und Presse ging einher mit dem Übergang zur kapitalistischen Wirtschaft. „Die Juden" wurden zum Sündenbock für alle schlechten Veränderungen und Entwicklungen im Russischen Reich. Judeophobie war in den konservativen Reihen eng mit Antikapitalismus verbunden.[72] Das Bild des jüdischen Ausbeuters, der auf dem Land durch die Figur des jüdischen Pächters oder Schankwirtes schon existierte, dehnte sich auf Handel, Industrie und Unternehmen aus.[73] Die Ermordung des Zaren Ale-

71 Etkes, Immanuel: Haskalah, in: YIVO Encyclopedia of Jews in Eastern Europe, <http://www.yivoencyclopedia.org/article.aspx/Haskalah> [25.09.2017]; Hilbrenner, Anke: Diaspora-Nationalismus. Zur Geschichtskonstruktion Simon Dubnows, Göttingen 2007, S. 96–97; Bartal, Israel: Geschichte der Juden im östlichen Europa 1772–1881, Göttingen 2010, S. 101–112. Für eine ausführliche Darstellung der Haskala-Bewegung, ihres Einflusses auf die russisch-jüdischen Intellektuellen und die Entstehung der OPE siehe Dohrn, Verena: Jüdische Eliten im Russischen Reich. Aufklärung und Integration im 19. Jahrhundert, Köln 2008.

72 Kappeler, Russland als Vielvölkerreich, S. 222–223; Haumann, Geschichte der Ostjuden, S. 109–110; Polonsky, Jews in Poland and Russia, Bd. 2, S. 3.

73 Bartal, Geschichte der Juden im östlichen Europa, S. 145–147. Für eine detailliertere Analyse des Begriffs „Judeophobie" und seine Entwicklung und Verbreitung im Russischen Reich siehe Klier, Imperial Russia's Jewish Questions. Zum Antisemitismus im Russischen Reich siehe zum Beispiel Löwe, Heinz-Dietrich: The Tsars and the Jews. Reform, Reaction and Anti-Semitism in Imperial Russia, 1722–1917, Chur 1993. Darius Staliūnas bietet eine detaillierte Analyse des Antisemitismus und der Gewalt gegenüber Jüd:innen in den litauischen Provinzen des Russischen Reiches zwischen 1880 und 1915: Staliūnas, Darius: Enemies for a Day. Antisemitism and Anti-Jewish Violence in Lithuania under the Tsars, Budapest 2015.

xander II. am 1. März 1881 durch Mitglieder der revolutionären Terrorgruppe Narodnaja Volja (Volkswille) löste eine erste Welle antijüdischer Pogrome im Süden des Ansiedlungsrayons aus. Die Ausschreitungen (insgesamt mehr als 250 Ereignisse) brachen im Laufe der Jahre 1881 und 1882 an verschiedenen Orten aus und verbreiteten sich von größeren Städten in kleinere Dörfer entlang der unterschiedlichen Kommunikationswege wie Eisenbahn- und Telegraphenlinien. Sie betrafen vor allem die ukrainischen Provinzen, mit der Ausnahme des Warschauer Pogroms zu Weihnachten 1881. Es gab Tote und Verwundete. Die Gewalt richtete sich aber hauptsächlich gegen materiellen Besitz: Jüdisches Eigentum in Wert von Millionen Rubel wurde zerstört.[74] Diese Pogrome bewirkten eine Schockwelle unter den Jüd:innen sowohl im Russischen Reich als auch in Westeuropa und in Amerika.[75] Auch wenn die *gubernii* von Vil'na, Grodno, Minsk und Vitebsk von der direkten Gewalt nicht betroffen waren, markierten die Ereignisse von 1881 bis 1882 für die jüdische Bevölkerung im gesamten Reich eine neue Verschlechterung ihrer Situation und den Anstoß für die Radikalisierung und Politisierung vieler.[76]

Eine unmittelbare Konsequenz der immer schwierigeren ökonomischen Lage und der verbreiteten Judenfeindlichkeit stellte die Emigration dar. Zwischen 1871 und 1880 waren durchschnittlich pro Jahr 4100 Jüd:innen aus dem Zarenreich in die USA ausgewandert. Zwischen 1881 und 1886 waren es schon 12.856.[77] Durch die technische Verbesserung der Kommunikations- und Transportmittel nahm die Auswanderung in den 1890er und 1900er Jahren Züge eines regelrechten Massenphänomens an.[78] Zwischen 1881 und 1914 verließen etwa zwei Mil-

74 Klier, John: Pogroms, in: YIVO Encyclopedia of Jews in Eastern Europe, <http://www.yivoencyclopedia.org/article.aspx/Pogroms> [11.08.2015]; für eine ausführliche Darstellung der Pogromwellen von 1881–1882 siehe Klier, John: Russians, Jews and the Pogroms of 1881–1882, Cambridge 2011.

75 Zu den Reaktionen im Ausland siehe zum Beispiel Klier, Russians, Jews and the Pogroms, S. 234–251.

76 Zur Debatte über die umstrittene Frage, ob 1881/1882 einen Wendepunkt in der Geschichte der Jüd:innen im Zarenreich darstellte, siehe Nathans, Beyond the Pale, S. 9; Stanislawski, Michael: For Whom Do I Toil? Judah Leib Gordon and the Crisis of Russian Jewry, Oxford 1988, S. 146–147; Frankel, Jonathan: Crisis, Revolution, and Russian Jews, Cambridge 2009, S. 15–31.

77 Polonsky, Jews in Poland and Russia, Bd. 2, S. 18, 21.

78 Für einen ausführlichen Bericht über die unterschiedlichen Push- und Pull-Faktoren sowie eine Einordnung dieser jüdischen Migration in die allgemeine Migrationsbewegung aus Osteuropa nach Übersee siehe beispielsweise Brinkman, Tobias: „Mit Ballin

lionen Jüd:innen das Russische Reich, um sich hauptsächlich in den USA, aber auch in Argentinien, Großbritannien und Palästina niederzulassen.[79]

Ein Teil der jüdischen Elite, die sich unter Alexander II. für eine Russifizierung der jüdischen Bevölkerung engagiert hatte und so eine Integration in die russische Gesellschaft für möglich und wünschenswert hielt, reagierte mit tiefgreifender Desillusion auf die neuesten Geschehnisse (Pogrome, verstärkte gesetzliche Diskriminierung).[80] In diesem Kontext hatten die in den 1880er und 1890er Jahren entstandenen politischen Bewegungen für zahlreiche Angehörige der jüdischen *intelligencija* sowie für die jüngere Generation eine große Anziehungskraft. Sozialismus und Zionismus entfalteten sich als neue ideologische Hoffnungsträger für die einen.[81] Die anderen sahen sich wegen der Pogrome in ihrer Ansicht bestätigt, dass die in den 1840er bis 1880er Jahren entstandenen progressiven Bewegungen im Judentum keine akzeptierbare Lösung darstellten, und förderten die Rückkehr zur jüdischen Tradition und Orthodoxie.[82]

Nicht nur in wirtschaftlicher, sozialer und politischer Hinsicht fanden in der zweiten Hälfte des 19. Jahrhunderts zahlreiche Umwälzungen in der jüdischen Bevölkerung statt. Auch kulturelle Entwicklungen übten einen starken Einfluss auf den jüdischen Alltag aus. Mit der bereits erwähnten Haskala-Bewegung war die hebräische Sprache zu einem „modern medium of communication"[83] gemacht worden. Infolge der beginnenden Säkularisierung, der Abnahme der

---

unterwegs". Jüdische Migranten aus Osteuropa im Transit durch Deutschland vor dem Ersten Weltkrieg, in: Aschkenas 10,1 (2007), S. 75–96.

79 Slezkine, Das jüdische Jahrhundert, S. 131; Kupovetsky, Mark: Population and Migration: Population and Migration before World War I, in: YIVO Encyclopedia of Jews in Eastern Europe, <http://www.yivoencyclopedia.org/article.aspx/Population_and_Migration/Population_and_Migration_before_World_War_I> [11.08.2015].

80 Polonsky, Jews in Poland and Russia, Bd. 2, S. 3. Zum Integrations- bzw. Assimilationswillen eines Teiles der jüdischen Elite in die russische Gesellschaft in der zweiten Hälfte des 19. Jahrhunderts siehe unter anderen Nathans, Beyond the Pale und Dohrn, Jüdische Eliten im Russischen Reich.

81 Zur Politisierung der jüdischen Bevölkerung im Russischen Reich ab den 1880er Jahren, siehe Frankel, Prophecy and Politics; Gitelman, The Emergence of Modern Jewish Politics. Zur Entwicklung des jüdischen Nationalismus und seiner verschiedenen Ausrichtungen siehe zum Beispiel: Rabinovitch, Simon: Jewish Rights, National Rites: Nationalism and Autonomy in Late Imperial and Revolutionary Russia, Stanford 2014; Karlip, Joshua M.: The Tragedy of a Generation. The Rise and Fall of Jewish Nationalism in Eastern Europe, Cambridge (MA) 2013; Hilbrenner, Diaspora-Nationalismus.

82 Haumann, Geschichte der Ostjuden, S. 152–162.

83 Weeks, Nation and State, S. 120.

Bedeutung der traditionellen Lebensweise und der Zunahme des Bewusstseins für das Individuum entstand Mitte des 19. Jahrhunderts eine moderne hebräische Literatur, die um die Jahrhundertwende angesichts der politischen Situation und der Infragestellung des Integrationsmodells noch einen Schritt weiter Richtung Politik ging. Trotz dieser Entwicklung und des Versuchs der Haskala-Anhänger, sie zur „nationalen" Sprache zu machen, blieb Hebräisch die Sprache der gebildeten Jüd:innen.[84] Viel bedeutender für die hier vorliegende Arbeit hingegen ist die Entfaltung der jiddischen Sprache. Das Jiddische, das bis in die 1880er Jahre für die jüdische *intelligencija* als Dialekt der ungebildeten Masse galt, entwickelte sich zu einer anerkannten Sprache mit eigener Literatur und Presse.[85] Jüdische Schriftsteller wie Scholem Aleichem oder Mendele Moykher Sforim beschrieben ihre Wahrnehmung der jiddischen Welt im Ansiedlungsrayon mit großem populären Erfolg. Mitte der 1890er Jahre begriff ein Teil der führenden jüdischen Sozialist:innen, dass man Jiddisch statt Russisch als Agitationssprache benutzen sollte, um die Massen zu erreichen.[86] In diesem lebhaften Kontext entstand die jüdische Arbeiter:innenbewegung in den letzten zwei Jahrzehnten des 19. Jahrhunderts.

2.3 *Wirtschaftliche Entwicklung*

INDUSTRIE UND ARBEITER:INNEN

Laut der Volkszählung von 1897 wohnten 86,6 Prozent der Bevölkerung des Russischen Reiches auf dem Land. Rund 75 Prozent lebten von der Landwirtschaft.[87] Das Zarenreich war also um die Jahrhundertwende trotz der zuneh-

84 Polonsky, Jews in Poland and Russia, Bd. 2, S. 212–214.

85 Weeks, Nation and State, S. 120. Für eine genauere Beschreibung dieses Phänomens siehe Polonsky, Jews in Poland and Russia, Bd. 2, S. 227–274 (Kapitel 7); Fishman, David E.: The Rise of Modern Yiddish Culture, Pittsburgh 2005, S. 3–81.

86 Kremer, Arkadij: Ob agitacii, s poslesloviem P. Aksel'roda, Genf 1896; Gožanskij, S.: A briv tsu di agitatorn, in: Tsherikover, E.; Menes, A.; Kurski, F.; Rozin, A. (Hrsg.): Historishe shriftn, Bd. 3: Di yidishe sotsialistishe bavegung biz der grindung fun „bund", Vilnius 1939, S. 626–648. Die Schrift von Arkadij Kremer und ihre Bedeutung für einen der wichtigsten Strategiewechsel in der Agitation und Propaganda der russischen Sozialdemokratie wird im Kapitel 3 dieser Arbeit ausführlicher besprochen.

87 Neutatz, Dietmar: Träume und Alpträume. Eine Geschichte Russlands im 20. Jahrhundert, München 2013, S. 25, 64. Heiko Haumann gibt an, dass Ende der 1890er Jahre die

menden Industrialisierung immer noch deutlich agrarisch geprägt. Die industrielle Entwicklung, die ab den 1860er Jahren eingesetzt hatte, erreichte jedoch in den 1890er Jahren eine neue Dynamik.[88] Unter der Politik von Finanzminister Sergej Jul'evič Vitte (Finanzminister von 1893 bis Ende August 1903) wurde eine „von oben" forcierte ökonomische Modernisierung betrieben.[89] Eines von Vittes Zielen war, die russische Wirtschaft für ausländische Investoren attraktiv zu machen, so dass unter anderem neue industrielle Produktionsweisen und Organisationsformen aus dem Ausland übernommen wurden, um die Industrialisierung des Zarenreiches vorwärts zu bringen.[90] Diese „beschleunigte Industrialisierung" trug dazu bei, die soziale Grundlage der Autokratie (die Dietmar Neutatz „vormoderne agrarische Elite" nennt) zu zerstören. Der Zwiespalt zwischen Berufung auf das traditionelle Herrschaftsbild des Zaren einerseits, dessen Macht sich auf Adel, Orthodoxie und traditionell organisiertes Bauerntum stützte, und Industrialisierung andererseits, die diese gesellschaftliche Ordnung in Frage stellte, destabilisierte das autokratische System. Es entstanden innerhalb der Regierungskreise und in der öffentlichen Meinung heftige Spannungen zwischen den Anhängern der Industrialisierung und des Kapitalismus auf der einen Seite und den Verteidigern der traditionellen sozialen Strukturen auf der anderen Seite.[91] Nationalistisch-konservative Kreise kritisierten die Industrialisierung als etwas „Unrussisches" und sahen ihretwegen ihre politische und wirt-

---

Bäuer:innen rund 80 Prozent der Bevölkerung dargestellt hätten: Haumann, Geschichte Russlands, S. 260.

88 Die industrielle Entwicklung betraf nicht alle Länderteile gleich. Die Unterschiede zwischen den verschiedenen Regionen des Zarenreiches sowie zwischen Stadt und Land nahmen stark zu (Hildermeier, Manfred: Geschichte Russlands. Vom Mittelalter bis zur Oktoberrevolution, München 2013, S. 1129–1130). Zur Geschichte der Industrialisierung Russlands vor Alexander II., die unterschiedlichen Strategien, die dabei angewandt wurden, und die verschiedenen entgegengesetzten Meinungslager, die darüber entstanden waren, siehe zum Beispiel Blackwell, William L.: The Beginnings of Russian Industrialization 1800–1860, Princeton 1968. Für einen Überblick über die Industrialisierung des Russischen Reiches zwischen 1860 und 1914 siehe beispielsweise Blackwell, William L.: The Industrialization of Russia. A Historical Perspective, 3. Auflage, Arlington Heights (IL) 1994, S. 23–52; Portal, Roger: The Industrialization of Russia, in: The Cambridge Economic History of Europe, Bd. 6/2, Cambridge 1966, S. 801–863; Gatrell, Peter: The Tsarist Economy 1850–1917, London 1986.

89 Neutatz, Träume und Alpträume, S. 50–52.

90 Haumann, Geschichte Russlands, S. 259–260; Hildermeier, Geschichte Russlands, S. 1144–1146.

91 Neutatz, Träume und Alpträume, S. 51.

schaftliche Macht bedroht.[92] Die Industrialisierung „von oben" entfaltete sich aber weiter und brachte neben großen wirtschaftlichen Veränderungen auch ungeheure soziale Umwälzungen. Indem der russische Staat (und insbesondere die Politik des damaligen Finanzministers Sergej Vitte) alles auf die Entwicklung der Industrien setzte, wurden die Bedürfnisse der Bevölkerung vernachlässigt.[93] Es bildete sich zwar eine neue Schicht russländischer Unternehmer, denen die Umstellung auf Industrialisierung gelang, für zahlreiche Einwohner:innen des Zarenreiches bedeuteten diese Veränderungen aber Unsicherheit, Wandel und nicht zuletzt Verarmung.[94]

Die Land-Stadt-Migration nahm ein großes Ausmaß an und definierte mehrere Aspekte der gesellschaftlichen und sozialen Strukturen zwischen Stadt und Land und innerhalb der Städte neu. Zwischen 1887 und 1900 wurde rund eine Million Frauen und Männer zu Industriearbeiter:innen. Die meisten von ihnen kamen aus der Bauernschaft. So gab es um die Jahrhundertwende 2,4 Millionen Fabrik- und Bergwerkarbeiter:innen im Zarenreich. Viele zogen von ihren Dörfern in die Städte.[95] Dieses Phänomen betraf hauptsächlich die Großstädte, die sich in den Industriezentren in Zentralrussland, nördlich der Schwarzmeerküste in den „neurussischen" Gouvernements und um Sankt Petersburg und Moskau befanden.[96] Die Konkurrenz, die diese Bauernarbeiter:innen für die urbanen Arbeiter:innen und Handwerker:innen darstellten, hatte jedoch auch Konsequenzen in anderen Regionen, inklusive in den hier untersuchten nordwestlichen *gubernii.*[97]

---

92 Haumann, Geschichte Russlands, S. 260.

93 Neutatz, Träume und Alpträume, S. 51.

94 Hildermeier, Geschichte Russlands, S. 1146.

95 Bonnell, The Russian Worker, S. 2. Zur Land-Stadt-Migration, zum Phänomen des „Bauernarbeiters" und zu den Konsequenzen für die Städte und die Gemeinschaften auf dem Land siehe beispielsweise: Haumann, Geschichte Russlands, S. 266–272; Hildermeier, Geschichte Russlands, S. 1184–1193; Bonwetsch, Bernd: Die russische Revolution 1917. Eine Sozialgeschichte von der Bauernbefreiung 1861 bis zum Oktoberumsturz, Darmstadt 1991, S. 54–79; Burds, Jeffrey: The Social Control of Peasant Labor in Russia: The Response of Village Communities to Labor Migration in the Central Industrial Region, 1861–1905, in: Kingston-Mann, Esther; Mixter, Timothy (Hrsg.): Peasant Economy, Culture, and Politics of European Russia, 1800–1921, Princeton 1991, S. 52–100.

96 Puttkamer, Fabrikgesetzgebung, S. 19.

97 Insbesondere in Streikfällen stellten die christlichen Arbeiter:innen vom Land ein Reservoir für Streikbrecher:innen dar. Siehe dazu: Mendelsohn, Jews and Christian Workers, S. 246; Weinstock, Le pain de misère, S. 111–112.

Laut der Fabrikinspektion betrug die Zahl der Fabrikarbeiter:innen im Zarenreich am 1. Januar 1901 1,7 Millionen. Um die Jahrhundertwende stellten die Textil- und Metallindustrie mit 708.000 resp. 252.000 Arbeiter:innen zwei wichtige Industrialisierungsbereiche dar.[98] Mit dem Aufschwung der Schwerindustrie infolge des blühenden Eisenbahnbaus Mitte der 1860er Jahre und erneut in den 1890er Jahren rückte die Textilindustrie langsam in den Hintergrund, obwohl sie in den ersten Jahren der Industrialisierung eine führende Rolle gespielt hatte.[99] Die Leichtindustrie blieb jedoch bis zum Ersten Weltkrieg die industrielle Form, die die größte Anzahl an Arbeiter:innen beschäftigte und am meisten produzierte.[100] Dabei ist auch zu beachten, dass die regionalen Gewichte sich je nach Region sehr anders zusammensetzten. Belostok blieb beispielsweise auch in den ersten Jahren des 20. Jahrhunderts ein wichtiges Zentrum der Textilherstellung, die sich für das Gouvernement Grodno als beachtlichen Teil seiner industriellen Produktion erwies.[101]

Die Zahlen der Fabrikinspektion stellen für die Erfassung der Arbeiter:innen im Zarenreich insofern eine problematische Quelle dar, als die Statistik ausschließlich Fabriken und Unternehmen einbezieht, die unter Aufsicht der Fabrikinspektion standen. Konkret bedeutet dies, dass nur die Arbeiter:innen von Unternehmen mit mehr als 15 (bzw. ab 1898 20) Angestellten in die Statistik aufgenommen wurden, was die Mehrheit der Arbeiter:innen des städtischen Handwerks – eine für die jüdische Bevölkerung um die Jahrhundertwende typische Arbeitsstruktur – automatisch ausschloss.[102]

In der Tat stieg die Zahl der Lohnarbeiter:innen im ganzen Russischen Reich von 3,3 bis 4 Millionen in den 1860er Jahren auf 15 bis 18 Millionen in 1914. Bei dieser Zahl ist aber zwischen Landarbeiter:innen (4,5 bis 6,5 Millionen), Arbeiter:innen in Kleinbetrieben und Bauwirtschaft in den Städten oder Dörfern (4,5 Millionen) und Eisenbahn-, Bergbau- und Großindustriearbeitern (3,1 bis 3,9 Millionen, also 1,9 bis 2,4 Prozent der gesamten Bevölkerung) zu

98 Puttkamer, Fabrikgesetzgebung, S. 20.

99 Bonnell, The Russian Worker, S. 4; Neutatz, Träume und Alpträume, S. 77; Hildermeier, Geschichte Russlands, S. 1140–1141. Zum Wechselverhältnis zwischen Eisenbahn und Moderne im Zarenreich siehe Schenk, F. Benjamin: Russlands Fahrt in die Moderne. Mobilität und sozialer Raum im Eisenbahnzeitalter, Stuttgart 2014.

100 Hildermeier, Geschichte Russlands, S. 1152.

101 Norman, Davies: God's Playground. A History of Poland, Bd. 2, Oxford 1981, S. 173–174.

102 Puttkamer, Fabrikgesetzgebung, S. 20.

differenzieren.[103] Zudem bedeuteten die technischen Fortschritte, die ab den 1880er Jahren zu beobachten waren, wie zum Beispiel die Entwicklung der Dampfkraftverwendung, lange nicht, dass Handarbeit vertrieben wurde. Denn in zahlreichen als „Fabrik" bezeichneten Unternehmen war die Mechanisierung noch nicht durchgesetzt worden.[104]

In den nordwestlichen Gouvernements, die hier im Fokus stehen, gab es Ende der 1860er Jahre noch keine Großindustrie. Handwerker:innen gewährleisteten die Warenproduktion und arbeiteten nach Aufträgen. Die wenigen Fabriken, die es gab, bestanden durchschnittlich aus fünf bis sechs Arbeiter:innen. Es handelte sich hauptsächlich um nichtmechanisierte Branntweinbrennereien, Bierbrauereien, Färbereien und Ziegelfabriken. Die Industrialisierung entwickelte sich zwischen den 1870er und 1890er Jahren vor allem im Gouvernement Grodno mit der Textil- und Tabakindustrie.[105] 1900 arbeiteten in den Teilen des Russischen Reiches, die heute zu Weißrussland gehören (Gouvernement von Vil'na, Vitebsk, Grodno, Mogilev und Minsk), 43.332 Arbeiter:innen in 1349 Fabriken. 45,6 Prozent von ihnen hatten zwischen ein und zehn Angestellten (insgesamt 3818 Arbeiter:innen). Und nur 67 von den 1349 Fabriken hatten mehr als 100 Arbeiter:innen (insgesamt 18.721 Arbeiter:innen).[106] Gegen Ende der 1890er Jahre zählten die oben erwähnten Gouvernements etwa 50.000 Fabrikarbeiter:innen und 200.000 Personen, die im Handwerk tätig waren (bei einer Gesamtbevölkerung von 10 Millionen). Letztere arbeiteten nicht mehr

103 Neutatz, Träume und Alpträume, S. 82–83.

104 Hildermeier, Geschichte Russlands, S. 1151; siehe als Beispiel die zum Teil technisch sehr prekären Produktionsbedingungen, die in der Textilproduktion in Ivanovo bis ins 20. Jahrhundert herrschten: Gestwa, Klaus: Proto-Industrialisierung in Russland. Wirtschaft, Herrschaft und Kultur in Ivanovo und Pavlovo, 1741–1932, Göttingen 1999, S. 158–160.

105 Agurskij, Očerki po istorii revoljucionnogo dviženija, S. 10. Für seine statistischen Angaben definiert Agurskij die „weißrussischen Gouvernements" als die sechs *gubernii* von Vil'na, Vitebsk, Grodno, Mogilev, Minsk und Smolensk.

106 Dokumenty i materialy po istorii Belorussii 1900–1917 gg., Bd. 3, Minsk 1953, S. 31. Die Zahlen beruhen auf Daten der Fabrikinspektion, die im Buch *Spiski fabrik i zavodov Rossijskoj imperii,* hrsg. von V. E. Varzar, 1903 zusammengetragen worden sind. In seinem Buch über die Arbeiter:innenklasse Weißrusslands stellt Abezgauz andere statistische Zahlen vor, die er von folgendem Autor zitiert: Kovalevskij, G. T.: Ėkonomika Belorussii v ėpochu imperializma, Minsk 1963, S. 37. Trotz der Zahlenunterschiede und der verschiedenen Skalen wird deutlich, dass die Mehrheit der Fabriken 1900 weniger als 50 Arbeiter:innen anstellte (Abezgauz, Rabočij klass Belorussii, S. 17).

nach direkten Aufträgen, sondern für Zwischenhändler, die dann die Produkte in Geschäften und bei anderen Händlern verkauften.[107]

Durch die Produktionsstruktur in diesen nordwestlichen Provinzen setzte sich das „jüdische Proletariat" mehrheitlich aus Handwerker:innen zusammen. Sie arbeiteten meistens in kleinen Werkstätten, die eins bis zwei Personen anstellten. Obwohl es um die Jahrhundertwende immer mehr Betriebe gab, die zehn Arbeiter:innen oder mehr beschäftigten, blieben diese kleinen, nichtmechanisierten Werkstätten bis ins 20. Jahrhundert die Regel. Sie litten stark unter der Konkurrenz der großen Fabriken mit ihren immer häufiger mechanisierten Arbeitstechniken und ihrer mehrheitlich christlich-bäuerlichen Belegschaft.[108] Ausschließlich in der Produktion von Textil-, Tabakwaren und Zündhölzern kann man die Entstehung größerer Fabriken beobachten, obwohl die gesamte Zahl der Arbeiter:innen im Vergleich zu derjenigen der Handwerker:innen begrenzt blieb:

> The cigarette and match factory workers comprised the only real „factory proletariat" among the Jewish population of Belorussia-Lithuania: three thousand employees, however, scarcely represented the formidable power envisioned by the Marxists when they predicted the transformation of the Russian Jewish working class into a factory proletariat. In fact, the Jewish proletariat remained a proletariat of small shops and declining fortunes.[109]

Die Besitzer dieser Tabak- und Zündholzfabriken waren meistens jüdisch, wie auch ihre Arbeiter:innen. Die Mehrheit der Belegschaft waren Frauen und Kinder, die für niedrige Löhne mehr als zwölf Stunden pro Tag unter schlechten Bedingungen arbeiteten.[110] Die berühmteste und bedeutendste dieser Fabriken war die Tabak- und Zigarettenfabrik von I. L. Šereševskij und Fajvel' Russota in Grodno, die zur Zeit des ersten Streiks in ihren Mauern mehr als 1500 Arbeiter:innen beschäftigte.

Trotz dieser relativ kleinen Anzahl an jüdischen Fabrikarbeiter:innen und Großfabriken in den nordwestlichen Gouvernements bleiben die wenigen Großbetriebe der Region ein wertvoller Forschungsgegenstand für die Fragen,

---

107 Agurskij, Očerki po istorii, S. 11; Mendelsohn, Class Struggle in the Pale, S. 11; Lederhendler spricht seinerseits von 240.000 jüdischen Handwerker:innen und 40.000 Fabrikarbeiter:innen im ganzen Ansiedlungsrayon. Lederhendler, Classless, S. 515.

108 Mendelsohn, Class Struggle in the Pale, S. 6, 15; Weinstock, Le pain de misère, S. 22–23.

109 Mendelsohn, Class Struggle in the Pale, S. 26.

110 Ibid., S. 24–25.

die im Zentrum der vorliegenden Dissertation stehen. Gerade in diesem Teil des Ansiedlungsrayons entstand die jüdische Arbeiter:innenbewegung, die bei der Revolution von 1905/1907 eine bedeutende Rolle spielen sollte. Außerdem stellten Fabriken mit hohen Arbeiter:innenzahlen wesentliche Arbeitgeberinnen in einer Stadt bzw. einer Region dar. Sie fungierten zum Teil als ökonomischer Motor einer Stadt oder eines Stadtviertels. Deswegen konnten Konflikte zwischen der Fabrikleitung und der Belegschaft wie zum Beispiel Arbeiter:innenunruhen und Streiks in solchen Unternehmen gravierende Auswirkungen auf die ganze Umgebung haben. Hinzu kommt, dass die Fabriken oder Werkstätten mit wenigen Angestellten in den Quellen der Fabrikinspektion nicht vertreten sind, da sie nicht unter Aufsicht dieser Behörde standen.

FABRIKGESETZGEBUNG UND FABRIKINSPEKTION

Die Frage, ob die Industriearbeiter:innen im Zarenreich eine eigene soziale Schicht bzw. eine Klasse wie in Westeuropa (damit war vor allem Großbritannien gemeint) bildeten, blieb in der russischen Öffentlichkeit und in den Regierungskreisen bis relativ spät umstritten. In den 1860er und 1870er Jahren waren die meisten Intellektuellen und Regierungsabgeordneten immer noch der Meinung, dass die russischen Arbeiter:innen, deren Mehrheit aus dem Dorf kam, infolge der Aufhebung der Leibeigenschaft über Land verfügen würden und deswegen in regelmäßigen Abständen nach Hause zurückkehren würden, um auf dem Feld zu arbeiten, was die sozialen Umwälzungen der Industrialisierung mindern werde. So werde eine Proletarisierung der Arbeiter:innen wie in anderen europäischen Ländern nicht stattfinden. Deshalb gebe es weder eine arbeitende Klasse noch eine Arbeiter:innenfrage, sondern nur eine Agrarfrage.[111] Ab dem Ende der 1860er Jahre kamen dennoch vor allem aus dem medizinischen Milieu und aus der technischen Intelligenz via Sanitätsstudien und Diskussionen über die industrielle Entwicklung Russlands Impulse, die diese agrarische Auffassung der russischen Gesellschaft in Frage stellten und die Arbeiter:innen zur eigenen sozialen Schicht erklärten.[112] Öffentliche Diskussionen über die Arbeiter:innenfrage hatten sich schon ab den 1860er Jahren entwickelt, auch wenn laut dem Historiker Joachim von Puttkamer die Frage nicht primär als „greifbar[es] sozial[es] Phänomen" diskutiert worden sei. Vielmehr ging es dabei um die Beschäftigung mit theoretischen Debatten über eine zukünftige Überwindung des Gegensatzes

111 Puttkamer, Fabrikgesetzgebung, S. 20–22.
112 Ibid., S. 23–27.

zwischen Arbeit und Kapital.[113] In neu gegründeten Zeitschriften wie beispielsweise *Promyšlennost' (Industrie)* (publiziert 1861–1863 in Sankt Petersburg) erschienen dennoch Artikel über den Zustand der russischen Industrialisierung und die damit zusammenhängenden Probleme des Fabriklebens. Die Petersburger Fabriken wurden dort düster geschildert und die Lebensbedingungen der Angestellten als katastrophal beschrieben. Die Aufhebung der Leibeigenschaft 1861 förderte das Aufkommen der Auseinandersetzungen um die Arbeiter:innenfrage umso mehr: „[...] there was a new assumption that the future of the urban worker in Russia would, by dint of the forthcoming emancipation, unfold under conditions of ‚free labor'".[114] Eine intensive Beschäftigung mit dem Thema fand nicht nur unter Journalisten und Ökonomen, sondern auch innerhalb der engsten Regierungskreise statt. Kommissionen wurden gebildet, die Vorschläge für eine Revision der Gewerbeordnung erarbeiten sollten.[115] Dies erwies sich als ein langjähriger Prozess, der wegen der unterschiedlichen, teilweise widersprüchlichen Interessen der Machthaber in den Regierungskreisen kaum Fortschritte machte. Trotz dieser Bemühungen seitens der russischen Regierung, Maßnahmen zum Schutz der Arbeiter:innen zu beschließen, spielte die Arbeiter:innenfrage als besondere soziale Frage und wichtiges Element der russischen Innenpolitik auf Regierungsebene bis Mitte der 1890er Jahre kaum eine Rolle. Der Entstehungsprozess der unterschiedlichen Fabrikgesetzgebungen, die in den 1880er Jahren verabschiedet wurden, unterlagen anderen, grundsätzlichen Überlegungen. Bei diesen Gesetzen ging es darum, „eine ‚wohleingerichtete Ordnung' *(blagoustrojstvo)* zu gewährleisten".[116] Zudem galt die rechtliche Regelung des Lohnarbeitsverhältnisses nach westeuropäischem Muster als Zeichen der angestrebten Modernisierung des Zarenreiches. Deshalb konnten in den höchsten Regierungssphären Gesetze über die Fabrikarbeit nur so lange durchgesetzt werden, als sie keine sozialpolitischen Komponente enthielten und als kompatibel mit der Auffassung betrachtet wurden, dass die Arbeiter:innen und die Bauernschaft dieselbe soziale Schicht bildeten.[117]

113 Ibid., S. 22.

114 Zelnik, Labor and Society, S. 80. Für weitere Details zur Entwicklung der Arbeiter:innenfrage im Russischen Reich zwischen 1855 und 1870, zu den unterschiedlichen Meinungen dazu und zu den Lösungsansätzen, die dafür entwickelt wurden, siehe ibid., S. 67–118 und 283–330.

115 Für eine detaillierte Schilderung der Arbeiten dieser Kommissionen siehe Zelnik, Labor and Society, S. 119–159.

116 Puttkamer, Fabrikgesetzgebung, S. 29, 30 (Zitat). Hervorhebung im Original.

117 Ibid., S. 30–34.

Ab den 1880er Jahren arbeiteten die zarischen Behörden mehrere konkrete Gesetze aus, die darauf zielten, die Arbeiter:innen vor der Willkür und Ausbeutung durch die Fabrikbesitzer besser zu schützen, ohne die Industrialisierung zu sehr zu bremsen. So wurde beispielsweise am 1. Juni 1882 die Kinderarbeit stark eingeschränkt: Kinder unter 12 Jahren durften in den Fabriken nicht mehr arbeiten, und die Nachtarbeit von Kindern unter 15 Jahren wurde stark reduziert und auf maximal 8 Stunden pro Tag beschränkt.[118] Ähnlich wie in anderen europäischen Ländern ging die Entwicklung des Arbeiter:innenschutzes mit dem Aufbau eines staatlichen Kontrollorgans einher.[119] Parallel zu diesem neuen Gesetz wurde im Juli 1882 eine Fabrikinspektion gegründet, deren Funktion es war zu prüfen, ob das neue Reglement respektiert wurde. Am Anfang bestand sie nur aus einem Hauptfabrikinspektor und vier Bezirksfabrikinspektoren, die in den Städten Sankt Petersburg, Moskau, Vladimir und Warschau tätig waren. Mit der Zeit entwickelte sich jedoch die Fabrikinspektion immer mehr und dehnte sowohl ihre legalen Tätigkeiten als auch ihre Handlungsgebiete aus. Die Fabrikinspektion stand zuerst unter der Leitung der Abteilung für Handel und Manufakturen des Finanzministeriums.[120]

Mit dem großen Streik in der Nikol'skaja-Textilfabrik von Timofej S. Morozov im Januar 1885 wurde den Behörden bewusster, dass eine Verbesserung der Situation der Arbeiter:innen auf Gesetzesebene nötig war.[121] Am 3. Juni 1886 wurde ein neues Gesetz zum Arbeiter:innenschutz und zur Fabrikinspektion verabschiedet. Dabei wurden die sogenannten Gouvernementsfabrikbehörden geschaffen. Sie tagten „unter dem Vorsitz des Gouverneurs und bestanden aus den Leitern der örtlichen Polizei- und Justizbehörden, dem Bezirksfabrikinspektor sowie zwei Vertretern der örtlichen Industrie oder der lokalen Selbstverwaltung".[122] So standen die Fabrikinspektoren nicht mehr ausschließlich un-

118 Ibid., S. 98. Siehe auch S. 97–143 für eine detaillierte Analyse des Gesetzes, seiner Entstehung und seiner Konsequenzen für die Fabrikanten und die Arbeiter:innen.

119 Zum Beispiel wurde eine staatliche Fabrikinspektion 1833 in Großbritannien, 1853 in Preußen und 1874 in Frankreich gegründet. Die Definition und die genauen Aufgaben einer Fabrikinspektion konnten je nach Ländern stark variieren, siehe Birnie, Arthur: Histoire économique de l'Europe (1760–1932), Paris 1932, S. 282–293.

120 Puttkamer, Fabrikgesetzgebung, S. 220–224.

121 Laue, Theodore H. von: Factory Inspection under the „Witte System": 1892–1903, in: American Slavic and East European Review 19, 3 (1960), S. 347–362, hier S. 349; Puttkamer, Fabrikgesetzgebung, S. 177–180; Hildermeier, Geschichte Russlands, S. 1199. Über diesen Streik wird auch im Kapitel 3, S. 71 berichtet.

122 Puttkamer, Fabrikgesetzgebung, S. 228.

ter der Leitung des Finanz-, sondern auch des Innenministeriums und mussten mit dem Gouverneur der jeweiligen Gouvernements eng zusammenarbeiten.[123] Dies ist insbesondere für die weitere Entwicklung vom August 1897 und die Priorisierung des Gouverneurs und der Polizei über den jeweiligen Fabrikinspektor im Streikfall wichtig. Das Gesetz vom Juni 1886 regelte auch das Verhältnis zwischen Arbeiter:innen und Arbeitgebern. Individuelle Abrechnungshefte mit Vertragsdauer, Lohn, Abzügen und Strafen wurden eingeführt. Ein Arbeitsvertrag, wenn nicht unbefristet, lief in der Regel von Ostern bis zum 1. Oktober und vom 1. Oktober bis Ostern.[124] Eine obligatorische Kündigungsfrist von zwei Wochen wurde eingeführt. Der Fabrikant durfte jedoch Arbeiter:innen sofort entlassen, wenn diese sich schlecht benommen hatten, unter einer ansteckenden Krankheit litten, unentschuldigt abwesend waren oder wegen technischer Außengründe wie zum Beispiel eines Mangels an Rohstoffen oder der Zerstörung eines Teils der Fabrik infolge eines Brandes. Löhne mussten mindestens einmal, im Fall unbefristeter Verträge zweimal pro Monat in bar ausgezahlt werden. Das Verhältnis der Strafen zum Lohn wurde auf maximal ein Drittel pro Monat festgesetzt.[125] Die Einhaltung dieser Regel sollte die Fabrikinspektion kontrollieren. Allerdings galt das neue Gesetz nur für Fabriken, die mehr als 20 Angestellte beschäftigten,[126] was dazu führte, dass zahlreiche Betriebe nicht unter der Aufsicht der Fabrikinspektion standen, vor allem in den Gegenden des Reiches, deren ökonomische Struktur durch kleine Fabriken und Werkstätte charakterisiert war, wie in den nordwestlichen *gubernii.* Hinzu kommt, dass mehrere Aspekte des Gesetzes (wie beispielsweise die Abrechnungshefte) zuerst nur in einigen wichtigen industriellen Regionen eingeführt und erst später auf weitere Gebiete erweitert wurden und dass die personale Ausstattung der Fabrikinspektion in den ersten Jahren sehr schwach blieb und sie deswegen keine ausführliche Kontrolle gewährleisten konnte.[127] Trotz allem blieb das Gesetz vom Juni 1886 für den Aufbau der Fabrikinspektion entscheidend, weil von da an die Zuständigkeit der Fabrikinspektoren nicht nur auf arbeitende Frauen

123 Ibid., S. 229.

124 Bei den jüdischen Arbeiter:innen und Unternehmern liefen die Verträge vom jüdischen Ostern bis zum Sukkot-Fest. So war es beispielsweise für die Arbeiterinnen der Tabak- und Zigarettenfabrik von Šereševskij und Russota in Grodno im Herbst 1899, wenn sie einen befristeten Arbeitsvertrag hatten. Siehe Bericht des Oberfabrikinspektors, 20.09.1899, RGIA, F. 23_30_39, S. 210.

125 Laue, Factory Inspection, S. 349–350; Puttkamer, Fabrikgesetzgebung, S. 211.

126 Laue, Factory Inspection, S. 350.

127 Puttkamer, Fabrikgesetzgebung, S. 194, 232.

und Kinder begrenzt war, sondern auf den ganzen Bereich der durch den Vertrag geregelten Wechselbeziehungen zwischen Arbeiter:innen und Fabrikanten erweitert wurde.[128]

Das Gesetz vom Juni 1886 und die Fabrikinspektion wurden im Laufe der nächsten 20 Jahre regelmäßig revidiert. So wurde zum Beispiel 1897 der Arbeitstag auf 11,5 Stunden reduziert. 1903 wurde ein System von Fabrikältesten zur Vertretung der Fabrikarbeiter:innen eingeführt.[129] Ab 1894 gab es in den Gouvernements, in den die Fabrikinspektion tätig war, einen Oberinspektor *(staršyj fabričnyj inspektor),* der die anderen lokalen Fabrikinspektoren des Gouvernements koordinierte.[130] Die an einer Anstellung als Fabrikinspektor Interessierten mussten über einen Hochschulabschluss – vorzugsweise in einem technischen Fach – verfügen. Neben der Rekrutierung von überwiegend jungen Ingenieuren stellte das Finanzministerium auch Gelehrte und Mitglieder der lokalen Selbstverwaltung an, was einen wichtigen Einfluss auf die Entwicklung des Arbeiter:innenschutzes hatte:

> Aufgrund ihres weit über technische Fragen hinausgehenden Horizontes gelang es den Spitzen der Inspektion relativ bald, sich innerhalb des Finanzministeriums erheblichen konzeptionellen Einfluss zu sichern und wichtige sozialpolitische Impulse zu liefern. Die Inspektoren wurden zu den wichtigsten Auskunftsorganen der Regierung, wenn es um die Lage der Arbeiter und um notwendige Weiterentwicklungen der Fabrikgesetzgebung ging.[131]

Allerdings ist über die Jahre ein Generationenwechsel zu beobachten. In der Mitte der 1890er Jahre wurden die ersten Fabrikinspektoren durch „Technokraten“ ersetzt, die tendenziell zu Gunsten der Fabrikbesitzer handelten.[132]

Die Funktion des Fabrikinspektors beschränkte sich nicht nur auf die Kontrolle der Einhaltung des Gesetzes. Der Fabrikinspektor war auch verantwortlich für die Erhebung detaillierter Daten zu den Fabriken und zu den Arbeiter:innenzahlen und musste Berichte über den Zustand und die Entwicklung der Industrien verfassen.[133] Er musste die Arbeiter:innen sowie die Fabrikanten

128 Volodin, Istorija fabričnoj inspekcii, S. 34.

129 Puttkamer, Fabrikgesetzgebung, S. 288–290, 324–332.

130 Litvinov-Falinskij, Vladimir Petrovič: Fabričnoe zakonodatel'stvo i fabričnaja inspekcija v Rossii, 2. korrigierte und erweiterte Auflage, Sankt Peterburg 1904, S. 315.

131 Puttkamer, Fabrikgesetzgebung, S. 235.

132 Glickman, Russian Factory Women, S. 154.

133 Laue, Factory Inspection, S. 352–353.

über ihre Pflichten und Rechte aufklären und erfüllte somit eine erzieherische Funktion.[134] Von ihm erwartete man auch, dass er in Konfliktfällen (auch in Streikfällen) die Vermittlerrolle zwischen dem Fabrikbesitzer und den Arbeiter:innen übernahm.[135] Um einen Konflikt lösen zu können, sollte der Fabrikinspektor sich so schnell wie möglich zum Konfliktort begeben und sich nach den Ursachen des Problems erkundigen.[136] Wenn Arbeiter:innenunruhen ausbrachen, konnte sich der Fabrikinspektor auf den „Arbeitsvertrag als einzige[...] Rechtsgrundlage des Lohnarbeitsverhältnisses"[137] stützen und sowohl erzieherische als auch schlichtende Maßnahmen anwenden, um die Situation zu entschärfen. In einer Periode, als die Gewerkschaften und das Streiken verboten waren, war also die Fabrikinspektion die einzige Instanz, die die Gesetzlichkeit und Gerechtigkeit des Verhältnisses zwischen Arbeiter:innen und Arbeitgebern garantierte.[138] Als die Streiks ab Mitte der 1890er Jahre die Bestimmungen der Arbeitsverträge selbst in Frage stellten (zum Beispiel mit der Forderung der Verkürzung des Arbeitstages oder der Erhöhung des Lohnes) traten die verschiedenen Funktionen der Inspektoren in Widerspruch zueinander. Einerseits sollte er zwischen den Arbeiter:innen und dem Fabrikbesitzer vermitteln, andererseits waren ihm die Hände gebunden, wenn es sich um eine Anfechtung des gültigen Arbeitsvertrages handelte. Das Finanz- und das Innenministerium erließen im April und im August 1897 Vorschriften, die Inspektoren strikt verboten, Forderungen der Arbeiter:innen in Betracht zu ziehen, solange diese die Arbeit nicht wieder aufgenommen hatten, und die die lokalen Polizeibehörden für die Behandlung der Streikfälle verantwortlich machten. Die Fabrikinspektoren konnten nur noch inoffiziell versuchen, einen Kompromiss vor der Ankunft der Polizei zu finden.[139]

Entscheidend für das Vorgehen im Streikfall war das Zirkular Nr. 7587. Dieses geheime Rundschreiben, dessen Inhalt noch genauer studiert wird, ließ der Innenminister Goremykin am 12. August 1897 den Gouverneuren zusenden. Es stellte zuerst fest, dass es in der letzten Zeit (zwischen Mai 1896 und Juli 1897) immer wieder zu größeren Streiks in Sankt Petersburg, Moskau und anderen großen Industriezentren gekommen und dass beobachtet worden sei, wie die Unruhen sich seit kurzem auch in weiteren Gouvernements verbreiteten. Diese

134 Puttkamer, Fabrikgesetzgebung, S. 247.
135 Volodin, Istorija fabričnoj inspekcii, S. 73.
136 Litvinov-Falinskij, Fabričnoe zakonodatel'stvo i fabričnaja inspekcija, S. 335.
137 Puttkamer, Fabrikgesetzgebung, S. 248.
138 Volodin, Istorija fabričnoj inspekcii, S. 76.
139 Puttkamer, Fabrikgesetzgebung, S. 249.

Streiks seien das Ergebnis geheimer revolutionärer Organisationen, die aus jungen Studierenden beständen und die versuchen würden, Verbindungen mit den Arbeiter:innen zu knüpfen und dafür (Bildungs)Zirkel organisieren würden. Über die genaue Organisationsstruktur schrieb der Innenminister:

> Mithilfe seines Arbeiterzirkels bekommt der intellektuelle Leiter [des Zirkels] die notwendigen Auskünfte über die allgemeine Stimmung und die Ursachen für die Unzufriedenheit der Arbeiter dieser oder der anderen Fabrik, verfasst anhand dieser Daten einen Aufruf an die Arbeiter einer gegebenen Fabrik, der von einer zentralen Gruppe verlegt wird, und dann durch dieselben Arbeiter [wie im Zirkel] in der Fabrik verteilt wird.[140]

Parallel dazu hätten einige Zugeständnisse von Fabrikbesitzern in Streikfällen zum Problem geführt, dass die Arbeiter:innen den Streik als erfolgversprechendes Mittel interpretierten. Dazu habe man in einigen Städten das Auftreten von „Kampfgruppen" *(boevye družiny)* beobachtet, die aus Arbeiter:innen bestanden hätten und die „durch Drohungen und Gewalttaten weniger entschlossene Arbeiter dazu zwingen, sich einem Streik anzuschließen".[141] Man müsse unbedingt effizient reagieren, da diese Erscheinungen „für die staatliche Ordnung und die gesellschaftliche Ruhe sehr gefährlich"[142] seien. Deshalb ordnete der Innenminister elf Maßnahmen an, die einerseits zur besseren Erkennung der Unruhen unter den Arbeiter:innen und andererseits zur wirksamen Unterdrückung von Streiks und anderen Arbeiter:innenprotesten verhelfen sollten. Dabei lag die Handlungs- und Entscheidungskompetenz deutlich bei den Gou-

---

140 „При посредстве рабочих своего кружка, интеллигентный руководитель получает необходимые сведения об общем настроении и поводах к неудовольствиям рабочих той или другой фабрики, составляет по этим данным воззвание к рабочим данной фабрики, которое издается центральной группой, а затем, через тех же рабочих, распространяется на фабрике." Das Innenministerium, Polizeidepartement, an die Gouverneure. Zirkular Nr. 7587, 12.08.1897, RGIA, F. 37_65_2813, S. 39–39ob. Die Pluralform *rabočie* kann je nach Kontext entweder für ausschließlich männliche oder für männliche und weibliche Arbeitskräfte stehen. Der Begriff wird in der vorliegenden Arbeit in der Regel mit „Arbeiter" übersetzt. Wenn in den Quellen das Geschlecht der gemeinten Personen durch die Benutzung anderer Ausdrücke (beispielsweise *rabotnica*, *rabočie-mužčiny*) explizit erkennbar ist, wird dies in der Übersetzung berücksichtigt.

141 „[...] путем угроз и насилий принуждают менее решительных рабочих присоединиться к стачке." Ibid., S. 39ob.

142 „[...] является весьма опасным для государственного порядка и общественного спокойствия". Ibid.

verneuren der jeweiligen Provinzen und die Polizeibehörden wurden darin stark eingebunden.[143]

Dank der Fabrikinspektoren sind Quellen vorhanden, die auf Unruhen, Streiks und andere Konflikte in den Fabriken hinweisen und die einen besonderen Zugang zu den Streikkonflikten erlauben. Als staatliche Beamte, die sich teilweise stark für die Verbesserung der Arbeitsbedingungen einsetzten, konnten die Fabrikinspektoren einen einzigartigen Einblick in die Beziehungen zwischen Behörden, Revolutionär:innen, Arbeiter:innen und Fabrikbesitzern liefern.

2.4 Politische Entwicklungen

Aufgrund der oben angesprochenen destabilisierenden Faktoren des wirtschaftlichen und sozialen Lebens entstanden in den 1860er und 1870er Jahren im Russischen Reich unterschiedliche politisch aktive Gruppen, die die Prinzipien der Autokratie, des Zarismus und des Kapitalismus in Frage stellten. Nach dem Scheitern der *narodniki*-Bewegung, deren Anhänger:innen den berühmten „Gang ins Volk" 1874 begangen hatten, entwickelten sich Ende der 1870er und in den 1880er Jahren revolutionäre Gruppierungen in der russischen *intelligencija,* die nicht mehr die Bauernschaft, sondern die wachsende Zahl der Industriearbeiter:innen ins Zentrum ihrer Aufmerksamkeit rückten.[144] Es bildeten sich zahlreiche, meist kurzlebige Organisationen, die ein Mosaik an Meinungen und Ansätzen bezüglich des revolutionären Weges Russlands darstellten. Dabei spielte die politische Emigration, die sich auch im Ausland in Zirkeln organisierte und über theoretische und praktische Aspekte des Sozialismus debattierte, eine wichtige Rolle. Im Russischen Reich arbeiteten die revolutionären Gruppen in der Illegalität. Unterdrückung, Verhaftungen und

---

143 Ibid., S. 39ob-40. Wie diese neue Regelung auf die konkreten Streikfälle wirkte und inwiefern sie ein offizielles Narrativ konstruierte, das die Reaktion der lokalen Behörden auf den jeweiligen Streik beeinflusste, wird noch in den Kapiteln 5.4 und 6.3 (Unterkapitel „Die Anwendung des Zirkulars Nr. 7587 und die Suche nach Streikgründen") genauer geschildert.

144 Haumann, Geschichte Russlands, S. 275–276. Zur *narodniki*-Bewegung und zu den unmittelbar daraus entstandenen politischen Strömungen siehe zum Beispiel Rindlisbacher, Stephan: Leben für die Sache. Vera Figner, Vera Zasulič und das radikale Milieu im späten Zarenreich, Wiesbaden 2014.

Beschlagnahme von Druckereien und anderen Materialien, die zur Vorbereitung und Vervielfältigung illegaler Literatur dienten, gehörten zum Alltag.[145]

Ab den 1880er Jahren ergaben sich auch im Ansiedlungsrayon unterschiedliche Reaktionen und Ansätze innerhalb der jüdischen Bevölkerung, um die Probleme, mit denen sie konfrontiert war, zu lösen: Assimilation, Autonomie, Nationalismus, Sozialismus und traditionelle Orthodoxie waren Wege, die sich den Jüd:innen im Zarenreich anboten. Die nordwestlichen Gouvernements erwiesen sich als günstiges Terrain für die Entstehung mehrerer bedeutender Bewegungen. Die zwei berühmtesten davon waren der Sozialismus und der Zionismus. Diese neuen politischen Strömungen stellten eine Reaktion auf mehrere Faktoren dar. Erstens hofften die Anhänger:innen dieser politischen Bewegungen, eine Antwort auf die dramatische soziale Frage und die damit zusammenhängende Verarmung und Perspektivlosigkeit der jüdischen Bevölkerung geben zu können. Zweitens hatten die Reformen unter Alexander II. große Hoffnungen mit sich gebracht. Allerdings wurde mit Alexander III. und Nikolaus II. klar, dass diese Reformära zu Ende gekommen war. Die neu geborenen politischen Bewegungen nährten sich von diesem Reformstau, in dem sich das Russische Reich befand, und verlangten grundsätzliche gesellschaftliche und politische Änderungen, die nun nicht mehr in Sicht waren. Drittens brachten sie jede auf ihre Weise auch Antworten auf die „jüdische Frage" und die institutionalisierte Diskriminierung der Jüd:innen.

SOZIALISMUS

Im Oktober 1897 wurde in Vil'na der Allgemeine Jüdische Arbeiterbund in Polen und Russland – kurz Bund – gegründet.[146] Schon in den 1870er Jahren hatte sich Vil'na als Zentrum für erste linksorientierte Zirkel jüdischer Intellektueller herausgestellt. Dabei hatte Aaron Liberman (1843–1880) eine wesentliche Rolle gespielt. Nach seinem Abschluss am Rabbinerseminar in Vil'na 1867, das sich als Sammelbecken für Mitglieder der ersten revolutionären Zirkel erwies, hielt er sich einige Jahre in Sankt Petersburg auf, bevor er Anfang der 1870er Jahre nach Vil'na zurückkehrte und sich dort in revolutionären Zirkeln

145 Haumann, Geschichte Russlands, S. 276.

146 Der Name wurde 1901 in Allgemeiner Jüdischer Arbeiterbund in Litauen, Polen und Russland geändert (Minczeles, Histoire générale du Bund, S. 61).

aktiv engagierte. Er konnte der Polizei entfliehen und arbeitete im Exil an der Verbreitung des Sozialismus weiter.[147]

Nach mehreren Organisationsversuchen, die wegen der polizeilichen Repression nie lange bestanden, konstituierte sich um 1890 die sogenannte Vil'na-Gruppe. Diese politische Gruppierung versuchte, Verbindungen zwischen der jüdischen *intelligencija* und den jüdischen Arbeiter:innen zu kreieren. Das Problem der getrennten Wege der jüdischen Intellektuellen und Arbeiter:innen war durch verschiedene Elemente verstärkt: In den ersten Jahren war Russisch die Hauptsprache dieser Zirkel gewesen. Zahlreiche jüdische Intellektuelle, die diese Zirkel führten, konnten wenig oder gar kein Jiddisch mehr, während die Arbeiter:innen mehrheitlich Jiddisch als Muttersprache hatten und wenig bis gar kein Russisch verstanden. Weil diese *kružki* (Zirkel) streng geheim gehalten werden mussten, konnte auch keine Massenagitation betrieben werden. Man setzte auf die Bildung einiger „klassenbewusster" Arbeiter:innen und erwartete von diesen, dass sie ihrerseits weitere Kolleg:innen für die Bewegung überzeugten.[148]

Infolge der begrenzten Ergebnisse dieser Strategie – die ausgebildeten Arbeiter:innen engagierten sich nicht genug für die revolutionäre Arbeit – publizierten Aleksandr (Arkadij) Kremer und Samuel Gožanskij, zwei bedeutende Anführer der Vil'na-Gruppe, zwei Schriften, die Mitte der 1890er Jahre zur radikalen Strategieänderung führten.[149] Von einer Propaganda durch wenige kleine Zirkel gingen die jüdischen Sozialist:innen zu einer Massenagitation über. Es wurde entschieden, die ökonomischen Forderungen der Arbeiter:innen (Lohnerhöhung und Verkürzung des Arbeitstages) und die damit zusammenhängenden Streikaktionen zu unterstützen und zu organisieren. Propaganda fand immer häufiger in jiddischer Sprache statt, da sie die Sprache der Arbei-

---

147 Feingold, Ben-Ami: Lieberman, Aharon Shemu'el, in: YIVO Encyclopedia of Jews in Eastern Europe, <http://www.yivoencyclopedia.org/article.aspx/Lieberman_Aharon_Shemuel> [22.09.2015]. Für eine Schilderung dieser ersten Zirkel in Vil'na siehe Haberer, Erich: Jews and Revolution in Nineteenth-Century Russia, Cambridge 1995, insbesondere Kap. 4 The Rebellious Jewish Youth of Vilna, S. 74–93.

148 Tobias, The Jewish Bund in Russia, S. 20–22; ausführlicher zu dieser Strategie und ihrem Scheitern siehe auch Buchbinder, N. A.: Istorija evrejskogo rabočego dviženija v Rossii. Po neizdannym archivnym materialam, Leningrad 1925, S. 52–53.

149 *Ob Agitacii* von Arkadii Kremer wurde 1893 publiziert, *A briv tsu agitatorn* von Samuel Gožanskij 1894. Für eine detailliertere Beschreibung der Konsequenzen beider Schriften auf die Bewegung siehe Mendelsohn, Class Struggle in the Pale, S. 53–54. Siehe auch Kapitel 3 dieser Arbeit.

ter:innen war. Schnell wuchs die Bewegung und verzeichnete erste Erfolge. So wurden 1895 und 1896 56 Streiks in Vil'na, für die Periode 1894 bis 1897 54 in Minsk gemeldet.[150] Mit der Gründung des Allgemeinen Jüdischen Arbeiterbundes versuchten die unterschiedlichen jüdischen marxistischen Gruppierungen, die in den nordwestlichen Provinzen des Zarenreiches aktiv waren, sich in einer gemeinsamen Partei zu organisieren, um ihre politischen Ziele durchzusetzen. So hatten sie zum Ziel, die jüdischen Arbeiter:innen zur Revolution zu bringen. Dabei verstanden sich die Mitglieder des Bundes als fester Bestandteil einer allgemeinen sozialdemokratischen, revolutionären Bewegung im Zarenreich und entschieden sich für einen sofortigen Beitritt, falls es zu einer allrussländischen Parteigründung kommen sollte.[151]

Die Gründung der RSDRP geschah wenige Monate später im Jahr 1898 in Minsk unter starker Beteiligung des Bundes – von neun Delegierten waren drei Bundisten.[152] Schnell jedoch zeichneten sich unter den Parteigründern und führenden Mitgliedern Unstimmigkeiten bezüglich Organisationsfragen und Strategie, wie man zur sozialistischen Revolution kommen könnte, ab. Die Mitglieder des Bundes forderten beispielsweise eine Organisation der RSDRP auf föderaler Basis, während die Gruppe um Lenin für eine zentralistische Struktur von Berufsrevolutionär:innen plädierte. Den umstrittensten Punkt stellte der Anspruch des Bundes dar, weiterhin als einzigen Vertreter des jüdischen Proletariats anerkannt zu werden. Im August 1903 kam es beim zweiten Parteikongress der RSDRP zum Eklat: Weil die anderen Delegierten dem Bund einen autonomen Status innerhalb der RSDRP verweigerten, verließen die Bund-Mitglieder den Kongress. Der Bund trat aus der RSDRP aus und erst nach dem Ausbruch der Ersten Russischen Revolution im April 1906 wieder ein.[153] Trotz dieser Po-

150 Die Zahlen stammen aus revolutionären Quellen und sind deswegen mit Vorsicht zu behandeln. Tobias, The Jewish Bund in Russia, S. 33, 39.

151 Tobias, The Jewish Bund in Russia, S. 67–69; Pickhan, Gertrud: „Gegen den Strom". Der Allgemeine Jüdische Arbeiterbund „Bund" in Polen 1918–1939, Stuttgart/München 2001, S. 45. Die Frage der Positionierung des Bundes zur Nationalitätenproblematik wurde erst ab dem dritten Parteitag 1899 debattiert. Siehe Pickhan, Gegen den Strom, S. 45 und S. ## der vorliegenden Arbeit.

152 Tobias, The Jewish Bund in Russia, S. 76–77; Pickhan, Gegen den Strom, S. 55–56.

153 Minczeles, Histoire générale du Bund, S. 139–140, 193–194; Wróbel, Piotr: From Conflict to Cooperation: the Bund and the Polish Socialist Party, 1897–1939, in: Jacobs, Jewish Politics in Eastern Europe, S. 155–171, hier S. 156; Pickhan, Gegen den Strom, S. 57–58. Der Rückzug der Delegierten des Allgemeinen Jüdischen Arbeiterbundes erlaubte der Fraktion um Lenin, eine wichtige Abstimmung über die Organisation der Partei gegen die Gruppierung um Martov zu gewinnen, was zur Entstehung

lemiken verbuchte der Bund in seinen ersten Existenzjahren einen bedeutenden Erfolg. Seit ihrer Gründung 1897 und bis zur Ersten Russischen Revolution sollte die Partei mehr als 34.000 Mitglieder gewinnen.[154]

Nicht nur der Allgemeine Jüdische Arbeiterbund, sondern auch andere sozialistische Organisationen übten auf die jungen Jüd:innen des Ansiedlungsrayons eine große Anziehungskraft aus. In allen sozialistischen Parteien und Richtungen waren die Aktivist:innen jüdischer Herkunft gut vertreten.[155] Das Engagement für sozialistische Ideen erwies sich als attraktiv insbesondere für diejenigen, die mit dem engen Korsett des traditionellen Judentums brechen wollten. Sozialismus versprach eine Integration in eine neue Gesellschaft, in der die sozialen und nationalen Unterschiede durch den Sozialismus überwunden wären. Polonsky zieht in seinem Buch über die Geschichte der Jüd:innen in Polen und Russland eine Parallele zwischen der „messianischen Sehnsucht" im Judentum und im Sozialismus, indem dieser eine säkularisierte Version des Messianismus anbiete.[156] Die von der Haskala angestrebte Modernisierung hatte den Weg für die Säkularisierung geöffnet und die Autorität der alten jüdischen Elite in Frage gestellt. Die jüdische Jugend, die mit allgemeiner Bildung in Kontakt kam, setzte sich zunehmend mit weltlicher Literatur und Ideen auseinander. Ihre Teilnahme an revolutionären Organisationen hatte aber auch in sozioökonomischen und politischen Faktoren ihren Ursprung. Die Lebensbedingungen eines großen Teils der jüdischen Bevölkerung waren miserabel, und die zivilrechtliche Diskriminierung (im Vergleich zur restlichen Bevölkerung) belastete die jungen Jüd:innen sehr. Der Internationalismus, den der Marxismus predigte, stellte deshalb eine vielversprechende Lösung dar.[157]

ZIONISMUS UND NATIONALE FRAGE

In Osteuropa entwickelten sich seit den 1850er und 1860er Jahren Voraussetzungen für einen zukünftigen religiösen Zionismus, der das Judentum vor der

der Spaltung zwischen Bolschewiken und Menschewiken führte. Dazu siehe Haumann, Geschichte Russlands, S. 277–278; Hildermeier, Manfred: Die Russische Revolution 1905–1917, Frankfurt a. M. 1989, S. 40.

154 Blatman, Daniel: Bund, in: YIVO Encyclopedia of Jews in Eastern Europe, <http://www.yivoencyclopedia.org/article.aspx/Bund> [22.09.2015].

155 Budnitskii, Jews and Revolution, S. 322.

156 Polonsky, Jews in Poland and Russia, Bd. 2, S. 32.

157 Haumann, Geschichte der Ostjuden, S. 152; Bartal, Geschichte der Juden im östlichen Europa, S. 128–129; Budnitskii, Jews and Revolution, S. 324–326.

Assimilation durch die Rückkehr nach Israel retten wollte. Diese Anfänge blieben aber vereinzelte Initiativen.[158]

Ein deutlicher Fortschritt Richtung Entfaltung der zionistischen Bewegung im Russischen Reich geschah ab den 1880er Jahren. Nach dem Schock der Pogrome von 1881 veröffentlichte der russisch-jüdische Arzt Leon Pinsker 1882 sein Pamphlet *Autoemancipation! Mahnruf an seine Stammesgenossen von einem russischen Juden*. Er lieferte eine pessimistische Analyse der Situation der jüdischen Bevölkerung im Russischen Reich und erklärte den Antisemitismus zur unheilbaren gesellschaftlichen Krankheit. Er plädierte für die Entstehung eines eigenen jüdischen Staates und rief seine Glaubensgenoss:innen auf, sich der Lage bewusst zu werden.[159]

So entstand in den frühen 1880er Jahren die Chibbat-Zion-Bewegung (Zionsliebe), der auch Pinsker angehörte. Sie predigte die Auswanderung nach Palästina, um dort einen Nationalstaat zu gründen, als Lösung für die Diskriminierungen und die materielle Not, unter denen die jüdische Bevölkerung des Zarenreiches litt. Chibbat-Zion-Mitglieder bildeten erste Kolonien in Palästina, und auch wenn der Erfolg dieser Auswanderung begrenzt blieb und die Bewegung an internen Unstimmigkeiten zwischen ihren religiösen und säkularen Flügeln zerbrach, bereitete diese frühe zionistische Organisation dennoch den Weg für das spätere Aufblühen des Zionismus um die Jahrhundertwende vor. Nachdem 1896 Theodor Herzl *Der Judenstaat* publiziert und mit dem ersten Zionistenkongress 1897 in Basel dem politischen Zionismus einen entscheidenden Anstoß gegeben hatte, formierten sich auch in Osteuropa zionistische Gruppierungen. Allerdings kursierten unter den Anhänger:innen des Zionismus ebenfalls große Meinungsunterschiede darüber, wie der Zionismus zu definieren und verwirklichen sei. Religiöser, politischer und sozialistischer Zionismus sowie Kulturzionismus waren ebenso viele unterschiedliche Konzeptionen, die miteinander konkurrierten.[160]

---

158 Haumann, Geschichte der Ostjuden, S. 155.

159 Pinsker, Leon: „Autoemanzipation!" ein Mahnruf an seine Stammesgenossen von einem russischen Juden, 6. Auflage, Berlin 1934; Friesel, Evyatar: Pinsker, Simḥah and Lev, in: YIVO Encyclopedia of Jews in Eastern Europe, <http://www.yivoencyclopedia.org/article.aspx/Pinsker_Simhah_and_Lev> [06.10.2015]. Für eine Zusammenfassung der nationalen Idee von Pinsker siehe zum Beispiel: Schoeps, Julius H.: Pioneers of Zionism: Hess, Pinsker, Rülf. Messianism, Settlement Policy, and the Israeli-Palestinian Conflict, Berlin 2013, S. 34–49.

160 Haumann, Geschichte der Ostjuden, S. 155–159.

Der Bund war dem Zionismus gegenüber feindlich eingestellt. Für die Sozialist:innen verkörperten die Zionist:innen eine bürgerliche Bewegung, die das Modell eines kapitalistischen Gesellschaftssystems verteidigte und deswegen keine Lösung für die Schwierigkeiten der jüdischen Einwohner:innen des Russischen Reiches darstellte. Auch mit den sozialistischen Zionist:innen konnten die Mitglieder des Bundes wenig anfangen, da diese in ihren Augen mit der Aufforderung, eine Heimat in Palästina zu finden, den falschen Weg gingen. Die Rivalität zwischen Bundist:innen und Zionist:innen zwang die Ersteren, die Frage des jüdischen Nationalismus und der jüdischen Identität zu reflektieren. Nach tiefgreifenden Diskussionen und inneren Auseinandersetzungen, die über mehrere Jahre dauerten, einigten sich die Mitglieder des Zentralkomitees des Bundes auf die Forderung einer kulturellen, nicht territorialen Autonomie, deren Grundzüge Vladimir Medem zum ersten Mal im Herbst 1904 zusammenfasste und die unter anderem auf den Theorien von Karl Renner und dem Konzept der „nationalen kulturellen Autonomie" von Simon Dubnov beruhte. *Doykayt* (jiddisch für „hier sein") wurde zum Inbegriff der Position des Bundes zum nationalen Thema. So forderte der Bund den lokalen Kampf für bessere Arbeits- und Lebensbedingungen der jüdischen Arbeiter:innenklasse sowie für die rechtliche Gleichstellung der jüdischen Bevölkerung im Russischen Reich selbst, dort, wo sie lebte, wohnte und ihre Geschichte hatte.[161]

All diese neuen Strömungen zogen nicht nur junge jüdische Männer, sondern auch junge Frauen an. Insbesondere an den sozialistischen Gruppierungen beteiligten sie sich mit Überzeugung.

---

161 Minczeles, Histoire générale du Bund, S. 73–76, 142–150; Minczeles, Henri; Plasseraud, Yves; Pourchier, Suzanne: Les Litvaks. L'héritage universel d'un monde juif disparu, Paris 2008, S. 192–194. Für eine ausführliche Darstellung der unterschiedlichen Positionen zur jüdisch-nationalen Frage unter den Mitgliedern des Bundes in den ersten Jahren des 20. Jahrhunderts und eine Besprechung der Elemente, die die Bundist:innen für die Entwicklung ihrer Theorie der kulturellen nicht territorialen Autonomie beeinflussten, siehe Minczeles, Histoire générale du Bund, S. 231–285 und Tobias, The Jewish Bund in Russia, S. 105–110, 160–176. Für eine Erklärung der Unterschiede zwischen dem Konzept von Karl Renner und demjenigen von Simon Dubnov siehe Hilbrenner, Diaspora-Nationalismus, S. 124–126.

2.5 *Frau – Arbeiterin – Jüdin*

Beim Zensus von 1897 gaben 28 Prozent der jüdischen Frauen im Ansiedlungsrayon an, „ökonomisch aktiv“ zu sein. In Wirklichkeit dürfte diese Zahl aber höher gewesen sein, da Frauen, die im Familiengeschäft arbeiteten, nicht inbegriffen waren.[162] Jüdische Frauen stellten, wie ihre männlichen Glaubensbrüder, eine heterogene Gruppe dar. Gegen Ende des 19. Jahrhunderts blieb die Mehrheit traditionell religiös orientiert und schlecht gebildet: Rund 50 Prozent konnten nicht lesen und schreiben.[163] Eine immer größere Zahl jüdischer Frauen jedoch schaffte es unter dem Einfluss des Säkularisierungsprozesses, den die jüdische Gesellschaft in der zweiten Hälfte des 19. Jahrhunderts erlebte, aus den traditionellen Rollenbildern und Denkmustern auszubrechen.[164]

BILDUNG

Im traditionellen jüdischen Erziehungssystem wurden Buben und Mädchen früh voneinander getrennt. Während die Knaben im Cheder hebräisch lesen lernten, um sich auf ihre religiöse und spirituelle Rolle im Alltag vorzubereiten, lernten Mädchen bei der Mutter von früh an, einen koscheren Haushalt richtig zu führen. Die Mädchen bekamen trotzdem oft eine Grundausbildung, die ihnen es ermöglichte, als Ernährerin der Familie zu fungieren.[165] Diese „gendered nature of education among traditional East European Jews“[166] spielte eine bedeutende Rolle für die Säkularisierung jüdischer Frauen im Russischen Reich: Weil säkulares Wissen (vor allem Lesen/Schreiben, Rechnen, Fremdsprachen wie Polnisch und Russisch) für ihre Rolle in der Familie wichtig war, wurden auch in traditionellen Familien Frauen in staatliche oder private säkulare

---

162 Hyman, East European Jewish Women, S. 273.

163 Ibid., S. 274. Somit war die Lesefähigkeit der Jüdinnen im Vergleich zur christlichen weiblichen Bevölkerung deutlich höher. Laut dem Zensus von 1897 konnten nur 13,1 Prozent der russischen Frauen lesen. Siehe Hillyar, McDermid, Revolutionary Women in Russia, S. 96. Lederhendel gibt andere Zahlen, die auf einer anderen Interpretation des Zensus von 1897 beruhen: Er behauptet, dass 33 Prozent der jüdischen Frauen „literate“ gewesen seien (im Gegensatz zu nur 17 Prozent der Frauen im Russischen Reich allgemein). Lederhendel, Classless, S. 516.

164 Hyman, East European Jewish Women, S. 271, 274; Denz, Bundistinnen, S. 36.

165 Parush, Iris: Reading Jewish Women. Marginality and Modernization in Nineteenth-Century Eastern European Jewish Society, Waltham (MA) 2004, S. 38–40.

166 Hyman, East European Jewish Women, S. 273.

Grundschulen geschickt und hatten so gegenüber jüdischen Buben mehr Möglichkeiten, in Kontakt mit nichtreligiösen Texten und Ideen zu kommen.[167] Mit dem starken Engagement der Haskala-Anhänger zugunsten der Frauenbildung, weil dies in ihren Augen ein guter Weg war, um neue Ideen zu verbreiten, nahm die Anzahl der Mädchen zu, die studieren wollten. Einer zu starken Frauenbildung stand man aber in konservativen Kreisen misstrauisch gegenüber, da sie zu einer Entfremdung der Frauen vom Judentum führen konnte.[168] Deswegen gerieten junge, wissbegierige jüdische Frauen aus orthodox orientierten Familien in offenen Konflikt mit ihren Eltern.[169] Diese jungen Frauen, die sich von der traditionellen religiösen und sozialen Gesellschaft loslösen wollten, verfügten dank des Aufschwungs der politischen Parteien und Ideen in den 1880er und 1890er Jahren über mehrere Möglichkeiten, sich für diese Veränderungen zu engagieren.[170] Wie ihre christlichen Zeitgenossinnen traten sie meistens in ihrer Studienzeit über Student:innenzirkel aktiv in Kontakt mit politischen Fragen und Ideologien, sei es an den höheren Frauenkursen im Zarenreich selber oder während des Universitätsstudiums im Ausland.[171] Während dieser Weg für

---

167 Ibid. Detaillierter dazu siehe auch Parush, Reading Jewish Women, S. 57–96.

168 Hyman, East European Jewish Women, S. 274–275; Hyman, Paula E.: Two Models of Modernization: The Jewish Women in the German and the Russian Empires, in: Frankel, Jonathan (Hrsg.): Jews and Gender: The Challenge to Hierarchy, New York 2000, S. 39–53, hier S. 44–46.

169 Für eine Schilderung der Entwicklung der Frauenbildung unter den osteuropäischen Jüd:innen im 19. Jahrhundert und der Konflikte, die daraus teilweise entstanden, siehe zum Beispiel Rüthers, Monica: Frauenleben verändern sich, in: Haumann, Heiko (Hrsg.): Luftmenschen und rebellische Töchter. Zum Wandel ostjüdischer Lebenswelten im 19. Jahrhundert, Köln 2003, S. 223–307, hier S. 223–239. Für eine Darstellung der traditionellen Frauenerziehung und Frauenbildung siehe Stampfer, Shaul: Families, Rabbis and Education. Traditional Jewish Society in Nineteenth-Century Eastern Europe, Oxford 2010, S. 167–189.

170 Hyman, East European Jewish Women, S. 278.

171 Für eine ausführlichere Beschreibung der Politisierung von Frauen während des Studiums im In- und Ausland siehe zum Beispiel Neumann, Studentinnen aus dem Russischen Reich; Denz, Bundistinnen, S. 41–42, 61; Fieseler, Beate: Making of Russian Female Social Democrats 1890–1917, in: International Review of Social History 34, 1 (1989), S. 187–226, hier S. 207, 212–217; ibid., Frauen auf dem Weg, S. 50–59, 135–154 und 194–213. Fieseler entwickelt unter anderem die These, dass das Studium an sich für eine Frau eine emanzipatorische und revolutionäre Entscheidung darstellte, da das Frauenstudium noch nicht verbreitet war und potentiell zu großen Konflikten mit der eigenen Familie führen konnte.

junge, gut ausgebildete jüdische Frauen galt, sah die Situation für Frauen aus unteren Schichten anders aus.

ARBEIT

Anders als in der christlichen Gesellschaft nahmen arbeitende Frauen in den traditionellen jüdischen Vorstellungen einen wichtigen Platz ein. Weil der Mann sich idealerweise dem Tora-Studium widmen sollte, war die Frau für das wirtschaftliche Überleben der Familie mitverantwortlich.[172] Es wurde erwartet, dass sie auf dem Markt oder im Laden arbeitete. So hatte sie auch eine Aktivität außerhalb des Hauses.[173] In der Realität mussten Frauen oft arbeiten, auch wenn ihr Ehemann nicht studierte, sondern berufstätig war. Dies stellte aber kein Problem dar, weil die wirtschaftliche Tätigkeit der Frauen in der Gesellschaft akzeptiert war.[174] Am Ende des 19. Jahrhunderts war das traditionelle Familienmodell mit der Frau, die ökonomisch aktiv war, und dem Mann, der religiöse Studien fortführte, auch im orthodoxen Milieu selten geworden, insbesondere in den Kaufmanns- und Handwerkerfamilien.[175] Mit den wirtschaftlichen Umwälzungen der 1880er und 1890er Jahre und den sich verschlechternden ökonomischen Bedingungen zahlreicher jüdischer Familien begannen auch viele Jüdinnen, eine Erwerbsmöglichkeit in größeren Städten des Ansiedlungsrayons zu suchen. Zudem waren die Fabrikbesitzer immer häufiger auf der Suche nach billigeren Arbeitskräften. Beide Faktoren führten also zu einer regelmäßigen Zunahme der Anzahl an jüdischen Fabrikarbeiterinnen, die in ihrer Mehrheit junge, nichtverheiratete Frauen waren.[176] Diese Arbeiterinnen waren insbesondere in der Zigaretten-, Streichholz-, Strumpf- und Handschuhproduktion tätig. So machten die Jüdinnen rund 70 Prozent der Belegschaft in den Zigarettenfabriken des Ansiedlungsrayons aus.[177] Frauenarbeit und die schlechte wirtschaftliche Lage hingen eng zusammen: Die höchste Zahl an arbeitenden

172 Baum, Charlotte: What Made Yetta Work? The Economic Role of Eastern European Jewish Women in the Family, in: Response: A Contemporary Jewish Review 18 (1973), S. 32–38, hier S. 32; Glenn, Susann A.: Daughters of the Shtetl. Life and Labor in the Immigrant Generation, Ithaca/London 1990, S. 8–9, 14–15.

173 Hyman, East European Jewish Women, S. 273.

174 Hirsch, Vom Shtetl in den Hörsaal, S. 90; Glenn, Daughters of the Shtetl, S. 8.

175 Fieseler, Frauen auf dem Weg, S. 220–221.

176 Glenn, Daughters of the Shtetl, S. 18.

177 Denz, Bundistinnen, S. 40, 44.

jüdischen Frauen gab es in den Regionen des Ansiedlungsrayons, deren jüdische Einwohner:innen am ärmsten waren.[178]

In der jüdischen Gesellschaft hatten nicht alle Arbeiten den gleichen Wert. So war man einer Beschäftigung als Dienstmädchen gegenüber negativ eingestellt, weil Dienst- und Hausarbeit als schmutzige Arbeit galt, die mit Unterwerfung und Minderwertigkeit verbunden war.[179] Zahlreiche Dienstmädchen wurden auch von ihren Arbeitgebern sexuell misshandelt. Unter anderem deswegen betrachtete man diesen Beruf als direkte Bedrohung der moralischen Reinheit junger Frauen.[180] Shmayra Levin, der 1896/1897 in Grodno Kronrabbiner war, vergleicht in seinen Memoiren die Situation der Arbeiterinnen der Tabakfabrik von Šereševskij mit derjenigen der Dienstmädchen wie folgt: „Economically the servant-girl was on a much surer footing than the factory worker. Yet every girl in Grodno who had to work for her living preferred the factory. The social stigma of the servant was beginning to be felt more and more strongly."[181] Allerdings schien die Fabrikarbeit in der traditionellen jüdischen Gesellschaft auch abwertend interpretiert zu werden, weswegen viele dieser jüdischen Mädchen und Frauen Arbeit in einer anderen Stadt suchten.[182] Wie der Streikfall in der Zündholzfabrik von Zaks zeigen wird, hatten jedoch zahlreiche Fabrikarbeiterinnen ihre Familie noch in derselben Stadt und den Link mit dem Zuhause also gar nicht gebrochen. Aus den Quellen geht nicht hervor, ob und wie sich diese Arbeiterinnen zum jüdischen Glauben bekannten. Und dennoch: Die Mehrheit der jüdischen Frauen, die auf die religiöse Tradition verzichteten, tat dies, nachdem sie in Kontakt mit „urban life, and particulary the urban workplace"[183] gekommen war. Das Leben als Arbeiter:in in einer Stadt scheint also eine direkte Auswirkung auf das Aufgeben jüdischer Traditionen gehabt zu haben.

178 Lederhendler, Classless, S. 519.

179 Glenn, Daughters of the Shtetl, S. 17.

180 Siehe zum Beispiel: Kobrin, Rebecca: „The Murdered Hebrew Maidservant of East New York": Gender, Class, and the Jewish Household in Eastern Europe and Its Diaspora, in: Kaplan, Marion A.; Moore, Deborah Dash (Hrsg.): Gender and Jewish History, Bloomington/Indianapolis 2011, S. 72–87, hier S. 79–81.

181 Levin, Shmarya: The Arena, London 1932, S. 169.

182 Davis-Kram, Harriet: The Story of the Sisters of the Bund, in: Contemporary Jewry 5, 2 (1980), S. 27–43, hier S. 30. Gegenüber der religiösen Ausbildung blieb auch für die Männer die Arbeit als Handwerker bzw. Händler negativ konnotiert (Haumann, Geschichte der Ostjuden, S. 135).

183 Hyman, East European Jewish Women, S. 272.

Eine Arbeiterin, ob christlich oder jüdisch, musste noch mehr Schwierigkeiten ertragen als ein Arbeiter. Neben den für die Männer auch üblichen langen Arbeitstagen und schlechten Arbeits- und Hygienebedingungen hatten Arbeiterinnen Probleme, die für ihr Geschlecht spezifisch waren. So verdienten sie für dieselbe Arbeit mit ähnlichem Qualifikationsniveau zwischen der Hälfte und zwei Dritteln des Lohnes der Männer. Ähnlich wie in anderen europäischen Ländern wurden als Argument für diesen Lohnunterschied die geringe physische Stärke der Frauen sowie die Tatsache hervorgebracht, dass ihr Lohn nicht eine vollständige Familie unterhalten solle, sondern nur als Ergänzung zu betrachten sei.[184] Am Arbeitsort litten sie regelmäßig unter sexuellen Belästigungen durch die Fabrikleiter oder andere Arbeiter. Da sie von ihrem geringen Lohn unter Umständen nicht leben konnten, sahen sie sich oft gezwungen, sich zu prostituieren.[185] Außerdem wurden Frauen von Arbeitern als gefährliche Konkurrenz wahrgenommen. Sie galten für die Arbeitgeber als gute Alternative zur männlichen Arbeitskraft, weil sie viel weniger kosteten und angeblich gehorsamer waren.[186] Dies war vor allem der Fall für unqualifizierte Arbeit und erklärt, warum in der Streichholz- und Tabakindustrie so viele Frauen tätig waren.

REVOLUTION

Frauen waren in der russischen Sozialdemokratie im Vergleich zu sozialistischen Bewegungen anderer Länder überproportional vertreten. Eine mögliche Erklärung sieht Beate Fieseler in der Tatsache, dass im Russischen Reich weder Männer noch Frauen über politische Rechte verfügten, was ein Engagement von Frauen für eine gemeinsame Sache einfacher gemacht habe als in den Ländern, in denen ein Teil der männlichen Bevölkerung schon gewisse politische und bürgerliche Rechte besaß.[187] Jüdische Frauen sahen eine besondere Anziehungskraft im Allgemeinen Jüdischen Arbeiterbund: „Within the array of political

184 Fieseler, Frauen auf dem Weg, S. 65–66; Glickman, Russian Factory Women, S. 108–109, 113. Für einen Überblick über Frauen und Arbeit im späten Zarenreich siehe McDermid, Hillyar, Women and Work, S. 9–135. Zur Frauenarbeit von Frauen aus der Bauernschaft siehe Engel, Between the Fields and the City.

185 Fieseler, Frauen auf dem Weg, S. 69; McDermid, Jane; Hillyar, Anna: Midwives of the Revolution. Female Bolsheviks and Women Workers in 1917, Athens (OH) 1999, S. 36.

186 McDermid, Hillyar, Midwives of the Revolution, S. 38; Bonnell, Russian Worker, S. 18–19.

187 Fieseler, Frauen auf dem Weg, S. 24.

movements available to them, secularized Jewish women were drawn disproportionately to the Bund, apparently because it offered greater opportunities for female leadership and significant activity."[188] Sie engagierten sich für Propaganda und Agitation, organisierten Arbeiter:innenzirkel und das Schmuggeln illegaler Literatur, was zur Verbreitung der revolutionären Ideen beitrug. Zudem konnten sie auch Führungspositionen in der Organisation besetzen.[189] Aus Angst vor den regelmäßigen Verfolgungen führten revolutionäre Gruppierungen nur selten detaillierte Mitgliederlisten, was die genaue Bezifferung der weiblichen Teilnahme erschwert.[190] Dieser Erfolg der revolutionären Organisationen bei russischen bzw. russisch-jüdischen Frauen blieb jedoch auf die höheren oder gebildeteren Schichten begrenzt.[191]

Tatsächlich hatten sozialistische Organisationen Mühe, revolutionäre Ideen unter Arbeiterinnen erfolgreich zu verbreiten. Dass sich die Mobilisierung der weiblichen Angestellten als schwierig erwies, hing vor allem mit bestimmten strukturellen Faktoren zusammen. Erstens konnte die Mehrheit der Arbeiterinnen weder lesen noch schreiben, was die Propagandaarbeit erschwerte.[192] Zweitens war es nicht leicht, sich einen Zugang zu den Arbeiterinnen zu verschaffen: Neben denjenigen, die in der Textil- und Zigarettenindustrie arbeiteten, waren viele entweder als Dienstmädchen tätig oder in kleinen Werkstätten beschäftigt. Eine nicht geringe Zahl arbeitete auch zu Hause. Sie waren also verstreut. Aber auch die Fabrikarbeiterinnen konnten die revolutionären Organisationen

188 Hyman, East European Jewish Women, S. 279. Rebekka Denz argumentiert mit Zahlen: Frauen stellten in den ersten Jahren nach der Parteigründung rund ein Drittel der Mitglieder dar, während ihr Anteil in der allgemeinen sozialistischen Bewegung des Zarenreiches 20 bis 25 Prozent ausmachte (Denz, Bundistinnen, S. 52).

189 Hyman, East European Jewish Women, S. 279; Denz, Bundistinnen, S. 52–59, 69–70. Es ist anzumerken, dass die hier zitierten Aktivitäten zur Unterstützung der Bewegung nicht nur beim Bund vorkamen, sondern allgemein für das Engagement von Frauen in der revolutionären, sozialistischen Bewegung galten. Siehe zum Beispiel die Memoiren von Cecilia Bobrowskaja, die ihre Schmuggelaktivitäten zwischen Vil'na und Char'kov beschreibt: Bobrowskaja, Cecilia: Die ersten 20 Jahre, Aufzeichnungen einer alten Bolschewikin, Zürich 1934, S. 38–39.

190 Fieseler, Frauen auf dem Weg, S. 14–15.

191 So bringt Fieseler für die RSDRP folgende Statistiken vor: Vor 1905 kamen rund 71 Prozent der weiblichen Mitglieder aus der *intelligencija,* rund 25 Prozent waren Arbeiterinnen oder Handwerkerinnen. Bei den Männern, die Mitglieder der Partei waren, gehörten nur 30 Prozent zur *intelligencija,* während rund 64 Prozent aus der Arbeiterschaft (Arbeiter und Handwerker) kamen. Fieseler, Frauen auf dem Weg, S. 60.

192 Hillyar, McDermid, Revolutionary Women in Russia, S. 27.

schwer erreichen. Für sie gab es außerhalb der Fabriken keine öffentlichen Treffpunkte oder Begegnungsräume, wie es bei den Männern beispielsweise die Kneipen waren.[193] Und eine Mobilisierung in der Fabrik beinhaltete offenliegende Risiken. Hinzu kommt, dass Frauen am Ende des Arbeitstages nach Hause zurückkehrten, um dort ihre Haushaltspflichten zu erfüllen, und wenig Zeit für revolutionäre Ideologie finden konnten. In den frühen 1890er Jahren hatten die Arbeiterinnen teilweise deutlich feindliche Reaktionen gegenüber Revolutionärinnen der *intelligencija* ausgedrückt, die sich verkleideten und in Fabriken arbeiten gingen, um Propaganda unter den Arbeiterinnen zu betreiben. In der Folge verbreitete sich unter den Sozialist:innen, die nicht dem Arbeiter:innenmilieu angehörten, die Vorstellung, dass Arbeiterinnen zu rückständig seien, um die Revolution zu unterstützen.[194] Die Mitglieder von sozialdemokratischen, revolutionären Organisationen versuchten trotzdem erneut, Infiltrierungsaktionen zu organisieren. Jedoch scheiterten mehrere Versuche, weil einerseits in der Regel die Frauen, die die Fabrik infiltrieren sollten, aus der *intelligencija* kamen und den Fabrikrhythmus nicht lange ertragen konnten. Andererseits wurden sie und ihre neuen Ideen von den Arbeiterinnen mit großem Misstrauen betrachtet.[195]

Und dennoch: Frauen saßen im Kampf für bessere Arbeitsbedingungen nicht untätig herum. Wie man noch sehen wird, nahmen Fabrikarbeiterinnen aktiv an den Arbeiter:innenunruhen um die Jahrhundertwende teil. Trotz all der oben erwähnten Schwierigkeiten entwickelte sich die Streikbewegung, die das Russische Reich in den letzten Jahren des 19. Jahrhunderts erschütterte, auch in Fabriken, in denen mehrheitlich Frauen – und auch jüdische Frauen – arbeiteten. Ende der 1880er Jahre wurden in Vil'na die ersten sogenannten *kassy* (Kassen) des Ansiedlungsrayons von Strumpfwirkerinnen und Schneiderinnen gegründet. Sie stellten Unterstützungskassen dar, die zuerst im Falle von Krankheiten und Begräbnis Hilfe leisten sollten. Schnell entwickelten sie sich jedoch zu Unterstützungskassen für Streikaktionen.[196]

In diesem Kontext ist es umso spannender, sich mit den jüdischen Arbeiterinnen zu befassen, die an diesen Streiks teilgenommen hatten. Als Jüdinnen waren sie nicht nur den allgemeinen Diskriminierungen der zarischen Herrschaft, sondern auch den innerjüdischen Veränderungen in der traditionellen

193 Ibid., S. 54; Fieseler, Frauen auf dem Weg, S. 62, 181–184.

194 Hillyar, McDermid, Revolutionary Women in Russia, S. 27; Fieseler, Frauen auf dem Weg, S. 46–47, 184.

195 Glickman, Russian Factory Women, S. 169; Fieseler, Frauen auf dem Weg, S. 181–182.

196 Davis-Kram, The Story of the Sisters of the Bund, S. 36; Mendelsohn, Class Struggle in the Pale, S. 40–41; Weinstock, Le pain de misère, S. 70.

Lebensweise und Gesellschaft ausgesetzt. Als Frauen mussten sie sich den üblichen Rollenmodellen unterwerfen oder aus ihnen ausbrechen. Und als Arbeiterinnen erduldeten sie noch ungünstigere Arbeitsbedingungen und Belästigungen als ihre männlichen Kollegen. Was war der entscheidende Aspekt bei dieser Mobilisierung zum Streik? Streikten sie, weil sie Frauen, Jüdinnen oder Arbeiterinnen waren?

3. Arbeiter:innenproteste im Russischen Reich vor 1895 – Ein historischer Überblick

Wegen der spärlichen Quellenlage ist es schwierig, etwas über kollektive Protestaktionen der Arbeiter:innen im Russischen Reich vor den 1860er Jahren zu erfahren.[197] Der Historiker Reginald E. Zelnik übernimmt in seinem Standardwerk zu den Fabrikarbeitern in Sankt Petersburg die Zahlen, die die sowjetischen Historiker:innen R. E. Rutman und G. I. Ionova in ihren Forschungen über die Arbeiter:innenbewegung vor der Bauernbefreiung in den 1950er bzw. Anfang der 1960er Jahre publiziert hatten. Daraus wird ersichtlich, dass die Mehrheit der als Arbeiter:innenunruhen beschriebenen Fälle in Fabriken und Bergbauunternehmen des Urals stattfand, die gutsherrschaftliche Unternehmen waren, das heißt, keine freien Arbeiter:innen anstellten. Zudem bestanden diese Unruhen fast ausschließlich aus Petitionen und unkoordinierten Insubordinationsaktionen.[198] Die ersten dokumentierten größeren Unruhen in Fabriken des Zarenreiches, die eine freie Belegschaft im städtischen Milieu beschäftigten, ereigneten sich in der Petersburger Region um die Jahre 1857–1860 in drei Textil- und zwei Maschinenfabriken. Sie alle hatten mehrere Hunderte Angestellte und waren mechanisierte Unternehmen. In vier dieser fünf Vorfälle formulierten die Streikenden Forderungen in direktem Zusammenhang mit ihrem Lohn: Lohnerhöhung und/oder Kompensationen für Feiertage. Die Arbeitsniederlegungen

197 Eine systematische, statistische Erfassung der Arbeitsniederlegungsaktionen tätigte die russische Regierung erst ab Mitte der 1890er Jahre und nur für diejenigen Fabriken, die unter der Aufsicht der Fabrikinspektion standen, das heißt, die mehr als 15 Arbeiter:innen anstellten. Siehe Bovykin, V. I.; Borodkin, L. I.; Kiryanov, Y. I.: Strikes in Imperial Russia, 1895–1913: a Quantitative Analysis, in: Haimson, Leopold H.; Tilly, Charles (Hrsg.): Strikes, Wars, and Revolutions in an International Perspective. Strike Waves in the Late Nineteenth and Early Twentieth Centuries, Cambridge 1989, S. 197–216, hier S. 198.

198 Zelnik, Labor and Society, S. 160–161.

waren weder lange im Voraus geplant noch organisiert worden und waren von kurzer Dauer – von einigen Stunden bis zu zwei Tagen. Sie wurden von den Behörden durch polizeiliche Maßnahmen wie Verbannung und Verhaftung der angeblichen Anstifter ohne Schwierigkeiten überwunden. Sie stellten keine Bedrohung der sozialen Ordnung dar und blieben isolierte Erscheinungen: Bis Ende der 1860er Jahre gab es keine weiteren Protestaktionen mehr. Die Arbeiter:innen dieser Fabriken hatten auch keine Kontakte miteinander geknüpft.[199]

Das Bild einer ruhigen und demütigen Fabrikbelegschaft war Ende der 1860er Jahre tief in den Köpfen der russischen Unternehmer und Regierung verankert.[200] Heftige Kritik gegen die miserablen Arbeits- und Lebensbedingungen der Arbeiter:innen wurden zuerst von Ärzten geübt, unter anderem durch die Zeitschrift *Archiv sudebnoj mediciny i obščestvennoj gigieny (Archiv der Gerichtsmedizin und der öffentlichen Hygiene).*[201] Da bisher keine wirkungsvollen organisierten Streiks oder Arbeiter:innendemonstrationen stattgefunden hatten und man davon ausging, dass sich die strukturelle Zusammensetzung der Arbeiter:innenschaft im Russischen Reich grundsätzlich von derjenigen in Westeuropa unterschied,[202] dachten die Fabrikanten und die Regierungsvertreter, dass es in Russland nicht zu einer gewalttätigen Konfrontation zwischen Fabrikbesitzern und Arbeiter:innen wie in England oder Frankreich kommen könne.[203] Die späteren Ereignisse zeigten aber, dass sie sich irrten.

Der erste bedeutende Streik brach im Mai 1870 in der Baumwollspinnerei Nevskij in Sankt Petersburg aus. Die Fabrik war mit 1750 erwachsenen Angestellten, einer mechanisierten Arbeitsweise und einem großen Umsatz das führende Textilunternehmen der Hauptstadt. Am 22. Mai gingen 62 oder 63 Spinner der Fabrik zum Hauptmeister John Beck und forderten eine Lohnerhöhung und die Rückgabe des Teils ihres letzten Lohnes, der für die Bezahlung der Gehilfen benutzt worden war. Eigentlich standen diese Arbeiter wegen des Lohnsystems seit längerer Zeit in Konflikt mit ihren Gehilfen. Sie bekamen als qualifizierte Spinner einen Stücklohn, der im Vergleich mit anderen Fabriken in Sankt Petersburg gut war. Allerdings mussten sie davon einen festen Betrag für die Bezahlung ihrer Gehilfen abziehen. Dies führte dazu, dass beispielsweise infolge der Osterpause die Spinner weniger verdienten, aber trotzdem den glei-

199 Ibid., S. 163–169, 171.

200 Ibid., S. 332.

201 Ibid., S. 268–269.

202 Siehe Kapitel 2.3.

203 Siehe Zelnik, Labor and Society, S. 332–333, 370–371.

chen Betrag für den Lohn ihrer Gehilfen abgeben mussten. Am Auszahlungstag nach Ostern 1870 (am 16. Mai) weigerten sich einige Spinner, die Gehilfen zu bezahlen. Letztere beklagten sich bei der Fabrikadministration, die die qualifizierten Arbeiter zur Abgabe des Geldes zwang. Darauf besprachen die Spinner die Situation untereinander und entschieden sich dafür, beim Hauptmeister zu protestieren und Forderungen zu stellen. Dieser lehnte die Forderungen der Spinner ab, woraufhin 25 Arbeiter die Fabrik verließen. Am 25. Mai erklärten sie, dass sie nicht mehr zur Arbeit zurückkehren würden, solange ihre Forderungen nicht erfüllt würden. Sie hinderten auch zahlreiche Gehilfen daran, in die Werkstatt zu gehen, so dass die Arbeit in der ganzen Abteilung (insgesamt rund 800 Personen) eingestellt werden musste. Die Arbeitsblockierung dauerte über drei Wochen. Die Spinner, die als Erste die Fabrik verlassen und die Forderungen gestellt hatten, wurden prompt vor Gericht gezogen und wegen Teilnahme an dem Streik zu kurzen Haftstrafen verurteilt. Diejenigen, die als Anstifter des Streiks angeklagt worden waren, wurden von dieser Beschuldigung freigesprochen, zum großen Missfallen der Regierungsbehörden, die sich von der Justiz eine exemplarische, maximale Bestrafung erhofft hatten. Einige Tage nach Prozessende entschied die Regierung, die vier Anstifter in die administrative Verbannung zu schicken.[204] Über den Konflikt wurde in zahlreichen Zeitungen und Zeitschriften berichtet. Die Berichte waren zum Teil kritisch gegenüber dem Fabrikanten, den Behörden und der Justiz, was zu einer Verschärfung der Zensur der Berichterstattung über spätere Arbeiter:innenunruhen führte.[205]

Das Ausmaß der Protestaktion und die Unzufriedenheit mit dem gerichtlichen Urteil besorgten das Innenministerium so sehr, dass ein geheimes Zirkular an die Gouverneure geschickt wurde. Dieses Rundschreiben befahl den Gouverneuren, im Streikfall die Initiatoren umgehend zu identifizieren und anschließend ohne jegliches gerichtliches Verfahren zu verbannen.[206] Zelnik fasst die Konsequenzen des Nevskij-Streiks von 1870 wie folgt zusammen: „Thus the first major industrial strike in Russia had the direct effect of eliminating most cases of labor unrest both from the judicial system and from the newspapers, and the indirect effect of depriving future historians of two important sources of information."[207]

204 Ibid., S. 340–363. Zur administrativen Verbannung, siehe Kapitel 5.4, S. 147.

205 Zelnik, Labor and Society, S. 365.

206 Ibid., S. 363–364.

207 Ibid., S. 366. Zum Thema des Verschwindens möglicher Quellen für die Historiker:innen siehe die Besprechung der besonderen Quellensituation in der Einleitung dieser Arbeit, S. 24.

In den darauffolgenden Jahren bewahrheiteten sich die Befürchtungen des Innenministeriums und des Polizeidepartements. Der nächste wichtige Streik fand im August und September 1872 in der Textilfabrik in Kreenholm (ungefähr 136 Kilometer von Sankt Petersburg entfernt) statt. Zum Streikhöhepunkt beteiligten sich bis zu 5000 Arbeiter:innen an dem Protest.[208] In der Fabrik hatte seit mehreren Monaten große Unzufriedenheit mit den Fabrikleitern geherrscht. Als im Sommer 1872 eine Choleraepidemie ausbrach und viele Opfer forderte, verbreitete sich Wut unter den Angestellten. Mitte August formulierten die Weber ihre ersten Forderungen: Erleichterung des Strafsystems, Verkürzung des Arbeitstages, Lohnerhöhung sowie Entlassung mehrerer Personen, die sich durch ihr unanständiges Verhalten gegenüber den Beschäftigten unbeliebt gemacht hatten. Der Konflikt mündete in ein kompliziertes Hin und Her von Verhandlungen, Drohungen, temporärer Arbeitswiederaufnahme und erneuerter Arbeitsniederlegung. Er dehnte sich auf andere Fabrikabteilungen aus. Im September kam es zu gewalttätigen Auseinandersetzungen zwischen der Belegschaft und der Polizei. Die Armee wurde zu Hilfe gerufen, der Gouverneur und die Petersburger Regierung mischten sich ein. Dieser Streik hinterließ bei den russischen Behörden einen starken Eindruck und wurde als „der erste ‚europäische' Streik der russischen Geschichte"[209] betrachtet.[210] Trotzdem blieben die Konsequenzen des Kreenholm-Streiks auf den Aufbau einer Fabrikgesetzgebung, die in den zwei letzten Jahrzehnten des 19. Jahrhunderts entwickelt wurde, begrenzt. Eine Fabrikinspektion wurde erst 1882 parallel zur Einschränkung der Kinderarbeit auf die Beine gestellt.[211]

Entscheidende Impulse für den Erlass einer weitreichenden Fabrikgesetzgebung kamen erst über ein Jahrzehnt nach den Ereignissen in Kreenholm mit dem Streik in der Textilmanufaktur von Timofej S. Morozov (Morozov-Streik genannt) in Orechovo-Zuevo (etwa 90 Kilometer östlich von Moskau). Im Januar 1885 verließen bis zu 8000 Arbeiter:innen ihren Arbeitsplatz, um gegen ihren niedrigen Lohn und die schlechten Arbeitsbedingungen zu protestieren. Bald kam es zu Krawallen auf dem Fabrikgelände. Morozov appellierte an den

---

208 Zelnik, Law and Disorder, S. 16.

209 Ibid. Mit „Europa" sind hier diejenigen Länder Europas gemeint, in denen die Industrialisierung schon weit fortgeschritten war und Konflikte zwischen Fabrikanten und Arbeiter:innen teilweise dramatische Verhältnisse angenommen hatten, wie beispielsweise in England oder Frankreich.

210 Dies ist eine vereinfachte und schematische Zusammenfassung dieses Konfliktes. Für eine ausgewogene Analyse siehe das Buch von Zelnik, Law and Disorder.

211 Siehe Kapitel 2.3, S. 50.

Gouverneur von Vladimir, der mehrere Kosakentruppen in die Fabrik entsandte. Diese unterdrückten den Streik gewaltsam – jedoch ohne Blutvergießen – innerhalb einer Woche. Hunderte von Arbeiter:innen wurden entlassen und 50 vor Gericht gezogen. 17 davon wurden zu kurzen Haftstrafen verurteilt, die anderen wurden durch administrative Verbannung ins Gouvernement Archangel'sk geschickt. In der Öffentlichkeit sympathisierten viele mit den Streikenden und denunzierten die abschreckenden Lebens- und Arbeitsbedingungen der Morozov-Fabrik. Die Bedeutung des Streiks wirkte als Auslöser innerhalb der Regierungskreise, die die Missbräuche in den Fabriken des Reiches als gefährliches Element für die öffentliche Ordnung erkannten. Infolgedessen wurde Anfang Februar 1885 eine Kommission gebildet, die die Fabrikgesetzgebung komplett überarbeiten und aktualisieren sollte.[212] Die unmittelbare Konsequenz dieser Kommissionsarbeit stellte das Gesetz vom 3. Juni 1886 dar.[213]

3.1 Revolutionär:innen, Streik und Klassenbewusstsein

Wie aus den Quellen hervorgeht, unterschieden die russischen Sozialdemokrat:innen und die Mitglieder der Arbeiter:innenbewegung prinzipiell zwischen „bewussten" und „unbewussten" Arbeiter:innen. Diese Begriffe wurden gebraucht, um politisch aktive, nach den Lehren des Marxismus ihrer Klassensituation bewusste Arbeiter:innen von ihren passiven bzw. ignoranten Kolleg:innen abzugrenzen.[214] In der marxistischen Ideologie entwickelten die Theoretiker:innen der Bewegung unterschiedliche Sichtweisen über die Entfaltung des Klassenbewusstseins unter den Arbeiter:innen und über die Wege, wie aus einem Klas-

---

212 Zum Morozov-Streik siehe Bowman, Linda: Moral Economies and Management at the Morozov Mills, 1885–1905, in: Social History 28, 3 (2003), S. 322–345, hier S. 332–335; Puttkamer, Fabrikgesetzgebung, S. 177–179.

213 Laue, Factory Inspection, S. 349. Zu den wichtigsten Neuerungen dieses Gesetzes siehe Kap. 2.3, S. 50.

214 McDaniel, Tim: Autocracy, Capitalism, and Revolution in Russia, Berkeley 1988, S. 164. Auch die Arbeiter:innen begannen infolge ihrer wiederholten Kontakte mit der *intelligencija,* sich selber als „bewusst" in Opposition zu ihren „nichtbewussten" Kolleg:innen zu bezeichnen. Siehe Haimson, Leopold H.: Russian Workers' Political and Social Identities: The Role of Social Representations in the Interaction Between Members of the Labor Movement and the Social Democratic Intelligentsia, in: Zelnik, Reginald E. (Hrsg.): Workers and Intelligentsia in Late Imperial Russia: Realities, Representations, Reflections, Berkeley 1999, S. 145–171, hier S. 151–152.

senbewusstsein ein revolutionäres Engagement entstehen würde.[215] Wichtig für die vorliegende Arbeit ist, dass diese Begrifflichkeit und Kategorisierung in den zeitgenössischen Quellen aus dem Milieu der Arbeiter:innenbewegung und der revolutionären, sozialdemokratischen Organisationen selber auftauchen.[216]

In den 1890er Jahren nahm der Streik als Protestaktion der Arbeiter:innen gegen ihre schlechten Arbeitsbedingungen und die niedrigen Löhne immer größere Ausmaße an. Zudem suchten die sozialistischen und revolutionären Kräfte, die sich parallel zu den oben erwähnten Arbeiter:innenunruhen in der *intelligencija* verbreitet hatten, immer häufiger einen Anschluss in der Arbeiter:innenschaft, um ihre Ideen dort zu verbreiten. Die russischen Sozialdemokrat:innen, die seit den 1880er Jahren ihre Propagandaaktivitäten in Zirkeln *(kružki)* organisiert hatten, hatten aber große Mühe, die Arbeiter:innen zu erreichen. Die Zirkel-Strategie bestand darin, wenige, motivierte Arbeiter:innen zu „bewussten" Arbeiter:innen auszubilden. Dafür lief das Ausbildungsprogramm in den meisten Zirkeln ziemlich ähnlich. Zuerst mussten die Arbeiter:innen lesen, schreiben und rechnen lernen, wenn sie es noch nicht konnten. Dann folgten Grundsätze der Naturwissenschaften, bevor über die Lebensbedingungen der Bäuer:innen und Arbeiter:innen, über Volksaufstände und über den Sozialismus und die Arbeiter:innenbewegung in Europa und im Zarenreich diskutiert wurde.[217] Diese Propagandaform unter einer kleinen Zahl von Auserwählten zeigte jedoch bald ihre Grenzen: Die Hoffnung, dass die „bewussten" Arbeiter:innen ihren Kolleg:innen die sozialistischen Ideen und ein Klassenbewusstsein beibringen würden, erwies sich als realitätsfern. Für die Arbeiter:innen stellten die Zirkel eine einzigartige Chance dar, ihr Bildungsniveau zu erhöhen. Die revolutionären Ideen verstanden sie aber nicht immer oder sie engagierten sich nicht vorbehaltlos für den Sozialismus und

---

215 Für eine exemplarische Darstellung einzelner Positionen über die Entstehung und Entwicklung des Klassenbewusstseins der Arbeiter:innen siehe beispielsweise Bonnell, Roots of Rebellion, S. 8–17. Siehe auch die Schriften berühmter Theoretiker:innen der Sozialdemokratie zum Streik wie zum Beispiel: Kautsky, Karl: Der politische Massenstreik. Ein Beitrag zur Geschichte der Massenstreikdiskussionen innerhalb der deutschen Sozialdemokratie, Berlin 1914; Luxemburg, Rosa: Organisationsfragen der russischen Sozialdemokratie (1904), in: ibid.: Gesammelte Werke, Bd. 1/2, Berlin 1970, S. 422–444; ibid.: Massenstreik, Partei und Gewerkschaften (1906), in: ibid.: Gesammelte Werke, Bd. 2, Berlin 1972, S. 91–170.

216 Siehe auch Kapitel 4.7, S. 116.

217 Pearl, Deborah: Creating a Culture of Revolution. Workers and the Revolutionary Movement in Late Imperial Russia, Bloomington 2015, S. 39–43.

die Revolution.[218] Die Basis der Eingeweihten blieb zu eng, um eine breite Veränderung des Bewusstseins der Arbeiter:innen als Klasse zu bewirken. Zudem kommt für den spezifischen Fall der jüdischen Arbeiter:innen hinzu, dass die deutliche Mehrheit nur Jiddisch verstand. Zwar nutzten die jüdischen Zirkelbesucher:innen die Gelegenheit, um Russisch zu lernen, aber da keine der propagandistischen Broschüren auf Jiddisch verfasst waren, konnten nur die wenigsten der jüdischen Arbeiter:innen sie lesen.

Die Reaktion auf dieses Problem seitens der russisch-jüdischen Sozialdemokrat:innen kam aus Vil'na. 1893 und 1894 verfassten Samuel Gožanskij und Aleksandr Kremer zwei wichtige theoretische Schriften, die in den darauffolgenden Jahren einen spektakulären Strategiewechsel innerhalb der russischen Sozialdemokratie verursachten. In *A briv tsu di agitatorn* (*Ein Brief an die Agitatoren*, Gožanskij) und *Ob agitacii* (*Über die Agitation,* Kremer) stellten beide Autoren das Scheitern der bisherigen Propagandastrategie fest. Sie plädierten für eine Reorganisation des Systems und für eine breite Agitation unter allen Arbeiter:innen, was für das jüdische Proletariat des Ansiedlungsrayons eine Agitation in jiddischer Sprache implizierte.[219] Laut Kremer sei es die Aufgabe der Sozialdemokrat:innen, ein „politisches Selbstbewusstsein" (Klassenbewusstsein) unter den Arbeiter:innenmassen zu entwickeln. Allerdings könne das nur geschehen, nachdem die Arbeiter:innen die tiefgreifenden Gegensätze zwischen ihnen und den Arbeitgebern begriffen hätten.[220] Um dies verstehen zu können, müsse man es ihnen anhand konkreter Beispiele aufzeigen. Deshalb sollten sich die russischen Sozialdemokrat:innen für die konkreten ökonomischen Forderungen, die die Lebensbedingungen der Arbeiter:innen unmittelbar verbessern konnten, engagieren. Durch den Kampf für ökonomische Forderungen, die im-

218 Mendelsohn, Class Struggle in the Pale, S. 45–46; Tobias, The Jewish Bund in Russia, S. 29.

219 Für eine Reproduktion des Textes von Gožanskij siehe Gožanskij, A briv tsu di agitatorn. Seinen Text verfasste Kremer 1894 auf Russisch. Beide Texte wurden im Milieu der jüdischen Sozialdemokrat:innen Vil'nas intensiv debattiert. Nachdem einige Ideen von Gožanskij und ein Vorwort von Julij Martov dem Text hinzugefügt worden waren, zirkulierte die Broschüre als Vil'ner Programm bis nach Sankt Petersburg, wo die Sozialdemokrat:innen es auch absegneten. 1896/1897 veröffentlichte die Gruppe Befreiung der Arbeit den Text in Genf. Siehe Kremer A.; Martov, Yu.: On Agitation, in: Harding, Neil (Hrsg.): Marxism in Russia. Key Documents 1879–1906, Cambridge 1983, Endnote 143, S. 387–388. Für eine englische Übersetzung des Textes, siehe ibid., S. 192–205. Leider ist das russische Exemplar der Schweizerischen Nationalbibliothek verschwunden, weshalb hier mit der englischen Übersetzung gearbeitet wurde.

220 Kremer, Martov, On Agitation, S. 197.

mer wieder neu formuliert werden mussten, weil der Fabrikbesitzer sie meistens ablehnte, würden die Arbeiter:innen einsehen, dass ihre Interessen immer in Opposition zu denjenigen des Fabrikanten stünden.[221] Zudem würden Arbeiter:innen so Erfahrungen im Kampf gegen Fabrikbesitzer sammeln, die ihnen Widerstandsfähigkeit und Einigkeitsgefühl bringen würden. Aus diesen Erfahrungen werde ein Klassenbewusstsein hervorgehen, denn die Arbeiter:innen würden bald merken, dass nicht nur der Fabrikbesitzer, sondern alle behördlichen Institutionen sowie die „Bourgeoisie" gegen ihre Interessen handelten. Die einzelnen Proteste gegen einen bestimmten Fabrikanten würden sich dann in eine vereinigte Bewegung gegen alle Fabrikbesitzer und gegen die politische Ordnung verwandeln.[222] Wichtig war also, durch die Unterstützung der Arbeiter:innen in ihren alltäglichen, wirtschaftlichen Forderungen klassenbewusste Arbeiter:innen zu produzieren.[223]

Von da an handelte es sich deshalb darum, über den Weg des ökonomischen Kampfes möglichst viele Arbeiter:innen zum politischen Kampf zu bringen. Und das beste Mittel zur Durchsetzung der ökonomischen Forderungen war das Streiken. Darum setzten sich sozialdemokratische Organisationen zum Ziel, die Streikaktionen der Arbeiter:innen aktiv zu unterstützen und zu organisieren. Insbesondere in der zweiten Hälfte der 1890er Jahre stellt man eine deutliche Zunahme und Verbreitung der Streiks fest, auch in gewissen Städten des Ansiedlungsrayons wie beispielsweise Vil'na. Diese Zunahme der Arbeiter:innenproteste gehörte zu einer Entwicklung, die in allen wichtigen Industriezentren zu beobachten ist. So streikten zum Beispiel in Sankt Petersburg 1896 rund 30.000 Textilarbeiter:innen.[224] Auch wenn eine Streikaktion mit hohen Risiken materieller und juristischer Natur[225] verbunden war, konnten die Solidaritätsaktionen, besonders im Fall eines Streiks, der sich über eine längere Periode er-

221 Ibid., S. 198.

222 Ibid., S. 199.

223 Siehe auch Wildman, Allan K.: The Making of a Workers' Revolution. Russian Social Democracy, 1891–1903, Chicago 1967, S. 46–47. Zur Reaktion der revolutionären Zirkel in Sankt Petersburg auf diese Aufforderung zur Kursänderung siehe Geyer, Dietrich: Lenin in der russischen Sozialdemokratie. Die Arbeiterbewegung im Zarenreich als Organisationsproblem der revolutionären Intelligenz 1890–1903, Köln 1962, S. 50–56, 60–72.

224 Minczeles, Henri: Le mouvement ouvrier juif. Récit des origines, Paris 2010, S. 100. Zu diesen Streikaktionen siehe zum Beispiel Wildman, Making of a Workers' Revolution, S. 23–24; Pipes, Richard: Social Democracy and the St. Petersburg Labor Movement 1885–1897, Cambridge (MA) 1967, S. 99–116.

225 Wie weiter unten noch veranschaulicht wird, hieß eine Streikaktion oft den Verzicht auf

streckte, einen Zement für die Entwicklung eines Zusammengehörigkeitsgefühl unter den Arbeiter:innen einer Fabrik bzw. einer bestimmen Region darstellen. Materielle Unterstützungshandlungen wie beispielsweise Spendenaktionen von Geld und/oder Nahrungsmitteln erlaubten eine größere Identifikation mit einer Gruppe – derjenigen der kämpfenden Arbeiter:innen – und somit ein Gespür für das Klassenbewusstsein.[226] Deshalb steht auch ein Begriff wie (Klassen) Solidarität im Zentrum zahlreicher propagandistischer Flugblätter und Zeitschriften, die in den Streikfällen der vorliegenden Arbeit analysiert werden. Wie folgend noch diskutiert werden wird, sahen Revolutionär:innen in gewissen Streikereignissen sogar mehr als ein strategisches Instrument zur Schulung des Klassenbewusstseins der Arbeiter:innen: Für sie stellten bestimmte Streikaktionen den Beweis dafür dar, dass die Arbeiter:innen klassenbewusst handelten und diese bereit waren, den Weg zum politischen Kampf und zur Revolution einzuschlagen.

3.2 *Streik und zarische Regierung*

In den meisten industrialisierten Ländern Westeuropas wurde die gesetzliche Illegalität des Streiks in den 1860er und 1870er Jahren sukzessiv aufgehoben: in Frankreich 1864, in Belgien 1866, in Preußen 1869, in den Niederlanden 1872 und in Luxemburg 1879.[227] Im Zarenreich blieb hingegen das generelle Streikverbot bis 1905 offiziell in Kraft. Auch Gewerkschaften oder andere kollektive Organisationsformen wurden nicht zugelassen.[228] Das Streikverbot ergab sich aus der „prinzipiellen Unverletzlichkeit des individuellen Arbeitsvertrages".[229] 1886 wurden die Bedingungen zur Auflösung eines bestehenden Arbeitsvertrags gesetzlich deutlich festgelegt: Wenn für befristete Verträge eine Aufhebung nur in wenigen Ausnahmefällen möglich war, konnten unbefristete Verträge mit einer legalen Frist von zwei Wochen von beiden Seiten gekündigt werden.[230]

den größten Teil des Einkommens. Zudem blieben Streiks im Russischen Reich bis zu den revolutionären Ereignissen von 1905 illegal.

226 Sirot, Stéphane: Le syndicalisme, la politique et la grève. France et Europe: XIXe – XXe siècles, Nancy 2011, S. 178–179.

227 Sirot, La grève en France, S. 27.

228 Puttkamer, Fabrikgesetzgebung, S. 298. Siehe ibid., S. 304–316, um einen differenzierten Blick zwischen Gesetz und Praxis zu bekommen.

229 Ibid., S. 306.

230 Ibid., S. 196–197; Laue, Factory Inspection, S. 349.

Diese zweiwöchige Frist wurde später in Streikfällen von den Fabrikinspektoren den Streikenden gegenüber immer wieder als Argument für die Illegalität ihres Handelns vorgebracht. Falls ein Arbeiter oder eine Arbeiterin in einem befristeten Arbeitsverhältnis stand und einen einseitigen Vertragsabbruch betätigte, konnte er oder sie vom Fabrikbesitzer vor Gericht gezogen werden und im Gefängnis landen. Dieses Gesetz, das zum Artikel 51/4 des Strafgesetzbuches wurde, war eingeführt worden, um zu verhindern, dass Arbeiter:innen, die aus dem Land rekrutiert worden waren, im Sommer für Feldarbeitstätigkeiten ins Dorf zurückkehrten und so ihren Arbeitsplatz in der Fabrik verließen, was die Fabrikanten vor gewisse Organisationsprobleme in der Produktion stellen konnte. Ab 1894 konnten solche Strafverfahren nur noch von der Fabrikinspektion eingeleitet werden, was zu einer Abnahme der Fälle führte. Diese Senkung sowie die Seltenheit der tatsächlich nach diesem Artikel verurteilten Arbeiter:innen deuten darauf hin, dass die Fabrikinspektion eher auf die Vermittlung von Übereinkünften setzte.[231]

Dass die zarische Regierung sich bis zur Ersten Russischen Revolution weigerte, die Gründung von Gewerkschaften zu erlauben, hing eng mit der beharrlichen Vorstellung zusammen, dass das Verhältnis zwischen Fabrikbesitzern und Arbeiter:innen durch einen anhaltenden Paternalismus geprägt war. Zudem blieb die schon erwähnte Überzeugung, dass es im Russischen Reich kein Proletariat geben könne, weil die Arbeiter:innen aus dem Bauerntum kämen und eine feste Bindung am Land beibehielten, bis ziemlich spät bestehen.[232] Da das Unternehmertum und die damit verbundene Arbeiter:innenschaft in der russischen Gesellschaft nicht besonders positiv angesehen wurden, versuchten einige Fabrikanten aufzuzeigen, dass ihre Aktivitäten und ihr Verhalten den traditionellen, moralischen Werten der Ständegesellschaft entsprachen. Damit verbunden war der Glaube, dass man reich sein durfte, wenn man einen Teil dieses

231 Puttkamer, Fabrikgesetzgebung, S. 206–207.

232 Hildermeier, Geschichte Russlands, S. 1202; Puttkamer, Fabrikgesetzgebung, S. 20–22. Zu diesem Paternalismus und den Vorstellungen der Fabrikbesitzer über die Beziehungen zu ihren Arbeiter:innen siehe beispielsweise Steinberg, Moral Communities. In seinem Buch über die zarische Arbeiter:innenpolitik, die Arbeiter:innenbewegung und die russische Revolution behauptet jedoch der Soziologe Tim McDaniel, dass in den 1890er Jahren viele Beobachter der Situation der Arbeiter:innen auf Regierungsebene nicht mehr Anhänger der These gewesen seien, die besagte, dass es keine Proletarisierung wie in Westeuropa gebe, da die russischen Arbeiter:innen eng mit dem Land verbunden seien. Zudem würden sie auch nichts vom Paternalismus des Fabrikbesitzers halten (siehe McDaniel, Autocracy, Capitalism, and Revolution, S. 58–59).

Reichtums beispielsweise benutzte, um Bedürftigen zu helfen. Diese Annahme, gekoppelt an Besorgnisse über den Zuwachs von Arbeiter:innen und Armen in den Städten, regte einige Fabrikbesitzer an, „soziale" Maßnahmen für ihre Angestellten einzuführen, wie zum Beispiel kostenlose ärztliche Betreuung, Schulen oder Bibliotheken.[233] Obwohl die Unternehmer, die solche Einrichtungen organisierten, eine Minderheit bildeten,[234] blieb der Glaube an eine paternalistische Beziehung zwischen Arbeitgebern und Arbeitnehmenden in den Fabriken des Zarenreiches auf höchster Regierungsebene tief verankert: So würden die Fabrikanten auf die Bedürfnisse ihrer Arbeiter:innen hören und sie in den meisten Fällen gut behandeln.[235] Der damalige Finanzminister Sergej Vitte drückte sich in einem Zirkular an die Fabrikinspektoren 1895 wie folgt aus:

> In unserer Industrie dominiert eine patriarchalische Art von Beziehungen zwischen dem Fabrikbesitzer und den Arbeitern. Dieser Paternalismus drückt sich in vielen Fällen durch Sorgsamkeit des Besitzers gegenüber den Bedürfnissen der Arbeiter und Angestellten in seiner Fabrik, durch die Pflege des Friedens und der Harmonie, durch die Bescheidenheit und Gerechtigkeit in den gegenseitigen Beziehungen aus. Wenn solchen Beziehungen moralisches Gesetz und christliche Gefühle zugrunde liegen, dann ist es nicht nötig, auf die Anwendung eines schriftlichen Gesetzes oder auf Zwang zurückzugreifen.[236]

Mit dieser Auffassung verglichen die Regierungskreise Arbeitsverweigerungen mit bäuerlichem Ungehorsam und interpretierten sie als reine Rebellionshandlungen, die streng bestraft werden sollten.[237] Gründe für die Arbeiter:innenunruhen sahen einige zwar einerseits in den teilweise schlechten Arbeitsbedingungen und unpassenden, niedrigen Löhnen, die dafür ausgezahlt wurden.

---

233 Steinberg, Moral Communities, S. 34–35.

234 In der Druckindustrie, die Steinberg untersucht hat, stellten die Arbeitgeber, die solche Maßnahmen initiierten, eine Minderheit dar. In nur einem Fünftel der Druckunternehmen in Sankt Petersburg gab es solche Einrichtungen für die Arbeiter:innen. In Moskau war der Anteil noch kleiner. Siehe ibid., S. 36.

235 Puškareva, Borodkin, Glazunov, Trudovye konflikty, S. 57.

236 „В нашей промышленности преобладает патриархальный склад отношений между хозяином и рабочими. Эта патриархальность в многих случаях выражается в заботливости фабриканта о нуждах рабочих и служащих на его фабрике, в попечениях о сохранении лада и согласия, в простоте и справедливости во взаимных отношениях. Когда в основе таких отношений лежит закон нравственный и христианския чувства, тогда не приходится прибегать к применению писанного закона и принуждения." Činam fabričnoj inspekcii, 5./10.12.1895, RGIA, F. 20_15_149, S. 1–1ob.

237 Hildermeier, Geschichte Russlands, S. 1202–1203.

Andererseits herrschte Konsens über die Beteiligung externer Agitator:innen, die die Ideen des Klassenkampfes aus Westeuropa unter den russischen Arbeiter:innen propagieren und so künstlich Arbeiter:innenunruhen provozieren würden.[238] Die Regierung betrachtete die Streiks als Gefahr für die öffentliche Ordnung. Deswegen wandte der Staat meistens keine strafrechtlichen, sondern polizeiliche oder sogar militärische Mittel gegen Streiks und Arbeiter:innenunruhen an. Das Gesetz vom 3. Juni 1886, das für die einfachen Teilnehmenden an Streiks bis zu 4 Monaten und für die Anstifter:innen bis zu 18 Monaten Haft plante, wurde in der Praxis selten umgesetzt, denn zwischen 1895 und 1904 kam es in nur 39 von 1765 Streikfällen, die bei der Fabrikinspektion gemeldet wurden, zu einem Gerichtsverfahren. Öfter griffen die Behörden zur administrativen Ausweisung und Verbannung beteiligter Arbeiter:innen, um die Konflikte zu lösen.[239] Insbesondere das Zirkular Nr. 7587 vom 12. August 1897 des Innenministeriums an die Gouverneure bestätigte dieses Vorgehen. Es verlangte ausdrücklich, dass „die verschiedenen Anführer und Anstifter, unabhängig von ihrer Heranziehung zur gerichtlichen Verantwortlichkeit, auf Grund der Verordnung über die Bewachung verhaftet werden".[240]

Nichtsdestoweniger scheinen die Behörden in den meisten Fällen diese polizeilichen und administrativen Maßnahmen nur zögernd eingesetzt zu haben. Die großen Unterschiede in der Reaktion auf einzelne Streikereignisse führt Joachim von Puttkamer auf die Uneinigkeit und Unentschlossenheit der zarischen Macht gegenüber der Arbeiter:innenbewegung vor 1905 zurück: „Wie lokale Behörden auf einen Streik reagierten, blieb deshalb meist der willkürlichen Entscheidung untergeordneter Instanzen überlassen."[241]

Auch wenn das Streiken in manchen Regionen mehr oder weniger geduldet wurde und nicht automatisch zu Gefängnis- oder Verbannungsstrafen führte, gingen die Streikenden ein beachtliches persönliches Risiko ein. In einer Zeit, in der es keine Sozialversicherungen gab und der Fabrikbesitzer die Streikenden wegen Bruchs des Arbeitsvertrags sofort entlassen durfte, bot der Streik oft eine düstere Perspektive. Streiken hieß eine Unterbrechung des ohnehin niedrigen Lohnes, was die Arbeiter:innen und deren Familie schnell in die Verarmung und

238 McDaniel, Autocracy, Capitalism and Revolution, S. 59–60.

239 Puttkamer, Fabrikgesetzgebung, S. 307, 309.

240 „Всякого рода зачинщики и подстрекатели, независимо от привлечения их к судебной ответственности, должны содержаться под стражей на основании положения об охране [...]." Das Innenministerium, Polizeidepartement, an die Gouverneure. Zirkular Nr. 7587, 12.08.1897, RGIA, F. 37_65_2813, S. 39–40.

241 Puttkamer, Fabrikgesetzgebung, S. 309.

Hungersnot bringen konnte. Nicht immer gab es eine Gegenleistung, um den Lohn zu kompensieren – zum Beispiel durch eine Streikkasse, zu der die Arbeiter:innen regelmäßig einen Beitrag zahlten und die im Streikfall verteilt wurde. Und auch wenn die Streikenden finanziell unterstützt wurden, erreichten die Summen selten die Höhe des normalen Lohnes.[242] Hinzu kommt, dass es für den Fabrikbesitzer nicht schwierig war, Streikbrecher:innen anzustellen, insbesondere wenn die allgemeine Wirtschaftslage ungünstig war und es eine hohe Arbeitslosenquote gab.[243] Diese Risiken schreckten die Streikenden der Fälle, die im Folgenden dargestellt werden, trotz allem nicht ab.

242 Zu diesem Thema der großen materiellen Risiken des Streiks für die Streikenden siehe Sirot, Le syndicalisme, insbesondere Kapitel 9, S. 171–187.

243 Sirot, La grève en France, S. 207.

Analyse der Streikfälle

4. Der Streik in der Fabrik der Brüder Ėdel’štejn in Vil’na

4.1 Vil’na und die Tabakfabrik der Brüder Ėdel’štejn

Um die Jahrhundertwende war Vil’na, die Hauptstadt des gleichnamigen Gouvernements, eine Stadt von rund 154.500 Einwohner:innen. Davon waren 31 Prozent polnisch, 20 Prozent „russisch“ (diese Bezeichnung umfasste damals auch die weißrussische und ukrainische Bevölkerung) und kaum 2 Prozent litauisch.[1] Die jüdische Bevölkerung machte mit 62.000 Personen 40 Prozent der Stadtbewohner:innen aus.[2] Mit ihrer Einwohner:innenzahl gehörte Vil’na um 1900 zu den zehn größten Städten des Russischen Reiches und war die zweitgrößte Stadt im Ansiedlungsrayon.[3] Sie stellte für die Region ein wichtiges wirtschaftliches und politisches Zentrum dar. Sie war Anfang der 1860er

1 Weeks, Theodore R.: Jews and Others in Vilna-Wilno-Vilnius. Invisible Neighbors, 1831–1948, in: Bartov, Omer; Weitz, Eric D. (Hrsg.): Shatterzone of Empires. Coexistence and Violence in the German, Habsburg, Russian and Ottoman Borderlands, Bloomington/Indianapolis 2013, S. 81–99, hier S. 83. Diese Zahlen beruhen auf dem Zensus von 1897 (nach Angabe der Muttersprache) und sind deswegen mit Vorsicht zu behandeln. So gibt Weeks an, dass diese Zahlen die Anzahl der als „russisch“ eingestuften Einwohner:innen übertrieben, während die Zahlen der polnischen und jüdischen Bevölkerung möglicherweise unterschätzt worden seien.

2 Ibid.; Zalkin gibt 63.000 jüdische Einwohner:innen (41 Prozent) an. Siehe Zalkin, Mordechai: Vilnius, in: YIVO Encyclopedia of Jews in Eastern Europe, <http://www.yivoencyclopedia.org/article.aspx/Vilnius> [07.02.2017]. Den kleinen Unterschied könnte man damit erklären, dass beide Autoren nicht das gleiche Statistikkriterium angeben: Während Weeks sich auf die Statistik der Muttersprache stützt, benutzt Zalkin die Statistik der religiösen Angabe. Da beide Zahlen sehr ähnlich sind, kann man daraus schließen, dass nur eine Minderheit der Jüd:innen in Vil’na bei der Erwähnung ihrer Muttersprache eine andere Sprache als Jiddisch angab. Für eine klare tabellarische Darstellung dieser Statistiken siehe Polonsky, Jews in Poland and Russia, Bd. 2, S. 204 und Tabelle 6A.15, S. 205.

3 Dietmar Neutatz: Russland/Russisches Reich, in: Online-Lexikon zur Kultur und Geschichte der Deutschen im östlichen Europa, 2013, <ome-lexikon.uni-oldenburg.de/55260.html> [30.10.2017].

Jahre an das Eisenbahn- und 1886 an das Telefonnetz angeschlossen worden, was ihre Entwicklung beschleunigte.[4] Ihre Wirtschaft beruhte vor allem auf dem Handel, der mehrheitlich von jüdischen Kaufleuten betrieben wurde. Es gab zahlreiche Handwerker:innen und nur wenige Fabriken, die eine größere Zahl an Arbeiter:innen anstellten.[5] 1895 zählte die Stadt laut offiziellen Daten 286 Fabriken, die 3217 Arbeiter:innen beschäftigten.[6] Diese Zahlen geben aber eine ungenügende Übersicht über die wirtschaftlichen Tätigkeiten in Vil'na. Denn die Mehrheit der Handwerker:innen bzw. Arbeiter:innen war in kleinen Werkstätten oder Fabriken angestellt, die in die zarischen Statistiken nicht aufgenommen wurden. Minczeles, der leider keine genauen Quellen angibt, erwähnt, dass es 1897 in Vil'na 19.000 Handwerker:innen (davon zwei Drittel jüdischer Herkunft) und 12.000 Arbeiter:innen (davon die Hälfte jüdisch) gegeben habe.[7]

Vil'na, auch „Jerusalem des Nordens" bzw. „Jerusalem Litauens" genannt, hatte für das Judentum in Osteuropa eine hohe symbolische Bedeutung inne.[8] Die Stadt hatte sich seit dem 18. Jahrhundert zu einem wichtigen religiösen und kulturellen Zentrum für das osteuropäische Judentum entwickelt. Wenn die Fi-

4 Zalkin, Vilnius. Allgemeines zur Wirkung der Eisenbahn auf die russische Städteentwicklung in der zweiten Hälfte des 19. Jahrhunderts siehe beispielsweise: Brower, Daniel R.: The Russian City between Tradition and Modernity, 1850–1900, Berkeley/Los Angeles 1990, insbesondere das Kapitel 2 „Railroads, Merchants, and Migrant Cities", S. 40–91.

5 Weeks, Theodore R.: Repräsentationen russischer Herrschaft in Vil'na: Rhetorik, Denkmäler und städtischer Wandel in einer Provinzhauptstadt (1864–1914), in: Baberowski, Jörg; Feest, David; Gumb, Christoph (Hrsg.): Imperiale Herrschaft in der Provinz. Repräsentationen politischer Macht im späten Zarenreich, Frankfurt/New York 2008, S. 121–144, hier S. 123–124.

6 Vsepoddannejšij otčet Vilenskogo Gubernatora za 1895 god, RGIA, F. 1263_2_5266 st. 309, S. 331ob. Diese Statistik beachtet nur die größeren Fabriken. Werkstätten und Fabriken mit wenigen Arbeiter:innen sind nicht berücksichtigt.

7 Minczeles, Henri: Vilna, wilno, vilnius. La Jérusalem de Lituanie, Paris 1992, S. 85. Für die Zahlenangaben der Handwerker:innen und Arbeiter:innen verweist Minczeles auf den Eintrag „Pale of Settlement" in der *Encyclopedia Judaica.* Allerdings konnten keine dieser Zahlen im erwähnten Nachschlagewerk gefunden werden. Möglicherweise waren diese Zahlen in Zusammenhang mit dem Zensus von 1897 entstanden.

8 Der Ursprung des Ausdrucks „Jerusalem des Nordens" oder „Jerusalem Litauens" sei auf Napoleon zurückzuführen, der die Stadt während seines Aufenthaltes im Jahr 1812 so bezeichnet habe. Der Ausdruck wurde auch von der jüdischen Bevölkerung der Stadt benutzt. Siehe Klibansky, Ben-Tsiyon: Wilna, in: Diner, Dan (Hrsg.): Enzyklopädie jüdischer Geschichte und Kultur, Bd. 6, Stuttgart 2015, S. 408–414, hier S. 410, und Miłosz, Czesław: Die Strassen von Wilna, München 1997, S. 33.

gur des berühmten Gaons von Vil'na (1720–1797), der als Vertreter der rabbinischen Orthodoxie den Chassidismus bekämpfte, die Stadt nachhaltig prägte, war es im Laufe des 19. Jahrhunderts vor allem die Entwicklung der Stadt zu einem jüdischen Bildungszentrum und zum Zentrum der Haskala-Bewegung, die diese Funktion als geistiges und kulturelles Zentrum des Judentums befestigte.[9] Seit der Mitte des 19. Jahrhunderts war Vil'na für die Entwicklung des jüdischen hebräischen Druckwesens berühmt. Insbesondere mit der Familie Romm, die über mehrere Generationen im Druckgeschäft aktiv gewesen war und eine bedeutende Druckerei für traditionelle religiöse Bücher sowie Haskala-Literatur in Vil'na betrieb, nahm das Druckwesen ab den 1860er Jahren einen neuen Aufschwung.[10] Die Stadt stellte um die Jahrhundertwende auch ein wichtiges Zentrum der hebräisch- und jiddischsprachigen Presse dar, nicht zuletzt dank der engen Verbindung der journalistischen Aktivitäten mit den unterschiedlichen politischen Bewegungen, die zu dieser Zeit entstanden waren.[11] Die Strashun-Bibliothek, die 1892 eröffnet wurde und seit 1901 in einem Gebäude angrenzend an der Großen Synagoge gelegen war, enthielt eine der wertvollsten Sammlung jüdischer Bücher in Europa und zog zahlreiche Gelehrte an.[12]

Die Gründung des sogenannten Rabbinerseminars im Jahre 1847 als eines von zwei solcher Bildungsinstitutionen im gesamten Ansiedlungsrayon, mit denen die zarischen Behörden das Ziel verfolgten, eine neue Generation von staatlich gebildeten Rabbinern zu produzieren, sollte auch einen entscheidenden Beitrag für die Verbreitung politischer Ideen unter der jüdischen Bevölkerung in der Region leisten. Bis zu seiner Schließung 1873 bildete das Rabbinerseminar mehrere Hunderte junger Juden aus, die dabei auch eine säkulare Erziehung erhielten und nicht vor den gesellschaftlichen Wandlungsprozessen,

9 Zur Rolle und Bedeutung des Gaons von Vilna siehe zum Beispiel: Etkes, Immanuel: The Gaon of Vilna. The Man and his Image, Berkeley 2002; Stern, Eliyahu: The Genius. Elijah of Vilna and the Making of Modern Judaism, New Haven 2013.

10 Gries, Zeev: Romm Family, in: YIVO Encyclopedia of Jews in Eastern Europe, <http://www.yivoencyclopedia.org/article.aspx/Romm_Family> [24.04.2017].

11 Für die Bedeutung Vil'nas für das jüdische Pressewesen siehe Marten-Finnis, Susanne: Vilna as a Centre of the Modern Jewish Press, 1840–1928, Bern 2004.

12 Spector, Shmuel; Wigoder, Geoffrey (Hrsg.): The Encyclopedia of Jewish Life Before and During the Holocaust, New York 2001, S. 1400; Zalkin, Mordechai: Strashun, Shemu'el and Matityahu, in: YIVO Encyclopedia of Jews in Eastern Europe, <http://www.yivoencyclopedia.org/article.aspx/Strashun_Shemuel_and_Matityahu> [24.04.2017]; Kravtsov, Sergey; Levin, Vladimir; Mickūnaitė, Giedrė: Vilnius, in: Cohen-Mushlin, Aliza [et al.] (Hrsg.): Synagogues in Lithuania. A Catalogue, Bd. 2, Vilnius 2012, S. 239–353, hier S. 241.

die die russische Gesellschaft durchdrangen, geschützt blieben. So kam es in der zweiten Hälfte der 1860er und Anfang der 1870er Jahre zu geheimen Zirkeln in der Schule, deren Mitglieder illegale Literatur sozialistischen Inhaltes lasen und intensiv diskutierten.[13] Nicht nur das Rabbinerseminar, sondern auch zahlreiche Gymnasien, Mädchenschulen und Berufsschulen in Vil'na zogen viele junge Jüd:innen, die nach mehr Bildung strebten, an.[14] Aus diesen Kreisen sollten sich dann die ersten sozialistischen Gruppierungen jüdischer Intellektueller in der Stadt formieren, die Anfang der 1890er Jahre in die Entstehung der Vil'na-Gruppe mündeten.

Über die Tabak- und Zigarettenfabrik der jüdischen Brüder Girš und Leon Ėdel'štejn, die in diesem Kapitel die Bühne für eine erste Streikanalyse darstellt, stehen folgende Informationen zur Verfügung: Die Fabrik existierte seit 1869 und war vom Vater der Brüder Girš und Leon gegründet worden. Wer genau diese Familie war, konnte nicht eruiert werden.[15] 1895 hatte die Fabrik ihre Hauptdepots in Vil'na und in Warschau. Sie war die größte von drei Tabakfabriken in Vil'na im Jahre 1895.[16] Bei der *Exposition internationale des produits du commerce et de l'industrie* von 1893 in Paris hatten die Fabrikbesitzer eine Goldmedaille gewonnen, was beweist, dass die Tabakfabrik sich auch in internationalen Kreisen zu behaupten versuchte. Das Unternehmen unterhielt geschäftliche Beziehungen mit anderen angesehenen Fabriken der Tabakwelt, wie beispielsweise mit der Fabrik von I. L. Šereševskij in Grodno, die im Kapitel 6 der vorliegenden Arbeit eine zentrale Rolle spielen wird.[17] Zum Zeitpunkt des

---

13 Dieses Rabbinerseminar war seit seiner Gründung auch innerhalb der jüdischen Gemeinschaft sehr umstritten gewesen. Für eine detaillierte Analyse der Entstehungsgeschichte, der Konflikte und der Folgen dieses Rabbinerseminars für das Judentum in Vil'na siehe Dohrn, Verena: Das Rabbinerseminar in Wilna (1847–1873). Zur Geschichte der ersten staatlichen höheren Schule für Juden im Russischen Reich, in: Jahrbücher für Geschichte Osteuropas 45, 3 (1997), S. 379–400.

14 Tobias, The Jewish Bund in Russia, S. 23.

15 Im Litauischen Historischen Archiv in Vilnius gibt es zwar einen Fonds, der Dokumente zu dieser Fabrik enthält. Allerdings handelt es sich nur um die Geschäftskorrespondenz für das Jahr 1896 (also nach dem Streik, der hier vorkommt). Siehe LVIA, F. 602. Ein Teil des Schriftverkehrs war handschriftlich und auf Jiddisch, was darauf hinweist, dass die Fabrikleitung im jiddischsprachigen Milieu gut verankert war.

16 Vsepoddannejšij otčet Vilenskogo Gubernatora za 1895 god, RGIA, F. 1263_2_5266 st. 309, S. 331ob.

17 Schick, Vertrauen, S. 99. Die Informationen über das Gründungsjahr und die Goldmedaille sind auch einem Werbeinserat zu entnehmen, das 1895 in einem Fabrikverzeichnis erschienen ist: Grac, Ch. B. (Hrsg.): Ukazatel' fabrik i zavodov i nekotorych drugich

Streikausbruchs im August 1895 arbeiteten 360 Personen in der Fabrik.[18] Mit dieser Zahl gehörte das Unternehmen zu einer der größten Fabriken, die es in der Stadt Vil'na damals gab.[19] Im Herbst 1896 kam es angeblich erneut zum Konflikt zwischen den Arbeiter:innen und der Fabrikleitung, die christliche Arbeiterinnen angestellt hätten. Kurz vor Jahresende wurde das Gerücht lanciert, dass die russischen Arbeiterinnen der Fabrik an Syphilis erkrankt seien, was schließlich zum Vertrauensverlust in die Fabrik und zum Zusammenbruch des Absatzes geführt habe.[20] Die Fabrikbesitzer gingen Ende April 1897 bankrott. Die Fabrik wurde geschlossen und die Arbeiter:innen entlassen.[21]

4.2 Quellen

Dieser Streik in der Tabakfabrik der Brüder Ėdel'štejn stellt aus mehreren Gründen einen interessanten Fall dar. Erstens ist er der einzige Streikfall des Jahres 1895 in Vil'na, über den Akten der zarischen Behörden erhalten sind, und gehört somit zu den ersten dokumentierten Streikaktionen in dieser Region überhaupt. Zweitens fand er in einer der größten Fabriken der Stadt Vil'na statt, die ausschließlich jüdische Arbeitskräfte anstellte. Deshalb konnte die Arbeitsniederlegung eine ernsthafte Wirkung auf einen Teil der Stadtbevölkerung bzw. der jüdischen Gemeinschaft haben. Drittens grenzt sich die Streikursache von derjenigen der zwei anderen Fälle dieser Dissertation etwas ab, indem ursprünglich die Konkurrenzsituation zwischen männlichen und weiblichen Arbeits-

---

zavedenij severo-zapadnogo kraja, carstva pol'skogo, S.-Peterburga, Moskvy i Rigi, Vilnius 1895, S. 3. Zu den Beziehungen mit dem Fabrikbesitzer Šereševskij siehe die Korrespondenz in LVIA, F. 602_1_9.

18 Bovykin, Kir'janov, Rabočee dviženie v Rossii, Bd. 1 (1895), S. 93; in einem Bericht vom April 1897 gibt der Oberfabrikinspektor an, dass „ungefähr 400 Personen" dort arbeiteten (Bericht des Oberfabrikinspektors, 30.04.1897, RGIA, F. 23_30_38, S. 16ob).

19 Siehe Suvorin, A. S. (Hrsg.): Vsja Rossija. Russkaja kniga promyšlennosti, torgovli, sel'skogo chozjajstva i administracii, adres-kalendar' Rossijskoj Imperii, [ohne Ort] 1895, S. 64–65. Der Autor gibt an, dass es in der Stadt Vil'na 91 Fabriken mit insgesamt 1580 Arbeiter:innen gebe. So machten die Arbeiter:innen der Fabrik der Brüder Ėdel'štejn rund 23 Prozent derjenigen Bevölkerung, die als Arbeiter:innen galten, aus.

20 Siehe Schick, Vertrauen, S. 109–113. Schick bezieht sich auf einen Artikel des späteren Organs des Allgemeinen Jüdischen Arbeiterbundes *der yidishe arbeyter* (Der kampf fun di arbeyter, ayf edelshteyns fabrik, in: Der yidishe arbeyter 4/5 (1897), S. 23–26). In den russischen Archiven habe ich keine Hinweise dazu finden können.

21 Bericht des Fabrikinspektors, 30.04.1897, RGIA, F. 23_30_38, S. 16.

kräften den Protest ausgelöst hatte. Schließlich spiegeln sich in diesem Fall zwei Themen wider, die für die Fragestellung der vorliegenden Arbeit relevant sind: die Einmischung religiöser Autoritätsfiguren in den Konflikt und die Instrumentalisierung des Ereignisses durch die jüdischen Revolutionär:innen.

Eine zentrale Quelle dieses Kapitels ist die Broschüre *der shtodt-magid.*[22] Die vollständige Entstehungsgeschichte dieser Publikation konnte nicht rekonstruiert werden. Auch über die Autorschaft des Textes zirkulieren verschiedene Mutmaßungen.[23] Der Text soll zuerst als jiddischsprachige Broschüre kurz nach dem Ende des Streiks erschienen und von der Jüdischen Sozialdemokratischen Gruppe in Vil'na vorbereitet worden sein.[24] Obwohl die Originalausgabe nicht mehr zu finden ist, wurde der Text nach einer Neudruckversion von 1897 in

22 Wie aus den weiteren Ausführungen klar wird, wurde die Broschüre in zwei Sprachen (Jiddisch und Russisch) herausgegeben. Aus pragmatischen Gründen werde ich im Folgenden diese Publikation mit ihrem jiddischsprachigen Titel nennen, der auch transliteriert in kyrillischen Buchstaben auf dem Titelblatt der jiddischen Ausgabe erscheint.

23 In seinem Buch über den Allgemeinen Jüdischen Arbeiterbund in Russland gibt der Historiker Henry J. Tobias an, dass Samuel Agurskij, ein Historiker, der um 1905 dem Bund beitrat und später ein überzeugter Kommunist wurde, den späteren Menschewik Julij Martov für den Autor halte. Tobias bezweifelt das und zeigt sich überzeugt davon, dass der Autor eigentlich Samuel Gožanskij gewesen sei. Siehe Tobias, The Jewish Bund in Russia, S. 41. Allerdings behauptet Martov selbst in seinen Memoiren, dass er der Autor des Textes sei, der später im *Rabotnik* erschien. Siehe Martov, Zapiski social-demokrata, S. 162–163. Auch David Schick stützt sich auf einen Artikel des Historikers Elye Tsherikover und vertritt die These, dass der ursprüngliche Autor Gožanskij sei und Martov nur die Übersetzung ins Russische gemacht habe. Siehe Schick, Vertrauen, Fussnote 114, S. 103. Laut Israel Getzler konnte der assimilierte Martov jedoch „kaum ein Wort Jiddisch" („hardly a word of Yiddish"), in seiner Familie zu Hause habe man kein Jiddisch gesprochen. Siehe Getzler, Israel: Martov. A Political Biography of Russian Social Democrat, Cambridge/Melbourne 1967, S. 26–27.

24 Es gibt kein genaues Datum. Da die russische Übersetzung 1896 erschien, muss der jiddischsprachige Text schon vorher bzw. parallel dazu zirkuliert sein. Zudem enthält die russische Version den zeitlichen Hinweis, dass die im Text beschriebenen Ereignisse „letzte Woche" *(na prošloj nedele)* stattgefunden hätten, was also eine deutliche zeitliche Nähe zwischen Streik und Verfassung des Textes aufbaut. Evrejskie rabočie protiv evrejskich kapitalistov, in: Rabotnik 1/2 (1896), S. 82. In seinem Artikel zur Vorgeschichte des Bundes in Vil'na erklärt Beynish Mikhalevitsh [Yoysef Izbitski], dass die sozialdemokratische Gruppe der Stadt infolge der Geschehnisse während des Streiks in der Tabakfabrik von Ėdel'štejn diese Broschüre verfasst habe. Mikhalevitsh, B[eynish]: Erev Bund, in: Royter pinkes. Tsu der geshikhte fun der yidisher arbeter-bavegung un sotsialistishe shtremungen bei yidn, Bd. 1, Warschau 1921, S. 31–44, hier S. 39–40. Nathan Weinstock gibt in der Zeitleiste am Ende seines Buches an, dass die jiddische Broschüre 1895

Lemberg in der historischen Zeitschrift *Historishe shriftn* 1939 nachgedruckt.[25] Vorliegend wurde hauptsächlich mit einer russischsprachigen Version des Textes gearbeitet, die angeblich 1896 von Julij Martov aus dem Jiddischen übersetzt worden war.[26] Den Hauptteil dieser russischen Übersetzung publizierte 1896 die Zeitschrift *Rabotnik (Der Arbeiter)* der Union der russischen Sozialdemokraten (Sojuz russkich socialdemokratov) in Genf unter dem Titel *Die jüdischen Arbeiter:innen gegen die jüdischen Kapitalisten.*[27] Wie die Analyse der Broschüre zeigen wird, war sie an eine doppelte Leserschaft adressiert. Erstens sollte die jiddischsprachige Version die jüdischen Arbeiter:innen in die Bedeutung und Wirkung des Klassenkampfes einführen. Zweitens zielte die russische Fassung darauf ab, den russischen Sozialdemokrat:innen das Erwachen des Klassenbewusstseins unter den jüdischen Arbeiter:innen anzukündigen. In dieser Broschüre wird insbesondere die Reaktion des Maggids – des Stadtpredigers – auf den Streik in den Fokus genommen, um aufzuzeigen, dass die jüdische Gemeinschaft durch das Konzept der Klassengesellschaft bestimmt sei und alle jüdischen Arbeiter:innen deswegen dem Kampf für den Sozialismus beitreten sollten.

Bedacht auf eine Festhaltung ihrer zahlreichen Aktivitäten in der ersten Hälfte der 1890er Jahre, verfassten aktive Mitglieder der revolutionären Arbeiter:innenbewegung in Vil'na im Jahre 1896 einen russischsprachigen Bericht, der die Handlungen der letzten vier Jahre zusammenfassen sollte.[28] In diesem

in 200 hektographierten Exemplaren verbreitet worden sei. Weinstock, Nathan: Pain de misère, Bd. 3.

25 Der shtodt-magid. A-n ertsohlung fun yidishen leben, in: Tsherikover, E.; Menes, A.; Kurski, F.; Rozin, A. (Hrsg.): Historishe shriftn. Bd. 3: Di yidishe sotsialistishe bavegung biz der grindung fun „bund", Vilnius 1939, S. 721–730.

26 Stichprobenartige Vergleiche zwischen den zwei Versionen haben gezeigt, dass der russische Text der jiddischsprachigen Version entspricht, auch wenn ab und zu inhaltliche Wiederholungen des jiddischen Textes nicht übernommen wurden. Da die Autorin der vorliegenden Dissertation im Russischen sicherer ist, wird in der vorliegenden Analyse der russische Text benutzt und zitiert. Allerdings wurde immer die entsprechende Stelle im jiddischen Text kontrolliert, um zu sehen, ob wesentliche Unterschiede auftreten. Der Text, der in der Russischen Nationalen Bibliothek vorliegt, ist eine handschriftliche Broschüre, deren Seiten nicht durchnummeriert sind. Sie trägt den Titel *Anlässlich des jüdischen Streiks in Vil'na im Jahr 1895,* ist nicht datiert und enthält keine Autor:innennamen. Po povodu Evrejskoj stački v Vil'ne 1895 g., RNB, VP 72281/1. Abgesehen von der Einführung zum Text ist der einzige Unterschied zwischen dieser Version und derjenigen, die in der Zeitschrift *Rabotnik* veröffentlicht wurde, die namentliche Erwähnung der Fabrikanten (in der Version der Zeitschrift ist die Erzählung anonymisiert).

27 Evrejskie rabočie protiv evrejskich kapitalistov, S. 81–88.

28 Materialy dlja charakteristiki rabočego dviženija našego goroda [= Vil'na] za poslednye

behandelten sie unter anderem den Streik in der Tabakfabrik Ėdel'štejn. Obwohl dieser Text höchstwahrscheinlich zur gleichen Zeit wie die oben erwähnte Broschüre *der shtodt-magid* redigiert wurde, konzentriert er sich vor allem auf die Ursache des Streiks und auf die Reaktion des Fabrikinspektors. Über die Ereignisse, die in der Synagoge passierten, gibt es keine einzige Zeile. Es ist nicht erstaunlich, denn beide Texte erfüllten eine fundamental unterschiedliche Funktion. Während die jiddischsprachige Broschüre ursprünglich ein Propagandamittel darstellte, war der Rechenschaftsbericht nur für eine Nutzung innerhalb der sozialdemokratischen Organisation gedacht.

Die Memoiren und Erinnerungsskizzen zweier engagierter Revolutionäre, die sich Anfang bis Mitte der 1890er Jahre in Vil'na an der Entfaltung der jüdischen Arbeiter:innenbewegung aktiv beteiligten und in ihren Aussagen auf die Tabakfabrik der Brüder Ėdel'štejn etwas ausführlicher eingehen, ergänzen die Dokumente aus den revolutionären Kreisen, die für dieses Kapitel benutzt werden. Bei dem einen Mann handelt es sich um Julij Ossipovič Cederbaum, alias Julij Martov, den späteren Anführer und Ideologen der Menschewiken, der von 1893 bis Oktober 1895 sein Leben nach einer ersten Verhaftung in administrativer Verbannung in Vil'na verbrachte. Dort nahm er im Milieu der jüdischen Sozialdemokrat:innen eine aktive Rolle ein und organisierte Arbeiter:innenzirkel in der Stadt.[29] In seinen Memoiren, die zuerst 1922 und 1924 in Berlin und Moskau veröffentlicht wurden, widmet er seiner Zeit in Vil'na zwei Kapitel, die seine Begegnungen und Aktivitäten in der Stadt ausführlich darstellen.[30] Das andere Selbstzeugnis ist ein Referat über die Aktivitäten der Arbeiter:innenbewegung unter der jüdischen Bevölkerung Anfang der 1890er Jahre in Vil'na, das Ruvim Naumovič Fridman[31] im Januar 1934 vor einer historischen Kommission der Gesellschaft ehemaliger

---

4–5 let (sobrany v 1896 godu). Otčet, čitannyj na majskom prazdnike 1896 g., RGASPI, F. 271_1_26.

29 Für eine kurze Zusammenfassung seiner Biographie und seines Werkes siehe: Galili, Martov.

30 Die Version, die in dieser Arbeit benutzt und zitiert wird, ist: Martov, Zapiski social-demokrata.

31 Ruvim Naumovič Fridman wurde 1876 in Vil'na als Sohn eines Malers geboren. Ab 1892 engagierte er sich im Propagandazirkel der Sozialdemokrat:innen. Dort war er unter dem Spitznamen *papirosnik* (Zigarettenmacher) bekannt. Nach einem Aufenthalt in Deutschland und England kam er 1896 nach Belostok zurück, wo er in der Produktion und dem Schmuggel illegaler revolutionärer Literatur aktiv war. Siehe Artikel Fridman, Ruvim Naumovič, in: Političeskaja katorga i ssylka. Biografičeskij spravočnik, Moskau 1930, S. 140. Der Mitgründer des Allgemeinen Jüdischen Arbeiterbundes John Mill erklärt in seinen Memoiren, dass Fridman 1898 in Belostok in einer illegalen Druckerei verhaftet

Zwangsarbeiter und Verbannter (Obščestvo byvšich političeskich katoržan i ssyl'noposlenencev) hielt. Fridman gehörte zu dieser Organisation, die regelmäßig Sitzungen organisierte, um die Erinnerungen ihrer Mitglieder zu bestimmten revolutionären Aktionen zu besprechen.[32]

Auf der Seite der russischen Behörden stehen vier Berichte des Fabrikinspektors zur Verfügung. Drei von ihnen erzählen vom Streik und einer berichtet vom Gerichtsverfahren gegen die Streikenden. Auch ein Bericht des Chefs der Gendarmerie ist erhalten geblieben. Um die Streikvorgänge sowie die Reaktion der lokalen behördlichen Akteure zu rekonstruieren, stellt dieses Quellenkorpus zwar eine geringe Basis dar. Dennoch enthalten die Dokumente entscheidende Aussagen über die Selbstwahrnehmung des Fabrikinspektors und seiner Rolle im vorliegenden Fall.

4.3 Der Streik

Am 16. August 1895 kamen nur 20 Personen von insgesamt 100 Zigarettenmachern und ihren 100 Gehilfinnen in der Tabak- und Zigarettenfabrik der Brüder Ėdel'štejn zur Arbeit. Am 17. und am 18. änderte sich die Situation nicht. Der Fabrikinspektor schrieb in seinem Bericht vom 19. August an das Departement für Handel und Manufaktur, dass es einen einzigen Grund für die „Einstellung der Arbeiten" *(prekraščeni*[*e*] *rabot)* gebe: Die Fabrikleitung habe entschieden, fünf Frauen als Zigarettenmacherinnen anzustellen, was die Unzufriedenheit der männlichen Zigarettenmacher provoziert habe. Sie hätten nämlich Angst, dass der Fabrikant männliche gänzlich durch weibliche Arbeitskräfte ersetzen würde.[33] Am 24. August informierte der Fabrikinspektor weiter, dass die Arbei-

---

und infolge dessen nach Sibirien verbannt worden sei (Mill, John: Pionern un boyer: memuarn, New York 1946, S. 71–72).

32 Zum Wert der Protokolle dieser Versammlungen als historische Quelle, siehe Shtakser, Making of Jewish Revolutionaries, S. 159. Der getippte Text von Ruvim Fridman, der im GARF liegt, trägt als Kopfzeile *ZASEDANIE EVSEKCII CBNIIS OPK* und kann deswegen mit dem ersten Band des Buches über die Geschichte der revolutionären Bewegung unter der jüdischen Bevölkerung des Zarenreiches verbunden werden. Dieses Buch, das mit einem Vorwort von Semen Dimanštejn 1930 in Moskau erschienen war, war zur Zeit seiner Erscheinung als „Band 1" bezeichnet worden. Angesichts des Protokollformats kann man annehmen, dass diese Sitzung zur Vorbereitung des zweiten Bandes zusammengerufen wurde. Dimanštejn, S. (Hrsg.): Revoljucionnoe dviženie sredi evreev, Moskau 1930.

33 Bericht des Fabrikinspektors, 19.08.1895, RGIA, F. 23_30_38, S. 3.

ter:innen die Arbeit immer noch nicht wiederaufgenommen hätten und ein Teil der Zigarettenabteilung der Fabrik nur dank der Anstellung „auswärtiger" *(inogorodn[ye])* Arbeiterinnen sowie einiger „Zugewanderter" *(prišl[ye])* funktionieren könne.[34] Die Polizei verhaftete einige Arbeiter, ohne die „Schuldigen" *(vinovniki)* für diese Bewegung, die sich versteckt hatten, ausfindig machen zu können.[35] Anfang September meldete dann der Chef der Gendarmerie an das Polizeidepartement das Ende des Streiks, als Folge des Zugeständnisses des Fabrikanten, die fünf Arbeiterinnen nicht mehr bei der ersten Reihe (als Zigarettenmacherinnen), sondern bei der zweiten Reihe (als Gehilfinnen) zu beschäftigen.[36] Spätestens drei Wochen nach dem Konfliktausbruch war das Problem also gelöst worden. Der Fabrikant hatte sich nicht durchsetzen können.[37] Allerdings zog der Fabrikinspektor 70 streikende Arbeiter vor Gericht *(mirovoj sud)*. Ende Oktober 1895 wurde das Urteil verkündet. Alle wurden für schuldig erklärt und zu zwei Wochen Haft verurteilt, außer den 15 minderjährigen Jungen (zwischen 15 und 17 Jahren alt), denen eine „strenge Rüge" *(strogij vygovor)* erteilt wurde.[38]

4.4 „Einstellung der Arbeiten" oder „Streik"? Die Perspektive des Fabrikinspektors

Aus den vier Berichten des Fabrikinspektors, die erhalten sind, können einige Grundzüge seines Verhaltens und seiner Rollenwahrnehmung herausgelesen werden. Erstens belehrte er die streikenden Arbeiter über die Illegalität ihrer Aktion, die sie durchführten, ohne auf die zweiwöchige Ankündigungsfrist zu

---

34 In seiner kurzen Zusammenfassung über den Streik behauptet Mikhalevitsh, dass die Fabrikanten christliche Arbeiterinnen als Streikbrecherinnen angestellt hätten. Dieser Aspekt kommt in der Broschüre *der shtodt-magid* nicht vor. Mikhalevitsh, Erev Bund, S. 39.

35 Bericht des Fabrikinspektors, 24.08.1895, RGIA, F. 23_30_38, S. 4.

36 Bericht des Chefs der Gendarmerie an das Polizeidepartement, 06.09.1895, GARF, F. 102_D2_52(1895)_26č19, S. 5.

37 In der Broschüre *Po povodu Evrejskoj stački v Vil'ne 1895 g.* wird angegeben, dass der Streik zwei Wochen (also bis zum 30. August) gedauert habe. Siehe Po povodu Evrejskoj stački v Vil'ne 1895 g., S. 1.

38 Bericht des Fabrikinspektors, 30.10.1895, RGIA, F. 23_30_38, S. 5. In der Broschüre *der shtodt-magid* behauptet der Autor in einer Fußnote zum Vorwort, dass 60 Arbeiter vom Gericht zwar zu zwei Wochen Haft verurteilt worden seien, dass das Urteil aber aus unbekannten Gründen nicht ausgeführt worden sei (Der shtodt-magid, Sternnote S. 723; Schick, Vertrauen, S. 109).

achten.[39] Dabei betonte er, dass die Arbeiter sich in die Wahl der Arbeitskräfte sowieso nicht einmischen durften. Zweitens informierte er die Zigarettenmacher, dass sie entlassen und nach dem Artikel 51/4 des Strafgesetzbuches belangt werden würden, falls sie am 20. August die Arbeit nicht wieder aufnähmen.[40] Somit erfüllte er die „erzieherische Rolle", die zu seinen Pflichten als Fabrikinspektor gehörte, während er gleichzeitig mit Drohungen versuchte, die renitenten Arbeiter zur Arbeit zu bringen.[41] Über die konkreten Aspekte der Vermittlerrolle, die das Amt des Fabrikinspektors mit sich trug, schreibt der Autor des Berichtes gar nichts. Einzig als es darum geht, die definitive Einleitung eines Strafverfahrens gegen die Zigarettenmacher zu begründen, erwähnt er, dass es zwischen den zwei Lagern zu keiner Übereinstimmung gekommen sei, da beide Seiten auf ihren Positionen beharrten.[42] Was und ob er etwas Konkretes unternommen habe, also ob er beispielsweise wiederholt unmittelbare Kontakte mit den Arbeitern unterhielt, ist nicht eindeutig. Eine der ersten Maßnahmen, die er getroffen habe, sei das Aufhängen einer Erklärung *(ob"javlenie)*, in der er die Zigarettenmacher über die Illegalität ihres Protests sowie über die möglichen rechtlichen Konsequenzen davon benachrichtigt habe.[43] Ob diese Deklaration ausschließlich auf Russisch oder auch auf Jiddisch veröffentlicht wurde, ist nicht belegt. Die Zigarettenmacher der Fabrik der Brüder Ėdel'štejn beherrschten sicher nicht alle gut genug Russisch, um die Warnung verstehen zu können.[44]

Der Fabrikinspektor erklärt in seinem zweiten Bericht, warum die Anstellung von fünf Frauen als Zigarettenmacherinnen für die Zigarettenmacher ein Problem darstelle: Sie hätten Angst, durch Frauenarbeit ganz ersetzt zu werden.[45] In einem weiteren Bericht präzisiert er auch, wie ihm die Zigarettenmacher ihr Anliegen und ihre Forderung, dass die Frauen nicht als Zigaretten-

39 Zu dieser zweiwöchigen Ankündigungsfrist siehe Kapitel 3, S. 76 dieser Arbeit.

40 Bericht des Fabrikinspektors, 19.08.1895, RGIA, F. 23_30_38, S. 3. Zum Artikel 51/4 des Strafgesetzbuches, siehe S. 94 dieser Arbeit.

41 Siehe Puttkamer, Fabrikinspektion, S. 247.

42 Bericht des Fabrikinspektors, 24.08.1895, RGIA, F. 23_30_38, S. 4.

43 Bericht des Fabrikinspektors, 19.08.1895, RGIA, F. 23_30_38, S. 3.

44 Laut dem Zensus von 1897 konnten rund 50 Prozent der jüdischen Männer lesen (siehe Ruppin, Arthur: Die russischen Juden nach der Volkszählung von 1897, in: Zeitschrift für Demographie und Statistik der Juden 2, 1 (Januar 1906), S. 1–6, hier S. 2). Zum Vergleich: 21,1 Prozent der Gesamtbevölkerung des Zarenreiches war 1897 alphabetisiert. Dieser Prozentsatz stieg auf 50,3 Prozent für industrielle Arbeiter. Siehe Glickman, Russian Factory Women, S. 16.

45 Bericht des Fabrikinspektors, 20.08.1895, RGIA, F. 23_30_28, S. 2.

macherinnen angestellt wurden, kommunizierten. Zuerst habe er einen Brief bekommen und dann einen Tag später (am 23. August) die Forderung erneut „mündlich" *(ustno)* im Beisein des Rabbiners und des Polizeichefs erhalten.[46] Neben mündlichen Interaktionen zwischen dem Fabrikinspektor und den protestierenden Arbeitern fand also auch eine schriftliche Kontaktaufnahme statt, die von der Seite der Streikenden kam. Der Inspektor beschränkt sich in seiner Beschreibung auf ein Minimum an Informationen. Wer genau ihm diese Forderung mündlich vorbrachte und in welchem Zusammenhang, erwähnt er nicht. Handelte es sich um ein „offizielles" Treffen zwischen dem Vertreter der Fabrikinspektion, demjenigen der Polizei und demjenigen der Arbeiter, wie man es aus anderen (späteren) Streikfällen kennt?[47] Dass der Rabbiner anwesend war, weist darauf hin, dass die Person(en), die mit dem Fabrikinspektor ins Gespräch kommen wollte(n), einen Übersetzer brauchte(n). So kann man daraus schließen, dass die Kommunikation zwischen dem Inspektor und den Streikenden nicht unmittelbar passierte. In der Regel übernahmen die sogenannten Kronrabbiner diese Übersetzungsfunktion.[48] In diesem Fall scheint jedoch auch der angesehene Maggid (Prediger) der Stadt in die Verhandlungsprozesse involviert gewesen zu sein. Der Polizeimeister habe ihn darum gebeten, den Frieden zwischen den Parteien zu vermitteln. Deshalb habe er die Streikenden zu sich gerufen – mit begrenztem Erfolg, da nur wenige ältere Arbeiter gekommen seien – und ihnen von der Illegalität der Streikaktion, die der gesamten jüdischen Bevölkerung schade, sowie von den Absichten der Fabrikanten, die niemanden entlassen mochten, erzählt.[49]

46 Bericht des Fabrikinspektors, 24.08.1895, RGIA, F. 23_30_38, S. 4. Im Bericht vom 20. August schreibt der Fabrikinspektor, dass der Brief mit „die Zigarettenmacher der Tabakfabrik Genossenschaft G. L. Ėdel'štejn" unterschrieben worden sei. Vier Tage später behauptet er, dass er einen „anonymen" Brief bekommen habe. Mit „anonym" wollte er sicher unterstreichen, dass er nicht wusste, welcher Arbeiter den Brief verfasst hatte.

47 Siehe den Streik in der Fabrik von Zaks in Dvinsk im November 1899, Kapitel 5.

48 Kronrabbiner (*kazennyj ravvin,* auch Staatsrabbiner genannt) waren von der russischen Regierung offiziell anerkannte Rabbiner. Sie hatten administrative Funktionen (unter anderem mussten sie als Vertreter der russischen Regierung die Geburts-, Todes- und Heiratsregister der jüdischen Gemeinde führen) und wurden meistens innerhalb der jüdischen Gemeinschaft als Instrument der zarischen Regierung gesehen. Deshalb gab es neben diesen Kronrabbinern noch andere Rabbiner, die als solche von der Gemeinde selber anerkannt wurden und in religiösen Fragen Autorität hatten. Zum Problem der fehlenden Anerkennung der Kronrabbiner und ihrer Konkurrenz mit anderen, nichtstaatlichen Rabbinern siehe unter anderen Polonsky, Jews in Poland and Russia, Bd. 2, S. 330–334.

49 Diese Informationen zur Einmischung des Stadtpredigers im Verhandlungsprozess stam-

In einer anderen Quelle, die nicht aus der Fabrikinspektion, sondern aus einer Abschrift eines Zeitschriftenartikels über den Streik stammt, wird behauptet, dass der Fabrikinspektor in der zweiten Streikwoche versucht habe, die streikenden Arbeiter in die Fabrik einzuberufen, damit sie sich aussprechen könnten. Erst nachdem er versprochen habe, dass keiner verfolgt werden werde, seien 15 Arbeiter gekommen und hätten wiederholt, dass niemand zur Arbeit kommen werde, solange die jungen Frauen als Zigarettenmacherinnen arbeiten würden. Die Schlichtungsversuche seien erfolglos geblieben.[50] Dies alles habe am 26. und 27. August stattgefunden, also nach dem letzten erhaltenen Bericht des Fabrikinspektors. Somit habe der Fabrikinspektor nach der Drohung vom 20. August erneut versucht, mit den Arbeitern ins Gespräch zu kommen. Angesichts der Beschreibungen der ersten Berichte ist es dennoch zu bezweifeln, dass man in eventuellen späteren schriftlichen Darlegungen des Inspektors mehr zum Thema Kommunikation und Verhandlungen mit den Streikenden erfahren hätte.

Wahrscheinlich brauchte der Inspektor seine eigenen Handlungen gegenüber den wichtigsten Regierungsinstanzen in Sankt Petersburg nicht detaillierter zu beschreiben, da 1895 die Rolle der Fabrikinspektion als Mittler und Verhandlungsleiter in Konfliktfällen zwischen Arbeitern und Fabrikanten vom Innenministerium noch nicht ernsthaft in Frage gestellt worden war. Dies kam erst mit den Vorschriften vom Jahr 1897, wie in den anderen analysierten Streikfällen noch besprochen werden wird. Deshalb fühlte sich der Fabrikinspektor offenbar nicht verpflichtet, seine Rolle zu rechtfertigen und seine Aktionen zu verteidigen.

Besonders spannend ist die Bezeichnung, die der Fabrikinspektor wählt, um die Ereignisse in der Fabrik der Brüder Ėdel'štejn zu definieren. Er redet nämlich

---

men aus dem Vorwort der jiddischen Version der Broschüre *der shtodt-magid*. Genaueres zum Maggid und zur Broschüre siehe S. 100 und Kapitel 4.7.

50 Der Artikel entstamme der Nummer 252 (1895) der sozialliberal orientierten Zeitung *Russkie vedomosti (Russische Nachrichten)*. Er wurde in der Handschrift *Po povodu evrejskoj stački v Vil'ne 1895 g.* laut dem Autor wortwörtlich abgeschrieben. Diese Version wird hier benutzt. Po povodu evrejskoj stački v Vil'ne 1895 g., S. 4–5. Eine sehr ähnliche Version ist in einem Dossier der Kommission zur Untersuchung der Geschichte der gewerkschaftlichen Bewegung unter dem Zentralkomitee der Gewerkschaft der Arbeiter der Lebensmittelindustrie im GARF abgeschrieben (GARF, F. R6889_1_2, S. 47–49). Dort steht, dass der Artikel aus der 1895 in Genf publizierten Zeitschrift *Russkij rabočij (Der russische Arbeiter)* der Union der russischen Sozialrevolutionäre (Sojuz russkich socialistov-revoljucionerov) Nr. 5 (November 1895) stamme.

gar nicht vom Streik *(zabastovka* bzw. *stačka),* sondern benutzt den Ausdruck „Einstellung der Arbeiten" *(prekraščenie rabot).*[51] Als die Arbeiter am 20. August in der Fabrik trotz seiner vorwarnenden Erklärung nicht erschienen, leitete er ein Strafverfahren gegen sie ein. Allerdings scheint der Staatsanwalt über den Strafgesetzartikel, auf dessen Grundlage die Zigarettenmacher bestraft werden sollten, anderer Meinung gewesen zu sein. Als der Inspektor ihn über den Vorfall informierte, wollte er die Arbeiter anhand des Artikels 1358 des Strafgesetzbuches verfolgen. Der Fabrikinspektor widersetzte sich und bat das Departement für Handel und Manufaktur ausdrücklich darum, seine Sichtweise, dass die Protagonisten nach dem Artikel 51/4 und nicht 1358 vor Gericht gezogen werden sollten, zu bestätigen. Er argumentierte mit dem Befund, dass die Arbeitseinstellung ausschließlich von der Angst der männlichen Arbeitskräfte, von Frauenarbeit verdrängt zu werden, verursacht worden sei.[52] Er bezeichnete die Protesthandlung der Zigarettenmacher als „antiweibliche Bewegung" *(antižensk*[*oe*] *dviženi*[*ie*]*).*[53] Der Ausdruck sollte natürlich nicht im Sinne einer „feministischen" Aussage interpretiert werden, sondern als einfache Beschreibung dessen, was der Fabrikinspektor vor seinen Augen sah: Die männlichen Arbeiter waren gegen die Anstellung von Kolleginnen als Zigarettenmacherinnen. Der Artikel 1358, der das Streikverbot im Strafkodex verankerte, sah bis zu vier Monate Haft für die Teilnahme an einem Streik, bis zu acht Monate, falls es zu gewalttätigen Auseinandersetzungen gekommen war, und sogar 16 Monate für die Anführer:innen voraus. Er galt für Arbeitsniederlegungen, die darauf zielten, eine Veränderung der Arbeitsvertragsbestimmungen vor Vertragsablauf (zum Beispiel eine Lohnerhöhung oder eine Verkürzung des Arbeitstages) zu erzwingen.[54] Der Artikel 51/4 hingegen strebte in erster Linie die Bestrafung der einseitigen Vertragsabbrüche (wie beispielsweise das nicht angekündigte Verlassen des Arbeitsplatzes) an.[55] In unserem Fall ordnete der Fabrikinspektor dezidiert den Konflikt in die zweite Kategorie ein, im Gegensatz zum Staatsanwalt. Wie unten noch genauer dargestellt wird, hatten laut Angaben der jüdischen Sozialist:innen 1895 zahlreiche Streiks in den kleineren Betrieben der Stadt

51 Der Ausdruck kommt in allen drei Berichten von August vor.

52 Bericht des Fabrikinspektors, 20.08.1895, RGIA, F. 23_30_38, S. 2.

53 Bericht des Fabrikinspektors, 24.08.1895, RGIA, F. 23_30_38, S. 4.

54 Puttkamer, Fabrikgesetzgebung, S. 306.

55 Ibid., S. 206. Wie Puttkamer in seinem Buch erzählt, sei es vor allem darum gegangen, gegen Arbeiter:innen aus ländlichen Regionen vorzugehen, die im Sommer ihre Arbeitsstelle verlassen hätten, um bei den Feldarbeiten zu helfen. Allerdings habe dieser Artikel nur wenige Änderungen diesbezüglich gebracht.

Vil'na stattgefunden, bei denen die Arbeiter:innen eine Verbesserung ihrer Arbeitsbedingungen verlangten.[56] Dies könnte erklären, warum der Staatsanwalt die Arbeitsniederlegung der Zigarettenmacher sofort als Versuch interpretierte, Änderungen in ihrem Arbeitsvertrag zu forcieren. Mit seinen detaillierteren Fallkenntnissen konnte sich der Fabrikinspektor erfolgreich gegen diese Einschätzung wehren.

Das Departement für Handel und Manufaktur gab dem Fabrikinspektor Recht, und die Arbeiter wurden anhand des Artikels 51/4 zur Rechenschaft gezogen. Dass Arbeiter nach diesem Absatz angeklagt wurden, passierte zu dieser Zeit selten und soll hier deshalb unterstrichen werden. Seit 1894 waren es nicht mehr die Fabrikanten, sondern die Fabrikinspektoren, die solche Klagen erheben konnten. Dies hatte zu einer deutlichen Abnahme der Strafverfahren geführt. Zudem konnten die Arbeiter nur noch ins Gefängnis kommen, falls sie sich definitiv weigerten, die Arbeit in ihrer bisherigen Fabrik wiederaufzunehmen. Puttkamer stellt fest, dass nur wenige Fälle vor Gericht gezogen worden seien und dass nur die Hälfte der Angeklagten verurteilt worden sei.[57] Nun aber war im Fall der Fabrik der Brüder Ėdel'štejn allen angeklagten erwachsenen Arbeitern (insgesamt 55) eine Gefängnisstrafe auferlegt worden. Dies kann dadurch erklärt werden, dass es lange zu keinen Kompromissen zwischen den protestierenden Arbeitern und den Fabrikbesitzern gekommen war. Als Mittler zwischen Fabrikanten und Arbeiter:innen hatte der Fabrikinspektor nichts bewegen können. Der Konflikt drohte anzudauern. Deshalb gab es in den Augen des Fabrikinspektors keine anderen Möglichkeiten: Er musste die Justiz einschalten und wandte das Gesetz an. Dabei widersetzte er sich dem Staatsanwalt und sorgte dafür, dass die Arbeiter nach dem der Situation entsprechenden Gesetz verurteilt wurden. Mit dieser Verurteilung wollten die Behörden zeigen, dass die Arbeiter:innen nicht ohne Konsequenzen ihre Arbeitsstelle verlassen konnten. Dies sollte eine Mahnung für weitere Fälle sein.

Revolutionäre Bewegung und Fabrikinspektor

Die Revolutionär:innen interpretierten das Verhalten des Fabrikinspektors als feindliche Aktion, die die Zusammenarbeit zwischen Letzterem und den Fabrikanten bewies. In einem Bericht über die Tätigkeiten der Arbeiter:innenbewegung in Vil'na zwischen 1892 und 1896 widmen die Autor:innen drei

56 Siehe S. 115 dieser Arbeit.

57 Puttkamer, Fabrikgesetzgebung, S. 206–207.

Seiten dem Streik in der Tabakfabrik der Brüder Ėdel'štejn. Anstatt die Streikereignisse zu beschreiben, konzentrieren sie sich auf die Reaktion der Fabrikinspektion, die Konsequenzen für die Streikenden und die strategischen Überlegungen der Arbeiter. So behaupten die Verfasser:innen, dass der Fabrikinspektor im Verhalten der Fabrikbesitzer den Willen nach Ersetzung der männlichen Zigarettenmacher durch billigere Arbeiterinnen nicht erkannt habe. Denn er habe versucht, die Arbeiter davon zu überzeugen, dass die Anstellung der fünf Zigarettenmacherinnen auf eine allgemeine Erhöhung der Produktion in der Fabrik gezielt habe. Zudem kritisierten die Autor:innen die Anklage des Inspektors gegen die Streikenden. Diese hätten nur gestreikt, weil sie „nicht ohne ein Stück Brot bleiben wollten".[58] Eine solche lebenswichtige Ursache rechtfertige nicht, dass sie vor Gericht gelangten. Alle Arbeiter:innen der Stadt hätten das Urteil „mit Aufregung" *(s volneniem)* erwartet und seien von ihm tief enttäuscht worden.[59] In diesem Dokument kommt also die feste Idee der Anhänger:innen der Sozialdemokratie zum Vorschein, dass der Fabrikinspektor systematisch die Fabrikbesitzer und nicht die Arbeiter:innen unterstütze. Dies ist eine Überzeugung, die in allen Streikfällen, die für die vorliegende Dissertation analysiert wurden, vorkommt. Wie aus dem vorher beschriebenen Bericht des Inspektors klar geworden ist, war dem Fabrikinspektor die Situation wegen des Problems des Ersatzes der Arbeiter durch billigere Arbeitskräfte jedoch bewusst. Ob er das aber den streikenden Arbeitern offenlegte, ist angesichts des Berichts der Aktivist:innen der Arbeiter:innenbewegung zu bezweifeln. Aber hatte der Inspektor die Wahl? Als Vertreter der zarischen Administration, der damit beauftragt worden war, einen Ausweg aus der Streiksituation, die – hier sei daran erinnert – illegal war, zu finden, konnte er angesichts des Gesetzes nicht den Fabrikarbeitern Recht geben.

DAS FINANZMINISTERIUM

Wie 1895 diese Arbeiter:innenproteste in Sankt Petersburg von den Regierungsbehörden gedeutet wurden, zeigt ein geheimes Zirkular des Finanzministeriums an die Fabrikinspektoren. In diesem Schreiben, das vom Anfang Dezember 1895 datiert ist, stellt der Finanzminister Sergej Vitte fest, dass die Arbeiter:in-

58 „[...] не хотели остаться без куска хлеба." Materialy dlja charakteristiki rabočego dviženija našego goroda, S. 28.

59 Ibid., S. 28–29. Inwiefern diese Aussage der Realität entspricht, ist nicht verifizierbar, da es keine anderen Quellen gibt, die davon erzählen.

nenunruhen der letzten Zeit von einer „ganz kleinen Gruppe" geführt seien, die versuche, im Russischen Reich ähnliche Bedingungen wie im Westen „künstlich" zu reproduzieren. Deswegen seien sie nicht nur die Feinde der gesellschaftlichen Ordnung, sondern auch der Arbeiter:innen, die dank des „patriarchalischen" Verhältnisses mit den Fabrikbesitzern von diesen meistens gut und mit Sorgfalt behandelt würden. Deswegen sei umso wichtiger, dass die Fabrikinspektoren die Umstände in den Fabriken aufmerksam beobachteten und eventuelle Probleme, die zu Unruhen führen könnten, rechtzeitig identifizierten. Und als Schlusssatz mahnt der Minister die Beamten an ihre Funktion: die Vertretung der Interessen der Fabrikbesitzer einerseits und der Arbeiter:innen andererseits.[60] Diese Behauptungen zeigen, dass das Argument, die russische Industrialisierung werde nicht zur dramatischen Proletarisierung der Arbeiter:innen wie in westeuropäischen Ländern (Großbritannien, Frankreich) führen, weil sie aus der Bauernschaft kämen und deswegen eine immer noch starke Verbindung zu ihrem Dorf behielten, Mitte der 1890er Jahre die Überlegungen in den höchsten Regierungskreisen immer noch prägte.[61] Vitte wollte mit diesem Zirkular unterstreichen, dass es nicht im Interesse der Arbeiter:innen sei zu streiken. Parallel dazu machte er die Rolle der Fabrikinspektoren vor den Unruhen klar, präzisierte aber nicht, wie genau sie sich in Streikfällen verhalten sollten. Diese Stellungnahme zeigt exemplarisch, welche Auffassung das Finanzministerium bezüglich der Arbeiter:innenstreiks Ende 1895 vertrat. Dieses noch sehr traditionelle Verständnis des Verhältnisses zwischen Fabrikanten und Arbeiter:innen schrieb sich in die auf Regierungsebene bis in den 1880er Jahren weitverbreitete Meinung ein, dass Arbeiter:innenunruhen das Ergebnis der Willkür vereinzelter Fabrikanten seien. Eng damit verbunden war die nur späte Wahrnehmung der Arbeiter:innenschaft als eigenes soziales Phänomen oder Klasse.[62] Ein Jahr später ließen sowohl das Finanz- als auch das Innenministerium klar erkennen, dass sie eine Verknüpfung der Streikbewegung mit den Lebensverhältnissen der Arbeiter:innen sahen.[63] Beim Streikausbruch in der Fabrik der Brüder Ėdel'štejn im August 1895 war diese Interpretation aber nicht vorwiegend.

Im Gegensatz zu den späteren Fällen, die in dieser Arbeit analysiert werden, scheinen die lokalen Behörden in diesem Streik keine koordinierte und von ex-

---

60 Činam fabričnoj inspekcii, 5./10.12.1895, RGIA, F. 20_15_149, S. 1–1ob. Zur Rolle der Fabrikinspektoren siehe auch Kapitel 2.3, S. 51 dieser Arbeit.

61 Siehe dazu Kapitel 2.3, S. 47 dieser Arbeit.

62 Puttkamer, Fabrikgesetzgebung, S. 32–34.

63 Siehe ibid., S. 34.

ternen Anstifter:innen provozierte Aktion gesehen zu haben. Quellen aus den revolutionären Kreisen ihrerseits machen jedoch in ihrem Narrativ über den Streik klar, dass dieser von „Agitatoren" geführt worden sei.[64]

4.5 Die Synagoge als Austragungsort des Konfliktes

In der Broschüre *der shtodt-magid,* die die Jüdische Sozialdemokratische Gruppe der Stadt Vil'na wenige Zeit nach dem Ende des Streiks herausgab und deren Inhalt im Kapitel 4.7 ausführlicher besprochen wird, kritisiert der Autor die angebliche aktive Einmischung des Predigers der Stadt in den Konflikt während der Samstagspredigt in der Synagoge hart. Dies hebt die Frage nach dem Verhältnis zwischen Religion, jüdischen Arbeiter:innen und jüdischen Sozialdemokrat:innen hervor. Wie sich die aktiven Mitglieder der jüdischen Arbeiter:innenbewegung zur Religion verhielten, ist schwer, präzise darzustellen. Die späteren Bundist:innen, die den Marxismus als Basis ihrer Ideologie betrachteten, waren erklärte Atheist:innen. Und dennoch griff der Bund die Religion nie direkt an. Die Parteimitglieder vermieden jegliche frontalen Angriffe, die die Sensibilität der gläubigen Arbeiter:innen hätten verletzen können. So hofften sie, auch die religiösen Arbeiter:innen ansprechen zu können. Laut Nathan Weinstock wurde diese Taktik von Erfolg gekrönt, da sich traditionell orientierte Jüd:innen an einzelnen revolutionären Ereignissen des Jahres 1905 aktiv beteiligten.[65] Der Bund scheint eine Strategie verfolgt zu haben, die man auch bei den anderen radikalen russischen Bewegungen in den 1880er Jahren findet: Da unmittelbare Kritiken gegen den Zaren oder die Religion oft das Misstrauen und die Feindschaft der Zuhörer:innen provozierten, vermieden die Redner:innen solche Themen und konzentrierten sich eher auf die Thematisierung allgemeiner Alltagsfragen und probleme, wie beispielsweise die Löhne, die Arbeitszeiten, die zu hohen Strafabzüge usw.[66] In ihrem Kern bedeuteten aber die sozialistischen Ideen eine radikale Anfechtung der traditionellen Ordnung der jüdischen Gemeinschaft. Die Konzeption der jüdischen Gemeinschaft als eine, deren Mitglieder durch das Befolgen religiöser Vorschriften vereint seien und die durch eine klare soziale Hierarchie organisiert sei, war zwar in den 1890er Jahren schon umstritten – in mehreren Fällen hatten jüdi-

64 Materialy dlja charakteristiki rabočego dviženija našego goroda, S. 28.

65 Weinstock, Le pain de misère, S. 140–141.

66 Pearl, Creating a Culture of Revolution, S. 78–81.

sche Intellektuelle die angebliche Korruption und undurchsichtige Macht des Kahals heftig in Frage gestellt.[67] Ein gewisser Umwandlungsprozess hatte also seit den 1870er und 1880er Jahren stattgefunden, war aber in den 1890ern noch lange nicht abgeschlossen.[68] Mit dem angesagten Klassenkampf, den die jüdischen Sozialist:innen propagierten, war die vom traditionellen Rabbinat verteidigte „kontinuierliche soziale Einheit der Jüd:innen" auf den Kopf gestellt.[69] Deswegen traten die Sozialist:innen fast zwangsläufig in Konflikt mit der rabbinischen Autorität und stilisierten zudem diese Auseinandersetzung zu einem argumentativen Motiv, um die Kluft zwischen den Arbeiter:innen einerseits und den Fabrikbesitzern, den Rabbinern und der zarischen Macht andererseits zu demonstrieren. Ein spannendes Beispiel für diese Argumentation ist eben die Broschüre *der shtodt-magid*.

Welchen Verlauf die Ereignisse in der Synagoge genau genommen hatten, welche Worte von wem gesprochen wurden und wie es zum Tumult kam, wird im Vorwort der jiddischen Version kurz zusammengefasst.[70] Dabei erfährt man, dass der Maggid in seiner Predigt plötzlich die Streikenden scharf kritisiert und ihr Verhalten verurteilt habe. Infolgedessen sei er von den anwesenden Arbeitern ausgepfiffen worden. Ein Arbeiter sei dann selber auf die Bima gestiegen und habe die genauen Umstände des Streiks erklärt.[71] Aus mehreren Stellen im Haupttext geht zudem hervor, dass der Stadtprediger heftige Parolen gegen die Streikenden geäußert und sie zur sofortigen Wiederaufnahme der Arbeit gedrängt habe. Er solle sie bedroht haben und sie als „eine Räuberbande, deren Platz im Gefängnis ist", betrachtet haben.[72] Dazu solle er argumentiert haben, dass alle Jüd:innen im Russischen Reich unter derselben Unterdrückung leiden würden, weil sie jeglicher Rechte entbehren würden. In diesem Kontext provo-

67 Der Kahal (die jüdische Gemeinde) war 1844 von der zarischen Regierung aufgelöst worden. Dennoch existierte diese traditionelle Form der Selbstorganisation inoffiziell weiter. Siehe Stanislawski, Michael: „Kahal", in: YIVO Encyclopedia of Jews in Eastern Europe, <http://www.yivoencyclopedia.org/article.aspx/Kahal> [30.10.2017].

68 Tobias, The Jewish Bund in Russia, S. 40.

69 Ibid., S. 40–41; dazu siehe auch Mendelsohn, Jewish and Christian Workers, S. 244.

70 Der shtodt-magid, S. 722–723. In der russischen Einleitung im *Rabotnik* wird nur erklärt, dass der Maggid sich während der Samstagspredigt mit diffamierenden Worten gegenüber den Streikenden in den Konflikt eingemischt habe (Evreiskie rabočie protiv evrejskich kapitalistov, S. 82).

71 Der shtodt-magid, S. 723.

72 „[...] шайк[а] разбойников, которым место в тюрьме". Evrejskie rabočie protiv evrejskich kapitalistov, S. 83.

ziere der Streik den Zorn der zarischen Zentralmacht, was die Situation für die gesamte jüdische Bevölkerung verschlimmere: „Indem ihr euch den Kampf zur Hilfe nehmt, löst ihr den Zorn der Regierung aus, und sie wird über alle Juden hereinstürzen, und uns allen wird es schlecht gehen. [...] denkt nicht nur an euch, sondern auch an das ganze Volk."[73] Dieses Argument benutzte das religiöse Establishment, das sich gegen die sozialistische Bewegung positionierte, um die Jahrhundertwende immer wieder, um die Gläubigen davon zu überzeugen, dass der Aktivismus der Anhänger:innen der Sozialdemokratie und die sozialen Unruhen, die in Arbeiter:innenstreiks und Demonstrationen mündeten, die Sicherheit aller Jüd:innen gefährden würden. Diese Position kam mehrmals zum Ausdruck in unterschiedlichen Städten, in denen Rabbiner zum Beispiel geheime Versammlungen von Revolutionär:innen bei der Polizei denunzierten, und verstärkte sich nach dem Schock des Pogroms von Kišinev 1903.[74] Damit setzten sich diese Rabbiner und ihre Unterstützer deutlich dem ideologischen Klassenkampf der jüdischen Revolutionär:innen entgegen, die die jüdische Gesellschaft nicht als einheitlich, sondern als zwischen Ausbeuter und Ausgebeutete unterteilt sahen.[75]

Dem Eingreifen des Stadtpredigers Vil'nas in den Konflikt in der Fabrik der Brüder Ėdel'štejn wird vom Verfasser der Broschüre eine enorme Wirkung zugeschrieben, nicht nur weil es im Gebetshaus zu Unruhen gekommen sei. Der *shtodt magid* von Vil'na war im Gegensatz zur üblichen Definition des Wortes *maggid/magid* kein wandernder, sondern ein fester, für die Stadt ernannter Prediger. Die Person, die diesen Posten innehatte, gehörte zum Kreis der angesehensten und bedeutendsten Gelehrten der Stadt.[76] Dies bedeutet, dass der

73 „Помогая себе своей борьбой, вы вызываете гнев правительства, и оно обрушивается на всех евреев, и нам всем будет плохо. [...] думайте не только о себе, но и о всем народе." Ibid., S. 86.

74 Tobias, The Jewish Bund in Russia, S. 256–257. Das Pogrom von Kišinev fand an jüdischen Ostern im April 1903 statt, nachdem eine lokale Zeitschrift die „Juden" des Ritualmords an einem christlichen Kind angeklagt hatte. 49 Jüd:innen wurden getötet, über 500 verletzt. Es wurden zahlreiche jüdische Häuser und rund 600 jüdische Geschäfte zerstört. Siehe Judge, Edward H.: Easter in Kishinev. Anatomy of a Pogrom, New York 1992, S. 72–74.

75 Über die Kooperation zwischen zarischen Behörden und nichtorthodox-religiösen Behörden (wie zum Beispiel das jüdische Rabbinat) siehe Crews und sein Konzept des „confessional state": Crews, Robert: Empire and the Confessional State. Islam and Religious Politics in Nineteenth-Century Russia, in: The American Historical Review 108, 1 (2003), S. 50–83, hier S. 61–67.

76 Ben-Sasson, Haim Hillel; Dan, Joseph: Maggid, in: Berenbaum, Michael; Skolnik, Fred

shtodt magid innerhalb der jüdischen Glaubensgemeinschaft eine anerkannte Figur war. Es ist nicht übertrieben zu vermuten, dass er als Angehöriger der jüdischen Elite in denselben Kreisen wie die Fabrikanten verkehrte oder zumindest Kontakt zur wirtschaftlichen Führungsgruppe der Stadt unterhielt. Er war also sicher über die Umstände in der Fabrik von den Fabrikanten bestens informiert worden. Wenn man es für plausibel hält, dass er während seiner Predigt das Wort über die Streikaktion ergriff, kann man einsehen, dass er das Thema des Streiks ansprach, gerade weil er einen so wichtigen und respektablen Status hatte. Ob er aus rein persönlicher Überzeugung oder infolge einer Bitte der Fabrikbesitzer in seiner Samstagspredigt über den Streik sprach, bleibt offen.[77] Aus seinem Handeln und den berichteten Argumenten kann man schließen, dass er sich erhoffte, durch seine Autorität die Situation entschärfen zu können, indem die streikenden Arbeiter:innen das Schlechte in ihrer Aktion erkennen würden und die anderen Anwesenden auch Druck auf diese ausüben würden, damit sie die Arbeit wiederaufnähmen. Der Konflikt, der bisher nur innerhalb der Fabrik verlaufen war, bekam somit eine Bühne in der jüdischen Öffentlichkeit von Vil'na. Dies nutzten ihrerseits die jüdischen Sozialist:innen und stilisierten das Ereignis zu einer gemeinschaftsstiftenden Erzählung, um ihre Ziele unter den Arbeiter:innen zu verbreiten.

Aus den Quellen, die zur Verfügung stehen, geht nicht hervor, in welcher Synagoge der Stadt die Ereignisse stattfanden. Wenn ursprünglich die gesamte

---

(Hrsg.): Encyclopaedia Judaica, 2. Auflage, Vol. 13, Detroit 2007, S. 339–341, hier S. 340. *Jewish Encyclopedia* gibt folgende Definition: „The resident maggid who preaches at different synagogues in one city is called the ‚Stadt Maggid', as in Wilna and other large cities in Russia." Jacobs, Joseph; Eisenstein, Judah David: Maggid, in: Jewish Encyclopedia, the unedited full-text of the 1906 Jewish Encyclopedia, <http://www.jewishencyclopedia.com/articles/10259-maggid> (24.04.2017). In einer Fußnote zur Einführung des russischsprachigen Textes in der Zeitschrift *Rabotnik* wird ein Maggid als „eine nicht offizielle, geistliche Figur" *(neofficial'noe duchovnoe lico)* definiert, die allerdings über „mehr Ansehen" *(bol'š[ij] avtoritet)* als der von der Gemeinde gewählte Rabbiner verfüge. Evrejskie rabočie protiv evrejskich kapitalistov, S. 82. Siehe auch David Schick, der den Namen des Maggids (Zvi Hirsh Rabinowitz, 1848–1910) herausfinden konnte: Schick, Vertrauen, S. 96–97.

77 Im Text *Evrejskie rabočie protiv evrejskich kapitalistov* (S. 84) beschreibt der Erzähler, dass in der Synagoge dem Maggid vorgeworfen worden sei, Geld angenommen zu haben, um diese Worte auszusprechen. Während man den Wahrheitsgehalt dieser Aussage nicht verifizieren kann, stellt diese Behauptung ein deutliches Argument für die Theorie der jüdischen Revolutionär:innen dar, dass der Rabbiner und die Fabrikanten enge Verbündete waren.

Gemeinde sich in einer Synagoge versammelte, erschienen ab dem 18. Jahrhundert immer häufiger Gruppierungen, die ein eigenes Gebetshaus für sich beanspruchten. In der zweiten Hälfte des 19. Jahrhunderts wurden vor allem in größeren Städten zahlreiche neue jüdische Verbände gegründet, die mehrheitlich eigene Gebetsräume errichten wollten. Neben rein religiösen existierten auch philanthropische und berufliche Organisationen. So konnte jeder Beruf eine eigene Synagoge bzw. ein Gebetshaus haben, manchmal teilten sich alle Handwerker:innen einer Stadt eine.[78] Jedoch stellte die Religion bei allen einen wesentlichen Aspekt dar.[79] Auch in Vil'na gab es um die Jahrhundertwende eine große Anzahl an Synagogen und Gebetshäusern. So existierten 1910 104 offizielle Gebetseinrichtungen, die je nach ihrer Größe und Funktion als *shuln, kloyzn* oder *shtibl* benannt wurden.[80] Aber nur zwei von ihnen wurden regelmäßig mit dem Wort Synagoge bezeichnet: die Große Synagoge *(di shtot-shul)* und die Choral-Synagoge, die von den *maskilim* betrieben wurde.[81] Bei der vorliegenden Geschichte wird in der russischen Version ständig von „Synagoge" gesprochen, zudem habe kein üblicher Rabbiner, sondern der *shtodt magid* gegen die Streikenden geschimpft. Deswegen ist anzunehmen, dass sich der Vorfall in der Großen Synagoge der Stadt ereignete – so wollte es der Verfasser des Textes wenigstens seinen Lesenden gegenüber vorbringen.[82] Somit nahm die Bedeutung des Geschehenen noch zu: Es passierte nicht in einem kleinen Gebetshaus, sondern im bedeutendsten der Stadt.

Die Funktion der Synagoge als Austragungsort des Konfliktes zwischen den jüdischen Fabrikbesitzern und ihren streikenden Arbeiter:innen verdient eine tiefere Analyse. Für die jüdischen Sozialist:innen diente dieser Vorfall zur Zementierung der eigenen gesellschaftlichen Vorstellungen. Diese Opposition der streikenden Arbeiter gegen den Vil'ner Prediger wurde in den Memoiren von revolutionären Protagonist:innen und in der Sekundärliteratur über die Entstehungsjahre des Allgemeinen Jüdischen Arbeiterbundes immer wieder

78 Levin, Vladimir: Synagogues in Lithuania: A Historical Overview, in: Cohen-Mushlin, Aliza [et al.] (Hrsg.): Synagogues in Lithuania. A Catalogue, Vilnius 2010, S. 17–41, hier S. 25.

79 Ibid., S. 26.

80 Spector, Wigoder, The Encyclopedia of Jewish Life Before and During the Holocaust, S. 1400; Zur Erläuterung der unterschiedlichen Bezeichnungen für jüdische Gebetshäuser im Russischen Reich siehe Levin, Synagogues in Lithuania, S. 20–21.

81 Kravtsov, Levin, Mickūnaitė, Vilnius, S. 241.

82 Auch die Bezeichnung im Vorwort des jiddischen Textes (*shtodt-shul*) unterstützt diese These. Der shtodt-magid, S. 722.

als entscheidendes Ereignis für die angeblich „massive" Verbreitung der Arbeiter:innenbewegung beschrieben, über das in der Stadt Vil'na und darüber hinaus nachhaltig gesprochen worden sei.[83] Aber war diese Rede des jüdischen Gelehrten gegen die Streikenden eine außerordentliche Erscheinung? Oder schrieb sie sich in eine Tradition ein, die aus der Synagoge einen Begegnungsort machte, wo Konflikte besprochen wurden? Welche Rolle spielte die Synagoge als Austragungsort für den Klassenkampf in der jüdischen Gemeinschaft?

Eine Synagoge trug traditionsgemäß vielfältige Funktionen in sich. Als Gebets-, Lehr- und Versammlungsort stellte sie den Kern des Gemeinschaftslebens der osteuropäischen Jüd:innen dar. Somit gehörte sie zu einem der wichtigen Kommunikationsräume der „jüdischen Stadt".[84] Im Fall von Unzufriedenheit oder Auseinandersetzungen gegen die Gemeindevorsitzenden erfüllte sie auch die Rolle eines Raumes, wo es möglich war, sich über die führenden Mitglieder der Gemeinde zu beklagen. Jeder durfte die Tora-Lektüre so lange unterbrechen und seine Probleme darlegen, bis die Gemeindebehörden darauf antworteten.[85] Im Fall des Streiks in der Tabakfabrik der Brüder Ėdel'štejn trifft man zwar die umgekehrte Situation – es ist der Maggid, der eine Rede an die Menge hält und sich über das Verhalten eines Teils der Gemeindemitglieder beschwert. Diese Umkehr scheint aber gängig gewesen zu sein.[86] Zudem ergibt diese Wortergreifung des Predigers Sinn, wenn die Synagoge und die Sabbat-

---

83 So zum Beispiel der Bundist Beynish Mikhalevitsh (Mikhalevitsh, Erev Bund, S. 39). In der Sekundärliteratur findet dieser Vorfall immer wieder Erwähnung, beispielsweise bei Tobias, The Jewish Bund in Russia, S. 41; Minczeles, Le mouvement ouvrier juif, S. 101; Weinstock, Le pain de misère, S. 74, 89.

84 Haumann, Geschichte der Ostjuden, S. 147; Haumann, Heiko: Kommunikation im Schtetl. Eine Annäherung an jüdisches Leben in Osteuropa zwischen 1850 und 1930, in: ibid.: Lebenswelt und Geschichte. Zur Theorie und Praxis der Forschung, Wien/Köln/Weimar 2012, S. 419–442, hier S. 428.

85 Zbrowski, Mark; Herzog, Elizabeth: Das Schtetl. Die untergegangene Welt der osteuropäischen Juden, München 1991 [1952], S. 170. Dieses Werk ist umstritten. Der Anspruch der Autor:innen, anhand von anthropologischen Methoden das Leben im Schtetl zu rekonstruieren, stößt in der Forschung auf große Kritik. Ihnen wird vorgeworfen, ein idealisiertes, einheitliches Schtetl-Bild ausgearbeitet zu haben (siehe beispielsweise Veidlinger, Jeffrey: In the Shadow of the Shtetl: Small-Town Jewish Life in Soviet Ukraine, Bloomington 2013, S. 3–4). Deswegen möchte ich hier unterstreichen, dass mir der idealisierte, konstruierte Charakter des Schtetl-Lebens durch die Autor:innen bewusst ist. Dennoch denke ich, dass man diesem Buch brauchbare allgemeine Informationen entnehmen kann. Ähnliches über die Tradition der Unterbrechung der Tora-Lektüre findet man bei Levin, Synagogues in Lithuania, S. 36.

86 Levin, Synagogues in Lithuania, S. 36.

Zeit als ein Ort und ein Zeitpunkt betrachtet werden, wo und währenddessen Konflikte innerhalb der Gemeinde üblicherweise ausgetragen werden durften und wo der Prediger seine Rolle als moralische Autorität ausübte.[87] Dies scheint aus einer historischen Perspektive nichts Außerordentliches gewesen zu sein. In späteren Streikfällen kam es ebenfalls zu Konfliktszenen in einer Synagoge, wie beispielsweise bei den mehreren Arbeitsniederlegungen in der Zigaretten- und Tabakfabrik von I. L. Šereševskij in Grodno zwischen 1899 und 1904.[88] Vladimir Levin schreibt in seiner historischen Studie zu den Synagogen Litauens sogar, dass die jüdischen Revolutionär:innen diese Möglichkeit so gut zu nutzen gewusst hätten, dass die Rabbiner der Stadt Vil'na während der Ersten Russischen Revolution von 1905 einen Aufruf veröffentlicht hätten, mit der Bitte, die Gebetshäuser nicht als Versammlungs- und Diskussionsorte zu gebrauchen. Dass heftige Auseinandersetzungen zwischen Anhänger:innen des Zionismus einerseits und des Sozialismus andererseits in einer Synagoge stattfanden, sei nicht ungewöhnlich gewesen.[89]

Der Rabbiner, der nicht nur religiöse, sondern auch rechtliche Autorität ausübte, wurde in Konfliktfällen innerhalb der jüdischen Gemeinde oft eingeschaltet, auch lange nach der offiziellen Abschaffung des Kahals 1844. Als bedeutender und respektierter Kommunikationsmittler vermittelte er Lösungen zwischen den verschiedenen Parteien. Schenkt man den Schilderungen von Mark Zbrowski und Elizabeth Herzog Glauben, wurde er auch zu Hilfe gerufen, wenn es um Lohnangelegenheiten und Arbeitsvertragsprobleme ging.[90]

Die Einmischung der jüdischen religiösen Autoritätsvertreter in einen Streikverlauf kann deswegen als Fortsetzung einer schon bestehenden Tradition interpretiert werden, die von der jüdischen Elite – sprich auch von den Fabrikbesitzern – als „normal" angesehen wurde. Parallel dazu stieß dieser Gebrauch ab den 1890er Jahren auf Widerstand von Seiten der jüdischen Arbeiter:innen, die die rabbinischen Behörden nicht mehr automatisch für gute Vertreter ihrer Interessen hielten, wenn sie Partei für die Fabrikbesitzer ergriffen, wie es in Vil'na 1895 geschehen war. In seiner Analyse des Streiks vom August 1895 in der Tabakfabrik der Brüder Ėdel'štejn beleuchtet der Historiker David Schick

87 Zur Funktion der Rabbiner im traditionellen Judentum siehe zum Beispiel Haumann, Geschichte der Ostjuden, S. 148.

88 Siehe Kapitel 6.

89 Levin, Synagogues in Lithuania, S. 36. Laut Levin nutzten auch die bürgerlichen jüdischen Parteien Synagogen als Orte, wo sie für die Duma-Wahlen eine fruchtbare Kampagne hätten fahren können. Siehe auch Shtakser, Making of Jewish Revolutionaries, S. 7.

90 Zbrowski, Herzog, Das Schtetl, S. 190.

die Auflösung traditioneller jüdischer wirtschaftlicher und sozialer Beziehungen zwischen den jüdischen Fabrikanten und ihrer jüdischen Belegschaft: Durch die Intervention in der Synagoge hatten die religiösen Vertreter die „Verletzung des jüdischen Gewohnheitsrechts" durch die Fabrikbesitzer nicht verurteilt, obwohl die Arbeiter überzeugt waren, dass „die informellen Bestimmungen der jüdischen Gemeinschaft sie in ihrem Anliegen stützen müssten".[91] So war es zu Unruhen auch innerhalb der Synagoge gekommen. Und dies nutzten die revolutionären Gruppierungen, im Fall des hier besprochenen Streiks die Jüdische Sozialdemokratische Gruppe, um die jüdischen Arbeiter:innen zur Ablehnung der traditionellen innerjüdischen gesellschaftlichen Ordnung zu bewegen.

4.6 *Frauen und Männer in der Fabrik: Zwischen Konkurrenz- und Klassenkampf*

Den Streik in der Fabrik der Brüder Ėdel'štejn löste die Entscheidung der Fabrikanten aus, neben den Zigarettenmachern auch Frauen in dieser Funktion anzustellen. Nach den Informationen, die über die Fabrik zur Verfügung stehen, beschäftigte das Unternehmen zu diesem Zeitpunkt schon Frauen. Diese arbeiteten jedoch als einfache Gehilfinnen der Zigarettenmacher. Sie erledigten also eine weniger qualifizierte Arbeit als die Männer.[92] Die Berichte des Fabrikinspektors liefern keine Angaben zu eventuellen Entlassungen von Zigarettenmachern und erklären nicht detailliert, warum die Männer so Angst hatten, durch Frauen ganz verdrängt zu werden. Es ist nur vage von einer „antiweiblichen Bewegung" *(antiženskoe] dviženie])* die Rede.[93] Die möglichen Gründe für diese Haltung erläutert der Inspektor nicht. In der handschriftlichen russischen Übersetzung der Broschüre *der shtodt-magid* der jüdischen Sozialist:innen hingegen gibt der Übersetzer in seiner Einführung die Sorgen, die hinter dieser Protestaktion steckten, klar an: Die Fabrikbesitzer wollten Arbeitern die Arbeit wegnehmen und sie durch billigere Frauen ersetzen.[94] In der Kampfschrift selbst wird dieses Problem zwar an einer Stelle erwähnt, der Schwerpunkt der Argumentation wird aber schnell auf die Verallgemeinerung des Konfliktes als

91 Zitate aus Schick, Vertrauen, S. 125, 109. Für die Streikanalyse siehe ibid., S. 102–109.

92 Diese Informationen wurden aus folgenden Quellen zusammengetragen: Bericht des Fabrikinspektors, 19.08.1895, RGIA, F. 23_30_38, S. 3; Po povodu evrejskoj stački v Vil'ne 1895 g., S. 4–5.

93 Bericht des Fabrikinspektors, 24.08.1895, RGIA, F. 23_30_38, S. 4.

94 Po povodu evrejskoj stački v Vil'ne 1895 g., S. 1.

Klassenkampf zwischen den Fabrikanten und den Arbeiter:innen gelegt. Und auch wenn der Autor das Thema anspricht, fokussiert er sprachlich auf die Unmenschlichkeit der Fabrikanten, die „alte Leute, die ihr ganzes Leben für den Besitzer durchgearbeitet haben [und] ihr Leben für seine Interessen geopfert haben, samt Frauen und Kindern auf die Straße werfen, um seine Gewinne [...] anhand von billigerer Frauenarbeit zu erhöhen".[95] Frauen werden nicht als Arbeiterinnen dargestellt, die den Männern die Arbeit stehlen würden. Vielmehr tragen die Brüder Ėdel'štejn dafür Verantwortung. Somit gehören die Frauen und die männlichen Streikenden zur selben Gemeinschaft, zur Arbeiter:innenklasse, die sich gemeinsam gegen die Fabrikbesitzer wehren soll. Dass in diesem konkreten Fall auch der Konkurrenzkampf zwischen den Geschlechtern Teil des Problems war, blendet der Autor aus. Dies wird nachvollziehbar, wenn man die „Frauenfrage" und die Reaktionen darauf seitens der russischen Marxist:innen näher betrachtet.

Die Problematik des Konkurrenzkampfes zwischen männlichen und weiblichen Arbeitskräften bildete für die russischen und jüdischen Revolutionär:innen der 1890er Jahre eine schwierige Frage. Denn nicht nur betrachteten Arbeiter die Frauen als Konkurrentinnen, auch die revolutionäre Bewegung hatte Mühe, Arbeiterinnen mit ihren Ideen zu erreichen. Angelehnt an die Mehrheit ihrer Kamerad:innen aus anderen westlichen Ländern, sahen die russischen Marxist:innen die „Frauenfrage" und die damit verbundenen Ungerechtigkeiten als ein Problem, das nur mit der Verwirklichung der sozialistischen Revolution verschwinden würde, da die Unterdrückung der Frauen ein unmittelbares Produkt des Kapitalismus sei. Die kapitalistische Arbeitsaufteilung habe die Männer- von der Frauenarbeit getrennt. Während der Mann einer Lohnarbeit außerhalb des Hauses in der Fabrik nachgehe, sei die Frau von einer solchen Aktivität außerhalb des Hauses ausgeschlossen worden. So sei sie in ein Abhängigkeitsverhältnis zum Mann geraten. Die Basis dieser patriarchalischen Ausbeutung liege unter anderem im bürgerlichen Eheverständnis. Arbeiterinnen würden also eine doppelte Unterdrückung erdulden: Als Frauen seien sie dem Joch der Männer, als Arbeiterinnen demjenigen der Kapitalisten unterstellt. Deshalb sollten die Arbeiterinnen sich ihren männlichen Kollegen für den Kampf für die Revolution anschließen. Denn nur mit der Revolution könne

95 „[...] выбросить на улицу с женами и детьми старых людей, поработавших весь свой век на хозяина, всю свою жизнь отдавших его интересам, [...] чтобы увеличить свои [...] доходы дешевым трудом женщин." Evrejskie rabočie protiv evrejskich kapitalistov, S. 83.

sich das Ziel der Gleichstellung verwirklichen, wenn Frauen einen gleichen Zugang zu den Produktionsmitteln wie Männer hätten.[96]

Im Russischen Reich widmeten sich die Sozialist:innen an der Parteispitze in den 1890er Jahren also nur selten spezifisch der „Frauenfrage" und lehnten eine eigene Organisationsform für Frauen sowie allerlei Annäherungsversuche zu bürgerlichen feministischen Bewegungen vehement ab. 1901 veröffentlichte Nadežda Krupskaja unter dem Titel *Ženščina-Rabotnica (Die arbeitende Frau)* zwar eine Broschüre, die sich ausschließlich auf das Thema konzentrierte. Dabei erklärte sie einem breiten Publikum die Grundlagen der marxistischen Stellung bezüglich der „Frauenfrage". Obwohl sie dafür plädierte, dass die Sozialist:innen einen besseren legalen Schutz der Arbeiterinnen als Frauen in ihr Programm aufnehmen sollten, erkannte sie nicht den Mehrwert einer spezifischen Organisation der Frauen.[97] Unter den russischen Sozialdemokrat:innen kümmerte sich nur Alexandra Kollontai wiederholt intensiv um die Frage der Arbeiterinnen in der Arbeiter:innenbewegung um die Jahrhundertwende. Sie teilte die Meinung der deutschen Sozialdemokratin Clara Zetkin, dass Frauen als Arbeiterinnen auch mit spezifischen Schwierigkeiten konfrontiert seien und deswegen gezielt angesprochen werden müssten, damit sie sich aktiver in der Arbeiter:innenbewegung und für die Sozialdemokratie engagierten. Mit dieser Idee stieß sie jedoch auf große Skepsis bei ihren Parteikolleg:innen.[98] Selbstverständlich heißt das nicht, dass Frauen keine bedeutende Rolle in der russischen Sozialdemokratie spielten. Nicht nur die bereits erwähnten Figuren, sondern auch zahlreiche andere engagierten sich für den Sozialismus und die revolutionären Ideen.[99]

Der Versuch, beide Geschlechter im Kampf für den Sozialismus zu vereinigen, blieb trotzdem eine schwierige Aufgabe, die nicht überall durchgeführt werden konnte. Wenn in den 1880er und 1890er Jahren revolutionäre Intellek-

---

96 So fasst Glickman den gemeinsamen Nenner der marxistischen Position zu Frauen, wie von Engels und Bebel vertreten, zusammen. Glickman, Russian Factory Women, S. 233–236. Siehe auch McDermid, Hillyar, Women and Work, S. 98–101, 116. Für eine detaillierte Analyse des Marxismus und der Frauenfrage, inklusive der einzelnen Stellungnahmen von Marx, Engels und Bebel, siehe Meyer, Alfred G.: Marxism and the Women's Movement, in: Atkinson, D.; Dallin, A.; Lapidus, G. (Hrsg.): Women in Russia, Stanford 1977, S. 85–112.

97 Glickman, Russian Factory Women, S. 238–240; McDermid, Hillyar, Women and Work, S. 116.

98 Mayoraz, Sandrine: Alexandra Kollontai, in: Degen, Bernard; Haumann, Heiko; Mäder, Ueli [et al.] (Hrsg.): Gegen den Krieg. Der Basler Friedenskongress 1912 und seine Aktualität, Basel 2012, S. 61–63, hier S. 62.

99 Siehe Kapitel 2.5, S. 65 dieser Arbeit.

tuelle Frauenzirkel gründeten und versuchten, so in Kontakt mit motivierten Arbeiterinnen zu treten, blieb die Reichweite dieser Zirkel begrenzt.[100] Auch wenn die Arbeiterinnen manchmal die Initiative zum Streik selber ergriffen, waren sie in den Augen der Mehrheit der Revolutionär:innen sowie ihrer männlichen engagierten Kollegen rückständig. Ihnen wurde vorgeworfen, sich dem Engagement ihrer Männer in der Arbeiter:innenbewegung entgegenzustellen. Einzelne Sektionen der RSDRP versuchten trotzdem, die Arbeiterinnen zu mobilisieren. Da für Frauen wenige Kontaktstellen zur Verfügung standen – im Gegensatz zu Männern, die mehr öffentlichen Raum bespielten –, wandten die Revolutionär:innen unterschiedliche Strategien an: Kontaktaufnahme über Sonntags- bzw. Abendschulen, Anstellung direkt in der Fabrik, um vor Ort Agitation und Propaganda zu unternehmen.[101] Das Problem des Misstrauens der Arbeiter gegenüber Frauen, die sich der Arbeiter:innenbewegung anschließen wollten, sowie dasjenige des Vorbehalts der Männer gegenüber arbeitenden Frauen in den Industriebereichen, in denen sie als Arbeitskräfte in direkter Konkurrenz standen, blieben weiterhin bestehen.

Dass Frauenarbeit günstiger war, stellte eine bekannte Tatsache dar. Sie wurden mehrheitlich in der Leichtindustrie beschäftigt. So machten Frauen 1885 in Vil'na 16 Prozent der Industriebelegschaft aus. In der Textilindustrie waren es 39 Prozent, in der Papierindustrie 30 Prozent und in der Tabakindustrie 60 Prozent. Zwischen 1885 und 1914 stieg der Anteil der Arbeiterinnen in der Industrie regelmäßig. Wenn sie zuerst vor allem als guter Ersatz für Kinderarbeit galten, die seit 1882 verboten war, repräsentierten sie als billige Arbeitskräfte für die Fabrikbesitzer ein großes Sparpotential und einen Gewinnerhöhungsfaktor und begannen, die Männer zu ersetzen.[102] Die immer mehr verbreitete Mechanisierung der Industriearbeit erlaubte zudem weiblichen Arbeitskräften, Beschäftigungen zu übernehmen, für die vorher physische Kraft unabdingbar gewesen war und die deswegen von Männern ausgeübt worden waren.[103] Auch wenn auf den ersten Blick das Gesetz von 1885 über das Verbot der Nachtarbeit für Frauen und Jugendliche in der Textilindustrie die Stelle des Mannes auf dem Arbeitsmarkt verstärkte, wurden Frauen immer häufiger angestellt, weil sie weniger kosteten.[104] Die zeitgenössischen Beobachter – zu denen die Fabrikins-

100 McDermid, Hillyar, Women and Work, S. 116.
101 Ibid., S. 106, 110–111.
102 Glickman, Russian Factory Women, S. 75–85.
103 McDermid, Hillyar, Women and Work, S. 85–86.
104 Ibid., S. 43–44.

pektoren gehörten – bedienten sich dennoch nicht dieses ökonomischen Argumentes, um die Zunahme der industriellen Frauenarbeit zu erklären. Vielmehr hoben sie die angeblich höhere Gehorsamkeit und Ruhe der Arbeiterinnen hervor, die im Gegensatz zu ihren Kollegen keine Lohnerhöhungen verlangen würden.[105] Wie Glickman beweist und wie in den weiteren Kapiteln aufgezeigt wird, darf das Verhalten von Arbeiterinnen nicht verallgemeinert werden.[106]

Behält man diese Hintergrundinformationen im Kopf, erstaunt es nicht, dass der Verfasser des Artikels über den Vil'ner Streik von 1895, der aus der Zeitschrift *Russkij rabočij* bzw. *Russkie vedomosti* abgeschrieben worden sein soll,[107] dezidiert versucht, die Arbeiterinnen in Schutz zu nehmen. So legt er Wert darauf zu präzisieren: „Hier geht es offensichtlich nicht um den Kampf der Männer-Arbeiter gegen die jungen Arbeiterinnen."[108] Weiter erklärt er, dass die Arbeiterinnen nicht schuld daran seien, dass sie zu geringeren Löhnen als Ersatzkräfte für Männer angestellt würden. Denn der wahre, gemeinsame Feind sei in allen Streikaktionen der Fabrikbesitzer. Deshalb sollten die Arbeiterinnen sich dem Kampf ihrer männlichen Kollegen ohne Zögern anschließen.[109] Damit reproduziert der Autor den marxistischen Diskurs, der oben dargestellt wurde. Dass die Unschuld der Frauen und die Notwendigkeit, sie zusammen mit den Arbeitern in den Kampf gegen die Fabrikanten zu integrieren, vom Verfasser des Textes so explizit ausgedrückt werden mussten, zeugt aber davon, welche Vorurteile die Arbeiter:innen in Bezug auf den Konkurrenzkampf zwischen beiden Geschlechtern noch begleiteten.

Glaubt man den Ausführungen desselben Zeitschriftartikels, konnten sich die Streikenden der Tabakfabrik der Brüder Ėdel'štejn auf Präzedenzfälle stützen, um ihre Befürchtungen zu zementieren: Der Ersatz der Arbeiter durch Frauen habe in zwei Fabriken der Stadt schon stattgefunden. Eine dieser Fabri-

105 Ibid., S. 43; Glickman, Russian Factory Women, S. 85–88. Die hier ausgeführten Elemente über Lohnunterschiede zwischen Männern und Frauen in der Industrie sind nicht typisch russisch, sondern auch in allen industrialisierten Ländern zu finden. Siehe zum Beispiel für Frankreich: Kapitel „Women in Industry", in: Salin, Sandra: Women and Trade Unions in France. The Tobacco and Hat Industries, 1890–1914, Bern 2014, S. 29–89.

106 Siehe Kapitel „The Nature of Female Protest (to 1905)" in Glickman, Russian Factory Women, S. 156–188.

107 Zu diesem Artikel siehe noch die Fußnote 50, S. 93 dieses Kapitels.

108 „Тут дело, очевидно, не в борьбе рабочих-мужчин с работницами девушками." Abschrift des Artikels aus Russkij rabočij 5 (November 1895), GARF, F. R6889_1_2, S. 49.

109 Ibid.

ken sei die Tabakfabrik Durunča[110] gewesen, wo im Sommer 1894 der Fabrikant versucht habe, Arbeiter durch Arbeiterinnen zu ersetzen. Infolgedessen hätten die Arbeiter an zwei oder drei Tagen gestreikt, was die Einmischung der Polizei provoziert habe. Ohne zu präzisieren, welche Ergebnisse der Streik hatte, behauptet der Artikel, dass seitdem die männlichen Arbeitskräfte nach und nach durch weibliche ersetzt worden seien und dass zum Verfassungszeitpunkt des Artikels – also kaum ein Jahr nach dem Streik – schon die Hälfte der Männer durch Frauen abgelöst worden seien. Diesen Frauen zahle der Fabrikbesitzer viel weniger, was auch negative Konsequenzen auf den Lohn der Gehilfinnen gehabt habe.[111] Dieses Argument, dass die Anstellung schlechter bezahlter Zigarettenmacherinnen Auswirkungen nicht nur auf die Männer, sondern auch auf die verbleibenden Gehilfinnen habe, stellte für die revolutionären Agitator:innen und Propagandist:innen die Möglichkeit dar, die anderen Arbeiterinnen der Fabrik zur Unterstützung der Streikaktion zu motivieren, auch wenn die Protesthandlung die delikate Frage der arbeitenden Frauen und des Konkurrenzkampfes zwischen Männern und Frauen berührte. Die Streikenden der Ėdel'štejn-Fabrik hatten anscheinend diesen Punkt über die Verschlechterung der Lohnbedingungen für die Arbeiterinnen in ihrem Brief an den Fabrikinspektor auch offengelegt. Dieser habe sich später vor Gericht darüber lustig gemacht, weil er zwischen der Forderung der Zigarettenmacher, keine Frauen als Zigarettenmacherinnen anzustellen und der Erklärung, dass dies auch zum Schutz der Arbeiterinnen der Fabrik gefordert worden sei, einen Widerspruch gesehen habe.[112]

110 Mit dieser Fabrik ist möglicherweise die Tabakfabrik gemeint, die später als Tabakfabrik von Šišman und Durunča bekannt wurde. Zwischen 1899 und 1903 kam es in dieser Fabrik immer wieder zu Streiks mit Forderungen nach Lohnerhöhungen. Siehe GARF, F. 124_8_127, S. 1; LVIA, F. 420_2_208, S. 91–92; LVIA, F. 378_ps1899_2č3, S. 571; RGIA, F. 23_30_38, S. 78–80ob, 105. Auch in der Quelle *Materialy dlja charakteristiki rabočego dviženija našego goroda* wird dieses Beispiel erwähnt, ohne dass weitere Informationen über die Umstände bekannt gegeben werden.

111 Po povodu evrejskoj stački v Vil'ne 1895 g., S. 4–5. In den verschiedenen Archiven konnten keine Dokumente zu diesem Streik gefunden werden.

112 Im Bericht zu den Aktivitäten der Arbeiter:innenbewegung Vil'nas zwischen 1892 und 1896 kann man lesen: „In seiner Rede gegen die Arbeiter [= Rede vom Fabrikinspektor vor Gericht] spottete der Fabrikinspektor über sie, weil sie angeblich für die Emanzipation der jungen Frauen kämpfen, aber eigentlich ihre Konkurrentinnen fürchten" („В речи своей против рабочих инспектор насмехался над ними за то, что они яко-бы борятся за эмансипацию девушек, а в сущности боятся своих конкуренток"). Materialy dlja charakteristiki rabočego dviženija našego goroda, S. 29.

Ob die Argumentation auf die Arbeiterinnen der Fabrik wirkte und die Gehilfinnen dazu brachte mitzustreiken, kann aus den vorhandenen Quellen nicht eruiert werden. Der Zigarettenmacher Ruvim Fridman beschreibt in seinen Schilderungen das starke Engagement junger Arbeiterinnen in den verschiedenen Zirkeln, die er organisiert hatte.[113] Dies deutet also auf ein Interesse der Frauen an den Ideen, die Fridman verbreitete. Aus den Quellen der Behörden ist zu entnehmen, dass die Gehilfinnen der Zigarettenmacher auch nicht zur Arbeit kamen und dass die Fabrikanten auf „außerstädtische Arbeiterinnen" *(inogorodn[ye] rabotnic[y])* zurückgreifen mussten, um einen Teil der Produktion in der Fabrik nach einigen Tagen wieder in Gang setzen zu können.[114] Es ist durchaus möglich, dass die streikenden Zigarettenmacher Druck auf ihre ihnen untergebenen Kolleginnen ausgeübt hatten, damit sie nicht arbeiten gingen. Die Gehilfinnen waren den Zigarettenmachern unmittelbar unterstellt und bekamen ihren Lohn direkt von ihnen.[115] Auch wenn der Fabrikinspektor von einer ruhigen Situation in der Stadt spricht,[116] kann man ohne Beschreibungen von Selbstzeugnissen keine genauen Rückschlüsse auf die Situation im jüdischen Arbeiter:innenmilieu der Stadt ziehen.

4.7 Die jüdischen Sozialdemokrat:innen und die Instrumentalisierung des Streiks

DIE SOZIALDEMOKRATISCHE BEWEGUNG IN VIL'NA UND DER STREIK

Seit 1890 war die Vil'na-Gruppe, in der die meisten späteren Gründer des Allgemeinen Jüdischen Arbeiterbundes involviert waren, in der Stadt aktiv. Ihre Mitglieder waren in der Mehrheit jüdische Intellektuelle. Sie kümmerten sich um Arbeiter:innenzirkel, in denen sie versuchten, die interessierten Arbeiter:innen zu den Grundsätzen des Sozialismus zu erziehen. Dass Vil'na zu einem Zentrum der jüdischen revolutionären Bewegung wurde, beruht auf bestimmten Gege-

113 O rev. dviženii sredi evreev v 1891–1892 g.g., 29.01.1934, GARF, F. 533_1_457, S. 6–6ob.

114 Bericht des Fabrikinspektors, 24.08.1895, RGIA, F. 23_30_38, S. 4.

115 Ruvim Fridman gibt an, dass er als Zigarettenmacher 4,50 Rubel pro Woche Lohn bekommen habe. Von diesen 4,50 Rubel habe er 1,50 Rubel an seine Gehilfin, die unmittelbar neben ihm gesessen und gearbeitet habe, abgeben müssen. Siehe O rev. dviženii sredi evreev v 1891–1892 g.g., S. 7.

116 Ibid.

benheiten. Wie bereits erwähnt, stellte die Stadt ein bedeutendes kulturelles und geistiges Zentrum für das osteuropäische Judentum dar. Dazu lag Vil'na an einem geographischen Berührungs- und Kommunikationspunkt zwischen den Revolutionär:innen im Russischen Reich und denjenigen, die im westlichen Europa im Exil lebten. Auf der Eisenbahnlinie zwischen Sankt Petersburg und Warschau gelegen war die Stadt zur Ein- und Ausgangstür für russische Student:innen auf ihrem Weg nach Westeuropa bzw. zurück ins Russische Reich sowie für den Schmuggel illegaler Literatur geworden. Zudem befand sie sich auch auf dem Weg nach Sibirien für diejenigen Revolutionär:innen aus den westlichen Gouvernements, die zur Verbannung verurteilt worden waren. Vil'na hatte keine Universität und galt nicht als großes industrielles Zentrum, was dazu führte, dass die zarischen Behörden politische Straftäter:innen in die administrative Verbannung unter Aufsicht der Polizei dorthin schickten; so beispielsweise der spätere Menschewik Julij Martov (Cederbaum), der die Jahre 1893 bis 1895 in der Stadt verbrachte, sich mit mehreren Arbeiter:innenzirkeln beschäftigte und in regem Kontakt mit späteren Gründern des Bundes stand.[117] Dies war auch der Fall für den späteren Mitgründer des Allgemeinen Jüdischen Arbeiterbundes Arkadij Kremer. Er studierte am Technologischen Institut in Sankt Petersburg, als er 1889 wegen revolutionärer Aktivitäten verhaftet wurde. 1890 kam er in die administrative Verbannung nach Vil'na, wo er sich in den nächsten Jahren an dem Aufbau revolutionärer Zirkel aktiv beteiligte. In dieser Weise kamen also wichtige Vertreter:innen der jungen radikalen Intelligenz regelmäßig mit der lokalen revolutionären Organisation und mit einzelnen Arbeiter:innengruppen in Kontakt. Außerdem kehrten zahlreiche junge Leute, die vor allem in Sankt Petersburg oder Moskau an einer höheren Bildungsinstitution studierten, für die vorlesungsfreie Zeit in ihre Heimatstadt zurück, wo sie unter ihren Bekannten und Familienmitgliedern neue, radikale Ideen diskutieren und verbreiten konnten.[118] Diese wichtigen Faktoren für die Entfaltung von Arbeiter:innenzirkeln und revolutionären Organisationen waren in vielen Städten und Ortschaften des Ansiedlungsrayons anzutreffen.[119]

---

117 Siehe Tobias, The Jewish Bund in Russia, S. 23; Polonsky, Jews in Poland and Russia, Bd. 2, S. 31; Haberer, Jews and Revolution in Nineteenth-Century Russia, S. 78. Zu Martov siehe Galili, Ziva: Martov, L. YIVO Encyclopedia of Jews in Eastern Europe, <http://www.yivoencyclopedia.org/article.aspx/Martov_L> [22.09.2015], sowie die Memoiren von Martov: Martov, Julij: Zapiski Social-demokrata, Moskau 2004, S. 112–167.

118 Tobias, The Jewish Bund in Russia, S. 22–26.

119 Als Beispiel für die Bedeutung der administrativ Verbannten für die Entwicklung der

Schon in den 1880er Jahren, also vor der Entstehung einer organisierten jüdischen Arbeiter:innenbewegung, hatten einige Arbeiter:innenproteste für höhere Löhne in Vil'na stattgefunden. Die Strumpfhosenmacherinnen scheinen dabei besonders aktiv gewesen zu sein. 1888 gründeten sie die in Vil'na angeblich erste *kassa* (pl. *kases*, wortwörtlich „Kasse(n)“, Unterstützungs- und/oder Streikkasse(n)). Weitere Berufsgruppen folgten ihrem Beispiel. Inwiefern diese organisatorischen Initiativen von den Arbeiter:innen selbst oder von Mitgliedern der *intelligencija* stammten, ist in der Forschung noch nicht ausführlich abgehandelt worden.[120]

1892 organisierte die Vil'na-Gruppe zum ersten Mal eine 1.-Mai-Feier. Unter Führung von Arkadij Kremer und John Mill, die 1897 zu den prominentesten Gründern des Allgemeinen Jüdischen Arbeiterbundes zählten, versammelten sich ungefähr 100 Arbeiter:innen an einem geheimen Ort im Wald in Stadtnähe. Dort hörten sie Reden dieser zwei jüdischen Intellektuellen sowie vierer Arbeiter:innen auf Jiddisch und Russisch.[121] Die Bewegung war zwar sehr bescheiden, sie zeugte dennoch von den ersten ernsthaften Versuchen seitens der jüdischen Intellektuellen, sich einen direkten Zugang zu den jüdischen Arbeiter:innen zu verschaffen, um diese für den Sozialismus zu begeistern. Innerhalb der nächsten zwei Jahre sollte die Vil'na-Gruppe über die Frage der notwendigen Strategie zur Entwicklung der Bewegung unter den Arbeiter:innen der Stadt leidenschaftlich diskutieren. Die Publikation der Schriften von Samuel Gožanskij (*A briv tsu agitatorn*, 1893) und Arkadij Kremer (*Ob agitacii*, 1894)

lokalen revolutionären Bewegung siehe zum Beispiel Pjatnizki, Ossip: Aufzeichnungen eines Bolschewiks. Erinnerungen aus den Jahren 1896–1917, Berlin 1972. In seinen Erinnerungen schreibt Pjatnizki: „Als ich im Jahre 1896 als Lehrling in einer Schneiderwerkstatt arbeitete, hörte ich oft die Arbeiter und Arbeiterinnen über die Sozialisten sprechen, die aus verschiedenen Städten Russlands in unsere Stadt [Wilkomir] (ihren Heimatort) abgeschoben worden waren. Aus flüchtigen Gesprächen erfuhr ich, dass diese Verbannten mit Vertretern der ortsansässigen Intelligenz und mit den Arbeitern zusammenkamen, dass sie den Arbeitern Unterricht im Lesen und Schreiben erteilten, ihnen Broschüren zu lesen gaben usw.“ (S. 17).

120 Weinstock, Le pain de misère, S. 70; siehe auch Mendelsohn, Class Struggle in the Pale, S. 40–42. Genaueres über die Bedeutung und Rolle solcher Unterstützungskassen im Streikfall wird noch im Kapitel 5.4, S. 149 dargestellt.

121 Tobias, The Jewish Bund in Russia, S. 26. Diese Reden wurden publiziert: Pervoe maja 1892. Četyre reči evrejskich rabočich, Tipografija „socialdemokratičeskoj biblioteki“, Genf 1893. Eine jiddischsprachige Version ist dort zu finden: Fir redes fun yidishe arbeter. Oyf der mai-feyerung 1892 in vilne, in: Historishe Shriftn 3, S. 610–625.

lenkte die Arbeit der Organisation in eine entscheidende, neue Ausrichtung.[122] Von da an nahm die Agitation der Arbeiter:innen in den einzelnen Fabriken ein größeres Gewicht ein als die bisher angestrebte Propaganda in Zirkeln *(kružki)* unter einer kleinen Zahl von auserwählten, „bewussten" Arbeiter:innen. Neu sollten die sogenannten Arbeiter:innenmassen angesprochen werden. Den Arbeiter:innen bei der Verbesserung ihrer alltäglichen Lebens- und Arbeitsbedingungen zu helfen (meistens mithilfe von Streiks), gehörte zum neu erklärten Ziel der Vil'na-Gruppe, die jetzt den „ökonomischen Kampf" unterstützen wollte. 1894 benannte sich die Vil'na-Gruppe in Jüdische Sozialdemokratische Gruppe um.[123] Um die neue Agitationsstrategie durchzuführen, brauchten die Revolutionär:innen Jiddisch, damit sie eine größere Basis erreichen konnten. 1895 wurde in der Stadt das sogenannte *zhargonishe komitet* gegründet, das zum Ziel hatte, möglichst viele propagandistische, literarische und populärwissenschaftliche Texte in jiddischer Sprache unter den Arbeiter:innen zu verbreiten. Dafür mussten die Mitglieder des Komitees zunächst einmal die wichtigsten schon publizierten Schriften ins Jiddische übersetzen und parallel dazu neue Texte produzieren. Das Komitee ließ sich schnell in mehreren anderen Ortschaften nieder und baute unter anderem jiddischsprachige Bibliotheken auf.[124] Da zahlreiche Mitglieder der Jüdischen Sozialdemokratischen Gruppe aus den intellektuellen Kreisen Jiddisch nicht gut genug beherrschten, um in dieser Sprache publizieren zu können, suchten die Anführer:innen der Bewegung jetzt gezielt nach jiddischsprachigen Mitgliedern, die ihre Ansichten teilten und diese aufs Papier bringen konnten, um das Bindeglied zwischen der Intelligenz und den Arbeiter:innen darzustellen. Diese waren vor allem junge Autodidakt:innen, die von den Anführer:innen der *intelligencija* als „Halbintellektuelle" *(poluintelligenty)* bezeichnet wurden.[125]

Um den Erfolg der Anfänge der jüdischen Streik- und Arbeiter:innenbewegung zu messen, ist man auf die eigenen Angaben der jüdischen Sozialis-

---

122 Für eine ausführliche Diskussion dieser beiden Schriften siehe Kapitel 3, S. 74 dieser Arbeit.

123 Tobias, The Jewish Bund in Russia, S. 27, 29, 31.

124 Buchbinder, Istorija evrejskogo rabočego dviženija, S. 65–66; Zur detaillierten Geschichte dieser „Jargonkomitees" siehe Litvak, A.: Die „zhargonishe komitetn", in: Royter pinkes. Tsu der geshikhte fun der yidisher arbeter-bavegung un sotsialistishe shtremungen bey yidn, Bd. 1, Warschau 1921, S. 5–30.

125 Tobias, The Jewish Bund in Russia, S. 33. In seiner Autobiographie behauptet Martov hingegen, dass der Begriff von den Arbeiter:innen gekommen sei. Siehe Martov, Zapiski social-demokrata, S. 158.

t:innen angewiesen, unter anderem weil bis gegen Ende der 1890er Jahre statistische Daten zu Streikaktionen und Demonstrationen seitens der zarischen Regierung nicht bzw. unvollständig erhoben wurden. Dies stellt ein grundlegendes quellenkritisches Problem dar. Es war sicher im Interesse der Sozialist:innen, dass ihre selbstgesammelten Zahlen die Situation so günstig wie möglich für die Bewegung darstellten. Auf diese Quellen zu verzichten, ergibt jedoch keinen Sinn, zumindest sie eine Einsicht geben, wie die jüdischen Sozialist:innen die Entwicklung der Arbeiter:innenbewegung wahrnahmen. Aus den Zahlen, die die jüdischen Revolutionär:innen liefern, erfährt man, dass im Jahr 1895 in Vil'na 500 Arbeiter:innen aus 16 unterschiedlichen Berufen „organisiert" – das heißt Mitglieder einer *kassa* – gewesen seien. Ein Jahr später seien es 962 Arbeiter:innen aus 27 Berufen gewesen.[126] Ohne genaue Daten über die einzelnen Streiks ist es schwierig, ein detailliertes Bild der Entwicklung der Streikbewegung zu malen. In Vil'na hätten 1895 insgesamt 56 Streiks stattgefunden, mit rund 535 Personen, die daran teilgenommen hätten. Allerdings ist der Streik in der Tabakfabrik der Brüder Ėdel'štejn der einzige, dessen Spuren auch im Archivmaterial auffindbar sind.[127] Angesichts der angeblichen Gesamtzahl der Streikteilnehmer:innen (535) ist davon auszugehen, dass diese Arbeitsniederlegungen überwiegend in kleinen Fabriken bzw. Werkstätten geschahen, die der Kontrolle der Fabrikinspektion nicht unterlagen, was die Abwesenheit von Quellen von Seiten der russischen Behörden erklärt. Zudem ist stets zu unterstreichen, dass die Mitgliedschaft in einer *kassa* bzw. die Teilnahme an einem Streik im Gegensatz zur Interpretation, die die jüdischen Sozialist:innen davon machten, nicht automatisch mit einem Engagement für die Revolution gleichkam, sondern aus reinen ökonomischen Gründen erfolgen konnte.

Im August 1895 brach also der Streik in der Tabakfabrik in einem Kontext regelmäßiger Arbeiter:innenunruhen in der Stadt Vil'na aus. Wie die jü-

---

126 Tobias, The Jewish Bund in Russia, S. 37; Mendelsohn, Class Struggle in the Pale, S. 67. In einem Bericht über die Tätigkeiten der Arbeiter:innenbewegung in Vil'na, der an der 1.-Mai-Feier 1896 vorgelesen wurde, steht, dass insgesamt 3300 Arbeiter:innen (davon 1202 Frauen) aus 27 Berufen organisiert seien. Zudem wird auf die 32 Kassen für Arbeiter:innen hingewiesen, die insgesamt über 1000 Rubel bar gesammelt hätten (Materialy dlja charakteristiki rabočego dviženija našego goroda, S. 1).

127 Diese Zahl 56 stammt von den jüdischen Sozialdemokrat:innen selbst und muss also mit Vorsicht interpretiert werden: Rabotnik 3/4 (1897), S. 89. Siehe auch Tobias, The Jewish Bund in Russia, S. 38. In der *Chronika* wird erwähnt, dass es für die anderen Streiks in Vil'na im Jahr 1895 keine Archivdokumente gebe: Bovykin, Kir'janov, Rabočee dviženie v Rossii, Bd. 1 (1895), S. 93.

dischen Sozialist:innen während des Streiks reagierten, also ob und welche Flugblätter in der Fabrik und in der Stadt verbreitet wurden oder ob der Streik Zeichen einer organisierten Struktur (Streikkasse, Streikkomitee, Arbeiter:innenversammlungen vor dem Streikausbruch usw.) aufwies, ist unbekannt. Die Mitglieder der sozialdemokratischen Bewegung stilisierten den Streik als ein Ergebnis bereits bestehender Handlungsstrukturen. Somit integrierten sie ihn in ihren politischen Diskurs und bedienten sich seiner, um zu beweisen, dass ihre Strategie der Massenagitation die ersten Früchte geerntet habe. So taucht in einer späteren Quelle aus der Arbeiter:innenbewegung der Hinweis auf, dass „Agitatoren" den Streik geführt hätten. Wer diese waren und worin diese Agitation genauer bestand, wird verschwiegen. Auch muss laut der gleichen Quelle ein „Verein" *(sojuz)* schon bestanden haben, denn nach dem Streik seien ihm neue Mitglieder beigetreten.[128] Dabei könnte es sich um eine *kassa* gehandelt haben. Das heißt, dass ein Teil der Tabakarbeiter:innen in Vil'na schon seit einiger Zeit eine Organisationsform gehabt hätte, mit der sie versucht hätten, ihre Lebens- und Arbeitsbedingungen zu verbessern.

So stellt es auch Julij Martov in seinen Memoiren dar. Nachdem er nach Vil'na in die administrative Verbannung geschickt worden war, organisierte er mehrere Arbeiter:innenzirkel. Zu einem dieser Zirkel gehörte der junge Zigarettenmacher Ruvim Fridman, der durch sein Engagement und seine Überzeugung Martov sofort aufgefallen sei. Er arbeitete in der Tabakfabrik der Brüder Ėdel'štejn, wo er auch versucht habe, Propaganda zu betreiben.[129] Auch John Mill erwähnt ihn in seinen Memoiren und stellt ihn als einen außerordentlichen Arbeiter vor, der schnell von „unwissend" in die Kategorie der „Klassenbewussten" aufgestiegen sei und ausgezeichnete Führungskompetenzen unter den Arbeiter:innen gehabt habe.[130] Nach Martovs Auffassung habe Fridman es schwer gehabt, weil die extrem armseligen Lebens- und Arbeitsbedingungen der Tabakarbeiter:innen, insbesondere der zahlreichen Frauen, einen „ungünstigen Boden" *(neblagoprijatn[aja] počv[a])* für die Propaganda gebildet hätten. Dies mag auf den ersten Blick erstaunlich sein. Dennoch bedeuteten extreme Armut

128 Materialy dlja charakteristiki rabočego dviženija našego goroda, S. 28.

129 Laut eigenen Aussagen arbeitete Fridman zuerst als Gerber, Handschuhmacher und Schneider, bevor er als Zigarettenmacher in der Tabakfabrik von Ėdel'štejn angestellt wurde. O rev. dviženii sredi evreev v 1891–1892 g.g., S. 3.

130 Mill, Pioniern un boyer, S. 71. Mill beschreibt ihn als einen Zigarettenmacher der Fabrik der Brüder Ėdel'štejn. Neben der Mobilisierung der Arbeiter:innen der eigenen Fabrik habe er es auch geschafft, in der anderen großen Tabakfabrik der Stadt Vil'na, der Fabrik Durunča, Arbeiter:innen erfolgreich zu agitieren.

und unqualifizierte Arbeiter:innen meistens auch Analphabetismus und Mangel an Bildung, was eine Mobilisierung für sozialdemokratische Ideen erschwerte. Trotzdem sei es Fridman gelungen, eine Anhänger:innengruppe zu gründen. Vergebens habe er aber das Ziel verfolgt, die „dunkle Masse, die ihn umgab, zum Streik gegen den Fabrikanten zu bringen“ *(privesti okružavšuju ego temnuju massu k zabastovke protiv fabrikanta)*.[131] Diese starke Wortwahl der „dunklen Masse“ kann zweideutig verstanden werden. Martov könnte damit das Elend der Arbeiter:innen der Tabakfabrik gemeint haben. Oder er drückte damit ihre mangelnde Bildung und Grobheit aus, was zur vorherigen Klage über den „ungünstigen Boden“ eigentlich besser passen würde. Der Begriff der „grauen“ oder „dunklen“ Arbeiter:innen war unter den „bewussten“ Arbeiter:innen durchaus gängig, um ihre nichtklassenbewussten Kolleg:innen zu bezeichnen.[132] Zudem waren im revolutionären Milieu der *intelligencija* Mitte der 1890er Jahre negative Bilder über die ärmsten und ungebildetsten Arbeiter:innen weit verbreitet. Besonders die Arbeiterinnen hatten den Ruf, am konservativsten zu sein, sich systematisch gegen die sozialistische Agitation zu stellen und nichts davon zu verstehen.[133] Mit seinen Schilderungen beteiligt sich Martov also an der Verbreitung dieser Wahrnehmung. Zugleich bekräftigen seine Beschreibungen die Leistung, die Fridman in der Tabakfabrik erbracht habe, und werfen ein positives Licht auf die Strukturen, die zum späteren Streik geführt hätten.

Glücklicherweise sind von Fridman Aufzeichnungen in Form eines Sitzungsprotokolls einer historischen Kommission der Gesellschaft ehemaliger Zwangsarbeiter und Verbannter erhalten geblieben. Über seine Propaganda und Agitationsarbeit in der Fabrik von Ėdel'štejn sagt er, dass kurze Zeit nach dem Anfang seiner Tätigkeiten unter den dortigen Arbeiter:innen erste Zeichen von Aktivismus sichtbar geworden seien. Eine Gruppe von jungen Frauen habe den Kern der von Fridman organisierten Arbeiter:innen gebildet. Hingegen hätten die älteren Arbeiter:innen *(stariki)* ihre konservativen Sichtweisen behalten und die Bewegung nicht unterstützt. Mit der Zeit habe der Fabrikant bemerkt, dass die Atmosphäre in seiner Fabrik sich geändert habe. Und bald habe er entdeckt warum. Er habe gewusst, dass Fridman ein „störendes Element“ *(budoražašij*

131 Martov, Zapiski social-demokrata, S. 136–137.

132 McDaniel, Autocracy, Capitalism, and Revolution, S. 164; Wynn, Workers, Strikes, and Pogroms, S. 6. Zum Begriff des „bewussten“ bzw. „unbewussten“ Arbeiters siehe Kapitel 3, S. 73.

133 Fieseler, Frauen auf dem Weg, S. 182–184; Glickman, Russian Factory Women, S. 172–173.

element) sei. Dies habe zur Flucht Fridmans aus Vil'na geführt, so dass er nicht mehr in der Stadt war, als der Streik in der Fabrik ausbrach.[134]

Nachdem Fridman Vil'na verlassen hatte, ist unbekannt, ob in der Tabakfabrik die Propaganda- und Agitationsarbeit weiterbetrieben wurde. Martovs Fassung deutet sichtlich darauf hin, dass die Tätigkeit Fridmans eine gewisse Sensibilisierung für die Arbeiter:innenfragen provoziert haben müsste. Dadurch unterstützt er das Narrativ des organisierten Streiks: Einige, die sich um Fridman versammelt hatten, hätten die Idee eines Protestes der Arbeiter:innen gegen ihre Arbeitsbedingungen weiterverfolgt. So sei es zum Streikausbruch gekommen.[135]

DIE BROSCHÜRE *DER SHTODT-MAGID*

Dass die jüdischen Revolutionär:innen das Ereignis zum ersten wichtigen Streik des sogenannten jüdischen Proletariats und zu einem Wendepunkt in der Entwicklung der Arbeiter:innenbewegung unter den jüdischen Arbeiter:innen stilisierten, zeigt die Broschüre *der shtodt-magid.* Als die Zeitschrift *Rabotnik* in Genf die russische Version des Hauptteils des Textes veröffentlichte, erwähnten die Redakteure in einer kurzen Einführung die Gründe, warum sie diesen jetzt publizierten: „[Der Artikel] ist für unsere Leser von großem Interesse, als Ausdruck dieser Umwälzung, die in den letzten Jahren begann, sich in den Gedanken und Gefühlen der jüdischen *Masse* zu manifestieren."[136] Damit wollten also die Herausgeber der Zeitschrift *Rabotnik* die Bemühungen und die Mobilisierungsfähigkeit der jüdischen Arbeiter:innen beweisen. Die Broschüre nutzten die Autoren des Textes auch für die Herausstreichung der eigenen Arbeit gegenüber russischen Revolutionär:innen, die wenige oder keine Verbindungen zum jüdischen Milieu hatten. Ursprünglich hatten die jüdischen Sozialdemokrat:innen kein Bedürfnis nach einem spezifisch jüdischen Arbeiter:innenkampf wahrgenommen. Für sie sollte das „jüdische Proletariat" für eine allgemeine russländische Revolution kämpfen. Auf die Frage nach dem bestmöglichen Weg, die jüdischen Arbeiter:innen zu erreichen, hatten Kremer und Gožanskij 1893 und 1894 mit dem Engagement für den ökonomischen

134 O rev. dviženii sredi evreev v 1891–1892 g.g., S. 6–6ob.

135 Martov, Zapiski social-demokrata, S. 163.

136 „[...] [статья] имеет большой интерес для наших читателей, как выражение того переворота, который начал в последние годы совершаться в мыслях и чувствах еврейской *массы*." Evrejskie rabočie protiv evrejskich kapitalistov, S. 82 [kursiv im Original].

Streit und die Nutzung der jiddischen Sprache als Propaganda- und Agitationssprache geantwortet. Wenige Monate später ging die Spitze der Bewegung einen Schritt weiter und entschied sich dazu, die jüdischen Arbeiter:innen auch als solche politisch mobilisieren zu wollen. Weil sie Arbeiter:innen *und* Jüd:innen waren, erlitten sie eine Art doppelte Unterdrückung. Im August 1894 beschloss die Leitung der Jüdischen Sozialdemokratischen Gruppe, dass die Gleichstellung der jüdischen Bevölkerung im Russischen Reich ebenfalls zu den wichtigen Elementen des Kampfes der jüdischen Arbeiter:innen gehöre.[137] In einer Rede, die er im April 1895 hielt, forderte beispielsweise Martov eine spezifisch für die jüdischen Arbeitskräfte organisierte Arbeiter:innenbewegung. Diese jüdischen Arbeiter:innen seien zwar Teil der russländischen Bewegung. Infolge der besonderen rechtlichen und religiösen Unterdrückung der jüdischen Bevölkerung und angesichts der noch nicht so weit entwickelten Bewegung unter den russischen Arbeiter:innen sollte das jüdische Proletariat aber dafür sorgen, dass es für seine Rechte und seine Befreiung kämpfe.[138]

Vor diesem Hintergrund ist die Bedeutung der Übersetzung ins Russische und der Veröffentlichung des Textes *der shtodt-magid* in der Zeitschrift *Rabotnik* zu verstehen. Diese zeugt vom Willen, das „Erwachen" des jüdischen Proletariats den russischsprechenden Sozialist:innen zu signalisieren: Von da an sollten alle Arbeiter:innen auch mit dem jüdischen Proletariat zusammen kämpfen. Die russischsprachige Version des Textes adressierte die russischen Revolutionär:innen, denen noch nicht bewusst war, dass es ein jüdisches Proletariat gebe und dass dieses auch zusammen mit den russischen Proletarier:innen kämpfen könne. Da diese Textversion in Genf gedruckt wurde, muss sie in den „russischen Kolonien" in der Schweiz breit rezipiert worden sein.[139] Ob diese

137 Tobias, The Jewish Bund in Russia, S. 54–55.

138 Ibid., S. 55; Martov, Zapiski social-demokrata, S. 161–162. Martov verteidigte in den folgenden Jahren zu diesem Thema eine andere Position und stellte sich im Sommer 1903 beim zweiten Kongress der RSDRP dezidiert gegen den Anspruch auf Autonomie des Bundes innerhalb der RSDRP. Tobias unterstreicht folgenden Punkt: Während um 1900 diese Diskussionen über eine spezifisch für jüdische Arbeiter:innen organisierte Arbeiter:innenbewegung eine ideologische Dimension annahm, waren die Überlegungen um 1895 vor allem strategischer Ausrichtung. Die Hauptfrage bestand darin, wie möglichst viele jüdische Arbeiter:innen für die Bewegung gewonnen werden könnten.

139 Seit den 1870er Jahren waren zahlreiche Student:innen sowie politische Migrant:innen aus dem Zarenreich in die Schweiz gekommen. Vor allem in den Städten Genf, Zürich und Bern formierten sich „Kolonien", die zu Hochburgen von politischen Aktivitäten für Leute aus dem Russischen Reich wurden. Mehr zu diesen studentischen Kolonien siehe zum Beispiel bei: Masé, Aline: Student Migration of Jews from Tsarist Russia

Version auch im Russischen Reich Verbreitung fand, kann man nicht beweisen. Allerdings bestand eine rege genutzte Schmuggelroute zwischen der Schweiz bzw. Deutschland, wo revolutionäre Literatur produziert wurde, und Vil'na. Deswegen kann durchaus vermutet werden, dass der Text auch in den illegalen sozialdemokratischen Gruppen im Russischen Reich gelesen wurde.[140]

Der Text ist in der russischsprachigen Version in drei nummerierte Teile gegliedert. Während der erste Teil auf die angebliche Einmischung eines Rabbiners in den Konflikt während einer Samstagspredigt eingeht, thematisiert der zweite Teil die Grundsätze des Klassenkampfes, die auch die jüdische Gesellschaft betreffen würden. Im dritten Teil geht es um die notwendige Vereinigung aller Arbeiter:innen, unabhängig von ihrer ethnischen und religiösen Herkunft, und wie diese der jüdischen Bevölkerung gleichwertige politische und bürgerliche Rechte bringen könnte.

Im ersten Absatz des ersten Teils erfährt man, dass es in der Stadt Vil'na zu einer großen Aufregung gekommen sei, nachdem sich der Rabbiner in seiner Predigt negativ gegen die streikenden Arbeiter:innen geäußert habe. „Wie es scheint, wurde unsere ganze Stadt von irgendwelchen Vorfällen noch nie so erregt […]. Die alten Juden schütteln den Kopf mit kummervollem Nachdenken und sagen: Nie, noch nie hat es einen solchen Vorfall gegeben! […] wir haben noch nie gesehen, dass der Stadtmaggid von der Menge verhöhnt, ausgepfiffen und beschimpft wurde!"[141] Hier wird also eine deutliche Trennungslinie zwischen den schockierten „alten" (sprich: traditionellen) Juden und denjenigen, die sich gegen die Rede des Maggids gewehrt haben sollten – den streikenden Arbeitern –, gezogen.

---

to the Universities of Berne and Zurich, 1865–1914, in: Lewinsky, Tamar; Mayoraz, Sandrine (Hrsg.): East European Jews in Switzerland, Berlin/Boston 2013, S. 99–121; Neumann, Studentinnen aus dem Russischen Reich. Zur Bedeutung dieser „Kolonien" für die Mitglieder russischer illegaler politischer Organisationen, die in der Schweiz im Exil lebten, siehe unter anderen: Mayoraz, Sandrine: The Jewish Labor Bund in Switzerland, in: Lewinsky, Mayoraz, East European Jews in Switzerland, S. 54–76.

140 Oft transportierten Student:innen die illegale Literatur ins Russische Reich. Siehe Schafroth, Anina; Hofer, Adrian; Happel, Jörn: Die Revolutionäre im Exil. Prägungen einer Generation, in: Haumann, Heiko (Hrsg.): Die Russische Revolution 1917, 2. überarbeitete und erweiterte Auflage, Köln/Weimar/Wien 2016, S. 55–72, hier S. 58.

141 „Кажется, никогда еще весь наш город не бывал так взволнован каким либо происшествием […]. Старые евреи в горестном раздумьи [sic!] качают головами и говорят: никогда, никогда еще не было такого случая! […] никогда не видели, чтобы городской магид был осмеян, освистан и обруган толпой!" Evrejskie rabočie protiv evrejskich kapitalistov, S. 82.

Danach folgt eine engagierte Rechtfertigung der Reaktionen, die auf die Predigt im Gebetshaus erfolgt seien. Wenn der Vorfall mit dem Prediger als „beispiellos" *(neslychanno)* bezeichnet werden könne, seien dann auch die Ereignisse, die dazu geführt hätten, als solche darzustellen. An erster Stelle wird die Entscheidung der Fabrikbesitzer erwähnt, langjährige, treue Arbeiter „auf die Straße zu werfen" *(vybrosit' na ulicu)* und durch billigere Frauenarbeit zu ersetzen. Zudem werden die Fabrikanten angeklagt, die Polizei bezahlt zu haben, damit diese die Arbeiter verhafte und misshandle. „Beispiellos" sei auch die Einmischung des Gouverneurs und des Polizeimeisters sowie der Ältesten und des Maggids gewesen, die alle die Brüder Ėdel'štejn gegen die Arbeiter unterstützt hätten.[142]

Mit der Schrift *der shtodt-magid* zielte die Jüdische Sozialdemokratische Gruppe Vil'nas gerade darauf, eine innerjüdische Kluft zwischen wohlhabenden, fabrikbesitzenden Juden einerseits und armen Arbeiter:innen andererseits aufzuzeigen, um so den Diskurs der einheitlichen jüdischen Gesellschaft zu durchbrechen und durch das Narrativ der Klassensolidarität und des Klassenantagonismus zu ersetzen. Deswegen ist die Broschüre von besonderer Bedeutung: Die Jüdische Sozialdemokratische Gruppe nutzte den ereignis- und emotionsreichen Streik und dessen Folgen innerhalb der jüdischen Gemeinde, um ihre ideologischen Ausrichtungen zu erläutern und zum Klassenkampf aufzurufen. Dies wird im ersten Absatz des zweiten Teils der Publikation klar: „[...] es gibt kein einheitliches jüdisches Volk, in ihm gibt es zwei Völker, zwei feindliche Klassen, und der Kampf zwischen diesen Klassen hat ein solches Ausmaß erreicht, dass weder Respekt vor der Synagoge und den Geistlichen noch die drohende Gewalt durch die Obrigkeit ihn mehr stoppen können."[143] Der Autor schildert danach die historischen Entwicklungen, die zu dieser unüberwindbaren Trennung geführt hätten. Dabei legt er den Akzent auf den Aufstieg des kapitalistischen Wirtschaftssystems, das infolge der Aufhebung der Leibeigenschaft und des Baus des Eisenbahnnetzes die Entfaltung des Fabrik- und Bankenwesens gefördert habe und die traditionellen Berufe und wirtschaftliche

142 Ibid., S. 83. Zur Erinnerung: Die Polizei hatte tatsächlich einige Arbeiter verhaftet, „um die Anführer zu strafen" („с целью распекания зачинщиков"). Der Fabrikinspektor behauptete jedoch, dass die Verantwortlichen sich versteckt hätten und nicht gefunden worden seien. Siehe Bericht des Fabrikinspektors, 24.08.1895, RGIA, F. 23_30_38, S. 4.

143 „[...] нет единого еврейского народа, внутри его имеются два народа, два враждебных класса, и борьба этих классов дошла до таких размеров, что ее не может уже погасить ни уважение к синагоге и духовенству, ни грозная власть к начальству." Evrejskie rabočie protiv evrejskich kapitalistov, S. 84.

Rolle der jüdischen Bevölkerung zerstört habe. Diejenigen, die schon eigene Mittel besaßen, konnten Kredite aufnehmen, ein Kapital aufbauen und sich in die neuen Handels- und Unternehmensprozesse einbringen und sich somit bereichern. Die anderen verarmten. So sei die jüdische Gesellschaft vom Kapital getrennt worden. Vor kurzem hätten die Arbeiter:innen begonnen, die Situation zu verstehen, und begriffen, dass sie kämpfen müssen, um ihre Situation zu verbessern.[144] Diese Entfernung von den ausbeutenden Glaubensbrüdern stelle für die jüdischen Arbeitskräfte keinen Verlust dar. Denn stattdessen würden sie enge, solidarische Beziehungen zu anderen Menschen knüpfen:

> Bedauern wir den Verlust der Verbindungen zwischen dem jüdischen, armen Menschen und dem jüdischen Magnat, wenn wir statt dieser eine Verbindung gewonnen haben, die uns mit dem russischen, polnischen, litauischen Arbeiter, mit den Arbeitern aller Länder vereinigt? Die Zukunft bringt uns die Festigung dieser Verbindung, die Entwicklung unserer Stärke und unseres Bewusstseins – warum sollten wir der dunklen Vergangenheit ohne Kampf, ohne Spaltung, aber auch ohne Leben nachtrauern?[145]

Mit diesen Worten, die den zweiten Teil der Broschüre abschließen, zeigt der Autor, dass er in seiner Interpretation des Streikereignisses stark vom Konzept des historischen Materialismus geprägt war. Er ordnet es in das für ihn geltende politische und historische Narrativ ein.[146] Er macht die neue Verbundenheit der gesamten Arbeiter:innenklasse unabhängig von religiöser bzw. ethnischer Herkunft geltend und kehrt damit die jüdische traditionelle (rabbinische) Weltord-

144 Ibid., S. 85–86.

145 „Нам-ли жалеет о потере связи между еврейским бедняком и еврейским магнитом, когда мы вместо нея приобрели связь, соединяющую нас с рабочим русским, польским, литовским, с рабочими всех стран? Будущее несет нам укрепление этой связи, рост нашей силы и нашего сознания, – чего же нам жалеть о темном прошедшем, без борьбы, без раскола, но за то и без жизни?“ Ibid., S. 86.

146 Für einen Überblick zum Konzept des historischen Materialismus siehe beispielsweise: Jordan, Stefan: Theorien und Methoden der Geschichtswissenschaft, Paderborn 2009, S. 68–74. Für eine exemplarische Untersuchung der unterschiedlichen spezifischen Zeit- und Geschichtskonzepte, die je nach ideologischer Orientierung im Russischen Reich damals anzutreffen waren, siehe Verhoeven, Claudia: Time of Terror, Terror of Time. On the Impatience of Russian Revolutionary Terrorism (Early 1860s – Early 1880s), in: Jahrbücher für Geschichte Osteuropas, Neue Folge 58, 2 (2010), S. 254–273. In diesem Aufsatz nimmt die Autorin zwar die Sozialrevolutionär:innen als Untersuchungsobjekt, ein ähnlicher Prozess muss aber auch bei den Sozialdemokrat:innen stattgefunden haben.

nung um: Religiöse Prinzipien und Vorstellungen werden durch marxistische Weltanschauungen ersetzt.[147]

Im dritten Teil des Textes geht der Autor konkret auf die Gründe ein, warum die Argumentation des Maggids keinen Sinn ergebe. Dem Argument, dass die gesamte jüdische Bevölkerung vereint bleiben solle, stellt der Verfasser entgegen, dass die „Kapitalisten" nie nach dem Ziel gestrebt hätten, die gleichen Rechte für *alle* Jüd:innen zu erkämpfen, sondern nur um die Durchsetzung *ihrer eigenen* Interessen bemüht seien. Zudem bringe der Zusammenschluss der jüdischen Arbeiter:innen keine größere Gefahr für die gesamte jüdische Gemeinschaft: Als Jüd:innen sollten sie nicht heftigere Verfolgungen von Seiten des Zaren fürchten. Im Gegenteil bedeute der Zusammenschluss die Entstehung einer neuen Macht, die Druck auf die russischen Behörden ausüben könne, um politische und bürgerliche Rechte zu erhalten. Um diese Behauptung zu beweisen und die Meinung der Lesenden für seine Ideen zu gewinnen, stützt sich der Verfasser der Broschüre auf zwei Beispiele. Erstens erwähnt er die finnische Bevölkerung, die über weitaus mehr Rechte als die anderen Einwohner:innen des Zarenreiches verfügt habe und sich anhand von Massenprotestaktionen erfolgreich gegen die Versuche der russischen Regierung, ihr diese Rechte zu entziehen, gewehrt habe.[148] Zweitens bringt der Autor den Fall der Stadt Belostok vor. Dort hätten einige Beobachter:innen der Arbeiter:innenbewegung vor kurzem festgestellt, dass die „russischen Beamten" *(russkie činovniki)* – also der Gouverneur, der Polizeimeister, der Staatsanwalt und der Chef der Gendarmerie – die jüdischen und polnischen Arbeiter:innen höflich *(vežlivo)* behandelt hätten. So behauptet der Verfasser:

> Sie [die russischen Beamten] [...] versprachen sogar, dass die von den Arbeitern gehassten Gesetze nicht strikt ausgeführt würden, sie [die russischen Beamten] versprachen, die Klagen der Arbeiter künftig immer anzuhören, sie erlaubten ihnen [den Arbeitern] (sogar den Juden) sich für die Besprechung zu versammeln und Leute für die Verhandlungen mit der Obrigkeit auszuwählen.[149]

---

147 Diese Ersetzung der traditionellen Werte durch neue, marxistische wird auch auf S. 224 dieser Arbeit besprochen.

148 Damit meint der Autor höchstwahrscheinlich die sich seit 1890 häufenden Angriffe der zarischen Behörden auf den Autonomiestatus Finnlands. Siehe Bohn, Ingrid: Finnland. Von den Anfängen bis zur Gegenwart, Regensburg 2005, S. 187–190.

149 „Они [...] обещали даже, что ненавистные рабочим законы не будут строго исполнятся, обещали всегда вперед выслушивать жалобы рабочих, позволяли им соби-

Und für dieses Verhalten gebe es nur einen Grund: Die russischen Behörden hätten „Angst vor der Kraft von 19.000 Arbeitern" gehabt. Dabei weist der Autor auf den massiven Streik hin, der im August 1895 die Stadt erschüttert hatte.[150] Die Argumentation basiert also auf zwei Ebenen. Mit dem Beispiel der finnischen Bevölkerung wird die Erhebung eines Volkes gegen ein ungerechtes Machtsystem, mit der Erwähnung der Ereignisse in Belostok diejenige einer Klasse hervorgehoben. In beiden Fällen steht die Einigkeit der betroffenen Gruppen im Vordergrund. Durch Einigkeit sind sie stark und können so anhand von gemeinsamen Protestaktionen Einfluss auf das Benehmen bzw. Entscheidungen der russischen Behörden ausüben. Dabei wird auch das Streiken als wirksames Mittel, um Forderungen durchzusetzen, hervorgehoben.

Diese zwei zuerst parallel laufenden Argumente bringt der Verfasser der Broschüre in einem abschließenden Absatz zusammen. Somit vereinigt er den Klassenkampf mit dem Kampf für politische und bürgerliche Rechte sowie für Gleichberechtigung der jüdischen Bevölkerung:

> Als Arbeiter leiden wir unter dem Joch des Kapitals; als Juden ertragen wir das Joch der Rechtslosigkeit. [...] Diese Rechtslosigkeit hindert uns, unsere Arbeitskraft zu für uns höchst vorteilhaften Bedingungen zu verkaufen, da sie uns eigenmächtig innerhalb des Ansiedlungsrayons einsperrt, verstärkte Konkurrenz verursacht, sie verschlechtert unsere Stellung. [...] Deswegen müssen wir danach streben, die Gleichberechtigung zu erreichen. [...] Wenn überall die jüdischen Arbeiter organisiert werden, [...] dann wird es auf unserer Seite eine solche Kraft geben, über die wir jetzt keine Vorstellung haben können. [...] Zusammen mit ihnen [russischen, polnischen und litauischen Arbeitern] werden wir zu dem streben, was uns allen jetzt vorenthalten wird: das Streik-, Unions- und Versammlungsrecht, die Redefreiheit, und von ihnen werden wir Unterstützung bekommen, wenn

---

раться для совещаний и выбирать (даже евреями) людей для переговоров с начальством." Evrejskie rabočie protiv evrejskich kapitalistov, S. 87.

150 Über 10.000 Arbeiter:innen, vor allem aus der Textilindustrie, hatten sich an dem Streik beteiligt. Sie forderten eine Lohnerhöhung und die Abschaffung der neu eingeführten Abrechnungshefte, die in ihren Augen zu ihrem Nachteil konzipiert worden waren. Der Streik dauerte drei Wochen, Truppen wurden zu Hilfe gerufen, um den Streik zu beenden. Die *Große Sowjetische Enzyklopädie* gibt an, dass die Forderungen der Streikenden nicht erfüllt worden seien. In der *Chronika* wird angegeben, dass nur einzelne Fabriken die Regelung mit den Abrechnungsheften rückgängig gemacht hätten. Siehe Bovykin, Kir'janov, Rabočee dviženie v Rossii, Bd. 1 (1895), S. 84; Artikel Belostokskie stački, in: Prochorov, A. M. (Hrsg.): Bol'šaja sovetskaja ènciklopedija, 3. Auflage, Moskau 1970, Bd. 3, S. 160.

> wir nach der Abschaffung der Gesetze streben werden, die den Juden nicht als Menschen anerkennen. Indem wir für unsere Rechte [als Arbeiter] kämpfen, wächst unsere Stärke; diese Stärke soll die Gleichberechtigung der Juden erzielen.[151]

Die Argumentationslinie orientiert sich sehr stark an der damals unter den jüdischen Sozialist:innen verbreiteten Überzeugung, dass der Kampf aller Arbeiter:innen des Russischen Reiches für eine sozialistische Gesellschaft und mehr Rechte eine automatische Annäherung der verschiedenen Völker zur Folge haben werde und die rechtlichen Trennungslinien zwischen den Völkern zum Verschwinden bringen könne.[152] Eigentlich folgten sie damit einem allgemeinen theoretischen Konzept des Marxismus, wonach der Klassenkampf die ethnischen und religiösen Diskriminierungen mit der Durchsetzung des Proletariats als einheitliche Kraft beheben werde, da nicht mehr Nation oder Religion, sondern Klasse das gemeinsame Identifikationsmerkmal darstelle. Dieser Punkt war auch oft ein entscheidendes Argument, als es für die jungen jüdischen Radikalen darum ging, sich in der Arbeiter:innenbewegung und der Sozialdemokratie zu engagieren. Sie hatten eine revolutionäre Bewegung gefunden, die ihnen ein neues gesellschaftliches Modell ohne Diskriminierungen versprach.[153] Dass sich die Umsetzung dieser „Verbrüderung" zwischen den russischen, polnischen und

---

151 „Как рабочие, мы страдаем от ига капитала; как евреи, мы терпим от ига бесправия. [...] Это бесправие мешает нам продавать свою рабочую силу на наиболее выгодных для нас условиях, скучивая нас насильственно внутри черти оседлости, вызывая усиленную конкуренцию, оно ухудшает наше положение. [...] Поэтому мы должны стремиться достигнуть равноправия. [...] Когда повсюду еврейские рабочие будут организованы, [...] тогда на нашей стороне будет такая сила, о которой мы теперь не можем иметь представления. [...] Вместе с ними мы будем добиваться того, чего мы все лишены: права стачек, союзов, собраний, свободы слова, и получим от них поддержку, когда будем добиваться отмены тех законов, которые не признают еврея человеком. Борясь за свои права, мы растем в силе; этой силе суждено добиться равноправия евреев." Evrejskie rabočie protiv evrejskich kapitalistov, S. 87–88.

152 Zur nationalen Frage bei den jüdischen Sozialdemokrat:innen in den 1890er Jahren siehe zum Beispiel Heller, Klaus: Revolutionärer Sozialismus und nationale Frage. Das Problem des Nationalismus bei russischen und jüdischen Sozialdemokraten und Sozialrevolutionären im Russischen Reich bis zur Revolution 1905–1907, Frankfurt a. M. 1977, S. 29–31.

153 Siehe dazu Haumann, Geschichte der Ostjuden, S. 152; Polonsky, Jews in Poland and Russia, Bd. 2, S. 31–33; Budnitskii, Jews and Revolution, S. 326.

jüdischen Arbeiter:innen in der Praxis als schwierig erwies, wird im Kapitel 5.9 noch ausführlicher thematisiert.

Im Gegensatz zu anderen revolutionären Schriften, die lokale Organisationen infolge einer Streikaktion veröffentlichten, scheint der konkrete Ausgang des Streiks für den Autor des vorliegenden Textes nicht wichtig gewesen zu sein. Denn in der Broschüre wird kein einziges Wort über die Zugeständnisse der Fabrikbesitzer Ėdel'štejn – das heißt über den „Sieg“ der Zigarettenmacher – verloren. Dafür gibt es zwei mögliche Erklärungen, wobei die erste die zweite nicht ausschließt. Erstens könnte der Autor der Schrift *der shtodt-magid* den Streik nicht wirklich als Erfolg wahrgenommen haben. Im Endeffekt wurden streikende Arbeiter verhaftet und 70 vor Gericht gezogen, die meisten davon wurden zu Haftstrafen verurteilt.[154] Zudem weiß man auch nicht sicher, ob die Vereinbarung, die Ende August zur Wiederaufnahme der Arbeit geführt hatte, mittel- bis längerfristig hielt.[155] Dass Mitte der 1890er Jahre in der Tabakindustrie Arbeiterinnen ihre männlichen Kollegen immer häufiger ersetzten, war für die Zeitgenossen eine bekannte Tatsache. Das Phänomen hatten sie schon ein Jahr zuvor in einer anderen Tabakfabrik der Stadt beobachten können.[156] Der Verfasser der Broschüre könnte also vorausgeahnt haben, dass, auch wenn die Arbeiterinnen wieder als Gehilfinnen arbeiteten und die Männer wieder angestellt wurden, Letztere in den nächsten Monaten ihre Stelle trotzdem verlieren würden. Julij Martov, der sich als Autor des im *Rabotnik* publizierten Textes ausgibt, schreibt in seinen Memoiren: „Der Streik wurde nicht von Erfolg gekrönt“.[157] Viele Jahre später deutet er also den Streik im Hinblick auf die Forderung der Arbeiter als erfolglos.

Zweitens könnte die Abwesenheit einer deutlichen Siegeserklärung das schon oben angesprochene Ziel der Publikation unterstreichen: Es ging dabei nicht darum, das Ergebnis des Streiks selbst als große Errungenschaft für die jüdischen Arbeiter:innen zu zelebrieren. Diese Broschüre wollte einerseits anhand des Streiks demonstrieren, wie die grundlegenden Ideen der Arbeiter:in-

---

154 Auch wenn im Vorwort des jiddischen Textes steht, dass die Strafurteile nicht durchgesetzt worden seien. Der shtodt-magid, S. 723.

155 Wie bereits auf S. 85 erwähnt, erschien 1897 in der Zeitschrift *der yidishe arbeyter* ein Artikel, in dem dargestellt wurde, wie es in der zweiten Jahreshälfte von 1896 doch zur langsamen Ablösung von männlichen durch weibliche Arbeitskräfte gekommen sei. Siehe Schick, Vertrauen, S. 109–110.

156 Materialy dlja charakteristiki rabočego dviženija našego goroda. Siehe dazu S. 110 dieser Arbeit.

157 „Стачка не увенчалась успехом“. Martov, Zapiski social-demokrata, S. 163.

nenbewegung (Klassenkampf zwischen ausgebeuteten Arbeiter:innen und ausbeutenden Fabrikanten, die von den regierenden und religiösen Behörden Unterstützung bekommen) auch für das jüdische Milieu galten. Andererseits sollte gezeigt werden, dass die jüdischen Arbeiter:innen „erwacht" waren und ein Klassenbewusstsein entwickelt hatten. Weil sie begriffen hatten, dass sie sich von der jüdischen „Bourgeoisie" und den ihr unterstellten religiösen Behörden distanzieren mussten, waren sie mit den Arbeiter:innen anderer Nationalitäten im Klassenkampf verbunden. Diese These erhält ihre volle Bedeutung, wenn man ein Auge auf den schon mehrmals zitierten russischsprachigen Artikel über den Streik wirft, der in den zur Verfügung stehenden Dokumenten abgeschrieben wurde. Im Gegensatz zur Broschüre *der shtodt-magid* versucht er den Verlauf der Ereignisse detailliert zu schildern, und beschreibt das Ende der Arbeitseinstellung als einen klaren Sieg der Arbeiter, die die Fabrikanten zur Annahme ihrer Forderung gezwungen hätten.[158]

Der wesentlichste Punkt liegt hier also im Narrativ über den Streik, das die Revolutionär:innen zu verbreiten versuchten. Denn für sie stellte der Streik einen bedeutenden Meilenstein in der Geschichte der Arbeiter:innenbewegung in der Stadt Vil'na dar. Er war ein vorzügliches Mittel, um die jüdischen Arbeiter:innen von sozialistischen Ideen zu überzeugen und anhand eines Diskurses voller Versprechungen über die Kraft der Vereinigung, des Selbsthandelns und der Einheit zu gewinnen. Das primäre Ziel des Streiks sei nicht der Sieg, sondern die Formierung eines „Klassenbewusstseins" unter den Zigarettenmacher:innen der Fabrik gewesen:

> Die Arbeiter – die Bewusstesten – gingen [davon] […] aus, dass nicht nur ein Sieg, selbst temporär, sondern auch eine Niederlage eine wesentliche Rolle im Zusammenschluss der Zigarettenmacher und Zigarettenmacherinnen sowie in der Entwicklung ihres Klassenbewusstseins spielen kann.[159]

Die organisierte revolutionäre Bewegung in Vil'na behauptete, dass dieser Streik in der Tabakfabrik der Brüder Ėdel'štejn dazu geführt habe, dass rund 50 Zigarettenmacher:innen einem schon existierenden Berufsverein beigetre-

158 Abschrift vom Artikel aus Russkij rabočij 5 (November 1895), GARF, F. R6889_1_2, S. 48–49.

159 „Рабочие – наиболее сознательные – исходили […], что не только победа, хоть и временная, но и поражение может сыграть немаловажную роль в деле сплочения папиросников и папиросниц и развития у них классового сознания." Materialy dlja charakteristiki rabočego dviženija našego goroda, S. 28.

ten seien.[160] Somit war das Streben der Jüdischen Sozialdemokratischen Gruppe nach größerem Bewusstwerden der jüdischen Arbeiter:innen in der Stadt erfüllt. Zumindest ging das Narrativ so in die Geschichte der jüdischen Arbeiter:innenbewegung Vil'nas ein. Als zwei Jahre später der Artikel in *der yidishe arbeyter* die Aktionen der Arbeiter:innen der Fabrik gegen die Fabrikbesitzer zwischen 1895 und 1897 zusammenfasste, stellten die Autor:innen den Streik vom August 1895 als „Höhepunkt" des „Kampf[es] der Arbeiter" dar.[161] Durch den ökonomischen Kampf hätten die Arbeiter:innen begriffen, wie schlecht ihre Situation sei und dass sie nicht nur gegen die Fabrikanten, sondern auch gegen die zarische Regierung kämpfen müssten.[162]

Der Fabrikinspektor seinerseits interpretierte die Arbeitseinstellung als einfachen Protest der Zigarettenmacher gegen die Anstellung weiblicher Kolleginnen. Er sah keinerlei Verbindung mit politischen Ideen oder Gruppierungen.

Wie die Arbeiter:innen selbst zu diesen unterschiedlichen Narrativen standen, kann anhand der zur Verfügung stehenden Quellen nicht rekonstruiert werden.

5. Der Streik in der Fabrik des Händlers Zaks in Dvinsk

5.1 Dvinsk und die Zündholzfabrik von Zaks

Dünaburg wurde 1893 offiziell zu Dvinsk. Die Stadt war bei der ersten Teilung Polen-Litauens dem Zarenreich zugekommen und 1802 Teil des neu gegründeten Gouvernements Vitebsk geworden. 1897 zählte die Stadt um die 70.000 Einwohner:innen. Der Anteil der jüdischen Bevölkerung betrug mit rund 32.400 Personen etwas mehr als 45 Prozent der gesamten Stadtbevölkerung.[163] Fast alle von ihnen hatten Jiddisch als Muttersprache. Weitere vertretene Sprachen waren Russisch/Weißrussisch/Ukrainisch mit 30 Prozent der Gesamt-

160 Ibid.

161 Der kampf fun di arbeyter ayf edelshteyns fabrik, in: Der yidishe arbeyter 4/5 (1897), S. 24. An dieser Stelle möchte ich David Schick herzlich dafür danken, dass er mir die Kopien des Artikels zur Verfügung gestellt hat.

162 Ibid., S. 25.

163 Cilevič, L. M.; Volkovič, B. Z.; Fišil', A. C.: Evrei v Daugavpilse, istoričeskie očerki, Daugavpils 1993, S. 28; Zimmerman, Poles, Jews, and the Politics of Nationality, S. 16. Diese Zahlen beruhen auf dem Zensus von 1897.

bevölkerung, Polnisch (16 Prozent), Deutsch (4 Prozent) und Lettisch (etwas weniger als 2 Prozent).[164]

In den 1840er Jahren entfalteten sich in Dvinsk die ersten Industrien und Fabriken. Am Anfang ging die Entwicklung langsam, wie in anderen ähnlichen Provinzstädten. Es wurde zuerst in kleinen Betrieben produziert, die ein bis zwei, seltener bis acht oder zehn Angestellte hatten. Bedeutend für die wirtschaftliche Entfaltung der Stadt war der Anschluss von Dvinsk an die Eisenbahnlinien ab den 1860er Jahren. An den Linien zwischen Warschau und Sankt Petersburg sowie zwischen Riga und Orel gelegen, erlebte die Stadt einen Boom ihrer industriellen Entwicklung: Dank der Eisenbahn konnten Rohstoffe von außerhalb geliefert werden, die Produktion war nicht mehr nur von lokalem Rohstoff abhängig.[165] 1868 gab es in der Stadt 14 Fabriken und 340 Handelsgeschäfte, im Jahre 1896 waren es insgesamt 2040.[166] So entwickelte sich Dvinsk um die Jahrhundertwende zu einem bedeutenden ökonomischen Zentrum des Gouvernements Vitebsk. Dies hatte Konsequenzen auf die Bevölkerungszahlen: Zwischen 1897 und 1904 wuchs die Einwohner:innenzahl der Stadt um 28 Prozent. Die jüdische Bevölkerung spielte in der industriellen Entwicklung der Stadt eine wichtige und aktive Rolle, sowohl als Arbeitgeberin als auch als Arbeiternehmerin.[167] Die Mehrheit der jüdischen Bevölkerung der Stadt war in Fabriken und Werkstätten jüdischer Unternehmer angestellt, die insbesondere Zündhölzer, Holz-, Tabak- und Lederwaren herstellten.[168]

Ähnlich wie in Vil'na hatten sich in Dvinsk Mitte der 1870er Jahre erste Zirkel junger jüdischer Intellektueller gebildet, die revolutionäre Ideen diskutieren und verbreiten wollten. Diese geheimen *kružki* wurden im März 1876 von der Polizei aufgelöst und ein Teil ihrer Mitglieder verhaftet.[169] Schnell formierten sich diese illegalen Zirkel wieder. Als die ersten größeren Streikwellen in den 1890er Jahren in verschiedenen westlichen Gebieten des Reiches losbrachen, begannen auch in Dvinsk Arbeiter:innen, ökonomische Forderungen zu formulieren. Um 1895 gab es in der Stadt mehrere *kružki*, die die ersten Streiks auf die

164 Jakub, Z.: Gorod Daugavpils, Chronologičeskij obzor 1275–2001, Daugavpils 2002, S. 35.

165 Cilevič, Volkovič, Fišil', Evrei v Daugavpilse, S. 35–37.

166 Jakub, Gorod Daugavpils, S. 24, 35.

167 Cilevič, Volkovič, Fišil', Evrei v Daugavpilse, S. 35–37.

168 Zalkin, Mordechai: Daugavpils, in: YIVO Encyclopedia of Jews in Eastern Europe, <http://www.yivoencyclopedia.org/article.aspx/Daugavpils> [06.12.2016].

169 Cilevič, Volkovič, Fišil', Evrei v Daugavpilse, S. 66–67.

Beine stellten.[170] Nach dem gleichen Modell wie in anderen Städten des Ansiedlungsrayons spielten Student:innen sowie politische Verbannte aus Vil'na, Sankt Petersburg und Moskau im Aufbau politischer Organisationen ebenfalls eine wesentliche Rolle.[171] Der Oberfabrikinspektor des Gouvernements Vitebsk berichtet in einem Schreiben vom Juli 1898 von dieser unruhigen Situation: „Unter den Arbeitern in den Handwerksbetrieben der Städte Vitebsk und Dvinsk wird seit dem Frühling dieses Jahres eine Agitation mit dem Ziel geführt, einen Generalstreik auszulösen und so die Verkürzung des Arbeitstages zu erreichen."[172] Eine Aussage, die er Ende November 1899 in seinem Bericht über den Streik in der Fabrik von Zaks in Dvinsk wiederholt: „[...] im Gouvernement Vitebsk läuft eine Agitation unter den Arbeiter:innen, und in der letzten Zeit hat sie dank allerlei Arten von Aufrufen, Broschüren sozialdemokratischen Charakters noch mehr zugenommen."[173] Der Allgemeine Jüdische Arbeiterbund berichtete beim internationalen Sozialist:innenkongress in Paris im September 1900 von 400 „organisierten" Arbeiter:innen in Dvinsk.[174] Obwohl der Bund keine Präzisierungen zur Zusammensetzung dieser Arbeiter:innen gab, sieht man, dass in der Stadt organisierte Propagandatätigkeiten im Gange waren. 1898 waren dort zwei größere Streiks ausgebrochen: Der eine unter den Tischlern, an dem sich 180 Personen beteiligten, und der andere in einer Knopffabrik mit der Teilnahme von 162 Arbeiterinnen.[175]

170 Ibid., S. 68.

171 Siehe zum Beispiel die Aussage von Borisova, Raisa: V ogne revoljucionnoj bor'by, Moskau 1957, S. 10. In ihren Memoiren bezeichnet sie die Region Dvinsk als einen beliebten Verbannungsort für aktive Sozialdemokrat:innen Ende der 1890er Jahre.

172 „Среди рабочих-ремесленников гг. Витебск и Двинск с весны текущего года ведется агитация с целью вызвать общую забастовку и тем путем добиться сокращения рабочего времени." Zitiert nach: Cilevič, Volkovič, Fišil', Evrei v Daugavpilse, S. 68.

173 „[...] по Витебской губернии агитация среди рабочих идет, а в последние время она усилилась еще больше, благодаря всевозможного рода воззваниям, брошюрам социально-демократического характера." Bericht des Oberfabrikinspektors, 26.11. 1899, RGIA, F. 23_30_41, S. 43ob.

174 Doklad o russkom socialdemokratičeskom dviženii meždunarodnomu socialističeskomu kongressu v Pariže 1900 g. Istorija Evrejskogo Rabočago [sic] dviženija v Rossii i Pol'še, Genf 1901, S. 83. Als „organisiert" werden hier Arbeiter:innen bezeichnet, die einer Streikkasse angehören. Im selben Abschnitt erwähnt der Bund die Schwierigkeiten, solche Kassen bei den Fabrikarbeiter:innen zu organisieren. Es ist zu vermuten, dass unter diesen 400 organisierten Arbeiter:innen die Mehrheit aus dem Handwerk und nicht aus der Fabrikarbeit stammte, was aber die Bedeutung und den Einfluss dieser Arbeiter:innen auf die Fabrikarbeiter:innenschaft nicht mindern soll.

175 Doklad o russkom socialdemokratičeskom dviženii, S. 97, 101.

1868 gründete der jüdische Händler der Ersten Gilde Šlema (Solomon) Jankelevič Zaks (1842–1902) aus Pskov eine Zündholzfabrik in Dvinsk. In den nordwestlichen Gouvernements gab es in den 1890er Jahren zwölf Zündholzfabriken, von denen elf in jüdischen Händen waren. Sie stellten insgesamt um die 3500 Arbeiter:innen an, davon waren 3000 jüdisch.[176] Die Fabrik von Zaks zählte 1884 446 Arbeiter:innen, 1890 erreichte ihre Zahl 676. Somit war die Fabrik nicht nur die größte der Stadt Dvinsk, sondern auch eine der führenden Zündholzfabriken im europäischen Teil des Russischen Reiches überhaupt.[177] Als der erste in den Quellen dokumentierte Streik am 17. November 1899 ausbrach, zählte die Fabrik 700 Arbeiter:innen. Davon waren 463 Frauen. 90 Prozent aller Angestellten waren jüdisch, und es gab nur unter den Arbeiterinnen Christinnen (10 Prozent).[178] Dies stellt insofern eine Ausnahme dar, weil diese Fabrik von Zaks die einzige in der vorliegenden Arbeit ist, in der nicht nur jüdische, sondern auch christliche Arbeiterinnen tätig waren.[179] In den meisten Fällen stellten jüdische Fabrikbesitzer ausschließlich jüdische Arbeiter:innen an. Die verbreitetste Erklärung dafür deutet auf die organisatorischen Schwierigkeiten, die ein Fabrikleiter mit christlichen und jüdischen Angestellten wegen der unterschiedlichen, religiös bedingten Feiertage (unter anderem Sonntag für die Christ:innen, Samstag für die Jüd:innen) hatte.[180] Warum Zaks in seiner Fabrik Angestellte beider Konfessionen beschäftigte, wird aus den Quellen nicht klar. Es ist plausibel, dass er so von der Möglichkeit Gebrauch machen wollte, die Produktion dank Schichtarbeit sowohl am Samstag als auch am Sonntag fortzusetzen. Allerdings gibt es keine detaillierten Angaben darüber, ob die Arbeiter:innen beider Konfessionen gemeinsam in denselben Abteilungen arbeiteten oder ob sie in spezifischen Abteilungen tätig waren. Über die Persönlichkeit von Zaks geben die Quellen nur wenige Auskünfte. Er besaß nicht nur die Zündholzfabrik, sondern weitere Unternehmen in der Stadt Dvinsk, die alle zusammen über 1000 Personen beschäftigten. Somit galt er als reiche und ehrenvolle Per-

176 Cilevič, Volkovič, Fišil', Evrei v Daugavpilse, S. 39.

177 Ibid.; Laut Zahlen der Fabrikinspektion hatten 1902 nur zwei Fabriken im Gouvernement Vitebsk mehr als 500 Arbeiter:innen (RGIA, F. 23_19_357, S. 19ob-20).

178 Bericht des Oberfabrikinspektors, 26.11.1899, RGIA, F. 23_30_41, S. 41.

179 Für eine ausführlichere Besprechung der religiösen Zusammensetzung der Belegschaft in der Fabrik Zaks und die damit verbundenen Spannungen bzw. Unterschiede, die im Streikfall zum Vorschein kamen, siehe Kapitel 5.9, S. 176.

180 Cilevič, Volkovič, Fišil', Evrei v Daugavpilse, S. 38; Mendelsohn, Class Struggle in the Pale, S. 17–20.

sönlichkeit der Stadt. In seinem Nekrolog wurde seine Wohltätigkeit gelobt.[181] In einem Artikel, der in der bundistischen Zeitschrift *Poslednija izvestija (Die Letzten Nachrichten)* zu seinem Tod veröffentlicht wurde, bezeichnet ihn der Autor bzw. die Autorin als Zionisten.[182] Ob er tatsächlich den Zionismus unterstützte, konnte außer aus revolutionären Dokumenten nicht belegt werden.

5.2 *Quellen*

Die Analyse des hier behandelten Falls beruht wie bei den anderen Streikfällen auf unterschiedlichen Quellenarten. Auf der Seite der russischen Behörden ist eine Vielzahl an Dokumenten überliefert worden: ein ausführlicher Bericht des Oberfabrikinspektors Alekseev vom 26. November 1899,[183] drei Berichte des Staatsanwaltes des Petersburger Gerichtshofes an den Justizminister Nikolaj Valerianovič Murav'ëv von Ende November 1899, Mitte Januar und Ende März 1900[184] sowie zwei Dossiers von insgesamt über 300 Seiten, die die Untersuchung der Dvinsker Polizei und der Gendarmerie über die Ereignisse, einen Teil der Korrespondenz zwischen dem Vitebsker Gouverneur Ivan Il'ič Čepelevskij, der Polizei, der Gendarmerie und dem Polizeidepartement sowie verschiedene Berichte der Gleichen dokumentieren[185]. Diese zwei Dossiers beinhalten also auch wertvolle Befragungs-, Hausdurchsuchungs- und Verhörprotokolle der Beteiligten am Streik und stellen insofern eine Ausnahmeerscheinung dar, weil für die anderen Streikfälle, die in der vorliegenden Dissertation untersucht werden, solche Protokolle in den russischen Archiven nur unvollständig (wenn überhaupt) aufbewahrt wurden. Sie liefern parallel zu den Schilderungen der russischen Beamten, die sich für ihre Berichte meistens ebenfalls auf diese stütz-

181 Dvinskij listok 242 (21.08.1902), S. 2.

182 Poslednija izvestija 93 (06.11.1902), S. 1. Zionist:innen waren erklärte Feinde der sozialdemokratischen jüdischen Revolutionär:innen, wie zum Beispiel die Bundist:innen. Zum Thema der Feindseligkeiten zwischen Bundist:innen und Zionist:innen allgemein siehe Tobias, The Jewish Bund in Russia, S. 127–129, 248–254.

183 Bericht des Oberfabrikinspektors, 26.11.1899, RGIA, F. 23_30_41, S. 41–43ob. Der vollständige Name des Fabrikinspektors konnte im Rahmen dieser Arbeit nicht eruiert werden.

184 Delo o zabastovke rabočich na spičečnoj fabrike Zaksa v g. Dvinske Vitebskoj Gub., 02.12.1899–30.03.1900, GARF, F. 124_8_130.

185 O stačke na spičečnoj fabrike Zaksa v gorode Dvinske, GARF, F. 102_3-d_100_2641č1 und 2641č2.

ten, auch eine detaillierte Erzählung der Streikaktion und ermöglichen, mehr über die teilnehmenden Arbeiterinnen zu erfahren. Weiter sind noch die regelmäßigen Berichte des Dvinsker Polizeimeisters *(policejmejster)* an den Vitebsker Gouverneur über die Situation in und um die Fabrik zwischen November und Ende Dezember 1899 vorhanden.[186]

Die Schwierigkeiten, die der Umgang mit Befragungs- und Verhörprotokollen mit sich bringt, entstehen unter anderem aus der speziellen Vermischung zwischen Kommunikation und Gewalt, die einem Verhör zugrunde liegt.[187] Deshalb ist es unabdingbar, den Entstehungskontext und die Form dieser Protokolle genau anzuschauen. Im vorliegenden Fall wurden die Protokolle von einem Dvinsker Stadtpolizisten (Protokolle zwischen dem 17. und dem 23. November 1899) bzw. von einem Gendarmen (ab dem 25. November 1899) verfasst. Alle Protokolle sind Fließtexte. Die gestellten Fragen tauchen nicht auf, man kann sie jedoch aus dem Text eruieren. Der Stadtpolizist redigierte die Protokolle in der dritten Person mit der Form der indirekten Rede, während der zuständige Gendarm die Aussagen der Zeug:innen und Verdächtigten in der ersten Person erscheinen ließ. Es kam regelmäßig vor, dass die Befragten kein Russisch verstanden. Der Übersetzer war dann der staatlich anerkannte Rabbiner (*obščestvennyj ravvin,* Kronrabbiner). Inwiefern er in seiner Übersetzerrolle auf den Verlauf oder sogar die Aussagen der Verhörten Einfluss nahm, bleibt eine offene Frage. Große Unterschiede in der Wortwahl oder in den Zeugnissen zwischen den Protokollen mit und denjenigen ohne Übersetzung treten nicht zu Tage.[188] Wie man im Kapitel 5.4 noch sehen wird, hatten die Behörden, die die Untersuchung leiteten und die Zeug:innenaussagen aufnahmen, Vorvermutungen über die Ursachen der Streikereignisse, die vom Zirkular Nr. 7587 des Innenministeriums vom 12. August 1897 bestimmt worden waren.[189] Es geht also darum, immer im Hinterkopf zu behalten, dass die Informationen, die in diesen Protokollen vorliegen, durch den Filter der zarischen Beamten (und in den entsprechenden Fällen auch des Kronrabbiners) gelaufen waren und keine objektive Aussage der befragten Person darstellen.

---

186 NIAB Minsk, F. 1430_2_270, S. 255, 256, 257, 261–261ob, 262–262ob, 263, 264, 266–268, 286–288, 295–295ob, 296.

187 Happel, Jörn: Nomadische Lebenswelten und zarische Politik. Der Aufstand in Zentralasien 1916, Stuttgart 2010, S. 281.

188 Zur Funktion dieser Kronrabbiner siehe Fußnote 48, S. 92.

189 Genaueres zu diesem Zirkular siehe Kapitel 2.3, S. 52, Kapitel 5.4, S. 144 und Kapitel 6.3, S. 210 dieser Arbeit.

Auf der Seite der revolutionären Bewegung stehen Quellen aus der illegalen Presse zur Verfügung. Sowohl in der jiddischsprachigen bundistischen Presse als auch in anderen russischsprachigen sozialdemokratischen Zeitschriften wurden Berichte oder Proklamationen über den Streik veröffentlicht. Für die vorliegende Analyse wurden Artikel in der *Arbeyter shtimme, Rabočee delo* und *Rabočaja mysl'* untersucht.[190] Des Weiteren kommt der Streik in der Fabrik von Zaks in drei Memoiren von Revolutionär:innen vor, die für diese Dissertation näher betrachtet wurden: bei Simon Solomon, Leyb Berman und Raisa Borisovna Borisova.[191] Während die Ereignisse bei Letzterer zusammen mit anderen allgemeinen Informationen zur Arbeiter:innenbewegung in Dvinsk beschrieben werden, widmen sowohl Solomon als auch Berman dem Streik vom November 1899 in dieser Fabrik ein eigenes Kapitel bzw. Unterkapitel ihrer Erinnerungen.

Simon Solomon bezeichnet sich in der Einführung seiner Memoiren als „professioneller Revolutionär". 1873 in Vitebsk in eine traditionelle religiöse jüdische Familie hineingeboren, kam er in Kontakt mit der Haskala während seiner Schulausbildung. 1891 schlossen sich mehrere Jugendliche zusammen und gründeten einen Selbstbildungs- und Lesezirkel, der mit der Zeit immer häu-

---

190 Arbeyter shtimme 16 (1900), S. 5–7; Rabočee delo 4/5 (1899), S. 115–117; Rabočaja mysl' 9 (1900), S. 3. Die *Arbeyter shtimme* erschien zum ersten Mal im August 1897 in Vil'na. Die Zeitschrift war die Tribüne für sozialistisch gesinnte jüdische Arbeiter:innen und Intellektuelle. Nach der Gründung des Allgemeinen Jüdischen Arbeiterbundes wenige Wochen später wurde sie zum offiziellen Organ des Zentralkomitees und wurde trotz regelmäßiger logistischer Probleme und Verhaftungen ihrer Herausgeber:innen im Ansiedlungsrayon weiter gedruckt (Tobias, The Jewish Bund in Russia, S. 47, 68). *Rabočee delo (Die Arbeitersache,* 1899–1902) wurde vom Bund russischer Sozialdemokraten im Ausland in Genf herausgegeben. Ihre Herausgeber:innen wurden in der Zeitschrift *Iskra (Der Funke)* unter anderen von Lenin und Plechanov des sogenannten Ökonomismus beschuldigt. Zum Streit zwischen Anhänger:innen von *Rabočee delo* und *Iskra* über die Grundkonzepte der Parteiorganisation sowie der Agitationsarbeit unter den Arbeiter:innen siehe Mullin, Richard: The Russian Social-Democratic Labour Party, 1899–1904. Documents of the „Economist" Opposition to Iskra and Early Menshevism, Leiden 2015, insbesondere die Einführung, S. 1–53. *Rabočaja mysl' (Der Arbeitergedanke,* 1897–1902) war die Zeitschrift der Sankt Petersburger Arbeiterorganisation, eine Organisation, die zum Sankt Petersburger Kampfbund zur Befreiung der arbeitenden Klasse gehörte. In ihren Artikeln verteidigten die Autor:innen ähnliche Positionen wie in der Zeitschrift *Rabočee delo* (Mullin, Russian Social-Democratic Labour Party, Fn. 30, S. 178).

191 Solomon, Simon: Derinerungen fun der yidisher arbeter bavegung, New York 1952; Borisova, V ogne revoljucionnoj bor'by; Berman, Leybetshke [Leyb]: In loyf fun yorn. Zikhroynes fun a yidishn arbeter, 2. erweiterte Ausgabe, New York 1945.

figer über marxistische Ideen debattierte. Solomon gehörte zu dieser Gruppe und so engagierte er sich in der revolutionären Bewegung. Als der Allgemeine Jüdische Arbeiterbund 1897 gegründet wurde, wurde er zum überzeugten Parteimitglied. Von 1895 bis 1899 hielt er sich in Sankt Petersburg auf, wo er seinen Militärdienst absolvierte und parallel dazu seine revolutionären und propagandistischen Tätigkeiten unter den Soldaten fortsetzte, bevor er im Oktober 1899 nach Dvinsk fuhr, um für das Dvinsker Komitee des Bundes zu arbeiten. Seine Erinnerungen verfasste er in den USA in den 1950er Jahren – also mehrere Jahrzehnte nach den Ereignissen und nach seiner Auswanderung – auf Wunsch des Yidisher Visnshaftlekher Institut (YIVO).[192]

Leyb Berman wuchs in den 1880er und 1890er Jahren in Dvinsk in einer armen jüdischen Familie auf. Er war Zimmermann *(stolier)*. Ende der 1890er Jahre trat er dem Bund bei. Er arbeitete für die Partei in unterschiedlichen Städten im Russischen Reich und im Ausland und publizierte Artikel in der bundistischen Presse. 1922 verließ er Russland und ließ sich in Warschau nieder, wo er begann, erste Fragmente seiner Erinnerungen zu verfassen. Diese wurden erstmals 1936 in Warschau veröffentlicht. 1939 konnte er zusammen mit seiner Tochter über Russland und Japan in die USA fliehen.[193]

Auch Raisa Borisova wurde 1890 in Dvinsk geboren. Zwischen 1912 und 1915 beteiligte sie sich als Mitglied aktiv an den Tätigkeiten der RSDRP in der Stadt. Später engagierte sie sich für die Bolschewiki und unternahm Parteiarbeit sowie publizistische Tätigkeiten, unter anderem bei der *Pravda*. Sie starb 1966.[194]

Von den „Heftchen" bzw. Flugblättern, die laut unterschiedlichen Zeug:innen unter den Arbeiterinnen kursierten,[195] waren in den Archiven keine Spuren zu finden.

---

192 Solomon, Derinerungen, S. 5–27, 29.

193 Artikel Berman, Leyb, in: Niger, Shmuel; Shatski, Yankev (Hrsg.): Leksikon fun nayer yidisher literatur, Bd. 1, New York 1956, Sp. 397–398; Berman, In loyf fun yorn, S. 1.

194 Artikel Barisova, Raisa Borisovna, in: Schulz, Heinrich E.; Urban, Paul K.; Lebed, Andrew I.: Who Was Who in the USSR. A Biographic Directory Containing 5'015 Biographies of Prominent Soviet Historical Personalities, Metuchen (NJ) 1972, S. 50; Borisova, V ogne revoljucionnoj bor'by, „ot izdatel'stva".

195 Siehe Kapitel 5.4, S. 142.

5.3 *Streikausbruch*

Die behördlichen Quellen stellen fest: Am 17. November 1899 gegen 10 Uhr gingen 20[196] Arbeiterinnen der mechanisierten Schachtelproduktionsabteilung der Zündholzfabrik von Zaks zum Abteilungsmeister Šmuil Vul'fovič Liberman und verlangten eine Erklärung, warum er zwei neue Arbeiterinnen angestellt habe.[197] Liberman antwortete, dass die Mädchen nicht von ihm beschäftigt worden seien und dass sie nur in die Abteilung kämen, damit er sie mit der Arbeit an den Maschinen vertraut machen könne. Weiter führte er aus, dass die Arbeiterinnen sich an den Fabrikleiter Ėlija Jankelevič Istorik wenden sollten, wenn sie diesbezüglich noch Fragen hätten. Weil die Situation weiter eskalierte – laut Libermans Aussagen begannen die Arbeiterinnen zu schreien, dass sie keine neuen Kolleginnen wollten –, ließ der Abteilungsmeister den Fabrikleiter Istorik rufen.[198] Als dieser in die Abteilung kam, beobachtete er, dass keine arbeitete und die Maschinen nicht funktionierten. Er forderte sie auf, weiter zu arbeiten, aber sie weigerten sich, worauf Istorik sagte, dass diejenigen, die nicht mehr arbeiten wollten, die Fabrik verlassen und nach Hause gehen sollten. In der Abteilung blieben nur noch sechs Frauen und zwei Jungen, die anderen zwanzig Arbeiterinnen gingen.[199] So war der Streik vom November 1899 in der Fabrik Zaks ausgebrochen.

---

196 Im Bericht des Dvinsker Polizeimeisters vom 19.11.1899 wird die Zahl von 19 Arbeiterinnen angegeben (NIAB Minsk, F. 1430_2_270, S. 266).

197 In seinem Bericht vom 26.11.1899 behauptet der Fabrikinspektor, dass die zwei neuen Arbeiterinnen christlich gewesen seien und dass die anderen Arbeiterinnen von Liberman hätten erfahren wollen, zu welchen Bedingungen die zwei Neuen angestellt worden seien (RGIA, F. 23_30_41, S. 41ob). (Vermutlich fürchteten sie Lohndumping sowie ihren mittelfristigen Ersatz durch billigere Arbeitskräfte.) Allerdings kann man aus dem Befragungsprotokoll von Liberman entnehmen, dass es sich bei den zwei neuen Arbeiterinnen um die Schwestern Paja und Leja Finkel'štejn handelt, die also gar keine christlichen, sondern jüdische Namen haben (GARF, F. 102_3-d_100_2641č2, S. 62). In einem Bericht vom 23. November erklärt der Assistent des Chefs der Gendarmerie des Vitebsker Gouvernements, dass der Fabrikant nach dem Streik vom 17. November in der mechanisierten Schachtelabteilung angefangen habe, die 20 Streikenden durch andere Arbeiterinnen, darunter auch Christinnen, zu ersetzen (NIAB Minsk, F. 1430_2_270, S. 271). Vermutlich bezieht sich die Bemerkung des Fabrikinspektors zur Religionszugehörigkeit zweier neuer Arbeiterinnen auf diese Ereignisse.

198 Befragungsprotokoll von Šmuil Vul'fovič Liberman, 18.11.1899, GARF, F. 102_3-d_100_2641č2, S. 62.

199 Befragungsprotokoll von Ėlija Jankelev Istorik, 17.11.1899, GARF, F. 102_3-d_100_2641č2, S. 60ob.

Die Schachtelabteilung bestand aus zwei Arbeiter:innengruppen. Die einen stellten die Schachteln maschinell her, die anderen arbeiteten von Hand. Insgesamt waren rund 106 Arbeiter:innen in dieser Abteilung beschäftigt.[200] Nachdem die 20 oben genannten Arbeiterinnen der mechanisierten Schachtelabteilung die Fabrik verlassen hatten, blieb die Situation in der handbetriebenen Schachtelabteilung ruhig. Die Arbeiterinnen blieben an ihrem Platz und forderten einzig, dass der Fabrikleiter die Weggegangenen darum bitte, wieder arbeiten zu kommen, was er kategorisch ablehnte. Für Istorik waren die 20 Arbeiterinnen entlassen worden, und er war nicht bereit, sie wieder anzustellen. Am Morgen des 21. November 1899 besuchte der Fabrikbesitzer Zaks in Begleitung seiner Ehefrau die Fabrik. Als die Arbeiterinnen der handbetriebenen Schachtelabteilung dies erfuhren, verlangten sie, dass Frau Zaks zu ihnen in die Abteilung komme.[201] Frau Zaks ließ den Arbeiterinnen ausrichten, dass sie zwei bis drei Vertreterinnen wählen und sie zu ihr ins Fabrikkontor schicken sollten, wenn sie etwas besprechen wollten. Als der Abteilungsleiter Berka Lejbovič Bljumberg die Antwort von Frau Zaks den Angestellten übermittelte, begannen diese zu schreien, dass sie doch alle zu ihr gehen würden. Sie riefen weiter, 9 ½ Kopeken statt der bisherigen 8 ¾ Kopeken pro 1000 Schachteln und eine Verkürzung des Arbeitstages auf 10 Stunden zu wollen. Nachdem Bljumberg auf Befehl von Frau Zaks den Arbeiterinnen mitgeteilt hatte, dass keine ihrer Forderungen erfüllt werden könne, stellten alle Arbeiterinnen die Arbeit ein und verließen die Fabrik.[202] Infolgedessen begannen die Arbeiter:innen in allen Abteilungen, ihre Unzufriedenheit über die Zustände in der Fabrik auszudrücken.[203] Die Situation drohte zu eskalieren. Der Fabrikinspektor wurde zu Hilfe gerufen und versuchte, mit den Streikenden zu verhandeln. Weil diese sich aber weigerten, zur Arbeit zurückzukehren, solange ihre Forderungen nicht erfüllt seien, informierte der Fabrikant in Rücksprache mit dem Fabrikinspektor Ende November seine restlichen Angestellten über die Aussetzung der Arbeit in der Fabrik bis auf die Schlosser- und Zimmererabteilungen. Wegen des Streiks konnten nicht

---

200 Bericht des Oberfabrikinspektors vom 26.11.1899, RGIA, F. 23_30_41, S. 41ob.

201 Ibid.

202 Befragungsprotokoll von Berka Lejbovič Bljumberg, 15.12.1899, GARF, F. 102_3-d_100_2641č2, S. 95.

203 Bericht des Oberfabrikinspektors, 26.11.1899, RGIA, F. 23_30_41, S. 42. Wie genau die Unzufriedenheit ausgedrückt wurde, steht im Bericht nicht. Als der Fabrikinspektor am 23. November in der Fabrik eintraf, begegnete er Arbeiterinnen, die zwar in die Fabrik gekommen waren, die Arbeit jedoch verweigerten. Leider sind keine weiteren Details dazu bekannt.

mehr genügend Schachteln zur Verpackung der Zündhölzer hergestellt werden, was die gesamte Produktionskette beeinträchtigte.[204] Die Arbeiter:innen wurden entlassen, mit dem Versprechen, dass alle zu den bisherigen Bedingungen erneut angestellt würden, sobald die Arbeit in der Schachtelabteilung wieder vollständig laufen werde. Der Fabrikinspektor zeigte sich optimistisch und dachte, dass der Streik bald zu Ende gehen werde. Allerdings dauerte es bis zum 10. Januar 1900 – also sieben Wochen –, bis die Proteste erloschen und die Produktion in der Fabrik wieder voll im Gange war.[205] Die Fabrikadministration versuchte, neue Arbeiterinnen anzustellen bzw. Arbeiterinnen anderer Abteilungen in die Schachtelproduktionsabteilung zu versetzen, was zu gewalttätigen Reaktionen gegen diese „Streikbrecherinnen" führte.[206] Wie noch zu sehen sein wird, stellte dieser Streik in der Fabrik Zaks ein bedeutendes Ereignis für die Stadt Dvinsk und einen Teil ihrer Bevölkerung dar.

Wie der Oberfabrikinspektor die Ereignisse beschreibt, ist man dazu geneigt, die Präsenz von Frau Zaks in der Fabrik und die Aktion der Arbeiterinnen der handbetriebenen Schachtelabteilung in direkte Verbindung zu setzen. Warum wandten sich die Arbeiterinnen spezifisch an Frau Zaks, also an die Ehefrau des Fabrikanten? Was sagt dies über die Machtverhältnisse zwischen dem Fabrikanten, seiner Ehefrau und den Fabrikarbeiterinnen aus? Es ist schwierig, auf diese Fragen zu antworten, zumal es keine zusätzlichen Quellen gibt, die diesen Vorgang erläutern und auch keine zusätzlichen Informationen zu Frau Zaks vorhanden sind. Wie noch geschildert werden wird, hatten einige Arbeiterinnen schon versucht, bei den Fabrikverantwortlichen um eine Lohnerhöhung zu bitten, waren jedoch gescheitert. Vielleicht hofften sie, bei Frau Zaks ein offenes Ohr zu finden und ernst genommen zu werden. Ehefrauen reicher, mächtiger Unternehmer erfüllten einerseits ihre Pflichten als Hausfrauen und *maîtresses de maison,* indem sie sich um den Haushalt und die Kinder kümmerten und eine gewisse „Hauskultur" entwickelten.[207] Im Bereich der Wohltätigkeit verfügten sie andererseits oft über einen von ihren Männern unabhängigen Spielraum und

---

204 Bericht des Oberfabrikinspektors, 26.11.1899, RGIA, F. 23_30_41, S. 42–42ob; Bericht des Vitebsker Gouverneurs an das Polizeidepartement, 30.11.1899, GARF, F. 102_3-d_100_2641č2, S. 13ob.

205 Bericht des Oberfabrikinspektors vom 26.11.1899, RGIA, F. 23_30_41, S. 42ob.

206 Siehe zum Beispiel das Befragungsprotokoll von Elena Ivanova Kurtiš, 01.12.1899, GARF, F. 102_3-d_100_2641č2, S. 115.

207 Siehe Siennicka-Kondracka, Mariola: Private und öffentliche Aktivitäten von Frauen aus Warschauer Unternehmerfamilien (Ende 19./Anfang 20. Jahrhundert), in: Gebhard, Jörg; Lindner, Rainer; Pietrow-Ennker, Bianka (Hrsg.): Unternehmer im Russischen

viele unterstützten wohltätige Institutionen und Aktionen – manchmal auch innerhalb der Fabrik – aktiv. Während der Ehemann für das gute, finanzielle Funktionieren, für die Investitionen und die arbeitstechnische Organisation der Fabrik zuständig war, stand ihm die Ehefrau bei und kümmerte sich darum, das „Wohlwollen der Gesellschaft" zu pflegen.[208] Es bleibt unbekannt, ob Frau Zaks solchen Tätigkeiten nachging oder nicht. Angesichts der gesellschaftlichen Stellung ihres Ehemannes in der Stadt Dvinsk – er beschäftigte zahlreiche Arbeiter:innen in der größten Fabrik der Region – kann man allerdings vermuten, dass auch sie als wohltätige Person angesehen wurde. Während es in der Literatur zum Zarenreich einige Studien zu Frauen als Unternehmerinnen um die Jahrhundertwende sowie historische Darstellungen über Ehefrauen von Gouverneuren oder die „russische Frau" im Allgemeinen gibt, fehlt es völlig an spezifischen Untersuchungen über die Rolle und Bedeutung der Ehefrauen von großen Fabrikbesitzern.[209] Manchmal werden der Ehefrau zwar einige Zeilen gewidmet, eine systematische Untersuchung bleibt aber aus, wahrscheinlich nicht zuletzt der schwierigen Quellenlage wegen.[210]

Bei den in der vorliegenden Dissertation analysierten Streikfällen stellt diese versuchte Intervention der Arbeiterinnen der handbetriebenen Schachtelabteilung eine einzigartige Aktion dar. Bei den Streiks in den zwei anderen Fabriken werden die Ehefrauen der Fabrikbesitzer gar nicht erwähnt. Ob das Verhalten der Arbeiterinnen der Fabrik von Zaks eine Ausnahme blieb oder ob eine ähnliche Konfiguration auch bei anderen Streiks vorkam, kann im Rahmen der vor-

Reich. Sozialprofil, Symbolwelten, Integrationsstrategien im 19. und frühen 20. Jahrhundert, Osnabrück 2006, S. 91–107, hier S. 98.

208 Ibid., S. 102–103. Der Ausdruck „Wohlwollen der Gesellschaft" stammt aus einem Zitat von Jan Bloch (zitiert nach ibid., S. 99).

209 Über Frauen als Unternehmerinnen siehe zum Beispiel Ulianova, Galina: Female Entrepreneurs in Nineteenth-Century Russia, London 2009; über Ehefrauen russischer Gouverneure und adlige Ehefrauen siehe beispielsweise: Rabow-Edling, Susanna: Married to the Empire. Three Governors' Wives in Russian America 1829–1864, Fairbanks 2015.

210 Für ein Beispiel aus Westeuropa siehe die Dissertation von Albert Pfiffner über Henri Nestlé. Dort schreibt er einige Absätze zur wichtigen Rolle von Nestlés Ehefrau, Clémentine, die sich nicht nur von Anfang an in der Produktion und Werbung für das Kindermehl engagiert habe, sondern auch in Abwesenheit des Mannes als seine Stellvertreterin das ganze Fabrikgeschäft geleitet habe. Wenn ihr Mann anwesend gewesen sei, habe sie „die Aufsicht über die angestellten Frauen". Siehe Pfiffner, Albert: Henri Nestlé (1814–1890). Vom Frankfurter Apothekergehilfen zum Schweizer Pionierunternehmer, Zürich 1993, S. 140–142.

liegenden Arbeit nicht untersucht werden. Die Arbeiterinnen der handbetriebenen Schachtelabteilung dachten eventuell, dass Frau Zaks ihnen wenigstens zuhören würde und sich für sie beim Ehemann einsetzen könnte. Wollten die Arbeiterinnen mit Frau Zaks reden, weil sie eben eine Frau war und sie „von Frau zu Frau" sprechen wollten? Um dies beurteilen zu können, müsste man feststellen, ob männliche Arbeiter auch so gehandelt hätten. Dies ist allerdings schwer einzuschätzen. Die Arbeiterinnen der handbetriebenen Schachtelabteilung hielten Frau Zaks auf jeden Fall für die passendste Ansprechpartnerin, sonst hätten sie direkt mit dem Fabrikbesitzer, der auch anwesend war, sprechen wollen. Wie man gesehen hat, erwies sich diese Strategie aber ebenfalls als erfolglos.

5.4 Eine organisierte und abgesprochene Aktion?

Nach den ersten Befragungen des Fabrikleiters Istorik, des Abteilungsmeisters Liberman und einiger Arbeiterinnen der Schachtelabteilung stellten die Polizisten fest, dass der Streik möglicherweise durch Agitator:innen organisiert worden sei. Diese Annahme wurde durch Informationen bekräftigt, die über „geheime Wege" *(neglasnym putem)* zur Kenntnis des Assistenten des Chefs der Gendarmerie *(pomoščnik načal'nika Vitebskogo Žandarmskogo Upravlenija)* gebracht worden waren.[211] Worin diese Informationen bestanden und wer sie der Gendarmerie berichtete, bleibt unerwähnt.

Die Unruhen in der Fabrik hatten laut Zeug:innenaussagen schon einige Monate vor dem Streikausbruch angefangen. In der mechanisierten Schachtelabteilung stellte jede Arbeiterin im Durchschnitt zwischen 25.000 und 28.000 Schachteln pro Tag her. Im August 1899 bemerkte der Abteilungsmeister, dass die Arbeiterinnen weniger Schachteln als vorher produzierten und dass sie sich an ihrem Arbeitsplatz nachlässiger verhielten: An einem Tag erzeugten sie nur noch 20.000 Schachteln.[212] Die Verlangsamung der Produktion als versteckte Protestform stellt in der Entwicklung der Arbeiter:innenbewegung ein immer wiederkehrendes Muster dar. Vor allem wenn das Streiken illegal und die persönlichen Risiken des Engagements in einem Streik groß waren, konnte es zu

211 Bericht des Assistenten des Chefs der Gendarmerie, 23.11.1899, GARF, F. 102_3-d_100_2641č2, S. 6–6ob.

212 Befragungsprotokoll von Šmuil Vul'fovič Liberman, 18.11.1899, GARF, F. 102_3-d_100_2641č2, S. 62ob; Befragungsprotokoll von Šmuil Vul'fovič Liberman 14.12.1899, ibid., S. 189.

solchen ursprünglich eher individuellen Störungen kommen.[213] In der Fabrik von Zaks scheint es sich allerdings um eine kollektive Entscheidung zu handeln. Denn die Mehrheit der Arbeiterinnen der Abteilung reduzierte ihre tägliche Produktion.

Interessant ist in diesem Fall, dass der Abteilungsleiter Liberman bei seinen Befragungen zugab, dass er die Veränderung in der Zahl der produzierten Waren zwar gesehen habe, jedoch erst besorgt gewesen sei, als er Anzeichen von „Unruhen" *(broženie)* unter den Arbeiterinnen beobachtete. So hätten zum Beispiel die Arbeiterinnen „grob und frech" *(grubo i derzko)* reagiert, als er sie auf die Senkung der Produktionszahlen aufmerksam gemacht habe. Insbesondere eine Arbeiterin sei ihm durch ihr Verhalten aufgefallen: Chaja Ric soll bei den anderen auf Nichterfüllung seiner Befehle hin agitiert haben.[214] Chaja Berkova Ric, 18 Jahre alt, arbeitete seit sechs Jahren in der Fabrik von Zaks und seit drei Jahren in der mechanisierten Schachtelabteilung.[215] Bei ihrem Verhör am Tag nach ihrer Verhaftung lehnte sie alle Beschuldigungen vehement ab.[216] Libermans Aussagen, wie sie in den Befragungsprotokollen festgehalten wurden, deuten darauf hin, dass er das Verhalten der Arbeiterinnen vor allem ab dem Zeitpunkt, als sie sich weigerten, die Abnahme der Produktion durch ihre eigene Schuld anzuerkennen, für unangemessen hielt. Bei seiner ersten Befragung erwähnt er das unanständige Benehmen der Arbeiterinnen nicht. Allerdings spricht er von einer „gemeinsamen Freundschaft" *(obščaja družba)* unter ihnen in der Abteilung: Sie alle hätten ein einziges Ziel gehabt (die Senkung der Produktion).[217] Diesen Begriff der „Freundschaft" findet man auch in anderen Befragungsprotokollen, die am gleichen Tag und vom selben Polizisten aufgenommen wurden. Es könnte sein, dass Libermans Versuch, die streikenden Arbeiterinnen als unanständig darzustellen, mit der Befürchtung zu tun hatte, dem Polizisten gegenüber negativ aufzufallen: Im Endeffekt waren die Unruhen in seiner Abteilung ausgebrochen, weswegen er auch eine Mitschuld hätte tragen können.

---

213 Siehe Sirot, Le syndicalisme, S. 119.

214 Befragungsprotokoll von Šmuil Vul'fovič Liberman, 14.12.1899, GARF, F. 102_3-d_100_2641č2, S. 189–189ob, 190.

215 Somit hatte sie mit zwölf Jahren die Arbeit in der Fabrik von Zaks angefangen. Zum Thema Kinderarbeit siehe S. 173 dieser Arbeit.

216 Befragungsprotokoll von Chaja Ric, 28.11.1899, GARF, F. 102_3-d_100_2641č2, S. 189–189ob, 100.

217 Befragungsprotokoll von Šmuil Vul'fovič Liberman, 18.11.1899, GARF, F. 102_3-d_100_2641č2, S. 62ob-63.

Die Vermutung, dass die Unruhen in der Fabrik Zaks über mehrere Monate vor dem Streik geplant, abgesprochen und organisiert worden waren, bestätigten die Zeugenaussagen des Arbeiters Šaja Mendelev(ič) Dimitovskij (auch: Demitovskij). Dimitovskij, der in der mechanisierten Schachtelabteilung der Fabrik angestellt war, wurde am 18. November 1899 zum ersten Mal über die Ereignisse des Vortages von einem Stadtpolizisten befragt. Er versicherte, dass er mehrere Gespräche zwischen den Arbeiterinnen der Abteilung zum Thema „Freundschaft" *(družba)* und gegenseitige Unterstützung belauscht habe. Sie hätten versprochen, als „Schwestern" gemeinsam zu handeln. Es sei schwierig gewesen, die Diskussionen zu verfolgen, weil die Arbeiterinnen in seiner Anwesenheit nicht gesprochen und darauf geachtet hätten, dass die Gespräche kurz blieben. Worin diese „Freundschaft" genauer bestand, begriff er am Anfang nicht. Allerdings sei für ihn klar gewesen, dass dies einen engen Zusammenhang mit der regelmäßigen Abnahme der Produktion in der Abteilung hatte. Zuvor hätten alle eine unterschiedliche Anzahl an Schachteln produziert, doch seit einiger Zeit hätten alle genau die gleiche Menge pro Tag erstellt: 20.000. Hinzu kam, dass zwei der älteren Arbeiterinnen sich nicht an dieser „Freundschaft" beteiligten (sie mieden die anderen und verließen auch nicht die Fabrik am 17. November 1899) und weiterhin zwischen 27.000 und 28.000 Schachteln erzeugten. Auch Dimitovskij bezeichnete Chaja Ric als Anführerin, indem sie wiederholt handschriftliche Heftchen den anderen Arbeiterinnen vorgelesen haben soll. Weil Ric leise vorlas, habe er nichts hören können. Trotz mehrmaliger Versuche sei es ihm nicht gelungen, Ric ein Exemplar wegzunehmen.[218] Mit seiner Zeugenaussage grenzt sich Dimitovskij deutlich von seinen streikenden Kolleginnen ab. Offensichtlich war er gegenüber dem Vorgehen der Arbeiterinnen negativ eingestellt. Er hatte kein schlechtes Gewissen, sie auszuspionieren und gegen sie auszusagen. Möglicherweise wollte er dadurch der Fabrikleitung gefallen. Die Gründe seiner Reaktion sind schwer zu interpretieren, da zu wenige Kontextinformationen erhalten geblieben sind. Zum Beispiel weiß man nicht, in welchem hierarchischen Verhältnis Dimitovskij zu den Arbeiterinnen der Abteilung stand, ob er sie beispielsweise als Konkurrentinnen diskreditieren wollte oder ob er als Vorgesetzter sich für ein bestimmtes „ordentliches" Verhalten seiner Kolleginnen der Fabrikadministration gegenüber verantwortlich fühlte.

Dimitovskijs Aussage wurde durch die Befragung der zwei Arbeiterinnen, die nicht an dem Streik teilnahmen, unterstützt. Sie bezeugten ein Einverständ-

218 Befragungsprotokoll von Šaja Mendelev(ič) Dimitovskij, 18.11.1899, GARF, F. 102_3-d_100_2641č2, S. 63–63ob.

nis aller Arbeiterinnen der Abteilungen (bis auf sie), das einige Monate zuvor – wann genau, konnten sie nicht sagen – angefangen habe. Die Arbeiterinnen bemühten sich, ihre eigene Arbeit zu reduzieren. Sie stifteten beide Zeuginnen an, dabei mitzumachen. Beide hätten aber abgelehnt und seien deswegen mehrfach auf der Straße bedroht worden. Die zwei Zeuginnen informierten auch die Polizei über ein Heftchen, das Chaja Ric besaß, während der Arbeit las, anderen Kolleginnen übergab und dessen Inhalt den zwei Arbeiterinnen vorenthalten blieb. Ric sei jedoch nicht die Einzige gewesen, die solche Heftchen bei sich trug. In der Abteilung sei es während der Arbeitszeit mehrmals vorgekommen, dass die Arbeiterinnen jiddische Lieder über die Freiheit und die Revolution gesungen hätten. Beide Zeuginnen schlossen die Befragung mit dem Hinweis auf die Begegnungen und Gespräche ihrer Kolleginnen mit Arbeiter:innen anderer Abteilungen der Fabrik ab. Sie wüssten nicht, worin diese Besprechungen bestanden hätten, hätten trotzdem bemerkt, dass einige ähnliche Heftchen wie diejenigen von Chaja Ric bei sich hatten.[219] Als der Abteilungsleiter Liberman Mitte Dezember über den genauen Verlauf der Ereignisse erneut befragt wurde, erklärte er, dass er nie illegale Hefte oder Bücher in seiner Abteilung bemerkt habe.[220] Ob dies wirklich der Fall war oder ob er versuchte, sich vor Vorwürfen von Seiten der Fabrikleitung zu schützen, bleibt offen.

Sowohl Dimitovskijs Aussage als auch die der zwei Arbeiterinnen, die am 17. November 1899 an der Arbeitsniederlegung nicht teilgenommen hatten, deuten auf eine gut überlegte Aktion hin. Die Besprechungen und Planung dazu hätten nicht nur außerhalb der Fabrik, sondern auch am Arbeitsplatz stattgefunden. All diese Elemente interpretierten die lokalen Behörden als einen Hinweis auf ein organisiertes Netzwerk, das unter den Fabrikarbeiter:innen von Zaks bestand.

Als Mitte der 1890er Jahre ein Teil der jüdischen sozialistischen Kreise in Vil'na und in der Umgebung sich für einen Strategiewechsel entschieden und von der Ausbildung weniger, auserwählter, „bewusster" Arbeiter:innen zur Massenagitation in den Fabriken selbst überging, vermehrten sich tatsächlich die Versuche, Agitator:innen in den Fabriken anstellen zu lassen, um die Belegschaft über ihre schlechte Lebens- und Arbeitssituation zu instruieren und sie zum Streiken zu bringen.[221] Es liegen keine detaillierten Hinweise oder Be-

219 Befragungsprotokoll von Enta Efraimova Rovdin und Ėtka Jankeleva Kac, 18.11.1899, GARF, F. 102_3-d_100_2641č2, S. 63ob–64ob.

220 Befragungsprotokoll von Šmuil Vul'fovič Liberman 14.12.1899, GARF, F. 102_3-d_100_2641č2, S. 190.

221 Zu diesem Strategiewechsel siehe beispielsweise Hillyar, McDermid, Revolutionary

schreibungen vor, dass dies auch der Fall für die Fabrik Zaks war. Allerdings gibt es Informationen über ein solches organisiertes Netzwerk innerhalb der Fabrik nicht nur in den Quellen, die die Behörden verfassten, sondern auch in den Dokumenten, die aus den revolutionären Gruppierungen stammen.[222]

Wichtig für dieses Kapitel ist, dass die lokalen Behörden eine im Voraus abgesprochene und organisierte Streikaktion befürchteten. Die ersten Befragungen der Abteilungs- und Fabrikleiter sowie einiger Arbeiter:innen brachten den städtischen Polizeimeister, den Assistenten des Chefs der Gendarmerie und den Vitebsker Gouverneur dazu, nach Spuren und Beweisen einer Organisation zu suchen und ein damit zusammenhängendes Narrativ aufzubauen, das die Streikaktion der Arbeiterinnen auf wenige Anführer:innen, die dann die anderen Angestellten zum Streik verleitet hätten, zurückführte. Eine bedeutende Rolle für das Konstrukt dieser Perspektive spielte auch das Zirkular Nr. 7587 vom 12. August 1897, ähnlich wie im Fall des ersten Streiks in der Zigaretten- und Tabakfabrik von Šereševskij in Grodno im September 1899.[223] Der Innenminister Goremykin beschrieb in diesem Zirkular unter anderem die Kommunikations- und Entwicklungswege, die erklären sollten, wie die Arbeiter:innenunruhen Fuß fassen konnten und welche Methoden die Revolutionär:innen anwendeten, um die Arbeiter:innenproteste durch das ganze Reich zu verbreiten. Intellektuelle würden „geheime, revolutionäre Organisationen" bilden, die gezielt besonders talentierte Mitglieder zur Propaganda und Agitation in die Fabriken und Sonntagsschulen schickten. So würden die Organisationsmitglieder alle aktuellen Informationen über die Unzufriedenheit der Arbeiter:innen in bestimmten Fabriken sammeln. Die Organisationen würden dann Aufrufe und Proklamationen vorbereiten, die sie unter den Fabrikarbeiter:innen verbreiten würden. Auf diese Weise könnten die Propagandist:innen die Arbeiter:innen agitieren und zum Streik für die Verbesserung ihrer Arbeitsbedingungen motivieren. Sie strukturierten die Proteste und machten die Arbeiter:innen eigensinnig in der Erfüllung ihrer Forderungen. Deswegen müssten die lokalen Behörden alles unternehmen, um diese Agitator:innen aufzudecken und so ihren schädlichen Einfluss auf die

Women in Russia, S. 73; Tobias, The Jewish Bund in Russia, S. 27–28; Mendelsohn, Class Struggle in the Pale, S. 45–49. Siehe auch Kapitel 3, S. 74 dieser Arbeit.

222 Siehe Kapitel 5.9, S. 186.

223 In der Analyse des Streikfalls vom September 1899 in Grodno werde ich auf den Einfluss dieses Zirkulars auf die Entfaltung eines bestimmten, offiziellen Narratives für die Streikursachen detaillierter eingehen (siehe Kapitel 6.3, S. 210).

Arbeiter:innen einzugrenzen.[224] Somit ist klar, welches Narrativ die Obrigkeit in Sankt Petersburg für zutreffend hielt: Diese Arbeiter:innenunruhen waren von Intellektuellen gelenkt, die gefährliche Agitation unter den Arbeiter:innen betrieben. Sie profitierten von der Unzufriedenheit der Beschäftigten mit ihrer schlechten ökonomischen Situation, um sie zur Arbeitseinstellung zu bewegen. Dies implizierte, dass als Auslöser für einen größeren Streik – wie im hier beschriebenen Beispiel – externe Agitator:innen gewirkt hatten.

Wie aber weiter unten noch klar sein wird, wurde erst dezidiert zu dieser Vermutung gegriffen, nachdem der Streik auch in der handgetriebenen Schachtelabteilung ausgebrochen war – also nachdem die Situation für den Fabrikanten und für die gesellschaftliche Ordnung als bedrohlich eingestuft worden war. Wie der Vitebsker Gouverneur in seinem Bericht an das Polizeidepartement schrieb: „[…] der Streik geschah mit dem gegenseitigen, provisorischen Einverständnis der Arbeiterinnen mit dem Ziel, den Fabrikbesitzer in Verlegenheit zu bringen und auf diese Weise eine Erhöhung des Lohnes und eine Verkürzung des Arbeitstages zu erreichen."[225] Der Gouverneur interpretierte also den Streik als ein bewusst gesteuertes Druckmittel auf den Fabrikanten. Deshalb ergriffen die Behörden ab dem 23. November Maßnahmen zur Eindämmung der Unruhen, die vor allem aus Hausdurchsuchungen und Verhaftungen bestanden.

Am 26. November führte die Dvinsker Polizei Hausdurchsuchungen bei streikenden Arbeiter:innen durch, die von der Fabrikadministration als Hauptverantwortliche für den Streik bezeichnet worden waren.[226] Am Tag darauf wurden diese acht Streikenden auf Berufung der Ausnahmegesetze vom 14. August 1881[227] und aufgrund ihrer mutmaßlichen Beteiligung an einer illegalen

---

224 Das Innenministerium, Polizeidepartement, an die Gouverneure. Zirkular Nr. 7587, 12.08.1897, RGIA, F. 37_65_2813, S. 39–40.

225 „[…] забастовка произошла по взаимному предварительному соглашению работниц с целью поставить владельца фабрики в затруднительное положение и, таким способом, добиться возвышения заработной платы и сокращения рабочего дня." Bericht des Vitebsker Gouverneurs an das Polizeidepartement, 30.11.1899, GARF, F. 102_3-d_100_2641č2, S. 13.

226 Bei folgenden Arbeiter:innen wurde am 26.11.1899 das Haus durchsucht: Chaja Ric, Sora Gofman, Zelata Šnejder, Fejga Jam, Vul'f-Ben'jamin Fel'dman, Rejza Meerova, Girš Lejbovič Ioselevič, Lejba Uzdin. GARF, F. 102_3-d_100_2641č2, S. 76, 78–82.

227 Für einen Überblick über diese Ausnahmegesetze vom 14. August 1881 und eine Besprechung dieser siehe Baberowski, Jörg: Autokratie und Justiz. Zum Verhältnis von Rechtsstaatlichkeit und Rückständigkeit im ausgehenden Zarenreich 1864–1914, Frankfurt a. M. 1996, S. 702–708; Felix Schnell: Ordnungshüter auf Abwegen? Herrschaft und illegitime polizeiliche Gewalt in Moskau 1905–1914, Wiesbaden 2006,

Gemeinschaft, die unter anderem zum Ziel hatte, „Feindschaften zwischen Besitzern und Arbeitern [zu erwecken]", verhaftet und verhört.[228] Vier Tage vorher hatte der lokale *pomoščnik* des Chefs der Gendarmerie des Gouvernements Vitebsk eine Untersuchung eingeleitet, um die Anstifter:innen der Unruhen zu finden. Auch er rechtfertigte seine Entscheidung mit dem Hinweis auf die Zirkulare des Innenministeriums vom 12. August und 11. Dezember 1897, genauso wie sein Kollege in Grodno im September 1899.[229] So nahm er einen deutlichen Bezug auf die Instruktionen des russischen Innenministeriums und handelte den Erwartungen des Ministeriums entsprechend. Er versuchte, die Ereignisse so zu analysieren, dass sie sich in das vom Innenministerium angebotene Erklärungsmuster einpassten: Eine kleine Gruppe von gefährlichen Revolutionär:innen hatte gezielt unter den Arbeiterinnen der Fabrik von Zaks illegale Propaganda betrieben, was den Streik auslöste. Für die lokalen zarischen Behörden war es also einfacher, nach Anführer:innen zu suchen, die die Arbeiter:innen angeblich manipuliert hätten, als hinzunehmen, dass die Protestaktionen von den Arbeiter:innen selbst hätten ausgehen können. Denn Letzteres hätte der Sichtweise des Innenministeriums widersprechen und auf tiefe gesellschaftlich-politische Probleme hindeuten können.

Wenn es das Ziel der Behörden war, mit den durchgeführten Verhaftungen die Situation in der und um die Fabrik zu beruhigen, erreichten sie es nicht. Am zweiten Tag nach den ersten Festnahmen begannen wiederholte Angriffe durch junge jüdische Männer auf Arbeiter:innen, die trotz des Streiks in die Fabrik arbeiten gingen und in den Augen der revolutionären Organisationen als Streikbrecher:innen galten.[230] Insgesamt wurden zwischen dem 27. November und dem 31. Dezember 21 Personen inhaftiert: weil sie von Zeug:innen

---

S. 39–41. In seinem Buch zur russischen Fabrikgesetzgebung geht Puttkamer auf die Benutzung dieser Ausnahmegesetze in Streikfällen kurz ein: Puttkamer, Fabrikgesetzgebung, S. 307–308.

228 Beschluss des Oberstleutnants der Gendarmerie Nr. 3, 27.11.1899, GARF, F. 102_3-d_100_2641č2, S. 76, 87–88.

229 Der Assistent des Chefs der Gendarmerie des Gouvernements Vitebsk an den Vitebsker Gouverneur, 23.11.1899, NIAB Minsk, F. 1430_2_270, S. 272. Es handelt sich um die Zirkulare Nr. 7587 vom 12.08.1897 und Nr. 11610 vom 11.12.1897. Zu Grodno siehe Kapitel 6.3 der vorliegenden Arbeit.

230 Bericht des Staatsanwalts des Petersburger Gerichtshofes an den Justizminister, 19.01.1900, GARF, F. 124_8_130, S. 4–5; der Bundist L. Berman schildert in seinen Memoiren eindrücklich, wie er sich an diesen Bedrohungs- und Verprügelungsaktivitäten beteiligte, siehe Berman, In loyf fun yorn, S. 141–144. Im Kapitel 5.9 werden diese Angriffe detaillierter analysiert.

als Streikanstifter:innen angezeigt wurden und/oder weil sie angeblich andere Arbeiter:innen der Fabrik Zaks bedrohten und physisch angriffen.[231] Der *pomoščnik* beschwerte sich über die Schwierigkeit, die Ereignisse zu untersuchen, da die Angeklagten alles systematisch leugneten bzw. widersprüchliche Aussagen machten.[232] Letztendlich befand sich am Abschlusstag der Untersuchung keine:r der 21 Verhafteten noch in Haft und am 18. Oktober 1900 stellte das Innenministerium auf Vorschlag des Polizeidepartements wegen Beweismangels die Strafverfolgung gegen zwölf der Angeklagten ein. Die anderen wurden für ein bis drei Jahre an verschiedenen Orten im Ansiedlungsrayon unter öffentliche Aufsicht *(glasnyj nadzor)* der Polizei gestellt.[233] Als administrative Maßnahme gegenüber politischen Aktivist:innen gedacht, bedeutete dieses *glasnyj nadzor*, dass die Betroffenen sich bei ihrer Ankunft am Ort der administrativen Verbannung dem Polizeimeister vorstellen und regelmäßig auf dem Polizeiposten von ihrer Anwesenheit in der Stadt zeugen mussten. Ohne Erlaubnis der Polizei und des entsprechenden Gouverneurs durften sie die Ortschaft nicht verlassen.[234]

Ein weiteres Element, das die Behörden von einer gut überlegten Streikorganisation überzeugte, war die angebliche Existenz einer Streikkasse. Bald nach den ersten Angriffen gegen die Arbeiter:innen der Fabrik Zaks, die weiter arbeiten gingen, erzählten Zeug:innen von Drohungen gegen ihre Arbeitsfortsetzung, gekoppelt an das Versprechen, von der „gemeinsamen Kasse" auch Unterstützung zu bekommen, falls sie mitstreikten.[235] Vergleichbare Aussagen machte Mitte Dezember mehreren Fabrikvorgesetzten gegenüber ein Vater, dessen Sohn und zwei Töchter bis vor kurzem in der Fabrik gearbeitet hatten und

231 Siehe die zusammenfassende Liste der Personen, die in Zusammenhang mit dem Streik untersucht wurden, GARF, F. 102_3-d_100_2641č1, S. 5–6.

232 Der Assistent des Chefs der Gendarmerie des Gouvernements Vitebsk an den Direktor des Polizeidepartements, 12.12.1899, GARF, F. 102_3-d_100_2641č2, S. 28–28ob.

233 Benachrichtigung über die Beendigung der Ermittlung, 03.06.1900, GARF, F. 102_3-d_100_2641č2, S. 2 und Doklad Osobomu Soveščaniju, obrazovannomu soglasno 34 st. položenija o gosudarstvennoj ochrane, O stačke na spičečnoj fabrike Zaksa v gorode Dvinske, 18.10.1900, GARF, F. 102_3-d_100_2641č1, S. 14.

234 Für eine detailliertere Erklärung des polizeilichen Aufsichtssystems im Russischen Reich siehe Tokareva, S. N.: Policejskij nadzor v Rossijskoj Imperii, in: Voprosy istorii 6 (2009), S. 94–104 und Rabe, Volker: Der Widerspruch von Rechtsstaatlichkeit und strafender Verwaltung in Russland 1881–1917, Karlsruhe 1985, insbesondere S. 52–87. Mit diesen administrativen Maßnahmen konnte das Innenministerium politisch aktive Personen ohne Gerichtsverfahren für eine gewisse Zeit verbannen.

235 Bericht des Staatsanwalts des Petersburger Gerichtshofes an den Justizminister, 19.01.1900, GARF, F. 124_8_130, S. 4.

infolge des Streiks entlassen worden waren. Der Vater, der in die Fabrik kam, um den Fabrikleiter um die Wiederaufnahme seiner Kinder zu bitten, rechtfertigte seine Bitte unter anderem damit, dass die materielle Unterstützung, die seine Kinder während des Streiks von einer der ehemaligen Arbeiterinnen der Fabrik von Zaks erhielten, zum Leben nicht genüge.[236] Bei der Durchsuchung der Wohnung von Paja Movševa Kac, die bis zum 25. November 1899 in der Verpackungsabteilung gearbeitet hatte und von Zeug:innen als eine der Verteilerinnen der materiellen Hilfe bezeichnet worden war, fand die Polizei 108 Rubel und 88 Kopeken in Silber-, Gold- und Kupfermünzen. Paja Kac behauptete, nur 75 Rubel von der gesamten Summe gehöre ihr, der Rest den anderen Familienmitgliedern. Die 75 Rubel habe sie von ihrer Arbeit in der Fabrik Zaks sparen können.[237] Angesichts der durchschnittlichen, sehr niedrigen Löhne in der Verpackungsabteilung ist es jedoch mehr als fraglich, wie die Arbeiterin so viel Geld von ihrem Lohn zur Seite legen konnte. Das sahen die Behörden ebenfalls so und kamen zu dem Schluss, dass diese Geldsumme auf die Existenz einer Streikkasse deute.[238] Konkretere Beweise konnten sie aber nicht zusammenstellen.

---

236 Brief von Istorik an den Assistenten des Chefs der Gendarmerie des Vitebsker Gouvernements, 14.12.1899, GARF, F. 102_3-d_100_2641č2, S. 193; Befragungsprotokoll von David Ėmokilovič Sviranskij, 12.05.1900, ibid., S. 330ob; Befragungsprotokoll von Lejba-Chaim Lejzerov Šagal, 02.05.1900, ibid., S. 331. Als er und seine Kinder diesbezüglich befragt wurden, leugneten sie alles. Allerdings kann dieses Negieren mit dem Befragungskontext erklärt werden: Eine der Töchter und der Vater wurden Anfang Januar befragt, kurz nachdem erneut schwere Angriffe gegenüber Angestellten der Fabrik Zaks stattgefunden hatten, was hätte dazu führen können, dass sie aus Angst schwiegen. Hinzu kommt, dass ein Zugeben, Geld bekommen zu haben, einem Geständnis des Streikens glich. Die zwei anderen Geschwister wurden erst im Mai 1900 befragt und arbeiteten beide wieder in der Fabrik, hatten also kein Interesse, irgendetwas dazu zu sagen. Siehe: Befragungsprotokoll von Rejchke Zorechova Silevič, 03.01.1900, ibid., S. 234ob; Befragungsprotokoll von Zorech Šmuilovič Silevič, 03.01.1900, ibid., S. 236ob; Befragungsprotokoll von Michlja Zorechova und Šmuila Zorechov Silevič, 02.05.1900, ibid., S. 332–332ob.

237 Protokoll Nr. 32, 10.12.1899, GARF, F. 102_3-d_100_2641č2, S. 176 und Befragungsprotokoll von Paja Movševa Kac, 29.12.1899, ibid., S. 217.

238 Laut den Angaben von Istorik verdienten die Arbeiterinnen der mechanisierten Schachtelabteilung um die 2 Rubel pro Woche (Befragungsprotokoll von Ėlija Jankelev Istorik, 17.11.1899, GARF, F. 102_3-d_100_2641č2, S. 661ob). Dies wird von einer der Arbeiterinnen bestätigt (Befragungsprotokoll von Rejvka Šliomova Meerova, 28.11.1899, ibid., S. 102). Man kann davon ausgehen, dass die Arbeiterinnen der Verpackungsabteilung nicht mehr bekamen, da ihre Arbeit weniger qualifiziert war. Hinzu kommt,

Das Konzept der Kassen, die einerseits finanzielle Unterstützung im Streikfall garantieren sollten, andererseits auch organisatorische Funktionen erfüllten, ist in der Streikgeschichte häufig anzutreffen, auch außerhalb des Zarenreiches.[239] Im Ansiedlungsrayon hatten sie ihren Ursprung in den „Selbsthilfekassen" *(kases)*, die ab Ende der 1880er Jahre in unterschiedlichen Fabriken und Werkstätten entstanden waren. Diese Fonds sollten den Arbeiter:innen im Falle von Krankheiten, Unfällen oder Arbeitslosigkeit helfen. Die erste bekannte Selbsthilfekasse gründeten die Strumpfhosennäherinnen in Vil'na Ende der 1880er Jahre.[240] Der Historiker Henry J. Tobias, der die Entstehung und die ersten Jahre des Allgemeinen Jüdischen Arbeiterbundes intensiv erforscht hat, sieht eine Verwandtschaft zwischen diesen Selbsthilfekassen und den traditionellen jüdischen *khevre* (Organisationen, Vereinigungen) der Handwerker, die in ihrer Funktion mit Zünften verglichen werden können. Mit den wirtschaftlichen Veränderungen und der immer größer werdenden Ausdifferenzierung der Bedürfnisse zwischen Meistern und Angestellten hätten die Letzteren neue Organisationsformen gesucht und eigene Vereine gegründet.[241] Allerdings betont Ezra Mendelsohn in seiner Analyse der Anfänge der jüdischen Arbeiter:innenbewegung im Ansiedlungsrayon, dass die Abspaltung der *khevre* nicht automatisch die Gründung von Arbeiter:innenorganisationen, die Streiks organisierten, bedeutet habe.[242]

Mit der Zunahme der Streiks ab Mitte der 1890er Jahre wurden neue Kassen auf die Beine gestellt, die spezifisch zur Unterstützung in Streikfällen dienten: die Streikkassen. Mitglieder der Kasse sollten regelmäßig (einmal pro Woche oder pro Monat) in den Fonds einen kleinen Betrag zahlen. Diese Kassen nahmen zum Teil auch gewerkschaftliche Eigenschaften an (Wahl eines Komitees, Ernennung eines Kassierers, Propagandaarbeiten usw.) und trugen so zur Organisation der Belegschaft in den Fabriken bei.[243] Hinzu kommt, dass der

---

dass der reale Lohn, den die Arbeiterinnen am Ende der Woche erhielten, höchstwahrscheinlich wegen der angeblich sehr hohen Strafen niedriger war.

239 Siehe dazu zum Beispiel Sirot, La grève en France, S. 140.

240 Mendelsohn, Class Struggle in the Pale, S. 41; Davis-Kram, The Story of the Sisters of the Bund, S. 36. Zur Beschreibung solcher Vereine in Sankt Petersburg und Moskau im 19. Jahrhundert und wie sie dort funktionierten, siehe Bonnell, Roots of Rebellion, S. 76–80.

241 Tobias, The Jewish Bund in Russia, S. 19; Weinstock, Le pain de misère, S. 27–28. Zu den jüdischen Zünften siehe Mendelsohn, Class Struggle in the Pale, S. 7–8.

242 Ibid., S. 42.

243 Ibid., S. 64–66; Weinstock, Le pain de misère, S. 86–87; Puttkamer, Fabrikgesetzgebung, S. 314–316.

strukturelle Aufbau um die Streikkasse oft das Verbindungsglied zwischen den jüdischen Sozialdemokrat:innen und den Arbeiter:innen spielte. Wie Tobias es beschreibt: „Above the *kases* stood the skhodka, a board made up of representatives of the kases and agitators that was the real intermediary between the Social Democrats at the top and the kases at the bottom."[244] So waren solche Streikkassen Teil der Massenagitationsstrategie der jüdischen Revolutionär:innen, die sich in der zweiten Hälfte der 1890er Jahre entfaltet hatte. Ihre Relevanz wurde jedoch um die Jahrhundertwende von zahlreichen Mitgliedern des Allgemeinen Jüdischen Arbeiterbundes in Frage gestellt. Beim internationalen Sozialist:innenkongress in Paris im September 1900 trugen die Delegierten des Bundes vor, dass es innerhalb der Partei unterschiedliche Meinungen bezüglich der Streikkassen gebe, da diese Kassen in den Augen der Mehrheit der Delegierten des letzten Bund-Kongresses als Spaltungsfaktor zwischen „bewussten" und „unbewussten" Angestellten fungierten. Ihre Effizienz kritisierten sie ebenfalls: Im Streikfall ergebe es keinen Sinn, nur die Kassenmitglieder finanziell zu unterstützen, da der Erfolg von allen Arbeiter:innen abhänge.[245]

Denn damit ein Streik Erfolgschancen hatte, musste er von möglichst vielen Arbeiter:innen getragen werden. Wie oben schon besprochen, war der Lohn meistens die einzige Einkommensquelle für Individuen und Familien. Deswegen spielte in der Streikstrategie die Möglichkeit der materiellen Hilfe in Streikfällen eine wichtige Rolle.[246] Somit erstaunt es nicht, dass möglicherweise eine solche Struktur in der Zündholzfabrik von Dvinsk vor dem Streik vom November 1899 aufgebaut wurde. Allerdings konnten diese Streikkassen keine langen Konflikte verkraften. Genau im hier vorliegenden Fall entwickelten sich die Ereignisse dramatisch: Rund sieben Wochen lang dauerte die Auseinandersetzung.[247] Dafür reichten die Mittel der Streikkasse nicht. Bald wurde nach weiteren Geldquellen gesucht. Verschiedene Aufrufe, die die illegale sozialistische Presse veröffentlichte, baten Sympathisierende um finanzielle Gaben.[248]

---

244 Tobias, The Jewish Bund in Russia, S. 35. Kursiv im Original.

245 Doklad o russkom socialdemokratičeskom dviženii, S. 88.

246 Sirot, La grève en France, S. 65, 137, 140; ibid., Le syndicalisme, S. 171, 173–174, 176.

247 Zwischen dem ersten Streiktag am 17.11.1899 und der Bestätigung der Polizei über die vollständige Wiederaufnahme der Arbeit in der Fabrik von Zaks am 10.01.1900 vergingen siebeneinhalb Wochen.

248 Zum Beispiel in Rabočee delo 4/5 (1899), S. 116–117. Auf die revolutionäre Berichterstattung zum Streik in der Fabrik von Zaks im November 1899 wird in den nächsten Kapiteln ausführlicher eingegangen.

Simon Solomon schreibt in seinen Memoiren, dass die Situation so verzweifelt geworden sei, dass er vom Streikkomitee beauftragt worden sei, nach Sankt Petersburg zu fahren, um bei seinen Kontakten direkt vor Ort Hilfe zu holen.[249] In der russischen Hauptstadt, wo er seinen Militärdienst absolviert hatte, hatte er sich mit Mitgliedern der Gruppe zur Befreiung der Arbeit angefreundet.[250] Als er im November 1899 nach Sankt Petersburg geschickt wurde, kontaktierte er sie bei seiner Ankunft. Mit ihrer Unterstützung habe er innerhalb von zwei Tagen insgesamt 8000 Rubel für die Streikenden gesammelt, was ermöglicht habe zu verhindern, dass die Teilnehmenden am Streik verhungerten oder aufgaben.[251] Der zeitliche Abstand von über 50 Jahren zwischen den von Solomon beschriebenen Ereignissen und ihrem Niederschreiben stellt zwar die Genauigkeit der einzelnen Schilderungen in Frage. Sicher aber ist, dass Solomon in seinen Erinnerungen die Vernetzung der Dvinsker revolutionären Organisation mit anderen Gruppierungen nicht nur in der nahen Umgebung, sondern auch in größeren Zentren beweisen will. Mit seinen Schilderungen reproduziert er ein Narrativ, das in vielen revolutionären Darstellungen über diese Zeit erscheint: die große Solidarität der unterschiedlichen Organisationen und das gut ausgebaute Netzwerk der Revolutionär:innen, die den Kontakt zwischen den unterschiedlichen Protestzentren garantierten, egal, ob diese sich in den Hauptstädten oder an der Peripherie oder sogar im Ausland befanden.[252] Nicht nur in den Memoiren, sondern auch in der zeitgenössischen revolutionären Presse unterstrichen die Autor:innen immer wieder die angeblich unanfechtbare Solidarität der Arbeiter:innen, eines Teils der jeweiligen Stadtbevölkerung und anderer sozialdemokratischen Organisationen mit den Streikenden.[253]

---

249 Solomon, Derinerungen, S. 41.

250 Ibid., S. 11, 26, 29, 39.

251 Ibid., S. 42.

252 Zum Beispiel: Medem, Vladimir: Ma vie, Paris 1999; Pjatnizki, Aufzeichnungen eines Bolschewiks; beide thematisieren zwar die Rivalität und Spannungen, die zwischen den unterschiedlichen revolutionären Gruppierungen existierten, unterstreichen gleichzeitig die Solidarität, die im Streikfall oder in anderen Protestaktionen unter den Mitgliedern einer Organisation und mit den Protagonist:innen zum Ausdruck kam.

253 Siehe zum Beispiel auch S. 188 dieser Arbeit.

5.5 *Das Narrativ um Chaja Ajzikova Sigalevič und das Netzwerk innerhalb der Fabrik*

Nachdem die Polizei in den ersten Tagen der Untersuchung hauptsächlich gegen Arbeiterinnen der mechanisierten und handbetriebenen Schachtelabteilung vorgegangen war, tauchte plötzlich in den Berichten ein Name auf, auf den die Behörden fokussierten: Chaja Ajzikova Sigalevič.

Aus erneuten Zeug:innenbefragungen im Dezember kam an den Tag, dass nicht nur in der mechanisierten Schachtelabteilung, sondern auch in der Verpackungsabteilung der Fabrik Propaganda für einen Streikaufbau betrieben worden sei. Eine Zeugin führte diese Agitation auf eine bestimmte Person zurück: Chaja Sigalevič.[254] Šejna Gorankol', die Zeugin, 17 Jahre alt und Arbeiterin in der Verpackungsabteilung der Fabrik Zaks, erkannte die 23-jährige Chaja (auch Klara) Ajzikova Sigalevič auf der ihr von der Polizei vorgezeigten fotografischen Karte und berichtete den Polizisten von ihrer Überzeugung, dass Sigalevič die Hauptanstifterin der Streiks vom November gewesen sei. Sie habe andauernd den Arbeiterinnen der Verpackungsabteilung sowohl während der Arbeit als auch in den Pausen erzählt, dass ihre Löhne zu niedrig seien, dass sie zu lange arbeiteten, dass sie verarmten und dass sie deswegen eine Lohnerhöhung und eine Verkürzung des Arbeitstages fordern sollten, um ihre Lebensbedingungen zu verbessern. Damit diese Forderungen erfüllt würden, sollten sie die Arbeit einstellen und Zugeständnisse vom Fabrikanten erzwingen. Vor Sigalevičs Ankunft in der Fabrik habe es keinerlei Probleme gegeben, alles sei ruhig gewesen.[255] Inwieweit die Zeugin freiwillig gegen Sigalevič aussagte, kann nicht festgestellt werden. Da sie Ende Dezember befragt wurde, das heißt rund drei Wochen nach der Verhaftung der Verdächtigten, und sie fast alle Beschuldigungen der Behörden bestätigte, ist die Frage nach der Ablegung ihrer Aussage ohne Druck legitim. Sie hatte Anfang Dezember zusammen mit einer Kollegin einen Kommis *(prikazčik)* der Fabrik Zaks informiert, dass Sigalevič eine Rolle im Streikausbruch gespielt habe.[256] Warum die Polizei so lange gewartet hatte, bis sie die zwei Arbeiterinnen befragte, bleibt unbekannt.

---

254 Befragungsprotokoll von Šejna Abramova Gorankol' (Garinkol'), 28.12.1899, GARF, F. 102_3-d_100_2641č2, S. 213–214.

255 Ibid., S. 213–213ob.

256 Befragungsprotokoll von Ėlija Jankelev Istorik, 07.12.1899, GARF, F. 102_3-d_100_2641č2, S. 160. In diesem Protokoll erwähnt er ein Gespräch mit dem *prikazčik* Brudnyj. Zwei Arbeiterinnen der Verpackungsabteilung hätten Brudnyj erzählt, dass Sigalevič die Arbeiterinnen zu diversen Forderungen ermuntert habe und am Tag nach

Chaja Sigalevič kannten die russischen Behörden schon. Zum Zeitpunkt ihrer Verhaftung (am 9. Dezember) befand sie sich auf der Flucht. Sie war seit Juni 1898 gesucht worden, weil sie sich laut polizeilichen Quellen an einem illegalen revolutionären Arbeiter:innenzirkel in Kremenčug beteiligt hatte. In dieser Stadt hatten sich zwischen Ende 1896 und Mitte 1898 die Konflikte zwischen Arbeiter:innen und ihren Arbeitgebern verschärft und in regelmäßigen Streiks ihren deutlichsten Ausdruck gefunden. Die Polizei stellte fest, dass hinter den Streiks mehrere, nach Berufen organisierte Arbeiter:innenzirkel standen. Der Hauptzirkel war Ende 1896 unter dem Namen Malen'kaja social-demokratičeskaja gruppa (Kleine sozialdemokratische Gruppe) gegründet worden. Sigalevič, die in Kremenčug als Schneiderin in einer Frauenmodewerkstatt arbeitete, war laut Aussagen von Mitgliedern dieser Gruppe eine der Ersten gewesen, die sich aktiv im Zirkel engagiert hatte. Sie hatte angeblich einen wichtigen Platz in der Organisation und übernahm bald die Führung des Schneiderinnenzirkels. So organisierte sie Versammlungen und unterschiedliche Propagandaaktivitäten, inklusive Schmuggeln illegaler Literatur.[257] Sie war also schon vor ihrer Ankunft in Dvinsk in revolutionären Kreisen aktiv gewesen, was dafür spricht, dass sie bereits über ein gutes Netzwerk verfügte, das ihr zur Flucht verhalf und bei dem sie ihr Engagement für die Sache fortsetzen konnte.

Laut verschiedenen Zeug:innenaussagen habe Sigalevič im Juni 1899 begonnen, in der Verpackungsabteilung der Fabrik Zaks zu arbeiten, also ungefähr zur gleichen Zeit, als die ersten Unruhen in der Fabrik entstanden. Dort sei sie bis im Herbst 1899 tätig geblieben – ein genaues Datum konnte nicht eruiert werden. Sie sei unregelmäßig und oft verspätet zur Arbeit gekommen, früher nach Hause gegangen und habe am Anfang keine Ahnung gehabt, wie sie richtig arbeiten solle. Sie sei bald Teil einer befreundeten kleinen Gruppe ge-

dem Ausbruch des ersten Streiks zu einer Arbeiterinnenversammlung in der Wohnung einer Kollegin (Ėjdka-Rivka Rauchman) aufgerufen habe. Diese Aussage gab Anlass zur Verhaftung von Sigalevič zwei Tage später. Brudnyj bestätigte, dieses Gespräch mit den zwei Arbeiterinnen geführt zu haben, siehe Befragungsprotokoll von Zalman Šliomov Morduchov Brudnyj (auch Brudner), 05.01.1900, ibid., S. 239; die Polizei befragte auch die zweite Arbeiterin, die allerdings sehr zurückhaltend antwortete und erklärte, dass Sigalevič zwar während der Arbeit in der Abteilung über die schlechten Arbeitsbedingungen gesprochen, aber nicht zum Streik angestiftet habe: Befragungsprotokoll von Necha Lejbova Barez, 28.12.1899, ibid., S. 211ob.

257 Doklad po delu o Pinskoj meščanke Chae (Klare) Ajzikovoj Sigalevič, 25.09.1900, GARF, F. 102_7-d_195_286, S. 287–292, hier S. 287, 287ob, 289ob, 290. Insgesamt wurde in Zusammenhang mit diesen Kremenčuger Arbeiter:innenzirkeln über 48 Personen ermittelt.

worden und habe insbesondere mit Chaja Ric von der mechanisierten Schachtelabteilung ein enges Verhältnis unterhalten.[258] Die Befragungsprotokolle der Belastungszeug:innen konstruieren hier also das Bild einer schnell sozialisierenden Persönlichkeit, die aber nicht zum Milieu der Arbeiterinnen der Fabrik Zaks gehörte. Die Aussagen vermitteln den Eindruck einer fachfremden und arbeitsscheuen Arbeiterin. Wurde diese Diskreditierung von Sigalevič durch die Manipulation der Zeuginnen von den Behörden provoziert? Man erfährt nämlich von einem anderen Zeugen, dass die Polizeibeamten nicht vor Einschüchterungen bzw. Drohungen zurückgeschreckt seien.[259] Oder empfanden die Arbeiterinnen, die gegen Sigalevič aussagten, diese wirklich so? Und warum taucht ihr Name erst Anfang Dezember auf, wenn sie eine so wesentliche Rolle im Streikausbruch gespielt haben soll? Die Lektüre der Quellen erweckt den Verdacht, dass die Untersuchung sich fast nur noch um Sigalevič drehte, nachdem ihr Name zum ersten Mal erschienen war. Die frühere Involvierung der Verdächtigten in revolutionären Zirkeln kanalisierte offensichtlich die Aufmerksamkeit der Behörden, die nach einer klar schuldigen Figur suchten.

Schnell kamen die Behörden zu der Schlussfolgerung, dass Sigalevič eine regelmäßige, externe, materielle Unterstützung bekam, weil sie infolge ihrer wiederholten Absenzen zu wenig verdiente,[260] um leben zu können. Als die Polizisten sie verhafteten, fanden sie bei ihr 10 Rubel in Silber- und Kupferklein-

---

258 Befragungsprotokoll von Ėlija Jankelev Istorik, 07.12.1899, GARF, F. 102_3-d_100_2641č2, S. 160ob; Befragungsprotokoll von Šejna Abramova Gorankol' (Garinkol'), 28.12.1899, ibid., S. 213ob; Befragungsprotokoll von Necha Lejbova Barez, 28.12.1899, ibid., S. 211ob.

259 Im Befragungsprotokoll von Izrail'-David Boruchov Novik, einem 20-jährigen jüdischen Tischler, der unter anderem verdächtigt wurde, zwei Arbeiter der Fabrik von Zaks am 29. Dezember heftig geschlagen zu haben, beklagt sich dieser über polizeiliche Gewalt. Er behauptet, dass drei Polizeibeamte, die ihn nach seiner Verhaftung am 29.12.1899 verhört hatten, „unzufrieden" mit seinen Antworten gewesen seien, weil er ihnen nicht habe sagen können, wer die zwei Arbeiter der Fabrik von Zaks geschlagen habe. Sie hätten ihn in ein „separates, kleines Zimmer" geführt und dort so wuchtig geschlagen, dass Noviks linke Gesichtsseite angeschwollen sei und er zwei Tage lang nichts mehr habe essen können (GARF, F. 102_3-d_100_2641č2, S. 266–266ob). Ausführlichere Untersuchungen zu diesem Fall sowie weitere Beschwerden gegen die Polizisten wurden nicht gefunden. Wenn dies aber stimmt, wäre es ein Beweis dafür, dass die Polizeibeamten keine Angst vor Einschüchterung oder Drohungen hatten.

260 Laut eigenen Angaben verdiente sie zwischen 50 Kopeken und 1 Rubel pro Woche. Befragungsprotokoll von Chaja Ajzikova Sigalevič, 09.12.1899, GARF, F. 102_3-d_100_2641č2, S. 168.

münzen, was als Hinweis auf die Existenz einer Sammelaktion zur Unterstützung des Streiks interpretiert wurde.[261] Aus all den oben erwähnten Elementen schloss der Staatsanwalt, dass Sigalevič absichtlich in der Fabrik von Zaks eine Arbeit gesucht habe, um so besser Propaganda unter den Arbeiterinnen betreiben zu können. Weil sie nicht auf ihren Lohn angewiesen sei, habe sie sich leisten können, wenig zu arbeiten, und „den Arbeiter:innen ständig suggeriert, es sei nötig, ihre schwierige Situation zu ändern".[262]

Wer war nun diese Frau? Folgende Informationen ergeben ihre Befragungsprotokolle sowie die weiteren polizeilichen Dossiers bzw. Akten über sie im Staatsarchiv der Russländischen Föderation (GARF): Chaja Sigalevič hatte zwei ältere Schwestern, die einige Jahre zuvor nach New York ausgewandert waren. Ihr Vater war seit mehreren Jahren verstorben, und die Mutter war im Juni 1899 ihren zwei älteren Töchtern gefolgt und hatte Kremenčug für Amerika verlassen.[263] In der Familie hatte es anscheinend schon vorher Konflikte mit den Behörden gegeben, was die Flucht der einen Schwester ins Ausland provoziert habe.[264] Chaja, eine Tochter aus einer angeblich „wohlhabenden" Familie, gebildet,[265] hatte also eine Schwester, die schon mit Revolutionär:innen verkehrt habe. Obwohl die Verhaftete alles dementierte, würde eine solche

261 Bericht des Staatsanwalts des Petersburger Gerichtshofes an den Justizminister, 28.03.1900, GARF, F. 124_8_130, S. 5ob.

262 „[...] постоянно внушала рабочим мысль о необходимости изменить их тяжелое положение." Bericht des Staatsanwalts des Petersburger Gerichtshofes an den Justizminister, 28.03.1900, GARF, F. 124_8_130, S. 7.

263 Befragungsprotokoll von Chaja Ajzikova Sigalevič, 09.12.1899, GARF, F. 102_3-d_100_2641č2, S. 167ob.

264 Der Abteilungsleiter Liberman, der wie Sigalevič ursprünglich aus Pinsk kam, kannte Sigalevičs wohlhabende Eltern (ob persönlich, vom Sehen oder vom Hören, ist nicht klar), die im Möbelgeschäft tätig waren. In seinem Befragungsprotokoll vom 14.12.1899 behauptet er, dass eine von Sigalevičs Schwestern zehn Jahre zuvor wegen illegaler sozialistischer Tätigkeiten von der Pinsker Polizei gesucht worden sei und deswegen Gerüchten nach ins Ausland nach Zürich geflohen sei. Liberman wusste nicht, worum es dabei ging, aber die Tatsache, dass er sich daran erinnerte, beweist, dass die Geschichte damals großen Lärm gemacht haben musste. Diesen Spuren konnte ich leider nicht nachgehen. Siehe Befragungsprotokoll von Šmuil Vul'fovič Liberman, 14.12.1899, GARF, F. 102_3-d_100_2641č2, S. 191ob sowie Befragungsprotokoll von Ėlija Jankelev Istorik, 07.12.1899, ibid., S. 161.

265 Ich habe keine genauen Informationen über die finanzielle Situation der Familie gefunden. Dass sie „wohlhabend" und „gebildet" gewesen sei, sagt lediglich Istorik, der Liberman zitiert. Im Verhörprotokoll wird Chaja Sigalevič als „auf Russisch wenig lese- und schreibkundig" *(po russki malo gramotna)* bezeichnet. Weil sie aber in Kremenčug einen

Laufbahngeschichte Sinn ergeben und sich in die typischen Radikalisierungsprozesse junger jüdischer Frauen einschreiben.[266] Ihre Beharrlichkeit, alles zu leugnen, und ihre teilweise widersprüchlichen Erklärungen verwirrten die polizeilichen Behörden.[267] Warum sie nach Dvinsk kam, erläuterte Chaja Sigalevič in ihren Aussagen nicht. Sie sagte lediglich, dass sie in ihrer Ausbildungsbranche (Damenschneiderin) keine Arbeit habe finden können und deswegen in die Fabrik von Zaks in die Verpackungsabteilung arbeiten gegangen sei. Aus Krankheitsgründen passierte es, dass sie nicht regelmäßig in der Fabrik erschien. Weil sie zu wenig verdient habe, habe sie gegen Oktober aufgehört, dort zu arbeiten, und sei seitdem arbeitslos. Finanzielle Unterstützung habe sie von ihrer Mutter bekommen, bevor diese nach Amerika ausgewandert sei, und von ihrem Verlobten, einem Tischler, den sie im Sommer 1899 in Dvinsk kennengelernt habe und dessen Spuren die Behörden nicht mehr auffinden konnten. So erklärte sie die 10 Rubel, die bei ihr gefunden worden waren.[268]

Dass Sigalevič trotz fehlender verwandtschaftlicher Verbindungen in Dvinsk ein erfülltes soziales Leben führte, zeigte die Befragung ihrer Vermieterin, laut der Sigalevič abends regelmäßig von einem Mann kurz Besuch bekam, bevor sie von der Wohnung wegging und erst gegen 23 Uhr oder sogar später zurückkehrte.[269] War sie tatsächlich an einem geheimen Arbeiter:innenzirkel oder anderen revolutionären Aktivitäten beteiligt, so besuchte sie sicher unterschiedliche Diskussionsrunden, die abends nach der Arbeit stattfanden.

Merkwürdig ist die Tatsache, dass Sigalevič in der Verpackungsabteilung angestellt war, die Streiks vom 17. und 21. November 1899 aber in anderen Abteilungen ausbrachen. Wenn man den Quellen des zarischen Polizeidepartements glaubt, unterhielt Sigalevič enge Kontakte zu Arbeiterinnen der mechanisierten

Zirkel leitete und auch in den Literaturschmuggel involviert war, konnte sie höchstwahrscheinlich sowohl Jiddisch als auch Russisch lesen und schreiben.

266 Oft wurden junge Frauen durch ältere Geschwister radikalisiert. Siehe beispielsweise Davis-Kram, Story of the Sisters of the Bund, S. 31; Fieseler, Making of Russian Female Social Democrats, S. 223; Fieseler, Frauen auf dem Weg, S. 142.

267 Bericht des Assistenten des Chefs der Gendarmerie an das Polizeidepartement, 12.12.1899, GARF, F. 102_3-d_100_2641č2, S. 28.

268 Befragungsprotokoll von Chaja Ajzikova Sigalevič, 09.12.1899, GARF, F. 102_3-d_100_2641č2, S. 167ob–168ob. Dass sie im Oktober ihre Arbeit in der Fabrik aufgab, entspricht den Zeug:innenaussagen, die behaupten, Chaja Sigalevič habe bis im Herbst in der Fabrik gearbeitet.

269 Befragungsprotokoll von Rajcha Ruvinova und Chaja Lejbova Zuskovič, 16.12.1899, GARF, F. 102_3-d_100_2641č2, S. 199–199ob.

Schachtelabteilung.[270] So plauderte Chaja Ric – die angebliche Anstifterin des ersten Streiks – regelmäßig während der Pausen in der Verpackungsabteilung mit Sigalevič und ging mit ihr zusammen nach der Arbeit nach Hause.[271] Auch andere Arbeiter:innen unterschiedlicher Abteilungen der Fabrik verkehrten miteinander, und dies auch außerhalb der Fabrikmauern. Aus den Befragungsprotokollen geht hervor, dass es sowohl in der Schachtel- als auch in der Verpackungsabteilung kleine Kerngruppen von Aktivist:innen gab, die untereinander in Kontakt standen.[272] Die Behörden stellten fest, dass von den Zeug:innen immer die gleichen Namen in Verbindung miteinander und mit geheimen Arbeiter:innenversammlungen gebracht wurden, was ihren Verdacht bestätigte, dass all diese Personen Teil eines gemeinsamen Netzwerkes seien. Die genauen Verbindungen zwischen diesen Verdächtigten sowie ihre Beteiligung an einem Netzwerk mit Verzweigungen zur Arbeiter:innenbewegung und zu sozialdemokratischen Gruppen konnten sie jedoch nicht eruieren.[273]

Die Behörden hielten also Chaja Sigalevič für die Hauptanstifterin der Unruhen und des Streiks in der Fabrik von Zaks. Mit den Zeug:innenaussagen über ihre Agitationstätigkeiten und ihrer Vergangenheit stellte Sigalevič in den Augen der zarischen Beamten eine Bedrohung für die gesellschaftliche Ordnung dar. Im Sommer 1899 sei in Dvinsk eine Gruppe gebildet worden, die zum Ziel hatte, vom Fabrikanten Zaks eine Lohnerhöhung und eine Verkürzung des Arbeitstages zu erzwingen. Sigalevič habe dabei eine wesentliche organisatorische Rolle gespielt:

> An der Spitze dieser Gruppe stand zweifellos Sigalevič, die nach Dvinsk kam, ohne irgendwelche verwandtschaftliche Verbindungen und Anliegen dort zu haben, und,

270 Dies wird von mehreren Zeug:innen erzählt. Auch wenn alle Angeklagten (bis auf eine) verneinen, dass sie Sigalevič kennten und umgekehrt, wurde im Laufe der Untersuchung klar, dass sie sich hatten kennen müssen. So wurde beispielsweise nach dem Streik vom 21.11.1899 eine Versammlung der Verpackerinnen in der Wohnung der Arbeiterin Ėjdka-Rivka Rauchman organisiert, während der Sigalevič Reden hielt. Siehe zum Beispiel Befragungsprotokoll von Necha Lejbova Barez, 28.12.1899, GARF, F. 102_3-d_100_2641č2, S. 212–212ob.

271 Befragungsprotokoll von Šejna Abramova Gorankol' (Garinkol'), 28.12.1899, GARF, F. 102_3-d_100_2641č2, S. 213ob.

272 So waren beispielsweise alle Arbeiterinnen, deren Namen in Zusammenhang mit der Streikkasse erwähnt wurden, in der Verpackungsabteilung angestellt.

273 Wie oben schon erwähnt, wurden nur 9 von 21 angeklagten Personen administrativen Maßnahmen unterzogen, die anderen wurden freigelassen. Doklad Osobomu Soveščaniju, S. 14.

> Modistin von Beruf, trat sie in die Zündholzfabrik von Zaks mit dem ausschließlichen Ziel der verbrecherischen Propaganda ein, worin sie erfolgreich war, weil bald nach ihrem Erscheinen Unruhen unter den Arbeiterinnen begannen, und dann entstand ein Streik. Eine solche Tätigkeit Sigalevičs in Zusammenhang mit ihrer verbrecherischen Agitation in Kremenčug [...] veranlasst die Notwendigkeit der Anordnung strenger Maßnahmen administrativer Art in Hinsicht auf sie.[274]

Das Polizeidepartement schlug vor, sie fünf Jahre nach Ostsibirien in die administrative Verbannung zu schicken – die höchstmögliche administrative Strafe. Das Innenministerium folgte dem Vorschlag nicht und verbannte sie für drei Jahre nach Sebež (Gouvernement Vitebsk) unter öffentlicher Aufsicht der Polizei.[275]

5.6 Ökonomische Forderungen oder mehr?

Die unmittelbaren, konkreten Ursachen eines Streiks lassen sich an erster Stelle mit der Analyse der Forderungen der Streikenden bestimmen. Allerdings können diese je nach Quellen unterschiedliche Schwerpunkte aufweisen und sogar weit voneinander abweichen. Weil im Falle dieses Streiks keine Dokumente mit einer Auflistung der Forderungen gefunden wurden, die die streikenden Arbeiter:innen selbst verfasst hatten, kann der Blickwinkel der einen oder anderen Quelle nicht mit dem Standpunkt der Arbeiter:innen verglichen werden. Eine detailliertere Analyse der vorhandenen Akten ermöglicht jedoch, die Frage der verschiedenen Narrative und Perspektiven um den Streik vertieft weiterzuverfolgen, und zeigt überzeugend auf, wie Streikgründe von den Akteur:innen unterschiedlich interpretiert wurden.

In den Berichten, die die russischen Behörden verfassten, stehen als Ursache für den Streik zuerst klare ökonomische Forderungen im Vordergrund:

274 „Во главе этой группы стояла несомненно Сигалевич, которая прибыла в Двинск не имея там никаких родственных связей и дел, и, будучи по профессии модисткой, поступила на спичечную фабрику Закса с исключительною целью преступной пропаганды, в чем и успела, так как вскоре по ея появлении среди работниц началось брожение, а затем возникла и забастовка. Такая деятельность Сигалевич в связи с преступною агитациею ея в Кременчуге, [...] вызывает необходимость в принятии в отношении ея строгой меры административного воздействия." Doklad Osobomu Soveščaniju, S. 13.

275 Ibid., S. 13ob-14.

Lohnerhöhung und Verkürzung des Arbeitstages.[276] Die Anstellung neuer Arbeiterinnen durch die Fabrikleitung sei nur ein Vorwand zum Streikausbruch gewesen.[277] Auch verlangten die Streikenden vom 21. November die Wiederaufnahme der nach dem Streik vom 17. November entlassenen Kolleginnen. So listete der Oberfabrikinspektor des Gouvernements Vitebsk nach einem Gespräch mit den Streikenden der Fabrik Zaks am 23. November 1899 deren Forderungen auf: Verkürzung des Arbeitstages auf 10 Stunden (von 7 bis 19 Uhr mit zwei Stunden Pause), Lohnerhöhung von 15 bis 30 Prozent (abhängig davon, in welcher Abteilung und an welcher Stelle gearbeitet wird) und Wiederaufnahme aller 20 Entlassenen vom 17. November (als der erste Streik in der mechanisierten Schachtelabteilung ausgebrochen war).[278]

Liest man die zeitgenössischen Berichte zum selben Streik in der sozialistischen revolutionären Presse oder die Beschreibung der Ereignisse in den Erinnerungen bundistischer bzw. sozialistischer Akteure der Zeit, bekommt man ein anderes Streikbild. Dort werden nämlich weitere Forderungen dargestellt, die sich nicht auf ökonomische Aspekte beschränken. In einem Aufruf mit der Überschrift *An alle Dvinsker Arbeiter und Arbeiterinnen*[279] geben die Autor:innen zusätzlich zu den oben erwähnten Punkten (Lohnerhöhung, Verkürzung des Arbeitstages und Wiederaufnahme der Entlassenen) noch die

276 Solche ökonomischen Forderungen sind typisch für die Streiks der Jahre 1895–1904. In dieser Periode machten Lohn und Arbeitszeit rund 80 Prozent aller Forderungen der Streikenden aus. Politische Forderungen wurden – wenn überhaupt – meistens den ökonomischen Forderungen hinzugefügt, was 1904 bei weniger als 10 Prozent der Streiks passierte. Siehe dazu: Puškareva, Borodkin, Glazunov, Trudovye konflikty, S. 74, 78. In einem Bericht des Finanzministeriums aus dem Jahr 1901 wird erklärt, dass 83 Prozent der Streiks nur ökonomische Ziele gehabt hätten und gewaltlos verlaufen seien (zitiert in: Hildermeier, Geschichte Russlands, S. 1203).

277 Bericht des Vitebsker Gouverneurs an das Polizeidepartement, 30.11.1899, GARF, F. 102_3-d_100_2641č2_13.

278 Bericht des Oberfabrikinspektors, 26.11.1899, RGIA, F. 23_30_41, S. 42.

279 Ko vsem Dvinskim rabočim i rabotnicam, in: Rabočaja mysl' 9 (1900), S. 3. Unklar bleibt, wann genau dieser Aufruf verfasst wurde und ob er als Flugblatt in Dvinsk verbreitet wurde – es wurden keine Hinweise darauf in den russischen Archiven gefunden. Dieses Dokument ähnelt jedoch anderen Flugblättern, die bei Streikaktionen vom jeweiligen lokalen bundistischen bzw. sozialdemokratischen Komitee publiziert wurden. Die russischsprachige Schrift wendet sich gezielt an die russischsprachigen Arbeiter:innen der Stadt und versucht zu zeigen, dass die jüdischen Arbeiter:innen für bessere Bedingungen zum Kampf bereit waren und dass dieser Kampf für alle gleich war, egal, ob sie russisch, jüdisch oder polnisch waren (mehr zur Frage der religiösen und ethnischen Zugehörigkeit siehe Kapitel 5.9, S. 176 dieser Arbeit).

Abschaffung der Strafen für defekte Streichhölzer, den Bau eines Krankenhauses, die Anstellung eines Arztes und die Übergabe von Medikamenten, deren Kosten der Fabrikant trägt, als Bedingungen für die Beendigung des Streiks. Die schlechte und grobe Behandlung durch die Abteilungsmeister gehörte in dieser Version auch zu den Streikmotivationen. In ihrer September-Dezember-Ausgabe von 1899 veröffentlichte die in Genf gedruckte Zeitschrift des Bundes russischer Sozialdemokraten im Ausland *Rabočee delo* eine Informationsmeldung zu den Ereignissen in Dvinsk sowie zwei Briefe von angeblichen Arbeiterinnen der Fabrik von Zaks.[280] In diesen Schreiben erkennt man ebenfalls mehrere Argumentationslinien, die darauf abzielen, den Streik der jüdischen Arbeiterinnen in der Fabrik Zaks in einen deutlich revolutionären Diskurs einzubetten. Die Autor:innen erwähnten in folgender Reihenfolge die Forderungen der streikenden Arbeiterinnen: Errichtung eines ständigen Fabrikkomitees, Bau eines Spitals, Verkürzung des Arbeitstages, Abschaffung der Strafen für defekte Zündhölzer. Die zwei letzten Punkte gehören zwar zu den typischen ökonomischen Postulaten, die zwei ersten aber zu dem, was man als soziale Forderung bezeichnen kann. Die Gründung eines Fabrikkomitees ist sogar als politischer Anspruch zu interpretieren. Nicht zufälligerweise werden sie in der Reihenfolge vorne platziert. Sie sollten den Eindruck vermeiden, dass der Kampf der Arbeiterinnen in Dvinsk ausschließlich ökonomische Gründe hatte. Denn die oben schon angesprochene Strategie der Massenagitation hatte dazu geführt, dass der Schwerpunkt auf die Verbesserung der Lebens- und Arbeitsbedingungen der Angestellten gelegt worden war. Daraus hatten sich die Revolutionär:innen eine größere, allmähliche Politisierung ihres Zielpublikums erhofft. Allerdings erwiesen sich die Ergebnisse als nicht so gut wie erwartet: Obwohl immer mehr Arbeiter:innen sich in Konflikten mit ihren Arbeitgebern für bessere Alltagsbedingungen engagierten, gingen weiterhin nur wenige zum politisch bedingten Aktivismus über.[281] Dieser Punkt bereitete den sozialistischen und bundistischen Parteivordenker:innen Sorgen.[282] Deswegen war es besonders wichtig, soziale bzw. politische Aspekte der Streiks in der propagandistischen Rhetorik zu unterstreichen.

Dass man keine Spuren davon in den Quellen des russischen Staates findet, mag an zwei möglichen Gründen liegen: Entweder kursierten die Forderungen, die in der sozialdemokratischen Zeitschrift hervorgehoben wurden, nur in ei-

280 Rabočee delo 4/5 (1899), S. 115–117.

281 Siehe Fußnote 276 dieses Kapitels.

282 Siehe Tobias, The Jewish Bund in Russia, S. 110–114.

nem begrenzten Kreis von Arbeiter:innen, die unmittelbare Verbindungen mit den Revolutionär:innen unterhielten. Oder die russischen Behörden hatten kein Interesse daran, solchen Forderungen überhaupt Raum einzuräumen. Wichtig sind die unterschiedlichen Schwerpunkte, die beide Akteur:innengruppen bezüglich der Darstellung und Interpretation der Forderungen betonten. Die Behörden machten aus der Streikproblematik eine ausschließlich ökonomische Affäre, und die sozialdemokratischen Organisationen instrumentalisierten die Streiks, um das Ziel der Revolution voranzutreiben.

5.7 Gescheiterte Vermittlung und Suche nach Streikursachen

FABRIKINSPEKTOR

Obwohl der erste Streik in der mechanisierten Schachtelabteilung am 17. November ausbrach, traf der Fabrikinspektor Alekseev erst am 23. November, also zwei Tage nach dem Streikausbruch in der handbetriebenen Schachtelabteilung, in der Fabrik ein. Über das Geschehene und seine Aktionen berichtet er Folgendes: Als er ankam, ließ er die 106 streikenden Arbeiterinnen darüber informieren, dass er sich mit ihnen treffen wollte. Es erschien jedoch keine zum vorgeschlagenen Treffen. Er beobachtete dann, wie sich die anderen Arbeiterinnen zwar an ihrem Arbeitsplatz einfanden, jedoch nicht arbeiteten (mit Ausnahme der christlichen Angestellten, die wie üblich ihre Tätigkeit fortsetzten). Sie weigerten sich, die Arbeit wiederaufzunehmen, solange der Fabrikant den Arbeitstag nicht verkürze, die Löhne nicht erhöhe und die 20 entlassenen Arbeiterinnen vom 17. November nicht wieder anstelle. Infolgedessen erklärte er den Arbeiterinnen, dass der Fabrikant auf solche Forderungen nicht eingehen könne und dass ihre Arbeitsniederlegung illegal sei, weil sie die vom Gesetz vorgesehene zweiwöchige Frist zur Kündigung des Arbeitsvertrages nicht respektiert hätten. Nach diesem Gespräch traf er sich mit dem Fabrikbesitzer und dem Fabrikleiter, die ihm berichteten, dass sie die Arbeiten in anderen Fabrikabteilungen einstellen müssten, weil es bald nicht mehr genug Schachteln gebe und sie so viele neue Arbeiterinnen nicht schnell genug anstellen und ausbilden könnten. Damit erhofften sie auch, dass die restlichen Arbeiter:innen Druck auf die Streikenden ausübten, damit diese wieder arbeiten kamen.[283]

283 Bericht des Oberfabrikinspektors, 26.11.1899, RGIA, F. 23_30_41, S. 42–42ob.

Am nächsten Tag (24. November) erschienen auch die Streikenden der Schachtelabteilung in der Fabrik, um mit dem Fabrikinspektor zu reden. Sie legten die schon erwähnten Forderungen dar, fügten allerdings ein neues Element hinzu: Sie beklagten sich über die grobe Behandlung *(gruboe obraščenie)* durch den Abteilungsmeister Liberman.[284] In der Tat hatten drei Arbeiterinnen der Abteilung bei ihrer ersten Befragung am 18. November der Polizei gegenüber das schlechte Benehmen von Liberman schon erwähnt: Er habe sie immer „grob und frech" *(grubo i derzko)* angesprochen und einmal, als sie sich über einen Defekt der Herstellungsmaschinen beschwert und um eine Reparatur gebeten hätten, habe er sie beschimpft *(rugal)* „mit unterschiedlichen, für junge Frauen unpassenden Wörtern und bedrängt".[285] Der Dvinsker Polizeimeister hatte diese Information in seinem ersten Bericht an den Vitebsker Gouverneur niedergeschrieben,[286] der Fabrikinspektor erwähnt sie aber in seiner Zusammenfassung der Streikursachen und des Streikablaufs bis zur Beschreibung seines Treffens mit den Arbeiterinnen der Schachtelabteilung nicht, was dafür spricht, dass er diese Beschimpfungen und das Verhalten Libermans nicht als direkten Streikgrund betrachtete. Als die Streikenden ihn aber mit dieser Anklage konfrontierten, versprach er ihnen, die Vorfälle zu untersuchen und entsprechende Maßnahmen zu treffen, wenn alle zur Arbeit zurückkehrten. Sein Vorschlag habe das Interesse der Arbeiterinnen geweckt, die einige Tage darüber nachdenken wollten. Der Inspektor wagte es, eine Prognose zu stellen, und sah das Ende des Streiks in den darauffolgenden Tagen voraus, allerdings mit der Einschränkung, dass keine „unerwarteten Ereignisse" die Situation erschwerten.[287]

---

284 Ibid., S. 43.

285 „[...] разными неправильными для девушек словами и толкал." Befragungsprotokoll von Tauba, Raša und Raza Ioseleva Gofman, 18.11.1899, GARF, F. 102_3-d_100_2641č2, S. 65. Diese Klage über Libermans schlechtes Verhalten gegenüber den Arbeiterinnen bestätigten dann fast alle verhafteten Arbeiterinnen in ihren jeweiligen Verhören.

286 Bericht des Dvinsker Polizeimeisters an den Vitebsker Gouverneur, 19.11.1899, NIAB Minsk, F. 1430_2_270, S. 197–197ob.

287 Bericht des Oberfabrikinspektors, 26.11.1899, RGIA, F. 23_30_41, S. 43. Zur Erinnerung: Am 27. November, also einen Tag nach dem Bericht, wurden acht Arbeiter:innen verhaftet. Da ich keine weiteren Berichte des Fabrikinspektors gefunden habe, kann ich nicht feststellen, was er über diese Verhaftungen dachte. Weil er aber in seinem Bericht vom 26.11.1899 die intendierten Inhaftierungen gar nicht erwähnt und sich von einer baldigen Lösung überzeugt zeigt, kann man davon ausgehen, dass er nichts davon wusste.

Der Fabrikinspektor inszeniert sich also in seinem Bericht an das Departement für Handel und Manufaktur als Vermittler zwischen den unzufriedenen Arbeiterinnen und der Fabrikleitung, indem er seine Gespräche mit allen Konfliktparteien beschreibt. Auch will er sich als weiser Ratgeber darstellen, der die Streikenden über die Illegalität ihrer Aktion aufklärt, Deeskalation predigt und auf allen möglichen Wegen versucht, sie zu überzeugen, mit der Arbeit wieder anzufangen. Es könnte wohl sein, dass er gewisse Ereignisse in seinem Bericht ausließ, um sich besser darzustellen. Auf jeden Fall handelte er ganz im Sinne von dem, was die russischen Behörden von ihm als Fabrikinspektor erwarteten. Im April 1897 hatte nämlich die Fabrikinspektion vom Finanzministerium folgende Anweisungen bekommen:

> Beim Auftreten von Streiks sind alle Maßnahmen zu ergreifen, um die Arbeiter davon zu überzeugen, die unterbrochene Arbeit sofort wieder aufzunehmen, [...] indem ihnen klar gemacht wird, dass ihre Erklärungen so lange nicht angenommen und zur Kenntnis genommen werden können, wie sie nicht zu ihren üblichen Beschäftigungen zurückkehren und die gesetzlich verbotenen Unruhen beenden.[288]

Seine positiven Schlussfolgerungen lassen den Inspektor als erfolgreich und deshalb als unerlässlich erscheinen. Besonders spannend in diesem Zusammenhang sind die zwei Sätze, die seiner Überzeugung, dass der Streik bald vorbei sein solle, unmittelbar folgen: „Und ich bedauere sehr, dass ich über den Beginn der Unruhen am 17. per Telegramm nicht informiert wurde. Ich denke, dass meine rechtzeitige Ankunft aus Vitebsk in der Fabrik sehr nützlich gewesen wäre."[289] Ohne konkrete Namen zu nennen, wirft er also den lokalen Behörden und der Fabrikadministration vor, ihn zu spät in die Fabrik gerufen zu haben, nämlich als die Situation schon entgleist war. Da die ursprüngliche Vermittlerrolle der Fabrikinspektoren ab Mitte der 1890er Jahre zunehmend in den Hintergrund rückte (wie im vorherigen Absatz gezeigt wurde, wurde ihnen verboten, mit den streikenden Arbeiter:innen Kompromisse auszuhandeln) und die lokale Polizei mit dem Zirkular des Innenministeriums vom 12. August 1897 als für die Behandlung von Streiks zuständig erklärt wurde,[290] zielen diese Kritik und die

---

288 Zitiert nach: Puttkamer, Fabrikgesetzgebung, S. 249.

289 „И весьма сожалею, что не был поставлен в известность о начале беспорядков 17ого числа, телеграммою. Полагаю, что своевременное прибытие мое из Витебска на фабрику было бы весьма полезным." Bericht des Oberfabrikinspektors, 26.11.1899, RGIA, F. 23_30_41, S. 43.

290 Siehe dazu Kapitel 2.3, S. 52 sowie Puttkamer, Fabrikgesetzgebung, S. 247–349.

positive Darstellung seiner Handlungen sicher auch darauf ab, die Nützlichkeit seiner eigenen Rolle zu unterstreichen und zu rechtfertigen. Wäre er sofort in die Fabrik gekommen, hätte er die Eskalation und den Streik am 21. November vielleicht verhindern können. Mit der weiteren Zuspitzung der Ereignisse – unter anderem mit den Verhaftungen des 27. Novembers – erwies sich seine Intervention jedoch als gescheitert.[291]

GENDARMERIE UND POLIZEI

Bei diesem Streikfall ging der Fabrikleiter Istorik am Tag des ersten Streikausbruchs zum lokalen Polizeiposten, um den Vorfall zu melden. Er gab den Namen jeder Arbeiterin, die die Fabrik verlassen hatte, an und erklärte, dass es sich um einen Streik handle.[292] Danach begab er sich auch zum Assistenten des Chefs der Gendarmerie des Gouvernements Vitebsk und führte den Sachverhalt aus.[293] Dieser sprach sich mit dem städtischen Staatsanwalt, dem Dvinsker Polizeimeister und dem Leiter der Kriminalpolizei ab und entschied, die Aussagen von Istorik verifizieren zu lassen. Nachdem festgestellt worden war, dass in der betroffenen Abteilung nur acht Personen arbeiteten, in den anderen Teilen der Fabrik die Arbeit aber reibungslos lief, ordnete der *pomoščnik* des Chefs der Gendarmerie eine Untersuchung der Ereignisse und der Streikgründe an.[294] Am folgenden Tag (18. November) befragte die Dvinsker Stadtpolizei den Abteilungsleiter Liberman sowie mehrere Arbeiter:innen der mechanisierten Schachtelabteilung über die Geschehnisse, die am Vortag in der Fabrik passiert waren.[295] Am 19. November informierte der Dvinsker Polizeimeister

291 Siehe auch den Bericht des Vitebsker Gouverneurs an das Polizeidepartement vom 30.11.1899, in dem der Gouverneur das Scheitern der Gesprächsversuche des Fabrikinspektors mit den Streikenden erwähnt. Der Gouverneur bezieht sich stark auf die Problematik der Forderungen der Arbeiterinnen nach einer Lohnerhöhung, über die gesetzlich nicht verhandelt werden durfte. GARF, F. 102_3-d_100_2641č2, S. 13–13ob.

292 Befragungsprotokoll von Ėlija Jankelev Istorik, 17.11.1899, GARF, F. 102_3-d_100_2641č2, S. 60–61ob.

293 Der Assistent des Chefs der Gendarmerie des Gouvernements Vitebsk an den Vitebsker Gouverneur, 23.11.1899, NIAB Minsk, F. 1430_2_270, S. 269.

294 Ibid., S. 270ob-271.

295 Befragungsprotokolle von Šmuil Vul'fovič Liberman, Šaja Mendelev Demitovskij, Enta Efraimova Rovdin, Ėtka Jankeleva Ric, Tauba, Raša und Raza Ioseleva Gofman, Falda und Šejna Lejbova Ovsejko, 18.11.1899, GARF, F. 102_3-d_100_2641č2, S. 61ob-66ob.

den Vitebsker Gouverneur über die Situation.[296] Am 21. November sandte der Polizeimeister seinen Bericht über die Ereignisse vom 17. November den Assistenten des Chefs der Gendarmerie zu. Nachdem am selben Tag der Streik in der handbetriebenen Schachtelabteilung ausgebrochen war, stellte der *pomoščnik* fest, dass die Arbeiterinnen aus folgenden Gründen ihren Arbeitsplatz verlassen hatten:

> […] weil die Fabrikadministration begann, anstelle der streikenden und der die Fabrik verlassenden 20 jüdischen Arbeiterinnen andere Arbeiterinnen anzustellen und unter anderem Christinnen, was es bisher nicht gegeben hatte, [und] als sie sahen, dass der Streik ihrer 20 Kolleginnen der mechanisierten Schachtelabteilung ergebnislos bleiben könnte, verließen dann die anderen jüdischen Arbeiterinnen der Abteilung die Arbeit […], aller Wahrscheinlichkeit nach von den Streikenden angestiftet.[297]

Aus diesen polizeilichen Quellen sieht man erstens, dass die lokalen Polizeibehörden sich sofort in den Konflikt eingemischt und den Gouverneur informiert hatten und die Situation schon ab dem ersten Streikausbruch untersucht worden war. Zweitens war es der Assistent des Chefs der Gendarmerie, der den Fabrikinspektor erst am 23. November per Telegramm „infolge solcher Komplikation der Sachlage"[298] hatte rufen lassen. Warum er den Inspektor so spät kontaktierte, schreibt er nicht. Allerdings setzte er sich erst in Verbindung mit Alekseev, nachdem er vom Streikausbruch in der handbetriebenen Schachtelabteilung informiert worden war. Parallel dazu entschied er sich, das Zirkular Nr. 7587 anzuwenden, weil er Informationen über eine angeblich organisierte Form von Arbeiter:innenunruhen, die von Auswärtigen angestiftet worden seien, bekommen habe. Das spricht einerseits dafür, dass er mit solchen Komplikationen am 17. November gar nicht gerechnet hatte. Andererseits spiegelt diese verspätete Kontaktaufnahme mit dem Fabrikinspektor den langjährigen Konflikt zwischen dem Finanzministerium (dem die Fabrikinspektion unter-

---

296 Bericht des Dvinsker Polizeimeisters an den Vitebsker Gouverneur, 19.11.1899, NIAB Minsk, F. 1430_2_270, S. 266–267.

297 „[…] так как администрация фабрики, взамен забастовавших и ушедших с фабрики 20 работниц евреек, начала принимать других работниц и между прочим из христиан, чего до сего времени не было, то прочие еврейки работницы отделения […], видя что забастовка 20 их товарок машинно-коробочного отделения может остаться без результата и, по всей вероятности, подговариваемые забастовавшими, также оставили работу". Ibid., S. 271–271ob.

298 „[…] вследствие такого осложнения обстоятельств дела". Ibid., S. 271ob.

stellt war) und dem Innenministerium (das das Polizeiwesen dirigierte) über ihre jeweiligen Aufgaben in Streikfällen wider.[299]

Drittens entnimmt man aus der Zusammenfassung des Assistenten des Chefs der Gendarmerie, dass die Arbeiterinnen der handbetriebenen Schachtelabteilung unter dem Einfluss derjenigen, die am 17. November die Fabrik schon verlassen hatten, den Streik begannen und dass der Konflikt möglicherweise auch eine religiöse bzw. ethnische Komponente aufwies, weil der Fabrikant auch christliche junge Frauen anstellte, um die 20 ursprünglichen Streikenden zu ersetzen.[300] Zudem wird mit dieser Beschreibung klar, dass es ausschließlich die jüdischen Arbeiterinnen waren, die streikten.

Wenn in seinen ersten Berichten der Assistent des Chefs der Gendarmerie dem Narrativ der gezielten Agitation und abgesprochenen Streikorganisation folgt, weicht er in seinem Endbericht an das Polizeidepartement deutlich davon ab. Er stellt nämlich fest, dass die geheimen Informationen, die auf eine organisierte Agitation von außen vor dem Streik und auf eine Streikkasse hinwiesen, durch die Untersuchung nicht hätten bestätigt werden können. Er gibt sogar zwei klare Gründe für den Ausbruch des Streiks in der Fabrik an: Zum einen seien die „niedrigen Löhne“ verantwortlich, mit denen die Arbeiterinnen in Dvinsk nicht leben könnten, und zum anderen sei auch die Fabrikadministration mitschuldig: „Die Einstellung der Arbeiten in dieser Fabrik wurde [...] von einem Mangel an technischem Handeln von Seiten der Fabrikadministration hervorgerufen, die ausschließlich nur aus Juden besteht, die weder eine technische noch eine allgemeine Bildung haben.“[301] Diese scharfe Kritik, die wegen der Verallgemeinerung und Betonung, dass Juden keine erlernten Kompetenzen hätten, als judenfeindlich eingestuft werden muss, richtete der *pomoščnik* sicher unter anderem gegen den Fabrikleiter Istorik und den Abteilungsleiter Liberman. Letzterer war von den verhörten Arbeiterinnen wiederholt angeklagt

---

299 Wie im Kapitel 2.3 schon geschildert, hatte es das Innenministerium im August 1897 mit dem Zirkular Nr. 7587 geschafft, die Kompetenzen der Fabrikinspektoren im Fall eines Streikausbruchs zu schmälern und den Gouverneuren sowie der Polizei einen großen Handlungsspielraum zu geben. Für eine detaillierte Besprechung dieser Auseinandersetzungen siehe Puttkamer, Fabrikgesetzgebung, S. 249–254.

300 Auf dieses Thema wird im Kapitel 5.9 näher eingegangen.

301 „Прекращение работ на этой фабрике вызвано было [...] недостатком техничности действий со стороны фабричной администрации, которая состоит исключительно из одних только евреев, не имеющих ни технического, ни общего образования.“ Der Assistent des Chefs der Gendarmerie des Vitebsker Gouvernements an das Polizeidepartement, 16.03.1900, GARF, F. 102_3-d_100_2641č2, S. 45.

worden, sie schlecht behandelt zu haben.[302] Welche Elemente den Beamten zu dieser deutlichen, für Istorik kritischen Schlussfolgerung führten, werden nicht detailliert ausgeführt. Aber schon Mitte Dezember hatte er in einem anderen Bericht ein erstes Mal die Fabrikleitung stark kritisiert und ihr vorgeworfen, die vollständige Liste der Fabrikarbeiter:innen mit ihrer jeweiligen Adresse sowie ihrer Registrierung „nachlässig" zu führen, was die Suche nach bestimmten Personen, die im Zentrum der Untersuchung lagen, erschweren würde.[303] Daraus kann man schließen, dass die Kooperation mit der Fabrikadministration nicht so gut lief, wie es der Gendarm gehofft hatte. Hatten die Aussagen einiger Arbeiter:innen über den schlechten Umgang der Fabrikdirektion mit ihnen und die angebliche Inkompetenz einzelner Abteilungsmeister das Urteil des *pomoščnik* beeinflusst?[304] Das würde heißen, dass der Gendarm zumindest einen Teil der Aussagen der streikenden Arbeiterinnen von Zaks für glaubwürdig hielt. Seine Schlussfolgerungen sind ein Erklärungsversuch über die grundsätzlichen Streikursachen und begrenzen sich im Gegensatz zu den Schilderungen des Fabrikinspektors nicht auf die Nennung der Forderungen, die die Streikenden formuliert hatten. Er weist entschieden auf innere, strukturelle Probleme der Fabrik

302 Siehe S. 162 dieser Arbeit.

303 Der Assistent des Chefs der Gendarmerie des Vitebsker Gouvernements an den Direktor des Polizeidepartements, 12.12.1899, GARF, F. 102_3-d_100_2641č2, S. 27.

304 Abgesehen von den auf S. 162 erwähnten Anschuldigungen über schlechte Behandlungen der Arbeiterinnen durch den Abteilungsleiter Liberman rechtfertigten die verhörten Streikenden der mechanisierten Schachtelabteilung die Reduktion der Schachtelproduktion damit, dass die Maschinen, auf denen sie arbeiten mussten, nicht korrekt funktioniert hätten und sogar kaputt gewesen seien, und die notwendigen Reparaturen nicht umgehend unternommen worden seien (siehe zum Beispiel Befragungsprotokoll von Rejvka Šliomova Meerova, 28.11.1899, GARF, F. 102_3-d_100_2641č2, S. 102–102ob). Einer der Arbeiter in der Abteilung war auch vom Fabrikleiter Istorik angeklagt worden, eine Maschine absichtlich beschädigt zu haben. In seinem Verhör weist der Arbeiter auf die Unfähigkeit des Abteilungsmeisters Liberman hin, der keine Ahnung habe, wie die Maschinen richtig funktionierten und wie man sie reparieren solle. Auch die Experten, die zur Aufklärung des Vorfalls zu Hilfe gerufen worden seien, weil laut den Angaben des Polizisten keine Person in der Fabrik imstande gewesen sei, das Problem zu analysieren (was an sich schon einen Mangel an kompetenten Arbeitskräften aufzeigt), konnten nicht sagen, ob die Maschine von selbst kaputt gegangen oder ob sie absichtlich außer Kraft gesetzt worden sei, weil die genannte Maschine komplex sei und die Experten ihren Mechanismus nicht im Detail kennen würden (Befragungsprotokoll von Istorik, 07.12.1899, ibid., S. 159–159ob; Befragungsprotokoll von Vul'f-Ben'jamin Jankev Fel'dman, 27.11.1899, ibid., S. 94; Befragungsprotokoll von Karl Vejs und Jankel' Ioselevič Puchovickij, 23.11.1899, ibid., S. 69–69ob).

hin (ungenügende Löhne und Unfähigkeit der Fabrikadministration), kritisiert auf diese Weise die Fabrikleitung, die so eine Mitverantwortung für den Streik trage.[305] Dies mag erstaunen, denn eine solche Stellungnahme weicht deutlich vom Narrativ ab, das das Innenministerium durch sein Zirkular Nr. 7587 als Interpretationsansatz befohlen hatte. Wahrscheinlich spürte der Beamte, dass das Zirkular vom August 1897 die Situation allein nicht erklären konnte. Durch die Wahrnehmung des Elends der Arbeiterinnen und der Reaktion der Fabrikleiter verstand er möglicherweise, dass nicht nur vermeintliche Agitationsaktivitäten illegaler revolutionärer Gruppen, sondern auch grundlegende wirtschaftliche Fragen und schwierige Arbeitsverhältnisse den Konflikt provoziert hatten.

Die anderen Berichte des Chefs der Gendarmerie und des Gouverneurs an das Innenministerium enthalten keine Spur von dieser Analyse über die Ursachen des Streiks in der Fabrik von Zaks. Sie konzentrieren sich ausschließlich auf die Frage der Beteiligung einzelner Arbeiter:innen am Streik und an den Unruhen, die ihm folgten (wie beispielsweise der Angriff von Fabrikarbeiter:innen auf dem Weg zu oder von der Arbeit). Es handelte sich darum, die „politische Unzuverlässigkeit und die schädliche Neigung“[306] dieser Personen zu bestimmen und sie gegebenenfalls entsprechend zu bestrafen. Wichtig dabei waren nicht die Gründe, warum in der Fabrik des Händlers Zaks ein Streik ausgebrochen war, sondern wer daran aktiv teilgenommen und andere Fabrikangestellte zum Mitmachen ermuntert oder sogar gezwungen hatte. In dieser Hinsicht hielten der Chef der Gendarmerie des Gouvernements Vitebsk, der Gouverneur und der Staatsanwalt an der Theorie fest, dass wenige Arbeiter:innen die anderen zum Streik angestiftet hätten, auch wenn sie eine gewisse Relativierung wegen Beweismangel einführen mussten: „Die Hauptanführer des Streiks [wurden] nicht entdeckt, aber eine auffallendere Beteiligung in dieser hatten: Chaja Ric, Rejza Meerova, Sora Gofman, Zlata Šnejder und Fejga Jam.“[307] Auch eine fremde Agitatorin durfte nicht fehlen: Sigalevič habe „die Arbeitenden zur Organisation von Streiks angestiftet und auf alle Nutzen eines solchen [Streiks]

305 Hier sei nochmals daran erinnert, dass es keine Quellen der Fabrikinspektion für die Zeit nach der Lösung des Konfliktes gibt und deswegen nicht einschätzbar ist, inwieweit der Fabrikinspektor mit diesen Schlussfolgerungen einverstanden war bzw. ob er diese Stellungnahme eventuell auch mitbeeinflusst hatte.

306 Der Vitebsker Gouverneur an das Innenministerium, 31.05.1900, GARF, F. 102_3-d_100_2641č1, S. 1.

307 „Главные руководители забастовки не обнаружены, но более выдающееся участие в таковой принимали: Хая Риц, Рейза Меерова, Сора Гофман, Злата Шнейдер и Фейга Ям.“ Ibid.

verwiesen".[308] So handelten sie ganz im Sinne von dem, was in Sankt Petersburg von ihnen erwartet wurde.

5.8 Sieg oder Niederlage? Die Bedeutung des Streiks für die Akteur:innen

Für die Beteiligten an einem Streik stellte der Streikausgang ein Ereignis zentraler Bedeutung dar, das nicht nur konkrete Konsequenzen, sondern auch einen starken symbolischen Wert hatte. Tatsächlich bedeutete der Streikausgang, dass die Arbeiter:innen ihre Forderungen erfüllt oder abgelehnt sahen. Für die Fabrikanten hieß die Wiederaufnahme der Arbeit eine erneut vollständig funktionierende Produktion und daher das Ende der Verluste, die der Streik verursacht hatte. Die Behörden konnten ihrerseits die Gefährdung der öffentlichen Ordnung als weniger akut betrachten. Auf der symbolischen Ebene hatte das Ende des Streiks das Potential, die einen oder die anderen streikenden Parteien in ihren Positionen bzw. ihren Aktionen zu bekräftigen oder zu schwächen. Deshalb stand viel auf dem Spiel. In der Erklärung, wer gesiegt hatte und wer besiegt wurde, steckte auch die Frage nach dem Sinn der Streikaktion.

Zum Streikresultat, das dieses Kapitel behandelt, gehen aus den Quellen unterschiedliche Versionen hervor, die verschiedenen Perspektiven zugeordnet werden können. Laut polizeilichen Berichten endete der Streik erst mit der vollständigen Wiederaufnahme der Arbeit in der gesamten Fabrik am 10. Januar 1900. Damit hätten auch die Angriffe gegen Streikbrecher:innen komplett aufgehört. Der *pomoščnik* präzisiert, dass ein großer Teil der Streikenden wieder angestellt worden sei, dass aber die Fabrikadministration keine Konzessionen gemacht habe: „[...] fast alle am Streik teilnehmenden Arbeiter [wurden] erneut in der Fabrik zu den bisherigen Bedingungen angestellt und keinerlei Zugeständnisse von Seiten der Fabrikadministration wurden den Arbeitern gemacht."[309]

Allerdings bezeichneten die sozialdemokratischen Aktivist:innen denselben Streik als erfolgreich. So behauptete der in *Rabočaja mysl'* im September 1900

---

308 „[...] подговаривала работавших к устройству забастовок и указывала все выгоды таковой." Ibid.

309 „[...] почти все участвовавшие в забастовке рабочие вновь принято на фабрику на прежних условиях и никаких уступок со стороны фабричной администрацию рабочим деланно не было." Der Assistent des Chefs der Gendarmerie des Vitebsker Gouvernements an den Direktor des Polizeidepartements, 19.01.1900, GARF, F. 102_3-d_100_2641č2, S. 44; Derselbe an das Polizeidepartement, 16.03.1900, ibid., S. 45 (Zitat).

publizierte Aufruf an alle Arbeiter:innen der Stadt Dvinsk, dass die meisten Forderungen befriedigt worden seien: Die Fabrikleitung habe alle Arbeiter:innen wieder angestellt, der Arbeitstag sei auf zwölf Stunden[310] gekürzt worden, ungerechte Strafen habe man aufgegeben, und dem Spital, dem Arzt sowie der für Fabrikangestellte kostenlosen Medikamentenausgabe habe der Fabrikant zugestimmt. Ab diesem Zeitpunkt hätten zudem die Fabrikmeister die Arbeiterinnen wie Menschen und nicht mehr wie „Tiere" behandelt. Die Mitteilung zielte darauf ab, einerseits über die Ergebnisse der Streikaktion zu informieren, andererseits über die Wichtigkeit des Engagements aller Arbeiter:innen – unabhängig von ihrer Nationalität – für die Verbesserung der Arbeits- und Lebensbedingungen überzeugend darzustellen.[311] Mit der Hervorhebung der Erfüllung der Forderungen der Streikenden schreibt sich die Erklärung deutlich in eine Siegerargumentation ein, die die Aktion und die Aufopferungsbereitschaft der Fabrikarbeiter:innen unterstreicht und zum Vorbild macht. Zwischen den Zeilen lässt sich auch das Thema der Solidarität erkennen, das hier durch ein negatives Beispiel dargestellt wird: Dass die Streikenden die Forderung der Lohnerhöhung nicht hätten durchsetzen können, liege in der Nichtbeteiligung der „russischen Arbeitenden" (damit sind wohl die christlichen Arbeiterinnen gemeint), die die ganze Zeit weiter arbeiten gingen, ohne sich mit den jüdischen Streikenden zusammenzuschließen.[312] Hier tritt eine klar ethnische Komponente der Arbeiter:innenbewegung in der Fabrik Zaks zu Tage, die noch im Kapitel 5.9 behandelt wird.

Indem die revolutionären Kreise den fast vollständigen Erfolg der Streikaktion ankündigten, rechtfertigten sie sie gleichzeitig und konnten diesen Sieg gegenüber dem Fabrikbesitzer und dem russischen Staat als Vorbild für weitere Mobilisierungstätigkeiten inszenieren und instrumentalisieren. Ähnlich wie mit dem ersten Streik unter den Zigarettenmacherinnen der Fabrik von Šereševskij in Grodno[313] beriefen sich spätere Aufrufe der Revolutionär:innen in Dvinsk wieder auf diese Streikaktion vom November und Dezember 1899.[314] Parallel und im Gegensatz dazu hoben die russischen Behörden hervor, dass der Fab-

310 Es handelt sich hier um zwölf Stunden inklusive zwei Stunden Pause (also zehn Stunden Arbeitszeit), wie es die Streikenden verlangt hatten.

311 Ko vsem Dvinskim rabočim i rabotnicam, in: Rabočaja mysl' 9 (1900), S. 3.

312 Ibid.

313 Für den ersten Streikfall in Grodno siehe Kapitel 6.3.

314 So zum Beispiel im Flugblatt *Oyfruf. Tsu alle dvinsker arbeyter un arbeyterinen oyf zaks fabrik*, das das Dvinsker Sozialdemokratische Komitee (Bund) im August 1901 verbreitete (IISH Amsterdam, AYABC, Dossier 26, S. 4).

rikant keine Zugeständnisse gemacht habe und so den sozialistischen Organisationen keinen Grund zum Feiern gegeben habe. Die Regel, die untersagte, Kompromisse mit Streikenden einzugehen, sei so eingehalten worden, und die Behörden hätten es geschafft, die Ordnung auf den Straßen in Dvinsk und um die Fabrik wiederherzustellen. Man hat also auf beiden Seiten mit einem Narrativ des Sieges zu tun. Auf der revolutionären Seite proklamiert das Narrativ den Erfolg des Streiks und legitimiert somit zukünftige Aktionen gegen Fabrikanten und Regierung. Die lokalen Behörden ihrerseits behaupten, dass dank ihrer Intervention alles ohne Konzessionen an die Streikenden wieder unter Kontrolle sei. Beide Positionen stellen zwar widersprüchliche Inhalte bzw. Ergebnisse vor, deuten jedoch beide auf den Willen der sich gegenüberstehenden Akteur:innengruppen hin, sich selbst in ein möglichst günstiges Licht zu stellen und keine Niederlage zuzugeben. Diese Diskrepanz zwischen den Diskursen unterstreicht umso mehr, wie ein Streik zur Bestätigung der eigenen Weltauffassung instrumentalisiert werden konnte.

Die Streiks der jüdischen Arbeiterinnen der Fabrik Zaks vom November 1899 interpretierten die damals in Dvinsk aktiven Revolutionär:innen als denkwürdiges, bedeutendes Ereignis, das zur Entwicklung der Arbeiter:innenbewegung in der Stadt einen wichtigen Beitrag geleistet habe.[315] In den publizierten Erinnerungen, die im Rahmen der vorliegenden Dissertation analysiert wurden, wird das Bild eines Gesamterfolges vermittelt. Diese Darstellung war Teil einer Mythologisierung der Arbeiter:innenbewegung. So unterstreicht Solomon wiederholt die unmittelbare Vorbildrolle dieses Streiks für spätere Arbeitsniederlegungen in unterschiedlichen Werkstätten und Fabriken der Region. Er stellt sie in direkte Verbindung mit der Verstärkung der Bewegung um die Jahrhundertwende. Das Beispiel habe „neue Möglichkeiten eröffnet" und eine für Agitation und Propaganda günstige „gesellschaftliche Atmosphäre" geschaffen. Der Allgemeine Jüdische Arbeiterbund sei dadurch bekannter geworden. Und in der ganzen Stadt habe man über diesen Streik und ihre „überlegenen Führer" geredet.[316]

315 Solomon, Derinerungen, S. 46; Borisova, V ogne revoljucionnoj bor'by, S. 11; Berman, In loyf fun yorn, S. 139. Sowohl Solomon als auch Berman widmen dem Streik vom November 1899 in der Fabrik Zaks ein eigenes Kapitel bzw. Unterkapitel ihrer Memoiren.

316 Solomon, Derinerungen, S. 43, 46.

5.9 *Wo sind die Arbeiterinnen? Über ihre Darstellungen in den Quellen*

Die zahlreichen Quellen geben auch unterschiedliche Bilder der Hauptakteurinnen des Streiks wieder. Weil diese Frauen keine Erinnerungen oder Memoiren hinterlassen haben, ist es umso wichtiger, diese Schilderungen hier zu erläutern, um sich so diesen Arbeiterinnen anzunähern. Gerade in den Befragungs- und Verhörprotokollen kommen sie zu Wort, auch wenn nur durch den Filter des Polizeibeamten, der das Ganze aufschrieb, und des Rabbiners, der als Übersetzer fungierte, wenn die Arbeiterinnen der russischen Sprache nicht mächtig waren, was bei der Mehrheit der Fall war. Wenn die Protokolle auf den ersten Blick ähnliche Formulierungen und Antworten beinhalten, weist eine detailliertere Analyse dieser Dokumente Feinheiten auf, die einige Züge der Persönlichkeiten dieser Arbeiterinnen sichtbar machen.

Aus den verschiedenen Akten liefern die persönlichen Angaben, die am Anfang eines Protokolls stehen, Hinweise über die sozialen und familiären Verhältnisse der Protagonist:innen. Diese Auskünfte gaben zwar die Befragten selbst den Polizisten, und in einigen Fällen tauchen Unstimmigkeiten auf, wenn man die Protokolle von Geschwistern miteinander vergleicht. Diese Abweichungen sind dennoch zweitrangig, da sie meistens das genaue Alter der Protagonist:innen betrifft.[317] Die Informationen am Ende des Protokolls, ob das Verhör bzw. die Befragung in Anwesenheit eines Übersetzers durchgeführt wurde oder ob der oder die Befragte seine bzw. ihre Aussage selbst unterschreiben konnte und in welcher Sprache, geben auch wertvolle Informationen über das Bildungsniveau und die Sprachkenntnisse der Betroffenen. Obwohl die Daten nicht für repräsentativ gehalten werden können – es ist nur ein Bruchteil aller Arbeiter:innen der Fabrik, über die man Angaben hat –, zeichnen sich gewisse Tendenzen ab.

JUNGE, SELBSTBEWUSSTE FRAUEN

Alle 22 jüdischen Arbeiterinnen der Fabrik von Zaks, deren Befragungsprotokolle für die vorliegende Dissertation genauer angeschaut wurden und die entweder als Angeklagte oder als einfache Zeuginnen von der Polizei befragt wurden, waren unter 23 Jahre alt. Sechs waren sogar zwischen 15 und 17. Sie waren alle ledig und wohnten bis auf eine Ausnahme (Chaja Sigalevič) zusammen mit

317 Zum Beispiel erklärt Geša Šmujlovna Cal in ihrem Verhör, dass sie 21 Jahre alt sei, während ihr Bruder angibt, dass sie 23 sei (GARF, F. 102_3-d_100_2641č2, S. 218 und 220).

ihren Eltern und jungen Geschwistern. Die deutliche Mehrheit war in Dvinsk geboren. 17 dieser 22 jungen Frauen bezeichnete der Protokollant als Analphabeten, zwei konnten auf Jiddisch und eine einzige (Sigalevič) auf Russisch unterschreiben. Dies zeigt, dass die Arbeiterinnen der Fabrik von Zaks tendenziell jung und wenig bis gar nicht gebildet waren, zumindest in den Schachtel- und Verpackungsabteilungen, wo die Befragten arbeiteten. Ein Vergleich mit ihren Kollegen lässt zudem erkennen, dass diese ein leicht anderes Profil hatten: Von den 13 verhörten jüdischen Arbeitern, denen die aktive Unterstützung der Unruhen unter den Fabrikarbeiterinnen und/oder der physische Angriff auf „Streikbrecher:innen" vorgeworfen wurden, konnten vier nicht lesen und schreiben. Drei mussten für eine Familie sorgen. Die Beherrschung der russischen Sprache scheint bei den Männern auch verbreiteter gewesen zu sein. Nur in zwei Fällen wird ausdrücklich auf eine Übersetzung hingewiesen, während die Zahl bei den Frauen bei 15 liegt.

Trotz ihres jungen Alters arbeiteten die Arbeiter:innen, die Informationen darüber angaben, seit mehreren Jahren in der Fabrik, schon ab 10, 11 oder 12 Jahren. Die Kinderarbeit war im Russischen Reich in den Gesetzen vom 1. Juni 1882 und vom 24. April 1890 geregelt worden. 1882 war die Anstellung von Kindern unter 12 Jahren verboten worden. Die Arbeitszeit der 12- bis 14-Jährigen war auf maximal acht Stunden pro Tag bzw. vier Stunden pro Nacht, diejenige der 14- bis 17-Jährigen auf maximal zehn Stunden pro Tag bzw. sechs Stunden pro Nacht beschränkt worden. In den ersten Jahren nach dem Inkrafttreten dieser Gesetze sank die Zahl der arbeitenden Kinder unter 12 zwar drastisch, die vollständige Durchsetzung des Gesetzes erwies sich dennoch als schwierig, zumal die Kontrollen selten und kompliziert waren. Dies kann erklären, warum in der Fabrik von Zaks Arbeiter:innen angeblich schon mit 10 oder 11 Jahren angestellt waren und nicht lesen und schreiben konnten, weil sie – statt in der Schule zu lernen – in der Fabrik arbeiteten.[318] Noch beachtenswerter ist es festzustellen, dass viele der Befragten weitere Familienmitglieder hatten, die in derselben Fabrik beschäftigt waren. Oft handelte es sich um Geschwister. So arbeiteten beispielsweise vier der fünf Schwestern Gofman (23, 20, 18 und 16 Jahre alt) in der Fabrik, nur die Jüngste (14) nicht. Aber auch Väter und Töchter arbeiteten für Zaks. Was bewirkte der Streik in diesen Familien? Welche familiären Konflikte oder Unterstützungsaktionen ergaben sich im Streikfall? Was passierte, wenn der Streik der einen die Entlassung der anderen zur Folge

318 Für eine detaillierte Schilderung der Entscheidungen und Diskussionen über die Einschränkungen der Kinderarbeit siehe Puttkamer, Fabrikgesetzgebung, S. 127–143.

hatte?[319] Waren sich die Familienmitglieder über die Beteiligung am Streik oder über die Fortsetzung der Arbeit einig? Über detaillierte Antworten auf diese Fragen kann nur spekuliert werden. Sicher stellte aber der gleichzeitige Ausfall des Lohnes mehrerer Familienangehöriger ein großes finanzielles Problem dar, da die Verluste durch die Einnahmen der anderen nicht kompensiert werden konnten.

Aus den Befragungs- oder Verhörprotokollen gehen große Meinungsunterschiede über die Ereignisse vom 17. November 1899 zwischen den streikenden Arbeiterinnen und der Fabrikadministration hervor. Die Frauen stritten kategorisch ab, einer Organisation anzugehören, die den Streik vorbereitet hätte. Diese Verneinung findet man ohne Ausnahme in den Verhören aller Arbeiterinnen, deren Teilnahme an einer solchen Gruppe die Behörden zu beweisen versuchten. Zudem verteidigten sie eine ganz andere Version als diejenige des Fabrik- und Abteilungsleiters. So erzählten beispielsweise die drei Schwestern Gofman, die in der mechanisierten Schachtelabteilung bis zum 17. November beschäftigt waren, dass die Situation in der Abteilung entgleist sei, als der Abteilungsleiter Liberman sie „von den Maschinen wegjagte", weil sie sich vorher über das schlechte Funktionieren dieser Maschinen bei ihm beklagt hätten.[320] Bei der Ankunft von Istorik in der Abteilung hätten sie versucht, ihm die Situation zu erklären, aber er habe nicht zuhören wollen und ihnen befohlen, die Fabrik zu verlassen, ohne ihnen die Gründe dafür zu nennen. Als sie begonnen hätten, ihn darum zu bitten, sie als Arbeiterinnen zu behalten, habe er gesagt: „[...] wenn ihr nicht selbst weggeht, schicke ich euch mithilfe der Polizisten weg."[321] Darauf hatten sie sich vom Fabrikgelände entfernt. Als eine von ihnen merkte, dass sie ihr Geld in der Abteilung vergessen hatte, wollten sie umkehren, wurden aber vom Torwächter nicht mehr in die Fabrik gelassen, obwohl sie zu diesem Zeitpunkt gerne zur Arbeit zurückgekehrt wären.[322] Die Arbeiterinnen stellen sich also hier klar als unschuldig dar, während der Fabrikleiter Istorik als impulsiv

319 In dem einen Fall arbeiteten zum Beispiel zwei Schwestern in der mechanisierten Schachtelabteilung und hatten am 17. November die Fabrik mit den anderen verlassen. Der Bruder erklärt im Befragungsprotokoll, dass er gegen Ende November zusammen mit den anderen Arbeiter:innen seiner Abteilung wegen Mangel an Arbeit (infolge des Streiks) entlassen worden sei (siehe Befragungsprotokoll von Meer-Chajm Lejbov Ovsejko, 01.12.1899, GARF, F. 102_3-d_100_2641č2, S. 127–128).

320 Befragungsprotokoll von Tauba, Raša und Raza Ioseleva Gofman, 18.11.1899, GARF, F. 102_3-d_100_2641č2, S. 65.

321 Ibid.

322 Ibid., S. 65ob. Diese Version entspricht derjenigen der anderen Arbeiterinnen dieser

und stur beschrieben wird. Laut ihren Aussagen seien sie von Istorik bedroht worden, weswegen sie die Abteilung verlassen mussten, obwohl ihnen das Warum nicht klar war. Sie hätten weiterarbeiten wollen, aber Istorik habe ihnen das verboten. Mit ihren Aussagen widersprechen sie deutlich dem Streikvorwurf.

Auch Sora Ioseleva Gofman, eine weitere Schwester der drei oben zitierten Arbeiterinnen, hatte bis zum 21. November in der handbetriebenen Schachtelabteilung gearbeitet. Sie gab zu, Istorik nach den Ursachen der Entlassung ihrer Schwestern gefragt zu haben, wehrte jedoch die Anschuldigung ab, sich am Streik beteiligt oder die anderen Arbeiterinnen zur Arbeitseinstellung aufgemuntert zu haben. Sie habe aufgehört zu arbeiten, weil sie ihren Lohn für ungenügend gehalten habe. Sie habe um eine Lohnerhöhung und eine Verkürzung der Arbeitszeit gebeten, was abgelehnt worden sei. Im Protokoll unterstrich sie, dass sie diese Forderungen „nur für sich und alleine“ *(dlja sebja lično i odna)* vorgelegt habe.[323] Dadurch legte sie Wert darauf zu zeigen, dass es sich um eine individuelle und keine kollektive Aktion handelte. Dies mag eine Schutzstrategie gewesen sein, damit andere Arbeiterinnen der Abteilung nicht einbezogen wurden. Auf alle Fälle ist diese Aussage ein Beweis für ihr gefestigtes Selbstbewusstsein und die Bereitschaft, ihren Willen nach mehr Bezahlung und kürzerer Arbeitszeit offenzulegen.

Eine starke Überzeugungskraft zeigte die junge Arbeiterin Fejga Jankeleva Jam. Das 15-jährige Mädchen, das in derselben Abteilung wie Sora Gofman arbeitete, erklärte dem Polizisten, der sie verhörte, dass sie zusammen mit anderen Arbeiterinnen zwar Forderungen nach einer Lohnerhöhung und einer Verkürzung des Arbeitstages vorgebracht habe, dies jedoch selbst entschieden habe und nicht von jemandem dazu überredet worden sei. Sie fügte dezidiert hinzu, dass sie nicht mehr in die Fabrik arbeiten gehen werde, solange ihre Ansprüche nicht erfüllt würden.[324]

Die am Streik beteiligten und verhörten jungen Arbeiterinnen zeichneten sich durch einen starken Charakter aus. Sie schienen von der Polizei, den Hausdurchsuchungen und den Verhören unbeeindruckt zu bleiben. Wenn ihre Entschlossenheit, (fast) alles systematisch zu leugnen, als Zeichen eines starken

---

Abteilung, die befragt oder verhört wurden (Chaja Berkova Ric, Rejvka Šliomova Meerova, Golda und Šejna Lejbova Ovsejko).

323 Befragungsprotokoll von Sora Ioseleva Gofman, 27.11.1899, GARF, F. 102_3-d_100_2641č2, S. 90–90ob.

324 Befragungsprotokoll von Fejga Jankeleva Jam, 28.11.1899, GARF, F. 102_3-d_100_2641č2, S. 105.

Willens und Selbstbewusstseins gilt, deutet sie auch auf ein mögliches Briefing bzw. eine Absprache, wie sie sich zu verhalten hätten.

JÜDISCHE UND CHRISTLICHE ARBEITER:INNEN

Alle Befragten, von denen bisher in diesem Kapitel erzählt wurde, waren jüdisch. Die Fabrik von Zaks beschäftigte aber auch christliche Frauen, die ungefähr 10 Prozent aller Arbeiterinnen ausmachten. Die wenigen Christinnen, die von der Polizei befragt wurden, waren diejenigen, die auf dem Weg zur oder von der Fabrik als Streikbrecherinnen angegriffen worden waren.[325] Auf den ersten Blick scheint der Streik ganz klar religiösen Trennungslinien entlang zu verlaufen: Mehrmals wird in den Berichten der Behörden unterstrichen, dass die Unruhen ausschließlich unter den jüdischen Arbeiter:innen geschehen seien und dass die christlichen Arbeiterinnen in der Fabrik weiterarbeiteten, so, als ob nichts gewesen wäre.[326] Zudem stellte der Fabrikleiter Istorik im Laufe des Monats Dezember fast nur christliche Arbeiter:innen an, als er versuchte, die Produktion in der Fabrik langsam wieder in Gang zu setzen:

> Obwohl einige der ehemaligen Arbeiter erneut in der Fabrik arbeiten wollen, stellt sie der Leiter der Fabrik von Zaks nicht ein [und] erklär[t] seine Absage mit der Unzuverlässigkeit der ehemaligen Arbeiter, die seiner Meinung nach erneut einen Streik aufbauen und Maschinen beschädigen könnten, und er bemüht sich, mehr Christen zur Arbeit heranzuziehen.[327]

Dies zeigt, dass nicht nur die zarischen Beamten, sondern auch die jüdische Fabrikleitung christliche Arbeiter:innen für weniger gefährlich und unterwür-

---

325 Zum Beispiel: Befragungsprotokoll von Elena Ivanova Kurtiš, Marija Ivanova Kurtiš und Anna Adol'fovna Slavkovskaja, 01.12.1899, GARF, F. 102_3-d_100_2641č2, S. 114–116. Alle drei sind katholisch.

326 Bericht des Oberfabrikinspektors, 26.11.1899, RGIA, F. 23_30_41, S. 42; Bericht des Vitebsker Gouverneurs an das Polizeidepartement, 08.12.1899, GARF, F. 102_3-d_100_2641č2, S. 24.

327 „Некоторые из бывших рабочих хотя и желают вновь поступить на работу, но управляющий фабрикою Закса не принимает их, объясняя отказ неблагонадежности бывших рабочих, могущих, по его мнению, вновь устроить стачку и испортить машины, и старается привлечь на работу больше Христиан." Bericht des Dvinsker Polizeimeisters an den Vitebsker Gouverneur, 18.12.1899, NIAB Minsk, F. 1430_2_270, S. 255.

figer hielt als jüdische Mitarbeiter:innen. Ähnliche Überlegungen sind auch in anderen Streikfällen zu finden. Zum Beispiel schreibt der Fabrikinspektor in einem Bericht zu einem Streik in der Tabakfabrik der Brüder Šeptovickij in Vil'na im Jahre 1903, dass die Fabrikbesitzer ernsthaft daran dächten, nur noch „russische" *(russki[e])* Arbeiter:innen anzustellen, weil die jüdischen „launischer und anspruchsvoller als alle anderen" *(kapriznee i trebovatel'nee vsech drugich)* seien.[328] Dieses Motiv der „politisch zu aktiven jüdischen Arbeiter:innen" versus die „friedlichen christlichen Arbeiter:innen" ist auch in der Sekundärliteratur anzutreffen, wenn es sich darum handelt, eine Erklärung für die Nichtanstellung jüdischer Arbeitskräfte zu finden.[329] In der Tat beklagten sich die Revolutionär:innen über diese Kluft zwischen christlichen und jüdischen Arbeiter:innen in der Fabrik von Zaks und ihre negative Wirkung auf die Arbeiter:innenbewegung, wie man es mit dem Aufruf *An alle Dvinsker Arbeiter und Arbeiterinnen* gesehen hat.[330] Auch in einem bundistischen Flugblatt, das sowohl auf Jiddisch als auch auf Russisch verfasst und an alle Arbeiter:innen der Fabrik 1901 adressiert war, wird das Thema angesprochen. Die Gründe für die angeblich immer häufigere Anstellung christlicher Arbeiter:innen in der Fabrik von Zaks nennen die Autor:innen in der russischsprachigen Version ganz deutlich: weil diese nicht organisiert seien, sich mit zu niedrigen Löhnen zufrieden stellten und alles ertrügen.[331] Laut der Beschreibungen bedeutender Anführer der jüdischen Arbeiter:innenbewegung, die über ihre Tätigkeit in den 1890er Jahren und um die Jahrhundertwende berichten, führten jüdische und christ-

328 Siehe Bericht des Oberfabrikinspektors, 17.04.1903, RGIA, F. 23_30_38, S. 104.

329 So beispielsweise Mendelsohn, Class Struggle in the Pale, S. 22; Mendelsohn, Jewish and Christian Workers, S. 247; Weinstock, Le pain de misère, S. 111; Glenn, Daughters of the Shtetl, S. 31–32; Löwe, The Tsars and the Jews, S. 92. Yoav Peled und Gershon Shafir bringen in ihrem gemeinsamen Aufsatz über die Ersetzung jüdischer Arbeiter:innen durch billigere christliche Arbeitskräfte aus der Bauernschaft zudem die These auf, dass christliche Arbeiter:innen bereit gewesen seien, für weniger Geld als jüdische Arbeiter:innen zu arbeiten, weil sie als neue Arbeitskräfte vom Land noch starke Verbindungen mit diesem gehabt hätten. Deshalb hatten sie noch zusätzliche Einkommensquellen und mussten nicht ausschließlich von ihrem Lohn leben (siehe Peled, Yoav; Shafir, Gershon: Split Labor Market and the State. The Effect of Modernization on Jewish Industrial Workers in Tsarist Russia, in: American Journal of Sociology 92, 6 (1987), S. 1435–1460, hier S. 1450).

330 Ko vsem Dvinskim rabočim i rabotnicam, in: Rabočaja mysl' 9 (1900), S. 3. Siehe Kapitel 5.8, S. 170.

331 Zitiert in: Poslednija izvestija 47 (12.12.1901), S. 1. Zu diesem Flugblatt siehe auch Fußnote 341, S. 181.

liche Arbeiter:innen ein deutlich voneinander getrenntes Leben. So schreibt Samuel Gožanskij:

> Viele verstehen nicht, warum wir unter den jüdischen Arbeitern angefangen haben zu arbeiten. Gab es denn keine anderen Arbeiter in Vil'na? Selbstverständlich gab es Handwerker, Schlosser, Schneider [...] unter den Polen, Litauern, Belarussen. Warum wir uns in unserer nationalen Zelle einschlossen? Das, Genossen, kann man nicht verstehen, wenn man sich nicht daran erinnert, was das jüdische Getto war. Diese Nationalitäten waren durch eine undurchlässige Wand geteilt; jede Nationalität hatte ein abgesondertes Leben und verkehrte gar nicht mit der anderen.[332]

Auch Abram Moiseevič Ginzburg und E. A. Gurvič, die in Vitebsk bzw. in Minsk in Arbeiter:innenzirkeln agitiert hatten, berichten von einer ähnlichen Situation.[333] Der Historiker Ezra Mendelsohn stellt in einem Aufsatz fest, dass die jüdischen Anführer:innen der Arbeiter:innenbewegung im Ansiedlungsrayon fast ausschließlich unter den jüdischen Arbeiter:innen agitiert hätten, und dies, obwohl theoretisch die christlichen Arbeitskräfte zu den neuen Verbündeten hätten werden sollen, weil die Kategorie „Klasse" diejenige der jüdischen Zugehörigkeit ersetzte: Die jüdischen Arbeiter:innen mussten gegen die Ausbeutung durch den jüdischen Fabrikanten kämpfen und waren dabei in derselben Situation wie die christlichen Arbeiter:innen.[334]

Die Tatsache, dass beide Gruppen nicht in derselben Sprache kommunizieren konnten, machte den Austausch zwischen den jüdischen und christlichen Arbeiter:innen sowie ihre gemeinsame Mobilisierung nicht einfacher. Die einen

---

332 „Многими непонятно, почему мы начали работать среди еврейских рабочих. Разве в Вильне не было других рабочих? Конечно, были ремесленники, слесаря, портные, заготовщики и т. д. и среди поляков, литовцев, белорусов. Почему мы замкнулись в своей национальной ячейке? Этого, товарищи, нельзя понять, если не вспомнить, что такое было еврейское гетто. Эти национальности были разгорожены непроницаемой стеной; каждая национальность жила отдельной жизнью и совершенно не сообщалась с другой." Gožanskij, Samuel: Evreiskoe rabočee dviženie načala 90-ch godov, in: Dimanštejn, S. (Hrsg.): Revoljucionnoe dviženie sredi evreev, Bd. 1, Moskau 1930, S. 81–93, hier S. 89.

333 Gurvič, A. E.: Evreiskoe rabočee dviženie v Minske v 80-ch gg., in: Dimanštejn, Revoljucionnoe dviženie, S. 33–64, hier S. 35–36; Ginzburg, Abram Moiseevič: Načalnye šagi vitebskogo rabočego dviženija, in: Dimanštejn, Revoljucionnoe dviženie, S. 100–113, hier S. 107. Ich habe den Hinweis auf diese Texte und den oben zitierten Abschnitt von Gožanskij in Mendelsohn, Class Struggle in the Pale, S. 32 gefunden.

334 Mendelsohn, Jewish and Christian Workers, S. 244.

sprachen Jiddisch, die anderen Polnisch oder Russisch. Wenn die meisten jüdischen radikalen Intellektuellen Russisch beherrschten, war dies nicht der Fall für die unteren sozialen Schichten, zu denen die Arbeiter:innen gehörten. In den 1890er Jahren hatten die jüdischen Wortführer:innen der sozialistischen Bewegung, die zum großen Teil in einem assimilierten, russischsprachigen Milieu aufgewachsen waren, sogar erkennen müssen, dass viele von ihnen über ungenügende Jiddischkenntnisse verfügten, um unter den jüdischen Arbeiter:innen effizient Propaganda zu betreiben.[335] Der Sozialdemokrat Vladimir Osipovič Levickij (Cederbaum),[336] der im März 1901 infolge seiner Verhaftung wegen der Organisation einer Studierendendemonstration in Sankt Petersburg nach Dvinsk verbannt worden war, schildert in seinen Memoiren, wie er während seines Aufenthalts in der Stadt versucht habe, für das Komitee des Bundes zu arbeiten, und wie er von allen Agitations- und Propagandaaktivitäten unter den jüdischen Arbeiter:innen automatisch ausgeschlossen gewesen sei, weil er kein Jiddisch und die Arbeiter:innen fast kein Russisch gekonnt hätten.[337] Obwohl die von ihm dargestellten Ereignisse anderthalb Jahre nach dem ersten Streik in der Fabrik von Zaks passierten, kann man davon ausgehen, dass im November 1899 die Situation nicht anders war. Die jüdischen Arbeiterinnen der Fabrik von Zaks sprachen Jiddisch, die christlichen Russisch. Wenn unter den Ersteren von Seiten der revolutionären Kreise Propaganda gemacht wurde, musste dies in jiddischer Sprache stattgefunden haben. Die christlichen Arbeiterinnen waren also zuerst einmal nur rein sprachlich ausgegrenzt. Machten russischsprachige Agitator:innen auch Propaganda unter den christlichen Frauen? Gab es Streikende, die Russisch beherrschten und versuchten, ihre christlichen Kolleginnen von der Notwendigkeit des Streiks zu überzeugen? Im Befragungsprotokoll der Arbeiterin der Verpackungsabteilung Zlata Movšejva Šnejder, deren Verhör höchstwahrscheinlich auf Russisch stattfand, erklärt sie, dass sie weder jüdische noch christliche Arbeiterinnen zur Forderung eines verkürzten Arbeitstages angestiftet habe.[338] Dass sie spezifisch auch die christlichen Arbeiterinnen erwähnt, zeigt, dass der Gendarm sie das präzis gefragt haben musste. Unklar ist

335 Tobias, The Jewish Bund in Russia, S. 17, 33. Siehe auch das Beispiel vom Bundisten Vladimir Medem, Parteimitglied und Ideologe, der erst mit 22 Jiddisch lernte.

336 Es handelt sich um den Bruder von Julij Martov. Siehe Artikel Levickij, Vladimir Osipovič, in: Političeskie dejateli Rossii 1917: Biografičeskij slovar', Moskau 1993, S. 342.

337 Levickij [Cederbaum], Vladimir Ossipovič: Za četvert' veka: revoljucionnye vospominanija, Moskau/Leningrad 1926–1927, Bd. 1/1 S. 164 und Bd. 1/2 S. 10.

338 Befragungsprotokoll von Zlata Movševa Šnejder, 27.11.1899, GARF, F. 102_3-d_100_2641č2, S. 92.

auch die Existenz von Propaganda unter den Christinnen. Es wäre viel zu vereinfacht, die Arbeiterinnen in zwei verschiedene Gruppen „jüdisch = streikend" und „christlich = streikbrechend" zu unterteilen. Wenn sich auch keine christliche Arbeiterin am Streik beteiligte, gab es doch jüdische Streikbrecher:innen, die die Arbeitsniederlegung nicht unterstützten und deswegen sowohl verbale Drohungen als auch physische Angriffe erlitten, wie unten noch besprochen wird.

Als Levickij 1901 in Dvinsk sein Engagement für den Sozialismus fortsetzen wollte, wurde er vom lokalen Komitee des Bundes explizit beauftragt, sich um die revolutionäre Propaganda unter den russischsprachigen Arbeiter:innen zu kümmern, mit dem Argument, dass die jüdischen Streikenden ohne die Unterstützung ihrer russischsprachigen Kolleg:innen in ihrem Kampf keinen Erfolg haben könnten.[339] Dies zeigt, dass die Bundist:innen besorgt waren, weil sie es bisher nicht geschafft hatten, eine gemeinsame Arbeiter:innenbewegung auf die Beine zu stellen. So beschreibt Leyb Berman die tiefe Kluft zwischen dem Engagement der jüdischen und christlichen Arbeiter:innen:

> Die christlichen Arbeiter bleiben unorganisiert und außerhalb der [Arbeiter]Bewegung; sie besuchen die Birzshe gar nicht, arbeiten im Stücklohn für einen geringeren Lohn und einen längeren Arbeitstag. […] Die Fabrikanten nutzen das aus. Es zeichnet sich ein Kampf gegen die Fabrikanten und auch gegen die christlichen Arbeiter ab. Diese Beziehung zwischen den jüdischen und den christlichen Arbeitern wirkt sich ganz schlecht auf das Klassenbewusstsein der jüdischen Arbeiter aus.[340]

339 Levickij, Za četvert' veka, Bd. 1/2, S. 11. Im Juni 1901 wurde unter dem Briefkopf der RSDRP ein russischsprachiges Flugblatt publiziert. Es zielte auf eine aktive Teilnahme der russischen Arbeiter:innen an dem Kampf gegen die Fabrikanten, um somit bessere Arbeits- und Lebensbedingungen zu erreichen. Es rief die russischen Arbeiter:innen auf, sich mit ihren jüdischen, polnischen und deutschen Kolleg:innen gemeinsam zu engagieren, wie es in zahlreichen Städten des Russischen Reiches schon der Fall sei. Flugblatt Ko vsem dvinskim russkim rabočim, Juni 1901, IISH Amsterdam, AYABC Dossier 26, S. 2.

340 „Di kristlekhe arbeter bleybn nisht-organizirt un oyser der bavegung; zey bazukhn ingantsn nisht di birzshe, arbetn fun shtik, far klenere skhires un a lengere arbets-tog. […] di balebatim nutsn dos oys. S'heybt zikh on a kamf kegn di balebatim un oykh kegn di kristlekhe arbeter. Oyfn klasn-bavustzeyn fun di yidishe arbeter virkt gants shlekht di dozike batsiung tsvishn di yidishe un kristlekhe arbeter." Berman, In loyf fun yorn, S. 137. Die *birzshe* waren bestimmte Straßen, wo sich Arbeiter:innen und Mitglieder der revolutionären Organisationen trafen, um Probleme zu besprechen, wo illegale Literatur verbreitet wurde, wo wichtige Versammlungen angekündigt wurden. Sie

Eine ethnische Komponente in der Wahrnehmung des Engagements und der Mobilisierung für die Arbeiter:innenbewegung ist hier deutlich zu erkennen. Diese Nichtbeteiligung der christlichen Arbeiter:innen an der wachsenden Arbeiter:innenbewegung stellte vom Standpunkt der Bundist:innen aus ein großes Problem dar, weil sie Spannungen zwischen den jüdischen und christlichen Arbeitskräften provozierte, anstatt beide im Kampf gegen die Kapitalisten zu vereinen. Deshalb versuchten die Mitglieder des Bundes auch in der Fabrik von Zaks nach dem ersten Streik vom November 1899, die Kluft zwischen den jüdischen und christlichen Arbeiter:innen in Bezug auf das Engagement in der Streikbewegung auszugleichen. Sie thematisierten das Problem erneut 1901 und probierten dieses Mal, auch unter den christlichen Arbeiter:innen der Fabrik Propaganda zu betreiben, indem sie russischsprachige Flugblätter unter den christlichen Arbeiter:innen verteilten. Darin sprachen die Autor:innen die schlechte Arbeitssituation der christlichen Belegschaft der Fabrik gezielt an und beschrieben, welche Vorteile die jüdischen Arbeiter:innen durch ihren Kampf (damit sind Streikaktionen gemeint) hatten erlangen können (kürzere Arbeitstage, besseren Lohn, höflicheren Umgang). Damit wollten sie die christlichen Arbeiter:innen überzeugen, den Kampf gemeinsam mit ihren jüdischen Kolleg:innen zu bestreiten.[341] Im November 1903 veröffentlichten sie erneut eine russischsprachige Proklamation: *An alle Arbeiter und Arbeiterinnen der Fabrik von Zaks.*[342] Allerdings blieb es infolge der zahlreichen antijüdischen

---

stellten einen Treffpunkt für die Arbeiter:innenbewegung und die Arbeiter:innen dar und spielten somit eine bedeutende Rolle in der Entwicklung der organisierten Arbeiter:innenbewegung. Zum Begriff und zur genauen Definition siehe Mendelsohn, Class Struggle in the Pale, S. 69–70; Shtakser, Making of Jewish Revolutionaries, S. 80–82.

341 Das Flugblatt ist in den Archiven nicht mehr zu finden. Es wird in der Zeitschrift der Bundist:innen im Ausland, *Poslednija izvestija,* beschrieben und einige Sätze daraus zitiert: Poslednija izvestija 47 (12.12.1901), S. 1. Parallel zu dieser russischsprachigen Version verbreitete der Bund auch eine jiddischsprachige Fassung, die ich ebenfalls nicht ausfindig machen konnte. Da der Artikel in *Poslednija izvestija* im Dezember 1901 veröffentlicht wurde, müssen die Flugblätter vorher verbreitet worden sein. In einem Bericht des Chefs der Gendarmerie wird auf ein russischsprachiges Flugblatt hingewiesen, das am 29. November 1901 in der Fabrik von Zaks gefunden worden sei und zum Streik aufgerufen habe. Vergleicht man die Beschreibung des Inhalts mit der Beschreibung in der bundistischen Zeitschrift, kann man daraus schließen, dass es sich höchstwahrscheinlich um dasselbe Flugblatt handelt (Bericht des Chefs der Gendarmerie an das Polizeidepartement, 30.11.1901, GARF, F. 102_OO_226(1898) _5č30_lG, S. 127).

342 Poslednija izvestija 158 (12.12.1903), S. 8. Innerhalb der Fabrikinspektion merkte man,

Vorurteile, die die christlichen Arbeitskräfte hatten, in der Regel auch für russischsprachige, assimilierte Jüd:innen schwierig, unter christlichen Arbeiter:innen Propaganda zu betreiben.[343]

GEWALT

Die Arbeiter:innen der Fabrik von Zaks bildeten keine homogene Gruppe. Wie im Kapitel 5.3 schon gezeigt, streikten nur die Arbeiterinnen der Schachtelabteilung. Die meisten anderen waren Ende November wegen Mangel an Schachteln entlassen worden. Außerdem liest man sowohl in den behördlichen Berichten als auch in einigen Befragungsprotokollen der Arbeiterinnen selbst, dass viele bereit gewesen seien, die Arbeit zu den bisherigen Bedingungen umgehend wieder aufzunehmen, dass der Fabrikant jedoch damit nicht einverstanden gewesen sei.[344] Auch die Meldungen von Angriffen auf Arbeiter:innen, die in der Fabrik weiter beschäftigt waren, zeugen von extrem angespannten Verhältnissen unter den Arbeiter:innen der Fabrik. Zwischen dem 29. November und dem 29. Dezember wurden der Polizei über 13 physische Angriffe gemeldet. Acht Verdächtige wurden verhaftet. Es kam zu keinem Gerichtsverfahren, sondern es wurden administrative Maßnahmen getroffen: Vier Personen wurden für zwei Jahre in einem von ihnen ausgewählten Ort im Ansiedlungsrayon und drei für ein Jahr am Wohnort der Eltern unter öffentliche Aufsicht der Polizei gestellt. Der achte Verhaftete wurde freigelassen.[345] Die Angegriffenen hatten alle gemeinsam, dass sie während des Streiks für Zaks weiterarbeiteten. Die meisten wurden auf dem Weg zur oder von der Fabrik, drei Personen sogar zu Hause attackiert. Bei den Opfern handelte es sich um einen jüdischen Kommis *(prikazčik)*, um jüdische Arbeiter:innen sowie in fünf Fällen um christli-

---

ob Propagandaschriften ausschließlich an jüdische oder auch an christliche Arbeiter:innen adressiert waren. So behaupteten beispielsweise die Teilnehmer an einer Konferenz der Oberfabrikinspektoren im April 1903 über die Propagandaaktivitäten im Gouvernement Grodno, dass die Flugblätter im Gegensatz zu den letzten Jahren sich neu auch an die christliche Belegschaft gewandt hätten (Žurnal Sovešanija dlja vyjasnenija položenija del na fabrikach i zavodach i nastroenija rabočich, 1903, RGIA, F. 22_5_272, S. 17ob).

343 Weinstock, Le pain de misère, S. 149, 152.

344 Siehe zum Beispiel: Bericht des Vitebsker Gouverneurs an das Polizeidepartement, 30.11.1899, GARF, F. 102_3-d_100_2641č2, S. 13ob; Befragungsprotokoll von Zlata Movševa Šnejder, 27.11.1899, ibid., S. 92; Bericht des Dvinsker Polizeimeisters an den Vitebsker Gouverneur, 24.12.1899, NIAB Minsk, F. 1430_2_270, S. 257.

345 Doklad Osobomu Soveščaniju, S. 14.

che Arbeiterinnen.[346] Die Angreifer:innen agierten in kleinen Gruppen und werden in den Befragungsprotokollen von den Opfern als „Juden“[347] bzw. als „unbekannte Leute, offensichtlich Juden“[348] bezeichnet und in mehreren Fällen namentlich identifiziert. Allerdings verneinten die Angeklagten alle Vorwürfe. Die Zeug:innen widerriefen anscheinend auch ihre Aussagen, was Strafverfolgungen gegen die Verdächtigen erschwerte.[349] Während physische Angriffe nach Angaben der russischen Behörden von jungen Männern durchgeführt wurden, beteiligten sich streikende Arbeiterinnen laut Zeug:innenaussagen an den verbalen Drohungen und Anfeindungen.[350]

Die Angreifer:innen hofften wahrscheinlich, mit ihren Gewalttaten Druck auf die Arbeiter:innen der Fabrik von Zaks ausüben zu können. So kehrten zum Beispiel am 29. Dezember Movša-Lejba Meerovič Slivkin und sein Sohn David zusammen mit sechs Kollegen von der Arbeit in der Fabrik von Zaks zurück, als sie von einer „großen Gruppe“ (um die 30 Personen laut David Slivkin) auf offener Straße angegriffen wurden.[351] Vater und Sohn behaupten, dass ein „angeblicher Russe“[352] aus der Gruppe zu ihnen gekommen sei und einem ihrer Kollegen mit einer Reitpeitsche auf die Schulter geschlagen habe. Infolgedessen,

346 Berichte des Staatsanwalts des Petersburger Gerichtshofes an den Justizminister, 19.01.1900 und 28.03.1900, GARF, F. 124_8_130, S. 4–5 und 8.

347 Beispielsweise im Befragungsprotokoll von Efroim-Lejba Simchovič Fejgin, 20.01.1900, GARF, F. 102_3-d_100_2641č2, S. 299.

348 So zum Beispiel im Befragungsprotokoll von Movša-Lejba Meerovič Slivkin, 18.01.1900, GARF, F. 102_3-d_100_2641č2, S. 293.

349 Bericht des Staatsanwalts des Petersburger Gerichtshofes an den Justizminister, 28.03.1900, GARF, F. 124_8_130, S. 8.

350 Abgesehen von den angeblichen Drohungen (noch vor dem Streik) gegen die zwei Arbeiterinnen der mechanisierten Schachtelabteilung, die sich geweigert hätten, mit den anderen Arbeiterinnen die Produktion zu senken (siehe S. 143), berichten Zeug:innen von weiteren mündlichen Drohungen streikender Arbeiterinnen gegenüber Arbeiterinnen, die nach dem Streikausbruch weiter in die Fabrik arbeiten gegangen seien. Siehe beispielsweise Befragungsprotokoll von Ėlija Jankelev Istorik, 07.12.1899, GARF, F. 102_3-d_100_2641č2, S. 161ob.

351 Für diesen Absatz stütze ich mich, wenn nicht anders vermerkt, auf die Befragungsprotokollen von Movša-Lejba Meerovič Slivkin, 18.01.1900, GARF, F. 102_3-d_100_2641č2, S. 293–294 und von David Slivkin, 18.01.1900, ibid., S. 294–295ob.

352 Wie sie erkennen konnten, dass es sich um einen „Russen“ handelte, ist höchstwahrscheinlich mit der Sprache, die der Mann benutzte, verbunden. David Slivkin gibt nämlich an, dass der Unbekannte sich an den Kollegen mit folgenden Worten gewandt habe, bevor er ihn ins Gesicht geschlagen habe: „Was bist du denn für einer?“ *([T]y kto takoj?)* Er musste das auf Russisch und ohne jiddischen Akzent gesagt haben, so dass

so ist zu lesen, rannten sie aus Angst, selber attackiert zu werden, weg. Movša Slivkin flüchtete in die nächste Synagoge, aber bevor er es in den Zufluchtsort schaffte, verletzte ihn jemand mit einem Messer von hinten an einer Schulter. Nachdem er einige Minuten in der Synagoge geblieben war, machte er sich auf die Suche nach seinem Sohn und erfuhr, dass dieser am Kopf verletzt worden war. David Slivkin erklärt in seinem Befragungsprotokoll, dass er zu fliehen versuchte, dass er aber bald von einer Gruppe von acht bis zehn Personen umkreist wurde und dass der jüdische Tischler Izrail' Novik auf ihn losging und ihn mit Hammerschlägen auf den Kopf attackierte. Er begann zu schreien und konnte so seine Angreifer in die Flucht schlagen. Beide Slivkins wurden ins jüdische Spital gebracht, wo ein Polizeibeamte der Dvinsker Stadtpolizei sie über die Ereignisse ein erstes Mal befragte. Warum sie erst am 18. Januar vom *pomoščnik* des Chefs der Gendarmerie befragt wurden, während dieser beispielsweise schon am 10. Januar Novik verhört hatte, bleibt unbekannt.

In diesem Fall gibt es mehrere spannende Elemente, die Rückschlüsse auf den Kontext ziehen lassen. Erstens erwähnen beide Slivkins, dass „ein Russe" ihren Kollegen als Erster geschlagen habe. Tatsächlich verhafteten die Dvinsker Polizisten noch in derselben Nacht den 19-jährigen Stellmacher Martyn Pavlov, dessen 17-jährige Schwester in der Fabrik von Zaks arbeitete. Nachdem er ein Alibi, das mehrere Zeugen bestätigten, geliefert hatte, wurde er freigelassen, obwohl mehrere Personen ihn als einen der Angreifer bezeichnet hatten.[353] Unabhängig davon, ob Pavlov beteiligt war oder nicht, stellt die Information, laut der ein „Russe" auch an der Schlägerei teilgenommen habe, eine Ausnahmeerscheinung dar: In allen anderen Zeugenaussagen wurden die Angreifer deutlich als jüdisch identifiziert, auch wenn unbekannt blieb, wer genau es war. Dies könnte ein Zeichen für die Beteiligung russischer – oder zumindest assimilierter jüdischer, nicht jiddischsprechender – Mitglieder der Arbeiter:innenbewegung an der Agitation um den Streik in der Fabrik von Zaks sein.

Zweitens kommen im Befragungsprotokoll von Movša Slivkin interessante Behauptungen über den Polizeibeamten, der ihn unmittelbar nach der Tat befragt hatte, zu Tage. Leider gibt es keine schriftlichen Spuren mehr von dem, was Slivkin dem Dvinsker Stadtpolizisten sagte. Slivkin lässt in seinen Aussagen vor

---

die Zeugen ihn für einen Russen hielten. Siehe Befragungsprotokoll von David Slivkin, 18.01.1900, GARF, F. 102_3-d_100_2641č2, S. 294ob.

353 Befragungsprotokoll von Martyn Pavlov Pavlov, 10.01.1900, GARF, F. 102_3-d_100_2641č2, S. 267–269; Bericht des Staatsanwalts des Petersburger Gerichtshofes an den Justizminister, 28.03.1900, GARF, F. 124_8_130, S. 8.

dem Assistenten des Chefs der Gendarmerie durchklingen, dass der Stadtpolizist gerne etwas anderes gehört hätte als das, was Slivkin ihm erzählte: Nachdem beide Slivkins im Spital eingetroffen waren, brachte der Polizist den frisch verhafteten Novik zu ihnen, damit sie ihn identifizierten. Laut der Aussagen, die er im Befragungsprotokoll des Gendarmen machte, habe sich der Vater jedoch geweigert zu bestätigen, dass Novik sich unter den Angreifern befunden und seinen Sohn attackiert habe, mit dem Argument, dass er selbst geflüchtet sei und die Aggression nicht selbst gesehen habe. Er habe weder dem Polizisten erklärt, dass Novik seinen Sohn geschlagen habe, noch dass sie wegen ihrer Arbeit in der Fabrik von Zaks attackiert worden seien: „[...] aus den Leuten, die uns damals angriffen, sagte uns keiner etwas darüber“.[354] Und dennoch: In der Abschlussdarstellung der Sonderkonferenz vom Oktober 1900 über den Streikfall, wo über die Strafen der Angeklagten entschieden wurde, steht, dass Movša Slivkin erklärt habe, dass er nicht wisse, wer ihn verletzt habe, dass aber „sie ihn deswegen angriffen, weil er die Arbeit bei Zaks fortsetzt, und [dass] der Angriff schon der zweite [ist]“.[355] Diese Widersprüche sind in zwei Hinsichten zu interpretieren. Zum einen kann man die Bestrebungen der zentralen Macht erkennen, die sich bemühte, die Unruhen in ein bestimmtes Schema einzupassen. Die Angriffe auf Arbeiter:innen der Fabrik von Zaks schrieb sie automatisch den Streikenden zu. Zum anderen sagt das Befragungsprotokoll von Slivkin Vater viel über die angespannte Situation unter den Arbeiter:innen der Fabrik von Zaks aus. Ob Slivkin beim Gespräch mit dem Gendarmen seine ursprünglichen Erklärungen tatsächlich widerrief oder nicht, sein Versuch, deutlich zu machen, dass der Angriff auf ihn und seinen Sohn nicht unbedingt mit ihrer Arbeit bei Zaks zu tun hatte, zeigt eine Zurückhaltung, die man mit der Angst, weiter attackiert zu werden, erklären kann. Denn sogenannte Streikbrecher:innen waren die größten Feinde des Streiks und der Streikenden, deren Ziel es war, dass möglichst viele an der Arbeitseinstellung teilnahmen, damit der Druck auf den Fabrikanten maximal blieb. Deswegen wurden die Personen, die weiter arbeiten gingen, oft als „Verräter:innen“ wahrgenommen.[356]

Infolge der wiederholten Angriffe stieg die polizeiliche Anwesenheit in den Stadtvierteln um die Fabrik herum stark an. Die Behörden hofften mit dieser

354 „[...] из людей напавших на нас тогда нам об этом никто ничего не говорил.“ Befragungsprotokoll von Movša-Lejba Meerovič Slivkin, 18.01.1900, GARF, F. 102_3-d_100_2641č2, S. 293ob-294, Zitat von S. 294.

355 „[...] напали на него за то, что он продолжает работать у Закса, и нападение это уже вторичное.“ Doklad Osobomu Soveščaniju, S. 11.

356 Siehe zum Beispiel Sirot, La grève en France, S. 115–117.

Maßnahme, die Gewalt in Grenzen zu halten.[357] Die Prügeleien und Drohungen gingen trotzdem weiter.

Der Bundist Leyb Berman erzählt in seinen Erinnerungen, wie er sich selbst an einer „speziellen Arbeitergruppe" beteiligt habe, deren Mission es war zu verhindern, dass die Streikbrecher:innen in der Fabrik Zaks ihre Arbeit weiter ausführen konnten. Die Gruppe sei von der „Organisation" (sprich vom Komitee des Bundes) ins Leben gerufen worden, um den „moralischen Druck", den die Streikbrechenden auf die Streikenden ausübten, zu bekämpfen.[358] Die Attacken seien gefährlich gewesen, weil die Arbeiter:innen morgens von Polizisten zur Fabrik begleitet worden seien. Allerdings hätten die Angreifer:innen andere Gelegenheiten gefunden und hätten die Streikbrechenden „mit Steinen, Stöcken und Eisen ohne Erbarmen geschlagen".[359] Berman schildert die Aktionen als heldenhaft und anspruchsvoll. Dieser Kampf gegen die Streikbrecher:innen, die der Bundist als „größte Plage während Streiks" bezeichnet, habe große Aufregung in der Stadt sowie zahlreiche Gerüchte und legendenhafte Erzählungen über die Angreifer:innen und ihre Verstecke ausgelöst.[360] Die Gewalt stellte also für ihn als aktiven Bundisten eine wichtige Möglichkeit dar, um die streikenden Arbeiterinnen der Fabrik Zaks zu unterstützen und sich so für die Sache des Bundes zu engagieren. Auch wenn Berman im Nachhinein diese Gewaltanwendung für die Entwicklung des „Klassenbewusstseins" der Arbeiter:innen als wenig wirksam einstuft,[361] bleiben seine Beschreibungen stark romantisierend: Aufopferungsbereite junge Leute riskierten ihre Gesundheit, ihre Freiheit und sogar ihr Leben, um den Kampf gegen die Fabrikadministration und die mit ihr verbündete Polizei gewinnen zu können.

DIE STREIKENDEN IN DEN REVOLUTIONÄREN ZEITSCHRIFTENARTIKELN

Was beim Lesen der Berichte aus den revolutionären Kreisen auffällt, ist die Darstellung der Arbeiterinnen als starkes Kollektiv, das sich in seiner Gesamtheit gegen die Fabrikadministration und die russischen Behörden wehrt. Auch wenn es je nach Meldungen Unterschiede in den Arbeiter:innenzahlen oder

357 Bericht des Dvinsker Polizeimeisters an den Vitebsker Gouverneur, 04.12.1899, NIAB Minsk, F. 1430_2_270, S. 286–288.

358 Berman, In loyf fun yorn, S. 141.

359 „[...] un mit shteyner, shtekns un eyzns shlogn on rakhmones." Ibid., S. 142.

360 Ibid.

361 Ibid., S. 144.

ihrer religiösen Zugehörigkeit gibt, wird in den sozialdemokratischen und bundistischen Zeitschriften behauptet, dass alle jüdischen Arbeiter:innen der Fabrik von Zaks en bloc und als bewusste Arbeiter:innen gestreikt hätten.[362] Eine Ausnahme ist der oben schon erwähnte Aufruf *An alle Dvinsker Arbeiter und Arbeiterinnen*, der eben die Unterschiede zwischen jüdischen und christlichen Arbeiter:innen thematisiert. Weil aber die anderen Artikel inkorrekt behaupten, dass alle Arbeiter:innen der Fabrik von Zaks jüdisch seien, muss detaillierter analysiert werden, wie der Aufruf die Streikenden und Streikbrecher:innen vorstellt. Und man kann nur feststellen, dass das Problem mit den „russischen Arbeitenden" erst im letzten Absatz angesprochen wird. In gut zwei Drittel der Proklamation werden die Teilnehmenden am Streik als „Männer, Frauen und Kinder", „Arbeiter/Arbeitskräfte" *(rabočie)* oder „Arbeiter-Kameraden" *(tovarišči rabočie)* bezeichnet. Dass sie jüdisch sind, wird bis zur Kritik der Uneinigkeit zwischen den Arbeiter:innen unterschiedlicher Konfessionen gar nicht erwähnt.[363] Der Schwerpunkt wird deutlich auf die Definition der Streikenden als Arbeiter:innen und nicht als Jüd:innen oder als Frauen gelegt.

Diese Zuschreibung findet man ebenfalls in den anderen Zeitschriftenartikeln. So wird in *Rabočee delo* angekündigt, dass 800 jüdische Arbeiterinnen der Fabrik Zaks streikten und dass dies ein Zeichen darstelle, dass „das Wachstum der jüdischen Arbeiterbewegung seinen Einfluss auch auf die Arbeiterinnen der Zündholzfabrik ausübt".[364] Da die Zeitschrift von der RSDRP in Genf gedruckt wurde und die Kontakte zwischen exilierten Bundist:innen und Sozialdemokrat:innen in der Schweizer Stadt eng waren,[365] kann diese Erklärung als erfreuliche Nachricht an die anderen Parteimitglieder interpretiert werden. Denn die angeblichen Arbeiterinnen benutzen in ihren zwei Briefen ein Vokabular, das die Aktion der Streikenden als arme Arbeiterinnen, und gar nicht als Jüdinnen oder Frauen, betont: Es geht um den Kampf schlecht bezahlter und behandelter „Menschen" *(čelovek)* /„Arbeiterinnen" *(rabotnicy)* / „junger Frauen" *(devuški)* um bessere Arbeits- und Lebensbedingungen gegen

362 In Rabočee delo 4/5 (1899), S. 115, wird die Zahl von „800 jüdischen Arbeiterinnen" gegeben. In Rabočaja mysl' 9 (1900), S. 3 ist die Rede von „700 Männern, Frauen und Kindern". In der *Arbeyter shtimme* werden die christlichen Streikbrecherinnen erwähnt, aber keine Kommentare über die inexistente Zusammenschließung der christlichen und jüdischen Arbeiter:innen gemacht (Arbeyter shtimme 16 (1900), S. 5–7).

363 Ko vsem Dvinskim rabočim i rabotnicam, in: Rabočaja mysl' 9 (1900), S. 3.

364 Rabočee delo 4/5 (1899), S. 116.

365 Zum Thema der Bundist:innen in Genf sowie zu ihren Verbindungen mit den russischen Sozialdemokrat:innen siehe beispielsweise: Mayoraz, Jewish Labor Bund, S. 54–76.

den Fabrikanten und die mit ihm befreundete Polizei. Die negative Beschreibung des Fabrikbesitzers Zaks als „berühmter Zionist und Philanthrop“ ist im Kontext der starken Gegnerschaft zwischen den jüdischen Revolutionär:innen und der zionistischen Bewegung zu lesen.[366]

Auch in der Berichterstattung der *Arbeyter shtimme* wird die Kluft zwischen dem reichen Fabrikbesitzer und den armen, ausgebeuteten Arbeiter:innen thematisiert: Zaks werde von den „alten jüdischen Zeitungen“ (sprich: die traditionellen Zeitungen) für einen „großen Patrioten und wohltätigen Mann“ *(bal-tsdoke)* gehalten, was er aufgrund der Arbeitsbedingungen in seiner Fabrik eben nicht sei. Danach folgt eine Darstellung des Streiks. Dabei werden die „unerträglichen“ Arbeitsbedingungen ausführlich beschrieben. Es ist die Rede von der Ausdauer und Entschlossenheit der Streikenden, von der vorgefassten Meinung des Fabrikinspektors, der, anstatt die Interessen der Arbeiter:innen zu verteidigen, für den Fabrikbesitzer und die Polizei arbeite, und von den Leiden und Dramen, die der sieben Wochen lange Streik provoziert habe, bis die Fabrikadministration alle Forderungen bis auf die Lohnerhöhung angenommen habe und so der Streik beendet wurde.[367] Da die *Arbeyter shtimme* auf Jiddisch verfasst und an ein jüdisches Publikum adressiert war, wird nicht angegeben, dass die Streikenden jüdisch waren. Allerdings erwähnen die Autor:innen, dass die Fabrikleitung junge christliche Bäuerinnen der Umgebung als Streikbrecherinnen anstellte, ohne dies tiefgreifender zu kommentieren.[368]

Die revolutionäre Presse inszenierte also die Streikenden primär in ihrer Funktion als Arbeiter:innen und nicht über ihre ethnisch-religiöse Herkunft oder ihr Geschlecht. Oder anders gesagt: Wichtig war nicht, dass sie jüdische Frauen waren, sondern dass sie sich als Arbeiterinnen ihrer Situation bewusst waren und sich zusammenschlossen, um sich gegen den Ausbeuter – den Fabrikanten – zu erheben. Sowohl in der zeitgenössischen Literatur als auch in den autobiographischen Darlegungen damaliger Revolutionär:innen werden die Arbeiter:innen der Fabrik von Zaks als mutig und von ihrer Aktion überzeugt beschrieben. Sie handelten als bewusste Arbeiter:innen, die es verstanden hatten, dass nur eine kollektive Aktion gegen den Fabrikbesitzer und die Behörden eine Erfolgschance hatte. Sie hielten an ihren Forderungen trotz Hunger, Verarmung und Unterdrückung fest.[369] Diese heldenhafte Darstellung der Streiken-

366 Rabočee delo 4/5 (1899), S. 116–117.

367 Arbeyter shtimme 16 (1900), S. 5–7.

368 Ibid., S. 7.

369 Rabočee delo 4/5 (1899), S. 115–117; Ko vsem Dvinskim rabočim i rabotnicam, in:

den ging einher mit der Rhetorik der Einigkeit und Solidarität, die sozialistische Organisationen unter den Arbeiter:innen zu verbreiten versuchten. Diese zwei Konzepte standen im Zentrum des sogenannten Kampfs gegen die Fabrikanten, neben demjenigen des Bewusstwerdens bzw. Bewusstseins. Die Demonstration dieser Einigkeit, die Unterstreichung des heroischen Verhaltens der Streikenden und ihres Handelns als Proletariat – indem sie gemeinsam gegen die Macht der Fabrikleitung und des Staates kämpften – dienten als Motivation und Beispiel für weitere Streikaktionen.

Diesem ersten Streik im November 1899 in der Fabrik von Zaks folgten mehrere andere Streiks und Protestaktionen, an denen Arbeiter:innen der Fabrik bis zum Vorabend der Revolution von 1905 teilnahmen. Obwohl die Archive keine separaten Dossiers zu diesen Fällen aufbewahrt haben, findet man einzelne Hinweise auf sie, sowohl in der revolutionären Presse als auch in einzelnen Berichten der Dvinsker Behörden.[370] Auch in anderen Fabriken von Dvinsk häuften sich die Streikausbrüche und Arbeitseinstellungen. Diese Informationen zeugen von einer regelmäßigen Protestaktivität von Seiten der Arbeitskräfte in der Stadt, wo der Allgemeine Jüdische Arbeiterbund äußerst präsent und aktiv war. Die Ereignisse vom November 1899 hatten einen Diskurs um die Held:innentaten, die Solidarität und das Bewusstsein der streikenden Arbeiter:innen und ihrer Unterstützer:innen ausgelöst, bei dem die Bundist:innen versuchten, möglichst viele neue Anhänger:innen anzuziehen.

Rabočaja mysl' 9 (1900), S. 3; Solomon, Derinerungen, S. 41; Berman, In loyf fun yorn, S. 141.

370 An dieser Stelle kann man folgende Beispiele nennen: 1) In der bundistischen Zeitschrift *Poslednija izvestija* wird von der Teilnahme aller Arbeiter:innen der Fabrik von Zaks an der Arbeitseinstellung und Demonstration zum 1. Mai 1901 berichtet (Poslednija izvestija 13 (22.05.1901), S. 1). Diese Information wird in einem Bericht des Vitebsker Gouverneurs bestätigt, obwohl dort steht, dass von 580 Arbeiter:innen 326 nach der Mittagspause nicht mehr in der Fabrik erschienen seien (Bericht des Vitebsker Gouverneurs an das Polizeidepartement, 25.04.1901, GARF, F. 102_OO_226(1898)_5_č30_lG, S. 36–37, hier S. 36ob). 2) In einem jiddischen Flugblatt des Bundes vom August 1901 versuchen die Autor:innen, die Arbeiter:innen der Fabrik von Zaks zu einem Generalstreik anzustacheln, um gegen die zunehmende Verschlechterung ihrer Arbeitsbedingungen und das zu strenge Regime in der Fabrik zu protestieren (Flugblatt Oyfruf. Tsu alle dvinsker arbeyter un arbeyterinen oyf zaks fabrik!, IISH Amsterdam, AYABC Dossier 26, S. 4). 3) 1903 sangen in der Fabrik von Zaks acht Arbeiterinnen Lieder zu Hirsh Lekerts Ehre (Hirsh Lekert war ein revolutionärer Aktivist in Vil'na und war 1902 infolge eines Anschlags auf den Gouverneur hingerichtet worden). Vier von ihnen wurden sofort entlassen, die anderen wurden gebüßt (Poslednija izvestija 143 [01.09.1903]).

6. Drei Streiks in der Fabrik von Šereševskij und Russota in Grodno

6.1 Grodno und die Zigaretten- und Tabakfabrik von Šereševskij und Russota

Mit der Gründung des Gouvernements Grodno 1801 wurde die gleichnamige Stadt zum Hauptort dieser neuen administrativen Einheit. Ihre Lage am befahrbaren Fluss Neman war für die Entwicklung des Innen- und Außenhandels entscheidend. Mit dem Anschluss Grodnos 1862 an die Eisenbahnlinie zwischen Warschau und Sankt Petersburg erlebte die Provinzstadt einen ökonomischen und industriellen Aufschwung und wurde zu einem regionalen Zentrum für den Großhandel.[371] Mit der wirtschaftlichen Entwicklung der Stadt ging ein starkes Bevölkerungswachstum einher. Während Grodno 1861 20.241 Einwohner:innen zählte, stieg diese Zahl 1899 auf 50.435.[372] Infolge dieser Bevölkerungszunahme und des Mangels an angemessenen Infrastrukturen (anständiges Kanalisationssystem, Abfallentsorgung usw.) befand sich die Stadt in einem schlechten hygienischen Zustand, was eine offene Tür für Krankheiten und Epidemien bedeutete. 1900 verfügte Grodno über drei Spitäler, die insgesamt 236 Krankenbetten anboten.[373]

1897 machten die Jüd:innen rund 48 Prozent der Bevölkerung aus.[374] Die Stadt war im 18. Jahrhundert ein wichtiges Zentrum der talmudischen Gelehrsamkeit gewesen.[375] Diese für die jüdische Kultur bedeutende Rolle behielt sie im Laufe des 19. Jahrhunderts, wobei sie sich in mehrere Richtungen entfaltete. So wurden zum Beispiel verschiedene jüdische Bildungseinrichtungen, auch für jüdische Mädchen, eröffnet, und das Druckergewerbe stellte einen wichtigen Handwerkszweig dar.[376] Die jüdischen Einwohner:innen waren in den öko-

---

371 Kopynskij, Z. Ju. (Hrsg.): Grodno (istoričeskij očerk), 2. aktualisierte und erweiterte Ausgabe, Minsk 1964, S. 59, 63–65.

372 Zahlen aus: Kopynskij, Grodno, S. 66. Im Band *Grodno* der *Belarussischen Sowjetischen Enzyklopädie* werden folgende Einwohner:innenzahlen angegeben: 18.800 im Jahr 1859 und 46.900 im Jahr 1897 (Belorusskaja sovetskaja ėnciklopedija (Hrsg.): Grodno. Ėnciklopedičeskij Spravočnik, Minsk 1989, S. 18). In beiden Fällen entspricht es rund einer zweieinhalbfachen Erhöhung innerhalb der fast gleichen Zeitspanne.

373 Kopynskij, Grodno, S. 67–68.

374 Zimmerman, Poles, Jews, and the Politics of Nationality, S. 16 (Zahlen nach dem Zensus von 1897).

375 Michałowska-Mycielska, Anna: Hrodna, in: YIVO Encyclopedia of Jews in Eastern Europe, <http://www.yivoencyclopedia.org/article.aspx/Hrodna> [04.08.2016].

376 Sobolevskaja, Ol'ga: V Rossijskoj Imperii (1795–1915 gody), in: Kemerov, M.; Pivo-

nomischen Aktivitäten Grodnos tief verankert: Der Handel gehörte zu einer wichtigen Tätigkeit der jüdischen Bevölkerung, die Geschäftskontakte mit Kongresspolen, Preußen und Österreich-Ungarn pflegte.[377] 1887 befanden sich 76 Prozent der Fabriken in ihren Händen und 70 Prozent der Handwerker:innen waren jüdisch.[378] Die Handwerksproduktion stellte einen wichtigen Anteil der Stadtwirtschaft dar. So arbeiteten gegen Ende des 19. Jahrhunderts 2916 Personen als Handwerker:innen.[379] Und 74 Fabriken beschäftigten 2022 Arbeiter:innen. Von diesen Fabrikarbeiter:innen waren mehr als 1440 – also über 70 Prozent – in der Tabak- und Zigarettenfabrik von Šereševskij und Russota tätig, auf die sich dieses Kapitel konzentriert. Die anderen Fabriken waren also mehrheitlich klein und stellten in der Regel sieben bis neun Personen an.[380] Somit wies Grodno eine für die Zeit und die Region typische Wirtschaftsstruktur auf.[381]

Erste Unruhen unter den Arbeiter:innen und Handwerker:innen der Stadt brachen schon Anfang der 1880er Jahre aus. Dies waren aber vereinzelte Aktionen, die laut der sozialdemokratischen Literatur nicht im Voraus geplant und organisiert worden waren. Die Sekundärliteratur bezeichnet als ersten Streik in Grodno eine Arbeitseinstellung der Gehilfen einiger Schneiderwerkstätten im Jahre 1879, die eine Verkürzung des Arbeitstages verlangten.[382] Der erste revolutionäre Zirkel der Stadt, der Grodnenskij revoljucionnyj kružok (Grodner Revolutionärer Zirkel) entstand 1887. Seine Mitglieder diskutierten und verbreiteten marxistische Ideen. Er bestand bis Juni 1894, als er von der Polizei

varčik, S. (Hrsg.): Evrei Grodno. Očerki istorii i kul'tury, Grodno 2000, S. 21–46, hier S. 30–37.

377 Ibid., S. 22.

378 Michałowska-Mycielska, Hrodna. Die Autorin gibt ihre Quellen nicht an.

379 Belorusskaja sovetskaja ėnciklopedija, Grodno, S. 18. Worauf diese Zahl basiert, wird nicht präzisiert. Allerdings ist anzunehmen, dass die Quelle der Zensus von 1897 ist, weil die Zahl für dieses Jahr gegeben wird.

380 Gajdukevič, Iosif Iosifovič; Kren', Ivan Platonovič (Hrsg.): Očerki istorii profsojuzov grodnenščiny (1905–2005 gody), Grodno 2005, S. 6. Auf derselben Seite geben die Autoren die Zahl von 3400 Handwerker:innen an. Leider informieren sie nicht über ihre Quellen. Wichtig hier ist, dass Grodno um die Jahrhundertwende wie die meisten anderen Städte vergleichbarer Größe im Ansiedlungsrayon wenige Arbeiter:innen im Verhältnis zur ganzen Bevölkerung zählte.

381 Zur Beschreibung und Analyse dieser Struktur, die Mendelsohn „Proletariat von Handwerker:innen" genannt hat, siehe Mendelsohn, Class Struggle in the Pale, insbesondere das erste Kapitel (S. 1–26).

382 Kopynskij, Grodno, S. 73; Belorusskaja sovetskaja ėnciklopedija, Grodno, S. 18; Kren', Ivan Platonovič (Hrsg.): Grodno. Istoriko-ėkonomičeskij očerk, Minsk 1988, S. 67.

aufgelöst wurde. Sein damaliger Anführer, der Militärarzt Sergej Fedorovič Galjun, wurde verhaftet und anschließend nach Archangel'sk verbannt. Zum Zirkel gehörte auch Petr Ivanovič Šumov, der im Petersburger Technologischen Institut studierte und so die Verbindung des Zirkels mit der Hauptstadt darstellte.[383] Nach seiner Verhaftung verbrachte er fast ein Jahr im Gefängnis in Grodno, bevor er im Mai 1895 wieder freikam und für zwei Jahre unter öffentliche Aufsicht der Polizei *(glasnyj nadzor)* gestellt wurde.[384] Kaum hatte er seine Freiheit zurückgewonnen, baute er einen neuen Zirkel auf, der 1897 seine Propaganda- und Agitationstätigkeiten erweiterte und in die Gründung einer Arbeiter:innenorganisation mit 250 Teilnehmenden mündete. Infolge der Entstehung des Allgemeinen Jüdischen Arbeiterbundes im September 1897 spaltete sich die Organisation in zwei Gruppen: Rund ein Drittel der Mitglieder (darunter Petr Šumov) weigerte sich, dem Bund beizutreten, und gründete das Grodnenskij rabočij komitet (Grodner Arbeiter:innenkomitee), das mit der Polska Partia Socjalistyczna (Polnischen Sozialistischen Partei, PPS) eng kooperierte. Die anderen bekannten sich zum Bund und führten ihre Aktionen unter dem Namen Grodnenskij social-demokratičeskij komitet (Grodner Sozialdemokratisches Komitee) durch.[385]

1861 gründeten die jüdischen Händler Abram Gordon und Lejba Šereševskij eine Tabak- und Zigarettenfabrik.[386] Weil Šereševskij kein Kaufmann der Ersten

383 Ibid., S. 67–68; Belorusskaja sovetskaja ėnciklopedija, Grodno, S. 18; Artikel Galjun, Sergej Fedorovič, in: Dejateli revoljucionnogo dviženija v Rossii, Bd. 5, Moskva 1931–1933,<https://wbis.degruyter.com> [17.11.2017]. Petr I. Šumov machte nach seiner Emigration nach Paris 1907 eine Karriere als Fotograf und wurde vor allem für seine Porträts berühmter Künstler:innen (insbesondere von Auguste Rodin) bekannt. Infolge der aus wirtschaftlichen Gründen erfolgten Schließung seines Pariser Fotoateliers emigrierte er 1935 von Paris nach Łódz, wo er ein Jahr später einem Herzinfarkt erlag. Siehe die kurze biographische Zusammenfassung über sein Leben in Vasilevskaja, Ol'ga (Hrsg.): Russkij Parižanin. Fotografii Petra Šumova, Moskau 2000, S. 16–38.

384 O dvorjanine Petre Ivanove Šumove, GARF, F. 102_OO_95(1897)_1387, S. 3.

385 Gajdukevič, Kren', Očerki istorii profsojuzov grodnenščiny, S. 9–10; Kren', Grodno, S. 68; Belorusskaja sovetskaja ėnciklopedija, Grodno, S. 157, 178, 182–183; Tobias, The Jewish Bund in Russia, S. 95.

386 Das genaue Gründungsdatum variiert je nach Quelle. 1862 als Entstehungsdatum taucht in den meisten Werken der Sekundärliteratur sowie in einigen offiziellen Dokumenten der 1890er Jahre auf. Die heutige Tabakfabrik Neman, die direkte Nachfolgerin der Fabrik von Šereševskij und Russota, betrachtet das Jahr 1861 als ihr Gründungsdatum. Dabei stützt sie sich auf die Entscheidung der Gouvernementbehörden vom 17. Juli 1861, die Öffnung der Tabakfabrik zu erlauben. Siehe <http://tabak.by/company/hystory/> [04.08.2016].

Gilde war, hätte er keine Erlaubnis für die Eröffnung der Fabrik bekommen, weswegen er sich mit Abram Gordon zusammenschloss.[387] Obwohl nur wenige biographische Informationen über Šereševskij bekannt sind, kann man sagen, dass er höchstwahrscheinlich zu einer bedeutenden Unternehmer- und Bankiersfamilie in Polen und Litauen gehörte.[388] Im ersten Jahr bestand die Fabrik aus einem Meister und drei Arbeitern, zehn Jahre später aus zehn Meistern und zwanzig Arbeitern.[389] Nach der Übernahme des Unternehmens durch den Sohn Šereševskijs, Iosel' Lejbovič Šereševskij, der sich mit dem jüdischen Kaufmann Fajvel' Russota zusammenschloss, entwickelte sich die Fabrik in den 1880er und 1890er Jahren zur größten der Region. Immer wieder stellte I. L. Šereševskij den Stadtbehörden Anträge auf Bauerweiterungen, die meistens genehmigt wurden.[390] 1892 zählte die Fabrik 1475 Arbeiter:innen (400 Männer, 900 Frauen, 25 Jungen und 150 Mädchen unter 15 Jahren) und war somit deutlich die wichtigste Arbeitgeberin von Grodno und Umgebung.[391] Alle Arbeiter:innen waren jüdisch.[392] Der Fabrikant hatte laut eigenen Angaben von 1892 in der Fabrik eine Schule für 100 minderjährige Mädchen gebaut, eine Sparkasse und einen

387 Karipidi, Galina: OAO „Grodnenskaja tabačnaja fabrika Neman", 150 let stabil'nogo kačestva, Grodno 2011, S. 6. In den gesichteten Quellen der 1880er und 1890er Jahre taucht der Name von Abram Gordon gar nicht mehr auf.

388 Er war unter anderem mit Moses David Szereszewski (1844–1915), einem einflussreichen Bankier und Geschäftsmann in Warschau, verwandt. Siehe Guesnet, François: Szereszewski Family, in: YIVO Encyclopedia of Jews in Eastern Europe, <http://www.yivoencyclopedia.org/article.aspx/Szereszewski_Family> [17.10.2016]. I. L. Šereševskij, der die Fabrik seines Vaters übernahm, beherrschte Russisch sehr gut. Im Schriftverkehr mit den Tabakfabrikanten G. und I. Ėdel'štejn in Vil'na, denen man im Kapitel 4 schon begegnet ist, benutzte er die russische Sprache, während diese in der Korrespondenz mit anderen jüdischen Fabrikbesitzern und Händlern Jiddisch schrieben (siehe LVIA, F. 602_1_9).

389 Siehe <http://tabak.by/company/hystory/> [04.08.2016].

390 So beispielsweise 1888 für den Bau eines dritten Stockwerkes auf einem der Fabrikgebäude (Po prošeniju vladel'cev tabačnoj fabriki v gor. Grodno Šereševskogo Iosifa i Russoty Fajvelja o razrešenii im pristrojki 3-go ėtaža k tabačnoj fabrike, NIAB Grodno, F. 8_2_596). Oder 1895 für den Bau eines Raumes für neue Maschinen (Delo o razrešenii vladel'cam tabačnoj fabriki Šereševskomu i Russote vozvodit' kamennuju pristrojku dlja pomeščenija kerosinovogo dvigatelja, točil'nogo i tokarnogo stanka vo dvore označennoj fabriki v gor. Grodno (1895), NIAB Grodno, F. 8_2_1115).

391 Vedomosti vladel'cev ob oborudovanii, proizvoditel'nosti i količestve rabočich na promyšlennych predprijatijach v gorodach i uezdach Grodnenskoj gubernii za 1892 g., NIAB Grodno, F. 14_1_401, S. 159–159ob.

392 Diese Information wird explizit in den Berichten der Fabrikinspektion und in anderen

Arzt für die Arbeiter:innen organisiert.[393] Die Produkte (Zigaretten, Zigarren und Machorka-Zigaretten) wurden im gesamten Russischen Reich verkauft, und einige von ihnen gewannen prestigeträchtige Auszeichnungen sowohl im Zarenreich als auch im Ausland, wie zum Beispiel eine silberne Medaille auf der All-Russländischen Ausstellung in Moskau 1882.[394] Der Fabrikant besaß Warenlager mit Verkaufsstellen in verschiedenen Städten des Reiches und Kongresspolens, wie beispielsweise in Dvinsk, Łódz, Warschau und später auch in Ekaterinburg und Simferopol.[395] Somit war die Fabrik nicht nur die bedeutendste der Region, sondern auch ihre Produktion im europäischen Teil des Zarenreiches durchaus ein Begriff.[396] Als der erste Streik im Herbst 1899 ausbrach, zählte die Fabrik laut Angaben des Staatsanwalts des Vilner Gerichtshofes „rund 1700 Arbeiter, davon rund 400 Männer".[397]

---

behördlichen Dokumenten erwähnt. Siehe zum Beispiel Bericht des Oberfabrikinspektors, 20.09.1899, RGIA, F. 23_30_39, S. 210.

393 Vedmosoti vladel'cev [...] Grodnenskoj gubernii za 1892 g., S. 159ob. Es ist der erste Hinweis, den ich über die Schule gefunden habe. Wann genau sie gebaut wurde, konnte nicht rekonstruiert werden. Seit den 1860er Jahren kann eine allgemeine Zunahme der Einrichtung von Fabrikschulen auf die Initiative der Fabrikbesitzer beobachtet werden. So hatten 1882 7,7 Prozent der in einer Umfrage erfassten Fabriken eine Fabrikschule. Mitte der 1870er Jahre wurden erste Gesetzentwürfe besprochen, die die Anstellung von Kindern an eine Schulpflicht koppelten. Allerdings wurde in einem Gesetz vom Juni 1884 festgelegt, dass die Fabrikbesitzer freiwillig eine Schule bauen konnten; verpflichtende Maßnahmen wurden keine getroffen. Siehe Puttkamer, Fabrikgesetzgebung, S. 110, 120, 139–140. Im August 1866 wurde ein Gesetz über die medizinische Versorgung der Fabrikarbeiter:innen verabschiedet. Es besagte, dass jede Fabrik mit mehr als 1000 Arbeiter:innen ein Fabrikspital mit 10 Betten errichten musste und in den anderen Fabriken ein Bett pro 100 Arbeiter:innen zur Verfügung stehen sollte. Diese Verordnung führte dazu, dass laut einer Untersuchung der Fabrikinspektion 1897 65 Prozent der ihr unterstellten Fabriken mit mehr als 1000 Arbeiter:innen ein eigenes Krankenhaus hatten (ibid., S. 373–376). Ob die Fabrik von Šereševskij über ein eigenes Spital verfügte oder nicht, bleibt unklar.

394 Sobolevskaja, Ol'ga: Grodnenskie evrei v ėkonomičeskoj žizni goroda konca XIX veka, in: Rocznik Grodzieński 3 (2011), S. 76–96, hier S. 86.

395 Karipidi, OAO „Grodnenskaja tabačnaja fabrika Neman", S. 13.

396 Um die Bedeutung und Größe der Fabrik für die Region besser einschätzen zu können, lohnt es sich, ein Auge auf die statistischen Daten der Fabrikinspektion zu werfen: 1902 gab es im Gouvernement Grodno nur zwei Fabriken, in denen mehr als 500 Personen arbeiteten (RGIA, F. 23_19_357, S. 19ob-20).

397 Bericht des Staatsanwalts des Vilner Gerichtshofes an den Justizminister, 21.09.1899, GARF, F. 124_8_141, S. 1.

Mit seiner Fabrik positionierte sich Šereševskij als einer der angesehensten Personen der Stadt Grodno. Sein Einfluss auf die jüdische Gemeinschaft als bedeutendster Arbeitgeber steht außer Zweifel.[398]

6.2 Quellen

Das Besondere an der Fallstudie, die in diesem Kapitel dargestellt wird, ist, dass sie in der Untersuchung nicht nur eines Streiks, sondern dreier Streikaktionen besteht. Dabei handelt es sich um die drei größten Arbeitsniederlegungen von Seiten der Arbeiter:innen – oder zumindest eines Teils von ihnen –, die seit der Gründung der Fabrik und vor der russischen Revolution von 1905/1907 stattfanden. Der Streik der Zigarettenmacherinnen im September 1899, der mit der Verhaftung von über 85 Arbeiterinnen eine dramatische Wende nahm, die Arbeitseinstellung der Arbeiterinnen der Verpackungsabteilung ein Jahr später und der Konflikt, der im Dezember 1903 in der Sortierungsabteilung anfing, bevor er sich in der ganzen Fabrik über mehrere Wochen hinweg verbreitete, stellen für die vorliegende Arbeit eine einzigartige Erscheinung dar: Dadurch, dass sich die Dokumentation der drei Konfliktfälle bis heute erhalten hat, erlauben sie, Rückschlüsse nicht nur über die einzelnen Fälle, sondern über eine Zeitspanne von fünf Jahren zu ziehen. Damit wird möglich, auf die Frage des Lernprozesses in der Streikaktion einzugehen. Was hat sich Ende 1903/Anfang 1904 im Vergleich zu 1899 und 1900 geändert? Bedingten die vorherigen Konflikterfahrungen diese Änderungen?

Die Analyse der Streikaktionen in der Tabak- und Zigarettenfabrik von Šereševskij und Russota beruht auf Quellen, die aus den anderen Kapiteln schon bekannt sind und hier deswegen nur kurz erwähnt werden. Es sind zum einen Dokumente aus Regierungskreisen: die Berichte der Fabrikinspektion, des Gouverneurs, des Staatsanwaltes, des Polizeimeisters und des Chefs der Gendarmerie. Nicht für jeden Streik sind Akten aller hier zitierten Akteure vorhanden bzw. nicht alle ihrer Berichte befinden sich noch in den Archivfonds. So verfügt man beispielsweise für den Streik vom Oktober 1900 in der Verpackungsabteilung nur über eine einzige Mitteilung des Oberfabrikinspektors, die darauf

398 Siehe die Beschreibungen der Machtverhältnisse in der Stadt Grodno durch Shmarya Levin: Levin, The Arena, S. 166. Es ist bemerkenswert, dass die Fabrik in den Quellen fast immer als „Fabrik von Šereševskij" bezeichnet wird. Russota kommt als Fabrikantfigur selten vor.

schließen lässt, dass der Streik zu Ende ist. Alle anderen Berichte stammen von den ersten Streiktagen, vor dem 12. Oktober, und beschreiben deshalb vor allem den Streikbeginn und nicht die Lösung des Streiks. Anhand der erhaltenen Informationen sind dennoch die Stellungnahmen, Reaktionen und Perspektiven der behördlichen Akteure rekonstruierbar. Im Gegensatz zum vorherigen analysierten Fall in der Zündholzfabrik von Zaks in Dvinsk sind leider nur wenige Befragungsprotokolle von Mitgliedern der Fabrikleitung oder Arbeiter:innen erhalten.

Zum anderen stehen Flugblätter revolutionärer Gruppen zur Verfügung, die während der Streikaktionen gedruckt und in der Stadt Grodno verbreitet wurden. Für den Streik vom September 1899 gibt es ausschließlich russische Übersetzungen der jiddischen Originale. Dies stellt natürlich die Frage nach der Zuverlässigkeit dieser Quellen. Es war der Kronrabbiner der Stadt Grodno, der diese Flugblätter übersetzte. Inwiefern seine Übersetzungen genau waren, kann man nur anhand derjenigen Proklamation, die in zwei Versionen vorliegt, einschätzen.[399] Für den Streik vom Dezember 1903 und Januar 1904 stehen insgesamt sechs Flugblätter des Grodner Sozialdemokratischen Komitees des Allgemeinen Jüdischen Arbeiterbundes (fünf auf Jiddisch und eins auf Russisch verfasst) zur Verfügung. Diese Flugschriften geben einen detaillierten Einblick in die Mobilisierungsstrategie(n) der bundistischen Gruppe in Grodno und in das Narrativ, das die Partei über den Streik, seine Herkunft und seine Bedeutung konstruierte.

Die bereits erwähnten Quellen werden ergänzt durch Artikel und Berichterstattungen über die einzelnen Ereignisse der schon in Kapitel 5 benutzten revolutionären Zeitschriften *Arbeyter shtimme, Rabočee delo* und *Rabočaja mysl'*. Eine russische Übersetzung einer jiddischsprachigen Zeitschriftenausgabe des Grodner Sozialdemokratischen Komitees, deren erste Nummer im Januar 1901 erschien, enthält zudem weitere Hinweise über die Art und Weise, wie der Bund die Situation in der Fabrik sah und wie er versuchte, die Arbeiter:innen für den

399 Es handelt sich um das Flugblatt *Tsu arbeyterkes un arbeyter fun shereshevskes fabrik!*, das beim Streik vom Oktober 1900 verbreitet wurde (Flugblatt Tsu arbeyterkes un arbeyter fun shereshevkes fabrik!, ohne Datum, LVIA, F. 446_4_243, S. 25a, gefolgt von der Kopie der russischen Übersetzung, S. 25b–25v). Ein Vergleich der jiddischen Originalversion mit der russischen offiziellen Übersetzung erlaubt festzustellen, dass die Übersetzung in diesem Fall zuverlässig ist. Ich habe mich deswegen entschieden, die anderen Übersetzungen, die die gleiche Person vornahm, auch als zuverlässige Übersetzungen zu betrachten.

Widerstand gegen die Fabrikbesitzer zu gewinnen.[400] Trotz der Prominenz der Fabrik waren in den Archiven und Zeitschriften, die für die vorliegende Arbeit konsultiert wurden, keine Selbstzeugnisse von Arbeiter:innen der Fabrik von Šereševskij und Russota oder von den Fabrikanten selbst zu finden. Und weil in diesen Fällen auch fast keine Befragungsprotokolle erhalten sind, wird eine detailliertere Analyse zu den Akteur:innen der Streiks wie im Fall der Fabrik von Zaks unmöglich sein.

In Bezug auf die Atmosphäre um die Tabakfabrik in Grodno kurz vor dem ersten Streik vom September 1899 bieten die Memoiren von Shmarya Levin eine wertvolle, lebendige Beschreibung.[401] Levin, 1867 in der Nähe von Bobrujsk im Gouvernement Minsk geboren, bekam eine traditionelle, religiöse Erziehung. Er ging dann ins Ausland, wo er unter anderem in Heidelberg und Berlin die Universität besuchte. 1896 und 1897 hielt er sich in Grodno auf und war als Kronrabbiner tätig. Um die Jahrhundertwende interessierte er sich immer mehr für den Zionismus und wurde zu einem seiner begeistertsten Befürworter. Politisch engagiert, ging er regen publizistischen Tätigkeiten in unterschiedlichen jüdischen Zeitungen und Zeitschriften nach, nicht nur im Russischen Reich, sondern auch in Deutschland, den USA und Palästina, wo er 1935 starb. Seine Memoiren verfasste er auf Jiddisch. Sie erschienen zuerst 1928 in der Zeitung *Forvert* in New York und wurden dann in drei Bänden in englischer Übersetzung zwischen 1929 und 1932 veröffentlicht.[402]

6.3 *Der erste Streik vom September 1899*

STREIKAUSBRUCH, FORDERUNGEN UND STREIKVERLAUF

Der Oberfabrikinspektor des Gouvernements Grodno, Aleksej Viktorovič Varencev,[403] erklärt: Am 16. September 1899 bekam er die Nachricht, dass am

---

400 „Grodnenskij fabričnyj letučij listok", Januar 1901, GARF, F. R6935_2_13, S. 1–8. Als Übersetzer wird der Kronrabbiner von Grodno Š. Ėpštejn angegeben.

401 Levin, The Arena.

402 Artikel Levin, Shmar'ja, in: Rossijskaja Evrejskaja Ėnciklopedija, Moskau 1994, S. 171–172.

403 Aleksej Viktorovič Varencev wurde im Juni 1860 geboren. Nach einer Ausbildung als Bergbauingenieur arbeitete er eine Zeit lang als solcher unter anderem im Kaukasus. Ab Mai 1893 war er im Departement für Handel und Manufaktur tätig, bevor er ein Jahr später vom Finanzminister zum Oberfabrikinspektor des Gouvernements Grodno

selben Tag in der Fabrik von I. L. Šereševskij in Grodno alle Arbeiterinnen der Zigarettenabteilung bis auf fünf nicht arbeiten gekommen waren. Während der vorherigen Woche, vom 7. bis zum 16. September, war die Fabrik wegen des jüdischen Sukkot-Festes geschlossen geblieben.[404] Der Inspektor, der sich in Belostok aufhielt, als er die Information über den Streik erhielt, kehrte umgehend nach Grodno zurück, um die Gründe und Umstände dieses Vorfalls zu untersuchen.[405] In seinem Bericht an das Departement für Handel und Manufaktur zeigt er sich vom Streikausbruch überrascht. Es habe keine Hinweise auf die Absicht der Zigarettenmacherinnen gegeben, einen Streik zu organisieren, „wenn man nicht als solche die Informationen zählt, die mir [Varencev] (und der Polizei) vom Fabrikanten Šereševskij mitgeteilt [wurden], dass es vier Werst von Grodno entfernt im Wald eine Arbeiter:innenversammlung gegeben hatte, an der irgendwelche Reden gehalten wurden".[406] Das Verharmlosen dieser Versammlung steht im Kontrast zu der Interpretation, die die Gendarmerie und der Staatsanwalt darüber machten, wie unten noch detaillierter geschildert wird. Auf jeden Fall zeugen die Aussagen des Fabrikinspektors davon, dass ihm bisher

---

ernannt wurde. Er blieb in dieser Funktion bis im August 1905, als er als Oberfabrikinspektor nach Warschau versetzt wurde. Während seiner Karriere stieg er gesellschaftlich auf. Er wurde Staatsrat und erhielt sowohl den Orden der Heiligen Anna (Zweite Klasse im April 1897) als auch den Orden des Heiligen Vladimir (Vierte Klasse im März 1904, Dritte Klasse im April 1913). Siehe Formuljarnyj spisok o službe Okružnogo fabričnogo inspektora Varšavskogo Okruga, gornogo inženera, Dejstvitel'nogo Statskogo Sovetnika Alekseja Varenceva, RGIA, F. 23_23_171, S. 539–546ob.

404 Laut Angaben des Fabrikinspektors arbeiteten in der Zigarettenabteilung der Fabrik von Šereševskij und Russota 578 Arbeiterinnen (426 Meisterinnen und 152 Gehilfinnen, die mehrheitlich minderjährig waren). In den Berichten des Chefs der Gendarmerie und des Staatsanwaltes ist die Rede von 700 Zigarettenmacherinnen. Diesen Unterschied kann ich nicht erklären, da ich nicht weiß, auf welche Quellen sich die unterschiedlichen Behörden für ihre Zahlen stützen (Bericht des Oberfabrikinspektors, 20.09.1899, RGIA, F. 23_30_39, S. 210; Bericht des Staatsanwalts des Vilner Gerichtshofes an den Justizminister, 21.09.1899, GARF, F. 124_8_141, S. 1; Bericht des Chefs der Gendarmerie an das Polizeidepartement, 16.09.1899, GARF, F. 102_7-d_196(1899)_487, S. 3).

405 Im Bericht des Polizeimeisters Grodnos an den Gouverneur Grodnos vom 25.09.1899 erfährt man, dass der Oberfabrikinspektor am 18. September in Grodno ankam. NIAB Grodno, F. 1_9_1003, S. 66ob.

406 „[...] если не считать таковыми сообщены мне (и полиции) 9 сего Сентября фабрикантом И. Шерешевским сведения о том, что в 4-х верстах от гор. Гродны, в лесу была сходка рабочих, на которой произносились какие-то речи." Bericht des Oberfabrikinspektors, 20.09.1899, RGIA, F. 23_30_39, S. 210ob.

keine großen Konflikte in der Fabrik von Šereševskij bekannt waren und dass er das oben erwähnte Arbeiter:innentreffen für nicht unmittelbar relevant hielt.

Nach Gesprächen mit der Fabrikadministration und dem Meister der Zigarettenabteilung stellte er in seinem Exposé fest, dass diese keine Forderungen der streikenden Arbeiterinnen bekommen hätten. Der Fabrikant gab dem Inspektor eine Liste mit 14 Namen von Arbeiterinnen, die er für die Initiatorinnen des Streiks hielt.[407] Varencev lud sie ein erstes Mal am 18. September zum Gespräch ein. Die Arbeiterinnen erklärten ihm, dass sie eine Lohnerhöhung forderten.[408] Sie warfen dem Fabrikanten vor, bestens über ihre Forderungen informiert zu sein, weil Einzelne von ihnen im vorherigen Jahr immer wieder versucht hätten, Fajvel' Russota um eine Lohnerhöhung zu bitten, was ihnen aber systematisch verweigert worden sei. Der Fabrikinspektor teilte ihnen mit, dass ihre Aktion illegal sei, und versuchte sie darüber aufzuklären, wie man einen bestehenden Arbeitsvertrag, der als unpassend oder unbefriedigend empfunden wird, auf dem legalen Weg kündigen solle: mit einer zweiwöchigen Ankündigungsfrist.[409] Darüber hinaus forderte er sie auf, die Arbeit zu den bisherigen Bedingungen sofort wieder aufzunehmen. Varencev beschreibt die Reaktion der Arbeiterinnen darauf als unterschiedlich: Während die einen kategorisch abgelehnt hätten, hätten die anderen die Konsequenzen gefürchtet, wenn sie den Streik brechen würden. Sie hatten Angst vor Angriffen von streikenden Kolleginnen, falls sie wieder arbeiten gingen. Varencev nahm also die Streikenden als Arbeiterinnen, die zwei unterschiedlichen Kategorien angehörten, wahr: Die einen waren in seinen Augen Anführerinnen. Sie manipulierten und übten Druck auf die anderen aus, die sich fürchteten, der Bewegung nicht zu folgen.

Die Arbeiterinnen kehrten nach der Diskussion mit dem Fabrikinspektor nicht zur Arbeit zurück: Am 16. September arbeiteten nur 5 Zigarettenmache-

407 Bericht des Oberfabrikinspektors, 20.09.1899, RGIA, F. 23_30_39, S. 210ob-211. Welche Namen genau auf der Liste waren und wie Šereševskij zu diesen Namen kam, bleibt unbekannt.

408 Die Meisterinnen der Abteilung bekamen einen Stücklohn von 20 Kopeken pro 1000 hergestellte Zigaretten der ersten Sorte und 17 ½ Kopeken pro 1000 Zigaretten der zweiten Sorte, was einen Durchschnittslohn von ungefähr 2 bis 3 Rubel pro Woche bedeutete. Die Gehilfinnen verdienten einen Wochenlohn von rund 1,20 Rubel. Die Streikenden forderten einen Lohn von 30 Kopeken pro 1000 Zigaretten und keine Unterscheidung mehr zwischen Zigarettenproduktion der ersten und der zweiten Sorte. Bericht des Oberfabrikinspektors, 20.09.1899, RGIA, F. 23_30_39, S. 211.

409 Siehe Laue, Factory Inspection, S. 349; Puttkamer, Fabrikgesetzgebung, S. 196–197.

rinnen, am 17. 18, am 19. und am 20. 17.[410] Am 20. September fand wieder ein Gespräch mit den Streikenden statt, das aber keine weiteren Ergebnisse brachte.[411] Varencev traf sich auch mit einem der Fabrikanten, der ihm versicherte, dass er die Forderung der Arbeiterinnen auf keinen Fall befriedigen könne, weil sie viel zu hoch sei.[412] Vom Streikabbruch berichtete Varencev am 30. September: Die Arbeiterinnen waren am 27. und 28. zur Arbeit zurückgekehrt und die Fabrik arbeitete seitdem wie üblich. Die Meisterinnen bekamen eine Lohnerhöhung, wenn auch nicht in dem Umfang, den sie gefordert hatten.[413] Der Streik hatte insgesamt neun Arbeitstage gedauert. Neun Millionen Zigaretten waren nicht produziert worden, was einem Lohnverlust von 1700 Rubel für die Zigarettenmacherinnen entsprach.[414]

Die Berichte des Oberfabrikinspektors zeigen, dass dieser sich genau so verhielt, wie es die Behörden in Sankt Petersburg von ihm erwarteten. Er suchte das Gespräch mit den unterschiedlichen Akteur:innen (streikenden Arbeiterinnen und Fabrikbesitzern bzw. Fabrikleitern), erfüllte seine Aufklärungsarbeit den Streikenden gegenüber (indem er sie informierte, dass sie illegal handelten) und setzte die Anweisung des Finanzministeriums durch, mit den Streikenden keine Verhandlungen einzugehen und ihnen deutlich zu machen, dass er keine Diskus-

410 Bericht des Oberfabrikinspektors, 20.09.1899, RGIA, F. 23_30_39, S. 210–211.

411 Bericht des Oberfabrikinspektors, 24.09.1899, RGIA, F. 23_30_39, S. 212. Der Oberfabrikinspektor gibt keine Details zu diesem Gespräch vom 20. September. Der Polizeimeister der Stadt behauptet seinerseits, dass der Inspektor am 20. September die Streikenden im Kontor der Fabrik für ein Gespräch bestellt habe, dass aber keine von ihnen zum Termin erschienen sei. Auch die Erklärung des Gouverneurs, die am 23. September in der Fabrik und in der Stadt als Warnung aufgehängt wurde und die auch der Oberfabrikinspektor unterschrieb, bestätigt diese Version. Siehe Bericht des Polizeimeisters Grodnos an den Gouverneur Grodnos, 25.09.1899, NIAB Grodno, F. 1_9_1003, S. 67; Erklärung des Gouverneurs Grodnos Dobrovol'skij und des Oberfabrikinspektors Varencev, RGIA, F. 23_30_39, S. 213.

412 Bericht des Oberfabrikinspektors, 20.09.1899, RGIA, F. 23_30_39, S. 211ob.

413 Die Streikenden hatten einen Lohn von 30 Kopeken pro 1000 Zigaretten gefordert. Zugestanden wurde eine Erhöhung des Lohnes der Meisterinnen. Unklar bleibt, in welchem Umfang die Löhne verbessert wurden, der Fabrikinspektor gibt widersprüchliche Informationen. Er redet von ¾ Kopeken pro 100 anstatt die bisherigen ½ Kopeke. Dies entspricht aber nicht den Lohnzahlen, die er in seinem Bericht vom 20. September angab. Bericht des Oberfabrikinspektors, 30.09.1899, RGIA, F. 23_30_39, S. 217.

414 Bericht des Oberfabrikinspektors, 30.09.1899, RGIA, F. 23_30_39, S. 217.

sionen über höhere Löhne oder andere Forderungen einleiten werde, solange sie nicht wieder arbeiteten.[415]

Als Fabrikinspektor, der einerseits kontrollieren sollte, ob die Arbeitsgesetze respektiert wurden, andererseits ein Ansprechpartner für die Arbeiter:innen im Problemfall sein sollte, hätte man erwarten können, dass er die strukturellen Gründe des Streiks in seinen Zusammenfassungen erläuterte. Glaubt man seinen Ausführungen, hatte er das auch vor, als er umgehend von Belostok nach Grodno zurückkehrte, nachdem die Nachricht vom Streik ihn erreicht hatte. In seinem Bericht versucht er jedoch nicht, die Ursachen für den Konfliktausbruch zu beschreiben. Er beschränkt sich auf die Benennung der Forderung der Streikenden (Lohnerhöhung) und auf die Darstellung seiner Interaktionen mit ihnen. Wollte er dadurch eine neutrale Stellung einnehmen? Hätte er die Bedingungen in der Fabrik kritisch betrachtet und der Argumentation der Zigarettenmacherinnen einen größeren Platz gegeben, hätte er die Fabrikbesitzer Šereševskij und Russota direkt kritisieren müssen. Nun aber stellten die beiden wichtige regionale Wirtschaftsakteure dar. Seitdem mit dem Gesetz vom Juni 1886 die Fabrikinspektoren nicht nur dem Finanzministerium, sondern auch den Fabrikbehörden des Gouvernements unterstellt waren, hatten die Gouverneure einen erheblichen Einfluss darauf, wie genau das Fabrikgesetz angewandt wurde.[416] Ob ein Oberfabrikinspektor in der Lage war, sich deutlich gegen die angesehensten Unternehmer der Stadt zu positionieren, ist zu bezweifeln, zumal aus den Informationen, die man über Varencev hat, ersichtlich wird, dass er eher dem üblichen Karrieremuster folgte. Die Ehrenzeichen, die er im Laufe seines Lebens erhielt, beweisen seine ordentliche, an das System angepasste Karriere. In seinen Memoiren, die er 1911 in Moskau publizierte, erzählt ein anderer Fabrikinspektor, A. K. Klepikov, von seiner Tätigkeit zwischen 1894 und 1908. Obwohl er nie in den nordwestlichen Gouvernements arbeitete, geben seine Beschreibungen relevante Informationen über die komplexen Verhältnisse zwischen dem Fabrikinspektor, dem Fabrikbesitzer und den Arbeiter:innen. So kritisiert Klepikov einerseits den dauernden Druck, den die Fabrikanten auf die Fabrikinspektoren auszuüben versucht hätten, damit diese ihnen wohlgesinnt seien. Andererseits plädiert er stark dafür, dass die Fabrikinspektoren gute Beziehungen zu den Fabrikbesitzern pflegten, weil sie so einen positiveren Einfluss auf sie haben konnten als im Fall eines offenen Konfliktes mit ihnen. Es war ihm

415 Siehe Puttkamer, Fabrikgesetzgebung, S. 249 und Kapitel 2.3, S. 51 dieser Arbeit.

416 Puttkamer, Fabrikgesetzgebung, S. 228, 231; Laue, Factory Inspection, S. 351–352.

dennoch bewusst, dass die Arbeiter:innen ihnen gerade diese Bemühungen um friedliche Verhältnisse mit den Fabrikanten vorwarfen.[417]

Ob Varencev sich von Šereševskij und Russota beeindrucken ließ oder nicht, ist nicht beurteilbar. Er erfüllte aber seine Rolle. Er erklärte sich auch einverstanden mit der Strategie des Leiters der Gendarmerie und des Gouverneurs Grodnos, die am 20. September entschieden hatten, den Zigarettenmacherinnen eine Frist für das Beenden des Streiks zu setzen.[418]

Besonders interessant ist Varencevs Schlusssatz im Bericht vom 30. September: „Die Konzession, die der Fabrikant den Forderungen der Teilnehmer am Streik gegenüber gemacht hat (obwohl nicht im vollen Ausmaß der Forderungen, aber vor der Arbeitswiederaufnahme), kann nicht als Gewähr dienen, dass ähnliche Erscheinungen sich in der Zukunft in der Fabrik von Šereševskij nicht wiederholen."[419] Somit drückt der Fabrikinspektor seine Zweifel darüber aus, dass der Konflikt zwischen den Arbeiterinnen und Šereševskij vorbei sei. Warum er das denkt, erläutert er leider nicht. Spürte er eine tiefgreifende Unzufriedenheit der Arbeiterinnen, die sich langfristig mit einigen Kopeken mehr Lohn nicht beruhigen lassen würden? Hatte er schlechte Arbeitsbedingungen in der Fabrik festgestellt und dachte deswegen, dass die Arbeiter:innen bald dagegen rebellieren könnten? Sah er in den verschiedenen Flugblättern, die während des Streiks in der Stadt verbreitet worden waren, ein Zeichen für eine gesteuerte Propaganda unter den Fabrikarbeiter:innen, die womöglich in weitere Streikausbrüche münden könnte? Oder betrachtete er den allgemeinen Kontext – immer mehr Arbeiter:innenunruhen, sich zuspitzende Konflikte zwischen Belegschaft und Besitzern, Entwicklung revolutionärer Organisationen – als günstig für die Entwicklung weiterer Unruhen? Sollte seine Analyse eine Warnung an die zentralen Behörden in Sankt Petersburg sein, dass, auch wenn das aktuelle Problem gelöst sei, es sich um eine vorläufige und oberflächliche Lösung handelte, die die ernsthaften Schwierigkeiten des Verhältnisses zwischen den Arbeiterinnen und Šereševskij nicht beseitigt hatte? Möglicherweise drückte er damit

---

417 Gvozdev, Sergej [Klepikov, A. K.]: Zapiski fabričnogo inspektora (iz nabljudenij i praktiki v periode 1894–1908gg.), Moskau 1911, S. 19–21.

418 Bericht des Oberfabrikinspektors, 20.09.1899, RGIA, F. 23_30_39, S. 211ob. Mehr zur Reaktion des Gouverneurs und des Chefs der Gendarmerie sowie zu den Konsequenzen davon siehe die zwei folgenden Unterkapitel.

419 „Сделанная фабрикантом уступка требованиям участников стачки (хотя и не в полном размере тех требований, но до возобновления работы) не может служить залогом того, что подобныя явления не повторятся на фабрике Шерешевского и в будущем." Bericht des Oberfabrikinspektors, 30.09.1899, RGIA, F. 23_30_39, S. 217.

auch eine Kritik an der Art und Weise aus, wie der Konflikt in diesem Fall gelöst worden war: Die Fabrikleitung hatte ein Zugeständnis (leichte Lohnerhöhung der Meisterinnen) gemacht, das vermutlich ganz ohne Beteiligung der zarischen Behörden verhandelt worden war, was der Anforderung des Finanzministeriums widersprach, keine Kompromisse einzugehen.[420] Der Fabrikinspektor blieb auf jeden Fall skeptisch, ob damit der Konflikt mit den Arbeiterinnen gelöst war.

GEHEIME VERSAMMLUNGEN ZUR STREIKVORBEREITUNG UND DIE VORSORGLICHE INTERVENTION DER POLIZEI

Der Chef der Gendarmerie von Grodno *(načal'nik Grodnenskogo gubernskogo Žandarmskogo Upravlenija)* schrieb dem Polizeidepartement am ersten Streiktag, dass der Streik ohne der Fabrikadministration bekannte Gründe ausgebrochen, die allgemeine Ordnung bisher nicht gestört worden und die Arbeiter:innen der anderen Abteilungen weiter bei der Arbeit seien.[421] Der Vorfall konnte jedoch nicht so überraschend gekommen sein: Wie der Staatsanwalt des Vilner Gerichtshofes beschreibt, wurde der Polizeimeister der Stadt Grodno am 8. September „durch einen Agenten" *(agenturnym putem)* über ein Treffen informiert, das im Wald Rubanovka 3 Werst von Grodno entfernt einige Tage vorher stattgefunden habe und an dem „rund 100 bis 150 jüdische junge Frauen" *(devuški)* sowie „fünf junge Juden" *(molodye evrei)* teilgenommen hätten. Worüber es in dieser Versammlung ging, wusste der Informant bzw. die Informantin nicht. Einzig konnte er/sie sagen, dass eine weitere Zusammenkunft mit der Teilnahme von Arbeiterinnen der Tabakfabrik von Šereševskij und Russota geplant sei. Diese zweite Versammlung fand schon am darauffolgenden Tag im Wald Pyški in der Nähe von Grodno statt. 300 bis 400 jüdische junge Frauen, mehrheitlich Arbeiterinnen der Fabrik von Šereševskij und Russota, beteiligten sich an ihr. Es gab auch einige jüdische Männer, unter denen sich drei Maskierte befanden, die „irgendwelche Reden auf Jiddisch" gehalten hätten. An diesem Abend sei entschieden worden, dass die Zigarettenmacherinnen ab dem 16. September in den Streik treten würden.[422] Wer den Polizisten informierte, ist nicht eindeutig dokumentiert. Während der Staatsanwalt von Auskünften spricht, die

420 Zu diesen Verhandlungen siehe Kapitel 6.3, S. 219.

421 Bericht des Chefs der Gendarmerie an das Polizeidepartement, 16.09.1899, GARF, F. 102_7-d_196(1899)_487, S. 3.

422 Bericht des Staatsanwalts des Vilner Gerichtshofes an den Justizminister, 21.09.1899, GARF, F. 124_8_141, S. 1; Bericht des Polizeimeisters Grodnos an den Gouverneur Grodnos, 25.09.1899, NIAB Grodno, F. 1_9_1003, S. 65–65ob.

„durch einen Agenten" *(agenturnym putem)* eingeholt wurden, schreibt der Oberfabrikinspektor, dass der Fabrikant Šereševskij selbst diese Informationen den Behörden übermittelt habe.[423] Der Chef der Gendarmerie behauptet, er habe die Auskunft über die zweite Versammlung von einer Zigarettenmacherin bekommen.[424] Plausibel ist, dass Šereševskij auch von einer Zeugin oder einem Zeugen über die erste Versammlung informiert wurde. Allerdings konnte oder wollte die Informationsquelle keine Angaben zum genauen Inhalt dieser Versammlung machen. Entweder verstand sie wirklich nicht, was dort besprochen wurde, in dem Fall konnte es sich nicht um eine Arbeiterin oder einen Arbeiter der Fabrik handeln, weil er/sie sonst Jiddisch beherrscht hätte. Oder sie wollte nicht alles offenbaren, möglicherweise weil sie negative Konsequenzen von Seiten der anderen Arbeiterinnen oder des Fabrikbesitzers befürchtete.

Jedenfalls ist hiermit klar, dass die Polizei schon vor dem Streikbeginn involviert war und deshalb vom Streikausbruch am 16. September nicht vollkommen überrascht werden konnte. Der Polizeimeister unternahm sogar noch vor Streikausbruch erste Schritte, um mit den Arbeiterinnen der Zigarettenabteilung ins Gespräch zu kommen. Als er von der Streikentscheidung nach dem zweiten Treffen erfuhr, lud er auf den 14. September neun Zigarettenmacherinnen zusammen mit ihren Eltern zu ihm in den Polizeiposten ein, „für eine Befragung über ihre Forderungen oder ihre Unzufriedenheit dem Fabrikanten Šereševskij gegenüber und überhaupt über die Gründe der unerlaubt verlassenen Arbeit in der Fabrik ohne fristgerechte Benachrichtigung des Fabrikanten".[425] Wie der Polizeimeister zu diesen neun Namen kam, präzisiert er nicht. Er gibt einzig an, dass er diese jungen Frauen verdächtigte, an der Versammlung teilgenommen zu haben. Wahrscheinlich hatte die Informationsquelle diese Personen namentlich zitiert. Laut dem Staatsanwalt hatte der Polizeimeister die Auskunft bekommen, dass diese jungen Arbeiterinnen beim zweiten Treffen im Wald Reden vor den anderen gehalten hätten.[426] Dass diese Arbeiterinnen vorher schon den Fabri-

---

423 Siehe den schon oben zitierten Bericht des Oberfabrikinspektors, 20.09.1899, RGIA, F. 23_30_39, S. 210.

424 Bericht des Chefs der Gendarmerie an das Polizeidepartement, 16.09.1899, GARF, F. 102_7-d_196(1899)_487, S. 3.

425 „[...] для опроса их претензий или не удовольствий к фабриканту Шерешевскому и вообще о причинах самовольно оставленных на фабрике работ без предупреждения фабриканта выказанный в правилах срок." Bericht des Polizeimeisters Grodnos an den Gouverneur Grodnos, 25.09.1899, NIAB Grodno, F. 1_9_1003, S. 65ob.

426 Bericht des Staatsanwalts des Vilner Gerichtshofes an den Justizminister, 21.09.1899, GARF, F. 124_8_141, S. 2ob.

kanten und/oder der Polizei durch ihr Verhalten aufgefallen wären, ist nicht belegt. Weil der Beamte die Arbeiterinnen zusammen mit ihren Eltern kommen ließ, kann man davon ausgehen, dass sie alle sehr jung waren. Der Polizeimeister beschreibt in seinem Bericht, wie die jungen Arbeiterinnen, die er einzeln befragte, ihre Beteiligung an der Versammlung sowie die Streikabsicht kategorisch leugneten. Sie versprachen sogar, am 16. September wie üblich in die Fabrik zur Arbeit zu gehen. Alle erklärten, dass sie kein Russisch beherrschten, obwohl laut dem Polizisten „viele von ihnen auf Russisch lese- und schreibkundig [sind]".[427]

Am selben Tag, an dem die oben erwähnten neuen Arbeiterinnen vorgeladen wurden, befragte der Polizeimeister auch drei ehemalige Arbeiter einer Fabrik, die wegen Bankrotts des Fabrikbesitzers Refes vor kurzem geschlossen worden war.[428] Der Polizist verdächtigte sie, die drei Maskierten der zweiten Arbeiterinnenversammlung zu sein. Dies zeigt den Verdacht der Polizei, dass die Zigarettenmacherinnen von anderen Personen außerhalb der Fabrik von Šereševskij zur Rebellion ermuntert worden seien;[429] und dies schon vor dem Streikbeginn. Alle drei verneinten ebenfalls jegliche Teilnahme am geheimen Treffen.[430]

Danach informierte der Polizeimeister noch am 14. September sowohl die Staatsanwaltschaft als auch die Gendarmerie über die Arbeiterinnenversammlungen und die von ihm getroffenen Maßnahmen diesbezüglich.[431] Das bedeutet, dass der Staatsanwalt, die Gendarmerie und selbstverständlich die Polizei von Grodno über die Unruhen und die Aufregung der Zigarettenmacherinnen der Fabrik von Šereševskij und Russota wohl zwei bis drei Tage vor dem tatsächlichen Ausbruch des Streiks wussten. Der Polizeimeister hatte sogar versucht, vorsorglich neun potentielle Streikende zu befragen und sie vor den schweren Konsequenzen einer Arbeitsniederlegung zu warnen. Anscheinend hoffte er, dass sein Eingreifen eine Ausführung der angeblichen Streikpläne verhindern

---

427 „[...] хотя многия из них по русски грамотны." Bericht des Polizeimeisters Grodnos an den Gouverneur Grodnos, 25.09.1899, NIAB Grodno, F. 1_9_1003, S. 65ob. Wie der Polizeimeister zu diesem Schluss kommt, ist unbekannt.

428 Ibid. Für die Information zur Fabrik von Refes siehe Bericht des Staatsanwalts des Vilner Gerichtshofes an den Justizminister, 21.09.1899, GARF, F. 124_8_141, S. 1ob.

429 Die Aussage, laut der eine Beeinflussung durch Agitatoren erkennbar sei, kommt auch ausdrücklich im Bericht des Staatsanwaltes vor (Bericht des Staatsanwalts des Vilner Gerichtshofes an den Justizminister, 21.09.1899, GARF, F. 124_8_141, S. 2ob).

430 Bericht des Polizeimeisters Grodnos an den Gouverneur Grodnos, 25.09.1899, NIAB Grodno, F. 1_9_1003, S. 66.

431 Ibid.

könne. Oder er wollte seine Handlungen gegenüber dem Gouverneur absichern und als tadellos darstellen, nachdem der Streik ausgebrochen war und viel Unruhe in der Stadt Grodno provoziert hatte (der Bericht ist vom 25. September datiert, also vom Tag nach den massiven Verhaftungen, von denen später die Rede sein wird). Wenn der Bericht der Wahrheit entspricht, heißt es, dass fast alle behördlichen Parteien, die in einem Streikfall üblicherweise involviert waren – sprich: Stadtpolizei, Gendarmerie, Staatsanwalt – schon vor der Tat über einen potentiellen Ausbruch informiert wurden.

Die Fabrikinspektion blieb jedoch von diesen Informationen ausgeschlossen. Erstens gibt es im Bericht des Stadtpolizisten keine Hinweise darauf, dass er mit dem Fabrikinspektor Kontakt aufgenommen hätte. Erst nachdem der Streik ausgebrochen war, wurde dieser darüber benachrichtigt.[432] Zweitens behauptet der Oberfabrikinspektor selbst, dass er nichts von Unzufriedenheiten oder Unruhen unter den Zigarettenmacherinnen der Fabrik wusste, was für seine Unkenntnis der Handlungen des Polizeimeisters und des Verdachts über geheime Versammlungen spricht.[433] Dies stellt ein typisches Beispiel für den Verlust der Vermittlerrolle und die Einschränkung des Handlungsspielraums der Fabrikinspektoren seit August 1897 und der Bekanntmachung des Zirkulars Nr. 7587 durch das Innenministerium dar.[434] Dieses legte nämlich fest, dass die jeweiligen Gouverneure eine enge Kooperation und Kommunikation zwischen ihnen, den lokalen Fabrikinspektoren, den Chefs der Gendarmerie und den Staatsanwälten herstellen sollten, damit bei den ersten Anzeichen von Unruhe unter den Fabrikarbeiter:innen eingegriffen werden konnte.[435] Somit waren die Fabrikinspektoren zwar in den Handlungsprozess integriert. Die Entscheidungs- und Handlungskompetenz lag jedoch deutlich beim Gouverneur, der vor allem mit den polizeilichen Behörden zu kooperieren hatte, da die Letzteren die Fabriken unter „strengster Aufsicht“ *(samoe strogoe nabljudenie)* halten sollten.[436] Es wurden sogar Polizisten speziell angestellt, um die großen Fabriken und ihre Arbeiter:innen zu beaufsichtigen. So auch in Grodno: Der Gouverneur bekam Anfang August 1899 1710 Rubel vom Innenministerium, um die neun Personen, die als Fabrikpolizisten in seinem Gouvernement arbeiteten, zu fi-

432 Ibid., S. 66ob.

433 Bericht des Oberfabrikinspektors, 20.09.1899, RGIA, F. 23_30_39, S. 211ob.

434 Genaueres zu diesem Thema siehe Puttkamer, Fabrikgesetzgebung, S. 247–249.

435 Das Innenministerium, Polizeidepartement, an die Gouverneure. Zirkular Nr. 7587, 12.08.1897, RGIA, F. 37_65_2813, S. 39ob.

436 Ibid.

nanzieren. Zwei davon kümmerten sich um die Fabrik von Šereševskij.[437] Wie genau ihre Arbeit aussah und welches Verhältnis sie zum Fabrikanten einerseits und zu den Arbeiter:innen andererseits hatten, ist nicht überliefert. Allerdings spielten sie im Streik vom September 1899 wahrscheinlich eine eher unbedeutende Rolle, da sie laut den vorliegenden Quellen erst am 1. September 1899 ihre Beschäftigung aufnahmen.[438] Diese privilegierte Involvierung der Polizei gegenüber der Fabrikinspektion, die auf höchstem Machtniveau gewollt war, kann erklären, dass der Oberfabrikinspektor vor dem Streikausbruch über die Unruhen nicht informiert wurde. Wie im Kapitel über den Streik in der Zündholzfabrik von Zaks in Dvinsk gesehen, führte dieser frühe Einsatz der Polizei manchmal zu Spannungen mit dem Fabrikinspektor.[439] Auch der Fabrikinspektor A. K. Klepikov beklagt sich in seinen Erinnerungen über die neue Machtkonstellation, die das Zirkular Nr. 7587 geschaffen hatte, weil der Inspektor somit keinen Handlungsspielraum mehr hatte.[440] Im hier besprochenen Fall gibt es in den Berichten des Oberfabrikinspektors jedoch keine Spur von Kritik, Irritation oder Vorwürfen, weil man ihn über die Ereignisse zu spät informiert hätte. Er unterstützte die Aktionen und Entscheidungen des Gouverneurs und des Chefs der Gendarmerie ohne Vorbehalt.

Der Polizeimeister schildert in seinem Bericht seine Intervention als informierend und vorwarnend. Er habe sich nicht mit den negierenden Antworten der befragten Arbeiter:innen begnügt, sondern habe versucht, ihnen klar zu machen, dass die geplante Aktion und die geheimen Versammlungen „schwache Vorhaben“ *(nesostojatel'nye zatei)* seien. Er habe sie ermahnt, am 16. September alle – also die gesamte Zigarettenabteilung – zur Arbeit zu kommen, sonst werde es Strafverfolgungen geben. In seiner Beschreibung der Befragungen schildert

437 Raspredelenie učreždennych po Vysočajšemu poveleniju 1ogo Fevralja 1899 goda policejskich dolžnostej po fabrikam i zavodam, raspoložennym v predelach Grodnenskoj gubernii, NIAB Grodno, F. 2_24_2714, S. 60, 66.

438 Bericht der in der Tabakfabrik von Grodno stationierten zwei Polizisten *(mladšye gorodovye)* an den Chef der zweiten Polizeiabteilung der Stadt Grodno, 15.06.1900, NIAB Grodno, F. 2_24_2714, S. 108.

439 Siehe Kapitel 5.7, S. 163 dieser Arbeit.

440 Gvozdev [Klepikov], Zapiski fabričnogo inspektora, S. 206. Klepikov erzählt in der Folge, dass er eine „Technik“ entwickelt habe: so schnell wie möglich in die Fabrik gehen, nachdem er über den Streik informiert worden sei, um noch vor der Polizei vor Ort zu sein und so zu versuchen zu verhandeln und eine Lösung zu finden (ibid., S. 207). Dies konnte selbstverständlich nur funktionieren, wenn der Fabrikant selber ihn über den Streik informierte, was in den analysierten Fällen der vorliegenden Arbeit nicht so passierte.

der Polizeimeister diese neun jungen Arbeiterinnen als starke, selbstbewusste Personen. Sie hätten nicht nur ihre Nichtalphabetisierung, sondern auch ihre Unwissenheit über die für später geplanten Ereignisse überzeugt vorgetäuscht, und ließen sich von den Warnungen des Beamten nicht beeindrucken. Und dennoch war die Zitierung der Eltern zur Befragung ihrer Töchter ein Zeichen dafür, dass der Polizist hoffte, somit Druck auf die jungen Arbeiterinnen ausüben zu können.[441] Dadurch konnte er sicherstellen, dass die Eltern von den Handlungen ihrer Töchter erfuhren. Zudem fanden die Befragungen „über die Eltern" der Mädchen *(čerez ich roditelej)* statt, was auf eine Infantilisierung der jungen Frauen hindeutet.[442] War der Kronrabbiner anwesend? Oder hatten die Eltern für ihre Töchter übersetzt? Hatten sie in ihrem Namen geantwortet und deswegen alles verneint und die Weiterarbeit garantiert, damit die Mädchen keine Probleme bekämen? Darüber lassen sich nur Hypothesen aufstellen, da es in den Archiven keine Spuren dieser Befragungen gibt. Dies impliziert auf jeden Fall, dass sich Eltern und Töchter im Voraus oder spätestens nach der Befragung über die Ereignisse austauschten. Die Eltern wussten, was der Polizeimeister ihren Töchtern vorwarf. Ob sie ihre Protestaktion unterstützten oder nicht, bleibt unbekannt. Gleichgültig gegenüber der Behandlung ihrer Töchter durch Šereševskij und Russota waren sie aber nicht, wie das folgende Beispiel zeigt: Auch wenn der Polizeimeister es im hier besprochenen Bericht nicht erwähnt, verlief das Gespräch mit einer der neun Arbeiterinnen nicht ohne Vorwürfe gegen den Fabrikanten. Der Vater der einen Zigarettenmacherin beklagte sich darüber, „dass die Fabrik für die Körperverletzung seiner anderen Tochter, die einen Fuß bei einem Sturz verloren hatte, nichts bezahlt hatte".[443] Der Polizeimeister habe daraufhin die Sache untersucht und sei zu dem Schluss gekommen, dass das Mädchen sich nicht in der Fabrik, sondern zu Hause schwer verletzt und die Fabrikleitung ihr trotzdem eine Entschädigung gegeben habe.[444] Auch

441 Bei späteren Verhören sowie bei den Verhören der Arbeiterinnen der Fabrik von Zaks, die teilweise auch unter 18 Jahre alt waren, wird die Anwesenheit der Eltern nicht erwähnt. Das spricht für die These der Eltern als Druckmittel im vorliegenden Fall.

442 Bericht des Polizeimeisters Grodnos an den Gouverneur Grodnos, 25.09.1899, NIAB Grodno, F. 1_9_1003, S. 66.

443 „[...] что фабрика не заплатила за увечье другой его дочери, потерявшей ногу при падении." Bericht des Staatsanwalts des Vilner Gerichtshofes an den Justizminister, 21.09.1899, GARF, F. 124_8_141, S. 2ob.

444 Es ist anzunehmen, dass die weiteren Untersuchungen des Stadtpolizisten darin bestanden, mit der Fabrikadministration zu reden. Denn wenige Zeilen vor der Beschreibung dieses Vorfalles behauptet der Staatsanwalt, dass den gesammelten Informationen

wenn dies auf den ersten Blick unmittelbar nichts mit dem Streik zu tun hat – und möglicherweise aus diesem Grund vom Polizeimeister in seinem Bericht vom 25. September als nicht erwähnenswert eingeschätzt wurde –, bringt es zwei wichtige Elemente zum Ausdruck. Erstens erwies es sich für eine Familie als problematisch, wenn ein Mitglied kein Geld mehr verdienen konnte. Im Falle einer Arbeitsunfähigkeit infolge eines Unfalls gab es einen Lohn weniger, die Zahl der zu ernährenden Köpfe blieb aber gleich. Zweitens empfand der Vater die Reaktion des Fabrikbesitzers als ungenügend bzw. unangemessen, egal, ob der Vorwurf gerechtfertigt war oder nicht. Tatsache ist, dass der Mann mit Šereševskij unzufrieden war. Aus diesen zwei Elementen kann man schließen, dass die Tochter, die noch in der Fabrik arbeitete, einen guten Grund für die Forderung einer Lohnerhöhung hatte und dass ihr Vater ebenfalls ein gutes Argument hatte, sie darin zu unterstützen.

Die Aussagen des Polizeimeisters und des Chefs der Gendarmerie über konspirative Arbeiter:innenversammlungen in den jeweiligen Berichten weisen auf ein wichtiges Element der damaligen Arbeiter:innenbewegung hin. Eine solche Versammlung in einem isolierten, sich abseits vom Stadtzentrum befindenden Ort stellte eine übliche Strategie dar. Wegen der Illegalität dieser Zusammenkünfte gab es kaum öffentliche Räume, in denen sich die Arbeiter:innen hätten treffen können, um ihre Schwierigkeiten und Anliegen zu besprechen. In diesem konkreten Beispiel wurde das Problem zudem durch die Tatsache verstärkt, dass die Mehrheit der Teilnehmenden Frauen waren. Somit blieben die wenigen Orte, die sonst hätten in Frage kommen können, wie beispielsweise Kneipen, ausgeschlossen. Deswegen mussten diese geheimen Begegnungen dort stattfinden, wo sie die Aufmerksamkeit der Polizei und der anderen Einwohner:innen nicht auf sich lenken würden. So waren Wälder um die Städte herum beliebte Treffpunkte.[445]

Zudem ist es kein Zufall, dass sich diese Versammlungen und der Streikbeginn während der Feiertage des jüdischen Sukkot-Festes ereigneten. Über die Feiertage blieb die Fabrik geschlossen, was den Arbeiterinnen mehr Freizeit und

zufolge das Verhältnis zwischen Šereševskij und seinen Arbeiter:innen so gut sei, dass es nie Probleme gegeben habe. Siehe ibid.

445 Zu diesen konspirativen Versammlungsorten für die Arbeiter:innenbewegung siehe unter anderen Sirot, Le syndicalisme, S. 157. Über die zusätzlichen Schwierigkeiten, sich als Frauen an öffentlichen Orten zu versammeln, siehe zum Beispiel: Fieseler, Frauen auf dem Weg, S. 68. Shmarya Levin beschreibt die Situation in Grodno konkret wie folgt: „The only place where a meeting could be held without a police permit was the Synagogue" (Levin, The Arena, S. 126).

somit mehr Gelegenheiten gab, sich zu treffen und über ihre eigene Situation zu diskutieren. Das Abhalten solcher Versammlungen während Perioden von Festlichkeiten war Teil einer sorgfältig überlegten Strategie der Verschleierung, die in diesem Fall gut funktioniert zu haben scheint: Als der Wächter des Waldes Pyški über die Arbeiter:innenversammlungen, die in diesem Wald stattfanden, befragt wurde, erklärte er, dass er zwar gesehen habe, dass viele Jüd:innen sich zum Spaziergang und zur Begegnung im Wald getroffen hätten. Aber dies sei zu Sukkot geschehen, deshalb sei es ihm nicht als verdächtig aufgefallen, „weil während dieser Festtage die Juden sich gewöhnlich in großer Zahl an Orten außerhalb der Stadt versammeln".[446]

Die Anwendung des Zirkulars Nr. 7587 und die Suche nach Streikgründen

Nachdem die Gespräche des Oberfabrikinspektors mit den Streikenden gescheitert waren und ein erstes Flugblatt, das auf Jiddisch zur Vereinigung aller Arbeiter:innen der Tabakfabrik aufrief und eine Lohnerhöhung verlangte, in der Stadt verbreitet wurde, entschied der Grodner Gouverneur Nikolaj Aleksandrovič Dobrovol'skij nach Rücksprache mit dem Chef der Gendarmerie und dem Oberfabrikinspektor am 23. September, eine Erklärung in der Fabrik und in der Stadt aufhängen zu lassen. Sowohl der Gouverneur als auch der Oberfabrikinspektor unterschrieben die Mitteilung, die auf Russisch verfasst wurde.[447] Mit diesem Plakat wurden die Arbeiterinnen noch einmal über die Illegalität ihrer Aktion informiert und dazu aufgefordert, die Arbeit am 24. September wieder aufzunehmen, sonst müssten sie sich den Konsequenzen stellen:

> Die Arbeit sofort niederzulegen, um den Fabrikanten mit Gewalt zu zwingen, den Preis [pro hergestellte 1000 Zigaretten] zu erhöhen – nennt sich streiken. Dafür [gibt es] laut Gesetz eine strenge Strafe. Und die Zigarettenmacherinnen, die denken, dass sie mit dem Verlassen der Arbeit den Fabrikanten zur Lohnerhöhung zwingen [können], irren sich sehr. [...] Sie schaden den anderen: Sie berauben das Einkommen aller Arbeiter der Zigaretten-Verpackung, denen der Fabrikant ihre Entlassung in zwei Wochen schon mit-

446 „[...] так как во время этих праздников евреи обыкновенно собираются в большом числе часто в загородных местах". Befragungsprotokoll von Osip Veržbickij, 25.10. 1899, GARF, F. 102_7-d_196_487, S. 21.

447 Bericht des Polizeimeisters Grodnos an den Gouverneur Grodnos, 25.09.1899, NIAB Grodno, F. 1_9_1003, S. 67; Bericht des Chefs der Gendarmerie an das Polizeidepartement, 29.09.1899, GARF, F. 102_7-d_196(1899)_487, S. 4.

> teilte. Dasselbe wird auch mit denjenigen, die an den Zerbröckelungsmaschinen arbeiten, geschehen. Der Oberfabrikinspektor des Gouvernements Grodno erklärte dies alles schon den Zigarettenmacherinnen; aber sie harren weiter aus und sie erschienen sogar nicht auf Abruf im Fabrikkontor für Gespräche mit ihnen. Deswegen wird allen streikenden Arbeiterinnen bekannt gegeben, dass es keine weiteren Erklärungen und Verhandlungen mit ihnen geben wird, dass ihnen eine letzte Frist, um zur Arbeit zurückzukehren – Freitag der 24. September – gesetzt wird und dass gegen alle, die an diesem Tag ab Vormittag nicht in der Fabrik erscheinen und sich nicht an die Arbeit nach den bisherigen Bedingungen machen, mit der ganzen Strenge der Gesetze vorgegangen wird.[448]

Die Argumentation der hier vorliegenden Warnung beruht auf zwei Hauptelementen. Zum einen wird stark rechtlich argumentiert: Streiken ist illegal, und die Streikenden wissen es genau, da der Fabrikinspektor sie darüber schon informiert hat. Zum anderen wird Bezug auf die anderen Arbeiter:innen der Fabrik genommen: Die Streikaktion bringt auch für die Kolleg:innen anderer Abteilungen negative Konsequenzen mit sich. Die Schrift deutet an, dass die Behörden bisher mild und versöhnlich reagiert hätten, weil sie sich auf „Erklärungen und Verhandlungen" mit den Zigarettenmacherinnen eingelassen hätten. Am Ende enthält die Mitteilung eine klare Drohung. Es ist eindeutig, dass die Behörden damit die Zigarettenmacherinnen einzuschüchtern versuchten. So hofften sie wahrscheinlich, dass die Situation sich beruhigen und die Arbeiterinnen ihre Arbeit wieder aufnehmen würden.

Die Mitteilung änderte nichts an der Situation. In der Nacht vom 23. auf den 24. September wurde ein auf Jiddisch verfasster Aufruf an die Zigarettenmache-

448 „[…] Сразу прекращать работу, чтобы силой заставить фабриканта поднять цену – называется делать стачку. За это по закону строгое наказание. И папиросницы, думая, что оставлением работы принудить фабриканта к прибавке, очень ошибаются. […] У других делают вред: лишают заработка всех рабочих упаковки папирос, которым фабрикант уже объявил об отказе через две недели. То же будет и с крошильщиками. Все это объяснил уже папиросницам Старший Фабричный Инспектор Гродненской губернии; но они продолжают упорствовать и даже не явились по вызову в фабричную контору для разговора с ними. Поэтому объявляется всем бросившим работу работницам, что дальнейших объяснений и переговоров никаких с ними не будет, что для того, чтобы вернутся на работу, им назначается последний срок – пятница 24 сентября, и что со всеми, кто не явится в этот день с утра на фабрику и не примется за работу на прежних условиях, будет поступлено по всей строгости законов." Erklärung des Gouverneurs Grodnos Dobrovol'skij und des Oberfabrikinspektors Varencev, RGIA, F. 23_30_39, S. 213.

rinnen verbreitet, in dem sie zum weiteren Streiken aufgefordert wurden.[449] Am 24. September erschien die Mehrheit der streikenden Arbeiterinnen nicht in der Fabrik. Der Gouverneur machte seine Drohungen wahr. In der darauffolgenden Nacht ließ er 87 Frauen und 3 Männer ins Gefängnis bringen. Verhaftet wurden die Personen, die der Agitation und Propaganda verdächtigt wurden, sowie die Streikenden, die aus einer anderen Stadt als Grodno stammten.[450]

Anstatt die Situation zu beruhigen, scheinen die Verhaftungen am Anfang genau das Gegenteil bewirkt zu haben. Am 26. September kamen zwar 300 Arbeiter:innen der Verpackungsabteilung in die Fabrik, verweigerten jedoch die Arbeit. Infolgedessen ging der Chef der Gendarmerie in die Fabrik, wo er diese Arbeiter:innen zu überzeugen vermochte, sich an die Arbeit zu setzen, und so eine Ausbreitung des Streiks auf andere Abteilungen verhindern konnte.[451] Was genau die Arbeiter:innen der Verpackungsabteilung verlangten, präzisiert der Gendarm nicht. Da dies am ersten Arbeitstag nach den Verhaftungen geschah, stand die Arbeitsverweigerung höchstwahrscheinlich in Verbindung mit diesen Ereignissen und drückte möglicherweise die Unzufriedenheit der Arbeiter:innen über die Festnahme ihrer Kolleg:innen aus.[452]

Zu den unmittelbaren Konsequenzen dieser Verhaftungswelle schrieb der Gouverneur: „Eine solche Maßnahme machte Eindruck auf die Arbeiter, und jetzt wandten sich Eltern und Verwandte der Verhafteten an mich mit der Bitte um Nachsicht und um die Festlegung einer neuen Frist für die Wiederaufnahme der Arbeit, überzeugt, dass die Arbeiter zur Vernunft kommen [und] arbeiten werden."[453] Dobrovol'skij zeigte Entgegenkommen und Verständnis und ließ am Morgen des 27. September eine zweite Erklärung aufhängen, die dieses Mal nur

449 Flugblatt Ob"javlenie. Ljubeznye sestry!, aus dem Jiddischen übersetzt, ohne Datum, GARF, F. 102_7-d_196(1899)_487, S. 13v–13f. Für eine detailliertere Analyse dieses Flugblatts siehe Kapitel 6.3, S. 229.

450 Bericht des Polizeimeisters Grodnos an den Gouverneur Grodnos, 25.09.1899, NIAB Grodno, F. 1_9_1003, S. 67; Bericht des Chefs der Gendarmerie an das Polizeidepartement, 29.09.1899, GARF, F. 102_7-d_196(1899)_487, S. 4ob.

451 Ibid., S. 5.

452 Der 24. September war ein Freitag. Am Samstag (25.) hatte die Fabrik zu. So war der Sonntag, 26. September, der erste Arbeitstag nach den Verhaftungen der Nacht von Freitag auf Samstag.

453 „Такая мера произвела впечатление на рабочих, и ко мне сейчас пришли обращаться родители и родственники арестованных с просьбами о снисхождении и о назначении нового срока для возобновления работы уверяя, что рабочие образумятся станут на работу." Der Gouverneur Grodnos an den Generalgouverneur von Vil'na, Kovno und Grodno, 28.09.1899, LVIA, F. 378_ps1899_2č3, S. 488ob.

er unterschrieb.[454] Ähnlich wie bei der ersten Erklärung gibt es keine Spuren von einer eventuellen jiddischen Übersetzung. Die Mitteilung unterschied sich graphisch von der ersten dadurch, dass sie in größerer Schrift gedruckt wurde und so imposanter wirkte. Der Gouverneur benachrichtigte die streikenden Zigarettenmacherinnen, dass sie dank der Fürbitte ihrer Verwandten bis zum Morgen des 28. September Bedenkzeit hätten, um wieder in die Fabrik arbeiten zu kommen, sonst werde die Reaktion der Behörden noch gnadenloser sein als bisher:

> Circa 100 Personen wurden schon verhaftet, aber die Unruhen hören nicht auf, und dies zwingt mich zur weiteren Strenge. Parallel dazu bestürmen mich Eltern und Verwandte von Verhafteten mit Bitten um Nachsicht und versichern, dass die von böswilligen Leuten verführten Arbeiterinnen noch zur Vernunft kommen und zur Arbeit zurückkehren können, wenn ich ihnen dafür eine neue Frist stelle. […] Alle […] Arbeiterinnen, die nicht erschienen sind, werden für endgültig aus der Fabrik entlassen erklärt, diejenigen aus einer anderen Stadt werden unverzüglich schrittweise an [ihren] Anmeldungsort verbannt, und die lokalen [Arbeiterinnen] und am Streik alle Schuldigen werden zur Verantwortung gezogen.[455]

So wurde eine Mischung aus Nachsicht (der Gouverneur ist gut und wohlwollend, deswegen gibt er den Streikenden eine zweite und letzte Chance) und Strenge (die Konsequenzen im Fall einer Streikfortsetzung werden schwer und definitiv) ausgedrückt. Bemerkenswert in diesem Zitat ist zudem die laut Dobrovol'skij von den Verwandten der verhafteten Arbeiterinnen behauptete „Verführung" der Zigarettenmacherinnen durch „böswillige Leute" *(zlonamerenn[ye] ljud[i])*. Dadurch wird deutlich, dass die Unruhestifter:innen externalisiert wurden und somit die Aktion der Zigarettenmacherinnen als eine nicht von ihnen ausgegan-

454 Ibid.; Bericht des Chefs der Gendarmerie an das Polizeidepartement, 29.09.1899, GARF, F. 102_7-d_196(1899)_487, S. 5ob.

455 „Уже арестовано около 100 человек, но беспорядки не прекращаются и это вынуждает меня на дальнейшие строгости. Между тем родители и родственники арестованных осаждают меня просьбами о снисхождении и уверяют, что увлеченные злонамеренными людьми работницы могут еще образумиться и вернуться к работам, если им будет мною поставлен на это новый срок. […] Все неявившиеся […] работницы будут считаться окончательно оставившими фабрику, иногородние будут немедленно высланы по этапу на место приписки, а местные и все вообще виновные в стачке привлечены к ответственности." Erklärung des Gouverneurs Grodnos Dobrovol'skij, GARF, F. 102_7-d_196(1899)_487, S. 18.

gene Tat dargestellt wurde. Dies entsprach der Sichtweise des Gouverneurs und des Zirkulars Nr. 7587, wie unten noch besprochen wird.

Am 28. September befanden sich alle Zigarettenmacherinnen, außer denjenigen, die die Polizei verhaftet hatte, an ihrem Arbeitsplatz und nahmen ihre Beschäftigung wieder auf. Daraufhin ließ der Gouverneur alle festgenommenen Arbeiterinnen auf freien Fuß und auch sie kehrten zur Arbeit zurück.[456] Die Fabrikleitung hatte eine Lohnerhöhung zugestanden, die aber unter der geforderten Summe der Streikenden blieb.[457]

Man kann sich jedoch fragen, inwiefern die zwei Erklärungen, die der Gouverneur in der Fabrik und in der Stadt aufhängen ließ, vom Zielpublikum – den Streikenden – breit rezipiert wurden. In den Quellen gibt es keine Hinweise darauf, dass die Mitteilungen auch auf Jiddisch veröffentlicht wurden. Wenn man davon ausgeht, dass die Mehrheit der Arbeiterinnen nur jiddisch sprachen und Analphabeten waren,[458] kann man die Nützlichkeit der Erklärungen bezweifeln. Es fand sich sicher jemand, um das Plakat zu übersetzen und die Nachrichten in der Stadt und unter den Arbeiterinnen zu verbreiten. Aber die lokalen behördlichen Akteure mussten wissen, dass die meisten der Streikenden sie weder lesen noch überhaupt verstehen konnten. Dies kann als gutes Beispiel dafür gesehen werden, welche Schwierigkeiten die Sprachdifferenzen im Russischen Reich darstellten. Die zarische Administration, die kein Jiddisch sprach, wollte mit ihrer jiddischsprachigen Bevölkerung kommunizieren, schaffte es aber nicht einmal, eine Mitteilung in einer Form zu veröffentlichen, die für die Adressierten verständlich war. In den Quellen sind keinerlei Überlegungen darüber zu finden. Einzig der Kronrabbiner, der den Übersetzer spielen musste und dessen Name in den Befragungsprotokollen der verhafteten oder verhörten nur jiddischspre-

456 Bericht des Chefs der Gendarmerie an das Polizeidepartement, 29.09.1899, GARF, F. 102_7-d_196(1899)_487, S. 7.

457 Bericht des Oberfabrikinspektors, 30.09.1899, RGIA, F. 23_30_39, S. 217.

458 Es gibt keine genauen Zahlen zur Sprachkompetenz und Alphabetisierungsrate der Arbeiter:innen der Fabrik von Šereševskij und Russota. R. Glickmann gibt basierend auf dem Zensus von 1897 an, dass im Russischen Reich rund 56 Prozent aller Arbeiter und 21 Prozent aller Arbeiterinnen alphabetisiert gewesen seien. Diese Statistik zeigt aber nicht, wie groß die Kluft zwischen den Regionen, zwischen den Berufen sowie zwischen Stadt und Land sein konnte. Die Alphabetisierungsrate ging oft mit der Frage einher, ob die Personen eine „qualifizierte“ oder „unqualifizierte“ Arbeit hatten (siehe Glickmann, Russian Factory Women, S. 110). Im Allgemeinen gab es unter der jüdischen Bevölkerung eine höhere Alphabetisierungsrate als unter der russischen Bevölkerung, auch bei den Frauen. Für ausführlichere statistische Angaben zur Alphabetisierung jüdischer Frauen siehe Polonsky, Jews in Poland and Russia, Bd. 2, S. 352.

chenden Arbeiter:innen immer wieder auftaucht, zeugt von dieser kommunikativen Schwierigkeit. Dieser Mangel an Kommunikation aufgrund der Sprachunterschiede und die Tatsache, dass der Gouverneur dies anscheinend als nicht problematisch sah, sind symptomatisch dafür, wie abgeschirmt voneinander die verschiedenen Akteur:innengruppen lebten. Diese Trennung lief nicht nur entlang der Schichtzugehörigkeit, sondern auch der Sprachkenntnisse.

Eine weitere plausible Erklärung für das Aufhängen der beiden Plakate ist, dass sie als Beweis für das Handeln des Gouverneurs fungieren sollten. Dobrovol'skij wollte möglicherweise den Fabrikanten der Stadt zeigen, dass er die Situation ernst nahm und etwas dagegen unternahm. Und vor allem: Die lokalen Behörden mussten auch den Petersburger Behörden beweisen, dass sie alles versuchten, um die Unruhen in der Fabrik zu unterbinden.

Betrachtet man die Reaktion des Gouverneurs, wird sichtbar, wie stark dieser sich bemühte, das Zirkular Nr. 7587 vom 12. August 1897 anzuwenden. In diesem geheimen, an alle Gouverneure verteilten Schreiben hatte das Innenministerium nämlich festgelegt, dass die Gouverneure eine Erklärung über die vorgenommenen Maßnahmen gegen den Streik in der betroffenen Fabrik aufhängen lassen mussten. Außerdem besagte das Dokument, dass in dem Falle, wenn es zu keinem „friedfertigen Einverständnis der Parteien" *(miroljubivoe soglašenie storon)* kommen könne, „den Streikenden eine kurze Frist vorzuschreiben [ist], damit sie entweder die Arbeit wieder anfangen oder entlassen werden, und nach Ablauf dieser Frist [sind] alle Arbeiter aus einer anderen Stadt, die nicht arbeiten, an [ihren] Heimatort oder Anmeldungsort fortzuschaffen".[459] Und genau dies hatte der Gouverneur Dobrovol'skij gemacht. Er handelte getreu den Vorgaben des Innenministeriums.

In seinem Bericht an den Generalgouverneur von Vil'na, Kovno und Grodno begrüßte der Gouverneur den „friedlichen Weg" *(mirnym putem)* der Konfliktlösung und lobte den Chef der Gendarmerie für seine „energische und wirksame Beteiligung". Er unterstrich, dass die getroffenen Maßnahmen das Ergebnis einer Beratung zwischen den unterschiedlichen zuständigen Behörden – ihm, der Staatsanwaltschaft, der Gendarmerie und der Fabrikinspektion – gewesen seien und dass er somit die Anordnungen des Zirkulars Nr. 7587 genau angewandt

459 „[...] то назначить забастовщикам кратчайший срок стать вновь на работу или получить расчет и по истечения этого срока всех неставших на работу иногородних рабочих [...] удалять [...] в места родины или приписки". Das Innenministerium, Polizeidepartement, an die Gouverneure. Zirkular Nr. 7587, 12.03.1897, RGIA, F. 37_65_2813, S. 39ob-40.

habe.[460] Er hütete sich zu erwähnen, dass die Wiederaufnahme der Arbeit in der Fabrik mit einer Lohnerhöhung einhergegangen war. Dies hätte die Wirkung der Anwendung des Zirkulars schwächen können und die Interpretation, die sich die Behörden in der Hauptstadt wünschten – also dass es dank des Zirkulars zum Ende des Streiks gekommen sei –, beeinträchtigt. Dass die Lohnerhöhung zur Rückkehr der Zigarettenmacherinnen in die Fabrik beigetragen hatte, war den Behörden in Sankt Petersburg jedoch bekannt.[461] Deswegen kann man sagen, dass vor allem die Adressaten eines Berichtes – in diesem Fall der Generalgouverneur – bestimmten, was in der Darstellung vorkam oder nicht. Der Gouverneur lobte die Handlungskraft seines Chefs der Gendarmerie und den Sinn des Zirkulars Nr. 7587, weil er seinen Bericht dem Generalgouverneur schickte, von dem in Sankt Petersburg die Bestätigung einer reibungslosen Durchführung der zentralen Befehle und Empfehlungen erwartet wurde.

Die Vertreter der Polizei und der Gendarmerie hatten wahrscheinlich vom Gouverneur Anweisungen bekommen, in welche Richtung sie ihre Untersuchung leiten sollten. Kurz nach Streikausbruch fokussierten sie auf die Suche nach externen Agitationsquellen, die den Streikausbruch erklären würden. Insbesondere die Befragungsprotokolle zweier jüdischen Männer, Aleksandr Aškinadzy und Michel' Grinberg, beide aus Grodno, geben Aufschluss über die Informationen, die den Gendarmen interessierten. Aškinadzy und Grinberg waren von einem Gendarmen als Zeugen vernommen worden, weil sie am 26. September als Mittelsmänner an einem Gespräch mit dem Fabrikanten Šereševskij, ausgewählten Zigarettenmacherinnen und ihren Eltern teilgenommen hatten. Es war der Fabrikbesitzer selbst, der sie darum gebeten hatte.[462] Šereševskij, Grinberg und Aškinadzy hatten beim Gouverneur persönlich die Genehmigung eingeholt, Vertreter:innen der Streikenden der Tabakfabrik einzuberufen, um ein erneutes Mal zu versuchen, sie zur Wiederaufnahme der Arbeit zu überzeugen.[463] In ihren jeweiligen Aussagen beschreiben Aškinadzy und Grinberg den

460 Der Gouverneur Grodnos an den Generalgouverneur von Vil'na, Kovno und Grodno, 28.09.1899, LVIA, F. 378_ps1899_2č3, S. 488ob.

461 Doklad po perepiske, proivedennoj v porjadke Položenii ob Ochrane, o zabastovke na papirosnoj fabrike Šereševskogo v gor. Grodne, 25.02.1900, GARF, F. 102_7-d_196(1899)_487, S. 55ob.

462 Aškinadzy spricht von *peregovory* (Verhandlungen oder Gespräche), Grinberg von *soveščanie* (Besprechung, Beratung). Befragungsprotokoll von Aleksandr Veniaminov Aškinadzy, 13.11.1899, GARF, F. 102_7-d_196(1899)_487, S. 40–41; Befragungsprotokoll von Michel' Matusov Grinberg, 29.11.1899, ibid., S. 50–50ob.

463 Ibid., S. 50. Für weitere Informationen zu diesem Treffen vom 26. September und für

Inhalt dieser Zusammenkunft und des Gespräches nicht. Der Gendarm hatte anscheinend kein Interesse an dem, was bei diesem Treffen besprochen worden war. Vielmehr wollte er wissen, ob die beiden Männer über Auskünfte über die Agitator:innen und die Verbreiter:innen der unterschiedlichen Flugblätter verfügten, was beide verneinten.[464]

Die lokalen Behörden konzentrierten sich also auf die Suche nach möglichen Propagandist:innen, die die Arbeiterinnen zum Streiken gebracht hätten. Dieses Vorgehen, das auch in anderen analysierten Streikfällen beobachtet wurde,[465] wirft die Frage nach der Sichtweise der Ereignisse von Seiten der lokalen Behörden auf. Hielten sie es für so unwahrscheinlich, dass die Arbeiterinnen selbst einen Streik in der größten Fabrik der Stadt auslösen konnten? Einen nicht geringen Einfluss auf die Versuche der Stadt- und Gouvernementbehörden, sofort von außen kommende Agitationsquellen aufzudecken, dürfte das schon oben zitierte Zirkular Nr. 7587 des Innenministeriums ausgeübt haben, wie es auch beim Streik vom November 1899 in der Zündholzfabrik von Zaks in Dvinsk der Fall sein würde. Die Behörden Grodnos folgten also dem offiziellen Narrativ, ließen sich dennoch nicht von ihm eingrenzen. Denn am Ende erkannten sie, dass sie keine Beweise für eine organisierte externe Agitation finden konnten und dass die Streikgründe woanders zu suchen waren.

Nachdem in den ersten Berichten über den Streik an das Polizeidepartement und den Justizminister von „unbekannten Gründen" bezüglich der Streikursachen gesprochen und die Beziehungen zwischen den Fabrikleitern und ihren Angestellten sogar als gut bezeichnet worden waren,[466] brachten detaillierte Untersuchungen nuanciertere Aussagen hervor. Schon am 29. September schrieb der Chef der Gendarmerie an das Polizeidepartement, dass „ein allzu niedriger Lohn" den Streik verursacht habe. Die Zigarettenmacherinnen bekämen 1 ⅓ Kopeken pro 100 Zigaretten, während in anderen, ähnlichen Fabriken der Lohn höher sei.[467] Im Januar 1900 teilte der Generalgouverneur dem Innenmi-

---

eine genauere Analyse der Rolle von Aškinadzy und Grinberg siehe auch Kapitel 6.3, S. 219 dieser Arbeit.

464 Ibid., S. 50–50ob; Befragungsprotokoll von Aleksandr Veniaminov Aškinadzy, 13.11.1899, GARF, F. 102_7-d_196(1899)_487, S. 41.

465 So zum Beispiel beim Streik in der Fabrik Zaks im November 1899, siehe Kapitel 5.4 und 5.7.

466 Siehe zum Beispiel: Bericht des Staatsanwalts des Vilner Gerichtshofes an den Justizminister, 21.09.1899, GARF, F. 124_8_141, S. 2ob; Bericht des Chefs der Gendarmerie an das Polizeidepartement, 16.09.1899, GARF, F. 102_7-d_196(1899)_487, S. 3.

467 Bericht des Chefs der Gendarmerie an das Polizeidepartement, 29.09.1899, GARF, F.

nister mit, dass die Streikgründe in folgenden Problemen zu suchen seien: „in dem in der Fabrik existierenden zu strengen Regime (die grobe Behandlung der Zigarettenmacherinnen durch die Fabrikadministration, das Verbot, Nahrung mit sich in die Fabrik zu bringen, und die zu große Willkür in der Verhängung von Strafen)".[468] Es sind Argumente, die auch in der sozialdemokratischen Presse zum Vorschein kommen. Im Bericht zu diesem Streik in der Zeitschrift *Rabočee delo* erzählt zum Beispiel der Autor bzw. die Autorin ebenfalls vom frechen Umgang der Abteilungsleiter mit den Arbeiterinnen und vom Verbot, Essen mitzunehmen: Da die Mittagspause erst um 15 Uhr sei und die Arbeiterinnen seit 8 Uhr nicht essen dürften, würden sie verhungern. Es passiere sogar ab und zu, dass eine Arbeiterin vor Hunger in Ohnmacht falle.[469]

Die Aussage des Generalgouverneurs beruhte möglicherweise hauptsächlich auf den Zeugnissen von Aškinadzy und Grinberg, den zwei oben erwähnten Personen, die am 26. September an der Versammlung mit dem Fabrikbesitzer Šereševskij, einigen Arbeiterinnen und deren Eltern bzw. Verwandten beteiligt waren. Bei den Diskussionen mit den Fabrikarbeiterinnen, die sich angeblich sehr ruhig benahmen, wurde den zwei Mittelsmännern klar, dass die Streikgründe in den schlechten Bedingungen in der Fabrik selbst lagen. Sie waren nicht nur mit dem niedrigen Lohn, sondern auch mit der unangemessenen Behandlung der Frauen durch die Fabrikleitung verbunden. Aškinadzy stellte sogar die Hypothese auf, dass „infolge der [...] schweren Arbeitsbedingungen der Zigarettenmacherinnen der Boden für ihre Arbeitseinstellung schon lange bereit [war]".[470] Somit schob der Zeuge die Verantwortung der Situation auf die

102_7-d_196(1899)_487, S. 7ob. In seinem Buch *Grodno (istoričeskij očerk)* behauptet Kopynskij, dass eine Zigarettenmacherin in Vil'na 40 Kopeken pro 1000 hergestellte Zigaretten verdiente. Das ist mehr als das Zweifache als in der Fabrik von Šereševskij und Russota. Siehe Kopynskij, Grodno, S. 74. In einem Artikel über den Streik stellt der Korrespondent bzw. die Korrespondentin der Zeitschrift *Rabočee delo* fest, dass die Zigarettenmacherinnen in Warschau zwischen 50 und 70 Kopeken pro 1000 und diejenigen der Tabakfabrik Šapšal in Sankt Petersburg 40 Kopeken pro 1000 verdienten. Siehe Rabočee delo 4/5 (1899), S. 113.

468 „[...] в существовавшем на фабрике слишком строгом режиме (грубое обращение с папиросницами фабричной администрации, не дозволение им приносить с собою на фабрику пищу и слишком большой произволе в наложении на них штрафов". Bericht des Generalgouverneurs von Vil'na, Vitebsk und Grodno an den Innenminister, 05.01.1900, GARF, F. 102_7-d_196(1899)_487, S. 8ob.

469 Rabočee delo 4/5 (1899), S. 112–113.

470 „вследствие [...] тяжелых условий работ папиросниц почва к прекращению ими

Fabrikadministration und distanzierte sich von den Behauptungen Šereševskijs und Russotas, die keine Gründe für den Streik sahen.

Im abschließenden Bericht schloss sich das Innenministerium der Version des Generalgouverneurs an. Es wurde festgestellt, dass der Streik nicht durch äußere agitatorische Kräfte organisiert worden, sondern wegen des schlechten Lohnes und der harten Arbeitsbedingungen in der Fabrik (hohe Strafen und Verbot, eigenes Essen auf das Fabrikgelände mitzubringen) ausgebrochen sei. Mit der Erhöhung der Löhne und der Abschaffung bestimmter Strafen hatten die Zigarettenmacherinnen die Arbeit wieder aufgenommen.[471]

JÜDISCHE KONFLIKTVERMITTLUNG

In den gesichteten Quellen werden die genauen Umstände der Kompromissfindung über die Lohnerhöhung, die die Fabrikbesitzer einem Teil der Streikenden schlussendlich trotzdem gewährten, nicht beschrieben. Da diese jedoch mit dem Ende des Streiks zusammenfiel, liegt die Vermutung nahe, dass bei der Zusammenkunft vom 26. September darüber verhandelt wurde. Und die Verhandlungen mussten erfolgreich geendet haben, da zwei Tage später alle wieder arbeiteten. Obwohl von dieser Versammlung nur spärliche Quellen überliefert sind, geben die vorhandenen Informationen einige spannende Hinweise auf die Bedeutung des Streikkonfliktes für die jüdische Gemeinde Grodnos und die damit verbundene Einmischung verschiedener wichtiger Gemeindemitglieder in den Konflikt. Das Treffen, das laut der zwei Mittelsmänner Aškenadzy und Grinberg auf die Initiative des Fabrikbesitzers Šereševskij einbestellt worden war und an dem 40 bis 50 Personen teilnahmen, fand „im Gebäude des jüdischen Priesters" statt.[472] Damit war entweder das Haus eines der Rabbiner oder sogar eine der Synagogen oder Gebetshäuser gemeint;[473] auf jeden Fall ein Ort, der eng mit dem Judentum der Akteur:innen (Arbeiterinnen und Fabrikanten)

работ была подготовлена уже давно", Befragungsprotokoll von Aleksandr Veniaminov Aškinadzy, 13.11.1899, GARF, F. 102_7-d_196(1899)_487, S. 41.

471 Doklad po perepiske [...] o zabastovke na papirosnoj fabrike Šereševskogo, 25.02.1900, GARF, F. 102_7-d_196(1899)_487, S. 55–55ob.

472 Befragungsprotokoll von Michel' Matusov Grinberg, 29.11.1899, GARF, F. 102_7-d_196(1899)_487, S. 50.

473 1890 gab es in Grodno 2 Synagogen und 32 Gebetshäuser (siehe Privovarčik, Sergej: Grodnenskie evrei: chronologija sobytij, in: Kemerov, M.; Pivovarčik, S. (Hrsg.): Evrei Grodno. Očerki istorii i kul'tury, Grodno 2000, S. 5–19, hier S. 12). Shmarya Levin, der 1896/1897 in Grodno als Kronrabbiner arbeitete, erklärt in seinen Memoiren, dass es

verbunden war. Höchstwahrscheinlich wollte die Fabrikleitung einen neutralen Boden für die Diskussionen, was die Fabrik als Versammlungsort automatisch ausschloss. Man brauchte auch einen Raum, der groß genug war und den alle Beteiligten akzeptieren würden, auch die Streikenden. Die Ortswahl könnte auch mit geographischen Überlegungen zu tun haben. Die Synagoge befand sich eventuell im selben Stadtviertel, in dem ein großer Anteil der Arbeiterinnen wohnte, und stellte so einen vertrauten Ort für alle Parteien dar. Ebenfalls könnte die Figur der religiösen und geistigen Autorität (Rabbiner) zur Ortsauswahl beigetragen haben.[474] Denn auch in Grodno nahmen die Rabbiner laut Shmarya Levin eine wichtige gesellschaftliche Stellung in der Organisation der Gemeinde ein und waren in dieser Hinsicht eng mit den einflussreichsten Familien der Stadt verbunden:

> Three families set the tone in Jewish Grodno. No communal plan stood the slightest chance without their advance consent. Every family had its host of supporters, and every group was headed by one of the three important Rabbis of the city. The community was a triangle, with a Rabbi in each corner. The business of the Rabbis was to give religious authority to the views of his group. The three families were the Bergmans, the Frumkins, and the Shereshevskys.[475]

Ob der hier involvierte Rabbiner derjenige ist, den Šereševskij unterstützte, kann man nicht erfahren. Ein starkes Vertrauensverhältnis musste dennoch bestehen, damit die Verhandlungen eine Erfolgschance haben konnten. Ob es sich um den Kronrabbiner handelte, ist aus den vorhandenen Quellen auch nicht ersichtlich. Die Kronrabbiner hatten in der Regel in der jüdischen Gemeinschaft nur wenig Ansehen im Vergleich zu den anderen Rabbinern, weil sie als Instrumente der Zarenmacht empfunden wurden, was vielleicht dagegen sprechen könnte, dass seine Autorität groß genug war, um Fabrikbesitzer und Belegschaft an einen gemeinsamen Tisch zu versammeln. Wie die Machtverhältnisse in Bezug auf die Rabbiner zwischen den unterschiedlichen sozialen Gruppen Grodnos verliefen – also ob die wohlhabenden Jüd:innen und die Arbeiter:innen ihren jeweiligen „eigenen“ Rabbiner hatten oder ob die Trennungslinien sich anders

zu dieser Zeit in Grodno drei ordentliche Rabbiner gegeben habe, die jeweils von den drei einflussreichsten Familien der Stadt unterstützt worden seien. Siehe nächstes Zitat.

474 Zur traditionellen Rolle des Rabbiners siehe zum Beispiel: Haumann, Geschichte der Ostjuden, S. 148–149.

475 Levin, The Arena, S. 166.

verteilten –, weiß man jedoch nicht. Zudem spielte der Kronrabbiner der Stadt eine wesentliche Rolle im Streikfall unter jüdischen Arbeiter:innen, wie weiter oben im Kapitel über den Streik in der Fabrik Zaks klar geworden ist. Indem er bei den Verhören und Befragungen derjenigen Arbeiter:innen, die des Russischen nicht mächtig waren, als anerkannter Übersetzer für die zarischen Beamten fungierte, erlebte er den Konflikt aus nächster Nähe. Ob dies ebenfalls im September 1899 in Grodno passierte, bleibt offen, da in den Archiven keine Befragungsprotokolle von Arbeiterinnen vorliegen.

Stützt man sich auf die Befragungsprotokolle von Aškinadzy und Grinberg, hatte der Fabrikbesitzer Šereševskij selbst sie beide ausgewählt, um mitzudiskutieren. Diese Auswahl gibt Auskunft über Šereševskijs Strategie, um den Konflikt zu lösen. Es ist klar, dass er sich auf der einen Seite auf den Gouverneur, den Chef der Gendarmerie und ihre repressiven Aktionen verließ. Auf der anderen Seite war es in seinem Interesse, dass die Arbeit in der Fabrik so schnell wie möglich wieder aufgenommen würde. Obwohl er dem Oberfabrikinspektor am Anfang des Streiks versichert hatte, dass er die Forderungen der Streikenden gar nicht erfüllen könne, war es am 26. September zur oben besprochenen Versammlung gekommen, deren Ergebnis höchstwahrscheinlich eine leichte Lohnerhöhung für die Zigarettenmacherinnen war. Warum er gerade Aškinadzy und Grinberg zum Gespräch mitnahm, ist nicht zu erfahren. In ihren Befragungsprotokollen durch die Grodner Gendarmen geben beide Herren ein paar persönliche Informationen über sich. Grinberg war 41 Jahre alt und Kaufmann der Zweiten Gilde, und Aškinadzy, 42 Jahre alt, bezeichnete sich als „erblicher Ehrenbürger" *(potomstvennyj početnyj graždanin).*[476] Damit gehörten sie beide zum privilegierten Teil der jüdischen Bevölkerung der Stadt, wie Šereševskij. Genaueres über die Beziehungen zwischen den drei Herren bleibt unbekannt. Der Fabrikbesitzer betraute die beiden mit der Lösung der delikaten Situation, doch es scheint, als seien diese nicht einfach dessen Auffassung gefolgt. Im Gespräch mit den Arbeiterinnen konnten sie nachvollziehen, welch schädlichen Einfluss die Situation in der Fabrik auf die Frauen hatte. Nicht nur für Šereševskij, sondern auch für die Arbeiterinnen und ihre Eltern mussten Grinberg und Aškinadzy entweder wichtige Bezugspersonen oder respektierte Persönlichkeiten der Stadt sein, sonst hätten sie beim Gespräch nicht vermittelnd, beruhigend und/oder drucksetzend wirken können.[477]

---

476 Befragungsprotokoll von Aleksandr Veniaminov Aškinadzy, 13.11.1899, GARF, F. 102_7-d_196(1899)_487, S. 40; Befragungsprotokoll von Michel' Matusov Grinberg, 29.11.1899, ibid., S. 50.

477 In seinen Memoiren erzählt Shmarya Levin, dass eine der zentralen Persönlichkeiten

Es ist sehr unwahrscheinlich, dass Vertreter der russischen lokalen Regierung beim Vermittlungstreffen anwesend waren. Denn es gibt keine Spur dieser Versammlung in den Berichten der lokalen Behörden. Und der befragte Aškinadzy sprach nur von ihm, Grinberg, Šereševskij, Fabrikarbeiterinnen und ihren Eltern und Verwandten als Teilnehmende.[478] Da dies kein „offizielles" Treffen war, gab es keinen Grund, es in einem offiziellen Regierungsgebäude stattfinden zu lassen. In der weißrussischen sowjetischen Enzyklopädie Grodnos gibt es einen Hinweis auf die Bemühungen des Gouverneurs, die Arbeit einer „Vermittlungskommission" zu verhindern. Diese bestehe aus „Vertretern der Streikenden und Persönlichkeiten des öffentlichen Lebens der Stadt" *(iz predstavitelej bastujuščich i obščestv. dejatelej goroda).*[479] Damit war wohl dieses Gespräch, an dem Grinberg und Aškinadzy teilnahmen, gemeint. Der Gouverneur sah die Versammlung vermutlich nicht gern, weil sie den Anordnungen, mit den Streikenden nicht zu verhandeln, solange sie die Arbeit nicht wieder aufnahmen, nicht entsprach. Zudem anerkannte er mit dieser Konfliktlösung eine innerjüdische Parallelstruktur. Und dennoch hatte er seine Erlaubnis gegeben.

Dass der Rabbiner eine Rolle im Verlauf der Streikbewältigung gespielt haben sollte, wird ebenfalls in einem Flugblatt der Arbeiter:innenbewegung erwähnt, das nach dem Ende des Streiks in der Stadt von Unbekannten verbreitet wurde.[480] In einem Artikel über den Konflikt in der sozialdemokratischen Zeitschrift *Rabočee delo* präzisiert die Autorin bzw. der Autor: „Der Rabbiner und andere bedeutende Vertreter der Stadt, die nicht unmittelbar an der Zwie-

---

von Grodno Tatiana Ilinishna Greenberg gewesen sei. Sie hatte einen Salon, in dem viele unterschiedliche Persönlichkeiten verkehrten, und war sehr respektiert: „[...] she occupied the first place in Grodno society, and not among Jews alone. She had achieved her social position through her extraordinary gift for being friendly with every one and her readiness to help without asking questions" (Levin, The Arena, S. 162). Ob diese Frau Greenberg mit dem hier in Frage kommenden Grinberg verwandt war, kann man weder bestätigen noch ausschließen.

478 Befragungsprotokoll von Aleksandr Veniaminov Aškinadzy, 13.11.1899, GARF, F. 102_7-d_196(1899)_487, S. 40–40ob.

479 Belorusskaja sovetskaja ėnciklopedija, Grodno, S. 373.

480 Flugblatt K papirosnicam. Dorogie sestry!, aus dem Jiddischen übersetzt, ohne Datum, GARF, F. 102_7-d_196(1899)_487, S. 13i. Genaueres zu diesem Flugblatt siehe Kapitel 6.3, S. 230. In der Schrift begrüßen die Autor:innen die Einigkeit der streikenden Arbeiterinnen, die gegen die unterschiedlichen Gegner gesiegt habe. Unter diesen feindlichen Kräften befindet sich „die Moral des Rabbiners" *(moral ravvina).* Es gibt keine weiteren Informationen zum konkreten Verhalten des Rabbiners, auch wird nicht präzisiert, um welchen Rabbiner es sich handelt.

tracht interessiert waren, gaben sich alle mögliche Mühe, um die Sache zwischen den Fabrikanten und den Streikenden zu schlichten. Sie gründeten sogar ein spezielles Vermittlungskomitee, zu dem sie auch Vertreter der Arbeiterinnen einluden."[481] Damit ist klar: In den Augen der Revolutionär:innen ging die Initiative für dieses „Vermittlungskomitee" nicht von den Fabrikanten aus, sondern war das Ergebnis der Besorgnis angesehener Einwohner:innen der Stadt. Allerdings sollte die Macht vom Standpunkt der Bundist:innen in den Händen der streikenden Arbeiterinnen bleiben. In der *Arbeyter shtimme* vom Dezember 1899 beschreiben sie zwar diese Kommission, sie unterstreichen aber bei jedem Schritt des Verhandlungsprozesses, dass es die Zigarettenmacherinnen gewesen seien, die die Führung dabei gehabt hätten.[482]

Das Gespräch lief also unter ausschließlich jüdischen Akteur:innen, die auch eine gemeinsame Sprache – Jiddisch – beherrschten; und dies alles in einem jüdisch geprägten Ort – einem Gebetshaus, einer Synagoge oder dem Haus eines der Rabbiner. Somit wird deutlich, dass das Jüdischsein (im religiösen und sprachlichen Sinn) der Protagonist:innen für die Lösung dieses Konfliktes doch eine Rolle spielte: Es kam zu einer Verhandlungslösung, weil die unterschiedlichen jüdischen Akteur:innen miteinander geredet hatten. Wie bereits an mehreren Stellen besprochen, ist die Frage nach der jüdischen Identität der Protagonist:innen schwierig zu beantworten. Für den Fabrikbesitzer Šereševskij, der das Haupt einer der einflussreichsten jüdischen Familien der Stadt und Umgebung Grodnos war, implizierte sein Judentum, dass er im Berufungsverfahren der Rabbiner involviert war und neben Russisch Jiddisch konnte.[483] Wie er persönlich zum jüdischen Glauben stand, ist nicht zu rekonstruieren. Seine kulturelle Einbindung in ein jüdisches Umfeld ist offensichtlich. Neben den bereits erwähnten Tatsachen hatte er nicht gezögert, einer separaten, von den zarischen Behörden unabhängigen jüdischen Konfliktvermittlung zuzustimmen.

Was hieß aber für die streikenden Arbeiterinnen, „jüdisch zu sein"? Wegen des Mangels an Quellen von Seiten der Arbeiterinnen selber kann diese Frage nicht genau beantwortet werden. Denn streikende Arbeiterinnen waren kein Synonym für Revolutionärinnen. Allerdings bleibt es wichtig, die Haltung der revolutionären Kräfte zu dieser Frage näher anzuschauen, um den Umwäl-

481 „Раввин и другие видные представители города, не заинтересованные в раздорах непосредственно, старались всячески уладить дело между фабрикантами и стачечницами. Они образовали даже особый посреднический комитет, куда пригласили и представителей из работниц." Rabočee delo 4/5 (1899), S. 115.

482 Arbeyter shtimme 15 (Dezember 1899), S. 14.

483 Zur Familie Šereševskij und der Rabbinerauswahl siehe Levin, The Arena, S. 166.

zungskontext, in dem sich die Arbeiterinnen befanden, besser zu verstehen. Als die jüdischen Revolutionär:innen, die sich sozusagen zum Marxismus bekehrt hatten, die Frontlinie zwischen Arbeiter:innen und Fabrikanten zogen, wurde das Konzept, laut dem „alle Juden Brüder [sind]", auf den Kopf gestellt.[484] In ihren Agitationstätigkeiten unter den jüdischen Arbeiter:innen und in ihren Propagandaschriften folgten sie einer bestimmten Argumentation, die diese traditionelle Sichtweise durch neue, klassenkämpferische Ideen ersetzte. Das Ziel war, den Arbeiter:innen das Prinzip des Klassenbewusstseins beizubringen, damit sie verstanden, dass sie sich gegen ihre jüdischen Arbeitgeber erheben sollten, um eine neue, für sie bessere, weil durch die sozialistische Revolution klassenlose Welt zu schaffen. Dieses Thema wurde schon im Kapitel 4.7 mit der Broschüre *der shtodt-magid* dargestellt. Ein aussagekräftiges Beispiel dafür, das eine direkte Verbindung zu unserem Streikfall aufweist, ist in einem Flugblatt, das im Januar 1901 in Grodno verbreitet wurde, zu finden. Einerseits stellte es die schlechten Arbeits- und Lebensbedingungen der Arbeiter:innen der Fabrik von Šereševskij und Russota vor, andererseits regte es die ganze Grodner Arbeiter:innenschaft zum Aufstand nicht nur gegen die Fabrikbesitzer, sondern gegen die gesamte politische Ordnung an. Im Absatz, der vom Streik von 1899 in der Zigarettenabteilung berichtet, wird Šereševskij durch einen Vergleich anhand religiöser Bilder stark angegriffen: Der Fabrikant habe anscheinend den Streikenden vorgeworfen, nicht an Gott zu glauben. Die Autor:innen konterten und drehten diesen Vorwurf zu ihren Gunsten: Es sei logischerweise unmöglich, dass die Arbeiterinnen an denselben Gott wie Šereševskij glaubten, weil Šereševskij sie so schlecht und unmenschlich behandle. Dessen wahrer Gott sei das Geld, während die Arbeiterinnen auch ihren eigenen Gott hätten: „Ja, eure Arbeiterinnen haben einen Gott – es ist die Einigkeit, der Zusammenschluss, ein solcher Gott, der ihre Herzen ergötzt und ihnen Hoffnung auf eine bessere Zukunft gewährt."[485] Diese Beschuldigung, der Fabrikbesitzer habe Geld und Profit, die Arbeiter:innen Einigkeit als Gott, ist für die revolutionären Kampfschriften marxistisch geprägter Gruppen typisch.[486] Auch der Vorwurf des Fabrikbesitzers Šereševskij, die Streikenden seien keine Gläubigen, stellt eine typische Sichtweise vom Standpunkt nichtmarxistischer Jüd:innen auf die engagierten Arbeiter:innen dar. Eine „gute Jüdin" definiere sich demnach über ihre

484 Mendelsohn, Jewish and Christian Workers, S. 244.

485 „Да, у ваших работниц есть Бог – это единство, сплоченность, такой Бог, который услаждает их сердца и дарует им надежду на лучшее будущее." Grodnenskij fabričnyj letučij listok, GARF, R6935_2_13, S. 4.

486 Mendelsohn, Jewish and Christian Workers, S. 244.

Religion, nicht über ihre Klassenzugehörigkeit. Die Autor:innen des Flugblattes versuchten, eine neue Realität zu kreieren, in der nicht mehr Religion, sondern Klasse das entscheidende Element für die Identitätsdefinition der jüdischen Arbeiter:innen war. Dafür benutzten sie eine Erzählung, die anhand religiöser Bilder funktionierte und so das Zielpublikum, das keine revolutionäre bzw. klassenkämpferische Sprache beherrschte, ansprach.

Eng damit verbunden ist die Frage nach der Haltung der jüdischen Arbeiter:innen zur Religion und nach den Konsequenzen des Zusammenprallens dieser Überzeugungen mit den Vorstellungen, die Anhänger:innen der sozialistischen Revolution verbreiteten. In ihrem Buch zur Entstehung einer revolutionären Arbeiter:innenkultur im Russischen Reich untersucht Deborah Pearl auch die Frage der Religiosität der Arbeiter:innen. So war die Bezeichnung „gottlos" *(bezbožnyj)* unter den Arbeiter:innen üblich, um andere Arbeiter:innen, die sich für den Sozialismus engagierten, zu definieren. Die Infragestellung des Platzes und der Rolle der Religion im Alltag, die laut den der Forschung zur Verfügung stehenden Memoiren die meisten engagierten Arbeiter:innen durchliefen, konnte zu Spannungen mit deren Kolleg:innen führen. Deshalb achteten die Redner:innen und Anführer:innen in den Arbeiter:innenzirkeln darauf, in einem ersten Schritt gar nichts Schlechtes über die Religion zu sagen.[487] Ähnliches galt für die direkte Kritik am Zaren, da der „Zarenmythos"[488] noch stark präsent war:

> Propagandists soon learned that the direct approach, beginning propaganda among workers as yet unfamiliar with the revolutionary movement with attacks on the tsar (or on religion), was likely to be met by hostility and suspicion. [...] As one worker-activist noted, attacks on God, the priesthood, or the tsar were ineffective methods of propaganda, and might even win the propagandist a beating.[489]

Auch mit dem revolutionären (und politischen) Spruch „Nieder mit der Autokratie!" war nicht garantiert, dass die Arbeiter:innen das gesamte politische System und den Zaren umstürzen wollten. Vielmehr kritisierte der Spruch die Willkür der Administration, sei es auf Fabrik- oder auf Gouvernementsebene.[490]

---

487 Pearl, Creating a Culture of Revolution, S. 76–86.

488 Zum Konzept des „Zarenmythos" siehe Field, Daniel: Rebels in the Name of the Tsar, Boston 1976, insbesondere Kapitel 1 „The Myth of the Tsar", S. 1–29.

489 Pearl, Creating a Culture of Revolution, S. 78.

490 Kir'ianov, Iurii I.: The Mentality of the Workers of Russia at the Turn of the Twentieth

Pearls Feststellungen stellen christliche Arbeiter:innen ins Zentrum, die noch eine starke Verbindung mit der Bauernschaft hatten. Ob diese These eins zu eins auf die jüdischen Arbeiter:innen übertragbar ist, kann hier nicht debattiert werden. Sicher spielten das religiöse Leben und die religiösen Werte als Referenzrahmen für zahlreiche jüdische Arbeiter:innen gegen Ende des 19. Jahrhunderts immer noch eine wesentliche Rolle.[491] Und die jüdischen Sozialist:innen, wie die Bundist:innen, versuchten nicht, sich gegen den jüdischen Glauben an sich zu stellen. Ein Teil von ihnen scheint in Vil'na für die religiösen Feste regelmäßig in die Synagoge gegangen zu sein und ihre Söhne beschneiden lassen zu haben.[492] Für sie war der Glaube eine private Angelegenheit. Gleichzeitig aber kritisierten sie die religiösen Institutionen, die einen direkten Zusammenhang mit sozialer und gesellschaftlicher Organisation hatten, wie beispielsweise die traditionelle Autorität der Rabbiner, die als stark konservative Kräfte gesehen wurden.[493] Und dennoch nutzten sie religiöse Bilder und Begriffe, um bei den Arbeiter:innen ein festes Klassenbewusstsein zu schaffen. Was auf den ersten Blick widersprüchlich scheint, ergibt aber Sinn: Um das neue Weltverständnis mit dem Prinzip der Klassengesellschaft den jüdischen Arbeiter:innen beizubringen, mussten sich die Sozialist:innen eines Wortschatzes und Analogien bedienen, die die Arbeiter:innen verstanden.

Im Streikfall, der hier analysiert wird, scheint die Synagoge in der Wahrnehmung der revolutionären Kräfte eine Rolle als Ort des Protestes gegen die Fabrikbesitzer gespielt zu haben. In einem Artikel in *Rabočee delo* wird folgende

---

Century, in: Zelnik, Workers and Intelligentsia in Late Imperial Russia, S. 77–101, hier S. 82.

491 Sobolevskaja schreibt in ihrem Aufsatz, dass die deutliche Mehrheit der jüdischen Bevölkerung der Stadt Grodno um die Jahrhundertwende sich zum Judentum bekannt habe. Das traditionelle Judentum habe dominiert. Siehe Sobolevskaja, V Rossijskoj Imperii, S. 28; allgemein blieb die jüdische Bevölkerung im Russischen Reich gegen Ende des 19. Jahrhunderts und trotz der Verbreitung neuer ideologischen Strömungen mehrheitlich traditionell geprägt, siehe Polonsky, Jews in Poland and Russia, Bd. 2, S. 275–276, 321–335.

492 Minczeles, Plasseraud, Pourchier, Les Litvaks, S. 126. Auch Tobias unterstreicht, dass mehrere Aspekte des traditionell jüdischen Lebens von den Bundist:innen übernommen wurden, wie beispielsweise der jüdische Ferienkalender. Tobias, The Jewish Bund in Russia, S. 44.

493 Shepherd, Naomi: A Price Below Rubies: Jewish Women as Rebels and Radicals, Cambridge (MA) 1993, S. 158; Abramson, Henry: Two Jews, Three Opinions: Politics in the Shtetl at the Turn of the Twentieth Century, in: Katz, Steven T. (Hrsg.): The Shtetl. New Evaluations, New York 2007, S. 85–101, hier S. 95.

Szene beschrieben: Einer der zwei Fabrikbesitzer, Fajvel' Russota, sei während des Streiks vom September 1899 in die Synagoge gekommen und habe versucht, die Stellung der Fabrikleitung vor den Anwesenden zu rechtfertigen. Dabei sei er aber auf eine ihm feindlich gesinnte Menschenmenge gestoßen und sei sogar verfolgt worden: „Die Leute von der Synagoge richteten eine ganze Prozession hinter ihm durch die Stadt ein, folgten ihm nach Hause und schrien beim Verfolgen unterschiedliche Beleidigungen."[494] Mit der Erwähnung der Synagoge als Begegnungsort zwischen Fabrikanten und „Volk" *(narod)* und der Rebellion dieses „Volkes" in und um die Synagoge selbst werden hier alle Beteiligten deutlich als jüdische Akteur:innen gekennzeichnet. Es handelt sich übrigens um die einzige Anspielung auf die religiöse Herkunft des Fabrikanten sowie der Streikenden im gesamten Beitrag. Der Bericht erschien in einer russischsprachigen Publikation und wurde nicht nur von Personen jüdischer Herkunft zur Kenntnis genommen. Wie bei anderen Streikfällen schon gesehen, diente diese Geschichte möglicherweise dazu, den Lesenden klar zu machen, dass auch jüdische Arbeiter:innen bzw. jüdische Einwohner:innen die Arbeiter:innenbewegung unterstützten.[495]

Die Synagoge als Ort, wo der Konflikt zwischen Fabrikbesitzern und Arbeiter:innen in der Öffentlichkeit ausgetragen wird, wurde in Kapitel 4.5 schon ausführlich diskutiert. Wie in Vil'na im August 1895 kam es im September 1899 in Grodno erneut zu einem Vorfall in einer Synagoge. In der Mitteilung der *Arbeyter shtimme* wird deutlich erklärt, wie der Rabbiner nach der Verhaftung zahlreicher Streikender in der Synagoge eine Predigt gehalten habe, in der er die Versammlung zu überzeugen versucht habe, dass nicht die Fabrikbesitzer für die Inhaftierungen schuldig seien, sondern die Streikenden selbst, weil sie die zweiwöchige Frist für ihre Forderungen nicht eingehalten und so das Gesetz gebrochen hätten. Allerdings seien die anwesenden Menschen damit so unzufrieden gewesen, dass der Rabbiner seine Rede nicht bis zu Ende habe halten können und die Bima habe verlassen müssen.[496] Ähnlich wie während des Streiks in der Tabakfabrik von Ėdel'štejn im Jahre 1895 hatte sich der Rabbiner im Konflikt öffentlich positioniert und das Handeln der Streikenden verurteilt. In einem der revolutionären Flugblätter, die anlässlich dieses Streiks in der Stadt

494 „Народ из синагоги устроил за ним целое шествие по городу, сопровождая его домой и крича в след разныя оскорбления." Rabočee delo 4/5 (1899), S. 114–115. Dieselbe Szene wird auch in Arbeyter shtimme 15 (Dezember 1899), S. 14 beschrieben.

495 Siehe Kapitel 4.7, S. 118.

496 Arbeyter shtimme 15 (Dezember 1899), S. 14.

verbreitet wurden und die im nächsten Kapitel detaillierter analysiert werden, werfen die Autor:innen den Rabbiner in einen Topf mit den Fabrikbesitzern, der Polizei und dem Gouverneur.[497] Somit gehörte der Rabbiner vom Standpunkt der Revolutionär:innen auch zu den Feinden der Arbeiterinnen. Diese Rhetorik schreibt sich in die Kontinuität der Argumente der Broschüre *der shtodt-magid* ein, die infolge des Streiks von 1895 in der Tabakfabrik in Vil'na erschienen war.

Anhand der wenigen Spuren, die erhalten sind, konnte gezeigt werden, dass der Konflikt in der Tabakfabrik von Šereševskij und Russota nicht nur ein Dreieck zwischen russischer lokaler Regierung, Fabrikadministration und Streikenden implizierte, sondern auch komplexere Handlungen unterschiedlicher Gruppen, deren einzige Gemeinsamkeit die jüdische Konfession und die jiddische Sprache waren: Eltern und Verwandte griffen ein, bedeutende jüdische Persönlichkeiten und Geistliche auch. Deswegen kann man sagen, dass der Streik weit über die Fabrikgrenzen hinausging und mehrere Gruppen der jüdischen Einwohner:innen der Stadt involvierte. Die nichtbehördlichen Akteur:innen verfügten also über einen gewissen Handlungsspielraum in der Konfliktlösung.

Flugblätter und Zeitschriften: Die lokale revolutionäre Bewegung und der Streik

Während des Streiks verbreiteten Unbekannte mindestens drei jiddischsprachige, hektographierte Flugblätter in der Fabrik und in der Stadt.[498] Das erste Flugblatt wurde noch vor dem Aufhängen der Erklärung des Gouverneurs und des Oberfabrikinspektors am 23. September verteilt.[499] Es ermutigte die Zigarettenmacherinnen, weiter zu streiken, solange der Fabrikant ihre Forderung der Lohnerhöhung nicht befriedige, denn die Lohnforderungen seien gerechtfer-

497 Flugblatt K papirosnicam. Dorogie sestry!, aus dem Jiddischen übersetzt, ohne Datum, GARF, F. 102_7-d_196(1899)_487, S. 13i–13iob.

498 Die drei Flugblätter liegen in russischer Übersetzung (durch den Kronrabbiner von Grodno) in den russischen Archiven vor: zwei von ihnen im Dossier der Fabrikinspektion und alle drei im polizeilichen Ermittlungsdossier. Das erste Flugblatt beginnt mit den Worten „Ob"javlenie. V vidu togo […]" (RGIA, F. 23_30_39, S. 214–214ob; GARF, F. 102_7-d_196(1899)_487, S. 13v–13gob), das zweite mit den Worten „Ob"javlenie. Ljubeznye sestry!" (RGIA, F. 23_30_39, S. 215–215ob; GARF, F. 102_7-d_196(1899)_487, S. 13e–13f) und das dritte mit den Worten „K papirosnicam. Dorogie sestry!" (GARF, F. 102_7-d_196(1899)_487, S. 13i–13iob).

499 Der Polizeimeister gibt in seinem Bericht an, dass auch dies den Gouverneur zum sofortigen Handeln veranlasst habe. Siehe Bericht des Polizeimeisters Grodnos an den Gouverneur Grodnos, 25.09.1899, NIAB Grodno, F. 1_9_1003, S. 67.

tigt. In anderen vergleichbaren Tabakfabriken würden die Arbeiterinnen zwei- bis dreimal mehr verdienen. Deswegen würde Šereševskij weder „verarmen" noch die Fabrik schließen müssen, würde er seine Zigarettenmacherinnen korrekt bezahlen. Das Flugblatt thematisierte auch die verschiedenen Einschüchterungsversuche und Drohungen, auf die die Fabrikleitung angeblich zurückgriff, damit die Streikenden zur Arbeit zurückkehrten. In erster Linie hätten Šereševskij und Russota begonnen, die Eltern und die Brüder der streikenden Arbeiterinnen zu entlassen, was dazu geführt habe, dass diese zunehmend Druck auf ihre Töchter bzw. Schwestern ausübten, damit sie die Arbeit wieder aufnähmen. Dies habe Spannungen innerhalb der Familien der Arbeiterinnen verursacht. Die Entlassungen seien jedoch nicht ernst gemeint: „[...] es [ist] nur ein leerer Trick von Seite Russotas."[500] Die Fabrikbesitzer hätten auch gedroht, die Streikenden sowohl durch Maschinen als auch durch Streikbrecherinnen aus der Umgebung der Stadt zu ersetzen, was die anonymen Verfasser:innen der Schrift für nicht plausibel hielten: In den Fabriken, in denen die Arbeitskräfte doppelt bezahlt würden, benutze man keine Maschinen. Und keine Arbeiterinnen außerhalb Grodnos komme zu Šereševskij und Russota, wenn sie in den anderen Städten besser bezahlt würden.[501]

Die zweite Flugschrift tauchte um das Fabrikgelände und in der Stadt in der Nacht vom 23. zum 24. September auf, also nachdem der Gouverneur sein Plakat hatte aufhängen lassen, das die Frist für die Rückkehr zur Arbeit auf den 24. September gesetzt hatte.[502] In diesem Schreiben greifen die Autor:innen einerseits Šereševskij stark an und stellen ihn als herzlosen Ausbeuter dar, der damit einverstanden sei, dass seine Arbeiter:innen „vor Hunger sterben", während er dank ihnen viel Geld verdiene.[503] Andererseits erwähnen sie die drohende Erklärung des Gouverneurs und behaupten, dass die Streikenden keine Angst davor haben sollten: „Wie wir angefangen haben zu kämpfen, nichts fürchtend, werden wir so bis zum Gewinn dessen, was wir wünschen, weiter kämpfen."[504]

---

500 „[...] это лишь пустой маневр со стороны Руссоты." Flugblatt Ob"javlenie. V vidu togo [...], aus dem Jiddischen übersetzt, ohne Datum, GARF, F. 102_7-d_196(1899)_487, S. 13vob.

501 Ibid., S. 13vob-13g.

502 Bericht des Chefs der Gendarmerie an das Polizeidepartement, 29.09.1899, GARF, F. 102_7-d_196(1899)_487, S. 4.

503 Flugblatt Ob"javlenie. Ljubeznye sestry!, aus dem Jiddischen übersetzt, ohne Datum, GARF, F. 102_7-d_196(1899)_487, S. 13e.

504 „[...] как мы начали воевать, не боясь ничего, так мы продолжим воевать до выигрыша всего, чего мы желаем.", Ibid., S. 13f.

Auf den miserablen gesundheitlichen Zustand der Arbeiterinnen und ihre dramatische Armut wird im Flugblatt auch eingegangen. Im letzten Satz werden die Arbeiterinnen dazu ermuntert, die Drohungen der Behörden und der Fabrikanten zu ignorieren und „bis zum Ende den Krieg zu führen“ *(vesti vojnu do konca)*.[505]

Über das Verbreitungsdatum des dritten Schreibens ist wenig bekannt. Sicher ist nur, dass es vor dem 5. Oktober 1899 publiziert wurde, da es in einem polizeilichen Bericht an diesem Datum erwähnt wird.[506] Aus dem Inhalt kann man schließen, dass es chronologisch nach den zwei anderen Aufrufen verfasst wurde. Die Flugschrift alarmiert die Zigarettenmacherinnen über eine angeblich nicht gehaltene Vereinbarung über den Lohn einiger junger Arbeiterinnen der Abteilung: Russota habe 2 ½ Kopeken pro 100 Zigaretten versprochen, wolle jedoch einem Teil der jüngeren Arbeiterinnen nur 2 Kopeken zahlen, jetzt, wo sie alle die Arbeit wieder aufgenommen hätten. Einige in der Abteilung fanden das anscheinend in Ordnung, und die Autor:innen kritisierten diese sehr scharf: „Es ist eine Schande zu sagen, dass unter uns sich auch welche befinden, die einverstanden sind, dass ihre Schwestern für weniger [Lohn] arbeiten, nur weil sie jünger sind.“[507] In diesem Gehaltsunterschied bestehe die Gefahr, dass die Fabrikleitung eines Tages allen Zigarettenmacherinnen den niedrigeren Lohn aufdränge. Deshalb müssten alle Arbeiterinnen einig bleiben, um stärker als die Fabrikanten aufzutreten. Denn nur ihre Einigkeit habe die Fabrikadministration zu Zugeständnissen (Lohnerhöhung) veranlasst.[508]

Obwohl die drei oben zusammengefassten Flugblätter in derselben Zeitspanne (gut zwei Wochen) entstanden, weisen sie in mehreren Hinsichten wesentliche Unterschiede auf. Erstens sind sie nicht an dasselbe Zielpublikum adressiert und zweitens variieren sie im Ton, in dem sie verfasst sind.

Auch wenn sie alle drei den Standpunkt einer streikenden Zigarettenmacherin einnehmen, richten sie sich an unterschiedliche Personengruppen. Das erste Flugblatt ist zwar an die Streikenden adressiert – es erklärt detailliert, warum die Forderung der Lohnerhöhung nicht übertrieben ist und warum die Streikenden nicht wieder arbeiten gehen sollten, es nimmt aber auch die Eltern der

505 Ibid., S. 13eob, 13f.

506 Protokoll Nr. 1, 05.10.1899, GARF, F. 102_7-d_196(1899)_487, S. 19.

507 „Стыдно сказать, что между нами находятся такие которые согласны, чтобы их сестры работали за меньшую лишь потому что они моложе.“ Flugblatt K papirosnicam. Dorogie sestry!, aus dem Jiddischen übersetzt, ohne Datum, GARF, F. 102_7-d_196(1899)_487, S. 13iob.

508 Ibid.

streikenden Arbeiterinnen sehr stark in den Blick. Es geht auf eine konkrete Schwierigkeit ein, die die Zigarettenmacherinnen mit ihrer Streikentscheidung provozierten: einen Konflikt innerhalb ihrer jeweiligen Familien. Und damit der Streik erfolgreich enden könne, müssten die Eltern ihre Kinder unterstützen: „Und deswegen bitten wir die Eltern darum, sich nicht täuschen und die Zigarettenmacherinnen jetzt nicht kapitulieren zu lassen."[509] Es wird den Eltern detailliert erklärt, warum sie den streikenden Zigarettenmacherinnen beistehen müssten: Damit diese dank eines höheren Lohns ein besseres Leben hätten und so eine kleinere Last für die Eltern seien. Die Streikenden werden hier vor allem als Töchter stilisiert. Ihre Aktion habe Auswirkungen auf deren Eltern und Brüder, und sie seien sich dessen bewusst. Sie müssten entschlossen bleiben und die Eltern Verständnis für ihr Anliegen zeigen. Die Adressierung an die Eltern ist besonders interessant, bedenkt man, dass auch der Polizeimeister diese in den Konflikt miteinbezogen hatte, als er neun der Zigarettenmacherinnen noch vor dem Streikausbruch zu sich ins Büro vorgeladen hatte. Hält man die Aussagen des Flugblattes über die Reaktion der Fabrikleitung für wahr, hatte Šereševskij die Eltern der streikenden Frauen ebenfalls in den Streik verstricken wollen. Die Eltern der jungen Frauen, die an dem Streik teilnahmen, waren also auch beteiligt, was im Vergleich zu den anderen Fällen in der vorliegenden Arbeit nur hier vorkommt.

Das zweite Flugblatt wendet sich an die Streikenden selbst. Mit dem Ausdruck „Liebe Schwestern!", der die Erklärung eröffnet und im Schreiben mehrmals wiederholt wird, sprechen die Verfasser:innen die Adressatinnen als Gleichgesinnte an, die Mitglieder derselben, großen Familie seien. Die Zigarettenmacherinnen werden dabei als Arbeiterinnen und Frauen gepriesen, die für ihre unermüdliche Arbeit nur schlechte Gesundheit riskierten und Schwierigkeiten hätten, die alltäglichen Ausgaben zu meistern: „Ja, liebe Schwestern! Ihr selbst wisst nur zu gut, wie viele Tage wir für das Sammeln [von Geld] für Schuhe und Kleider hungern; schaut unsere Gesichter an, die bezeugen, was wir durch unsere schwere Arbeit erworben haben: Kopfschmerzen, Herzklopfen, Schwindsucht usw."[510] Interessant ist auch die Tatsache, dass die Autor:innen an erfahrene Arbeiterinnen appellieren: Um zu beweisen, wie ungerecht die Fabri-

509 „Поэтому мы и просим родителей не дать себя обмануть и не пускать папиросниц сдаться теперь." Flugblatt Ob"javlenie. V vidu togo […], aus dem Jiddischen übersetzt, ohne Datum, GARF, F. 102_7-d_196(1899)_487, S. 13vob.

510 „Да, любезные сестры, Вы сами хорошо знаете, столько дней мы голодаем, для собрания на обувь и одежду; посмотрите на наши лица, свидетельствующие, что мы приобрели нашею тяжелою работою: головную боль, сердцебиение, чахотку,

kanten sie behandelten, bringen sie das Argument hervor, dass die meisten von ihnen „seit zehn Jahren oder mehr“ in der Fabrik arbeiteten und nichts Gutes als Gegenleistung bekommen hätten. Darüber hinaus argumentieren sie, dass die Zigarettenmacherinnen vor einigen Jahren schon 3 Kopeken pro 100 Zigaretten verdient hätten.[511] Dies zeugt einerseits von der langfristigen Anstellung der Zigarettenmacherinnen in der Fabrik von Šereševskij, sonst würden solche Argumente nicht tragen. Andererseits gab es unter den Aktivistinnen, die sich für die Verbesserung der Arbeitsbedingungen engagiert hatten, Frauen, die seit längerem in der Fabrik tätig waren und sich an die Zeit erinnerten, als sie für ihre Arbeit besser bezahlt worden waren. Hier wird also dezidiert auf die Erfahrung der langjährigen Arbeiterinnen zurückgegriffen. Somit spielte dieses Wissen eine zentrale Rolle: Der Vergleich mit besseren vorherigen Zeiten weist darauf hin, dass wahrscheinlich nicht das Alter der Streikenden für ein aktives Mitmachen entscheidend war, auch wenn diese – wie es scheint – alle jung waren, sondern die Arbeitserfahrung in der Fabrik selbst.

Das dritte Flugblatt erwähnt die Adressatinnen schon im Titel: die Zigarettenmacherinnen, und zwar alle. Sie werden erneut als „liebe Schwestern“ bezeichnet. Dieses Mal wird jedoch zwischen denjenigen, die die „Einigkeit“ unterstützten, und denjenigen, die mit dem Fabrikbesitzer Russota einverstanden waren, unterschieden. Die Trennungslinie scheint unter den Frauen zu verlaufen, die schon einige Jahre Arbeitserfahrung hatten, da es die neuen Arbeiterinnen seien, die schlechter bezahlt werden sollten, worauf ein Teil der Ersteren angeblich nicht reagiere. Hier wird versucht, alle Zigarettenmacherinnen zu „bewussten“ Arbeiterinnen zu machen, um die „Einigkeit“ wiederherzustellen.

Mit diesen verschiedenen Adressat:innen geht ein unterschiedlicher Schreibton einher. In allen drei Schriften werden zwar die Fabrikanten als listig und geizig regelrecht angegriffen und es wird zur Einigkeit der Zigarettenmacherinnen aufgerufen. In den zwei ersten Flugblättern besteht aber die Einigkeit schon. Es wird nur an sie erinnert, damit der „Krieg bis zu Ende [das heißt bis zum Sieg] [...] geführt wird“.[512] Die Schilderungen der Lebens- und Arbeitsbedingungen drücken Elend und Hoffnungslosigkeit aus, der Ton ist dennoch kämpferisch und zuversichtlich in Bezug auf einen „Sieg“. Im dritten Flugblatt hingegen kommt eine gewisse Enttäuschung über die mangelnde Solidarität eines Teils

и т. д.“ Flugblatt Ob”javlenie. Ljubeznye sestry!, aus dem Jiddischen übersetzt, ohne Datum, GARF, F. 102_7-d_196(1899)_487, S. 13e–13eob.

511 Ibid., S. 13eob.

512 Ibid., S. 13f.

der Zigarettenmacherinnen hinzu. Die frühere Einigkeit wird demonstrativ gelobt und zum Wundermittel gegen alle gegnerischen Kräfte (Fabrikanten, Rabbiner, Gouverneur und Polizei) erklärt, um den Kontrast zwischen vereinigten Arbeiterinnen, die so ihre Forderung erhalten, und unsolidarischen Arbeiterinnen, die das Diktat der Fabrikanten akzeptieren, zu unterstreichen.

Die drei Flugblätter sind nicht unterschrieben, deswegen kann über ihre Herkunft nur spekuliert werden. Allerdings brauchte es ein Minimum an Organisation und Druckmaterial, um die Erklärungen zu verfassen, zu vervielfältigen und zu verbreiten. Deshalb liegt es nahe, dass sie von revolutionären Gruppen konzipiert und produziert wurden. Zudem enthalten die Schriften auch genaue Details über die Bedingungen in der Fabrik und in den Familien der Arbeiterinnen, die nur von Eingeweihten stammen konnten. Vermutlich gehörten also einige Zigarettenmacherinnen bei Šereševskij auch zu diesen revolutionären Kreisen. Wie im Kapitel 6.1 schon gesehen, gab es im September 1899 in Grodno mindestens zwei Organisationen, die sozialistische Ideen unter den Arbeiter:innen zu propagieren versuchten: das Grodner Arbeiter:innenkomitee und das Grodner Sozialdemokratische Komitee. In der weißrussischen Sekundärliteratur wurde geschrieben, dass beide Gruppierungen in der Fabrik von Šereševskij gemeinsam Agitationsaktivitäten im September 1899 durchgeführt hätten.[513] Die überlieferten Quellen erlauben keine genauen Schlussfolgerungen darüber. Sicher ist jedoch, dass ohne routinierte Unterstützung von Personen, die es gewohnt waren, solche Propagandaaktivitäten zu unternehmen, diese Aktionen während des Streiks nicht hätten stattfinden können.

Für die sozialdemokratischen Revolutionär:innen stellte der Streik vom September 1899 in der Fabrik von Šereševskij in Grodno einen Meilenstein in der Geschichte der lokalen Arbeiter:innenbewegung dar. Durch die erreichte Lohnerhöhung konnte die Aktion der Zigarettenmacherinnen als gänzlich erfolgreich gedeutet werden. Die zahlreichen Verhaftungen und die angeblichen Spannungen zwischen Eltern und Töchtern trugen dazu bei, die Streikenden zu Heldinnen zu stilisieren. Spätere Flugblätter nannten sie als Beispiel für einen gelungenen Kampf gegen die Fabrikbesitzer und die Regierungsmacht.[514]

513 Artikel Grodnenskij rabočij komitet und Stačka rabotnic tabačnoj fabriki 1899, in: Belorusskaja sovetskaja ėnciklopedija, Grodno, S. 178 bzw. 373; Bič, Razvitie social-demokratičeskogo dviženija, S. 135–137.

514 So zum Beispiel in einem Flugblatt vom Grodner Arbeiter:innenkomitee zum 1. Mai 1900, in dem die Zigarettenmacherinnen gelobt werden, weil sie „uns gezeigt haben, dass wir [die Arbeiter:innen] unsere Lage verbessern können, nur indem wir fest im Kampf stehen und uns gegenseitig unterstützen" („[...] доказали нам, что мы можем

Die zeitgenössische revolutionäre Presse unterstrich insbesondere zwei Eigenschaften des Ereignisses: seine gute Organisation und das mutige und selbstbewusste Verhalten der Arbeiterinnen; so zum Beispiel in der Ausgabe der *Arbeyter shtimme* vom Dezember 1899. Dort werden der Streik, seine Vorgeschichte und seine Konsequenzen im Detail beschrieben. Diese Schilderung widerspricht bestimmten Elementen der Version, die der Polizeimeister und der Fabrikinspektor in ihren jeweiligen Berichten dargestellt hatten. Gleichzeitig enthält sie Einzelheiten, die die oben erwähnten Flugblätter ansprachen. So behaupten die Autor:innen des Artikels, dass die Zigarettenmacherinnen einige Tage vor dem Streikausbruch einen Brief an die Fabrikanten geschickt hätten, um sie über ihre Forderung einer Lohnerhöhung zu informieren und um ihnen zu erklären, dass sie im Fall einer Ablehnung nach dem Sukkot-Fest streiken würden; woraufhin die Fabrikbesitzer so „erschrocken" gewesen seien, dass sie unmittelbar Kontakt mit der Polizei aufgenommen hätten. Der Polizeimeister habe infolgedessen die angeblichen *unterhetser* (sieben Arbeiterinnen und drei Arbeiter) verhaftet, aber sie noch am selben Tag freilassen müssen, weil es den Streik noch gar nicht gegeben hatte. Der Polizist habe die Verhafteten bei ihrer Befreiung gebeten, nicht zu streiken. Das alles habe nichts gebracht, und am ersten Arbeitstag nach dem Sukkot-Fest sei keine der Zigarettenmacherinnen arbeiten gekommen.[515] Dabei sind die Botschaften, die die Bundist:innen damit hervorheben wollten, klar: Erstens war die Arbeitseinstellung mehrere Tage im Voraus geplant und sogar angekündigt worden. Zweitens machen sie sich über die Reaktionen der Fabrikanten und des Polizeimeisters auf den Brief der Arbeiterinnen lustig und unterstreichen somit die Überlegenheit der Arbeiterinnen. Auch der Entschlossenheit der Streikenden wird ein wichtiger Platz eingeräumt: Ihr Widerstand trotz der Drohungen der Fabrikanten, der Polizei und des Gouverneurs, ihre Väter und Brüder aus der Fabrik zu entlassen und sie zu verhaften, sowie ihre Solidarität mit den verhafteten Kolleginnen werden heldenhaft dargestellt.[516] Die breite Unterstützung, die die Streikenden nach den massiven Verhaftungen von einem großen Teil der (jüdischen) Bevölkerung bekommen hätten, wird

улучшить наше положение только стоя крепко в борьбою и поддерживая друг друга"). Siehe Flugblatt An die Grodner Arbeiter und Arbeiterinnen!, 18.04.1900, russische Übersetzung aus dem Jiddischen, RGIA, F. 23_30_39, S. 232–233; wie man im folgenden Kapitel sehen wird, bezogen sich auch die Flugblätter des Streiks der Packerinnen derselben Fabrik vom Oktober 1900 auf die Erfahrung der Arbeiterinnen der Zigarettenabteilung im September 1899.

515 Arbeyter shtimme 15 (Dezember 1899), S. 13.

516 Ibid., S. 13–14.

in der präzisen Darstellung des Angriffs auf Russota in der Synagoge sowie seiner Verfolgung nach Hause ausgedrückt. Das Benehmen der lokalen Behörden mit ihren systematischen Einschüchterungsversuchen der Streikenden und der Unterstützung der Fabrikbesitzer kritisieren die Bundist:innen heftig.[517] Indem sie die drei zentralen Elemente einer laut ihnen gelungen Streikaktion – sorgfältige Planung, Selbstbewusstsein und Mut der Arbeiterinnen sowie Solidarität der jüdischen Arbeitskräfte und eines Teils der jüdischen Bevölkerung mit den streikenden Frauen – ausführlich darstellten, verbreiteten sie ein idealisiertes Streikbild, das für zukünftige Proteste als Beispiel fungieren konnte. Mit der klaren Darstellung der Fabrikanten Šereševskij und Russota sowie der lokalen Vertreter der Zarenmacht (Polizeimeister, Gouverneur) als besiegte Feinde zogen die Bundist:innen außerdem den Bogen zwischen den ökonomischen und politischen Problemen ihrer Lesenden, die eng miteinander verbunden seien.

Nicht nur in der bundistischen jiddischen Presse, sondern auch in anderen russischen sozialdemokratischen Publikationen wurde über den Streik geschrieben. Die Petersburger Zeitschrift *Rabočaja mysl'* veröffentlichte im Februar 1900 eine Zusammenfassung über den Streik vom September 1899, in der betont wird, wie gut organisiert und im Voraus geplant der Streik gewesen sei. Sogar die Zigarettenmacherinnen anderer Städte wie Vil'na und Belostok seien über die Aktion der Arbeiterinnen in Grodno informiert worden, damit sie nicht „aus Unkenntnis" *(po neznaniju)* in die Fabrik von Šereševskij arbeiten kämen, falls die Fabrikanten nach Streikbrecherinnen suchten.[518] Damit betrachteten die Autor:innen die Solidarität aller Zigarettenmacherinnen der Umgebung (oder anders gesagt die Klassensolidarität) als selbstverständlich, was die Legitimität der Streikaktion noch verstärkte. Die Organisator:innen des Streiks seien gut vernetzt gewesen, und der Peterburgskij Sojuz Bor'by za osvoboždenie rabočego klassa (Petersburger Kampfbund zur Befreiung der arbeitenden Klasse) habe materielle Hilfe in Höhe von 300 Rubel gewährleistet.[519] Weiter begrüßten die Verfasser:innen das Durchsetzungsvermögen der Streikenden und ihre Furchtlosigkeit gegenüber den Drohungen des Gouverneurs, ins Gefängnis geworfen

517 Ibid., S. 13–15.

518 Rabočaja mysl' 8 (1900), S. 6.

519 In einem Bericht an seinen Kollegen vom Vil'ner Gerichtshof erwähnt der Grodner Staatsanwalt, dass der Polizeimeister „durch einen Agenten" *(agenturnym putem)* erfahren habe, dass Agitator:innen den Streikenden Geld übermitteln würden. „Gerüchten zufolge" *(po slucham)* seien 300 Rubel gesammelt worden. Es könnte sich dabei um die 300 Rubel des Petersburger Kampfbundes handeln (Bericht des Grodner Staatsanwalts an den Staatsanwalt des Vil'ner Gerichtshof, 17.09.1899, LVIA, F. 446_5_40, S. 177).

zu werden.[520] In einer zweiten Meldung in der Ausgabe vom September 1900 (also fast ein Jahr nach den Ereignissen) legen die Berichterstatter:innen den Schwerpunkt auf die Unterstützung, die die Streikenden von revolutionären Gruppen bekommen hätten und ohne die sie ihre Aktion nicht hätten durchführen können: „Die Arbeiterinnen [sind] alle Jüdinnen, größtenteils Analphabeten, und deswegen musste man ausschließlich mithilfe persönlicher Agitation auf sie wirken."[521] Die Zigarettenmacherinnen werden also als ungebildete, noch nicht „bewusste" Arbeiterinnen dargestellt, denen die Streikidee durch jemanden beigebracht wurde. Dieser Perspektivenwechsel mag überraschen, zumal der Artikel die Arbeiterinnen negativ beschreibt. Allerdings spielte die Veröffentlichung einer Meldung rund ein Jahr nach den Geschehnissen offensichtlich eine andere Rolle als der Artikel vom Februar 1900. Hier ist klar, dass die Autor:innen die ungeheure Bedeutung der Strategie der persönlichen Agitation in der Fabrik selbst hervorheben wollen. Es handelt sich für die Verfasser:innen also darum, diese Strategie zu rechtfertigen und ihre positiven Auswirkungen auf die Entstehung eines Klassenbewusstseins zu demonstrieren. Dadurch unterstreichen sie umso mehr, wie gut die Aktion überlegt und organisiert worden war.

In der Zeitschrift *Rabočee delo* wird einmal mehr die starke Einigkeit der Zigarettenmacherinnen gelobt, denn sogar diejenigen, die von der Propaganda und Agitation noch nicht „berührt" worden seien, hätten dezidiert mitgemacht. Dazu stellen die Autor:innen die Streikenden als selbstbewusste Personen dar, die fähig seien, eine „nicht zu überbietende Ironie" *(nepodražaemaja ironija)* zu beweisen. Als Beispiel dafür bringen die Autor:innen die angebliche Antwort der Zigarettenmacherinnen auf das Dringen des Gouverneurs, ihm die Namen der Agitator:innen, die sie zum Streik gebracht hätten, zu nennen: „Oh! Ja! Unter uns gibt es drei Agitatoren: den Bäcker, den Schneider und den Schuster; keiner von ihnen gibt uns weder Güter noch seine Arbeit gratis."[522] Dieser Satz verfolgt ein doppeltes Ziel: Erstens erinnert er an die Schwierigkeit der Arbeiterinnen, im Alltag mit ihrem Lohn klarzukommen. Zweitens soll die Ironie die mentale Stärke der Streikenden unterstreichen. Laut demselben Artikel beka-

520 Rabočaja mysl' 8 (1900), S. 6.

521 „Работницы все еврейки, большею частью неграмотны, а потому на них приходилось действовать исключительно с помощью личной агитации." Rabočaja mysl' 9 (1900), S. 3.

522 „О! да! между нами есть три агитатора: булочник, портной и сапожник; никто из них не дает нам ни товару, ни своего труда безплатно." Rabočee delo 4/5 (1899), S. 114.

men die verhafteten Arbeiterinnen große Unterstützung durch ihre Kolleginnen, zeichneten sie sich doch durch ihre Opferbereitschaft aus, indem sie die noch auf freiem Fuß stehenden Arbeiterinnen aufforderten, den Streik weiterzuführen, nachdem der Gouverneur ihnen ihre Freilassung für die Rückkehr zur Arbeit vorgeschlagen hatte.

Die Streikenden hätten nicht nur von den Kolleginnen breite Unterstützung bekommen, sondern auch allgemein von der (jüdischen) Bevölkerung. Manche hätten die Fabrikbesitzer mit anonymen Drohbriefen so stark erschreckt, dass diese „um ihre persönliche Sicherheit zitter[te]n".[523] Der Artikel endet mit zwei klaren Aussagen. Die erste betrifft den Streikausgang selbst: „Der Sieg war total und von großer Bedeutung". Die zweite verkündet die Folgen, die der „Sieg" haben werde: „Dieser erste Streik in der Fabrik und sein Erfolg werden eine enorme aufklärerische Bedeutung haben."[524] Diese Einschätzung vermittelt auch der Artikel in *Rabočaja mysl'*: „Dieser erste, ebenso erfolgreiche Versuch, bessere Existenzbedingungen mit gemeinsamen Kräften zu erlangen, hob die Stimmung aller Arbeiterinnen und Arbeiter unserer Stadt [Grodno], gab ihnen den Mut für die weitere Standhaftigkeit und den organisierten Kampf mit den Kapitalisten."[525]

Und in der Tat: Der Streik wurde schon kurz nach den Ereignissen von den revolutionären Aktivist:innen zu einem vorbildstiftenden Erinnerungsort.[526] Nicht nur stützten sich die Streikenden einer anderen Abteilung der Fabrik im Jahr darauf auf die Zigarettenmacherinnen, um ihre Aktion zu rechtfertigen.[527] Sondern auch mittel- und langfristig ging der erste Streik in der Fabrik in die Geschichte der Sozialdemokratie in Grodno ein, als das Ereignis, das beispielhaft den Zeitgeist der Arbeiter:innen veranschauliche. So widmete beispielsweise ein Flugblatt, das das Grodner Sozialdemokratische Komitee im Januar 1901 verbreitete, einen längeren Absatz dem Streik der Zigarettenmacherinnen

523 Ibid., S. 115.

524 „Победа была полная и значительная." / „Это первая стачка на фабрике и успех ея будет иметь огромное воспитательное значение." Ibid.

525 „Эта первая, столь удачная попытка добиться общими усилиями лучших условий существования подняла дух всех работниц и рабочих нашего города, придала им бодрости для дальнейшей стойкой и организованной борьбы с капиталистами." Rabočaja mysl' 8 (1900), S. 6.

526 Zum allgemeinen Konzept der „Erinnerungsorte" siehe Nora, Pierre: Entre Mémoire et Histoire. La problématique des lieux, in: ibid. (Hrsg.): Les lieux de mémoires, Bd. 1, Paris 1984, S. xvii–xlii.

527 Siehe Kapitel 6.4.

im September 1899, um die Lesenden zum Widerstand gegen die Fabrikanten der Stadt Grodno, insbesondere Šereševskij, aufzumuntern. Außerdem wurde das Flugblatt als Aufruf zur Wiedervereinigung der Arbeiterinnen der verschiedenen Abteilungen der Fabrik verstanden, deren Unstimmigkeiten während des Streiks der Verpackungsabteilung im Oktober 1900 ersichtlich worden war, wie im folgenden Kapitel genauer geschildert wird. Dabei appellierte das Komitee unmittelbar an das Gedächtnis ihrer Lesenden und lieferte gleichzeitig die passende Erinnerungsart an die Ereignisse mit:

> Wer erinnert sich nicht an diesen eindrücklichen Streik? Auf der einen Seite ein Plünderer, gestützt auf seine Goldberge, die Polizei und die Soldaten. Auf der anderen Seite kränkliche und arme Frauen, entflammt für die Einigkeit und den Zusammenschluss. Und sie haben gesiegt. [...] Sie haben den Lohn erhöht und anstatt Brot mit Hering begannen sie, manchmal ein Stück Fleisch zu essen. Die Meister fürchten es, sich ihnen zu nähern.[528]

Das Komitee stellt also die Streikenden als überzeugte und zusammenhaltende Frauen vor, die dank ihrer Einigkeit ihr Leben ganz konkret verbessern konnten und mit ihrer Aktion einen prägenden Eindruck hinterließen. Dass die Fabrikanten „Angst“ vor ihnen hätten, bekräftigt die Macht, die die Arbeiterinnen bekommen hatten, als sie sich für ein kollektives Handeln – den Streik – entschieden. Dieses Bild der schwachen Arbeiterinnen der Tabakfabrik von Šereševskij und Russota, die dank der ungeheuren Kraft durch ihre Einigkeit den mächtigen Unternehmer samt seiner (politischen) Unterstützer besiegten, sollte zum Symbol der Entwicklung der Arbeiter:innenbewegung unter den Massen in Grodno werden. Diese Perspektive auf den Streik vom September 1899 wurde in der Literatur aus der Sowjetzeit über die Geschichte der Stadt Grodno übernommen. In einem historischen Überblick über Grodno aus dem Jahr 1964 wird dieser erste große Streik in der Zigarettenabteilung der Fabrik von Šereševskij und Russota als maßgebend für das Wachsen der Arbeiter:innenbewegung und die Entwicklung der Sozialdemokratie in Grodno in den Folgejahren interpretiert; eine These, die im Band über Grodno der weißrussischen

528 „Кто не помнит этой удивительной стачки! С одной стороны грабитель опирающийся на свои золотые горы, полицию и солдат. С другой стороны слабые и бедные женщины, воодушевленные единством и сплоченностью. И они победили. [...] Они увеличили заработок и вместо хлеба с селедкою стали есть иногда кусок мяса. Мастера боятся подойти к ним близко.“ Grodnenskij fabričnyj letučij listok, GARF, R6935_2_13, S. 4.

sowjetischen Enzyklopädie von 1989 wiederholt wird.[529] Grundsätzlich stützen sich diese Beschreibungen auf die Berichte der revolutionären Zeitschriften und Flugblätter, besonders auf diejenigen, die in den Zeitschriften *Rabočaja mysl'* und *Rabočee delo* veröffentlicht worden waren. Der Mut der Arbeiterinnen als Kollektiv wird unterstrichen: „Weil sie die Klassensolidarität wahrnahmen, hielten die Arbeiterinnen fest durch und unterwarfen sich nicht der Forderung des Gouverneurs, an die Arbeit zu gehen."[530] Sie hätten die Verhandlungen des 26. September mit Kampfworten verlassen: „Es lebe die Freiheit, es lebe die Einheit unter den Arbeiterinnen!"[531] Und sie hätten durch ihren Zusammenhalt und ihr überzeugtes Engagement nicht nur einen Teil ihrer Forderung erfüllt bekommen, sondern auch die Befreiung der Verhafteten veranlasst.[532] Auf diese Weise werden die Streikenden auch in der sowjetischen offiziellen Geschichtsschreibung als starkes, selbst- und klassenbewusstes sowie kampfbereites Kollektiv stilisiert, das trotz der Schwierigkeiten durchhalten und seine Ziele erreichen konnte. In diesen Darlegungen des Ereignisses werden also die Sprache und der Darstellungsstil der Revolutionär:innen übernommen, die zur gezielten Heroisierung der Streikenden führten und den Streik als Erinnerungsort im Gedächtnis der lokalen Arbeiter:innenbewegung platzierten, ohne dass die Aussagen dieser Quellen, ihre Funktion und ihre Adressat:innen reflektiert wurden. Die ideologische Färbung ist offensichtlich. Dies merkt man auch an der Art und Weise, wie über den Allgemeinen Jüdischen Arbeiterbund geschrieben wird: Bei Kropinskij taucht der Bund in Zusammenhang mit den Arbeiter:innenunruhen in der Fabrik von Šereševskij und Russota nicht auf, während er in der Enzyklopädie Grodnos erwähnt, jedoch als „kleinbürgerliche nationalistische Organisation sozialdemokratischer Richtung"[533] definiert wird. Das Thema der Historisierung dieses Streiks vom September 1899 in der Sowjetzeit an sich würde eine tiefere Untersuchung verdienen, die in der vorliegenden Arbeit nicht möglich ist. Wesentlich hier ist die Tatsache, dass die Weise, wie die Revolutionär:innen den Streik, seinen Verlauf, seine Konsequenzen und seine Bedeutung darstell-

529 Kopynskij, Grodno, S. 75; Artikel Stačka rabotnic tabačnoj fabriki 1899, in: Belorusskaja sovetskaja ėnciklopedija, Grodno, S. 373.

530 „Ощущая классовую солидарность, работницы держались стойко, не подчинялись требованию губернатора приступить к работе." Ibid.

531 „Да здравствует свобода, да здравствует единодушие между работницами!" Ibid.

532 Ibid.

533 „[...] мелкобуржуазной, националистич. орг-ции социал-демократич. направления." Artikel Grodnenskij social-demokratičeskij komitet bunda, in: Belorusskaja sovetskaja ėnciklopedija, Grodno, S. 182.

ten, die Beschreibung der Ereignisse in der offiziellen Geschichtsschreibung der Stadt Grodno langfristig prägte, ohne dass die Frage, inwiefern die Arbeiter:innen sich jenseits des ökonomischen Kampfes auch politisch engagierten, reflektiert wurde.

In einer zeitgenössischen Perspektive scheint dieser Streik vom September 1899 auch einen direkten Einfluss auf das Verhalten der Arbeiter:innen in Grodno und der Umgebung ausgeübt zu haben. So inspirierte er andere Zigarettenmacherinnen in Belostok, das rund 80 Kilometer von Grodno entfernt war und als wichtiges Industriezentrum des Gouvernements galt, vor allem für die Textilindustrie. Wenige Tage nach der Wiederaufnahme der Arbeit in Grodno erklärten sich die Zigarettenmacherinnen der Tabakfabrik von Janovskij in Belostok unzufrieden mit ihren Löhnen und forderten eine Erhöhung beim Fabrikanten. Als ihnen dies verweigert wurde, hörten sie auf zu arbeiten und verließen die Fabrik. Ihr Hauptargument war, dass sie so viel Lohn erhalten wollten, wie „jetzt" (das heißt nach dem Streik) in der Fabrik von Šereševskij in Grodno.[534] Hier stützten sich also die streikenden Arbeiterinnen in Belostok direkt auf das, was in der nahe gelegenen Stadt geschehen war. Somit diente der Streik der Zigarettenmacherinnen von Šereševskij als Vorbild für weitere Aktionen. Der Vorfall zeugt auch von bestehenden und gut funktionierenden Kommunikationswegen zwischen den Arbeiterinnen beider Städte. Welcher Kanäle sich diese Kommunikation genau bediente, ist aus den betrachteten Quellen nicht erschließbar. Belegt ist, dass mehrere illegale revolutionäre Zeitschriften Artikel zum Streik in Grodno veröffentlichten. Allerdings druckten sie die Berichte viel später als Anfang Oktober ab, weswegen die Arbeiterinnen in Belostok sich nicht anhand dieser Meldungen informieren konnten.[535] Es gab vermutlich Kommunikationsnetzwerke, die über einzelne Personen funktionierten. Da die Mitglieder der revolutionären Organisationen sehr mobil waren, kann man davon ausgehen, dass sie die Nachrichten zwischen den Ortschaften transpor-

---

534 Bericht des Oberfabrikinspektors, 05.10.1899, RGIA, F. 23_30_39, S. 222. Dies geschah am 3. Oktober 1899. Zwei Tage später kam schon ein Teil der Streikenden zur Arbeit zurück. Die anderen folgten am 6. Oktober. Im Bericht des Oberfabrikinspektors wird hervorgehoben, dass diese Rückkehr zur Arbeit dank des „Überredens der Fabrikinspektion und der energisch getroffenen Maßnahmen der lokalen Polizei" habe geschehen können („благодаря убеждениям Фабричной инспекции и принятым местной полиции энергичным мерам") (RGIA, F. 23_30_39, S. 223).

535 *Račoee delo* erschien in einer doppelten Ausgabe September–Dezember 1899, *Račajа mysl'* im Februar 1900 und *Arbeyter shtimme* im März 1900.

tierten.[536] Diese Informationen fungierten dann als Motivation für den Protest der Arbeiterinnen gegen ihre schlechten Arbeitsbedingungen: Wenn die Nachbarinnen es geschafft hatten, sollten auch sie etwas erreichen können. Somit war die Kommunikationsstrategie der Sozialdemokrat:innen erfolgreich gewesen. Die heldenhafte Beschreibung des Streiks der Zigarettenarbeiterinnen war zum Beispiel und zum Argument für weitere Streikaktionen geworden.

Der Streik der Zigarettenmacherinnen der Tabakfabrik von Šereševskij und Russota zeigte demgemäß den Weg für weitere Arbeiter:innenunruhen in der Stadt Grodno im Herbst 1899. In der weißrussischen sowjetischen Enzyklopädie Grodnos von 1989 wird angegeben, dass es Arbeitseinstellungen bei den Arbeiterinnen einer Schachtelfabrik *(korobočnaja fabrika)*, bei den Weißnäherinnen, den Möbeltischlern, den Schneidern und den Schustern gegeben habe. Der Eintrag übernimmt fast wortwörtlich die Meldung in *Rabočee delo* vom Februar 1900. Inwiefern der Streik vom September 1899 Einfluss auf diese Arbeitsniederlegungen hatte, konnte aus den Quellen, die nicht von den revolutionären Kreisen stammen, nicht rekonstruiert werden. Diese Aussage entspricht dennoch dem Narrativ der Beispielhaftigkeit des untersuchten Streiks für die Entfaltung der Arbeiter:innenbewegung in Grodno. Die revolutionären Kreise, deren Mitglieder den streikenden Zigarettenmacherinnen der Tabakfabrik von Šereševskij und Russota eine logistische Unterstützung gewährt haben mussten – beispielsweise für die Flugblätter –, konstruierten ein Narrativ von Erfolg, Solidarität und Vorbildlichkeit um den Streik herum. Somit bedienten sie sich der Aktion der Arbeiterinnen, um die Arbeiter:innenbewegung in ihrer politischen Dimension voranzutreiben.

6.4 Der Streik vom Oktober 1900

STREIKAUSBRUCH, FORDERUNGEN UND DIE REAKTION DER LOKALEN BEHÖRDEN

Am 4. Oktober 1900, dem ersten Werktag nach dem jüdischen Sukkot-Fest, gingen die meisten Arbeiterinnen der Verpackungsabteilung, in der die Ziga-

536 Zur hohen Mobilität und zum Literatur- sowie Informationsaustausch mit dem Ausland, insbesondere mit der Schweiz, siehe zum Beispiel: Richers, Julia: Die Schweiz als Zufluchtsort und Wegbereiterin der Revolution, in: Deutsches Historisches Museum; Schweizerisches Nationalmuseum (Hrsg.): 1917 Revolution. Russland und die Folgen, Dresden 2017, S. 68–81, hier S. 69–70; Schafroth, Hofer, Happel, Revolutionäre im Exil.

retten eingepackt wurden, nicht zur Arbeit. Von insgesamt 121 erschienen nur 7 in der Fabrik. Bei diesen handelte es sich um diejenigen der Abteilung, die verheiratet waren und deren Männer auch bei Šereševskij beschäftigt waren.[537] Ähnlich wie beim Streik im Herbst davor erklärte die Fabrikleitung den lokalen Behörden zuerst, dass sie keine Ahnung von den Streikgründen hätte, da sie keine Forderungen von Seiten der Arbeiterinnen bekommen habe. Allerdings räumte sie gleichzeitig ein, dass Gerüchte über eine Lohnerhöhung kursierten. Am 6. Oktober bestellte der Oberfabrikinspektor Varencev die Streikenden in sein Büro, um die Gründe ihrer Aktion zu untersuchen. Die Mehrheit von ihnen kam zum Termin.[538] Der Fabrikinspektor erfuhr dabei, dass sie eine Lohnerhöhung von 1 Rubel pro Woche und pro Person verlangten. Zudem wollten sie auch die Entlassung des Abteilungsmeisters, der sie schlecht behandle.[539] Wie ein Jahr zuvor mit den Zigarettenmacherinnen erfüllte der Fabrikinspektor seine Rolle, indem er den Streikenden erklärte, dass ihre Aktion illegal sei und dass er über den Abteilungsmeister nicht verhandeln dürfe, wenn sie nicht umgehend zur Arbeit zurückkehrten. Weiter informierte er sie über das Recht der Fabrikanten, sie nach drei Tagen Abwesenheit zu entlassen, was auch ihren Kolleginnen der Zigarettenabteilung Probleme bereiten könne, denn ohne Verpackungsmöglichkeiten könne man keine weiteren Zigaretten herstellen. Trotz dieser Mahnungen weigerten sich die Packerinnen, die Arbeit wieder aufzunehmen, solange sie keine Lohnerhöhung bekämen.[540] Ihr Hauptargument war, dass ihr aktueller Lohn „für den eigenen Unterhalt und denjenigen ihrer Angehörigen" nicht reiche.[541]

Im Gegensatz zum ersten Streik war es dieses Mal der Vizegouverneur Viktor Dmitrievič Lišin, der den Fall in die Hand nahm. Er lud am 7. Oktober den Oberfabrikinspektor, den Staatsanwalt Grodnos, den Chef der Gendarmerie

537 Bericht des Grodner Staatsanwalts an den Staatsanwalt des Vil'ner Gerichtshofs, 09.10.1900, GARF, F. 124_9_202, S. 2–2ob. Der Staatsanwalt schreibt in seinem Bericht, dass die Verheirateten deswegen nicht mitgestreikt hätten, weil sie vor den Konsequenzen auf ihre in der Fabrik arbeitenden Ehemänner Angst gehabt hätten.

538 Der Oberfabrikinspektor behauptete, dass die Mehrheit gekommen sei (Bericht des Oberfabrikinspektors, 07.10.1900, RGIA, F. 23_30_39, S. 257). Der Staatsanwalt von Grodno sprach von 60 Arbeiterinnen (Bericht des Grodner Staatsanwalts an den Staatsanwalt des Vil'ner Gerichtshofs, 09.10.1900, GARF, F. 124_9_202, S. 2ob).

539 Bericht des Oberfabrikinspektors, 07.10.1900, RGIA, F. 23_30_39, S. 257.

540 Ibid., S. 257ob.

541 Bericht des Grodner Staatsanwalts an den Staatsanwalt des Vil'ner Gerichtshofs, 09.10.1900, GARF, F. 124_9_202, S. 2ob.

und den Polizeimeister der Stadt zu einem Treffen ein, um über den Streikfall und die beste Bekämpfungsstrategie zu beraten. Der Fabrikinspektor Varencev teilte seine Meinung über die Löhne der Arbeiterinnen der Verpackungsabteilung mit: Diese seien eigentlich niedrig, und Šereševskij könne sie erhöhen, ohne dass es für die Fabrik große Verluste bedeute. Allerdings sei eine solche Erhöhung im Moment unmöglich: Zugeständnisse würden die Situation ähnlich wie die des Streiks vom September 1899 aussehen lassen und die Arbeiterinnen in ihrem Glauben bestätigen, dass der Streik ein effizientes Mittel sei, um eine Lohnerhöhung zu bewirken. Das Gremium traf folgende Entscheidungen: Erstens sollten keine „repressiven Maßnahmen" unternommen werden, solange der Streik keine öffentlichen Unruhen verursache. Zweitens erlaubten die Behörden Šereševskij, am folgenden Tag (8. Oktober) zwei Erklärungen in der Fabrik aufzuhängen – eine an die streikenden Packerinnen, die andere an die Zigarettenmacherinnen adressiert. Und drittens sollten sich die Anwesenden noch einmal in anderthalb bis zwei Wochen versammeln und über konkretere, restriktive Maßnahmen reden, falls die Situation sich nicht verbessert habe.[542] Am 8. Oktober ließen also die Fabrikanten Šereševskij und Russota die zwei Erklärungen aufhängen. Die erste informierte die Packerinnen, dass diejenigen, die seit dem 4. Oktober streikten, ab dem 8. Oktober entlassen seien, weil sie mehr als drei Tage „unentschuldigt" *(bez uvažitel'nych pričin)* gefehlt hätten. Sie könnten ihre Dokumente sowie den letzten Lohn bei der Stadtpolizei gegen Vorlage des Verrechnungshefts *(raščetnaja knižka)* abholen.[543] Die zweite Erklärung setzte die von Hand arbeitenden Zigarettenmacherinnen in Kenntnis (zwischen 500 und 600 Arbeiterinnen), dass sich die Fabrikadministration wegen des Streiks in der Verpackungsabteilung gezwungen sehe, sie in zwei Wochen – am 22. Oktober – zu entlassen. Die Arbeiterinnen, die schon vor dem 22. Oktober die Fabrik verlassen wollten, hätten die Erlaubnis der Fabrikleitung und könnten ihre Dokumente und den Lohn im Kontor der Fabrik bekommen.[544] Beide Dokumente unterschrieb auch der Oberfabrikinspektor Varencev. In den russischen Archiven liegen sie als Kopien auf Russisch ohne Hinweise auf eine Übersetzung vom oder ins Jiddische vor. Ob die Plakate auch auf Jiddisch verfasst worden waren, um für die Arbeiterinnen der Fabrik besser zugänglich zu sein, konnte nicht eruiert werden. Dies wirft dieselben Fragen über die Kommunikationsstrategie

542 Ibid., S. 2ob-3.

543 Erklärung von F. Russota an die Packerinnen, Kopie, 07.10.1900, RGIA, F. 23_30_39, S. 261.

544 Erklärung von F. Russota an die von Hand arbeitenden Zigarettenmacherinnen, Kopie, 07.10.1900, RGIA, F. 23_30_39, S. 262.

der Behörden bzw. der Fabrikanten wie beim Aufhängen der Erklärungen des Gouverneurs Dobrovol'skij ein Jahr zuvor während des Streiks der Zigarettenmacherinnen auf.[545]

Was nach der Bekanntmachung der Proklamationen von Russota und Šereševskij genau passierte, konnte anhand der Quellen, die die russischen Behörden produzierten, nicht detailliert rekonstruiert werden. Sicher ist, dass mehrere jiddischsprachige revolutionäre Flugblätter zum Streik in Grodno verbreitet wurden (am 9., 13. und 15. Oktober).[546] Am 25. November berichtete der Oberfabrikinspektor an die Industrieabteilung, dass alles wieder mehr oder weniger in Ordnung sei: Fast alle Streikenden seien zur Arbeit unter den bisherigen Bedingungen zurückgekehrt.[547] Auch in der weißrussischen sowjetischen Enzyklopädie Grodnos wird der 25. November als Ende des Streiks angegeben,[548] während in der Chronik *Rabočee dviženie v Rossii* erwähnt wird, dass die Quellen über die Beendung des Streiks voneinander abwichen.[549] Einig ist man sich in der Sekundärliteratur darüber, dass die Fabrikadministration die Forderungen der Packerinnen nicht befriedigt habe. Der Oberfabrikinspektor stellte im November fest, dass es trotz der Lösung dieses bestimmten Konfliktes unter den Arbeiter:innen der Fabrik „bekannte Unruhen" *(izvestnoe broženie)* gebe. Dies sei daran erkennbar, dass regelmäßig Proklamationen in der Stadt verbreitet würden.[550]

Vergleicht man die Reaktion der russischen lokalen Behörden um den Vizegouverneur Lišin mit den Maßnahmen, die der Gouverneur Dobrovol'skij fast genau ein Jahr vorher getroffen hatte, sieht man Ähnlichkeiten und Unterschiede zugleich. Ähnlich ist die Einberufung einer Sonderversammlung zwi-

545 Siehe Kapitel 6.3, S. 214.

546 Zu ihrem genaueren Inhalt siehe Kapitel 6.4, S. 247. Die lokalen Behörden ließen alle drei ins Russische übersetzen und bemühten sich, die Verantwortlichen aufzufinden. Für die Verbreitung eines der Aufrufe sowie in Bezug auf die Aggression gegen eine Zigarettenmacherin, die die Arbeit einer der Streikenden übernommen hatte, wurde Nachum Šmuelev Bejram im Mai 1901 im administrativen Verfahren zu zwei Jahren Exil außerhalb des Gouvernements Grodno unter polizeilicher Aufsicht verurteilt. Für die Untersuchung und die Schlussfolgerungen des Chefs der Gendarmerie und des Staatsanwaltes siehe LVIA, F. 446_4_243.

547 Bericht des Oberfabrikinspektors, 25.11.1900, RGIA, F. 23_30_39, S. 273.

548 Artikel Zabastovka upakovščic tabačnoj fabriki 1900, in: Belorusskaja sovetskaja ėnciklopedija, Grodno, S. 218.

549 Bovykin, Kir'janov, Rabočee dviženie v Rossii, Bd. 6 (1900), S. 149. Als anderes mögliches Datum für das Ende des Streiks wird der 18. Oktober genannt.

550 Bericht des Oberfabrikinspektors, 25.11.1900, RGIA, F. 23_30_39, S. 273.

schen den verschiedenen Behörden drei Tage nach Streikbeginn, um die Lage zu besprechen und die notwendigen Handlungen zu koordinieren. Dies entsprach den Anweisungen des schon ausführlich besprochenen Zirkulars Nr. 7587, das die unabdingbare Kommunikation zwischen den verschiedenen Abteilungen und Behörden hervorhob. Im Gegensatz zum Gouverneur entschied sich aber der Vizegouverneur dieses Mal dafür, die Entwicklung der Situation abzuwarten und erst einmal keine Verhaftungen anzuordnen oder mahnende Drohungen mit einer Frist zur Wiederaufnahme der Arbeit in der Fabrik aufhängen zu lassen. Dachte der Vizegouverneur Lišin, dass eine starke Reaktion wie diejenige von Dobrovol'skij im September 1899 die Situation zugespitzt hätte? Ein Jahr zuvor war er schon Vizegouverneur gewesen und musste deshalb die Entwicklung der Situation ganz genau mitverfolgt haben können. Hing der Beschluss von der Persönlichkeit des Entscheidungsträgers – also vom Gouverneur oder Vizegouverneur – ab? Oder ist dies so zu interpretieren, dass die lokalen Behörden, die im Vorjahr das Zirkular des Innenministers fast wortwörtlich umgesetzt hatten, mit den damaligen Ergebnissen unzufrieden waren? Weil die Quellen spärlich sind und weil kein Bericht des Vizegouverneurs selbst erhalten ist, wird die Antwort auf diese Fragen schwierig.

Allerdings weisen die vorhandenen Dokumente auf etwas Wichtiges für die Interpretation der Situation hin: Dieses Mal sah die Ausgangslage ganz anders aus als im September 1899. Erstens war es nicht mehr der erste Streikausbruch in dieser Fabrik. Deswegen konnten sich sowohl der Fabrikinspektor als auch der Polizeimeister, der Chef der Gendarmerie und der Vizegouverneur auf die letzte Erfahrung stützen, um den Konflikt möglichst ohne große Wellen zu lösen. Der Gouverneur hatte 1899 zwar den Petersburger Behörden vom Erfolg der getroffenen Maßnahmen berichtet, im Endeffekt hatte es jedoch in der Stadt Grodno große Unruhen gegeben und die Streikenden hatten trotzdem einen Teil ihrer Forderungen erfüllt bekommen. Zweitens traf der Streik vom Oktober 1900 eine Abteilung, die für ein normales Funktionieren der Fabrik zwar wesentlich war, in der aber viel weniger Arbeiterinnen beschäftigt waren als beim ersten Streik. Wenn das Verhältnis der Streikenden in den jeweiligen Abteilungen ungefähr gleich war (mehr als 94 Prozent), waren die Arbeiterinnen, die die Arbeit eingestellt hatten, 1899 in absoluten Zahlen zahlreicher als im Oktober 1900 gewesen (570 bis 700 gegen 114). Das hieß verhältnismäßig weniger Arbeitsausfall in der gesamten Fabrik sowie weniger Aufruhr unter der jüdischen Bevölkerung der Stadt, da nicht so viele Personen wie im September 1899 unmittelbar betroffen waren. Und drittens verfügten die Grodner Behörden über Auskünfte, die von einer Isolation der streikenden Packerinnen innerhalb der Fabrik von

Šereševskij berichteten. So schrieb der Grodner Staatsanwalt von „Gerüchten", die während des Sukkot-Festes zu den Ohren der Stadtpolizei und Fabrikinspektion gelangt seien: Laut diesen würden die Packerinnen der Tabak- und Zigarettenfabrik einen Streik planen und hätten die Zigarettenmacherinnen für ihre Sache gewinnen wollen. Diese hätten jedoch abgelehnt, den Streik zu unterstützen, weil sie „mit dem Ergebnis des vorjährigen Streiks zufrieden" seien. Die Polizei habe folglich die Arbeiterinnen der Fabrik von Šereševskij bespitzelt, damit sie während des Festes keine Versammlungen organisierten. Am 30. September habe es trotzdem ein Treffen gegeben, das auf dem jüdischen Friedhof stattgefunden habe und an dem um die 100 Leute teilgenommen hätten. Was dort besprochen wurde und wer sich um die Agitation kümmerte, wussten die Polizisten nicht.[551] Maßgebend für die Entscheidung der Behörden abzuwarten, waren die Zeichen der Entsolidarisierung der Zigarettenmacherinnen von den Packerinnen. Der Vizegouverneur, der Fabrikinspektor und die Polizisten verfolgten nämlich eine präzise Strategie, die von den angeblichen Unstimmigkeiten zwischen den Arbeiterinnen der zwei Abteilungen bestimmt wurde. So erklärte der Grodner Staatsanwalt in seinem Bericht: „Die Konferenzmitglieder sind geneigt zu glauben, dass der Streik von sich allein aufhören wird, weil die Arbeiterinnen, die ohne Arbeit bleiben werden, aller Wahrscheinlichkeit nach Druck auf die streikenden Packerinnen ausüben werden."[552] Diese Überzeugung beweist, dass die lokalen Behörden die Dynamik des Streiks vom Oktober 1900 anders als ein Jahr zuvor wahrnahmen und dass sie aus ihren Erfahrungen vom Herbst 1899 gelernt hatten. Wenn die Packerinnen in ihrer Streikaktion isoliert blieben und sich keine anderen Abteilungen der Fabrik mit ihnen zusammenschlossen, bestand keine große Gefahr, dass die Situation entgleiste. Und noch mehr: Durch die angekündigte Entlassung der Zigarettenmacherinnen hofften die Behörden, dass die Arbeiterinnen der Zigarettenabteilung einen so großen

---

551 „[...] как уже довольные результатом прошлогодней стачки." Bericht des Grodner Staatsanwalts an den Staatsanwalt des Vil'ner Gerichtshofs, 09.10.1900, GARF, F. 124_9_202, S. 2.

552 „Члены совещания склонны думать, что стачка прекратится сама собою, так как оставшиеся без работы папиросницы, по всей вероятности, будут оказывать давление на забастовавших упаковщиц." Ibid., S. 3. Eine ähnliche Schlussfolgerung zieht der Oberfabrikinspektor in seinem Bericht vom 07.10.1900: „Die letzte Maßnahme [das heißt die Ankündigung der Entlassung der Zigarettenmacherinnen in zwei Wochen] kann bewirken, dass die Packerinnen im Laufe der vorgeschriebenen zwei Wochen Vernunft annehmen und zur Arbeit zurückkehren" /„Последняя мера может повлиять на то, что в течение означенных 2-х недель упаковщицы одумаются и вернутся к работе" (RGIA, F. 23_30_39, S. 257ob).

Druck auf die Streikenden ausüben würden, dass der Streik schnell vorbei sein werde.

Die Spaltung zwischen Zigarettenmacherinnen einerseits und Packerinnen andererseits innerhalb derselben Fabrik, die nach den Angaben der Stadtpolizei schon existierte und durch die Proklamationen der Fabrikanten gefördert worden war, thematisierten auch die Flugblätter, die Anhänger:innen des Streiks zwischen Oktober 1900 und Januar 1901 anonym in der Stadt verteilten.

FLUGBLÄTTER UND AUFRUFE DER REVOLUTIONÄREN ORGANISATIONEN

Den Streik der Packerinnen begleiteten mehrere jiddischsprachige Flugblätter. Der erste Aufruf wurde am 9. Oktober verbreitet und trug den Titel *An die Arbeiterinnen und Arbeiter der Fabrik von Šereševskij.*[553] Er präsentierte die Forderungen der Streikenden: an erster Stelle Lohnerhöhung. Aber auch ein besseres Verhalten des Abteilungsmeisters den Arbeiterinnen gegenüber, denn er behandle sie „wie Tiere". Die Schrift ermutigte auch die Streikenden dazu, ihre Aktion fortzusetzen und die Drohungen der Fabrikleitung zu ignorieren. Die Leitung habe die Arbeiterinnen davor gewarnt, dass sie die Fabrik schließen müsse, falls der Streik weitergehe. Die Verfasser:innen des Flugblattes hielten dies jedoch für leere Worte: Angesichts der hohen Investitionen, die Šereševskij in den letzten Monaten für die Fabrik getätigt habe (Elektrifizierung und Vergrößerung), habe er keine Pläne, die Fabrik definitiv zu schließen. Er könne die Zigarettenmacherinnen auch nicht alle entlassen, weil er sonst einen zu großen Marktanteil verlieren werde. Die Arbeiterinnen werden hier als wahre Kraft des ganzen Unternehmens hervorgehoben, weil sie sich durch ihre schlecht bezahlte Arbeit für die Bereicherung des Fabrikanten aufopfern: „Ohne uns [die Arbeiterinnen] wird er kein Fabrikant."[554] Die Macht liege also in ihren Händen. Die Argumentation der Autor:innen für den Streik als angemessenste Protestform bezieht sich deutlich auf die Erfahrung der Zigarettenmacherinnen ein Jahr vorher. Im ersten Satz heißt es: „Letztes Jahr, als die Zigarettenmacherinnen die Arbeit einstellten, war die ganze Stadt erstaunt zu erfahren, in welcher Situation

553 Flugblatt Rabotnicam i rabočim fabriki Šereševskogo, aus dem Jiddischen übersetzt, ohne Datum, RGIA, F. 23_30_39, S. 264–264ob. Obwohl das Flugblatt nicht datiert ist, weiß man dank der Angaben des Oberfabrikinspektors, wann diese Proklamation auf den Straßen Grodnos auftauchte.

554 „Без нас он не будет фабрикантом." Ibid., S. 264ob.

Hunderte von jungen Frauen lebten".[555] Damals sei die Situation dieser Arbeiterinnen ein wenig verbessert worden, für die Packerinnen sei jedoch nichts unternommen worden. Damit versuchten also die Autor:innen, das Handeln der Packerinnen in die Kontinuität des bisherigen Geschehens einzubetten.

Dieses erste Flugblatt wurde von „Arbeiterinnen der Fabrik von Šereševskij" sowie vom Grodner Arbeiter:innenkomitee unterschrieben. Während die Proklamationen vom September 1899 fast nichts über ihre Urheber:innen verrieten, stand dieses Mal die revolutionäre Organisation dezidiert zu den Ereignissen. Sie unterzeichnete die meisten Flugschriften, die im Zusammenhang mit dem Streik in der Verpackungsabteilung in der Stadt verteilt wurden. Interessanterweise blieb die andere sozialdemokratische Gruppierung, die in Grodno aktiv war, das Grodner Sozialdemokratische Komitee (also die Bundist:innen), in diesem ersten Flugblatt unerwähnt. In seinem Buch über die Anfänge der Sozialdemokratie in Weißrussland behauptet der Historiker M. O. Bič, dass das Grodner Arbeiter:innenkomitee im Oktober 1900 ohne Kontakte mit den Bundist:innen gehandelt habe, im Gegensatz zum Streik der Zigarettenmacherinnen im vorherigen Jahr, als beide Organisationen intensive Unterstützung, Agitation und Propaganda geleistet hätten.[556] Dies würde auf einen harten Konkurrenzkampf um die Zustimmung bzw. Loyalität der Arbeiterinnen in der Fabrik von Šereševskij hinweisen. Wie diese Rivalität konkret aussah, ist nicht überliefert.

Dass das Grodner Sozialdemokratische Komitee den Streik gar nicht unterstützte, stimmt jedoch nicht. Denn am 13. Oktober verteilte auch das Grodner Sozialdemokratische Komitee eine Flugschrift, die gezielt an die Zigarettenmacherinnen der Fabrik adressiert war.[557] Mit diesem Schreiben verteidigte das Komitee die Streikaktion der Packerinnen und rief die Arbeiterinnen der Zigarettenabteilung dazu auf, ihre Kolleginnen zu unterstützen. Bemerkenswerterweise erwähnen die Autor:innen, die in der ersten Person im Plural schreiben – also sich als den Zigarettenmacherinnen zugehörig bezeichnen –, dass der Fabrikinspektor mit den Forderungen der Streikenden einverstanden sei, als ob dieses Argument die Legitimität des Streiks in der Verpackungsabteilung in den Augen der Zigarettenmacherinnen bestätigen sollte.[558] Weiter fügen sie hinzu: Die

555 „В прошлом году, когда работу приостановили папиросницы, весь город был изумлен узнать, в каком положении жили сотки молодых девушек". Ibid., S. 264.

556 Bič, Razvitie social-demokratičeskogo dviženija, S. 137.

557 Flugblatt K papirosnicam Šereševskogo, russische Übersetzung aus dem Jiddischen, 13.10.1900, RGIA, F. 23_30_39, S. 268–269.

558 Woher die Verfasser:innen des Flugblattes wussten, dass Varencev die Forderung der

Drohung der Fabrikleitung über die Entlassung aller Zigarettenmacherinnen in den nächsten zwei Wochen sei nur ein Druckmittel. Der Hauptteil des Flugblattes beschäftigt sich damit, die Arbeiterinnen der Zigarettenabteilung an ihren Streik vom September 1899 zu erinnern und ihnen somit begreiflich zu machen, warum der Streik der Packerinnen so wichtig und warum es unabdingbar für sie sei, hinter dieser Aktion zu stehen. Denn die Zigarettenmacherinnen spürten einen „großen Unterschied" in ihrer Lebenssituation, seitdem sie infolge ihrer Arbeitsniederlegung mehr verdienten. Bei ihrer Streikaktion hätten sie die Stadt für sich gewinnen können: „Die ganze Stadt war überrascht und nahm Anteil an unserer Einheit und unserem Kampf."[559] Jetzt sei aber der „Kampf" der Packerinnen durch die Uneinigkeit der Fabrikarbeiterinnen gefährdet. Einige Zigarettenmacherinnen würden als Streikbrecherinnen in der Verpackungsabteilung arbeiten. Das Grodner Sozialdemokratische Komitee stellte diese Streikbrecherinnen sehr negativ dar, um zu beweisen, dass das Streikbrechen die Interessen der Fabrikbesitzer vertrete und inakzeptabel sei. Es appellierte an das Mitgefühl, an die Einigkeit und an die Solidarität der Zigarettenmacherinnen mit den Packerinnen, denn Letztere hätten die Ersteren ein Jahr vorher bedingungslos unterstützt:

> Ja, jetzt [seit dem Streik der Packerinnen] verdienen wir wenig. Aber letztes Jahr haben die Arbeiter anderer Abteilungen schwer gelitten und sind uns nicht im Wege gestanden. Im Gegenteil sollten wir uns darauf freuen, dass die anderen Arbeiter ihr Leben verbessern. Sie sind so arm wie wir. Richtig, wir leiden jetzt ein wenig; aber letztes Jahr litten auch die anderen Arbeiter wegen unseres Kampfs und bei alledem haben uns alle hiesigen Arbeiter und benachbarten Arbeiter geholfen. [Es bringt] nichts, auf die kämpfenden Arbeiter böse zu sein![560]

Packerinnen nach einer Lohnerhöhung prinzipiell unterstützte, geht aus den vorhandenen Quellen nicht hervor. Es gibt zwei mögliche Erklärungen: Entweder hatte der Fabrikinspektor selbst dies während seines Gesprächs mit den Streikenden erwähnt oder Informationen aus dem Treffen der lokalen Behörden waren bis zu den Ohren des Komitees des Bundes durchgesickert.

559 „Весь город удивлялся и сочувствовал нам в нашем единодушии и борьбе." Flugblatt K papirosnicam Šereševskogo, russische Übersetzung aus dem Jiddischen, 13.10.1900, RGIA, F. 23_30_39, S. 268.

560 „Да, мы зарабатываем теперь мало. Но в прошлом году сильно страдали рабочие других отделений и нам не препятствовали. Напротив, мы должны радоваться, что остальные рабочие улучшают свою жизнь. Они такие бедны, как и мы. Правда, мы теперь немного страдаем; но в прошлом году страдали также другие рабочие из-за

Dieses Flugblatt deutet also auf eine tiefe Spaltung zwischen den Arbeiterinnen der zwei Abteilungen hin und bestätigt die Vermutung der lokalen Behörden über ihre Uneinigkeit. Das Sozialdemokratische Komitee gab sich Mühe zu bewirken, dass die Arbeiterinnen der Zigarettenabteilung mit ihren streikenden Kolleginnen zusammenrückten.

Wenn man aber das nächste Flugblatt anschaut, versteht man, dass in den Augen des Grodner Arbeiter:innenkomitees dieser Aufruf an der Nichtbeteiligung der Zigarettenmacherinnen wenig geändert hatte. Die Schrift *An die Arbeiterinnen und Arbeiter der Fabrik von Šereševskij!* wurde in der Nacht auf den 15. Oktober verteilt.[561] Im Namen der Packerinnen und des Grodner Arbeiter:innenkomitees verfasst, thematisierte sie die Enttäuschung der Streikenden, weil die Zigarettenmacherinnen ihnen ihre Unterstützung verweigert hatten. Dies spiele Šereševskij in die Hände: „Seine ganze und letzte Hoffnung liegt jetzt im sinnlosen und blinden Hass, den er versucht, unter den Zigarettenmacherinnen gegen uns zu verbreiten."[562] Der Fabrikant sei also für die Probleme unter den Arbeiterinnen verantwortlich, er spiele die einen gegen die anderen aus. Die Zigarettenmacherinnen hätten ein kurzes Gedächtnis:

> Mögen sie [die Zigarettenmacherinnen] sich an ihren vorjährigen Streik erinnern, und wie wichtig damals das Mitgefühl von allen übrigen Arbeitern und insbesondere von uns den Packerinnen, die ihnen zuliebe ohne Arbeit geblieben sind und ihnen noch mit Geld geholfen haben. Daher glauben wir jetzt, dass die Zigarettenmacherinnen verstehen werden, wie nötig für uns ihr Mitleid ist, und [...] auch wenn sie ein wenig ohne Arbeit sitzen dürften, sie den Hetzreden und Anfeindungen von Šereševskij gegen uns trotzdem nicht zuhören werden.[563]

нашей борьбы, и при всем этом все здешние рабочие и рабочие окрестных городов нам помогали. Сердиться на борющихся рабочих нечего!" Ibid., S. 268ob.

561 Flugblatt Tsu arbeyterkes un arbeyter fun shereshevkes fabrik!, ohne Datum, LVIA, F. 446_4_243, S. 25a, gefolgt von der Kopie der russischen Übersetzung, S. 25b–25v. Die russische Übersetzung findet man auch im Dossier der Fabrikinspektion: Rabotnicam i rabočim fabriki Šereševskogo!, russische Übersetzung aus dem Jiddischen, ohne Datum, RGIA, F. 23_30_39, S. 267–267ob.

562 „Der gantser un der letster ofenung zeyner iz itst oyf di umziste un blinde sine, velkhe er staret zikh fershpreyten tsvishen di papirosnitses oyf unz." Ibid., S. 25a.

563 „Zolen zey zikh dermanen zeyer eygenes faraioredigen shtreyk un vi damalst iz zey gevezen teyher di mitfilung fun ale iberige arbeyter un bezonders fun unz pakovshtsitses, vos zeynen gezesen zulib zey on arbeyt un hoben nokh geholfen zey mit gelt – azey gleyben mir itst az di papirosnitses velen fershtehn vi neytig iz far unz zeyer mitfilung, un [...]

Es ist gerade die Absenz von Solidarität und Reziprozität, die den Arbeiterinnen der Zigarettenabteilung vorgeworfen wird. Trotz allem bleiben die Autor:innen positiv eingestellt: Die Arbeiter:innen der Fabrik würden verstehen, dass die Aktion der Streikenden im Interesse aller sei. Hier wird zwar eine tiefe Spaltung zwischen „bewussten" und „unbewussten" Arbeiterinnen gezeichnet, die Hoffnung bestehe aber, dass sie sich alle vereinigten und die Packerinnen ihr Ziel erreichen könnten: „Mit Mut und Stolz werden wir zu unserem Ziel gehen, das in der Verbesserung unserer schweren und finsteren Lage besteht. Wir werden stark bleiben und der Sieg wird unser!"[564]

In der Nacht zum 10. Dezember 1900 verbreiteten anonyme Personen erneut Flugblätter, die vom Grodner Arbeiter:innenkomitee unterschrieben waren.[565] Dabei handelte es sich um die Darstellung der Konsequenzen des Streiks vom Oktober und der Lehren, die die Arbeiter:innen daraus ziehen konnten. Adressiert war die Schrift nicht nur an die Belegschaft der Fabrik von Šereševskij, sondern „an alle Grodner Arbeiter und Arbeiterinnen".[566] Wenn die Verfasser:innen anerkannten, dass die Fabrikleitung „gewonnen hatte" *(vyigral)*, weil die Forderungen der Streikenden unerfüllt blieben, wiesen sie die Vergeblichkeit der Streikaktion vehement zurück. Denn der Streik habe einerseits erreicht, dass die Einwohner:innen der Stadt noch besser verstünden, welcher Ausbeutung die Arbeiter:innen der Fabrik ausgesetzt gewesen seien und dass Šereševskij ein „Blutsauger-Ausbeuter" *(krovopijca-ėkspluatator)* sei. Andererseits habe das Scheitern bewiesen, wie entscheidend die Einheit der Arbeiter:innen in ihrem „Kampf gegen die Fabrikanten" *(bor'ba s fabrikantami)* gewesen sei. Die Mehrheit der Zigarettenmacherinnen habe zwar den Streik unterstützt, ein kleiner Teil aber habe die Aktion zunichte gemacht, weil sie die Arbeit der Packerinnen erledigt hätten. Das Flugblatt wirft ihnen Verrat vor und erklärt eindeutig: Dafür sollten sie sich schämen. Ihr Verhalten stehe im Gegensatz zum „heldenhaften" Benehmen der Streikenden. Die Grenze zwischen den engagier-

---

zey darfen afiln abisel zitsen on arbeyt fun destvegen velen zey zikh nit tsu heren tsu shereshevskes etses un anreytsungen gegen unz." Ibid.

564 „Mit mut un stolts velen mir geyn tsu unzer tsiel – vos beshteht in farbesserung unzere shvere un finstere lage. Zollen mir shtehn shtarker, un der nitsokhn vet zeyn unzerer!" Ibid.

565 Bericht des Oberfabrikinspektors, 11.12.1900, RGIA, F. 23_30_39, S. 275. Eine Untersuchung wurde eingeleitet, um die Verfasser:innen und Verbreiter:innen des Flugblattes zu finden. Sie blieb erfolglos. Siehe GARF, F. 124_10_209.

566 Flugblatt Ko vsem grodnenskim rabočim i rabotnicam!, russische Übersetzung aus dem Jiddischen, ohne Datum, RGIA, F. 23_30_39, S. 276–277.

ten Arbeiterinnen – den Streikenden und denjenigen, die sie unterstützten und so zu Heldinnen würden – und ihren „unbewussten" Kolleginnen, die sich durch Šereševskij und seine Drohungen manipulieren ließen und als Verräterinnen bezeichnet wurden, wird damit klar gezogen.

Mit dieser Publikation wird sichtbar, wie eine revolutionäre Organisation – in diesem Fall das Grodner Arbeiter:innenkomitee – den Streik benutzte, um ihre ideologischen Vorstellungen zu verbreiten. Aus einer Niederlage machten die Verfasser:innen eine didaktische Angelegenheit. Es war in der Tat nicht problematisch, die Niederlage einzuräumen, da diese nicht in der Verantwortung der Streikenden oder der revolutionären Organisation lag. Weil es genaue Schuldige gab – die streikbrechenden Zigarettenmacherinnen, die von den Fabrikanten manipuliert worden seien –, stellte der verlorene Streik für die revolutionäre Organisation kein Scheitern der eigenen Strategie dar. Vielmehr drehten die Autor:innen die schlecht ausgegangene Situation zugunsten des von ihnen verfolgten Arbeiter:innenkampfes. Indem die Streikenden es nicht geschafft hätten, ihre Forderungen durchzusetzen, sei die Fortsetzung des „Kampfes" gegen die Fabrikanten umso gerechtfertigter. Neu in dieser Schrift im Vergleich zu den anderen, die während des Streiks verteilt worden waren, ist die Präsenz eines revolutionären Diskurses, der weit über die Streitigkeiten zwischen Arbeiter:innen und Fabrikanten hinausgeht. Zum ersten Mal kommen direkte Angriffe gegen das russische Gesetz und Regierungssystem vor: „Das russische Recht ist ein Schutz nur für den Fabrikanten. Ihm ist alles erlaubt und uns alles verboten. Das Recht, die Polizei, die Gendarmerie und die ganze Regierung sind nur für ihn, und für uns absolut niemand."[567] Weiter fordert das Grodner Arbeiter:innenkomitee alle Arbeiter:innen auf, gegen die „autokratische Regierung" *(samoderžavnoe pravitel'stvo)* zu handeln, um Druck- und Versammlungsfreiheit sowie „menschliche Rechte" *(čelovečeskie prava)* zu erlangen. Die letzten Sätze der Schrift lauten: „Nieder mit der autokratischen Regierung! Es lebe die Arbeiterbewegung!"[568] Mit diesen Ausdrücken rutschte das Arbeiter:innenkomitee von rein ökonomischen Forderungen (an erster Stelle Lohnerhöhung) in die Kategorie der politischen Forderungen. Dieses Flugblatt vom Dezember suchte nicht nur die Aufmerksamkeit der Arbeiter:innen der Fabrik

567 „Русский закон – защита только для фабриканта. Ему все дозволено, а нам же запрещено. Закон, полиция, жандармерия и все Правительство только для него, а для нас решительно никто." Ibid., S. 276ob.

568 „Долой самодержавное правительство! Да здравствует рабочее движение!" Ibid., S. 277.

von Šereševskij, sondern aller Arbeiter:innen der Stadt Grodno. Es zielte darauf ab, dass sie sich für ein besseres Leben sowohl gegen die Fabrikbesitzer als auch gegen das politische System engagierten. Das Streikbeispiel in der Tabakfabrik diente also dem revolutionären Diskurs, der die Auflösung der politischen Ordnung unterstützte. Weil diese politischen Forderungen zum ersten Mal in einem Flugblatt erschienen, das in Zusammenhang mit Streikaktionen in der Tabakfabrik von Šereševskij und Russota verbreitet wurde, kann man von einem Wendepunkt in der Agitationsstrategie der Arbeiter:innen der Fabrik reden. Parallel zur Unterstützung der ökonomischen Forderungen der Arbeiter:innen versuchte die Organisation der Sozialdemokrat:innen in Grodno, die Arbeiter:innen von der Legitimität ihrer revolutionären Ziele zu überzeugen.

Zudem ist dieses Flugblatt des Grodner Arbeiter:innenkomitees im lokalen Kontext der Entfaltung der revolutionären Aktionen unter den Arbeiter:innen der Stadt zu lesen. Wie bereits angekündigt, hatte das Grodner Sozialdemokratische Komitee (Bundist:innen) die allererste Flugschrift vom 9. Oktober 1900 nicht mit unterschrieben. Erst fünf Tage später druckte es einen Aufruf, in dem es sich für die vollständige Unterstützung der Streikaktion der Packerinnen aussprach. Wenn man der These des Historikers M. O. Bič folgt, der schreibt, dass das Grodner Arbeiter:innenkomitee ohne vorherige Verständigung mit den Bundist:innen den Streik ausgelöst habe,[569] gewinnt das Flugblatt vom 10. Dezember eine zusätzliche Dimension. Um angesichts der schmerzhaften Niederlage der Packerinnen weiter als unersetzbarer Akteur der Arbeiter:innenbewegung in Grodno fungieren zu können, musste das Grodner Arbeiter:innenkomitee seine Nützlichkeit und seine Fähigkeiten aufzeigen, daher diese ideologische Publikation und die Argumentationslinie, dass der „Kampf" noch nicht am Ende sei.

Allerdings benutzte das oben schon zitierte *Grodnenskij fabričnyj letučij listok* (von den Bundist:innen veröffentlicht) eine ähnliche Argumentation. Im Absatz zum Streik der Packerinnen vom Oktober 1900 wird die Schuld für die Niederlage auf diejenigen Zigarettenmacherinnen, die ihre Kolleginnen nicht unterstützten, geschoben. Und wie im Flugblatt vom Dezember ziehen die Verfasser:innen folgende Schlussfolgerung: „[...] dieser Streik lehrt uns vieles und in dieser Hinsicht brachte er uns Nutzen. Er hat uns bewiesen, dass die Arbeiter:innenklasse nur dann stark ist, wenn sie vereinigt ist, dass die Einigkeit, die Geschlossenheit das einzige Mittel ist, mit dem der Arbeiter sein dunkles Leben verbessern kann, dass [sie] die beste Waffe gegen seine Unterdrücker

569 Bič, Razvitie social-demokratičeskogo dviženija, S. 137.

ist."[570] Bemerkenswert ist dieses Zitat insofern, als es dieses Mal das Grodner Sozialdemokratische Komitee war, das dieses Flugblatt gedruckt hatte, während die Proklamation von Dezember aus dem Grodner Arbeiter:innenkomitee stammte. Beide revolutionären Gruppen teilten also trotz ihrer Rivalität dieselbe Interpretation der Ereignisse.

Dass sie beide in einem nahen Zeitabstand so eine Schrift veröffentlichten, hängt außerdem mit der Präsenz einer weiteren Gruppierung zusammen, die versuchte, die jüdischen Arbeiter:innen der Stadt an sich zu ziehen. Seit dem frühen Sommer 1900 waren in Grodno Anhänger:innen von Sergej Vasil'evič Zubatov aktiv. Zubatov, der Chef der Moskauer Ochrana, hatte gerade begonnen, seine Pläne für die Gründung einer prozarischen Gewerkschaftsorganisation, die keine politischen, sondern ausschließlich ökonomische Ziele zur Verbesserung der Lebensbedingungen der Arbeiter:innen befriedigen sollte, umzusetzen. Die polizeiliche Razzia gegen den Allgemeinen Jüdischen Arbeiterbund vom Juni 1898 in verschiedenen Städten des Ansiedlungsrayons, bei der unter anderem das Zentralkomitee der Partei verhaftet worden war, hatte Zubatov die Möglichkeit gegeben, intensive Kontakte mit Bundist:innen zu unterhalten, die im Gefängnis saßen. Nachdem in der ersten Hälfte von 1900 in Minsk erneut zahlreiche Anhänger:innen des Bundes festgenommen worden waren, konnte Zubatov einige junge Bundist:innen von seiner Idee überzeugen. Unter ihnen befand sich die 19-jährige Marija (Manja) Vladimirovna Vil'buševič. In einem Dorf in der Nähe von Grodno als Tochter eines Händlers geboren, lebte und arbeitete sie in Minsk, als sie wegen ihres Engagements für den Bund verhaftet und nach Moskau transportiert wurde. Nach ihrer Freilassung Anfang Sommer 1900 kehrte sie nach Minsk zurück, wo sie erfolgreich die *zubatovščina* aufbaute. Diese Bewegung erreichte ihren Höhepunkt in der nordwestlichen Region mit der Gründung der Jüdischen Unabhängigen Arbeiterpartei im Sommer 1901, zu deren Zentralkomitee Marija Vil'buševič gehörte. In Minsk und in allen Städten, in denen die Jüdische Unabhängige Arbeiterpartei Propaganda und Agitation durchführte, kam es zu starken Spannungen mit den sozialistischen Organisationen, insbesondere mit dem Allgemeinen Jüdischen Arbeiterbund. Nach einem gescheiterten Versuch, die Partei in Vil'na anzusiedeln, sowie nach dem Schock des Pogroms von Kišinėv (April 1903) löste sich

570 „[...] эта стачка учит нам многому и в том отношении принесла нам много пользы. Она нам доказала, что рабочий класс только тогда силен, когда он объединен, что единство, сплоченность – единственное средство, которым рабочий может улучшить свою темную жизнь, что лучшее оружие с его притеснителями." Grodnenskij fabričnyj letučij listok, GARF, R6935_2_13, S. 6.

die Partei im Sommer 1903 auf.[571] Nun aber hielt sich Vil'buševič im Sommer 1900 in Grodno auf, wo sie einen Zirkel mit einigen Arbeiter:innen organisieren konnte, bevor sie Ende Jahr nach Minsk zurückging.[572] In dieser Hinsicht mussten sich sowohl das Grodner Sozialdemokratische Komitee als auch das Grodner Arbeiter:innenkomitee vor einer zunehmenden Konkurrenz fürchten. Indem Vil'buševič den politischen Kampf gegen das zarische Regime aufgegeben hatte, unterminierte sie die Arbeit der Revolutionär:innen. Deshalb war es umso wichtiger für diese, die Arbeiter:innen an die Ziele und den Sinn ihrer Arbeit anhand der Veröffentlichung der Flugblätter vom Dezember 1900 bzw. Januar 1901 zu erinnern.

6.5 Der Streik vom Dezember 1903

Die nächste Streikaktion, die in den Archiven gut dokumentiert ist, ist diejenige vom Dezember 1903. Dies bedeutet jedoch nicht, dass es zwischen Oktober 1900 und Dezember 1903 zu keinen Konflikten in der Fabrik gekommen wäre. Die revolutionären Gruppierungen Grodnos setzten ihre jiddischsprachige Agitation unter den Arbeiter:innen der Stadt fort. Anhand von Flugblättern betrieben sie in regelmäßigen Abständen Propaganda, die an die Belegschaft der Fabrik von Šereševskij und Russota gerichtet war, damit diese ihr Schicksal in die Hand nähmen und sich gegen ihre schlechten Lebens- und Arbeitsbedingungen wehrten. Šereševskij und Russota bezeichnen sie in ihren Flugblättern weiter als „Ausbeuter".[573] Im Juli 1902 stellten 500 Zigarettenmacherinnen einige

571 Schneiderman, Jeremiah: Sergei Zubatov and Revolutionary Marxism. The Struggle for the Working Class in Russia, Ithaca/London 1976, S. 219, 229, 242 und 283. Das Buch liefert eine detaillierte Analyse zu Zubatov, seiner Haltung zum Allgemeinen Jüdischen Arbeiterbund und Marija Vil'buševič. Siehe insbesondere Kapitel 8 („Zubatov and the Bund"), 9 („The Jewish Independant Labor Party") und 10 („The Vilna Episode and the End of the Minsk Zubatovshchina"). Zur Biographie von Marija Vil'buševič, siehe: Appel, Tamar Kaplan: Mania Wilbushewitch Shochat, in: Jewish Women: A Comprehensive Historical Encyclopedia, Jewish Women's Archive, <https://jwa.org/encyclopedia/article/shochat-mania-wilbushewitch> [07.07.2017].

572 Zumindest behauptet es Bič. Über die ersten Erfolge der Gründung eines Zirkels habe sie Zubatov im August 1900 informiert. Bič, Razvitie social-demokratičeskogo dviženija, S. 140–141.

573 So zum Beispiel: Grodnenskij fabričnyj letučij listok, GARF, R6935_2_13, S. 1–8; Flugblatt Tsu alle arbeyter un arbeyterinen fun shereshevskes fabrik, ohne Datum, IISH Amsterdam, AYABC 29, S. 1. Diese Proklamation ist zwar undatiert, aus dem

Stunden ihre Arbeit ein, um gegen die schlechte Qualität des zu verarbeitenden Tabaks zu protestieren.[574] Im April 1903 wurde in der Verpackungsabteilung des Machorkas der Fabrik für eine Lohnerhöhung und für Veränderungen in den Produktionsnormen gestreikt.[575] Zu dramatischen Ereignissen kam es im Dezember 1903.

Inhalt kann man jedoch schließen, dass sie rund zweieinhalb Jahre nach dem ersten Streik der Zigarettenmacherinnen – das heißt gegen März 1902 – verbreitet wurde. In ihr rufen die Autor:innen die Arbeiter:innen zum Widerstand auf gegen die Versuche des Fabrikanten, die „Einigkeit" unter ihnen zu „zerstören" und zum Handeln gegen die hohen Strafen und schlechte Bezahlung, die in der Fabrik herrschen; in einem anderen Flugblatt, das in der Nacht zum 26. (oder 29.) Juli 1902 verbreitet wurde und die Arbeiter:innen der Stadt zum Widerstand gegen die Ausbeutung durch die Fabrikbesitzer aufrief, wird Šereševskij explizit als „Ausbeuter" *(ekspluatator)* zitiert. Siehe Protokoll Nr. 1, 22.08.1902, LVIA, F. 446_4_311, S. 21–21ob.

574 Siehe Kurzmeldung über den Streik in Poslednija izvestija 79 (25.07.1902), S. 1. Dort wird behauptet, dass der Fabrikant die Forderung der Arbeiterinnen erfüllt habe.

575 Zu diesem Streik gibt es zwei Berichte des Oberfabrikinspektors: Berichte des Oberfabrikinspektors, 08.04.1903 und 29.04.1903, RGIA, F. 23_30_39, S. 333–334ob und 337. Bei diesem Streik handelte es sich um Arbeiter. Zuerst traten 71 Packer in den Streik. Nachdem Šereševskij diese drei Tage später entlassen hatte, streikten weitere 200 Arbeiter mit. Auch ihnen wurde gekündigt. Laut dem Fabrikinspektor wurden die Forderungen nicht befriedigt. Es kam zur Verhaftung und Ausweisung der Streikenden, die Stadtauswärtige waren. Am 27. April kehrten alle Streikende bis auf die Verhafteten zur Arbeit zurück. Siehe auch die kurzen Meldungen zum Streik in Poslednija izvestija 125 (16.05.1903), S. 2 und 127 (25.05.1903), S. 3. In dieser letzten Meldung wird behauptet, dass der Streik „mit dem vollständigen Sieg der Arbeiter" *(polnoj pobedoj rabočich)* geendet habe. In einem weiteren Artikel schildert *Poslednija izvestija* detailliert ihre Version des Streiks und räumt ein, dass nur ein Teil der Forderungen erfüllt worden seien (Poslednija izvestija 130 (06.06.1903), S. 2–3). Allerdings veröffentlichte im September desselben Jahres das Grodner Sozialdemokratische Komitee eine jiddischsprachige Proklamation, adressiert an die Arbeiter der Verpackungsabteilung des Machorkas, in der es den Arbeitern Vorwürfe machte, weil ein Teil von ihnen „zurückweiche" und bereit sei, mehr zu arbeiten, obwohl ihre Forderung, zwölf Schachteln pro Tag zu produzieren, einige Monate vorher erfüllt worden sei (siehe Flugblatt Tsu di makhopatshniker fun shereshevskes fabrik, September 1903, LVIA, F. 446_4_398, S. 19). Ein weiteres undatiertes Flugblatt spricht die Ergebnisse und Lehren dieses Streiks an. Die angeblichen Versprechen der Fabrikanten bezüglich Lohnerhöhungen seien nicht gehalten worden. Die Streikaktion habe dennoch allen Arbeiter:innen der Stadt Grodno drei wichtige Dinge gelehrt: erstens, dass Šereševskij mit großer Härte gegen seine eigene Belegschaft vorgegangen sei und dass es zwischen ihm und seinen Arbeiter:innen einen andauernden Kampf gebe; zweitens, dass die „russische autokratische Regierung" systematisch gegen die Interessen der Arbeiter:innen vorgehe und dass dies mit den erfolg-

DIE PERSPEKTIVE DES FABRIKINSPEKTORS

Am 9. Dezember 1903 berichtete der Oberfabrikinspektor Varencev erneut von einem Streik in der Fabrik von Šereševskij und Russota. Eine Woche früher hatten die Sortiererinnen der Fabrik eine Lohnerhöhung von 50 Kopeken pro Woche gefordert. Nachdem die Fabrikleitung dies abgelehnt hatte, kamen sie nicht mehr arbeiten. So blieb die Situation bis zum 8. Dezember, als die Fabrikverwaltung sich plötzlich einverstanden zeigte, die Forderung der Arbeiterinnen gänzlich zu befriedigen,[576] und alle sofort zur Arbeit zurückkehrten. Was diese Umkehr auf Seiten der Fabrikbesitzer provoziert hatte, bleibt unerklärt. Dies alles passierte ohne Intervention oder Vermittlung der Fabrikinspektion, die anscheinend darüber gar nicht informiert wurde. In seinem Bericht erwähnt der Oberfabrikinspektor seine Abwesenheit zum Zeitpunkt der besagten Woche, was erklären könnte, warum bei dieser Gelegenheit nicht umgehend eingegriffen wurde.[577]

Wenige Tage später brach der Konflikt zwischen den Arbeiterinnen der Sortierungsabteilung und den Fabrikanten wieder aus: Der 16. Dezember war Zahltag. Die Arbeiterinnen, die zwischen dem 2. und dem 8. Dezember gestreikt hatten, protestierten gegen die Lohnauszahlung, weil sie für die gestreikten Tage nicht bezahlt worden waren und ihre Lohnerhöhung anscheinend noch nicht in Kraft getreten war.[578] Am folgenden Tag erschienen sie zwar in der Fabrik, weigerten sich aber zu arbeiten. Als der Oberfabrikinspektor davon erfuhr, eilte er in die Fabrik, wo er die Sortiererinnen auf den Tabakkisten sitzend fand. Sie warteten auf die Erfüllung ihrer Forderung und dachten, dass sie auch für den heutigen Tag ihren Lohn bekommen müssten, weil sie in der Fabrik anwesend seien. Der Inspektor besprach die Situation mit den Fabrikbesitzern und suchte

---

ten Verhaftungen und Ausweisungen bewiesen sei; und drittens, dass nur die Einigkeit aller Arbeiter:innen und ihr gemeinsamer Kampf ihre Situation verbessern könne (siehe Flugblatt Tsu alle grodner arbeyter un arbeyterinen!, ohne Datum, IISH Amsterdam, AYABC Dossier 29, S. 8).

576 In einem Artikel in *Poslednija izvestija* wird präzisiert, dass die Fabrikanten zuerst eine Erhöhung von 25 Kopeken vorgeschlagen hätten, was die Arbeiterinnen zurückgewiesen hätten. Nach fünf Tagen Streik seien die Fabrikanten einverstanden gewesen, die Forderung ganz zu erfüllen. Siehe Poslednija izvestija 162 (13.01.1904), S. 2.

577 Bericht des Oberfabrikinspektors, 09.12.1903, RGIA, F. 23_30_39, S. 404–404ob.

578 In mehreren Flugblättern bzw. Berichten zum Streik, die die Bundist:innen publizierten, wird behauptet, dass die Fabrikanten zugestimmt hätten, auch die gestreikten Tage zu bezahlen. Siehe zum Beispiel Der bund 1 (Januar 1904), S. 14.

danach das Gespräch mit den Arbeiterinnen. Die Positionen beider Seiten erwiesen sich als klar: Die Fabrikanten wollten die Arbeiterinnen für die gestreikten Tage nicht bezahlen. Zudem verlangten sie, dass die Sortiererinnen die Fabrik umgehend verließen, weil sie sonst zu einem schlechten Beispiel für die anderen Arbeiter:innen werden könnten. Die protestierenden Arbeiterinnen ihrerseits weigerten sich alle bis auf eine, die Arbeit wieder aufzunehmen, solange ihre Forderungen nicht erfüllt würden, obwohl der Fabrikinspektor jede separat befragt und von der Illegalität ihrer Handlung informiert hatte. Den Streikenden wurde in der Folge mitgeteilt, dass sie in der Fabrik nichts mehr zu tun hätten, und sie wurden von der Fabrik vertrieben. Der Fabrikinspektor schließt seinen Bericht mit einigen Bemerkungen betreffend die zukünftige Lage der Fabrik, wie er sie nach einem Gespräch mit der Fabrikleitung einschätzte. Die Fabrikanten selbst rechneten mit keiner friedlichen Konfliktlösung, da ein Aussetzen der Produktion in der Sortierungsabteilung schwerwiegende Auswirkungen auf zahlreiche weitere Abteilungen haben werde. Deshalb sahen sich Šereševskij und Russota gezwungen, am 18. Dezember[579] eine Erklärung über die Entlassung aller Arbeiter:innen mehrerer Abteilungen nach der zweiwöchigen legalen Frist abzugeben, die insgesamt 750[580] Personen beschäftigten. Die Fabrikanten konnten angeblich die Streikenden nicht durch andere Arbeiterinnen ersetzen, weil die anderen jüdischen Arbeiterinnen nicht als Streikbrecherinnen fungieren wollten.[581] Und sie fürchteten sich auch, christliche Arbeiterinnen an-

579 Laut dem Grodner Gouverneur machten die Fabrikanten diese Erklärung am 17. Dezember. Siehe Bericht des Gouverneurs Grodnos an den Generalgouverneur von Vil'na, Kovno und Grodno, 07.01.1904, LVIA, F. 378_ps1904_13, S. 1.

580 In seinem Bericht an den Generalgouverneur spricht der Gouverneur von 786 Arbeiter:innen. Ibid.

581 In einem Artikel zum Streik in *Poslednija izvestija* behaupten jedoch die Bundist:innen, dass die Fabrikleitung vier Frauen, deren Kinder sich am Streik beteiligt hätten, entlassen und die Streikenden durch „arbeitslose Tischler" *(bezrabotn[ye] stoljar[y])* ersetzt habe (Poslednija izvestija 164 (26.01.1904), S. 3). Dabei handelt es sich um Vorfälle, die nach dem zweiten Streikausbruch passierten. Glaubt man dieser Schilderung, hätten die Fabrikanten nach dem 16. Dezember also doch Streikbrecher angestellt. Über die religiöse Zugehörigkeit der „Tischler" sagen die Autor:innen des Artikels gar nichts. Dieses Vorgehen der Fabrikbesitzer habe das Grodner Sozialdemokratische Komitee zur Entscheidung gebracht, am 28. Dezember zum totalen Streik in der Fabrik aufzurufen. In einem anderen Organ des Bundes heißt es, dass die Fabrikanten „Menschen von der Straße" *(mensh fun gas)* anstelle der Streikenden beschäftigt hätten. Auch dort steht, dass das Komitee des Bundes infolge der Entlassung in sieben Abteilungen entschieden habe, am 28. Dezember die Fabrik lahmzulegen (Der bund 1 (Januar 1904), S. 14).

zustellen, weil sie Angst hatten, deswegen den Konflikt innerhalb der Fabrik zuzuspitzen.[582] Aus dieser Beschreibung wird klar, dass der Oberfabrikinspektor sich vor allem mit den Fabrikbesitzern unterhalten hatte. Ihrer Sichtweise wird ein bedeutender Platz eingeräumt. Die Arbeiterinnen der Sortierungsabteilung stellt der Inspektor zwar nicht negativ dar. Aber er geht nicht detailliert auf die Gründe des Streiks ein, und dies, obwohl er laut eigenen Angaben jede Streikende einzeln darüber befragt hatte. In der bundistischen Zeitschrift *Poslednija izvestija* wird behauptet, dass der Fabrikinspektor Varencev „sich sogar weigerte, die Arbeiterinnen anzuhören, und sich bemühte, sie bloß einzuschüchtern".[583]

Das vom Fabrikinspektor angegebene Zögern der Fabrikbesitzer, christliche „Streikbrecherinnen" anzuwerben, mag überraschen. Wie im Fall der Zündholzfabrik von Zaks in Dvinsk, in der sowohl christliche als auch jüdische Arbeiterinnen angestellt waren, ausführlicher besprochen wurde, vertraten die zeitgenössischen jüdischen Revolutionär:innen die These, dass jüdische Fabrikanten christliche Arbeiter:innen unter anderem auch deswegen den jüdischen bevorzugten, weil die Ersteren weniger zum Engagement für Streiks und revolutionäre Bewegungen neigten; eine These, die man auch in der Sekundärliteratur findet.[584] Wenn Šereševskij und Russota wirklich Angst vor der Reaktion der anderen Arbeiter:innen der Fabrik hatten, mussten sie doch noch die Hoffnung haben, dass die Streikenden ihre Arbeit bald wieder fortsetzen würden und die Situation sich so entspannen werde. Offen bleibt, ob die Fabrikadministration dachte, dass die angekündigte gleichzeitige Entlassung der Hälfte der Arbeiter:innen der Fabrik infolge der Arbeitseinstellung von nur 30 bis 35 Personen Druck auf die Streikenden ausüben würde, wie es beim Streik der Packerinnen im Oktober 1900 passiert war. Was der Fabrikinspektor genau dazu meinte, ist auch nicht rekonstruierbar. Welchen Entscheidungsprozess durchliefen Šereševskij und Russota, bevor sie sich für diese Entlassungen aussprachen? Baten sie den Fabrikinspektor um Rat und Zustimmung? Oder erklärten sie es einseitig? Dass Varencev so gelassen am 18. Dezember davon berichtete, beweist, dass er wenigstens die Maßnahme nicht für übertrieben hielt.

Die Situation entspannte sich nicht mit der Jahreswende. Am 31. Dezember[585] informierte die Fabrikleitung die restlichen Arbeiter:innen, dass auch sie

582 Bericht des Oberfabrikinspektors, 18.12.1903, RGIA, F. 23_30_39, S. 407–408.

583 „[...] отказался даже выслушать работниц, а старался их только запугать." Poslednija ivestija 162 (13.01.1904), S. 2.

584 Mendelsohn, Class Struggle in the Pale, S. 22; Mendelsohn, Jewish and Christian Workers, S. 247. Siehe auch Kapitel 5.9, S. 176 dieser Arbeit.

585 In einem Bericht des Grodner Gouverneurs heißt es, dass dies am 30. Dezember statt-

nach zwei Wochen entlassen würden. Am 4. Januar 1904, dem ersten Arbeitstag nach Neujahr, verloren alle am 18. Dezember vorgewarnten Arbeiter:innen ihre Stelle. Und am 13. Januar verabschiedete sich die Fabrikverwaltung von allen übrigen Angestellten. Die Fabrik schloss ihre Türen.[586] Der Fabrikinspektor stellte fest: „Die durch die Fabrikinspektion ergriffenen Maßnahmen zur Beendigung der aktuellen nicht normalen Situation waren nicht von Erfolg gekrönt."[587] Um welche Maßnahmen konkret es sich handelte, erwähnt er nicht. Deshalb kann man die Rolle, die er im Konflikt spielte, nicht vollständig nachvollziehen.

Die sogenannte Technik der Aussperrung *(lockout)* zur Bekämpfung von Streiks, das heißt die Freistellung aller Arbeiter:innen und Schließung der Fabrik durch den Fabrikanten, war im Russischen Reich bis um die Jahrhundertwende nicht beliebt, da sie das Einkommen der Fabrikbesitzer stark beeinträchtigte. In den ersten Jahren des 20. Jahrhunderts scheinen dennoch Aussperrungen immer öfter vorgekommen zu sein. So wurden 1903 in 25 großen Fabriken des Zarenreichs Lockouts registriert.[588] Auch Šereševskij und Russota hatten sich dieser Strategie bis zum Streik vom Dezember 1903 noch nie bedient. Der Schilderung des Oberfabrikinspektors nach erklärten sich die Fabrikbesitzer einverstanden, die Fabrik unter den folgenden drei Bedingungen wieder zu öffnen: Erstens werden die Arbeiterinnen der Sortierungsabteilung nicht wieder aufgenommen. Zweitens werden die Arbeiter der Verpackungsabteilung für den Machorka nicht mehr im Stunden-, sondern im Stücklohn bezahlt. Und drittens werden neben den jüdischen neu auch christliche Arbeiter:innen angestellt. Diese Voraussetzungen lehnten die ehemaligen Arbeiter:innen zuerst ab. Die Lage sei so angespannt gewesen, dass Šereševskij behauptete, er werde die Tabak- und Zigarettenfabrik endgültig schließen, weil das Leiten der Fabrik in den letzten Jahren „von einer ununterbrochenen Reihe von Arbeiterunruhen begleitet ist".[589] Der Oberfabrikinspektor hielt diese Drohung jedoch für nicht ernst und schloss seinen Bericht mit der Hoffnung ab, dass die Fabrik bald wieder öffnen werde.[590]

---

gefunden habe. Siehe Bericht des Gouverneurs Grodnos an den Generalgouverneur von Vil'na, Kovno und Grodno, 07.01.1904, LVIA, F. 378_ps1904_13, S. 1ob.

586 Bericht des Oberfabrikinspektors, 20.01.1904, RGIA, F. 23_30_39, S. 411.

587 „Принимавшиеся фабричной инспекцией меры к прекращению настоящего ненормального положения дела успехом не увенчались." Bericht des Oberfabrikinspektors, 20.01.1904, RGIA, F. 23_30_39, S. 411ob.

588 Siehe Puškareva, Borodkin, Glazunov, Trudovye konflikty, S. 82, 107.

589 „[...] сопровождается сплошном рядом рабочих волнений". Bericht des Oberfabrikinspektors, 20.01.1904, RGIA, F. 23_30_39, S. 411ob.

590 Ibid.

Dies ereignete sich tatsächlich eine Woche später. Am 27. Januar ließen die Fabrikanten bekannt machen, dass sie die Fabrik ab sofort wieder in Betrieb nähmen. Dafür beschäftigten sie zunächst 25 christliche Arbeiterinnen in der Sortierungsabteilung sowie an den Maschinen für die Zigarettenherstellung. Ihr erklärtes Ziel war es, von nun an sowohl christliche als auch jüdische Arbeiter:innen in der Fabrik zu haben.[591] Was zu dieser Meinungsänderung führte, war wahrscheinlich die Zuspitzung der Umstände. Šereševskij und Russota hatten jetzt mit der Anstellung christlicher Arbeitskräfte nichts mehr zu verlieren, im Gegenteil: Somit erhofften sie, Druck auf die anderen ehemaligen Arbeiter:innen auszuüben, damit sie wieder in die Fabrik arbeiten kamen.[592] Dies sollte nicht überraschen. Denn die eine Hälfte der Arbeiter:innen befand sich schon seit über drei Wochen und die andere Hälfte seit genau zwei Wochen ohne Einkommensquelle. Da die Lebensbedingungen der Arbeiter:innen schon während einer normalen Anstellungszeit hart waren und angesichts der Tatsache, dass manchmal mehrere Mitglieder einer Familie für Šereševskij und Russota arbeiteten, muss es in einigen Fällen zu gravierenden materiellen Engpässen gekommen sein. Selbst wenn die Arbeiter:innen über eine Streikkasse verfügten, ist es unmöglich, dass diese Kasse so viel Geld enthielt, dass sie die Bedürfnisse aller Entlassenen (über 1200 Personen) hätte abdecken können.[593]

Glaubt man der Schilderung des Fabrikinspektors, verursachte die Arbeit christlicher neben jüdischen Arbeitskräften keine Spannungen unter den erneut angestellten Arbeiter:innen. Am 29. Januar waren schon um die 750 Personen in der Fabrik tätig, deren Produktionskette Schritt für Schritt wieder in Betrieb genommen wurde. Die Wiedereröffnung der Fabrik verlief dennoch nicht ohne Agitation. Diese verschwand aber laut dem Oberfabrikinspektor nach zwei bis

591 Ibid., 412.

592 Der Bericht des Fabrikinspektors bestätigt diese Vermutung. Dort heißt es, dass die Fabrikanten die 25 christlichen Arbeiter:innen als Erste angestellt hatten, weil er „damit rechnet, dass diese Anstellung [der christlichen Arbeiterkräfte] sowie die Öffnung der Fabriktore die ehemaligen Arbeiter dazu veranlassen wird, um ihre Wiederanstellung in der Fabrik zu bitten". / „[...] рассчитывая что этот прием, а также открытие фабричных ворот, побудит прежних рабочих просить об обратном принятии их на фабрику". Siehe ibid.

593 In den Berichten zum Streik, die *Poslednija izvestija* veröffentlichte baten die Grodner Bundist:innen dringend um finanzielle Unterstützung (zum Beispiel: Poslednija izvestija 164 (26.01.1904), S. 3 und 165 (03.02.1904), S. 1). Das Grodner Komitee des Bundes bekam Geld vom Zentralkomitee und von unterschiedlichen Organisationen des Bundes, unter anderem in Gomel', Warschau, Kiev, Dvinsk und Minsk (Poslednija izvestija 168 (29.02.1904), S. 1).

drei Tagen: „Am ersten Tag der Wiederaufnahme der Fabrikarbeit wurden viele Arbeiter, die in die Fabrik eilten, auf den Straßen von verschiedenen jüdischen jungen Leuten festgehalten, die [sie] überredeten, nicht in die Fabrik zu gehen und den Streik fortzusetzen."[594] Die letzte Meldung des Fabrikinspektors über diesen Streikfall fand am 19. Februar statt. Dabei handelte es sich um einen kurzen Bericht, in dem behauptet wurde, dass in der Fabrik schon um die 1000 Arbeiter:innen normal und ruhig ihre Tätigkeiten erledigten.[595]

Wenn man die Version des Fabrikinspektors schematisch zusammenfasst, kann man seine Einschätzung der Situation des Streiks vom Dezember 1903 bis Januar 1904 wie folgt darstellen: Die Arbeiterinnen einer für die gesamte Fabrikproduktion wesentlichen Abteilung streikten, was zur vollständigen Lahmlegung der Produktion und zur Entlassung aller Arbeiter:innen führte. Die Fabrik musste schließen. Die Fabrikanten versuchten, wenige Tage später die Fabrik wieder zu öffnen, und konnten innerhalb von drei Tagen bereits 750 Arbeiter:innen – die meisten davon schon bis Anfang Januar im Unternehmen tätig – zurückgewinnen. Alles verlief ruhig. Bis auf die Streikenden der Sortierungsabteilung, die den Streik angefangen hatten, stellt der Fabrikinspektor die Arbeiter:innen der Fabrik als passiv dar: Abgesehen von der Straßenagitation am ersten Wiedereröffnungstag erwähnt er weder Unterstützungsaktionen noch Drohungen noch Flugblätter. Warum stellte er den Konflikt so „wellenlos" dar? Warum verfasste er unvollständige Berichte? Und warum ließ er in seinen Beschreibungen fast ausschließlich die Sichtweise der Fabrikanten zu Wort kommen? War er gar nicht daran interessiert, was wirklich passierte? Er konnte nicht ignorieren, dass im Dezember und Januar zahlreiche Flugblätter verteilt worden waren[596] und dass die Schließung der Fabrik die Mehrheit der jüdischen Fabrikarbeiter:innen der Stadt arbeitslos gemacht hatte. Eine plausible Erklärung ist, dass er den Streik nicht als politische Aktion verstand, sondern lediglich als wirtschaftliches Problem betrachtete. Seine Rolle war, die Streikenden über die Illegalität ihres Handelns zu informieren und sie durch seine Überredungskraft möglichst schnell zur Arbeit zurückzubringen. Vergleicht man die Version des Fabrikinspektors mit den Berichten des Chefs der Gendarmerie, des

594 „В первый день возобновления фабричной работы многие спешившие к фабрике рабочие удерживались на улицам разною еврейскою молодежью убеждавшею не ходить на фабрику и продолжать стачку." Bericht des Oberfabrikinspektors, 29.01.1904, RGIA, F. 23_30_39, S. 412ob.

595 Bericht des Oberfabrikinspektors, 19.02.1904, RGIA, F. 23_30_39, S. 413.

596 Zur genauen Analyse dieser Flugblätter, siehe Kapitel 6.5, S. 273 dieser Arbeit.

Gouverneurs, des Generalgouverneurs und des Staatsanwaltes entsteht jedoch ein anderes Bild des Streiks als das eines eher friedlich verlaufenden Konflikts.

DIE ANDEREN LOKALEN BEHÖRDEN UND DER STREIK

Das Ziel dieses Abschnittes ist nicht, ein vollständiges Streikbild, wie es der Chef der Gendarmerie, der Gouverneur, der Generalgouverneur und der Staatsanwalt des Vil'ner Gerichtshofes teilten, zu rekonstruieren. Dies erweist sich wegen der ungenügenden Quellenlage als nicht machbar. Vielmehr geht es hier darum, anhand der Berichte der anderen lokalen Behörden, die involviert waren, eine nuanciertere und tiefgreifendere Darstellung der Ereignisse als die Version des Oberfabrikinspektors in die Analyse einfließen zu lassen. Denn nach der reibungslosen Schilderung des Konfliktes durch Varencev fallen einige Präzisierungen auf, die in anderen behördlichen Dokumenten zu finden sind. Dies deutet darauf hin, dass „die Behörden“ keine einheitliche Streikdarstellung bzw. Streikinterpretation hatten. Vielmehr hingen die Sichtweisen von den eigenen Rollen innerhalb der Behörden ab.

Die erste schriftliche Meldung, die überliefert worden ist und nicht von der Fabrikinspektion stammt, ist ein Bericht des Chefs der Gendarmerie von Grodno an das Polizeidepartement, datiert vom 2. Januar 1904.[597] Der Chef der Gendarmerie stellt darin Behauptungen über die Situation auf, die man beim Fabrikinspektor nicht findet. Die zwei bedeutenden Unterschiede betreffen wichtige Punkte des Streiknarrativs, das Varencev konstruiert hatte. Zum einen behauptete der Chef der Gendarmerie, dass unmittelbar nach der ersten Arbeitseinstellung in der Sortierungsabteilung die Fabrikanten Tagelöhner aus der Bauernschaft angestellt hätten.[598] Dies ist insofern eine Überraschung, weil die Bezeichnung „Bauern“ darauf hinweist, dass es sich um christliche Arbeitskräfte handelte.[599] Wenn die Hypothese zutrifft, impliziert es, dass Šereševskij und Russota doch christliche Streikbrecher:innen nach dem 3. Dezember beschäftigt hatten, die die Arbeit anstelle der Streikenden zu erledigen hatten. Hatte die Anstellung der Tagelöhner zu derartigen Spannungen mit Arbeiter:innen

597 Bericht des Chefs der Gendarmerie an das Polizeidepartement, 02.01.1904, GARF, F. 102_OO_232(1904)_4č12, S. 1.

598 Ibid.

599 Die deutliche Mehrheit der jüdischen Einwohner:innen (94,2 Prozent) wurde beim Zensus von 1897 als „Kleinbürger“ *(meščane)* aufgenommen, auch wenn dies nicht immer der Realität entsprach. Zu diesem Thema siehe zum Beispiel: Schmidt, Christoph: Ständerecht und Ständeswechsel in Russland 1851–1897, Wiesbaden 1994, S. 90–93.

anderer Abteilungen geführt, dass die Fabrikanten erstens der Lohnerhöhung der Sortiererinnen zustimmten, damit sie wieder arbeiten kamen, und zweitens sie sich beim erneuten Streiken vor einer Ansteckung in anderen Abteilungen fürchteten, falls sie christliche Streikbrecher:innen aufnahmen? Weil die Fabrikinspektion wegen aus den Quellen nicht ersichtlichen Gründen über die erste Arbeitseinstellung Anfang Dezember gar nicht informiert wurde und man deswegen über gar keine detaillierte Beschreibung dieses Ereignisses verfügt, kann man nur Vermutungen äußern. An sich widerspricht diese Information des Chefs der Gendarmerie der Version des Oberfabrikinspektors nicht. Dass dieser die Anstellung der Tagelöhner beim ersten Streik gar nicht erwähnte, aber das Zögern der Fabrikanten, christliche Ersatzarbeiter:innen anzuwerben, ohne Grundangaben beschrieb, tönt allerdings einmal mehr ungenau.

Beim zweiten Unterschied geht es um eine deutliche Abweichung von den Beschreibungen aller anderen behördlichen Kräfte, die Berichte über die Situation verfassten:

> Am 28. Dezember erschienen die Arbeiter der restlichen Abteilungen derselben Fabrik zur Arbeit und forderten die Bezahlung des Geldes für die von der Arbeit ferngebliebene Zeit an die Entlassenen der Sortierungsabteilung sowie ihre Wiederaufnahme zur Arbeit. Am darauffolgenden Tag kamen nur rund 100 von 1200 Arbeitern in die Fabrik arbeiten – infolgedessen vom Fabrikinspektor erklärt wurde, dass diejenigen, die in der Fabrik nicht arbeiten wollten, in zwei Wochen entlassen werden.[600]

Damit drückt der Chef der Gendarmerie die Unterstützung der Streikenden durch die anderen Arbeiter:innen der Fabrik aus, ein Element, das sonst sowohl beim Fabrikinspektor als auch beim Gouverneur nicht vorkommt. Er bringt dem Konfliktverlauf eine neue Dimension, und zwar diejenige des „Mitstreikens" bzw. der Solidarität unter den Arbeiter:innen. Denn wenn schon am 29. Dezember nur noch 100 Arbeiter:innen arbeiten kamen, bedeutet dies, dass die anderen Fabrikangestellten die Arbeit einstellten, bevor sie Anfang Januar offiziell entlassen wurden. Dies könnte nüchtern mit der Perspektivlosigkeit

600 „28 декабря рабочие остальных отделений той-же фабрики явились на работу, требуя уплаты уволенным сортировочного отделения денег за прогульное время и принятия их вновь на работу. На следующий день на фабрику явились работать, из числа 1'200 человек рабочих, лишь около 100 человек, – в виду чего Фабричным Инспектором был объявлено, что нежелающие работать на фабрике могут получить расчет в течении 2-х недель." Bericht des Chefs der Gendarmerie an das Polizeidepartement, 02.01.1904, GARF, F. 102_OO_232(1904)_4č12, S. 1.

eines Teils der Arbeiter:innen erklärt werden: Rund 750 wussten schon seit dem 18. Dezember, dass sie Anfang Januar arbeitslos sein würden, was automatisch die Arbeitslosigkeit der Restlichen zur Folge haben würde. Und sie hatten möglicherweise aufgrund der gezwungenen Schließung der Sortierungsabteilung das nötige Material nicht, um sich weiter zu beschäftigen. Sie hatten also nichts zu verlieren und kamen nicht in die Fabrik. Allerdings erschienen die Arbeiter:innen am 28. Dezember mit Forderungen in der Fabrik. Diese Forderungen betrafen sie nicht direkt, da es sich um die Erfüllung der Ansprüche der streikenden Sortiererinnen handelte. Sie spielten für sie jedoch eine immense Rolle, weil ihre Erfüllung eine Normalisierung der Fabrikproduktion bedeutet hätte: Die Streikenden würden wieder zur Arbeit kommen und die Fabrik wieder voll laufen. Es ist unwahrscheinlich, dass diese Aktion dem Fabrikinspektor verborgen blieb. Denn er wird vom Chef der Gendarmerie als derjenige bezeichnet, der den streikenden Arbeiter:innen der anderen Abteilungen gesagt habe, sie könnten in zwei Wochen die Fabrik verlassen, wenn sie dort nicht mehr arbeiten möchten. Meinte damit der Gendarm die Erklärung von Šereševskij und Russota vom 31. Dezember über die zukünftige Entlassung der 500 übrigen Arbeiter:innen? Warum erwähnte der Fabrikinspektor die Forderungen des 28. Dezembers nicht? Oder irrte sich der Chef der Gendarmerie? War das eine bewusste Realitätsverzerrung von Seiten des Inspektors oder des Gendarmen? Wenn die Version des Gendarmen stimmt, verschwieg der Fabrikinspektor eine Beteiligung der meisten Arbeiter:innen der Fabrik an der Streikaktion der Sortiererinnen. Da die Fabrikleitung die Fabrik ohnehin komplett schließen wollte, sah er vielleicht nichts Wichtiges in der Aktion der Arbeiter:innen der anderen Abteilungen. Er verstand den Streik der Sortiererinnen als rein ökonomisches Problem und interpretierte das Benehmen der restlichen Arbeiter:innen nicht als Ausdruck einer Solidarisierung mit den Streikenden. Wenigstens wollte er diesen Eindruck in seinen Berichten vermitteln.

Auf jeden Fall bricht der Bericht des Chefs der Gendarmerie, den der Staatsanwalt am 7. Januar fast wortwörtlich übernahm und an das Justizministerium schickte,[601] die glatte Homogenität und Passivität der Arbeiter:innen in der Berichterstattung des Oberfabrikinspektors. Somit war der Weg offen für weitere Mitteilungen, die über unterschiedliches, zum Teil gewalttätiges Handeln berichteten.[602]

---

601 Der Staatsanwalt des Vil'ner Gerichtshofes an das Justizministerium, 08.01.1904, GARF, F. 124_13_1121, S. 1–1ob.

602 Siehe Kapitel 6.5, S. 269 für ein konkretes Beispiel.

Am 7. Januar 1904 schrieb der damalige Gouverneur Grodnos Michail Osorgin an den Generalgouverneur von Vil'na, Kovno und Grodno Piotr Svjatopolk-Mirskij, um ihm die Situation zu erklären.[603] Dabei weicht er nur bei unwichtigen Kleinigkeiten von der Beschreibung des Streikausbruchs und verlaufs des Oberfabrikinspektors ab.[604] Spannend hingegen ist der letzte Absatz des Exposés, in dem er seine Besorgnis über die zahlreichen entlassenen Arbeiter:innen der Fabrik ausdrückt, die arbeitslos weiter in der Stadt Grodno wohnten. Diese Tatsache „verursacht täglich eine verstärkte Agitation der Arbeiter auf der Straße, aber ohne Verletzung der gesellschaftlichen Ordnung und Ruhe".[605] Er schließt seine Zusammenfassung mit der Versicherung ab, dass die Polizei nach seinen Anweisungen die „erforderlichen Maßnahmen" *(nadležaščie mery)* getroffen habe, um eventuelle Unruhen zu verhindern. Was damit gemeint ist, detailliert Osorgin nicht.

Besonders interessant ist der Bericht des Gouverneurs an den Generalgouverneur vom 13. Januar, weil er mehrere Aspekte beleuchtet, die in anderen Mitteilungen kaum oder gar nicht Erwähnung finden.[606] Zum einen thematisiert der Gouverneur erneut das Problem der vielen arbeitslosen Arbeiter:innen, die aber seit der Fabrikschließung keine Unruhen verursacht hätten. Er gibt ganz offen an, dass es für diese Angestellten schwierig sei, eine neue Stelle in der Stadt zu finden, da „die Fabrik von Šereševskij und Russota das einzige bedeutende Tabakunternehmen in der Stadt Grodno" sei.[607] Ihm war die wirtschaftliche Be-

603 Bericht des Gouverneurs Grodnos an den Generalgouverneur von Vil'na, Kovno und Grodno, 07.01.1904, LVIA, F. 378_ps1904_13, S. 1–1ob.

604 Es gibt kleine Unterschiede in den Arbeiter:innenzahlen und Daten der Erklärungen der Fabrikanten über die Entlassung der restlichen Beschäftigten in der Fabrik, wie oben schon dargestellt. Der Kern der Aussagen über die Gründe für den Streikausbruch und Streikverlauf sind ähnlich: Alles habe mit dem Streik der Sortiererinnen angefangen, die zuerst eine Lohnerhöhung forderten, dann noch die Auszahlung der fünf gestreikten Tage wollten. Die Fabrikanten wurden gezwungen, alle weitere Arbeiter:innen zu entlassen, weil die Arbeitsniederlegung in der Sortierungsabteilung für die gesamte Produktionskette schwere Konsequenzen (Mangel an Material) hatte.

605 „[...] вызывает ежедневно усиленное уличное движение рабочих, без нарушения однако общественного порядка и спокойствия." Bericht des Gouverneurs Grodnos an den Generalgouverneur von Vil'na, Kovno und Grodno, 07.01.1904, LVIA, F. 378_ps1904_13, S. 1ob.

606 Bericht des Gouverneurs Grodnos an den Generalgouverneur von Vil'na, Kovno und Grodno, 13.01.1904, LVIA, F. 378_ps1904_13, S. 3–4.

607 „[...] фабрика Шерешевского и Руссоты единственная крупное табачное предприятие в г. Гродне." Ibid., S. 3.

deutung der Fabrik als größtes Unternehmen der Stadt also bewusst. Er stellt sogar einige Sätze später die Streikenden als nicht mehr willig dar, ihre Aktion fortzusetzen. Viele der Arbeiter:innen seien bereit, die Arbeit zu den bisherigen Bedingungen wieder aufzunehmen. Einige seien sogar zur Polizei gegangen und hätten gehofft, dass diese „die Fabrikanten zwingen [kann], die Arbeit in der Fabrik wieder aufzunehmen".[608] Somit vermittelt der Gouverneur das Bild von bereuenden Arbeiter:innen, die doch nicht streiken wollten, als ob die Schuld am Streik ganz in den Händen von bestimmten Anstifter:innen und/oder Organisationen läge. Ob sein Eindruck durch die zahlreichen Flugblätter und Proklamationen, die seit Streikbeginn von mehreren revolutionären Organisationen verbreitet worden waren, entstanden war und inwieweit er das schon oben angesprochene Narrativ der von Agitator:innen manipulierten Arbeiter:innen hiermit reproduzierte, lässt sich nicht detaillierter untersuchen. Tatsache ist aber, dass er in diesem Bericht deutlich machte, dass die Streikenden – oder zumindest ein Teil von ihnen – wieder arbeiten wollten.

Neben den Arbeiter:innen spricht der Gouverneur auch die Absichten der Fabrikanten bezüglich ihrer Tabak- und Zigarettenfabrik an. Dort liest man, dass die beiden zwar vorgehabt hätten, die Fabrik wieder zu öffnen, dass sie allerdings einen Großteil der Handarbeit durch mechanisierte Arbeit hätten ersetzen wollen und in diesem Hinblick „Maschinen aus dem Ausland" schon bestellt hätten. Der Gouverneur verteidigt diese Entscheidung:

> Das Streben nach einer Umgestaltung der Produktion in diese Richtung ist aus Sicht der Fabrikanten vollkommen selbstverständlich, da die Maschinenarbeit, schon abgesehen von ihrer Billigkeit, die Fabrik selbst in geringere Abhängigkeit von der einen oder anderen Stimmung im Arbeitermilieu setzt und sich also für die Fabrikadministration als offensichtlicher Vorteil darstellt.[609]

---

608 „[...] может заставить фабрикантов возобновить работу на фабрике". Ibid., S. 3ob. In der Zeitschrift *Poslednija izvestija* werden diese Arbeiter:innen und ihr Verhalten kurz erwähnt (Poslednija izvestija 165 (03.02.1904), S. 1). In *Der bund* wird beschrieben, dass um die 100 Arbeiter:innen zum Polizeimeister gegangen seien und um Hilfe gebeten hätten. Dieser habe unter der Voraussetzung zugesagt, dass diese ihre Anführer:innen denunzierten (Der bund 1 (Januar 1904), S. 14). Im Flugblatt *Tsu alle grodner arbeyter un arbeyterinen,* das das Grodner Komitee des Bundes im Januar 1904 verteilte, werden diese Arbeiter:innen thematisiert und als Ausnahmeerscheinung interpretiert. Für eine detailliertere Analyse des Flugblattes siehe Kapitel 6.5, S. 284.

609 „Стремление к изменению производства в этом направлении со стороны фабрикантов вполне естественно, так как машинный труд, не говоря уже о его дешевизне,

Der Fabrikinspektor erwähnte diese grundlegende Reorganisation der Produktion in seinen Berichten nicht ausdrücklich. Nur am Rande des Berichtes vom 29. Januar schrieb er einen Satz dazu, als er informierte, dass die Arbeiter:innen der Verpackungsabteilung zwar zu den alten Bedingungen wieder angestellt worden seien, aber nach Inbetriebnahme der erwarteten Verpackungsmaschinen dennoch einen neuen Vertrag bekommen würden.[610] Mit Ausnahme dieser Anmerkung redet der Oberfabrikinspektor gar nicht über diese Umstellung und die Konsequenzen für die Belegschaft. Das überrascht. Denn es gehörte zu den Aufgaben der Fabrikinspektion, solche Vorgänge zu beschreiben, vor allem wenn sie in direktem Zusammenhang mit einem Streik standen, dessen Auswirkungen mehr als die Hälfte der Fabrikarbeiter:innen der Stadt arbeitslos ließen. Genau gefragt: Warum war es der Gouverneur, der dem Generalgouverneur davon erzählte, während Varencev dies anscheinend als nicht erwähnenswert betrachtete? Osorgin drückt in seinem Bericht seine Besorgnis über eventuelle Unruhen aus – in erster Linie, weil viele Personen zur Zeit der Berichterstattung arbeitslos gewesen seien. In einem zweiten Gedankenschritt beurteilt er aber sogar die Pläne der Fabrikanten, die Arbeiter:innen nach den bisherigen Bedingungen wieder aufzunehmen, als „heikel" *(neudobnyj)*, weil mit der Mechanisierung einzelner Abteilungen der Fabrik eine größere Anzahl an Personen ihren Arbeitsplatz sowieso hätten verlieren sollen, insbesondere die Frauen, da „mit einem System mechanisierter Produktion […] fast ausschließlich männliche Arbeiter und in einer geringeren Zahl als vorher" verlangt würden.[611] Gleichgültig, ob diese Feststellung unmittelbar von den Fabrikbesitzern kam oder ob es sich dabei nur um die eigenen Vermutungen des Gouverneurs handelte – diese Zeilen zeigen auf jeden Fall, dass der Gouverneur die Situation mittelfristig als angespannt wahrnahm. Als Gouverneur war er für die Beibehaltung der öffentlichen und sozialen Ordnung mitverantwortlich.[612] Angesichts

ставит самую фабрику в меньшую зависимость от того или иного настроения в рабочей среде и следовательно представляет собою для администрации фабрики несомненную выгоду." Bericht des Gouverneurs Grodnos an den Generalgouverneur von Vil'na, Kovno und Grodno, 13.01.1904, LVIA, F. 378_ps1904_13, S. 3ob.

610 Bericht des Oberfabrikinspektors, 29.01.1904, RGIA, F. 23_30_39, S. 412ob.

611 „[…] при системе машинного производства потребуются почти исключительно рабочие – мужчины и в меншем чем прежде количестве." Bericht des Gouverneurs Grodnos an den Generalgouverneur von Vil'na, Kovno und Grodno, 13.01.1904, LVIA, F. 378_ps1904_13, S. 3ob.

612 Robbins, Richard G. Jr.: The Tsar's Viceroys. Russian Provincial Governors in the Last Years of the Empire, Ithaca/London 1987, S. 18–19.

dessen, was in der Fabrik in den vorherigen Jahren bei Streikaktionen passiert war, kann man seine Ängste vor Erschwerungen verstehen. Er schließt übrigens den Bericht mit ein paar generellen Hinweisen über nichtpräzisierte Maßnahmen ab, die er getroffen habe, um Unruhen zu verhüten.[613]

UNRUHEN UND VERHAFTUNGEN: DIE AM STREIK BETEILIGTEN

Unruhen gab es trotzdem. Es kam zu Drohungen und gewalttätigen Aktionen gegen einen der Fabrikanten und gegen die Arbeiter:innen, die sich am Streik nicht beteiligten. So verhaftete die Polizei zum Beispiel am Morgen des 30. Dezember zwei Juden, die in der Nähe der Fabrik von Šereševskij und Russota die Arbeiter:innen aufhielten, um sie zu überzeugen, nicht in die Fabrik zu gehen.[614] Die zwei jungen Männer wurden Anfang Januar verhört. Die Verhörprotokolle sind nicht erhalten geblieben. Im jeweiligen zusammenfassenden Formular über sie als Angeklagte im Streik vom Dezember 1903 in der Fabrik von Šereševskij erfährt man lediglich Hintergrundinformationen zu ihrer Person und was ihnen vorgeworfen wurde. Nochim Izrailev Pal'nickij und Iosel' Lejbov Šapiro, 24 bzw. 18 Jahre alt, hatten auf den ersten Blick mit der Tabakfabrik von Šereševskij und Russota nichts zu tun.[615] Sie waren beide ledig und hatten eine Grundausbildung in der jüdischen Schule ihrer jeweiligen Heimatstädte, Grodno und Bobrujsk, absolviert. Pal'nickij arbeitete als Gerber und Šapiro als Schneider. Die Hausdurchsuchung, die bei beiden durchgeführt wurde, brachte keine Hinweise auf verbrecherisches Verhalten zu Tage. Sie blieben bis zum 17. Februar 1904 in Haft und wurden dann unter Polizeiaufsicht gestellt. Ohne zusätzliche Informationen ist die Verbindung zwischen diesen beiden Männern und dem Streik in der Tabakfabrik nicht zu rekonst-

---

613 Bericht des Gouverneurs Grodnos an den Generalgouverneur von Vil'na, Kovno und Grodno, 13.01.1904, LVIA, F. 378_ps1904_13, S. 4. In der bundistischen Zeitschrift *Poslednija izvestija* wird über folgende Worte des Gouverneurs während einer Versammlung der Fabrikbesitzer der Stadt Belostok berichtet. Er soll erklärt haben, dass er die Streiks, die ausschließlich wirtschaftliche Gründe hätten, als private Angelegenheit der Fabrikanten betrachte und die Polizei nicht automatisch einschalten werde. So erklären sich die Bundist:innen, dass es nicht zu massiven Verhaftungen kam. Siehe Poslednija izvestija 162 (26.01.1904), S. 3.

614 Bericht des Gouverneurs Grodnos an den Generalgouverneur von Vil'na, Kovno und Grodno, 13.01.1904, LVIA, F. 378_ps1904_13, S. 4.

615 Für die Informationen zu den beiden Personen siehe: O Nochim Pal'nickom, GARF, F. 102_7-d_201_104č3 und O Iosele Šapiro, GARF, F. 102_7-d_201_104č4.

ruieren. Wenn die Beschuldigungen richtig sind, heißt es, dass ein Gerber und ein Schneider, die keine direkte Verbindung zur Fabrik hatten, bereit waren, die Arbeiter:innen der Fabrik von Šereševskij und Russota einzuschüchtern, damit diese nicht arbeiten gingen und so den Streik einer anderen Fabrikabteilung unterstützten. Wenn dies so war, mussten die beiden in enger Verbindung mit den Streikorganisator:innen stehen, vermutlich gehörten sie zum Grodner Sozialdemokratischen Komitee.[616]

Diese Einmischung auswärtiger Arbeiter beweist, dass es in diesem Streikfall erstens Agitationsaktivitäten gab, die darauf abzielten, eine so breite Unterstützung der ursprünglichen Streikenden wie möglich aufzubauen, und zweitens diese Organisation sich nicht auf die besagte Fabrik beschränkte, sondern auch außerhalb tätig war. Von den elf Personen (zwei Frauen und neun Männern), die in Zusammenhang mit dem Streik verhaftet wurden und gegen die als „Angeklagte" vorgegangen wurde, arbeitete nur eine 16-Jährige als Zigarettenmacherin in der Fabrik. Bei allen anderen erscheint keine persönliche Verbindung mit Arbeiter:innen der Fabrik von Šereševskij und Russota.[617] Abgesehen von den oben schon erwähnten Pal'nickij und Šapiro wurden noch vier weitere jüdische Männer verhaftet, weil sie Arbeiter:innen der Fabrik auf dem Arbeitsweg aufhielten, damit diese nicht zur Arbeit gingen. Zwei andere Personen wurden verhaftet, weil sie angeblich die Arbeiter:innen der Fabrik zur Fortsetzung des Streiks aufmunterten, indem sie ihnen illegale Proklamationen sowie Unterstützungsgeld verteilten. Unter den beiden befand sich die zweite Frau, eine Grodner Schneiderin. Ein weiterer Mann wurde noch angeklagt, Reden an zwei illegalen Versammlungen gegen Ende Januar 1904 gehalten zu haben. Diesen nahm die Polizei erst Ende März in Haft.[618]

616 In Kapitel 5.9, S. 186, wurde festgestellt, dass Mitglieder des Allgemeinen Jüdischen Arbeiterbundes sich in Konflikte zwischen Arbeiter:innen und Fabrikanten einmischten, unabhängig davon, welche Fabrik bzw. welche Werkstatt betroffen war (siehe das Zeugnis von Leyb Berman über seine organisierte Aktivität gegen Streikbrecher:innen der Zündholzfabrik von Zaks in Dvinsk im November 1899).

617 Siehe Svedenija o lice, privlečennom k doznaniju v kačestve obvinjaemogo po delu o stačke rabočich v Dekabre 1903 goda, v g. Grodne, na tabačnoj fabrike Šereševskago, GARF, F. 102_7-d_201_104_ č1 bis č11. Die einzigen Quellen, die zur Verfügung stehen, sind die Auskünfte, die der Chef der Gendarmerie formularmäßig zusammengefasst hat. Dort sind in kurzen 29 Punkten Informationen zur verhafteten Person aufgeführt, wie zum Beispiel Name, Vorname, Alter, Beruf, Zahl und Beschäftigung der Geschwister und Eltern, Grund der Verhaftung usw. Leider sind die Befragungsprotokolle nicht erhalten.

618 Ibid. Alle hier zitierten Personen wurden zwischen dem 10. Januar und dem 1. April 1904 verhaftet und angeklagt.

Im April 1904 berichtete der Staatsanwalt des Vilner Gerichtshofes an das Justizministerium von zwei „großen Versammlungen“, die Arbeiter:innen am 25. und 26. Januar organisiert hätten. Die erste habe im Gebetshaus der Kutscher *(v škole izvozčikov)*, die zweite in demjenigen der Schneider *(v škole portnych)* stattgefunden.[619] Über die Arbeiter:innenversammlung im Gebetshaus der Schneider informierte schon der Chef der Gendarmerie das Polizeidepartement Ende Januar. Dort hätten sich rund 500 Jüd:innen aus unterschiedlichen Berufen versammelt. Als die Stadtpolizei eintraf, so heißt es, rannten die Personen auseinander. Auf dem Boden des Gebäudes fanden die Polizisten ein Flugblatt des Allgemeinen Jüdischen Arbeiterbundes datiert vom April 1898. Sie konnten 93 Teilnehmer:innen festhalten und verhören. Da aber nichts Verbrecherisches gegen sie bewiesen werden konnte, musste die Polizei sie frei lassen. Unter den 93 Verhafteten waren 28 Arbeiter:innen der Fabrik von Šereševskij und Russota. Dies weckte den Verdacht des Gendarmen, dass dieses Treffen in Zusammenhang mit dem Streik in der Tabakfabrik zu sehen sei, weswegen er es als Teil der Untersuchung über den Streik meldete. In seinem Bericht präzisiert er weiter, dass dieses Gebetshaus in der Regel nur von 50 bis 60 Personen, alle Schneider, besucht werde.[620] Es handelt sich hier also wieder um die Benutzung eines spezifischen jüdischen Ortes für die Besprechung von wichtigen Themen, die die Arbeiter:innenbewegung betreffen. Auch die Vernetzung der Arbeiter:innen untereinander tritt hier ans Licht: Die Versammlung fand bei den Schneidern statt, zog dennoch Arbeiter:innen und Handwerker:innen aller Berufe an, inklusive Arbeiter:innen der Fabrik von Šereševskij und Russota.

Kurze Beschreibungen dieser beiden Versammlungen in den Gebetshäusern findet man in zwei Meldungen der Zeitschrift *Poslednija izvestija.* Die Autor:innen behaupten, dass das Grodner Sozialdemokratische Komitee, das den Streik in der Fabrik organisiert habe, es geschafft habe, am Sonntag 25. Januar um die 800 Personen in einer Synagoge zu versammeln, um über den Streik zu reden. Am folgenden Tag habe der Bund 1500 Personen in „einer der Synagogen“ *(v odnoj iz sinagog)* zusammengebracht. Dort habe der Redner rund eine Stunde gesprochen, als die Polizei plötzlich in das Gebäude eingedrungen sei. Dem Referenten und den jüngeren Teilnehmer:innen sei die Flucht durch ei-

619 Der Staatsanwalt des Vilner Gerichtshofes an das Justizministerium, 13.04.1904, GARF, F. 124_13_1121, S. 6. Diese Aussage bestätigt zudem, dass die jüdische Gemeinschaft in Grodno ähnlich wie in anderen größeren Städten Gebetshäuser hatte, die auch nach Berufen organisiert waren. Siehe dazu Levin, Synagogues in Lithuania, S. 25–26.

620 Bericht des Chefs der Gendarmerie an das Polizeidepartement, 31.01.1904, GARF, F. 102_7-d_201_104, S. 9–9ob.

nen anderen Ausgang gelungen. Die Ķosaken seien der Polizei zu Hilfe gekommen und hätten die Synagoge umringt. Es seien vor allem ältere Leute verhaftet und Häuser durchsucht worden.[621] Auch wenn die Berichterstatter:innen die Besucher:innenzahlen möglicherweise aufgebauscht hatten, um die Wirkung ihrer Aktivitäten zu verstärken, sprechen sowohl diese Zahlen als auch die Tatsache, dass von den 93 Verhafteten nur 28 bei Šereševskij und Russota beschäftigt waren, für ein breites Interesse an der Thematik außerhalb des Fabrikkreises.

Nicht nur die Propagandaaktivitäten und das Abfangen von arbeitswilligen Personen durch Streikverteidiger:innen, sondern auch der physische Angriff gegen einen der Fabrikbesitzer, Fajvel' Russota, beschäftigten die Gendarmerie, den Gouverneur und den Staatsanwalt. Am 31. Dezember – also an dem Tag, als die Fabrikanten allen restlichen Arbeiter:innen mitteilten, dass auch sie in zwei Wochen ihre Anstellung verlieren würden – griff gegen 21 Uhr der Maurer Nochim Nadričnyj den Fabrikanten Russota vor der Eingangstür seiner Wohnung an und gab ihm mit einem Stein einen starken Schlag auf die Brust.[622] Danach rannte er weg. Zwei Polizisten konnten ihn aufhalten. Aber in diesem Moment versammelte sich eine „Menge" *(tolpa)* von rund 40 Arbeitern. Sie ermöglichten die Flucht von Nadričnyj, weil sie gegen die Polizisten Steine und Eisscherben warfen. Den Verdächtigen verhafteten die Polizisten erst am 4. Januar. Nach dem Überfall bekam Russota am 2. Januar einen Brief auf Jiddisch, in dem die Verfasser:innen den Angriff als Vorwarnung bezeichneten und Russota mit dem Tod drohten, falls er die Arbeiter:innen nicht umgehend wieder in die Fabrik zur Arbeit aufnahm. Im Bericht des Gouverneurs heißt es, der Brief sei anonym gewesen. Allerdings informierte der Chef der Gendarmerie, dass der Brief von der Internationalen Gruppe Kampf (Internacional'naja gruppa Bor'ba) und von den Grodner Anarchisten-Kommunisten (Grodnenskie anarchisty kommunisty) stamme.[623] Das Komitee des Allgemeinen Jüdischen Arbeiterbundes in

621 Poslednija izvestija 168 (16.02.1904), S. 1.

622 Bericht des Chefs der Gendarmerie an das Polizeidepartement, 09.01.1904, GARF, F. 102_7-d_201_104, S. 7–7ob; Bericht des Gouverneurs Grodnos an den Generalgouverneur von Vil'na, Kovno und Grodno, 09.01.1904, LVIA, F. 378_ps1904_13, S. 2–2ob. Die zwei Berichte weisen einige Unterschiede auf. So schreibt der Gouverneur, dass Nadričnyj am 1. Januar verhaftet worden sei, während der Chef der Gendarmerie vom 4. Januar spricht. Laut dem Gouverneur habe Russota einen Drohbrief am 4. Januar, laut dem Gendarmen am 2. Januar, bekommen. Ich beziehe mich in diesem Absatz auf die Version des Chefs der Gendarmerie, was die Daten betrifft.

623 Leider ist der Brief nicht erhalten. Bei der Gruppe Kampf könnte es sich um die jüdische anarchistische Gruppe handeln, die 1903 in der Nachbarstadt Belostok gegründet

Grodno, das sich als „einziger Leiter dieser Bewegung" erklärte, veröffentlichte infolge des physischen Angriffs auf Russota am 31. Dezember eine Erklärung sowohl auf Jiddisch als auch auf Russisch, die es „an die Gesellschaft" adressierte, um sich von diesem Gewaltakt zu distanzieren und zu präzisieren, dass die Organisation mit dieser Tat nichts zu tun habe und sie verurteile.[624] Diese deutliche Stellungnahme des Grodner Sozialdemokratischen Komitees entspricht der offiziellen Haltung der Partei gegenüber physischer Gewalt.[625] Die Ereignisse weisen auf eine angespannte Situation zwischen den Fabrikbesitzern und ihren ehemaligen Arbeiter:innen hin. Zudem zeugen die Drohbriefe von einer Einmischung organisierter Gruppen in den Konflikt, die sich über die anzuwendende Strategie nicht immer einig waren. Das Engagement revolutionärer Gruppierungen äußerte sich nicht nur in den Briefen an Russota, sondern auch in der Verbreitung einer ganzen Reihe von Flugblättern von Seiten der bundistischen Organisation in Grodno.

DER STREIK IN DEN BUNDISTISCHEN FLUGBLÄTTERN GRODNOS

Wie schon mehrmals angesprochen, wurden im Dezember 1903 und Januar 1904 zahlreiche, meist jiddischsprachige Flugblätter, die den Streik und die Schließung der Fabrik von Šereševskij und Russota thematisierten, in Grodno verbreitet. Laut der weißrussischen sowjetischen Enzyklopädie war es das Grodner Sozialdemokratische Komitee (des Allgemeinen Jüdischen Arbeiterbundes) gewesen, das zu dieser Zeit um die 400 Mitglieder zählte, das die Streikaktion organisiert hatte. Dabei hatte es insgesamt elf Proklamationen verteilt und 75 „Massenversammlungen" *(massovye sobranija)* veranstaltet.[626] Der Bund scheint jedoch nicht die einzige Organisation gewesen zu sein, die sich in den Streit

---

worden war. Siehe Mendelsohn, Class Stuggle, S. 134; die Gruppe wird auch erwähnt in Avrich, Paul: The Russian Anarchists, Princeton 1967, S. 38.

624 Poslednija izvestija 164 (26.01.1904), S. 3. Die erwähnten Flugblätter habe ich während meiner Archivrecherchen nicht gefunden. Die Information, dass die Erklärung am 31. Dezember verbreitet wurde, steht in Poslednija izvestija 165 (03.02.1904), S. 4.

625 Zu den Diskussionen über die Anwendung physischer Gewalt und Terror im Allgemeinen Jüdischen Arbeiterbund siehe Tobias, The Jewish Bund in Russia, S. 100, 119, 147–157.

626 Belorusskaja sovetskaja ėnciklopedija, Grodno, S. 218. Es wird nicht präzisiert, worin diese „Massenversammlungen" genau bestanden. Die Aussagen über die Organisatoren des Streiks entsprechen den Behauptungen des Allgemeinen Jüdischen Arbeiterbundes selbst.

zwischen den Arbeiter:innen und den Fabrikanten einmischte.[627] In diesem Kapitel werden die überlieferten Aufrufe auf ihren Inhalt analysiert, um die Argumentationslinie(n) des Grodner Sozialdemokratischen Komitees festzustellen und der Frage nachzugehen, wie sich der Bund des Streiks bediente, um seine revolutionäre Ideologie unter den Arbeiter:innen zu verfestigen, und wie er mit dieser Propaganda versuchte, immer mehr Streikunterstützer:innen zu gewinnen.

Nicht alle Proklamationen enthalten eine präzise Datierung. Deshalb ist die Reihenfolge, in der sie verbreitet wurden, manchmal unklar. Aus dem Inhalt kann man jedoch meistens schließen, welche Flugschrift in welcher Zeitspanne erschien.

Das erste Flugblatt, das erhalten ist, stammt vom Dezember 1903. Ein genaueres Datum wird nicht angegeben. Das Grodner Sozialdemokratische Komitee druckte es in seiner eigenen Druckerei in einer Auflage von 1000 Exemplaren. In der Kopfzeile steht der Satz „Proletarier aller Länder, vereinigt euch!". Unter ihm, in einer etwas kleineren Schriftgröße, wird der vollständige Name des Bundes angegeben. Mit dem Titel wenden sich die Autor:innen direkt an die ganze Belegschaft der Fabrik von Šereševskij.[628] Der Text ist dicht und füllt ein doppelseitiges Blatt. Der erste Satz macht die programmatische Argumentation deutlich: „Einigkeit ist die Macht der Arbeiter!"[629] Mit einer detaillierten Erzählung der Geschehnisse in der Sortierungsabteilung und der darauffolgenden von den Fabrikanten angekündigten Entlassung aller Arbeiter:innen von sieben weiteren Abteilungen klärt das Grodner Komitee des Bundes über die Gründe des Aufruhrs in der Fabrik auf und fordert alle Arbeiter:innen der Fabrik auf, die Sortiererinnen zu unterstützen und sich an dem Streik zu beteiligen. Dies sollte so erfolgen, dass erstens die Arbeiter:innen der anderen Abteilungen trotz Anfragen der Fabrikleitung nicht anstelle der Sortiererinnen arbeiten gehen und dass zweitens die nach der zweiwöchigen Frist entlassenen Arbeiter:innen ab dem Zeitpunkt ihrer Entlassung gar nicht mehr in der Fabrik erscheinen und nicht um ihre Wiederaufnahme bei Šereševskij oder Russota bitten. Somit würden sie den Fabrikbesitzern und ihren „zarischen Dienern" *(tsarishe meshoresim)*, das heißt dem Fabrikinspektor und der Polizei, Widerstand leisten und ihre eigenen Lebensbedingungen verbessern können. Im letzten Absatz

627 Siehe S. 272.

628 Flugblatt Tsu alle arbeyter un arbeyterinnen fun shereshevski's fabrik, Dezember 1903, IISH Amsterdam, AYABC Dossier 29, nichtnummerierte Seite.

629 „Eynigkeyt iz makht fun di arbeyter!" Ibid.

wechselt der kämpferische Diskurs von einer wirtschaftlichen und personellen Ebene (alle Arbeiter:innen der Fabrik müssen zusammenhalten und gegen die Fabrikanten kämpfen, um ihre Arbeits- und Lebensbedingungen zu verbessern) zu einer politischen:

> Wir wollen eine solche politische Ordnung einführen, in der wir selber einen Anteil an allen Einrichtungen des Landes haben, in der wir frei schreiben, drucken, reden, uns frei versammeln und frei gegen die kapitalistische Ordnung kämpfen können, in der es keine Reichen und keine Armen geben wird, keine Arbeiter und Meister, keine Unterdrücker und Unterdrückten, in der alle gleich arbeiten werden und die Früchte ihrer Arbeit gleich genießen werden. Lasst uns zusammen mit den Arbeitern von ganz Russland ausrufen: Nieder mit der Ausbeutung! / Nieder mit der despotischen Regierung! / Es lebe die Einigkeit aller Arbeiter! / Es lebe der Sozialismus![630]

Mit diesen eindrücklichen abschließenden Worten positionieren sich die Autor:innen sowohl klar gegen die kapitalistische Gesellschaftsordnung und das politische System als auch für den Zusammenschluss aller Arbeiter:innen unabhängig von ihrer ethnischen bzw. religiösen Herkunft.

Ein anderes Flugblatt vom 28. Dezember 1903 greift das Thema der Solidarität aller Arbeiter:innen der Fabrik von Šereševskij wieder auf. Im Unterschied zur vorherigen Proklamation ist die Schrift kurz und prägnant, sieht gepflegt und ordentlich aus.[631] Der Text ist wie die vorherige Schrift in der ersten Person Plural verfasst, macht also die Autor:innen selbst zu Arbeiter:innen in der Fabrik und bringt sie somit dem Zielpublikum näher. Beim Inhalt handelt es sich um einen Aufruf zum Generalstreik innerhalb der Tabakfabrik. Die Schrift beginnt mit dem Ausdruck des allgemeinen Überdrusses der Fabrikarbeiter:innen den Fabrikanten gegenüber: „Unsere Geduld platzt!“ Danach werden die Umstände beschrieben, die zu dieser Ungeduld geführt haben: die Ersetzung der

630 „Mir velen eynfihren aza politishe ordnung, bey velkher mir velen zelbst nehmen a'n antheyl in alle eynrikhtungen fun land, bey velkhe mir velen kennen frey shreyben, druken, reden, frey ferzammlen zikh un frey kämpfen gegen der kapitalistisher ordnung far der kinftiger sotsialistisher ordnung, vas es velen nit zeyn keyn reykhe un keyn arme, arbeyter un balebatim, unterdriker un unterdrikte, von alle velen gleykh arbeyten un gleykh genisen di frukht fun zeyer arbeyt. Lomir oysshreyen tsuzammen mit alle arbeyter fun gants russland: nieder mit der ekspluatatsion! / Nieder mit der despotisher regierung!/Es lebe di eynigkeyt fun alle arbeyter!/Es lebe der sotsializmus!“ Ibid.

631 Flugblatt Tsu alle arbeyter un arbeyterinen fun shereshevski's fabrik, 28.12.1903, IISH Amsterdam, AYABC Dossier 29, S. 6.

Streikenden der Sortierungsabteilung durch externe Tagelöhner und die von den Fabrikbesitzern erklärte Entlassung aller Arbeiter:innen von sieben anderen Abteilungen, um so die restlichen Arbeiter:innen abzuschrecken und „Hass" *(sine)* unter den einzelnen Arbeiter:innen zu schüren. In einem dritten Teil taucht dann ähnlich wie im oben besprochenen Flugblatt das Argument auf, dass die Einigkeit aller Arbeiter:innen ihre Macht ausmache und dass die Arbeiter:innen von der Fabrik von Šereševskij dies „ein für allemal" den Fabrikanten vorführen müssten, indem sie eben mit einem Generalstreik die Fabrik lahmlegten und ohne die Erfüllung von drei Forderungen nicht mehr arbeiten gingen: Die Streikbrecher:innen der Sortierungsabteilung müssten entlassen werden, die Forderungen der Sortiererinnen müssten befriedigt werden, alle infolge des Streiks entlassenen Arbeiter:innen müssten wieder angestellt werden. Die Verfasser:innen schließen die Flugschrift mit drei typischen sozialistischen Kampfformeln, denen man in der ersten Flugschrift schon begegnet ist: „Nieder mit der Ausbeutung! Es lebe die Einigkeit aller Arbeiter:innen! Es lebe der Sozialismus!"

Den Kern dieses zweiten Flugblatts bildet also der Kampf der Arbeiter:innen gegen ihre Fabrikanten mittels Generalstreik. Dies stellt eine Steigerung im Vergleich zur vorherigen Proklamation dar. Denn in der ersten Flugschrift wurden die Arbeiter:innen einzig dazu aufgerufen, einig mit den Streikenden zu bleiben, sich nicht als Streikbrecher:innen in der Sortierungsabteilung zu betätigen und nach ihrer Entlassung zu Hause zu bleiben. Während der erste Aufruf in 1000 Exemplaren gedruckt wurde, wurden am 28. Dezember 2000 Stück verteilt. Da die Gesamtzahl der Fabrikarbeiter:innen bei rund 1250 lag, kann man davon ausgehen, dass das Grodner Sozialdemokratische Komitee mit dieser Kommunikation darauf abzielte, nicht nur alle Arbeiter:innen der Fabrik zu erreichen, sondern auch darüber hinaus die Aktion einem Teil der jüdischen Gesellschaft der Stadt vorzustellen und so Ziel und Kampf in die Öffentlichkeit zu tragen.

Mit einem doppelseitigen Aufruf datiert vom 2. Januar 1904, der sich an „alle Grodner Arbeiter und Arbeiterinnen" richtete, versuchte das lokale Komitee des Bundes die anderen Arbeiter:innen der Stadt von der großen Bedeutung und Notwendigkeit des aktuellen Streiks in der Tabak- und Zigarettenfabrik zu überzeugen.[632] Dafür fassen die Autor:innen zuerst die Ereignisse in ihren eigenen Worten zusammen. Das Grodner Sozialdemokratische Komitee

632 Flugblatt Tsu alle grodner arbeyter un arbeyterinen, 2. Januar 1904, IISH Amsterdam, AYABC Dossier 29, S. 9–9ob.

wird als Organisator und Anführer eines Generalstreiks in der Fabrik dargestellt. Somit wird den Lesenden klar, dass diese revolutionäre Gruppe unter den Arbeiter:innen der Fabrik von Šereševskij und Russota tätig war und den entscheidenden Anstoß zur Auslösung des Streiks gegeben hatte. Dann folgt eine präzise Aufführung der Forderungen, bevor die Personen bzw. Behörden aufgelistet werden, die „auf Šereševskijs Seite stehen".[633] Erwähnt werden der Oberfabrikinspektor Varencev, der nicht im Interesse der Arbeiter:innen, sondern seines „guten Freundes" Šereševskij gehandelt habe, sowie die Polizisten und Gendarmen, die die Personen, die Streikbrecher:innen an der Arbeit hindern wollten, sofort verhaftet hätten. „Alle Fakten zeigen uns, dass die Fabrikinspektion, die Polizei, die Gendarmen – alle sind auf der Seite des Fabrikanten, alle versuchen, seine Interessen zu verteidigen."[634] Diese Argumentation, die die Konfliktakteur:innen in zwei klare, einander gegenüberstehende Lager unterteilt, ist von anderen revolutionären Flugblättern bekannt.[635] Durch die Darstellung der Fabrikanten samt Zarenbehörden als Unterdrücker und Ausbeuter und der Arbeiter:innenschaft als ausgebeutete, unterdrückte Kraft, die sich aber der Machtverhältnisse bewusst ist und deswegen sich vereinigt, um gegen ihre Opponenten zu kämpfen, soll die Schrift alle anderen Arbeiter:innen Grodnos dazu ermuntern, zu den Streikenden zu halten. Der Ton ist dezidiert politisch und kämpferisch:

> Deswegen, Kameraden, lasst uns STÄRKER ORGANISIEREN und mutig in den Kampf gegen die jetzige verfluchte Ordnung treten. Weder Gefängnisse noch Sibirien noch die Kosaken-Nagaiki [Riemenpeitschen] sollen uns abschrecken. [...] Wir haben nichts zu hoffen. „Die Befreiung der Arbeiterklasse ist Sache der Arbeiterklasse selbst", hat Karl Marx gesagt; und das jetzige Leben sagt uns dasselbe. Brüder und Schwestern! Steht zu

633 Ibid., S. 9ob.

634 „Di ale fakten veyzen unz, az di fabritshne inspektsie, policey, zhandarmen – ale zeynen oyf'n fabrikants zeyt, ale staren zikh tsu fertheydigen zeyne interesen." Ibid.

635 Das ist genau die Sichtweise, die in der Broschüre *der shtodt-magid* vermittelt wird und auch beim Streik von 1900 in der Verpackungsabteilung übernommen wird. Diese Rhetorik entspricht einer allgemeinen Ausdrucksweise der revolutionären Kreise dieser Epoche. Siehe zum Beispiel die Analyse der Flugschriften der Sankt Petersburger Arbeiterorganisation in: Surh, Gerald D.: The Petersburger Worker's Organization and the Politics of „Economism", 1900–1903, in: Zelnik, Workers and Intelligentsia in Late Imperial Russia, S. 116–144.

> der roten Fahne des sozialistischen Kampfes. […] Nieder mit dem Zarismus! Es lebe die politische Freiheit! Es lebe die Arbeiterklasse! Es lebe der Sozialismus![636]

Die Regierungsordnung wird hier also frontal angegriffen. Zum ersten Mal in den Flugblättern, die analysiert wurden, wird auch Karl Marx direkt zitiert. Damit lassen die Autor:innen bewusst auch ideologische Argumente, die sich auf theoretische Schriften beziehen, in die Proklamation einfließen. Die Auflage von 1500 Exemplaren deckte mehr als die Anzahl der Arbeiter:innen Grodnos ab, die nicht in der Fabrik von Šereševskij und Russota arbeiteten.[637] Daraus sind zwei Schlussfolgerungen zu ziehen: Erstens wollte die Organisation sicher sein, dass durch die hohe Auflage jede jüdische Arbeiter:innenfamilie davon hörte. Zweitens erhoffte sie sich damit eine weite Verbreitung, um nicht nur Fabrikarbeiter:innen, sondern auch Handwerker:innen zu erreichen. Weil das „jüdische Proletariat" eben vor allem aus Handwerker:innen in kleinen Werkstätten bestand, ergab dieses Vorgehen Sinn.[638]

Parallel zu diesem jiddischsprachigen Aufruf verbreitete dasselbe Grodner Sozialdemokratische Komitee auch eine Flugschrift auf Russisch. Das genaue Erscheinungsdatum wurde zwar nicht angegeben, das Blatt wurde aber im Januar gedruckt und stellt inhaltlich eine Art Pendant zum Flugblatt vom 2. Januar dar, das an die jiddischsprechenden Arbeiter:innen Grodnos adressiert war. Mit

---

636 „Darum, khaveyrim, lomir zikh SHTARKER ORGANIZIREN un muthig aroystreten in kampf gegen der itstigen ferflukhter ordnung. Zolen unz nit obshreken nit tiurmes, nit sibir, nit kazatske nagaikes. […] Mir hoben oyf keynem nit vos tsu hofen. 'di befreyung fun des arbeyterklas iz di zakh fun dem arbeyterklas zelbst' – hat gezogt karl marks; un der itstiger lebe zagt unz dos zelbe. Brider un shvester! Shteht tsu tsu der royther fohne fun sotsialistishen kampf. […] Nieder mit'n tsarizm! Es lebe di politishe freyheyt! Es lebe der arbeyter-klass! Es lebe der sotsializmus!" Flugblatt Tsu alle grodner arbeyter un arbeyterinen, 2. Januar 1904, IISH Amsterdam, AYABC Dossier 29, S. 9ob, Hervorhebung im Original.

637 Kapitel 6.1 hat gezeigt, dass es 1897 laut dem Zensus 2022 Fabrikarbeiter:innen in der Stadt Grodno gab, davon waren 1440 in der Fabrik von Šereševskij und Russota beschäftigt, woraus man schließen kann, dass die Mehrheit der Grodner Arbeiter:innen jüdisch war. Für das Jahr 1903 verfügt man über keine detaillierten Zahlen. Wenn die gesamte Arbeiter:innenzahlen ungefähr gleich geblieben ist, hatte der Bund mit dieser Auflage von 1500 die Zahl der Arbeiter:innen weit übertroffen, vor allem wenn man annimmt, dass nicht alle Arbeiter:innen jüdisch waren.

638 Zu den Zahlen siehe Gajdukevič, Kren', Očerki istorii profsojuzov grodnenščiny, S. 6; Zur Zusammensetzung des sogenannten „jüdischen Proletariats", siehe das Buch von Mendelsohn, Class Struggle in the Pale.

dem Titel *An die Gesellschaft* wandten sich dieses Mal die Bundist:innen unmittelbar an die jüdische, russischsprachige *intelligencija* der Stadt.[639] Sie verfolgten ein doppeltes Ziel: Einerseits versuchten sie ihre Lesenden gegen Šereševskij und Russota aufzubringen. Andererseits wollten sie eine breitere gesellschaftliche Unterstützung und Zustimmung für den Streik gewinnen. Um diese Ziele zu erreichen, stellen sie zuerst die Glaubwürdigkeit der Fabrikanten in Frage. In einem leicht ironischen Ton gehen sie auf die Diskreditierung der Streikenden durch die Fabrikbesitzer ein und verorten dies deutlich in einem Problem des sozialen Ungleichgewichts zwischen den Akteur:innen:

> Šereševskij, Russoto [sic] […] und all ihre private Gesellschaft schreien einstimmig, dass die Arbeiter unverschämte, unbeherrschte Meuterer [sind], die das Unmögliche fordern und beinahe die gesamte Fabrik sich anzueignen wünschen. Und wie diesen Herren Fabrikanten nicht glauben? Sie […] sind ja reiche, einflussreiche, wohlwollende und fromme Leute; sie sind in den höchsten Machtsphären bekannt, ihre Meinung zählt, man hört ihren Reden ehrfurchtsvoll zu … Die Arbeiter aber, diese in den Boden tief vergrabenen Wurzeln, die mit ihren letzten Lebenskräften die Herren Šereševskijs, Russoto [sic] und Geller ernähren, die sich all ihrer Pracht bewusst sind und ihren allmächtigen Sack mit Geld füllen – diese Arbeiter [sind] arme, miserable, zerlumpte Leute, rechtlose und jeglicher Hoffnung beraubte Leute; […] ihre Seufzer [sind] niemandem begreiflich, niemand nimmt sich ihre Leiden zu Herzen.[640]

---

639 Flugblatt K obščestvu, Januar 1904, IISH Amsterdam, AYABC Dossier 29, S. 10–10ob. Sich an die „Gesellschaft" zu wenden, scheint ein Vorgang gewesen zu sein, der keinen Einzelfall darstellte, wenn es sich darum handelte, möglichst viele Anhänger:innen aus unterschiedlichen Bevölkerungsschichten für eine Sache zu gewinnen. So veröffentlichte der Bund in Dvinsk im August 1902 ein russischsprachiges Flugblatt *An die Dvinsker Gesellschaft.* In dieser Proklamation, die an die gesamte russischsprachige Bevölkerung adressiert war, denunzierten die Bundist:innen die Vergewaltigungen mehrerer junger Arbeiterinnen durch drei Meister der Dvinsker Tabakfabrik von Lur'e und Lejzerovskij sowie die Passivität der Justiz und des Fabrikinspektors, die nichts dagegen unternommen hätten, obwohl die Verbrechen in der Fabrik stattgefunden hätten (Flugblatt K dvinskomu obščestvu, August 1902, IISH Amsterdam, AYABC Dossier 26, S. 8). Dieser Fall wird ausführlich in einem Artikel von *Poslednija izvestija* beschrieben, siehe Poslednija izvestija 82 (21.08.1902), S. 1–2.

640 „Шерешевский, Руссото […] и вся их честная компания в один голосе кричат, что рабочие – нахальные, невоздержанные бунтовщики, требующие невозможного и желающие чуть-ли не присвоить себе всю фабрику. И как не поверить этим господам фабрикантам? Они, ведь – люди богатые, влиятельные, благонамеренные и благочестивые; они пользуются известностью в высших начальственных сферах,

Diese Ungleichheiten würden eben dazu führen, dass die „öffentliche Meinung" *(obščestvennoe mnenie)* sich gegen die Streikenden und zugunsten der Fabrikanten entwickelt habe. Wer diese Fabrikanten in der Realität seien, entspreche aber nicht diesem positiven Bild, das die öffentliche Meinung von ihnen habe. Deswegen geben die Bundist:innen dann ihre Version der Geschehnisse und beschreiben ausführlich die Ereignisse in der Fabrik, die im Dezember und bis zum Publikationszeitpunkt stattfanden. Dabei schildern sie Šereševskij und Russota als gierige Menschen, die ihr Wort nicht halten könnten. Die Arbeiter:innen inszenieren sie als mutige, selbstbewusste und sich für die Arbeit in der Fabrik aufopfernde Personen, die zusammenhielten und sich solidarisch gegen die Ungerechtigkeit der Fabrikanten verhielten. In den zwei letzten Absätzen wird die Leserschaft direkt angesprochen:

> [...] wenn sie [die Arbeiter:innen der Fabrik] sich zu einer brüderlichen Union vereinigen und ihren Beschimpfern, Ausbeutern den Streik erklären [...] – dann begegnet ihr ihnen, jüdische intelligencija Mitglieder, die euch für ehrliche und anständige Leute haltet, mit Fluch und Hass! Ihr wiederholt [...] die wilden Lügen über die Arbeiter, ihr [seid] vollkommen auf der Seite dieser Plünderer [der Fabrikanten], ihr [seid] im Lager der Jubelnden, deren Hände mit menschlichem Blut und Schweiß besudelt sind. Wir glauben nicht, dass ihr bewusst dorthin geraten seid. Ihr wurdet von den lügnerischen und heuchlerischen Worten dieser listigen Füchse betrogen. Aber wir sind überzeugt, dass jetzt, wo wir die Absichten der Fabrikanten klargestellt haben, eure Herzen sich mit Verachtung gegenüber den Unterdrückern erfüllen [...].[641]

их голос имеет вес, их речам благоговейно внимают ... Рабочие же, эти глубоко зарытые в землю корни, которые последними своими соками питают господ Шерешевских, Руссото и Геллеров, которые сознают всю их пышность и наполняют деньгами всемогущий их мешок, – рабочие эти – люди бедные, жалкие, оборванные, люди бесправные и лишенные всякого положения; [...] никому непонятны их вздохи, никто не принимает к сердцу их страданий." Flugblatt K obščestvu, Januar 1904, IISH Amsterdam, AYABC Dossier 29, S. 10.

641 „[...] когда они объединяются в один братский союз и объявляют стачку своим поносителям, эксплуататорам, [...] – тогда вы, еврейские интеллигенты, считающие себя честными, порядочными людьми, встречаете их проклятием и ненавистью! Вы повторяете [...] дикие выдумки о рабочих, вы всецело на стороне этих грабителей, вы в стане ликующих, чьи руки обагрены человеческой кровью и потом. Нам не верится, что вы сознательно там очутились. Вы были обмануты лживыми и лицемерными словами этих хитрых лисиц. Но мы глубоко уверены, что теперь, когда мы выяснили вам замыслы фабрикантов, ваши сердца переполнятся презрением к поработителям [...]." Ibid., S. 10ob.

Wer wegen der Wahl der russischen Sprache für dieses Flugblatt noch Zweifel bezüglich der Adressat:innen hatte, wird in diesem Absatz definitiv aufgeklärt. Mit dieser Mischung aus unmittelbarem Angriff und Schmeichelei versuchte die lokale Gruppe des Bundes die jüdische *intelligencija* auf ihre Seite zu ziehen. Sie erhoffte sich, den Riss, den es in der jüdischen Gesellschaft schon gab, so zu vertiefen und eine Mehrheit für die sozialistische Revolution begeistern zu können. Eine einheitliche jüdische Gesellschaft gab es nicht. Seit den 1880er Jahren hatten sich immer größere Spaltungen innerhalb der jüdischen Bevölkerung des Russischen Reiches entwickelt. Nicht nur zwischen Armen und Reichen, sondern auch beispielsweise zwischen Religiösen und Säkularen oder zwischen Jungen und Alten waren Konflikte sichtbarer geworden. Es hatten sich ebenfalls unterschiedliche politische Affinitäten gebildet, um die neben den Sozialist:innen auch die Zionist:innen kämpften. Ein Teil der jüdischen Intellektuellen lieferte sich leidenschaftliche Debatten über die zu treffenden Maßnahmen, um die verschiedenen Schwierigkeiten der jüdischen Bevölkerung zu lösen.[642] In Grodno dürfte es nicht anders gewesen sein.

Obwohl unterschiedlich in der Sprache und im Zielpublikum, teilten beide Propagandaschriften – die jiddischsprachige vom 2. Januar und die russischsprachige, die bereits beschrieben wurde – ein gemeinsames Ziel: möglichst viel Unterstützung für die Streikenden der Tabak- und Zigarettenfabrik zu gewinnen. Dass die Organisation des Bundes in Grodno dabei zwei Strategien verfolgte und nicht nur die anderen Arbeiter:innen, sondern auch die jüdische *intelligencija* mit ins Boot holen wollte, mag auf den ersten Blick überraschen. Wenn man jedoch bedenkt, dass der Bund tendenziell einen gewissen Zuspruch unter der radikalen jüdischen Intelligenz fand und der Erfolg der Streikenden auch stark von den materiellen Hilfs- und Unterstützungsmöglichkeiten, die zur Verfügung standen, abhing, leuchtet die Bemühung der revolutionären Organisation ein. Zudem zeigen diese Propagandaaktion sowie die hohe Auflage der Flugblätter (1500 für dasjenige an alle Grodner Arbeiter:innen, 1000 für dasjenige an die Gesellschaft), dass der Bund es für wichtig hielt, die Debatte und den Konflikt vom Arbeiter:innenmilieu in die gesamte jüdische Gesellschaft zu tragen und die breite öffentliche Meinung auf die Seite der Streikenden kippen zu lassen. Die Strategie war somit klar: die gesamte „jüdische Stadt“ für die Sache der Arbeiter:innen von Šereševskij und Russota zu gewinnen.

642 Zu diesen Auseinandersetzungen siehe zum Beispiel: Polonsky, Jews in Poland and Russia, Bd. 2, S. 3–39; Glenn, Daughters of the Shtetl, S. 150–162.

Die Rede von einer „jüdischen Stadt" ist hier nicht als streng räumliche Bezeichnung zu verstehen, sondern wird durch die Tatsache gerechtfertigt, dass beide Schriften sich an die jüdischen Einwohner:innen der Stadt richteten. Das Komitee des Bundes verfasste höchstwahrscheinlich keinen einzigen Aufruf an die Arbeiter:innen in einer anderen Sprache als Jiddisch. Somit hielt es die Anzahl der nichtjiddischsprachigen Arbeiter:innen für unerheblich. Sonst hätte es wohl auch russisch- oder polnischsprachige Kampfschriften herausgegeben, wie es in Dvinsk beispielsweise der Fall war.[643] Mit ihrer russischsprachigen Erklärung wandten sich die Mitglieder der bundistischen Gruppe ausdrücklich an die jüdische *intelligencija* und schlossen damit die nichtjüdische *intelligencija* aus der Debatte aus. Dies heißt noch lange nicht, dass die Bundist:innen den Konflikt zwischen Šereševskij, Russota und ihren Arbeiter:innen als eine ausschließlich innerjüdische Angelegenheit verstanden. Im Gegenteil: Im Flugblatt an die Arbeiter:innen wird das enge Verhältnis zwischen den Fabrikbesitzern und den Vertretern der Zarenmacht ausführlich thematisiert sowie der „Kampf" der Arbeiter:innen in den allgemeinen politischen Kontext des Russischen Reiches integriert.

Der bundistischen Organisation war bewusst, dass sie je nach Adressat:innen den Schwerpunkt der Argumentation auch anders legen sollte. Auffallend ist nämlich, wie stark die Persönlichkeiten von Šereševskij und Russota im Zentrum der Kritik im russischsprachigen Flugblatt stehen, ohne dass es konkrete Angriffe auf das allgemeine politische System des Zarenreiches gibt. In der Mitteilung an die Arbeiter:innen stellt die Gier der Fabrikanten auch ein Thema dar, die Argumentationslinie rutscht dennoch zum revolutionären Diskurs und zur Notwendigkeit eines politischen Systemwechsels. Ein Vergleich der abschließenden Slogans macht die These klar: „Brüder und Schwestern! Steht zu der roten Fahne des sozialistischen Kampfes. [...] Nieder mit dem Zarismus! Es lebe die politische Freiheit! Es lebe die Arbeiterklasse! Es lebe der Sozialismus!"[644] / „Kommt zur Hilfe der streikenden Arbeiter der Fabrik von Šereševskij, unterstützt sie materiell und geistig [...]. Nieder mit den Ausbeutern! Es leben die

643 Zum Thema der Agitation sowohl unter jüdischen als auch unter christlichen Arbeiter:innen und die Schwierigkeiten, die damit verbunden waren, siehe Kapitel 5.9, S. 176.

644 „Brider un shvester! Shteht tsu tsu der royther fohne fun sotsialistishen kampf. [...] Nieder mit'n tsarizm! Es lebe di politishe freyheyt! Es lebe der arbeyter-klass! Es lebe der sotsializmus!" Flugblatt Tsu alle grodner arbeyter un arbeyterinen, 2. Januar 1904, IISH Amsterdam, AYABC Dossier 29, S. 9ob.

Kämpfer für ein besseres Leben! Es lebe der Sozialismus!"[645] Während im ersten Absatz offen von Kampf und vom Sturz des zarischen Regimes die Rede ist und diese Argumente an gleichgestellte Menschen – die „Arbeiter:innenklasse" – gerichtet sind, werden im russischsprachigen Text die materielle Unterstützung und das Ende der schlechten (Arbeits- und Lebens-)Bedingungen für die Arbeiter:innen – also für Menschen, die nicht zur selben sozialen Schicht wie die Zielgruppe gehören – hervorgehoben. Letzteres lässt sich in die jüdische Tradition der Wohltätigkeit einordnen.[646] Dadurch wird der beiden Texten gemeinsame, allerletzte Satz („Es lebe der Sozialismus!") mit unterschiedlichen Bedeutungen aufgeladen. In dem einen Fall trägt das Wort Sozialismus die Ideen der solidarischen Vereinigung und der Revolution in sich. Der zweite Text enthält ein diffuseres, allgemeineres Konzept der Lebensverbesserung für die unteren Schichten. Was dieser Sozialismus genau für die zeitgenössische gesellschaftliche Ordnung implizieren würde, wird verschwiegen. Diese Unterschiede weisen auf einen gut überlegten und der Leserschaft angepassten Ansatz. Die Bundist:innen wussten genau, an wen sie sich wandten und wie zu argumentieren war, um ihre jeweiligen Ziele zu erreichen.

Eine weitere spannende Feststellung ist, dass sich die Argumentation sowohl in der jiddisch- als auch in der russischsprachigen Proklamation deutlich auf das Klassenproblem konzentriert. Die sozialen Probleme werden kritisiert und eine Lösung vorgeschlagen (die Unterstützung des Sozialismus). Die diskriminierende rechtliche Situation und Unterdrückung der jüdischen Bevölkerung im Russischen Reich im Allgemeinen wird hingegen nicht angesprochen. Somit werden die Lesenden nicht primär als Jüd:innen adressiert, sondern als Angehörige einer bestimmten gesellschaftlichen Schicht der Stadt (Arbeiter:innenschaft bzw. *intelligencija).*

Im Januar veröffentlichten die Bundist:innen noch zwei weitere, eng miteinander zusammenhängende Aufrufe: eine doppelseitige, mit Text dicht gefüllte Erklärung, datiert vom Januar 1904, und einen einseitigen, kürzeren und in größerer Schrift gedruckten Aufruf vom 27. Januar 1904. Beide Flugblätter sollten insofern zusammen angeschaut werden, als sie dieselbe Zielgruppe haben – die

645 „Придите на помощь бастующим рабочим фабрики Шерешевского, поддерживаете их материально и духовно [...]. Долой эксплуататоров! Да здравствуют борцы за лучшую жизнь! Да здравствует социализм!" Flugblatt K obščestvu, Januar 1904, IISH Amsterdam, AYABC Dossier 29, S. 10ob.

646 Siehe dazu: Haumann, Geschichte der Ostjuden, S. 149–150; Sobolevskaja, V Rossijskoj Imperii, S. 38, 40.

Arbeiter:innen der Fabrik –, wahrscheinlich im Abstand von wenigen Tagen verbreitet wurden und sich inhaltlich sehr ähneln.

Die erste Flugschrift setzt sich aus drei argumentativen Teilen zusammen. In den ersten drei Absätzen beschreiben die Autor:innen zuerst einen Vorfall mit Arbeiterinnen, die Šereševskij eindringlich gebeten hatten, sie wieder in die Fabrik aufzunehmen, und mit demselben Anliegen sogar zum Polizeimeister gegangen waren.[647] Ihr Verhalten kritisieren die Verfasser:innen stark: „[...] die Arbeiter, die sich von ihrer Ausbeutung befreien [sollten], die gegen ihre Fabrikanten kämpfen müssen, die ihre Herrscher – die Fabrikanten und die Regierung – hassen müssen, gehen in die Fabrik und beten um Barmherzigkeit: ‚Beute mich aus, so sehr du willst, und nimm mich zur Arbeit auf, ich werde dir ewig treu sein!'"[648] Durch die Kontrastierung zwischen dem, was die Arbeiter:innen machen sollten, und dem, was sie in der Realität taten, versuchen die Verfasser:innen, die Absurdität dieses Verhaltens zu beweisen. Die Aktionen dieser Arbeiterinnen seien „schändliche Taten", die die „revolutionäre Fahne [befleckt]".[649] Die Arbeiter:innen der Fabrik werden dabei in zwei Kategorien unterteilt: die „bewussten" und die „unbewussten". Die Letzteren seien in der klaren Minderheit, weswegen Šereševskij sich nicht zu früh über einen Sieg freuen solle. Die Autor:innen versuchen, die Bedeutung der Arbeiterinnen, die um die Wiederaufnahme flehten, gering zu halten und sie sogar zu entschuldigen, indem sie sie als „ein paar Jahrzehnte alte Frauen mit bleichen, erschrockenen Gesichtern" bezeichnen, die an Hunger und Kälte litten.[650] Sie gehörten eben nicht zu den aufgeklärten Arbeiterinnen: „Es sind Arbeiterinnen, die noch nicht aus ihrem Schlaf erwacht sind: Es sind Arbeiterinnen, die noch an die schweren Ketten des Unwissens geschmiedet sind."[651] So unterstreichen die

647 Dies wird auch im Bericht des Gouverneurs Grodnos an den Generalgouverneur erwähnt, siehe Bericht des Gouverneurs Grodnos an den Generalgouverneur von Vil'na, Kovno und Grodno, 13.01.1904, LVIA, F. 378_ps1904_13, S. 3ob.

648 „di arbeyter, velkhe [...] zikh befreyen fun zeyer ekspluatatsie, velkhe muzen kampfen mit zeyere fabrikanten, velkhe muzen hassen zeyere herrsher – di fabrikanten un regierung – kummen gar tsu gehen tsum fabrik un beten zikh rakhmim: ‚ekspluatir mikh vifiel du vilst, nor nehm mir tsu der arbeyt, ikh vel dir eybig trey zeyn!'". Flugblatt Tsu alle grodner arbeyter un arbeyterinen, Januar 1904, IISH Amsterdam, AYABC Dossier 29, S.11.

649 Ibid.

650 „[...] a paar tsehndlig eltere froyen, mit bleykhe, dershrokene penemer". Ibid.

651 „Dos zeynen di arbeyterinen, velkhe hoben zikh nokh nisht ervakht fun zeyer shlaf: dos zeynen di arbeyterinen, velkhe zeynen nokh geshmidt in di shvere keyten fun unvissenheyt." Ibid.

Autor:innen die Kluft zwischen diesen Personen und den engagierten Arbeiterinnen und distanzieren sie voneinander. Die Fabrikleitung habe diesen Unterschied übrigens auch bemerkt. Denn Šereševskij verfolge mit der Entlassung der gesamten Belegschaft seines Unternehmens eine präzise Strategie: Er wolle die „klassenbewussten" Arbeiter:innen entlassen und „in der Fabrik nur diejenigen behalten, die den Kopf gehorsam vor seinem Willen beugen".[652] Den Fabrikbesitzer inszenieren die Autor:innen des Flugblattes als unerbittlichen Feind der Arbeiter:innen und als schlauen Manipulator, der versuche, mit allen Mitteln die Einigkeit unter seinen Angestellten zu brechen.

In einem zweiten Teil argumentieren sie, dass der Streik bei Šereševskij und Russota nicht nur ein Konflikt innerhalb der Fabrik sei, sondern eine Angelegenheit, die alle Arbeiter:innen der Stadt betreffe:

> [...] weil dies ein allgemeiner Kampf zwischen Arbeit und Kapital ist, müssen wir, alle Arbeiter von Grodno, unseren Kameraden zur Hilfe kommen [...]. Wir dürfen nicht stehen bleiben und kaltblütig zuschauen, wenn dort unsere Brüder um Leben und Tod kämpfen. Kameraden! Mit eurem Stillschweigen verstärkt ihr die Hoffnung unseres Gegners und erschwert unseren Kampf.[653]

Um zu beweisen, dass es sich um ein prinzipielles Problem von Klassenkampf handle, fassen die Bundist:innen wiederum die Ereignisse zusammen und versuchen die Lesenden von der Gerechtigkeit des Streiks in der Tabakfabrik sowie von ihrem tiefgreifenderen ideologischen Charakter zu überzeugen. Sie bedienen sich ebenfalls Anspielungen auf dramatische Ereignisse, die in den zwei Jahren zuvor in anderen Städten des Russischen Reiches stattgefunden hatten. So beziehen sie sich unmittelbar auf die Geschehnisse in Rostov und Zlatoust und nehmen die dortigen Arbeiter:innen als Beispiel.[654] Die Erwähnung dieser zwei

652 „[...] oyf'n fabrik holten nor di, velkhe boygen gehorkhzam dem kopf far zeyn villen". Ibid.

653 „[...] veyl dos iz in allgemeyner kampf tsvishen arbeyt un kapital, muzen mir, alle arbeyter fun grodno, kummen tsu hilf tsu unzere khaverim [...] Mir thoren nisht shtehen un kuken kaltblutig, venn dorten kampfen unzere brider oyf leben un toytd. Khaverim! Mit eyer shtill shveygen fershtarkt ihr di hoffnung fun unzere gegner un makht unz shverer unzer kampf." Ibid.

654 Im November 1902 hatte es in Rostov am Don einen Generalstreik gegeben. Der Streik war zuerst unter den Eisenbahnarbeitern ausgebrochen. Als aber das Sozialdemokratische Komitee der Stadt zum Generalstreik aufrief, verbreitete sich die Arbeitseinstellung in mehreren für die Stadt wichtigen Fabrikbereichen rasant. Auch die Arbeiter:in-

tragischen Episoden zeigt, dass die Informationen zirkulierten und ausführlich diskutiert worden waren. Zudem findet hier eine Identifikation mit den Ereignissen in Rostov und Zlatoust statt.

Mit dieser Parallele schlugen die Autor:innen zwei Fliegen mit einer Klappe: Einerseits appellierten sie an den Mut der Grodner Arbeiter:innen, andererseits betteten sie die Handlung der Arbeiter:innen der Fabrik von Šereševskij in einen allrussländischen Kontext ein. Es bleibt offen, ob diese Argumentationslinie einen wichtigen Einfluss auf die Grodner Arbeiter:innen hatte oder ob es sich dabei vor allem um eine Profilierungsstrategie des Bundes gegenüber anderen revolutionären Strömungen handelte. Das Grodner Arbeiter:innenkomitee, das 1897 Petr Šumov organisiert hatte, war im September 1902 Teil der Grodner Organisation der Polnischen Sozialistischen Partei in Litauen (PPS in Litauen) geworden. Laut der weißrussischen sowjetischen Enzyklopädie gab es erst ab Januar 1906 offiziell eine Gruppe der RSDRP in Grodno. Allerdings befanden sich sowohl im Komitee des Bundes als auch in der PPS-Organisation Anhänger:innen der *Iskra,*[655] wie im Nachschlagewerk unterstrichen wird. Diese seien in einer weiteren Gruppe aktiv gewesen: in der Grodnenskaja socialdemokratičeskaja voennaja organizacija (Grodner Sozialdemokratische

---

nen der Tabakindustrie, die einen erheblichen Teil der in Rostov produzierten Waren darstellte, beteiligten sich. Es kam zur Konfrontation zwischen den Streikenden und den Kosaken, die sechs Tote und mehrere Verletzte forderte. Über zwanzig Personen wurden verhaftet. Es dauerte drei Wochen, bis alle Arbeiter:innen zur Arbeit zurückkehrten. Für eine detaillierte Schilderung und Analyse dieses Streiks siehe: Reichman, Henry: The Rostov General Strike of 1902, in: Russian History 9, 1 (1982), S. 67–85. In Zlatoust, einer Stadt des Gouvernements Ufa im Ural, war im März 1903 ein Streik unter den Eisenbahn- und Metallarbeitern ausgebrochen. Es kam zu Straßenunruhen. Der Gouverneur ordnete das Militär an, Feuer auf die Arbeiter zu eröffnen. Es gab 69 Tote und 250 Verletzte, und die gewalttätigen Auseinandersetzungen prägten die sozialistischen Revolutionär:innen nachhaltig. Das dramatische Ereignis wurde von den sozialdemokratischen Organisationen als „Massaker von Zlatoust“ bezeichnet. Siehe Artikel Zlatoustovskaja bojnja 1903, in: Bol'šaja sovetskaja ėnciklopedija, Bd. 9 [1972], S. 542.

655 Die Zeitschrift *Iskra* wurde 1900 von Lenin gegründet. Zum ursprünglichen Redaktionskomitee gehörten neben Lenin unter anderen Julij Martov, Gregorij Plechanov, Vera Zasulič und Pavel' Aksel'rod. Die Redaktion befand sich zuerst in München, dann in London und Genf. *Iskra* spielte eine bedeutende Rolle in der Verbreitung der marxistischen Ideologie Lenins und zeichnete sich durch ihre Auseinandersetzungen mit den Vertreter:innen des „Ökonomismus“ aus, die die sozialdemokratische Arbeit auch im Engagement für die Verteidigung der ökonomischen Forderungen der Arbeiter:innen sahen. Siehe Artikel Iskra, in: Bol'šaja sovetskaja ėnciklopedija, Bd. 10 [1972], S. 462.

Kampforganisation).[656] Es darf aber nicht vergessen werden, dass der Bund erst beim zweiten Kongress der RSDRP im Sommer 1903 aus der RSDRP austrat und bis dahin volles Mitglied der Partei gewesen war.[657] Wie sich dieser Austritt konkret auf die revolutionären Organisationen in Grodno auswirkte, kann man aus den vorhandenen Dokumenten nicht präzis eruieren. Inwieweit diese Streitigkeiten auf der Ebene der einfachen Arbeiter:innen für ihr Engagement in einem Streik entscheidend waren, kann hier ebenfalls nicht erläutert werden. Es ist dennoch plausibel, dass die Organisation des Bundes in Grodno von diesen Diskussionen zwar betroffen war, dass sie jedoch nicht im Zentrum ihrer Argumentation den Arbeiter:innen gegenüberstand, die man zum Streik bringen wollte. So stellt Deborah Pearl in ihrem Buch zur revolutionären Arbeiter:innenkultur fest, wie unwichtig die genaue Differenzierung zwischen den unterschiedlichen revolutionären Bewegungen für die Arbeiter:innen gewesen sei, die die ersten Propagandist:innen besuchten.[658] Wenn das Argument sich vor allem auf das Ende der 1880er und den Anfang der 1890er Jahre bezieht, kann man es teilweise auf das Grodno der Jahrhundertwende anwenden: Die Arbeiter:innen, die streikten, hatten 1903 immer noch in erster Linie ökonomische Forderungen und kämpften nicht primär für bestimmte politische Ziele. Dies kann man anhand der Forderungen der Streikenden feststellen. Es war für sie also wenig relevant, welche revolutionäre Organisation welche Position im Hinblick auf parteiorganisatorische und ideologische Fragen vertrat, solange sie Unterstützung in ihrem Anliegen bekamen, bessere Arbeitsbedingungen zu erhalten.

Im abschließenden Absatz des Flugblattes fordert das Komitee des Bundes die Lesenden auf, mit den Streikenden zusammen gegen die aktuelle ökonomische und politische Ordnung zu kämpfen: „Kommt uns zu Hilfe! Seid mit uns vereint! In unserer Solidarität liegt unsere Macht!“[659] Welche konkrete Aktion diese Solidarität mit sich brachte, erläutert die Proklamation vom 27. Januar

---

656 Artikel Grodnenskaja organizacija RSDRP, in: Belorusskaja sovetskaja ėnciklopedija, Grodno, S. 155.

657 Zum Konflikt zwischen dem Bund und der RSDRP beim zweiten Kongress im Sommer 1903 und die Folgen davon auf Parteiebene siehe: Tobias, The Jewish Bund in Russia, S. 207–220, 259–294; Heller, Revolutionärer Sozialismus, S. 32–95; Minczeles, Histoire générale du Bund, S. 135–150; Wróbel, From Conflict to Cooperation, S. 156.

658 Pearl, Creating a Culture of Revolution, S. 44–48.

659 „Kumt unz tsu hilf! Zeyt mit unz fareynigt! In unzer solidaritet iz unzer makht!“ Flugblatt Tsu alle grodner arbeyter un arbeyterinen, Januar 1904, IISH Amsterdam, AYABC Dossier 29, S.11ob.

1904.[660] Ähnlich wie bei den zwei Flugblättern vom Dezember bzw. 28. Dezember 1903 wurde der Aufruf, der ein genaues Datum enthält, in einer größeren Schrift und nur einseitig gedruckt. Der erste Satz der Kopfzeile gibt den Ton und das Ziel der Flugschrift an: „Kameraden, hört alle auf zu arbeiten!"[661] Damit rief der Bund dezidiert zum Generalstreik in der ganzen Stadt auf. Seine Erklärungen und Rechtfertigung für diese Aktion führt er dann im Text auf und stützt sich dabei auf die Argumente, die er im längeren Aufruf vom Januar entwickelt hatte: Die mutigen Streikenden der Tabakfabrik bräuchten dringend Unterstützung, und der Konflikt sei kein „gewöhnlicher Streik" *(gevehnlikher streyk),* sondern ein Kampf der gesamten Arbeiter:innenklasse gegen die kapitalistische Ordnung, inklusive der zarischen Selbstherrschaft.

Für den Streik von 1903/1904 in der Fabrik von Šereševskij und Russota stehen heute zwar nur noch sechs Flugblätter des Bundes zur Verfügung. Es ist dennoch bekannt, dass es verschiedene Organisationen unterschiedlicher Ausrichtungen gab, die in der Stadt diesen Streik als Anlass nutzten, um ihre Ideen zu verbreiten.[662] Dass in den hier besprochenen Flugblättern die Verbindung mit dem allrussländischen Proletariat immer wieder unterstrichen wird und die jüdischen Streikenden als Teil eines größeren Widerstandssystems gegen die russische Regierung im Allgemeinen dargestellt werden, weist auf die Bedeutung dieser Punkte für das Grodner Komitee des Bundes hin. Auch im Hinblick auf materielle Hilfe anderer revolutionären Organisationen spielten diese Argumente eine entscheidende Rolle. Denn die Streikenden hätten insgesamt 1400 Rubel für die Durchführung ihrer Sache von befreundeten Organisationen in nahen und entfernten Städten erhalten, unter anderem vom Komitee der RSDRP im fernen Baku (40 Rubel).[663] Wenn dies stimmt, stützt es gleichzeitig die These von Pearl: Die Grenzen zwischen dem Bund und der RSDRP blieben weiterhin fließend, auch nachdem die Parteispitzen sich zerstritten hatten.

An demselben Tag, an dem der Aufruf zum Generalstreik veröffentlicht wurde, erklärte der Fabrikbesitzer Šereševskij, dass er die Fabrik wieder öffne

660 Flugblatt Tsu alle grodner arbeyter un arbeyterinen, 27.01.1904, IISH Amsterdam, AYABC Dossier 29, S. 12.

661 „Khaverim, varft alle di arbeyt!" Ibid.

662 Zum Beispiel die Internationale Kampfgruppe oder die Grodner Anarchisten-Kommunisten, siehe S. 272.

663 Artikel Zabastovka upakovščic tabačnoj fabriki 1900, in: Belorusskaja sovetskaja ėnciklopedija, Grodno, S. 218. Für eine detailliertere Aufführung der bundistischen Organisationen, die finanzielle Hilfe leisteten, siehe Poslednija izvestija 168 (29.02.1904), S. 1.

und willige Arbeiter:innen aufnehme. Leider ist es unmöglich, die präzise Reihenfolge zu rekonstruieren: War der Aufruf zum Generalstreik eine unmittelbare Reaktion auf Šereševskijs Erklärung oder umgekehrt? Die Wiedereröffnung war durch die Anstellung neuer christlicher Arbeiter:innen ermöglicht worden. Die Fabrikanten hatten dabei wenig zu verlieren, weil die Wiederaufnahme des normalen Betriebs ihr primäres Ziel war. Da seit einigen Wochen das Bedürfnis eines Teils der Streikenden, wieder arbeiten zu können, nicht mehr nachließ,[664] fühlten die Fabrikbesitzer wahrscheinlich die Verzweiflung ihrer ehemaligen Angestellten und spürten, dass die Zeit für die Wiederöffnung der Fabrik reif sei. Der Allgemeine Jüdische Arbeiterbund musste seinerseits genau dasselbe beobachtet haben, und es war ihm bewusst, dass die Situation am Entgleisen war. Bildete die Proklamation vom 27. Januar eine letzte Chance? Warum leiteten die Bundist:innen diesen Schritt nicht früher ein? In einem Artikel der *Poslednija izvestija* zeigten sich die Autor:innen Mitte Januar doch davon überzeugt, dass der Streik in der Fabrik in einen Generalstreik münden werde.[665] Eine weitere Frage, die offen bleibt, ist diejenige nach der Sprache der Erklärung. Die möglichen Gründe, warum sie ausschließlich auf Jiddisch erschien, wurden oben schon geschildert (kleine Zahl an nicht jiddischsprachigen Arbeiter:innen, kaum Kontakte der Jiddischsprachigen mit russisch- oder polnischsprachigen Handwerker:innen). Wenn man aber bedenkt, dass Šereševskij und Russota gerade christliche Arbeiter:innen anstellten, um die Produktion in der Fabrik wieder in Betrieb zu nehmen, heißt es, dass es ein mögliches Reservoir an Arbeitskräften geben musste, die eben nicht Jiddisch sprachen, was eine Publikation auf Russisch gerechtfertigt hätte. Ob die Adressierten sie hätten lesen können, ist eine andere Frage. Allerdings kann man die Frage ebenfalls für die jüdischen Arbeiter:innen der großen Tabak- und Zigarettenfabrik stellen, da nicht alle des Lesens und Schreibens kundig waren. Auf alle Fälle zeigt die hohe Auflage – 1800 Exemplare – die breite Wirkung, die sich der Bund von dieser Publikation erhoffte. Die Bemühungen des Bundes, einen Generalstreik auszu-

664 Wie oben schon erwähnt, hatten einige Arbeiterinnen gemäß den bundistischen Flugblättern und einem Bericht des Gouverneurs direkt bei Šereševskij und Russota bzw. bei der Polizei um Arbeit gefleht.

665 Poslednija izvestija 164 (26.01.1904), S. 3. Allerdings geben die Autor:innen auch zu, dass die Streikenden dringend Geld gebraucht hätten (mehr als 100 Rubel pro Woche). In der folgenden Ausgabe wird sogar behauptet: „Der Ausgang des Kampfes hängt jetzt nur von den Mitteln ab" / „Исход борьбы зависит теперь только от средств" (Poslednija izvestija 165 (03.02.1904), S. 1).

lösen, blieben aber wirkungslos, und die meisten Streikenden kehrten wieder in die Fabrik zurück.[666]

6.6 Drei Streiks im Vergleich

Versucht man, die drei Streiks von 1899, 1900 und 1903/1904 miteinander zu vergleichen, kommt man zu aufschlussreichen Erkenntnissen. Auch wenn zusätzliche Forderungen wie beispielsweise eine bessere Behandlung durch die Fabrikleitung und die Fabrikmeister ebenfalls zu den Forderungen der Streikenden zählen konnten, standen in erster Linie Lohnerhöhungen im Vordergrund der Forderungen, und dies in allen hier analysierten Fällen, sowohl in den Berichten der diversen behördlichen Akteure als auch in den Flugblättern der sozialdemokratischen Gruppierungen. Somit war der Ausgangspunkt immer eine ökonomische Frage. Konkret wirkten die miserablen Löhne und die damit eng verbundenen elenden Lebensbedingungen der Arbeiterinnen als Auslöser der Arbeitsniederlegungen. Man kann fragen, warum gerade in der Zigarettenabteilung und nur in dieser Abteilung der erste Streik im September 1899 ausbrach. Eine zufriedenstellende, präzise Antwort kann man nicht liefern. Wichtig ist jedoch der genaue Zeitpunkt des Streikausbruchs: Sowohl 1899 als auch 1900 kam es unmittelbar am ersten Arbeitstag nach dem jüdischen Sukkot-Fest zur Arbeitsniederlegung. Während der freien Festtage war es in beiden Fällen zu Versammlungen von Arbeiterinnen der Fabrik gekommen, an denen angeblich Reden zur Streikaufforderung gehalten worden seien und über das Streiken entschieden worden sei.

Am Streik vom September 1899 beteiligten sich zwischen 570 und 700 Zigarettenmacherinnen, im Oktober 1900 um die 115 Packerinnen und im Dezember 1903 rund 30 bis 35 Sortiererinnen, deren Aktion allerdings den Streik

666 Die Meldung der Beendung des Streiks wurde in *Poslednija izvestija* mit den Worten „Der Hunger hat gesiegt" *(Golod pobedil)* betitelt. Im Artikel bedauern die Autor:innen die Niederlage der Arbeiter:innen trotz der starken Unterstützung der Organisation des Bundes und hoffen, dass sich die Situation in der Fabrik in nächster Zukunft verbessern werde (Poslednija izvestija 169 (21.02.1904), S. 2). Am 21. Februar 1904 seien alle streikenden Arbeiter:innen bis auf diejenigen der Sortierungsabteilung sowie sieben weitere Arbeiterinnen, die die Fabrikanten als „Hauptanführerinnen" sahen, zur Arbeit in der Fabrik wieder aufgenommen worden. Die Unruhen würden jedoch unter dem Einfluss der bundistischen Propaganda weiter bestehen. So hätten zum Beispiel die Zigarettenmacherinnen drei Stunden nicht gearbeitet und gefordert, dass die oben erwähnten Arbeiterinnen wieder aufgenommen würden (Poslednija izvestija 172 (08.03.1904), S. 3).

in den meisten Fabrikabteilungen propagierte. Nur im ersten Fall sahen die Streikenden einen Teil ihrer Forderungen erfüllt.

Beim Streikausbruch in der Zigarettenabteilung im September 1899 reagierte der Gouverneur Dobrovol'skij in einer Weise, die fast allen Punkten des Zirkulars Nr. 7587 des Innenministeriums vom August 1897 entsprach: Er berief eine Versammlung mit den wichtigsten lokalbehördlichen Akteuren (Fabrikinspektor, Polizeimeister, Chef der Gendarmerie und Staatsanwalt) ein, auf der sie über die zu treffenden Maßnahmen berieten; die Stadtpolizei hatte ein Auge auf die Ereignisse in und um die Fabrik von Šereševskij und Russota und versuchte nach den ersten Gerüchten über einen baldigen Streikausbruch, Druck auf die potentiellen Anführer:innen auszuüben, damit sie auf den Streik verzichteten; nach Streikausbruch wurde sofort nach externen „Intellektuellen" außerhalb der Fabrik und der Stadt gesucht, die für die angebliche Propaganda und Agitation der Arbeiterinnen verantwortlich seien; den Streikenden stellte der Gouverneur eine Frist zur Rückkehr zur Arbeit und verhaftete in der Folge der Nichteinhaltung der Frist alle Streikenden, die außerhalb Grodnos eingeschrieben waren; den Streikenden erklärte der Gouverneur dann noch, dass alle im Fall einer Weiterführung ihrer Aktion schwere Konsequenzen wie Verhaftungen und Verbannung zu erwarten hätten. Mit all diesen Maßnahmen folgte der Gouverneur nicht nur den Empfehlungen aus Sankt Petersburg, sondern ließ die Reaktionen auf der lokalen Ebene in die Interpretation einfließen, die die Behörden in der Hauptstadt als Erklärung für die Vermehrung der Arbeiter:innenunruhen für zutreffend hielten.

Die Lösung dieses Konfliktes scheint dennoch auch andere Wege eingeschlagen zu haben, die von den zentralen Behörden wohl nicht gebilligt worden wären. So organisierten Vertreter der Grodner jüdischen Elite Verhandlungen zwischen den Fabrikbesitzern und den Streikenden, die höchstwahrscheinlich im Kompromiss mündeten, der eine partielle Erfüllung der Forderungen ergab. Daher kann man bezweifeln, dass die Anwendung des Zirkulars und die Verhaftung der Streikenden alleine zur Konfliktlösung führten, wie es der Gouverneur in seinem Bericht an den Generalgouverneur behauptete. Die intensive Suche nach externen Anführer:innen, die unmittelbar nach Streikausbruch begonnen hatte, hörte nach drei Monaten ohne Erfolg auf: Den Verdacht einer externen Agitationsquelle konnte der Chef der Gendarmerie nicht beweisen. Im Innenministerium akzeptierte man die Schlussfolgerungen des Chefs der Gendarmerie und des Generalgouverneurs: Die Ursachen für den Streikausbruch waren die niedrigen Löhne und harten Arbeitsbedingungen in der Fabrik und somit ein strukturelles Problem der Fabrik selbst.

Ein Jahr später, im Oktober 1900, war es der Vizegouverneur Lišin, der sich um die Situation kümmerte, als in der Fabrik, dieses Mal in der Verpackungsabteilung, gestreikt wurde. Auch er organisierte umgehend ein Treffen mit dem Oberfabrikinspektor, dem Polizeimeister, dem Chef der Gendarmerie und dem Staatsanwalt. Allerdings entschied sich dieses Mal das Kollegium, eine andere Strategie als ein Jahr zuvor anzuwenden. Angesichts der anscheinenden Umstrittenheit der Streikaktion bei den Arbeiterinnen der Zigarettenabteilung wurde beschlossen abzuwarten und durch eine Erklärung der Fabrikbesitzer – und nicht des Gouverneurs –, laut der diese sich infolge des Streiks gezwungen sahen, die handbetriebene Zigarettenabteilung in zwei Wochen zuzumachen, Druck auf die Streikenden auszuüben. Es gab keine Verhaftungen, keine Fristsetzung seitens des Gouverneurs.

Als drei Jahre später ein Teil der Fabrikarbeiter:innen wiederum streikte und danach die gesamte Fabrik ihre Produktion einstellen musste, hielten sich die Grodner Behörden an die Strategie, die sie schon 1900 angewandt hatten. Solange keine Unruhen auf den Straßen stattfanden, griffen sie nicht direkt ein und beobachteten die Entwicklung der Situation sehr aufmerksam. Es wird in den unterschiedlichen Berichten des Gouverneurs und des Chefs der Gendarmerie zwar immer wieder erwähnt, dass passende Maßnahmen zur Wahrung der Ordnung getroffen worden seien. Worin genau diese bestanden, detaillieren die Behörden nicht. Es gab aber keine Massenverhaftungen, keine direkte Einmischung des Gouverneurs in die Angelegenheiten der Fabrik. Einzig die Menschen, die mit konkreten physischen Angriffen bzw. Aktionen die Arbeiter:innen vor dem Gang in die Fabrik zu hindern versuchten, wurden verhaftet. Die Verantwortlichen für die Verbreitung der Flugblätter suchte die Polizei auch, jedoch erfolglos. 1899 und 1903/1904 hatten zwei verschiedene Personen das Amt des (Vize)Gouverneurs inne, was die unterschiedliche Reaktion erklären könnte. Diese Verschiedenheit könnte aber ebenfalls mit dem Verhalten der Fabrikbesitzer selbst zu tun haben. Denn auch in der Reaktion der Fabrikbesitzer ist ein großer Unterschied zu beobachten. Wenn sie im September 1899 noch zu Verhandlungen bereit waren, nahmen sie im Dezember 1903 eine radikale Position ein: Sie entschieden sich für die totale Schließung der Fabrik. Schon 1899 und 1900 hatten sie damit gedroht. In beiden Streikfällen waren sie dennoch nicht so weit gegangen. Warum setzten sie ausgerechnet Ende Dezember 1903 diese Maßnahme in die Tat um? Hielten sie dies für das beste Druckmittel, damit die Arbeiter:innen schnell zur Arbeit zurückkehrten, ohne dass sie allerlei Zugeständnisse einräumen mussten? War diese Entscheidung unmittelbar mit der vom Gouverneur in einem seiner Berichte erwähnten Einführung neuer, mechanisierter Produktionsweisen verbunden? In Ermangelung von Selbstzeugnissen und anderen Quellen, die Einblicke in die Überlegungen dieser zwei Fabrikanten ermöglichen würden, muss all dies nur spekulativ bleiben.

Der Einzige, dessen Handeln mehr oder weniger gleich blieb, war der Fabrikinspektor Varencev. Er scheint in allen drei Streikfällen sowohl mit den Streikenden als auch mit den Fabrikanten Gespräche über den Konflikt geführt zu haben. Er stimmte den Positionen der Fabrikbesitzer zu und stilisierte sich in seinen Berichten stark als Aufklärer der Arbeiter:innen. Sowohl 1899 als auch 1900 saß er in der behördlichen Kommission, die über das weitere Vorgehen entschied. Er unterstützte immer die Maßnahmen des Gouverneurs bzw. des Vizegouverneurs zur Konfliktlösung. Im letzten Bericht über die Arbeitsniederlegung vom September 1899 nimmt er klar Stellung, wenn er zugibt, dass die Zugeständnisse der Fabrikanten die Probleme in dieser Fabrik langfristig nicht lösen würden. Er exponiert sich jedoch nicht mehr und gibt keine Details. In den weiteren Berichten sind keine negativen oder kritischen Anmerkungen mehr den Fabrikbesitzern gegenüber zu finden. Er bietet in keinen Fällen eine detaillierte Analyse der Streikhintergründe an. 1899 wurde er über die Vorzeichen des Streikausbruchs nicht informiert, 1903 erfuhr er vom ersten Streikausbruch in der Sortierungsabteilung sogar erst im Nachhinein, als der Streik zum zweiten Mal wenige Tage später erneut ausbrach. Die Fabrikbesitzer hatten versucht, alleine mit den Streikenden zu verhandeln, und waren zuerst auf die Forderung dieser eingegangen. So sieht man, wie eingeschränkt die Stellung des Oberfabrikinspektors Varencev war, einerseits durch die seit 1897 geltende übergeordnete Stellung der Polizei gegenüber dem Fabrikinspektor im Streikfall, andererseits auch durch einen offensichtlichen Vorbehalt der Fabrikbesitzer, in Konfliktfällen die Fabrikinspektion unmittelbar zu informieren.

Ein Vergleich der sozialdemokratischen Flugblätter bietet eine aufschlussreiche Sicht auf die strategische Entwicklung, die sich auch innerhalb der revolutionären Gruppen in Grodno zwischen 1899 und 1904 in Bezug auf ihre ideologische Tätigkeit mit den Arbeiter:innen abspielte. Was als Erstes auffällt, ist, dass die Flugblätter 1899 noch gar nicht unterschrieben waren. Erst ab 1900 ist sichtbar, welche Organisation oder welche Arbeiter:innengruppe die Schriften verfasst hatte. Weil sich der rechtliche Rahmen zwischen 1899 und 1904 nicht änderte und solche Proklamationen verboten blieben, stellen die Unterschriften eine Verstärkung der Selbstsicherheit der revolutionären Organisationen dar.

In den Flugschriften vom September 1899 werden hauptsächlich die harten Lebens- und Arbeitsbedingungen der Zigarettenmacherinnen hervorgehoben. Die Autor:innen basieren ihre Argumentation auf konkrete Probleme in der Fabrik (zu niedrige Löhne, schlechte Behandlung durch die Fabrikmeister, unbefriedigende Arbeitsbedingungen). Sie greifen die Persönlichkeiten von Šereševskij und Russota heftig an. In einer der Proklamationen kritisieren sie neben den Fabrikbesitzern auch die Behörden. Diese Kritik beschränkt sich jedoch auf die lokalen Machtvertreter: Fabrikinspektor, Rabbiner, Gouverneur, Polizei. Nie wird ein schlechtes Wort gegen den Zaren oder das politische System gesagt. Das Solidaritätskonzept spielt zwar eine zentrale Rolle – die Arbeiterinnen müssen einig bleiben, um die Forderungen erfüllt zu bekommen –, die Durchsetzung einer sozialistischen gesellschaftlichen Ordnung bleibt unerwähnt. Somit beschränkt sich die Argumentation, warum man sich als Zigarettenmacherinnen an dem Streik beteiligen sollte, auf einer rein wirtschaftlichen Ebene.

Dies ändert sich Schritt für Schritt in den nächsten Streiks, die analysiert wurden. In den Flugblättern vom Oktober 1900 beziehen sich die Verfasser:innen stark auf die Streikaktion vom September 1899. Dies beweist, wie stark auch die Revolutionär:innen diese erste Streikerfahrung für die Entwicklung der nächsten Streiks wahrnahmen und wie sie versuchten, sich dieser positiven Erfahrung zu bedienen, um die Arbeiterinnen zum neuen Streik zu motivieren und die Aktion an sich zu rechtfertigen. Ähnlich wie ein Jahr zuvor konzentriert sich die Argumentation auf die Hervorhebung der schlechten Arbeitsbedingungen in der Fabrik, der schweren Lebensbedingungen der Arbeiterinnen und der Ausbeutung durch die zwei Fabrikanten. Das Thema der Solidarität, bzw. der Desolidarisierung spielt auch eine wichtige Rolle. Im Flugblatt vom 10. Dezember 1900 werden zudem zum ersten Mal politische Forderungen deutlich ausgedrückt. Das Regierungssystem wird direkt angegriffen. Die Schrift endet mit: „Nieder mit der Selbstherrschaft!" und: „Es lebe die Arbeiterbewegung!"

Während die Proklamationen vom Dezember 1903 und Januar 1904 das Elend und die Schwierigkeiten der Arbeiter:innen der Fabrik ähnlich wie die vorherigen Flugschriften thematisieren, drücken sie gleichzeitig alle eine deutliche politische Botschaft aus: Der Zarismus solle abgeschafft und durch eine sozialistische Ordnung ersetzt werden. Die Autor:innen greifen die lokalen Behörden mit dem Argument an, dass sie systematisch die Fabrikbesitzer unterstützen würden. Dabei assoziieren sie die lokalen Behörden unmittelbar mit der zarischen Regierung und die Fabrikbesitzer Šereševskij und Russota mit allen Fabrikanten im Allgemeinen. Somit erweitern sie ihren Diskurs um einen klaren revolutionären Ton, der ökonomische Forderungen mit politischen Zielen verbindet. Und dennoch bleiben die Bundist:innen in ihrer Wortwahl vorsichtig, wenn sie sich nicht an die Arbeiter:innen, sondern an die jüdische Intelligenz für Unterstützung wenden.

Auch die Adressat:innen der Flugschriften verändern sich zwischen 1899 und 1903/1904. Beim ersten Streik 1899 stellen nicht nur die streikenden Arbeiterinnen, sondern auch insbesondere ihre Familien das Zielpublikum dar. Daneben beschränken sich die Verfasser:innen darauf, die Arbeiterinnen einer bestimmten Abteilung – der Zigarettenabteilung, wo gerade gestreikt wird – zu mobilisieren und zu ermutigen. Ein Jahr später ist der Aufruf an die Familien der Streikenden verschwunden. Die Arbeiterinnen der Zigarettenabteilung, die dieses Mal nicht streiken, von denen die Streikenden dennoch erwarten, dass sie sie unterstützen, werden direkt angesprochen. Auch hier begrenzen sich also die Autor:innen auf eine bestimmte Abteilung der Fabrik. Vier Jahre später zielen die Flugschriften auf ein breiteres Publikum: erstmals auf die Arbeiter:innen aller Fabrikabteilungen und dann auch auf alle Arbeiter:innen der Stadt allgemein. Sogar an die jüdische Intelligenz richtet sich eines der Flugblätter. Parallel zur Entwicklung des revolutionären Diskurses von rein ökonomischen zu politischen Argumenten fand also auch eine Erweiterung des in diesen Flugblättern angesprochenen Zielpublikums statt.

Eine wichtige Frage bleibt diejenige nach den Konsequenzen von Streikerfahrungen auf die Arbeiter:innen der Fabrik. Wie genau die schon erfolgten Streiks in der Fabrik das Engagement der Arbeiter:innen einer anderen Abteilung in einem nächsten Streik beeinflussten, ist schwer einzuschätzen. Eine gewisse Dynamik ist dennoch erkennbar. Vor allem für den Streik in der Verpackungsabteilung vom Oktober 1900 scheint die Arbeitseinstellung vom September 1899 in der Zigarettenabteilung und ihre erfolgreichen Ergebnisse als starkes Argument für eine Mobilisierung der Arbeiterinnen fungiert zu haben. Die Arbeiterinnen hatten gesehen, dass ihre Kolleginnen mit dem Streik eine Verbesserung ihrer Situation erzwungen hatten. Trotz der vielen Verhaftungen, die den ersten Streik begleitet hatten, blieb ihnen sicher in Erinnerung, dass die Zigarettenmacherinnen eine Lohnerhöhung erhalten hatten. Darüber, warum der erste Streik ausgerechnet in der Zigarettenabteilung ausbrach, kann man nur Vermutungen anstellen. Die Präsenz einer oder mehrerer Personen, die den Aktivitäten der Sozialdemokratie nahestanden, brachte höchstwahrscheinlich den notwendigen Funken, der die Unruhen auslöste. Die unterschiedlichen Abteilungen in der Fabrik scheinen voneinander dicht abgetrennt gewesen zu sein. Nur zwischen der Zigaretten- und der Verpackungsabteilung erkennt man in den Quellen Verbindungen, die mit der Tatsache erklärt werden könnten, dass die Arbeit der einen stark von der Tätigkeit der anderen abhing. Mit den Jahren weiterten sich die Unruhen auf andere Abteilungen aus, was die Bundist:innen in ihren

Artikeln immer unterstrichen.[667] Es wäre aber übertrieben zu behaupten, dass die Arbeiter:innen der jeweiligen Abteilungen ein einheitliches Kollektiv bildeten: Wie in den verschiedenen Flugblättern und in einigen Berichten der lokalen Behörden zwischen den Zeilen zu lesen ist, waren die Streiks eine schwer zu verkraftende Einkommenskürzung, und ein Teil der Streikenden kehrte den Arbeitsniederlegungsaktionen den Rücken, um bei der Fabrikleitung wieder um Arbeit zu bitten. Die Konzepte des Klassenbewusstseins und des gemeinsamen Kampfes gegen die Fabrikanten konnte der Bund nicht wirklich konsequent durchsetzen, obwohl er durch seine regelmäßige Propagandatätigkeit ein wichtiges Element des Aufstandes der Fabrikarbeiter:innen darstellte.

All diese Feststellungen erlauben also, eine Evolution sowohl in der Streikwerbung seitens der Grodner sozialdemokratischen Gruppierungen als auch in der Reaktion seitens der lokalen Behörden, insbesondere derjenigen des Gouverneurs und der Polizei, zu erkennen. Auch auf die Arbeiter:innen der Fabrik scheinen die Streiks einen Einfluss ausgeübt zu haben. Besonders interessant ist, dass im Oktober 1900 sich beide Seiten in ihrer Argumentation bzw. Entscheidungsfindung stark auf den ersten Streik vom September 1899 beriefen. So kann behauptet werden, dass dieser erste Streik eine starke Prägung bei den lokalen Behörden und den Grodner revolutionären Organisationen hinterlassen hatte. Dass 1903/1904 der Bezug nicht mehr explizit gemacht wurde, liegt daran, dass sich die Situation der Streik- und Arbeiter:innenbewegung im Russischen Reich seit dem Ende der 1890er geändert hatte. Obwohl nur vier Jahre zwischen dem ersten Streik und den Ereignissen von 1903/1904 verstrichen waren, hatten große Mobilisierungsbewegungen keinen Überraschungseffekt mehr. Die Behörden hatten sich daran gewöhnt, mit Streiks umzugehen. Durch die immer wieder ausbrechenden Konflikte unter den Arbeiter:innen und Handwerker:innen in Grodno – und nicht nur in der Tabakfabrik von Šereševskij und Russota – hatten sie Erfahrungen gesammelt. Der Wandel in der Rhetorik der sozialdemokratischen Propagandaschriften, die kurz vor, während oder kurz nach einem Streik in der Stadt verbreitet wurden, zeugt ebenfalls von einer veränderten Argumentationslinie, die auf den schon gesammelten Erfah-

667 So wird beim Streik vom April 1903 in der Verpackungsabteilung des Makhorkas im Artikel von *Poslednija izvestija* unterstrichen, dass diese Abteilung bisher als „die rückständigste und konservativste" *(sam[oe] ostal[oe] i konservativn[oe])* galt (Poslednija izvestija 130 (06.06.1903), S. 2). Beim Streik in der Sortierungsabteilung wird angegeben, dass es sich um den ersten Streik in dieser Abteilung handle (Poslednija izvestija 162 (13.01.1904), S. 2).

rungen der Arbeiter:innen als Streikende basierte. Es bleibt offen, ob die Arbeiter:innen aber wirklich bereit waren, den Schritt zur Revolution zusammen mit den revolutionären Gruppen zu gehen. Denn im Dezember 1903 und Januar 1904 scheiterte der Versuch der Bundist:innen, in Grodno einen Generalstreik auszulösen.

Synthese

7. Fazit

7.1 Streik und revolutionäre Arbeiter:innenbewegung

Die Zeitspanne, die die analysierten Streiks abdecken (1895–1904), stellte auf wirtschaftlicher Ebene mit der sich rasch entwickelnden Industrialisierung eine Phase großer Umwälzungen dar, die die etablierte gesellschaftliche Ordnung erschütterten. Für die Entwicklung der Arbeiter:innen- und der revolutionären Bewegung im Russischen Reich war diese Periode auch zentral. Es handelte sich um eine Radikalisierungsperiode, die die Geburt eines zunehmenden politischen Engagements von Seiten der Jugend und direkt damit zusammenhängend die Gründung unterschiedlicher – noch illegaler – politischer Parteien wie beispielsweise des Allgemeinen Jüdischen Arbeiterbundes (1897 in Vil'na) oder der RSDRP (1898 in Minsk) markierte. In den 1890er Jahren vermehrten sich unter den jüdischen Marxist:innen im Ansiedlungsrayon Aktivitäten wie die Organisation von Arbeiter:innenzirkeln oder von Zirkeln, in denen leidenschaftlich über den Marxismus und die Wege zur sozialistischen Revolution debattiert wurde. Streiks in Fabriken und Werkstätten hatte es zwar schon vor der Mitte der 1890er Jahre gegeben. Aber angesichts des Strategiewechsels von der Propaganda bei einer kleinen Anzahl „bewusster" Arbeiter:innen zur Agitation der Arbeiter:innenmassen, der 1893/1894 stattfand, begannen die Befürworter:innen dieser neuen Taktik, sich für die Streiks der Arbeiter:innen intensiver zu interessieren. Sie sahen in diesen ein großes Potential: Über die Erkämpfung ökonomischer Forderungen würden die Arbeiter:innen sich ihrer Klassensituation bewusst werden und zum politischen Aktivismus übergehen.[1]

Die genaueren Streikanalysen der vorliegenden Arbeit haben gezeigt, wie die revolutionären Sozialdemokrat:innen diese Streiks in ihren Flugblättern und Zeitschriftenartikeln anhand eines vorgefestigten Erklärungsschemas interpretierten. Durch ihr marxistisches Weltbild, geprägt vom historischen Materialismus, bedienten sie sich der Streikaktionen, um die Richtigkeit ihrer Weltauffassung zu beweisen. Für sie waren diese Streiks nicht nur ein Zeichen dafür,

1 Hillyar, McDermid, Revolutionary Women in Russia, S. 73; Tobias, The Jewish Bund in Russia, S. 27–28; Mendelsohn, Class Struggle in the Pale, S. 45–49.

dass die Ideen des Marxismus unter den jüdischen Arbeiter:innen angekommen waren und sich verbreiteten, sondern auch eine logische Entwicklung im historischen Prozess. Gleichzeitig wollten sie weitere Arbeiter:innen sowie liberale Mitglieder der *intelligencija* für ihre Ideen gewinnen und so die angestrebte Radikalisierung mit diesen Streikgeschichten nähren. So stellten zum Beispiel die jüdischen Sozialdemokrat:innen rückblickend auf den Streik vom August 1895 in der Tabakfabrik der Brüder Ėdel'štejn fest, dass dieser Streik „dem politischen Erwachen der Masse [der Arbeiter:innen] stark half".[2]

Die Instrumentalisierung der Streiks für Propaganda- und Agitationszwecke geschah hauptsächlich auf zwei Ebenen. Auf einer ersten Ebene stützten die Streiktätigkeiten die politische Aktion der Revolutionär:innen in der Gegenwart. Auf einer zweiten Ebene fungierten einige ausgewählte Streiks als Erinnerungsorte dieses Kampfes und verbanden somit Vergangenheit, Gegenwart und Zukunft.

STREIK ALS UNTERSTÜTZUNG DER GEGENWÄRTIGEN REVOLUTIONÄREN AKTION

Die Arbeitseinstellungen wurden von den Sozialdemokrat:innen als Belege für den Erfolg des Aufstandes der Arbeiter:innen gegen ihre Fabrikanten interpretiert. Sie unterstrichen die Relevanz der Konzepte der Klassengesellschaft und des Klassenkampfes und munterten zur Fortführung und weiteren Entwicklung des schon begonnenen Kampfes auf. Zugleich nutzten die Autor:innen die Flugblätter und Berichte in den revolutionären Zeitschriften, um Schwierigkeiten bzw. Verbesserungsbedürfnisse bei der in ihren Augen wachsenden Bewegung anzusprechen. Deshalb nehmen diese Schriften eine zusätzliche Bedeutung an, wenn sie vor dem Hintergrund der revolutionären und Arbeiter:innenbewegung zwischen 1895 und 1904 im Russischen Reich betrachtet werden.

Der Streik in der Tabakfabrik der Brüder Ėdel'štejn stellte für die Sozialist:innen in Vil'na einen Wendepunkt in der Auffassung ihrer Arbeit unter den jüdischen Arbeiter:innen der Stadt dar. Mit der Broschüre *der shtodt-magid* vermittelte der Autor eine klare Botschaft. Den Streikausbruch in der Tabakfabrik verstand er als Beweis dafür, dass die jüdischen Arbeiter:innen ein Klassenbewusstsein entwickelt hätten und der Klassenkampf deswegen im jüdischen Milieu angekommen sei. Der Streik wurde als eine wichtige Etappe und Aus-

2 „[...] сильно содействовала политическому пробуждению массы." Doklad o evrejskom rabočem dviženii [1900], S. 60.

gangspunkt für zukünftige Kampfaktionen der jüdischen Arbeiter:innen dargestellt und als normale Entwicklung im Sinne des historischen Materialismus interpretiert. Mit dieser Schrift verfolgte der Autor ein doppeltes Ziel. Das eine sprach ein Publikum innerhalb der jüdischen Gemeinschaft an, das andere war nach außen gerichtet. Die jiddischsprachige Fassung diente der Aufklärung der jüdischen Arbeiter:innen über die Konzepte der Klassengesellschaft, der Klassensolidarität und des Klassenkampfes. Die Publikation war ein didaktisches Erklärungsangebot an die jüdische Gemeinschaft, insbesondere an die jüdischen Arbeiter:innen, damit diese die Ereignisse richtig begreifen konnten, so, wie es die Sozialist:innen wünschten. Die Schrift sollte die Auflösung der Vorstellung der über Religion und Tradition funktionierenden angeblichen jüdischen Einheit und das Bewusstwerden der Spaltung der jüdischen Gesellschaft in Ausbeuter (Fabrikanten) und Ausgebeutete (Arbeiter:innen) festigen. Dass nun nicht mehr „Jude/Jüdin", sondern „Arbeiter/Arbeiterin" das definierende Identitätsmerkmal der jüdischen Arbeiter:innen sei, implementierte die Broschüre mit deutlichen Worten. Betrachtet man die Tatsache, dass die jiddische Version aller Wahrscheinlichkeit nach ein erstes Mal wenige Wochen nach dem Ende des Streiks und dann 1897 erneut gedruckt wurde, kann man annehmen, dass die Schrift auch über die Grenzen der Stadt Vil'na hinaus verbreitet worden war und der Streikfall als Beispiel für andere Arbeitseinstellungen funktionierte.

Die russischsprachige Version half zu demonstrieren, dass die jüdischen Arbeiter:innen jetzt auch zu „bewussten" Arbeiter:innen geworden und dass sie also wie die Arbeiter:innen anderer Nationalitäten im Zarenreich für den Kampf bereit seien. Als der Streik im August 1895 ausbrach, waren im Gegensatz zu den anderen analysierten Fällen, die einige Jahre später stattfanden, noch keine politischen sozialistischen Parteien im Russischen Reich selbst etabliert worden, die auf Russisch bzw. auf Jiddisch organisierte Propaganda betrieben.[3]

3 Der Petersburger Kampfbund zur Befreiung der arbeitenden Klasse (Sojuz bor'by za osvoboždenie rabočego klassa) wurde im November 1895 gegründet und seine erste Zeitschrift erst im Dezember 1895 publiziert (Pospelow, P. N. [et al.] (Hrsg.): Geschichte der Kommunistischen Partei der Sowjetunion, Bd. 1: Die Gründung der bolschewistischen Partei 1883–1903, Moskau [ohne Datum], S. 644). 1892 war in Paris die Polnische Sozialistische Partei (PPS) gegründet worden. Kaum ein Jahr später entstand unter der Anführung von unter anderen Rosa Luxemburg die Sozialdemokratie des Königreiches Polen (SDKP, ab 1900 Sozialdemokratie des Königreiches Polen und Litauen, SDKPiŁ). Beide Parteien konzentrierten sich allerdings auf die polnischsprachigen Arbeiter:innen. Zur Geschichte des komplexen Verhältnisses zwischen PPS und Bund siehe Zimmerman, Poles, Jews, and the Politics of Nationality.

Die neue, „massenorientierte" Agitationsstrategie war erst seit einem bis zwei Jahren angewandt worden und blieb unter einem kleinen Teil der in Zirkeln gebildeten Arbeiter:innen umstritten.[4] Für die Sozialist:innen in Vil'na und im Ansiedlungsrayon war es wichtig, ihren russischen Gleichgesinnten im Ausland und in weiteren Gebieten des Zarenreiches (insbesondere in Sankt Petersburg und Moskau) zu zeigen, dass ein jüdisches Proletariat existierte und dass sie mit den jüdischen Arbeiter:innen rechnen mussten, zumal die Grenzen zwischen den marxistischen Gruppierungen im Zarenreich zu dieser Zeit sich zu verschieben anfingen. Mitte der 1890er Jahre wurden nämlich die Pläne für die Gründung einer einheitlichen sozialdemokratischen Partei im Russischen Reich konkret. Erste Diskussionen und Verhandlungen darüber fanden 1895 und 1896 – also genau zum Zeitpunkt des Streiks bei Ėdel'štejn und der darauffolgenden Veröffentlichung der Broschüre *der shtodt-magid* – zwischen den führenden sozialistischen Organisationen von Sankt Petersburg, Moskau, Kiev, Vil'na und der Gruppe Befreiung der Arbeit *(osvoboždenie truda)* um Georgij Plechanov und Pavel' Aksel'rod in Genf statt. Wegen der unterschiedlichen Meinungen zur Parteiorganisation und der Art des revolutionären Kampfes scheiterten diese Zusammenschlussversuche zunächst.[5]

Vier Jahre nach dem Streik in der Fabrik der Brüder Ėdel'štejn in Vil'na brach im November 1899 die erste große Streikaktion in der Zündholzfabrik von Zaks aus. Im Gegensatz zum August 1895 hatten seitdem im nördlichen Teil des Ansiedlungsrayons in verschiedenen Städten mehrere wichtige Streiks in bedeutenden Fabriken, die zum Teil auch jüdische Arbeiter:innen anstellten, stattgefunden.[6] Im Juni 1896 und Januar 1897 hatten die Streiks der Tex-

4 Zur Erinnerung: Samuel Gožanskij und Arkadij Kremer hatten ihre Texte 1893 bzw. 1894 verfasst. Über die Opposition zur Strategie, eine Massenagitation auf Jiddisch unter den jüdischen Arbeiter:innen durchzuführen, siehe Mendelsohn, Class Struggle in the Pale, S. 56–62.

5 Zu diesen Gesprächen und Annäherungsversuchen zwischen den verschiedenen revolutionären Organisationen siehe Geyer, Lenin in der russischen Sozialdemokratie, S. 94–111; Wildman, Making of a Workers' Revolution, S. 156–174.

6 Hier zum Beispiel einige Streiks, die durch ihre Größe und Länge besonders bedeutend gewesen sein mussten: Kollektive Streiks in unterschiedlichen Textilproduktionsfabriken in Belostok zwischen Juli und Mitte August 1897; Streiks der Zigarettenmacherinnen der Fabrik von Janovskij in Belostok (August 1897 und Oktober 1897); Streik der Arbeiter:innen der Tabakfabrik von Kolbanovskij in Vitebsk (Sommer 1898); Streik der Zigarettenmacherinnen der Fabrik von Šereševskij und Russota in Grodno (September 1899). Quelle: Bovykin, Kir'janov, Rabočee dviženie v Rossii, Bd. 3 (1897) und Bd. 4 (1898).

tilarbeiter:innen in Sankt Petersburg einen Teil der Stadt lahmgelegt und eine hohe Aufmerksamkeit im ganzen Zarenreich bewirkt.[7] Der Allgemeine Jüdische Arbeiterbund und die RSDRP waren im Herbst 1897 bzw. im März 1898 gegründet worden und expandierten auf lokaler Ebene rasant. An vielen Orten der nordwestlichen Region des Zarenreiches hatten sich Komitees dieser Parteien gebildet, die sich zum Ziel setzten, die sozialistischen Ideen unter der lokalen Bevölkerung, an erster Stelle unter den Arbeiter:innen, zu verbreiten. In Grodno war 1899 zum ersten Mal heimlich eine 1.-Mai-Feier organisiert worden.[8] Auch in Dvinsk war im November 1899 ein Komitee des Bundes aktiv.[9] Den Streik der Arbeiterinnen der Schachtelabteilungen der Zündholzfabrik von Zaks stellten die Revolutionär:innen, die darüber berichteten, als Triumph der Einigkeit der Arbeiterinnen gegen die Fabrikleitung dar. Die Solidarität der streikenden Arbeiterinnen untereinander, aber auch anderer Arbeiter:innen und der Stadtbevölkerung über Dvinsk hinaus (beispielsweise durch finanzielle und materielle Gaben) wurde stark hervorgehoben. Das „Bewusstsein" der Streikenden (in Bezug auf Klassengesellschaft und Klassenkampf) war auch ein beliebtes Erzählmotiv. Es wurden nicht nur typische ökonomische Verbesserungen (Lohnerhöhung, Verkürzung des Arbeitstages usw.), sondern auch eine politische Verbesserung (Gründung eines Fabrikkomitees) als Forderungen der Streikenden zitiert. Ende 1899 war es nämlich für die Befürworter:innen der Massenagitation unabdingbar geworden aufzuzeigen, dass die Protestaktionen der Arbeiter:innen sich nicht nur auf wirtschaftliche Forderungen beschränkten, sondern auch politische Elemente beinhalteten. Denn um 1898/1899 entflammten unter den Anführer:innen der sozialistischen Organisationen heftige Diskussionen über den „Ökonomismus", der besagte, dass die Sozialist:innen sich an erster Stelle auf die Verbesserung der Arbeits- und Lebensbedingungen der Arbeiter:innen konzentrieren sollten, um das Proletariat mit den Ideen des Sozialismus vertraut zu machen und zum politischen Kampf anzustiften. Die Kritiker:innen dieses „Ökonomismus" sahen darin den Ersatz der politi-

7 Zu diesen Streiks siehe Wildman, Making of a Workers' Revolution, S. 23–24, 73–78; Pipes, Social Democracy, S. 99–116.

8 Zu dieser 1.-Mai-Feier siehe Gajdukevič, Kren', Očerki istorii profsojuzov grodnenščiny, S. 10.

9 Nach der Verhaftung bzw. forciertem Exil mehrerer Mitglieder des Bundes im Juli 1898, unter denen sich auch die Mitglieder des Zentralkomitees befanden, entschieden sich einige Parteigänger, die das neue Zentralkomitee gebildet hatten, ihre Aktivitäten von Vil'na und Minsk nach Dvinsk zu verlegen. Siehe Tobias, The Jewish Bund in Russia, S. 90–91.

schen Ziele – unter anderem der Gründung einer neuen sozialen und politischen Ordnung – durch ausschließlich ökonomische Forderungen. So hätten die Anhänger:innen des „Ökonomismus" den primär revolutionären Aspekt des Sozialismus verraten.[10] Die Bundist:innen, die diese Taktik der Mobilisierung der Arbeiter:innen über die Verteidigung ihrer ökonomischen Forderungen unterstützten, betrachteten diese aber als „eines der Mittel zur Entwicklung des politischen und Klassenbewusstseins in den Arbeiter:innenmassen"[11] und auf keinen Fall als das einzige Ziel ihrer Partei. Die Sankt Petersburger Arbeiterorganisation, eine Organisation des Sankt Petersburger Kampfbundes zur Befreiung der arbeitenden Klasse, vertrat eine ähnliche Position wie diejenige des jüdischen Arbeiterbundes.[12] Als Herausgeberin der Zeitschrift *Rabočaja mysl',* in der der Artikel mit der politischen Forderung der Streikenden der Zaks-Fabrik publiziert wurde, hatte auch sie Interesse daran, den kritischen Stimmen zu zeigen, dass ökonomische und politische Forderungen Hand in Hand formuliert werden konnten.

In den analysierten Zeitschriftenartikeln wurden die Streikenden vor allem als Arbeiterinnen und nicht als jüdisch oder weiblich gekennzeichnet. Dies zeigt, dass die Sozialist:innen, die die Berichte über den Streik verfassten, die Streikenden zuerst über ihre Klassenzugehörigkeit (arbeitende Klasse) definierten. Ein einziges Mal wurde die religiöse Zugehörigkeit thematisiert, als es darum ging, die Nichtbeteiligung der christlichen Arbeiterinnen am Streik als Grund für das Scheitern der Forderung um die Lohnerhöhung zu kritisieren. Es handelte sich dabei einzig darum, ein Problem offenzulegen, das im November 1899 nicht nur die Dvinsker, sondern allgemein die sozialistischen Aktivist:innen in den Gegenden, in denen ein mehrsprachiges und multireligiöses Umfeld existierte, beschäftigte: die Schwierigkeit, eine revolutionäre Arbeiter:innenbewegung auf die Beine zu stellen, an der jüdische und christ-

10 Zum Thema „Ökonomismus" und dem damit verbundenen ideologischen Streit siehe u.a.: Harding, Neil: Lenin's Political Thought. Theory and Practice in the Democratic and Socialist Revolutions, Chicago 2009 [1983], S. 141–160; Surh, The Petersburger Workers' Organization.

11 „[...] odno iz sredstv dlja razvitija političeskogo i klassovogo soznanija v rab. masse". Doklad o russkom socialdemokratičeskom dviženii meždunarodnomu socialističeskomu kongressu v Pariže 1900 g. Istorija Evrejskogo Rabočego dviženija v Rossii i Pol'še, Ženeva 1901, S. 87.

12 Für eine Schilderung der von *Rabočaja mysl'* vertretenen Ideen und die Spannungen mit Lenin und seinen Anhänger:innen siehe Wildman, Making of a Workers' Revolution, S. 118–151.

liche Arbeiter:innen gemeinsam teilnahmen. Das Problem des zusammen geführten Arbeiter:innenkampfes war Ende 1899 keine neue Erscheinung. Schon beim Gründungskongress der RSDRP in Minsk im März 1898 hatten die anwesenden Bundisten eine gewisse Autonomie für die Organisationsfragen, die nur die jüdischen Arbeiter:innen betrafen, erlangt.[13] Das Ziel blieb jedoch die Integration aller Arbeiter:innen in eine gesamtrussländische Bewegung.[14] Als Stadt, in der es sowohl jüdische als auch russische Arbeiter:innen gab, stellte also Dvinsk einen besonders interessanten Ort für die revolutionäre Zusammenarbeit zwischen jüdischen und christlichen Anhänger:innen der revolutionären Bewegung dar. Allerdings ist die Schilderung des Streiks in der Zündholzfabrik von Zaks im November 1899 das Zeichen eines bisher gescheiterten Versuches, einen gemeinsamen Kampf der beiden Seiten zu führen. Wenn die russischen und russisch-jüdischen Marxist:innen in ihren theoretischen Überlegungen die Überwindung der ethnischen und religiösen Grenzen durch die Zugehörigkeit zur selben Arbeiter:innenklasse propagierten, blieben diese Ideen in der Praxis schwer umsetzbar, wie der Fall in Dvinsk zeigt. Dies lag zuletzt nicht nur am Kommunikationsproblem, das es zwischen den jiddisch- und russischsprechenden Arbeiter:innen gab. Die judenfeindlichen Vorurteile, die unter den christlichen Arbeitskräften teilweise weit verbreitet waren,[15] erschwerten ebenfalls, dass assimilierte jüdische russischsprachige Sozialist:innen unter ihnen Propaganda und Agitation betrieben. Besonders spannend ist, dass der Bericht, der diesen Mangel an Kooperation der christlichen Arbeiterinnen offen kritisierte, in einer russischsprachigen Zeitschrift in Sankt Petersburg veröffentlicht wurde. Dies zeugt einerseits von der dichten Vernetzung der Bundist:innen mit der russischen sozialdemokratischen Gruppe in der Hauptstadt. Andererseits beweist dies auch, dass die russischen Sozialdemokrat:innen in Sankt Petersburg die Wichtigkeit einer gemeinsamen Mobilisierung der russischen und jüdischen Arbeiter:innen anerkannten und unterstützten.

Von dem Problem, jüdische und christliche Arbeiter:innen zusammenzubringen, findet sich in den Flugblättern und Zeitschriftenartikeln über die Streiks in der Tabakfabrik von Šereševskij und Russota zwischen 1899 und 1904 keine Spur. Dies ist nicht erstaunlich, da es sich im Fall dieser Fabrik um ausschließlich jüdische Arbeiter:innen und jüdische Fabrikbesitzer handelte.

13 Tobias, The Jewish Bund in Russia, S. 165.

14 Ibid., S. 69, 75.

15 Hillyar, McDermid, Midwives of the Revolution, S. 55; Weinstock, Le pain de misère, S. 149, 152.

Ähnlich wie in den zwei anderen Streiks in Vil'na und Dvinsk integrierten die sozialistisch gesinnten Autor:innen, die darüber Flugschriften und Artikel verfassten, die jeweilige Streikaktion in ihr marxistisches Weltbild.

Die Flugblätter aus Grodno zielten auf die Fortsetzung der Mobilisierung bzw. die Unterstützung der Streikaktion und erklärten detailliert die Gründe des Widerstands der Arbeiterinnen gegen die Fabrikleitung. Dabei wurde das narrative Muster der Klassengesellschaft mit den reichen, ausbeutenden Fabrikbesitzern einerseits und den armen, ausgebeuteten Arbeiter:innen andererseits angewandt. Dies stellt zwar keine Überraschung dar, weil ihre Autor:innen, die einer lokalen revolutionären Gruppe angehörten – entweder dem Grodner Arbeiter:innenkomitee oder dem Grodner Sozialdemokratischen Komitee –, sich für die Sache des Sozialismus engagierten. Dennoch muss man unterstreichen, dass die inhaltliche Evolution dieser Flugschriften zwischen Herbst 1899 und Dezember 1903 bzw. Januar 1904 eine besonders fruchtbare Erkenntnis über den Radikalisierungsprozess der Arbeiter:innenbewegung in Grodno um die Jahrhundertwende vermittelt. Beim ersten Streik im September 1899 waren die Flugblätter noch nicht unterschrieben, was eine Identifikation der Gruppe, die sie produzierte, unmöglich machte. Zu dieser Zeit ging die letzte große Verfolgungswelle gegen Mitglieder und Infrastrukturen der sozialdemokratischen Bewegung im Zarenreich auf kaum ein Jahr zuvor zurück. Dabei hatte die zarische Polizei mehrere der bedeutendsten Mitglieder des Allgemeinen Jüdischen Arbeiterbundes und der RSDRP verhaftet sowie zahlreiche geheime Druckereien zerstört, was die persönliche und infrastrukturelle Organisation der Parteien stark beeinträchtigt hatte.[16] Deshalb mussten die lokalen sozialdemokratischen Organisationen vorsichtig vorgehen, was an der Anonymität der in Grodno verteilten Flugschriften erkennbar ist. Eine weitere plausible Erklärung für diese Diskretion ist, dass im Herbst 1899 die zwei sozialistischen Gruppen, die es in der Stadt gab, gemeinsam den Streik koordiniert und unterstützt hatten und deswegen sich nicht voneinander abzugrenzen brauchten.[17] Dass rund ein Jahr später die Kampfschriften doch unterzeichnet wurden, lag an zwei Faktoren. Erstens scheinen das Grodner Arbeiter:innenkomitee und das Grodner Sozialdemokratische Komitee getrennt voneinander Agitation für den Streik betrieben zu haben. Zweitens deuten die Unterschriften auf die Stär-

16 Tobias, The Jewish Bund in Russia, S. 80–81.

17 Das ist auch die Version, die in der Literatur aus der Sowjetzeit über die Anfänge der Sozialdemokratie in Weißrussland kursiert. Siehe zum Beispiel Belorusskaja sovetskaja ėnciklopedija, Grodno, S. 373.

kung des Selbstbewusstseins der Autor:innen und ihre ausgeprägte Behauptung gegenüber den zarischen Behörden hin. Im Oktober 1900 wollten sie, dass alle erfuhren, zu welchem Kollektiv sie gehörten. Dass sich die Situation innerhalb eines Jahres schnell entwickelt hatte, kann man auch an dem Inhalt der Flugblätter feststellen. Während im September 1899 vor allem die ökonomischen und gesundheitlichen Schwierigkeiten der Arbeiterinnen thematisiert und in direkter Verbindung damit die Fabrikbesitzer, die Vertreter der religiösen Macht (Rabbiner) und die lokalen Behörden (Fabrikinspektor, Polizei, Gouverneur) heftig kritisiert wurden, erschien in einem Flugblatt zum Streik der Packerinnen der Fabrik im Oktober 1900, das im Dezember 1900 verteilt wurde, eine deutliche politische Erklärung, die das Ende der Zarenherrschaft forderte. Die Kritik am politischen System entfaltete sich dann offensichtlicher mit dem Streik, der im Dezember 1903 begann und zur vorläufigen Schließung der Fabrik führte. Der dezidiert revolutionäre Ton in den Flugschriften vom Dezember 1903 und Januar 1904, der mit dem Aufruf zum Generalstreik und zur Abschaffung des Zarismus und zu seiner Ersetzung durch den Sozialismus einen Höhepunkt erreichte, zeugt von dem Weg, dem die sozialistischen Gruppierungen Grodnos, insbesondere das Grodner Sozialdemokratische Komitee, von dem die meisten analysierten Flugblättern stammen, seit dem ersten Streik in der Tabakfabrik von Šereševskij und Russota im Herbst 1899 zurückgelegt hatten.

Diese anfängliche Vorsicht, in den Flugblättern Kritik ausschließlich an lokalen Behörden (Polizeimeister, Fabrikinspektor, vereinzelt Gouverneur) und nicht allgemein an dem Zaren und dem russischen Herrschaftssystem zu verbreiten, scheint typisch für die ersten Jahre der revolutionären Arbeiter:innenbewegung gewesen zu sein. Die Mehrheit der Fabrikarbeiter:innen war nur wenig gebildet. Deshalb wollten die Sozialdemokrat:innen sie mit einfachen, anschaulichen Argumenten mobilisieren.[18] Sie vermieden somit auch feindselige Reaktionen, die direkte Angriffe gegen den Zaren hätten provozieren können.[19] Angesichts der inhaltlichen Radikalisierung der Flugblätter, die in Grodno stattfand, kann man behaupten, dass die vorherigen Streiks in der Tabakfabrik von Šereševskij und Russota von den Aktivist:innen, die diese Flugblätter verfassten, als bildende Erfahrung für die Arbeiter:innen betrachtet wurden. Weil die Arbeiter:innen durch die ersten Streiks sich der Ungerechtigkeiten ihrer Situation bewusst und mit den Grundsätzen der konkreten Erscheinungen der Klassengesellschaft ver-

18 Siehe zum Beispiel Wildman, Making of a Workers' Revolution, S. 67–68.

19 Siehe dazu Pearl, Creating a Culture of Revolution, S. 78.

traut gemacht worden waren, konnten sie die Abschaffung der Zarenherrschaft und die Durchführung der sozialistischen Revolution verstehen.

Höchstwahrscheinlich hatten auch äußere Entwicklungen, die die gesamte sozialdemokratische Bewegung des Zarenreiches betrafen, Auswirkungen auf den Inhalt der Grodner Flugblätter. So fand die erste Erwähnung einer politischen Botschaft in Zusammenhang mit einem der Streiks in der größten Tabakfabrik Grodnos um den Jahreswechsel 1900/1901 zu einem Zeitpunkt statt, als sich die Auseinandersetzungen innerhalb der RSDRP im Allgemeinen über die Strategie der ökonomischen Agitation unter den Arbeiter:innenmassen zuspitzten. So veröffentlichten Lenin und Julij Martov (zusammen mit anderen bedeutenden Figuren der russischen Sozialdemokratie) im Januar 1901 die erste Ausgabe der *Iskra*. Die Zeitschrift, die als Organ der RSDRP im Ausland gedruckt und ins Zarenreich geschmuggelt wurde, griff den „Ökonomismus" stark an.[20] Trotz allem waren die Beziehungen auf lokaler Ebene zwischen dem Bund und den Anhänger:innen der *Iskra* mehrheitlich ungebrochen geblieben.[21] Dennoch hatten diese theoretischen Diskussionen offenbar konkrete Auswirkungen, denn, wie der Historiker Allan K. Wildman in seinem Buch über die ersten Jahre der sozialdemokratischen Arbeit im Russischen Reich bemerkt, sei ab 1901 eine Tendenz zur offenen Konfrontation mit der Autokratie in allen „oppositionellen Elementen der Gesellschaft" sichtbar geworden.[22] Dass diese Debatte schon im Dezember 1900 einen Einfluss auf die in Grodno verteilten Flugblätter gehabt hätte, kann man nicht mit Sicherheit sagen. Denn es bleibt unbekannt, welche Personen Teil dieser Grodner revolutionären Zirkel waren und welche Beziehungen sie zu welchen Figuren der Sozialdemokratie Russlands unterhielten. Allerdings beobachtete man in der Stadt schon Ende 1900 einen Wandel in der Sprache der sozialistischen Arbeiter:innenagitation, der sich innerhalb der nächsten drei Jahre immer demonstrativer in Richtung revolutionäre Rhetorik entwickelte.

Während die Flugblätter auf das „Hier und Jetzt" gerichtet waren, ging es in den Berichten über die Streiks in den sozialdemokratischen Zeitschriften darum, die Ereignisse detailliert zu beschreiben und sie den Lesenden bekannt zu machen. Dabei war für die Beurteilung über den Erfolg eines Streiks entscheidend, *wie* die Beteiligten über den Streik kommunizierten.[23] Beim ersten Streik vom

20 Zur Zeitschrift *Iskra* siehe Fußnote 655, S. 286.

21 Tobias, The Jewish Bund in Russia, S. 135.

22 Wildman, Making of a Workers' Revolution, S. 133.

23 Über die Wichtigkeit medialer Inszenierung und kommunikativer Deutung eines Ereig-

September 1899 legten die Autor:innen den Schwerpunkt auf die Tatsache, dass es sich um eine strukturierte Aktion handelte, also dass die Arbeitseinstellung Teil eines Plans und Ergebnis einer von sozialistischen Kreisen organisierten Agitationsstrategie gewesen sei. Dass nicht präzisiert wurde, welche Gruppe die Verantwortung für die Streikorganisation trug, unterstützt die vorher besprochene These, dass zu diesem Zeitpunkt beide in Grodno aktiven Organisationen zusammenarbeiteten und sich noch nicht stark ausdifferenziert hatten. Zudem merkt man in den Texten, dass die Aufklärungsarbeit unter den „unbewussten" Arbeiter:innen eine große Bedeutung für die Verfasser:innen hatte. Mit diesen Berichten verteidigten also die Berichterstatter:innen das Konzept der direkten Agitation in der Fabrik, die um die Jahrhundertwende von mehreren wichtigen Persönlichkeiten der russischen Sozialdemokratie immer lauter kritisiert werden sollte: Auch wenn die Forderungen wirtschaftlicher Natur waren, seien zahlreiche Streikteilnehmerinnen zu „bewussten" Arbeiterinnen geworden. Das heißt, dass diese Agitation ihnen die Prinzipien des Klassenkampfes beigebracht habe und sie dadurch den Weg zur sozialistischen Revolution eingeschlagen hätten. Damit wollten diejenigen, die sich konkret auf lokaler Ebene in der Agitationsarbeit engagiert hatten, den Parteikolleg:innen in den zentralen Organisationsstellen der Partei zeigen, dass ihre Arbeit doch positive Auswirkungen hatte.

Zudem standen die Berichte über Streiks in den jeweiligen revolutionären Zeitschriften im Wechselverhältnis zwischen Lob über die geführte Propagandaarbeit und Behauptung der einzelnen Zeitschriften bzw. Parteien gegenüber ihren Gleichgesinnten, im Verhältnis mit jenen jedoch Spannungen aufgetaucht waren. Beim Streik vom Dezember 1903 und Januar 1904 unterstrich die Berichterstattung in der bundistischen Zeitschrift *Poslednija izvestija,* dass der Allgemeine Jüdische Arbeiterbund der einzige Organisator gewesen sei. Dies passierte vor dem Hintergrund des Austritts der Partei aus der RSDRP im August 1903.[24] Die zentralen Organe des jüdischen Bundes waren nach diesem Eklat darum bemüht, sich im revolutionären Kampf unter dem jüdischen Proletariat

nisses für die Beteiligten im Allgemeinen siehe zum Beispiel Bösch, Frank: Ereignisse, Performanz und Medien in historischer Perspektive, in: Bösch, Frank; Schmitdt, Patrick: Medialisierte Ereignisse: Performanz, Inszenierung und Medien seit dem 18. Jahrhundert, Frankfurt/New York 2010, S. 7–29; für dasselbe im Kontext des späten Zarenreiches siehe den Artikel von Sally A. Boniece über den Spiridonova Fall: Boniece, Sally A.: The Spiridonova Case, 1906: Terror, Myth, and Martyrdom, in: Kritika: Explorations in Russian and Eurasian History 4, 3 (2003), S. 571–606.

24 Zu diesem Austritt siehe beispielsweise Tobias, The Jewish Bund in Russia, S. 207–220; Haumann, Geschichte Russlands, S. 277–278.

als beste Vertreter der Interessen der jüdischen Arbeiter:innen zu positionieren. Deswegen erfüllten die Artikel über den Streik 1903/1904 in der Tabakfabrik von Šereševskij und Russota eine bedeutende Funktion. Auf Russisch und im Ausland publiziert, waren sie in erster Linie an die russische bzw. russisch-jüdische Kolonie adressiert[25] und dienten somit nicht nur als Beweis für die Verbreitung des Klassenkampfes in Grodno, sondern auch als Information an die RSDRP: Der Bund vertrete die Interessen der jüdischen Arbeiter:innen und mit dieser Strategie erreiche er konkrete Ergebnisse.

Streik als Erinnerungsort für den revolutionären Kampf

Die analysierten Streiks vom August 1895 in Vil'na, September 1899 in Grodno und November 1899 in Dvinsk haben alle gemeinsam, dass sie die ersten Streiks in der größten Fabrik der jeweiligen Städte waren und mit Verhaftungen und/oder gerichtlichen Verurteilungen verbunden waren. Diese ersten Streiks markierten in den Augen der lokalen Revolutionär:innen eine entscheidende Etappe für die Implementierung des revolutionären Prozesses. Sie zeugten von der Kapazität der betroffenen Fabrikarbeiter:innen zu streiken und wurden von den revolutionären Sozialdemokrat:innen als Zeichen des „Erwachens" des Proletariats gedeutet. Dies nahmen die Revolutionär:innen, die vor Ort die Ereignisse erlebt hatten, zum Anlass, um aus diesen Streikaktionen in ihrer Erinnerungsarbeit einen Grundstein für die lokale revolutionäre Arbeiter:innenbewegung zu machen. Für die marxistisch gesinnten Revolutionär:innen mussten diese Streikausbrüche eine ungeheure Bedeutung gehabt haben, weil sie ihren Glauben an das Nahen der Revolution festigten: Es bewegte sich etwas, die Arbeiter:innen begannen, sich ihrer Situation bewusst zu werden. Die Bedeutung dieser Streiks für die Geschichte der revolutionären Bewegung wird auch dann ersichtlich, wenn Studien zur Entwicklung der Arbeiter:innenbewegung bzw. der Sozialdemokratie in diesen Regionen diese Arbeitseinstellungsaktionen immer wieder als Beispiele dafür zitieren.[26]

Die Arbeitsniederlegung eines Teils der Arbeiterinnen der Zündholzfabrik von Zaks in Dvinsk wurde im Nachhinein in mehreren Memoiren aktiver Mitglieder der revolutionären Bewegung in der Stadt als besonders wichtiges Erleb-

25 Zum Begriff der „russischen bzw. russisch-jüdischen Kolonien" siehe S. 119 dieser Arbeit.

26 Zum Beispiel in: Mendelsohn, Class Struggle in the Pale, S. 83; Tobias, The Jewish Bund in Russia, S. 41; Minczeles, Histoire générale du Bund, S. 79, 83–84; Weinstock, Le pain de misère, S. 67, 89–90.

nis beschrieben.[27] In Grodno schafften es die sozialistischen Aktivist:innen, den ersten Streik in der Tabakfabrik von Šereševskij und Russota als vorbildliches Geschehen zu stilisieren, an das bei den nächsten Unruhen in der Fabrik erinnert werden sollte.[28] Dadurch wurde der Streik der Zigarettenmacherinnen zu einer wichtigen Referenz für alle, die an der Arbeiter:innenbewegung in Grodno teilhatten. Der Fall des Streiks vom August 1895 in der Fabrik der Brüder Ėdel'štejn enthält sogar eine zusätzliche Dimension. Die Ausgaben der Broschüre *der shtodt-magid* auf Jiddisch und auf Russisch zeugen von der Absicht, den Streik als Ausgangspunkt der jüdischen Arbeiter:innenbewegung zu mythologisieren. Warum wurde dieser Ausgangspunkt nicht früher gesetzt? Laut Aussagen aus revolutionären Kreisen hatte es ja schon vor August 1895 in der Region um Vil'na und Belostok Streikaktionen gegeben, die zum Teil ein großes Ausmaß angenommen hatten.[29] Diese Arbeiter:innenunruhen und Arbeitsniederlegungen betrafen aber vor allem Arbeiter:innen in kleineren Werkstätten und nicht diejenigen, die in einer für regionale Verhältnisse großen Fabrik angestellt waren. Zudem stellten die Einmischung des Maggids und seine Aufforderungen zur sofortigen Wiederaufnahme der Arbeit ein besonders passendes Motiv dar, mit dem die Revolutionär:innen die Wirklichkeit der Klassengesellschaft und die Konflikte unter der jüdischen Bevölkerung aufzeigen konnten.

Durch die Hervorhebung der ersten Streikereignisse in den besprochenen drei Fabriken kreierten die lokalen Sozialist:innen Erinnerungsorte ihrer revolutionären Aktionen, die als Beweise für die Richtigkeit des gewählten Weges der Politisierung der Arbeiter:innenmassen durch den ökonomischen Kampf fungierten. Dies war im Kontext der kritischen Auseinandersetzungen um diese Strategie ein wichtiges Motivations- und Mobilisierungsargument. Sowohl ihren revolutionären Kamerad:innen als auch den Arbeiter:innen konnten sie konkrete, für sie erfolgreiche Beispiele vor Augen führen. Die Streiks dienten als Kristallisierungspunkte der Erinnerung an die Erfolge der ersten Stunden. So verfügten sie auch rückwirkend über ein Mobilisierungspotential.

---

27 So bei Berman, In loyf fun yorn, S. 141–144; Solomon, Derinerungen, S. 39–44.

28 Beim nächsten Streik in der Fabrik ein Jahr später stützten sich die Arbeiterinnen explizit auf den Erfolg der Zigarettenmacherinnen (siehe S. 249). Auch spätere Flugblätter erwähnten den Streik vom September 1899 als ein Ereignis, an das sich alle erinnern müssten (siehe S. 237).

29 Siehe Kapitel 4.7, S. 115. Glaubt man den Schilderungen im zukünftigen Organ des Bundes *Der yidishe arbeyter*, hatte es Anfang 1895 in der Tabakfabrik der Brüder Ėdel'štejn schon Proteste gegen zu hohe Strafen und Gebühren gegeben (Der kampf fun di arbeyter ayf edelshteyns fabrik, in: Der yidishe arbeyter 4/5 (1897), S. 23).

Dieses Erfolgsnarrativ wirkte langfristig auf die Historiographie der russisch-jüdischen Arbeiter:innenbewegung. Bei ihrer intensiven Auseinandersetzung mit der Geschichte des Allgemeinen Jüdischen Arbeiterbundes sowie mit der Definition und Entwicklung eines jüdischen Proletariats im Ansiedlungsrayon hat die Forschung immer wieder diese drei Streiks[30] – neben anderen – als Beweise für den angeblich hohen Entwicklungsgrad bzw. für die Stärke der jüdischen revolutionären Arbeiter:innenbewegung vor Augen geführt. Ob das Engagement der Streikenden für den ökonomischen Kampf wirklich das Zeichen eines zunehmenden Engagements für den Sozialismus und die Revolution bedeutete, ist wenig untersucht und so das von der sozialistischen Bewegung produzierte Narrativ wenig hinterfragt worden.

7.2 Streik und Behörden

Während die revolutionären Organisationen die Streiks als Zeichen der Radikalisierung und Verbreitung der sozialistischen Ideen unter den Arbeiter:innen deuteten und sie zu ihren eigenen Propagandazwecken nutzten, verfügten die zarischen Behörden über ihre eigene Interpretation der Ereignisse. Diese beruhte, ähnlich wie bei den Sozialist:innen, auf einer präzisen Auffassung von Staat und Gesellschaft, die allerdings in eine ganz andere Richtung als bei den Revolutionär:innen ging. In dieser Konzeption stand die Zarenherrschaft im Zentrum. Auch wenn die Meinungen über die genauen wirtschaftlichen Entwicklungen des Reiches unter den verschiedenen Ministern und Mächtigen auseinandergehen konnten, schien das politische System mit dem Zaren an der Spitze über einen Konsens zu verfügen. Die Beibehaltung der öffentlichen Ordnung stellte ein wichtiges Herrschaftsprinzip auf lokaler und regionaler Ebene dar.

DAS ZIRKULAR NR. 7587: ZENTRALMACHT UND EXTERNALISIERUNG DES FEINDES

Mit dem Versand des Zirkulars Nr. 7587 im August 1897 an die Gouverneure legte Innenminister Ivan Goremykin nicht nur eine klare Verhaltenslinie auf

30 Der Streik vom August 1895 in der Tabakfabrik der Brüder Ėdel'štejn, derjenige vom September 1899 in der Tabakfabrik von Šereševskij und Russota sowie derjenige vom November 1899 in der Zündholzfabrik von Zaks. Siehe Fußnote 26, S. 309.

lokaler Ebene im Fall eines Streikausbruchs fest, sondern lieferte damit auch ein deutliches Erklärungsmuster, warum Streiks immer häufiger ausbrachen und wie sie zu verstehen waren.[31] Das Hauptargument bestand in der Schuldzuweisung an geheime revolutionäre Organisationen, die die Unzufriedenheit der Arbeiter:innen ausnutzten und diese manipulierten, damit sie zu streiken begannen und klar artikulierte Forderungen formulierten. Die Strukturen der Arbeiter:innenbewegung wurden als vertikal beschrieben: Revolutionäre Intellektuelle bildeten Arbeiter:innenzirkel. In diesen Zirkeln machten sie bei den Arbeiter:innen Propaganda, die diese ihrerseits in den Fabriken weiter verbreiteten.[32] Diese Beschreibung mag auf den ersten Blick eine genaue Kenntnis des Funktionierens der revolutionären Organisationen ausdrücken. Allerdings implizierte sie auch die Überzeugung, dass die Arbeiter:innen ohne die Agitation der Intellektuellen von selbst nie streiken würden. Einerseits stellte dies eine klare Infantilisierung der Arbeiter:innen dar, die man für nicht fähig hielt, alleine eine Arbeitsniederlegungsaktion auf die Beine zu stellen. Gleichzeitig anerkannte Goremykin auch, dass die Unzufriedenheit der Arbeiter:innen einen Nährboden für die Revolutionär:innen darstellte. Mehrere frühere, für die Zeit spektakuläre Streiks hatten schon bewiesen, dass die Arbeiter:innen durchaus in der Lage waren, infolge schlechter Arbeits- und Lebensbedingungen Protestaktionen in ihrer Fabrik durchzuführen, und dies Jahre bevor russische bzw. russisch-jüdische Marxist:innen Arbeiter:innenzirkel organisierten.[33] In der Regierung war man aber immer davon ausgegangen, dass Arbeiter:innenunruhen ausschließlich aus vereinzelten Missverständnissen zwischen den Arbeiter:innen und ihren Arbeitgebern oder aus der Rücksichtslosigkeit einzelner Fabrikbesitzer entstanden waren. Erst in den 1890er Jahren hatten sowohl das Finanz- als auch das Innenministerium begonnen, die Ursachen für die Proteste in den armseligen Lebensverhältnissen der Arbeiter:innen zu suchen.[34]

Andererseits deuteten die Aussagen des Innenministers im Zirkular Nr. 7587 auf eine Externalisierung der Feindfigur hin. Auch wenn die konkreten repres-

31 Ab 1895 verging kein Jahr ohne mehrere größere Streiks und Kollektivstreiks in den unterschiedlichen Regionen des Russischen Reiches. Puškareva, Borodkin, Glazunov, Trudovye konflikty, S. 84.

32 Das Innenministerium, Polizeidepartement, an die Gouverneure. Zirkular Nr. 7587, 12.08.1897, RGIA, F. 37_65_2813, S. 39–39ob.

33 Zum Beispiel der Streik in der Fabrik Nevskij in Sankt Petersburg im Mai 1870 oder derjenige in der Textilfabrik in Kreenholm im August und September 1872 siehe Zelnik, Law and Disorder.

34 Puttkamer, Fabrikgesetzgebung, S. 34.

siven Maßnahmen hart gegen die streikenden Arbeiter:innen gerichtet waren – diese waren ja die direkten Beteiligten –, machte die Analyse von Goremykin deutlich, dass der reale Feind der Intellektuelle sei, der den Arbeiter anhand propagandistischer Diskurse zum Streik gebracht habe. Dieses Erklärungsmodell von wenigen revolutionären Agitator:innen, die die Arbeiter:innen aufhetzten, war schon Ende 1895 in einem Geheimzirkular des Finanzministeriums an die Fabrikinspektoren verbreitet worden. Das Zirkular behauptete, dass die Unruhen von wenigen Personen angestiftet worden seien, die eigentlich gegen die Interessen der Arbeiter:innen agieren würden. Außerdem behandle die Mehrheit der Fabrikanten ihre Angestellten gut.[35]

Dieses Motiv, den Feind „von außerhalb kommend" zu sehen, taucht sowohl in den von lokalen Behördenangestellten verfassten Berichten in Dvinsk im November 1899 als auch in Grodno im September 1899 auf. Während die Arbeiterin Chaja Ajzikova Sigalevič in Dvinsk alle Verdachtsmomente auf sich konzentrierte, konnten in Grodno keine externen Agitator:innen namentlich erwähnt werden. Aber der damalige Grodner Gouverneur Dobrovol'skij hatte in seiner zweiten an den Fabrikwänden aufgehängten Erklärung klar festgestellt: Es seien die Verwandten der streikenden Arbeiterinnen selbst gewesen, die mit ihm Kontakt aufgenommen hätten, um um Erbarmen für die jungen Frauen zu bitten, weil diese von „böswilligen Leuten verführt" worden seien.[36] Somit implizierte der Gouverneur deutlich: Die Streikidee habe nicht von den Arbeiterinnen selbst kommen können, sondern die Aktion sei fremdgesteuert worden.

Dass die Marxist:innen ab den 1890er Jahren eine zunehmende Rolle dabei spielten, dass die unzufriedenen Arbeiter:innen zur Tat schritten, mochte angesichts der starken Korrelation zwischen der Entwicklung der marxistischen Zirkel und der Vermehrung der Arbeiter:innenunruhen teilweise gestimmt haben.[37] Für die zentralen zarischen Behörden war dies jedoch eine Überlegung, die den Vorteil hatte, die Gründe der Zunahme der Unruhen unter den Arbeiter:innen nicht in strukturellen Problemen des Zarenreiches,

35 Činam fabričnoj inspekcii, 5./10.12.1895, RGIA, F. 20_15_149, S. 1–1ob.

36 Erklärung des Gouverneurs von Grodno Dobrovol'skij, GARF, F. 102_7-d_196 (1899)_487, S. 18. Siehe Kapitel 6.3, S. 213 dieser Arbeit.

37 Detaillierte Zahlen über Streiks in dieser Zeitperiode stammen hauptsächlich aus den revolutionären Kreisen und sind deshalb auch mit Vorsicht zu interpretieren. Dass Arbeiter:innenunruhen seit Mitte der 1890er Jahre stark zunahmen, wird trotzdem aus der immer größeren Beschäftigung unterschiedlicher Regierungskreise mit dem Thema ersichtlich. Siehe zum Beispiel die schon zitierten Zirkulare des Innenministeriums 1895 und 1897.

die die Industrialisierung mit sich gebracht hatte, zu suchen. So war innerhalb der Regierung lange verleugnet worden, dass eine „Arbeiter:innenfrage" im Zarenreich überhaupt existiere.[38] Auch wenn die miserablen Verhältnisse, in denen die Arbeiter:innen lebten und arbeiteten, in der zweiten Hälfte der 1890er Jahre in den Regierungskreisen immer wieder diskutiert wurden, scheiterten verschiedene Projekte zur Verbesserung der Lebensumstände der Arbeitskräfte, weil sowohl der Reichsrat als auch ein Teil der Industriellen sich dagegen wehrten.[39] Die Revolutionär:innen, die sich zwar zu unterschiedlichen Strömungen bekannten, aber alle die geltende gesellschaftliche Ordnung umstürzen wollten, stellten seit den 1870er Jahren eine zu bekämpfende Gruppe dar. Deswegen waren sie als Verursacher:innen der Arbeiter:innenunruhen einfacher zu verfolgen als eine sich aus den eigenen Reihen der arbeitenden Klasse kristallisierende Arbeiter:innenbewegung, die eine in den Augen der konservativsten Kräfte der Regierung nicht existierende Arbeiter:innenfrage zu lösen versuchte.

Das Zirkular Nr. 7587 diente sowohl als Verhaltenscodex für lokale Behörden, insbesondere Gouverneure, als auch als Haupterklärungsmuster beim Ausbruch eines Streiks. Wie die Analysen der Streiks von 1899 in Dvinsk und Grodno gezeigt haben, konnte das Zirkular jedoch seine Relevanz in der Interpretation der Streikursachen verlieren, sobald die Untersuchungen der Polizei und der Gendarmerie mit der Realität vor Ort konfrontiert wurden. In dieser Hinsicht weisen die betrachteten Streiks in Dvinsk und Grodno im Jahr 1899 einen wesentlichen Unterschied auf. In Grodno gab der Chef der Gendarmerie drei Monate nach dem Beginn der Untersuchungen an, dass sich der Verdacht auf externe Agitator:innen, die zum Streik aufgerufen hätten, nicht bestätigt habe. Darauf zog der Generalgouverneur die Schlussfolgerung, dass die Arbeitsniederlegung das Ergebnis von niedrigen Löhnen und schlechten Arbeitsbedingungen in der Fabrik gewesen sei. Das Innenministerium schloss sich dieser Analyse an. Auf allen Ebenen erkannten also die Behörden, dass die schlechten Arbeits- und Lebensbedingungen der Arbeiterinnen den Streik provoziert hätten. Sie ließen sich durch das Erklärungsangebot des Zirkulars Nr. 7587 nicht einengen, obwohl sie mehreren Anweisungen über die zu treffenden Maßnah-

38 Siehe dazu Puttkamer, Fabrikgesetzgebung, S. 18–29; Haumann, Geschichte Russlands, S. 293. Dazu siehe noch Kapitel 2.3, S. 47 dieser Arbeit.

39 Puttkamer, Fabrikgesetzgebung, S. 34–35. Es handelte sich zum Beispiel um Projekte über Entschädigungen bei Arbeitsunfällen, über die Gründung von Selbsthilfekassen oder die Wahl von Fabrikältesten.

men nach einem Streikausbruch gefolgt waren. Für sie standen ökonomische Gründe für die Streiks deutlich im Vordergrund. Von einer politischen Komponente war nach den Ermittlungen nicht mehr die Rede.

Man kann jedoch nicht von einer systematischen Zurückweisung der Interpretation, die das Zirkular vom Innenministerium verbreiten wollte, sprechen. Im Fall des Streiks in der Zündholzfabrik von Zaks in Dvinsk tauchten beispielsweise große Meinungsunterschiede zwischen dem Assistenten des Chefs der Gendarmerie und den anderen lokalen Behördenvertretern (Chef der Gendarmerie, Gouverneur, Staatsanwalt) auf. Zwar hielt der Vitebsker Gouverneur die Arbeiterin Chaja Sigalevič für die Agitation in der Fabrik für verantwortlich, die in den Streik gemündet habe, und die Behörden in Sankt Petersburg schickten sie in die administrative Verbannung. Der Assistent des Chefs der Gendarmerie unterstrich jedoch in seinem abschließenden Bericht an das Polizeidepartement, dass er keine Beweise für eine von außen organisierte Agitation finden könne. Anstatt dem Interpretationsangebot der „bösen Agitatorin von außen“ zu folgen, bot er folgende Erklärung als Resultat seiner Ermittlungen an: Die Aktion der Arbeiterinnen sei die Folge der niedrigen Löhne und der schlechten Fabrikführung gewesen. Diese Sichtweise entsprach derjenigen des Grodner Chefs der Gendarmerie für den Streik in der Fabrik von Šereševskij und Russota zwei Monate zuvor. Nur teilten im Dvinsker Fall die anderen Vertreter der lokalen Behörden die Schlussfolgerungen des *pomoščnik* der Gendarmerie nicht. Sie konzentrierten sich ausschließlich auf die aktive Teilnahme einiger Arbeiter:innen an der Arbeitseinstellung und an angeblichen Agitationsaktionen und auf deren Bestrafung. So beharrten sie auf den Anordnungen des Zirkulars vom August 1897 und zeigten kein Interesse an der Erläuterung der konkreten Streikursachen.

FABRIKINSPEKTOR

Als Kontrollinstanzen für die Einhaltung der abgeschlossenen Arbeitsverträge und als Ansprechpersonen für Arbeiter:innen, die sich über die Willkür ihrer Arbeitgeber beklagen wollten, hatten die Fabrikinspektoren bis Mitte der 1890er Jahre eine wichtige Rolle gespielt. Zwischen 1882 und 1904 hatte sich der Zuständigkeitsbereich der Fabrikinspektoren zwar kaum geändert, ihre Eingriffsmöglichkeiten in Konfliktfällen waren aber nach und nach reduziert worden. Mit der dominierenden Auffassung, dass die Arbeiter:innenunruhen eine Gefahr für die soziale und öffentliche Ordnung bedeuteten – und deswegen die Autokratie unmittelbar bedrohten –, setzten sich in Fällen von Arbeiter:innenunruhen in den 1890er Jahren repressive polizeiliche Antworten durch.[40] Das Zirkular des Innenministeriums vom 12. August 1897 stellte einen klaren Wendepunkt im Handlungsspielraum der Fabrikinspektoren im Fall eines Streikausbruchs dar. Auch wenn ihnen schon vorher klar kommuniziert worden war, dass sie keine Kompromisse zwischen Streikenden und Fabrikbesitzern vermitteln dürften, solange die Arbeiter:innen die Arbeit nicht wieder aufnähmen, änderte das Zirkular Nr. 7587 ein wesentliches Element. Indem nicht die Fabrikinspektion, sondern die lokale Polizei die Streiks behandeln sollte, wurden die Fabrikinspektoren aus ihrer ohnehin schon prekären Vermittlerrolle ausgeschlossen.[41] Sie waren in ein Korsett eingeengt: Einerseits mussten sie die Befolgung des Fabrikgesetzes kontrollieren und die eventuellen Problemfälle, die zum Konflikt zwischen Belegschaft und Fabrikbesitzern führen konnten, identifizieren und sich Lösungen überlegen. Andererseits aber durften sie auf keinen Fall Kompromisse zwischen streikenden Arbeiter:innen und Fabrikbesitzern vermitteln.

Die Berichte der Fabrikinspektion über die in der vorliegenden Arbeit analysierten Streikaktionen machen klar, dass die jeweiligen Fabrikinspektoren ihre verschiedenen Funktionen konsequent wahrnahmen. Sie erfüllten die von ihnen erwartete erzieherische Rolle, indem sie bei jedem Konfliktausbruch versuchten, die Arbeiter:innen über das Gesetz zu informieren und ihnen verständlich zu machen, dass ihre Aktionen illegal waren. Wenn möglich versuchten sie die Streikenden davon zu überzeugen, dass eine Wiederaufnahme der Arbeit in ihrem Interesse sei. Ihrer Rolle als Zwischenmänner zwischen Fabrikanten und Arbeiter:innen gingen sie durch Gespräche mit allen beteiligten Akteur:innen (Fabrikbesitzern und Streikenden) nach. Ihre Berichte über ihre Tätigkeiten in Konfliktfällen sind zum Teil sehr lückenhaft: Es fehlen genaue Beschreibungen der konkret getroffenen Maßnahmen, damit die Streikenden zur Arbeit zurückkehrten, eine grundlegende Analyse der Streikursachen bleibt meistens aus. Über den exakten Verlauf und Inhalt der Gespräche mit den Beteiligten wird nicht detailliert berichtet. Die Forderungen der Arbeiter:innen werden zwar erwähnt, Untersuchungen oder Reflexionen über eventuelle Mängel der Fabrikleitung oder allgemein über die Lebens- und Arbeitsbedingungen der Arbeiter:innen sucht man bis auf eine Ausnahme vergebens. Dies kann darauf hinweisen, dass die Fabrikinspektoren die Streiks als reines ökonomisches Problem sahen und keine

40 Ibid., S. 442.

41 Ibid., S. 249; zu den Zirkularen vom Juni 1896 und April 1897, die die Kompromissfindung während eines laufenden Streiks verboten, siehe ibid., S. 248–249.

Rücksicht auf mögliche soziale Dimensionen – wie zum Beispiel die sehr schlechten Lebensbedingungen der Arbeiter:innen – nahmen. Weitere für die einzelnen Fabriken wichtige Entwicklungsschritte wurden auch nicht immer besprochen, wie beispielsweise die geplanten Veränderungen in der Produktionsweise in der Fabrik von Šereševskij und Russota, die den Streik Anfang 1904 begleiteten.[42] Wenn man bedenkt, dass die Verbesserung der Lebensbedingungen der Arbeiter:innen laut Joachim von Puttkamer zum „Berufsethos der Inspektoren"[43] gehört habe, mag die Absenz detaillierter Analysen der Streikursachen überraschen. Diese Lücken stellen die Frage nach dem realen Handlungsspielraum der Fabrikinspektoren. Zu ihren ursprünglichen Funktionen gehörte es, die Einhaltung des Arbeitsvertrages von allen Beteiligten zu überwachen, Schlichtungsmaßnahmen in Konfliktfällen zu treffen und die Gründe der Konfliktausbrüche vor Ort zu erforschen.[44] Diese Lückenhaftigkeit in der Berichterstattung spiegelt die zunehmend einflusslose Position der Fabrikinspektoren in Konfliktfällen seit dem Zirkular Nr. 7587 wider. Da sie bei Konfliktausbrüchen nicht mehr richtig verhandeln durften, gab es keinen Grund, rein informative Gespräche zu schildern und Streikursachen breit zu beschreiben.

Außerdem befanden sich die Fabrikinspektoren, gerade weil sie zwischen den Fronten agierten, in einer manchmal schwierigen Lage. Sie mussten aufpassen, dass sie die Fabrikbesitzer nicht verärgerten, damit diese weiterhin kooperierten.[45] Zudem gehörten die Fabrikanten oft zu den angesehensten Personen der Region, was eventuell Druck auf die Fabrikinspektoren ausüben konnte, damit sie die Fabrikleiter in ihren Berichten nicht direkt anfochten. So waren

42 Der Gouverneur aber wusste darüber Bescheid, weil er dies in einem seiner Berichte besprach. Bericht des Gouverneurs Grodnos an den Generalgouverneur von Vil'na, Kovno und Grodno, 13.01.1904, LVIA, F. 378_ps1904_13, S. 3ob.

43 Puttkamer, Fabrikgesetzgebung, S. 246. Die Einflussnahme der Fabrikinspektion im Finanzministerium gab wichtige sozialpolitische Anstöße in Sachen Fabrikgesetzgebung, auch wenn nicht alle Vorschläge durchgesetzt werden konnten. Zum Einfluss der Fabrikinspektion im Finanzministerium für die Entstehung neuer Fabrikgesetze zugunsten der Arbeiter:innen siehe ibid., S. 235–236. Laue sieht seinerseits die große Leistung der Fabrikinspektoren für die „soziale Gesetzgebung" des Zarenreiches in Bezug auf die Arbeiter:innen darin, dass sie die Durchsetzung des Gesetzes kontrollieren sollten und dass dies ohne sie auf jeden Fall zum Scheitern verurteilt war. Laue, Factory Inspection, S. 356.

44 Zur Rolle der Fabrikinspektoren siehe Puttkamer, Fabrikgesetzgebung, S. 220–254; Laue, Factory Inspection, S. 357–362.

45 Siehe das Zeugnis von A. K. Klepilov. Gvozdev [Klepikov], Zapiski fabričnogo inspektora.

Šereševskij und Russota beispielsweise die größten Arbeitgeber von Grodno und Umgebung, was der Oberfabrikinspektor Varencev zwar nie erwähnte, dem Gouverneur 1904 dennoch sehr bewusst war.[46]

In den analysierten Flugblättern und sozialistischen Zeitschriftenartikeln wurden die involvierten Fabrikinspektoren als parteiisch beschrieben. Die Autor:innen warfen ihnen vor, gemeinsam mit den anderen lokalen Behörden systematisch die Fabrikbesitzer zuungunsten der Arbeiter:innen zu verteidigen. Deshalb sollten die Arbeiter:innen den Inspektoren misstrauen. Die Sozialist:innen von Vil'na nutzten in einem Bericht von 1896 die Tatsache, dass der Fabrikinspektor die streikenden Arbeiter der Tabakfabrik der Brüder Ėdel'štejn wegen der Illegalität ihrer Aktion vor Gericht gezogen hatte, um diesen als wichtige Bezugsperson für die Arbeiter:innen zu diskreditieren. Sie bedienten sich zudem einer moralischen Argumentation: Die Arbeiter hatten die Arbeit eingestellt, um gegen ihren Ersatz durch Arbeiterinnen zu protestieren. Dabei ging es darum, ihre Arbeit weiter behalten und ihre Familien und sich selbst weiter ernähren zu können. Deswegen hätten sie nie angeklagt werden dürfen.[47] Der Fabrikinspektor musste jedoch das Gesetz anwenden, das besagte, dass Arbeitsniederlegungen illegal waren. In diesem Fall sorgte er dafür, dass die Streikenden nach dem passenden Artikel des Gesetzes verurteilt wurden und stellte sich so gegen den Willen des Staatsanwaltes.

Für die Fabrikinspektoren, deren Interventionen hier beschrieben wurden, war die Einhaltung der Gesetze das treibende Prinzip, nach dem sie handelten. Auch wenn ein Inspektor die Forderungen der Streikenden gerechtfertigt fand, waren ihm die Hände gebunden und er durfte nichts unternehmen, solange die Arbeiter:innen nicht wieder arbeiten gingen. Dies kommunizierte der Oberfabrikinspektor Alekseev zum Beispiel den Streikenden der Zündholzfabrik von Zaks im November 1899. Er versprach ihnen, die Vorwürfe von schlechter und grober Behandlung durch den Abteilungsleiter eingehender zu untersuchen und entsprechende Maßnahmen dagegen zu treffen. Gleichzeitig gab er zu, dass er dies nur tun könne, wenn die Arbeiterinnen wieder arbeiteten.[48]

Trotz der teilweise mangelnden Berichterstattung und der festen, vorgegebenen Struktur dieser Berichte hatten die Fabrikinspektoren die Möglichkeit, ihre

46 Bericht des Gouverneurs Grodnos an den Generalgouverneur von Vil'na, Kovno und Grodno, 13.01.1904, LVIA, F. 378_ps1904_13, S. 3–4.

47 Materialy dlja charakteristiki rabočego dviženija našego goroda, RGASPI, F. 271_1_26, S. 28–29.

48 Bericht des Oberfabrikinspektors, 26.11.1899, RGIA, F. 23_30_41, S. 43.

Unzufriedenheit über die Situation auszudrücken. In zwei der in dieser Arbeit besprochenen Fälle waren zwar nur wenige Zeilen der Berichte als negative Beurteilung über das System oder eine andere zuständige Behörde formuliert, die Wortauswahl machte die Kritik aber deutlich. Besonders auffallend war es im Fall des Streiks in der Fabrik von Zaks. Alekseev bedauerte, dass er nicht gleich bei den ersten Anzeichen für eine Arbeitseinstellung in die Fabrik gerufen worden sei, und implizierte damit, dass er die Zuspitzung der Situation vermutlich hätte verhindern können.[49] Varencev, der Grodner Oberfabrikinspektor, zeigte seine Skepsis, nachdem der erste Streik in der Tabakfabrik von Šereševskij und Russota im Herbst 1899 beendet worden war. Dass er seinen letzten Bericht mit warnenden Worten über mögliche spätere Konfliktausbrüche abschloss, stellte eine deutliche Distanzierung von einer positiven Interpretation der Lösung des Streiks dar.[50] Nach dem Beenden des Streiks der Packerinnen in derselben Fabrik ein Jahr später drückte er wiederum seine Zweifel an einer allgemeinen Beruhigung der Situation in der Fabrik aus.[51] Eine direkte Kritik an den Fabrikanten entdeckt man in den untersuchten Berichten nicht. Dies heißt aber nicht, dass die Inspektoren die Fabrikleitung nicht kritisierten. So hat man im Streikfall in der Fabrik von Šereševskij und Russota im Oktober 1900 gesehen, dass der Oberfabrikinspektor während der Versammlung mit dem Vizegouverneur, dem Staatsanwalt, dem Chef der Gendarmerie und dem Polizeimeister der Stadt Grodno die Forderungen der Packerinnen nach einer Lohnerhöhung für legitim hielt und diese als für die Fabrikanten zumutbar beurteilte. Allerdings sind die Worte von Varencev nicht in seinen eigenen Berichten zu finden, sondern lediglich im Bericht des Grodner Staatsanwaltes, der die Reaktion des Oberfabrikinspektors referierte.[52] Somit war klar, dass Varencev ein Problem im Lohnsystem der Fabrik sah. Die Abwesenheit dieser Aussagen von Varencev in seinem eigenen Bericht weist auf die Schwierigkeiten hin, die eine solche Behauptung in dieser Art von Dokument provozieren konnte. Dabei wird deutlich, dass der Oberfabrikinspektor die Arbeiterinnen in ihrer Forderung während der Streikaktion nicht unterstützen durfte, weil sie ihren Erfolg in diesem Fall mit dem Konzept des Streikens hätten verbinden können und sich die Unruhen unter den Arbeiter:innen in der Stadt hätten verbreiten können. Deshalb

49 Ibid.

50 Bericht des Oberfabrikinspektors, 30.09.1889, RGIA, F. 23_30_39, S. 217.

51 Bericht des Oberfabrikinspektors, 25.11.1900, RGIA, F. 23_30_39, S. 273.

52 Bericht des Grodner Staatsanwaltes an den Staatsanwalt des Vil'ner Gerichtshofes, 09.10.1900, GARF, F. 124_9_202, S. 2ob-3.

teilte er ihnen nicht mit, dass er mit ihrer Forderung einverstanden war. Dies wiederum diskreditierte ihn in den Augen der Arbeiterinnen, die erwarteten, dass er ihre in ihren Augen legitimen Forderungen unterstützte. Aber warum er das in seinem Bericht an das Departement für Handel und Manufaktur nicht schrieb, bleibt unklar. Möglicherweise spielten dabei die oben schon erwähnten angespannten Machtverhältnisse zwischen der wirtschaftlichen Bedeutung der Fabrikbesitzer und der Funktion der Fabrikinspektoren eine Rolle.

GOUVERNEURE UND POLIZEIBEAMTE

Seit dem Zirkular Nr. 7587 vom 12. August 1897 hatten die Gouverneure und die Polizei die Oberhand über die Beschlussfassung und die Reaktion, die bei einem Streikausbruch zu erfolgen hatten. Ihre Interpretation der Streikereignisse ließ sich zwar von diesem Zirkularschreiben beeinflussen, sie verfügten jedoch über einen gewissen Handlungsspielraum in Bezug auf die zu treffenden Maßnahmen und Erklärungsansätze. Wie aus den untersuchten Streiks hervorgeht, hielten sie sich nicht immer an die Anordnungen. In Dvinsk hatte die Polizei beim ersten Streiktag zwar unmittelbar in den Konflikt eingegriffen und sich auf die Suche nach den externen Agitator:innen begeben, die Fabrikinspektion war jedoch erst sechs Tage später und nach einer Arbeitseinstellung in einer weiteren Abteilung der Fabrik über den Vorfall informiert worden. Diese späte Inkenntnissetzung des Fabrikinspektors widersprach unmittelbar der Aufforderung des Innenministeriums, im Fall eines Streikausbruchs sofort Kontakt mit der zuständigen Fabrikinspektion aufzunehmen, damit gemeinsam an einer friedlichen Lösung gearbeitet werden konnte.[53] Ein solcher Ausschluss des Inspektors zu Beginn des Streiks in der Zündholzfabrik von Zaks in Dvinsk deutet auf die Spannungen hin, die zwischen der Fabrikinspektion und der Polizei in Streikfällen aufkamen. Diese Konflikte waren nicht neu. Schon seit der Gründung der Fabrikinspektion hatte es zahlreiche Auseinandersetzungen zwischen dem Finanz- und dem Innenministerium darüber gegeben, welcher Instanz die Fabrikinspektoren unterstellt werden sollten. Die Unstimmigkeiten zwischen diesen zwei Ministerien galten aber nicht nur für die Fabrikinspektion, sondern auch für Fragen der lokalen Selbstverwaltung und des Industrialisierungsprozesses.[54]

---

53 Das Innenministerium, Polizeidepartement, an die Gouverneure. Zirkular Nr. 7587, 12.08.1897, RGIA, F. 37_65_2813, S. 39ob.

54 Siehe Haumann, Geschichte Russlands, S. 290–293.

Diese Auseinandersetzungen um die Fabrikinspektion waren mit der Frage verbunden, welche Rolle die Fabrikinspektoren gegenüber den Arbeiter:innen spielen sollten. Das Finanzministerium hatte sich von Anfang an stark gegen eine Eingliederung in das Innenministerium ausgesprochen, weil die Fabrikinspektion als Teil des Polizeidepartements so polizeiliche Aufgaben hätte erfüllen müssen und das Vertrauen der Arbeiter:innen nie hätte gewonnen werden können.[55] Da der Gouverneur und die Polizei dem Innenministerium, die Fabrikinspektion aber dem Finanzministerium unterstellt waren, hatten sie in Bezug auf die Streikereignisse unterschiedliche Standpunkte, von denen aus sie die Streiks analysierten. Wie schon oben angeführt wurde, sahen die Fabrikinspektoren die Arbeitseinstellungsaktionen als rein wirtschaftliches Problem. Die Gouverneure ihrerseits betrachteten die Streiks als potentielle Gefahr für die öffentliche Ordnung, deren Beibehaltung in ihrer Verantwortlichkeit lag. Deswegen stellte die Einschaltung der Polizei in Streikfällen aus ihrer Sicht eine logische Konsequenz dar, die auch vom Zirkular Nr. 7587 verlangt wurde. Höchstwahrscheinlich kam es deshalb 1899 in Dvinsk und besonders in Grodno zu zahlreichen Verhaftungen der am Streik beteiligten Arbeiter:innen. Der jeweilige Gouverneur und die Polizei wollten einerseits durch die Ausübung von Macht den Streikenden die Illegalität ihrer Aktion zeigen. Andererseits war ihnen vom Innenministerium im August 1897 versichert worden, dass dies die beste Lösung zur Aufrechterhaltung der öffentlichen und gesellschaftlichen Ordnung sei. Dass sich diese streng polizeiliche Methode in der Praxis nicht unbedingt bewährte, zeigte sich in Grodno im selben Jahr. Die über 80 Verhaftungen brachten die Zigarettenmacherinnen nicht sofort zurück zur Arbeit. Der Konflikt nahm erst ein Ende, nachdem innerjüdische Verhandlungen zwischen den Arbeiterinnen und den Fabrikanten stattgefunden hatten. Bei dieser Versammlung war ein Kompromiss über eine moderate Lohnerhöhung geschlossen worden, was eigentlich den Ansichten der zentralen Macht in Sankt Petersburg widersprach. Der Gouverneur hatte seine Erlaubnis für die Gespräche gegeben. Es kam ohne ihn zu einer Lösung, obwohl er versucht hatte, nach dem Zirkular vom August 1897 zu handeln. Daraus kann man schließen, dass ein Gouverneur, sah er sich mit einer bestimmten Situation konfrontiert, genug Spielraum hatte, um im Streikfall andere Wege der Konfliktlösung abzusegnen, auch wenn diese gegen die offiziellen Anweisungen aus Sankt Petersburg verstießen. Am Ende zählte,

55 Zu den Auseinandersetzungen zwischen Finanz- und Innenministerium bezüglich der Unterstellung der Fabrikinspektion siehe Puttkamer, Fabrikgesetzgebung, S. 37–39; 249–254.

dass die Ordnung wiederhergestellt wurde und die Untersuchungen über eventuelle Agitator:innen durchgeführt worden waren. Allerdings sollte die Art und Weise, wie es zur Beruhigung gekommen war, für die offizielle Verwaltung nicht zu detailliert beschrieben werden, wenn sie nicht den offiziellen Weg gegangen war. So tauchen in keinem der Berichte des Gouverneurs Hinweise auf das Verhandlungstreffen in Grodno im September 1899 auf.

Die Reaktion der lokalen Behörden auf einen Streikausbruch wurde nicht nur von den zentralen Petersburger Machtvertretern beeinflusst, sondern auch durch die vorherigen Erfahrungen vor Ort. Dies hat die vorliegende Studie zu den drei großen Streiks in Grodno ans Licht gebracht. Bei den sozialistisch gesinnten Organisationen, die Publikationen unterschiedlicher Art zu diesen Streiks gedruckt hatten, konnte eine Evolution von rein ökonomischen Aussagen hin zum politischen Ton und Inhalt aufgezeigt werden. Die angesammelten Streikerfahrungen hatten wichtige Impulse zur Radikalisierung des Diskurses gegeben. Auch von den lokalen Behörden kann man behaupten, dass ein gewisser Lernprozess erfolgt war. Beim zweiten Streik in der größten Fabrik der Stadt Grodno, der sich kaum ein Jahr nach dem ersten ereignete, rief der Vizegouverneur Lišin die betroffenen lokalen Behörden zusammen (Oberfabrikinspektor, Staatsanwalt Grodnos, Chef der Gendarmerie und Polizeimeister), wie es der Gouverneur Dobrovol'skij im vorherigen Jahr gemacht hatte. Die Versammlung entschied sich ausschließlich für das Aufhängen einer von den Fabrikanten verfassten und vom Fabrikinspektor unterschriebenen Erklärung in der Fabrik. Wenn die erste Handlung zu den Prinzipien gehörte, die im Zirkular Nr. 7587 verankert worden waren, wies die zweite einen wesentlichen Unterschied zu diesem auf: Es war nicht der Gouverneur bzw. der Vizegouverneur, der eine Erklärung in der Fabrik aufhängen ließ, und der Inhalt dieser Mitteilung enthielt keine drohende Mahnung oder Fristsetzung für die Wiederaufnahme der Arbeit, sondern lediglich Informationen über die Entlassung der Streikenden und die zukünftige, durch den Streik erzwungene Einstellung der Arbeit der von Hand arbeitenden Zigarettenmacherinnen. Es kam dieses Mal zu keinen Verhaftungen. Auch wenn die Ausgangslage und die Dynamik unter den Arbeiter:innen der Fabrik anders als im September 1899 gewesen zu sein schienen, kann in der Deutung dieser Entscheidung die Erfahrung mit den Zigarettenmacherinnen nicht außer Acht gelassen werden. Lišin war 1899 schon im Amt und musste über die damalige Entwicklung der Situation bestens informiert gewesen sein. Er konnte nicht ignorieren, dass die zahlreichen Verhaftungen im September 1899 keine Beruhigung gebracht hatten. Er beschloss, die Schlichtung der Situation ohne massive Festnahmen zu probieren. Dies zeigt, dass die lokalen Behörden durchaus die Möglichkeit hatten, von Fall zu Fall selber zu entscheiden, wie das Problem gelöst werden konnte.[56] Somit schreibt sich diese Reaktion in die in der aktuellen Forschung zum Zarenreich als typisch betrachtete Werkzeuge der imperialen Herrschaft ein, um Konflikte zu lösen: Lokale Akteure konnten spezifischen Antworten auf eine regional spezifische Situation anbieten.[57]

Das wichtigste Prinzip, das die Reaktionen der jeweiligen Gouverneure bzw. Vizegouverneure leitete, blieb die Sorge um die öffentliche Ordnung in der Stadt. Die unmittelbare Suche nach externen Agitator:innen, die 1899 in Dvinsk und Grodno ansetzte, bestätigt dies. Die Verhaftungen, die 1904 durchgeführt wurden, betrafen nur Personen, die entweder in physische Gewalttätigkeiten verwickelt waren oder an verdächtigen Versammlungen teilgenommen hatten, und nicht systematisch die Streikenden an sich. Beides war direkt mit der öffentlichen Ordnung verbunden. Sichtbar wurde diese Sorge auch in den Berichten des Grodner Gouverneurs Michail Osorgin an den Generalgouverneur von Vil'na, Kovno und Grodno vom Januar 1904. Darin drückte er seine Besorgnis aus, dass die zahlreichen entlassenen Arbeiter:innen im Endeffekt die „gesellschaftliche Ordnung und Ruhe" verletzen könnten.[58] Auch in seiner Beurteilung des Planes von Šereševskij und Russota, in einer nahen Zukunft einen Teil der Produktion zu mechanisieren, die Arbeiter:innen aber trotzdem bis dahin wieder anstellen zu wollen, schien sein Interesse auf die Frage der öffentlichen Unruhen, die der Ersatz der Arbeiter:innen durch Maschinen provozieren könnte, fokussiert gewesen zu sein.[59] In einer Zeit der Zunahme von sozialen Unruhen konnten die Gouverneure zwar die Anweisungen des Innenministeriums für wertvollen Rat halten. Sie verfügten gleichzeitig über genug Freiraum, falls dieser der Realität vor Ort nicht gerecht wurde.

56 Dies ist auch die Schlussfolgerung von Puttkamer in seinem Buch über die Fabrikgesetzgebung. Siehe Puttkamer, Fabrikgesetzgebung, S. 309.

57 Siehe zu diesem Thema beispielsweise: Burbank, Jane; von Hagen, Mark: Coming into the Territory: Uncertainty and Empire, in: Burbank, Jane; von Hagen, Mark; Remnev, Anatolyi (Hrsg.): Russian Empire. Space, People, Power, 1700–1930, Bloomington/Indianapolis 2007, S. 1–29, hier S. 17.

58 Bericht des Gouverneurs Grodnos an den Generalgouverneur von Vil'na, Kovno und Grodno, 07.01.1904, LVIA, F. 378_ps1904_13, S. 1ob.

59 Bericht des Gouverneurs Grodnos an den Generalgouverneur von Vil'na, Kovno und Grodno, 13.01.1904, LVIA, F. 378_ps1904_13, S. 3ob.

7.3 *Streikende als Frauen, Arbeiterinnen und Mitglieder der jüdischen Gemeinschaft*

An mehreren Stellen der vorliegenden Arbeit wurde die Schwierigkeit thematisiert, die die Abwesenheit von Selbstzeugnissen von der Hand der streikenden Arbeiterinnen für Rückschlüsse über die Selbstwahrnehmung und das persönliche Engagement dieser Frauen darstellt. Aus den Verhörprotokollen, den Berichten der Fabrikinspektoren, der Gendarmen, der Polizisten und der Gouverneure sowie aus den Flugblättern lassen sich aber zahlreiche Erkenntnisse zu diesen Arbeiterinnen ableiten. Auch wenn die Frage, ob eine junge Fabrikangestellte sich primär als Frau, als Jüdin oder als Arbeiterin betrachtete und als solche an einem Streik teilnahm, sich nicht im Allgemeinen beantworten lässt, gibt es zahlreiche Indizien, die aufzeigen, dass man diese Marker, die bei der Analyse helfen sollten, nicht streng voneinander abgrenzen kann. Denn die Streikenden handelten sowohl als „Frauen" als auch als „Jüdinnen" wie auch als „Arbeiterinnen", selbst wenn andere Akteur:innen in dieser Konfliktsituation – die lokalen Behörden und die Sozialist:innen – je nach Interessen und Interpretation der Ereignisse eines dieser Charakteristika hervorzuheben versuchten.[60] Wenn die Streikbereitschaft hauptsächlich durch das „Arbeiterinnensein" definiert worden wäre, hätten sich alle Frauen betroffen fühlen sollen, was beispielsweise in der Fabrik von Šereševskij und Russota im Oktober 1900 nicht der Fall gewesen war; wenn das Streiken durch das „Frausein" veranlasst worden wäre, hätten auch christliche Arbeiterinnen der Fabrik von Zaks zusammen mit ihren Kolleginnen streiken sollen; wenn die Beteiligung an einer Arbeitsniederlegung durch das „Jüdischsein" charakterisiert worden wäre, hätten auch die männlichen Kollegen ohne Zögern an den Aktionen teilnehmen sollen. Diese Überlegung führt zu einer bedeutsamen methodologischen Erkenntnis: Bei einem Thema wie demjenigen der ersten Entwicklungen der Streik- und Arbeiter:innenbewegung unter den jüdischen Arbeiterinnen in den nordwestlichen Gouvernements des Russischen Reiches können traditionelle Analysekategorien schwer getrennt voneinander beobachtet werden. „Frau", „Jüdin", „Arbeiterin" sind nur verschränkt ineinander zu betrachten, wenn man das Potential einer multiperspektivischen Herangehensweise ausschöpfen will. Trotzdem bleibt das Problem bestehen, dass – so verschränkt diese Marker miteinander sind – man für die Darstellung der Forschungsergebnisse einen Rahmen braucht, damit

60 Zur Problematisierung der Gründung homogener Kollektive als politisches Projekt siehe Brubaker, Ethnicity without Groups, S. 170–171.

man die Übersicht behält. Deswegen wurde vorliegend entschieden, die Resultate der Marker „Frau" und „Arbeiterin" einerseits und „Mitglied der jüdischen Gemeinschaft" andererseits getrennt zusammenzufassen.

STREIKENDE ALS FRAUEN UND ARBEITERINNEN

Die Entscheidung, an einem Streik teilzunehmen, hatte für die Arbeiterinnen als *Frauen* bedeutende Auswirkungen, vor allem im Hinblick auf ihre Rolle als Familienmitglied. Denn eine Arbeitsniederlegung hatte Konsequenzen nicht nur für die Arbeiterin selbst, sondern für ihre ganze Familie. Von den als Streikende oder einfache Zeuginnen verhörten Arbeiterinnen, über die es in den Archiven noch Spuren gibt, weiß man, dass sie alle jung und unverheiratet waren. Alle bis auf Chaja Sigalevič (Fabrik von Zaks) lebten noch im Elternhaus. Aus den Protokollen geht zudem hervor, dass in manchen Fällen Familienmitglieder – Geschwister, Väter – auch eine Anstellung in derselben Fabrik wie die Streikenden gefunden hatten. Druck auf die Streikenden konnte die Fabrikleitung also leicht mit der Drohung, Brüder und Väter der Rebellinnen zu entlassen, ausüben, wie es in Grodno im September 1899 passierte. Angesichts der Tatsache, dass der Lohn aller Familienmitglieder für das Überleben der Familie unentbehrlich war, ist klar, wie folgenschwer der Schritt zum Streik sein konnte. Während einer Streikaktion fehlte im besten Fall ein Lohn (derjenige der Streikenden), im schlimmsten Fall sogar mehrere Löhne (wenn mehrere Geschwister zusammen streikten oder infolge des Streiks andere Abteilungen, in denen Verwandte tätig waren, geschlossen wurden). Falls eine Streikkasse für die Streikenden organisiert worden war, konnte sie oft nur einen begrenzten Geldbetrag bereitstellen und die Löhne nicht ersetzen. Diese Bedingungen galten ebenfalls für männliche Streikteilnehmenden.[61] Für die Arbeiterinnen war es jedoch schwieriger, die Hürde der familiären Einbindung zu überwinden, gerade wegen ihres Geschlechtes. So konnten sie als junge Frauen manchmal von den Behörden wie bevormundete Kinder behandelt werden: Bei der Befragung der neun jungen Arbeiterinnen einige Tage vor dem ersten Streikausbruch in der Tabakfabrik in Grodno (September 1899) ließ der Polizeimeister auch die Eltern kommen. Und es waren aller Wahrscheinlichkeit nach die Eltern, die während des Gesprächs für ihre Töchter antworteten. Eltern und Töchter hatten also über das Thema Streik zusammen diskutieren müssen. Wichtig ist hier,

61 Zum Thema der finanziellen Schwierigkeiten für streikende Arbeiter siehe beispielsweise Sirot, Le syndicalisme, S. 176, 178.

dass die Eltern von den Aktivitäten bzw. Plänen ihrer Töchter erfahren hatten. Wenn man die Annahme der Sekundärliteratur zum osteuropäischen Judentum um die Jahrhundertwende über die Religiosität auf die jüdischen Arbeiter:innen überträgt, kann man davon ausgehen, dass die Mehrheit dieser jungen Frauen in eher traditionellen jüdischen Familien aufgewachsen waren. So erklärt Weeks in seinem Aufsatz zum Zusammenleben zwischen Jüd:innen und anderen in Vil'na, dass um die Jahrhundertwende die Mehrheit der jüdischen Bevölkerung traditionell orientiert geblieben sei, auch wenn insbesondere in dieser Stadt die unterschiedlichen politischen und religiösen Strömungen des osteuropäischen Judentums präsent und sichtbar gewesen seien.[62]

Wenn ihre Kinder sich für radikale Tätigkeiten engagierten, machten sich die Eltern in der Regel große Sorgen. Nicht nur hieß eine solche Aktivität potentielle Hausdurchsuchungen und Schikanen durch die Polizei, sondern auch Diskreditierung für die gesamte Familie innerhalb der jüdischen Gemeinschaft, je nachdem, wie ernst die Anklagen bzw. Vorwürfe gegen die Angehörigen waren. Zudem ging mit dem Engagement in der revolutionären Bewegung eine Loslösung von den religiösen und kulturellen Traditionen einher. Deshalb versuchten viele Eltern, Druck auf ihre Kinder auszuüben, damit diese ihre revolutionären Aktivitäten aufgaben.[63] Mädchen hatten es noch schwerer als Jungen, weil das Zusammenleben bzw. die regelmäßigen Kontakte zwischen Männern und Frauen, die bei der radikalen Bewegung dieser jungen Leute üblich waren, eine besonders ernsthafte Zäsur mit der traditionellen strengen Trennung der Geschlechter in der jüdischen Kultur darstellten.[64]

Nun mündete eine Teilnahme an einem Streik keineswegs automatisch in ein Engagement für die Revolution. Aber auch wenn ausschließlich ökonomische Motive und keine politischen Ziele hinter dem Handeln der jungen Arbeiterinnen standen, bedeutete ein Streik, vor allem wenn es sich um den ersten in der Fabrik handelte, mit dem bisherigen üblichen gehorsamen Verhaltensmuster zu brechen: Die Streikenden stellten das Funktionieren des Verhältnisses zwischen Belegschaft und Fabrikanten, ihre Arbeitsbedingungen, ihre Beziehung zu ihren Eltern sowie die traditionellen Wege der Konfliktlösung in Frage. Somit begin-

62 Weeks, Jews and Others, S. 90.

63 Shtakser, Making of Jewish Revolutionaries, S. 45–46. Shtakser bringt das Beispiel von Ruvim Friedman und seiner Ehefrau, die von ihrer Familie schlecht behandelt worden seien, sobald bemerkt worden sei, dass sie sich politisiert hätten. Die Familie dachte, dass sie sich zum Christentum bekehren würden. Siehe ibid., S. 45.

64 Ibid., S. 47–48.

gen diese jungen Arbeiterinnen eine rebellische Tat.[65] Sie waren Akteurinnen, die sich die bestimmten Gegebenheiten ihrer Situation aneigneten und aus den Umständen versuchten, Handlungsspielräume zu schaffen.[66] Sie brauchten deshalb Mut und Sturheit, um ihre Aktion zu Ende zu führen. Dies spiegelte sich in den Befragungen der Arbeiterinnen der Fabriken Zaks sowie Šereševskij und Russota wider: Sie alle verneinten stets ihre Beteiligung an einer geheimen, illegalen Organisation, die Propaganda für das Streiken gemacht habe, bzw. ihre Teilnahme an einer im Voraus konzipierten Streikaktion. Zudem sprach das erste Flugblatt, das in Grodno zum Streik vom September 1899 in der Fabrik von Šereševskij und Russota verbreitet wurde, das Problem der Druckausübung durch Eltern und Brüder auf die Streikenden direkt an. Die Schrift wandte sich sogar an diese und forderte sie auf, die Arbeitsniederlegungsaktion ihrer Töchter bzw. Schwestern zu unterstützen.[67]

Nachdem streikende junge Frauen entlassen oder verhaftet worden waren, konnten ihre Eltern oder Verwandte intervenieren und die entsprechenden Personen um eine möglichst schnelle Wiederanstellung bzw. Freilassung bitten. Dabei stützten sie ihre Argumentation auf die Tatsache, dass die Aktionen, die den jungen Frauen vorgeworfen wurden, nicht von ihnen stammten, sondern von Fremden organisiert worden waren. Dadurch zweifelten sie die Fähigkeit ihrer eigenen Töchter, selbständig zu handeln, an und beraubten sie der Kapazität, selber zu entscheiden, wie sie sich verhalten wollten. Eigentlich könnte es ein rein strategisches Spiel mit den Behörden gewesen sein, um die Unschuld der jungen Frauen zu verteidigen und sie zu schützen. Aber gewisse Parallelen mit dem Zirkular Nr. 7587 sind auffallend: Wie die zarischen Behörden den von den Arbeiter:innen selbst ausgehenden Organisationswillen und die Aktionsfähigkeit leugneten, so taten dies auch die Eltern gegenüber ihren Töchtern.

---

65 Zu den verschiedenen Motivationen und Formen, die eine Rebellion junger jüdischer Frauen annehmen konnten, siehe Haumann, Luftmenschen und rebellische Töchter.

66 Vgl. mit dem Konzept des „Eigensinns" von Alf Lüdtke, der damit gegen die strikte Aufteilung des Verhaltens der Arbeiter:innen zwischen „Gehorsam/Folgsamkeit" und „Widerständigkeit" bzw. „offenem Widerstand" plädiert. Eigensinn impliziert, dass das Verhalten der Arbeiter:innen „jene Kalküle ignorier[en], die auf größere Zusammenhänge bezogen waren". Lüdtke, Alf: Arbeit, Arbeitserfahrungen und Arbeiterpolitik. Zum Perspektivenwandel in der historischen Forschung, in: ibid.: Eigen-Sinn. Fabrikalltag, Arbeitserfahrungen und Politik vom Kaiserreich bis in den Faschismus. Ergebnisse, Hamburg 1993, S. 351–440, hier S. 380–381.

67 Flugblatt Ob"javlenie. V vidu togo […], aus dem Jiddischen ins Russische übersetzt, ohne Datum, RGIA, F. 23_30_39, S. 214–214ob.

Die Infantilisierung fand also auf einer doppelten Ebene statt: als Arbeiterinnen (Behörden) und als junge Frauen (Eltern).

Zu den Fabrikangestellten gehörten auch verheiratete und ältere Arbeiterinnen.[68] Wie der Streik in der Tabakfabrik von Šereševskij und Russota im Oktober 1900 zeigte, hatten sich diejenigen Packerinnen, deren Ehemänner auch in der Fabrik beschäftigt waren, geweigert, am Streik teilzunehmen. In der Fabrik von Zaks hatten sich zwei Arbeiterinnen der mechanisierten Schachtelabteilung den Aktionen ihrer jungen Kolleginnen nicht angeschlossen. Dort ist zwar unbekannt, in welcher Familiensituation sich diese zwei Arbeiterinnen befanden. Im Befragungsprotokoll eines Kollegen der Abteilung beschrieb er diese als „zwei Mädchen der alten Arbeiterinnen" *(dve devuški iz starych rabotnic).*[69] „Mädchen" deutet darauf hin, dass sie höchstwahrscheinlich nicht verheiratet waren. „Alt" gibt einen Hinweis auf ihr Alter und ihre Diensterfahrung in der Fabrik. Warum diese Arbeiterinnen nicht in den Streik traten, ist aus den Quellen nicht ersichtlich. Dieses Beispiel zeigt dennoch auf, dass die Arbeiterinnen kein geschlossenes Kollektiv bildeten und dass verheiratet und/oder älter zu sein ein Hindernis fürs Engagement in einer Arbeiter:innenbewegungsaktion darstellen konnte.

Was bei den analysierten Streiks in Grodno und Dvinsk auffällt, ist, dass bis zur temporären Schließung der Tabakfabrik in Grodno Anfang 1904 die Streikenden fast ausschließlich Frauen waren. Die Streiks brachen zwar in Abteilungen aus, in denen die deutliche Mehrheit der Belegschaft weiblich war. Trotzdem verfügten sowohl die Fabrik von Zaks in Dvinsk als auch diejenige von Šereševskij und Russota in Grodno über Abteilungen, in denen mehrheitlich Männer arbeiteten. Diese schlossen sich jedoch ihren Kolleginnen nicht an, um ihre Forderungen zu unterstützen. Die streikenden Arbeiterinnen scheinen keine Kontakte bzw. Absprachen zum Thema Arbeitsniederlegung und Forderungen mit ihren Kollegen gehabt zu haben. In Grodno konnte schon die gegenseitige Unterstützung zweier Abteilungen, in denen Frauen arbeiteten, eine Herausforderung für die Streikenden darstellen, wie beispielsweise beim Streik

68 Die Vorstellung, dass eine Frau bis zur Hochzeit in der Fabrik arbeitete und danach aufhörte, war zwar damals weit verbreitet. In der Tat beobachtet man aber zwischen den 1880er Jahren und 1914 eine deutliche Evolution im Alter und Zivilstand der Arbeiterinnen: Das Durchschnittsalter erhöhte sich und mehr waren verheiratet. Siehe Glickman, Russian Factory Women, S. 90–96.

69 Befragungsprotokoll von Šaja Mendelev(ič) Dimitovskij, 18.11.1899, GARF F. 102_3-d_100_2641č2, S. 63ob.

vom Oktober 1900 in der Verpackungsabteilung. Deshalb erstaunt es nicht, dass ein reziproker Beistand der Arbeiter derselben Fabrik nicht zu erwarten war.

Die Historikerin Rose Glickman stellt in ihrer ausführlichen Studie zu russischen Arbeiterinnen die These auf, dass in den Fabriken, die sowohl Arbeiterinnen als auch Arbeiter anstellten, bis 1905 eher die Letzteren zu streiken begonnen hätten, während ihre Kolleginnen sich oft nur unter Zwang beteiligt hätten. Wenn Arbeiterinnen die Arbeit eingestellt hätten, hätten sie wenig Hilfe und Zustimmung von Seiten ihrer Kollegen bekommen. Beistand von ihnen suchten sie in der Regel erst gar nicht.[70] Allerdings merkt Glickman gleichzeitig an, dass Arbeiterinnen, die als Frauen in einer Fabrik in der Mehrheit waren, eher bereit gewesen seien, sich in einem Streik zu engagieren. Anhand des Beispiels des Streiks in der Tabakfabrik von Laferm in Sankt Petersburg 1895 versucht sie zu beweisen, dass Arbeiterinnen der Tabakindustrie sich durch einen höheren Aktivismus von anderen Arbeiterinnen unterschieden hätten. Als wichtigste Argumente entwickelt sie folgende vier Punkte: eine hohe Konzentration an Frauen, die zusammenarbeiteten, eine große „urbane Erfahrung“ *(urban experience),* eine höhere Alphabetisierungsrate und mehr Erfahrung in der Fabrikarbeit; dies alles im Vergleich zu den zahlreichen Frauen vom Land, für die die Arbeit in einer Fabrik oder in einer Werkstatt neu war.[71] In anderen Regionen der Welt wie beispielsweise in Frankreich oder in der Stadt Salonika scheinen die Arbeiterinnen der Tabakindustrie auch besonders aktiv in der Arbeiter:innenbewegung gewesen zu sein.[72]

Bis auf die Alphabetisierungsrate, die in den hier untersuchten Fällen nicht sehr hoch gewesen zu sein scheint, passen die von Glickmann beschriebenen Charakteristika gut zu den in der vorliegenden Arbeit betrachteten Arbeiterinnen und liefern eine mögliche Erklärung dafür, warum Frauen in den Streikfällen bei Zaks sowie Šereševskij und Russota in den Streik traten. Trotz des jungen Alters der befragten Arbeiterinnen waren diese fast ohne Ausnahme seit mehreren Jahren in der Fabrik angestellt. Höchstwahrscheinlich kannten sie nur

70 Glickman, Russian Factory Women, S. 157–161.

71 Ibid., S. 164–165.

72 Für Frankreich siehe Salin, Women and Trade Unions in France. Für Salonika: Quataert, Donald: The Workers in Salonica 1850–1912, in: ibid.; Zürcher, Erik J. (Hrsg.): Workers and the Working Class in the Ottoman Empire and the Turkish Republic 1839–1950, London/New York 1995, S. 59–74; Hadar, Gila: Jewish Tobacco Workers in Salonika: Gender and Family in the Context of Social and Ethnic Strife, in: Buturović, Amila; Schick, İrvin Cemil (Hrsg.): Women in the Ottoman Balkans. Gender, Culture and History, London/New York 2007, S. 127–152.

diese Fabrikarbeit. Im Falle derjenigen, deren Väter oder ältere Geschwister in derselben Fabrik tätig waren, ist es gut vorstellbar, dass sie über diese mit der Fabrikarbeit schon früh vertraut gemacht worden waren.

Die Absenz von Kontakten zwischen Arbeiterinnen und Arbeitern derselben Fabrik im Kampf für bessere Arbeits- und Lebensbedingungen unterstreicht aber vor allem, dass eine tiefe Kluft, die durch das Geschlecht definiert wurde, fortbestand und dass die sozialistisch gesinnten Organisationen ihre Rhetorik des *gemeinsamen* Kampfes als Proletarier:innen gegen Fabrikbesitzer und Behörden noch nicht hatten durchsetzen können. Als weibliche Arbeitskräfte waren die Streikenden mit spezifischen Problemen konfrontiert. Die Hauptforderung, die die Fabrikinspektoren für die Streiks bei Zaks in Dvinsk (1899) und bei Šereševskij und Russota in Grodno (1899, 1900 und 1903/1904) in ihren jeweiligen Berichten feststellten, war diejenige nach einer Lohnerhöhung. Zu niedrige Löhne gehörten zwar auch zu den Sorgen der männlichen Arbeiter, die Arbeiterinnen verdienten aber noch weniger als ihre Kollegen, weil sie eben Frauen waren.[73] Wegen dieser niedrigen Gehälter sahen Männer die Arbeiterinnen als unfaire Konkurrentinnen.[74] Diese Argumentation galt aber nur, solange beide Geschlechter eine ähnliche Arbeit in der Fabrik ausübten, wie zum Beispiel in der Tabakfabrik der Brüder Ėdel'štejn 1895. Sobald Frauen und Männer für jeweils klar getrennte Arbeitsbereiche der Fabrik zuständig waren (wie in der Tabakfabrik in Grodno), konnten sie sich nicht mehr in einer direkten Konkurrenzsituation befinden. Es mussten also andere Faktoren mitspielen. Sowohl in Dvinsk als auch in Grodno beklagten sich die streikenden Arbeiterinnen teilweise über das schlechte Verhalten der jeweiligen Abteilungsleiter ihnen gegenüber. Ohne dass in den Berichten der Behörden darauf detailliert eingegangen wurde, präzisierten zum Beispiel betroffene Arbeiterinnen in einem Befragungsprotokoll im Fall der Fabrik von Zaks, dass der Abteilungsleiter „für junge Frauen unpassende Wörter" *(nepravil'n*[*ye*] *dlja devušek slov*[*a*]*)* benutzt habe.[75] Hier spielte also die Tatsache, dass sie Frauen waren, in der Art und Weise des Benehmens des Chefs der Abteilung offensichtlich eine Rolle. Auch 1899 in Grodno habe die Fabrikadministration die Zigarettenmacherin-

73 Zur Erinnerung: Eine Frau verdiente durchschnittlich die Hälfte bis zwei Drittel des Lohnes eines Mannes für die gleiche Arbeit. Siehe Bonnell, The Russian Worker, S. 18; Glickman, Russian Factory Women, S. 75.

74 Hillyar, McDermid, Midwives of the Revolution, S. 38.

75 Befragungsprotokoll von Tauba, Raša und Raza Ioseleva Gofman, 18.11.1899, GARF F. 102_3-d_100_2641č2, S. 65.

nen „grob" behandelt.[76] Auseinandersetzungen mit Vorgesetzten passierten auch den Arbeitern. Arbeiterinnen hatten allerdings infolge ihres Geschlechts zusätzliche Schikanen zu ertragen, nicht zuletzt sexueller Art.[77] Vielleicht fühlten sich die Kollegen dieser Fabrikarbeiterinnen so wenig davon betroffen, dass sie dieses Problem nicht als ihre Sache betrachteten? Zudem sollte man den sozialen und gesellschaftlichen Kontext nicht vergessen. Im Russischen Reich der Jahrhundertwende hatten Konzepte der Frauenemanzipation und Gleichberechtigung im Arbeiter:innenmilieu bislang nur begrenzt Aufmerksamkeit erregt. Sogar die sozialdemokratische revolutionäre Bewegung, die immer größeren Einfluss in der Arbeiter:innenbewegung zu gewinnen versuchte, hielt noch um 1900 die Idee der Frauenemanzipation mehrheitlich für eine bürgerliche Ideologie, die wenig bringe, da die einzige Lösung, auch für Frauen, in der sozialistischen Revolution liege.[78]

Die Historikerin Inna Shtakser behauptet, dass die Frage nach der besonders benachteiligten Stellung der Arbeiterinnen (als Teil der arbeitenden Klasse *und* als Frauen) in der jüdischen revolutionären Bewegung ernsthafter wahrgenommen worden sei als in der allgemeinen russischen revolutionären Bewegung.[79] Die Frage, ob der Allgemeine Jüdische Arbeiterbund als Partei tatsächlich die „Frauenfrage" besser thematisierte und die Gleichberechtigung konsequenter durchsetzte als andere Parteien wie beispielsweise die RSDRP, müsste systematischer recherchiert und verglichen werden. Als Beweise für die besonders „frauenfreundliche" Stellung des Bundes werden zum einen die Anfangsparolen der Hymne des Bundes – die *shvue* – hervorgehoben. Die Hymne, die 1902 zum Gründungsjubiläum der Partei von Salomon An-ski verfasst worden war,

---

76 Bericht des Generalgouverneurs von Vil'na, Vitebsk und Grodno an den Innenminister, 05.01.1900, GARF, F. 102_7-d_196(1899)_487, S. 8ob.

77 Glickman, Russian Factory Women, S. 142–143.

78 Fieseler, Frauen auf dem Weg, S. 25; siehe auch Kapitel 4.6 dieser Arbeit.

79 Auch Denz (Bundistinnen, S. 67) entwickelt eine ähnliche These. Sie bringt das Argument hervor, dass der Allgemeine Jüdische Arbeiterbund im Vergleich zu anderen allgemeinen sozialistischen Parteien im Russischen Reich eine proportional höhere Anzahl an Frauenmitgliedern gehabt habe. Inna Shtakser ihrerseits versucht dies anhand empirischer Beweise zu zeigen: Als Argumente bringt sie zum einen die Statuten eines Unterstützungsfonds in Vil'na aus dem Jahr 1887, in denen die Interessen der Frauen als Arbeiterinnen besonders berücksichtigt worden seien. Zum anderen stützt sie sich auf die für diese Arbeit im Kapitel 4 auch benutzten Erinnerungen von Ruvim Fridman. Sie kommt zu dem Schluss: „Socialist ideas circulating among workers heightened awareness of gender discrimination against working women and the commitment to fight this discrimination" (Shtakser, Making of Jewish Revolutionaries, S. 85).

beginnt mit dem Satz „brider un shvester fun arbet un noyt". Frauen werden also explizit adressiert.[80] Zum anderen wird argumentiert, dass die Aktivist:innen des Bundes die spezifischen Probleme der Arbeiterinnen immer wieder thematisiert und intensiver reflektiert hätten als andere revolutionäre Gruppen.[81] Deshalb seien jüdische Arbeiter empfänglicher für die spezifischen Probleme der *Arbeiterinnen als Frauen* geworden. Diese These muss man allerdings nuancieren: Was die jüdischen Revolutionär:innen verbreiten wollten und was wirklich bei den Arbeiter:innen ankam, sind zwei unterschiedliche Dinge. Wie die hier untersuchten Streikfälle aufgezeigt haben, konnten diese revolutionären Ideen offenbar nur schwierig bis zu den Fabrikarbeiter:innen durchdringen.

In den ersten Jahren ihrer Entstehung und Entwicklung hatten sich im Vergleich zu anderen Ländern Europas überdurchschnittlich viele Frauen in der russischen Sozialdemokratie engagiert.[82] Trotzdem blieben bei den russischen Revolutionär:innen negative Vorstellungen über Fabrikarbeiterinnen als dumme, konservative und der Arbeiter:innen- und sozialdemokratischen Bewegung feindlich eingestellte Frauen bestehen.[83] Die Streiks bei Zaks in Dvinsk und Šereševskij und Russota in Grodno widersprechen dieser verallgemeinerten Annahme stark. Diese Arbeitseinstellungsaktionen von Arbeiterinnen stellten zwar keine besonderen Ausnahmefälle dar: Ähnliche Vorkommnisse bei weiblichen Arbeitskräften hatten sich schon in Sankt Petersburg 1895 ereignet. Auch in Belostok hatte es Frauenstreiks in der Textilindustrie gegeben. Für Dvinsk und Grodno hatten die analysierten Streiks von 1899 jedoch eine große Bedeutung, weil sie die ersten wichtigen Streiks der jeweiligen Städte waren, in denen Frauen als Streikende und Akteurinnen beteiligt waren. Im Fall des Streiks in der Tabakfabrik der Brüder Ėdel'štejn war die Dynamik noch eine ganz andere gewesen. 1895 waren die Geschlechterrollen in dieser Fabrik klar definiert: Die Männer arbeiteten als Zigarettenmacher, die Frauen waren ihre Gehilfinnen und standen so in einem engen Abhängigkeitsverhältnis zu ihnen. Als die Zigarettenmacher in den Streik traten, taten sie es, weil Frauen als billigere Arbeitskräfte drohten, sie aus ihrer Arbeit zu verdrängen. Ihre Gehilfinnen, die sicher gute

80 Denz, Bundistinnen, S. 65; Glenn, Daughters of the Shtetl, S. 38.

81 Hyman, East European Jewish Women, S. 273; Hyman, Two Models of Modernization, S. 48; Shtakser, Making of Jewish Revolutionaries, S. 84–85.

82 Laut Beate Fieseler machten die Frauen 15 Prozent aller Mitglieder der RSDRP vor 1905 aus. Die deutliche Mehrheit dieser Frauen gehörte zur *intelligencija*. Fieseler, Frauen auf dem Weg, S. 20, 60.

83 Hillyar, McDermid, Revolutionary Women in Russia, S. 27; Fieseler, Frauen auf dem Weg, S. 46–47, 184.

potentielle Kandidatinnen für die Arbeit als Zigarettenmacherinnen gewesen wären, erschienen während des Streiks auch nicht mehr in der Fabrik. Jedoch betrachtete der Fabrikinspektor ausschließlich die Männer als diejenigen, die die Arbeit eingestellt hatten. Vor Gericht wurde keine der Frauen gezogen. Die Broschüre *der shtodt-magid* erwähnte das Mitstreiken der Gehilfinnen nicht. Die Frauen wurden also nicht als aktive Teilnehmerinnen wahrgenommen.

Dass die Arbeiterinnen und Arbeiter derselben Fabrik keine gemeinsame Streikaktion konzipierten, hieß nicht, dass Männer bei den Streiks, in die Frauen traten, abwesend waren. In den Quellen zu den Streikfällen in Dvinsk und Grodno (Vil'na, wie bereits erwähnt, fällt in dieser Hinsicht etwas aus dem Rahmen) kommen zwei Kategorien von Männern vor: diejenigen, die auch in der Fabrik angestellt waren, und diejenigen, die außerhalb der Fabrik mit dem Streik verbunden waren. Im Streikkonflikt standen die Arbeiterinnen Fabrikanten und Abteilungsleitern, also Männern gegenüber. Dass sie sich als *Frauen* von diesen männlichen Machtfiguren unverstanden fühlten, beweist die Reaktion der Arbeiterinnen der handbetriebenen Schachtelproduktionsabteilung der Fabrik von Zaks in Dvinsk im November 1899. Denn die Arbeiterinnen hatten verlangt, nicht mit dem Fabrikbesitzer, sondern mit seiner Ehefrau zu reden, obwohl ihre Forderungen (Lohnerhöhung, Verkürzung des Arbeitstages und Wiederanstellung der schon entlassenen Arbeiterinnen) eigentlich Herrn Zaks direkt angingen.

Insbesondere die Kollegen aus den anderen Abteilungen wurden von den Konsequenzen eines Streiks der Arbeiterinnen getroffen. Denn manchmal entließen die Fabrikanten die Mehrheit der Belegschaft, mit dem Argument, dass infolge des Produktionsausfalls in der einen Abteilung die Arbeit in den anderen Abteilungen nicht richtig durchgeführt werden konnte, so wie in Dvinsk 1899 oder auch in Grodno im Dezember 1903 und Januar 1904. Dies hatte Auswirkungen auf die gesamte Belegschaft, also auch auf Frauen, die sich am Streik nicht beteiligt hatten. In der Zündholzfabrik von Zaks waren in der mechanisierten Schachtelproduktionsabteilung neben den 26 jungen Frauen, von denen 20 in den Streik getreten waren, 2 bis 3 Männer angestellt.[84] Von denen scheint einer

84 Die Männer übten höchstwahrscheinlich nicht dieselbe Tätigkeit aus wie die Arbeiterinnen. So war einer dieser Arbeiter verantwortlich für den speziellen Leim, der für die Maschinen der Abteilung unabdingbar war (Befragungsprotokoll von Šaja Mendelev(ič) Dimitovskij, GARF F. 102_3-d_100_2641č2, S. 69). Ob es zwei oder drei waren, bleibt unklar. Der Abteilungsleiter Istorik gab in seinem Befragungsprotokoll an, dass 20 Arbeiterinnen der Abteilung gestreikt hätten, 6 Arbeiterinnen und 2 Arbeiter weiter arbeiten würden (Befragungsprotokoll von Ėlija Jankelev Istorik, 17.11.1899, ibid., S. 60ob).

zwar am Streik teilgenommen zu haben, seine Motivation bleibt aber ein Geheimnis, weil er bei seinem Verhör alles leugnete und sein Fernbleiben mit dem Ausfall seiner Arbeitsmaschine rechtfertigte.[85] Ein anderer spielte offensichtlich die Rolle des Informanten und schämte sich nicht, von seinen Bespitzelungsaktionen gegen seine Kolleginnen der Polizei zu erzählen und diese zu belasten.[86]

Unterstützung bekamen die streikenden Arbeiterinnen meistens von Männern, die nicht in der Fabrik arbeiteten. So fanden sowohl in Dvinsk 1899 als auch in Grodno 1903/1904 Aktionen statt, die zum Ziel hatten, Streikbrecher:innen und Arbeiter:innen, die trotz des Streiks in einer Abteilung weiter arbeiten gingen, durch verbale und physische Gewalt einzuschüchtern. Den Berichten und Protokollen der Behörden zu diesen Vorfällen kann man entnehmen, dass überall, wo körperliche Gewalt angewandt wurde, dies die Taten von jungen jüdischen Männern gewesen waren. Diese Männer arbeiteten allerdings nicht in der jeweiligen Fabrik. Deswegen ist es plausibel vorzubringen, dass, wenn Männer sich bei Frauenstreiks engagierten, sie es in einer organisierten Form taten. Dies wiederum weist auf die Beteiligung einer lokalen sozialdemokratischen Gruppe hin, die aktiv in der Arbeiter:innenbewegung gewesen sein musste. Im Fall der Fabrik von Zaks hatten sich mehrere Personen eingemischt, die dem lokalen Komitee des Bundes angehörten.[87] Ebenfalls als potentielle Agitatoren spielten Männer eine Rolle. So hätten drei „maskierte" Jungen, Arbeiter einer anderen Fabrik, die vor kurzer Zeit zugemacht hatte, die Zigarettenmacherinnen der Fabrik von Šereševskij und Russota zum Streik ermuntert.[88]

STREIKENDE ALS MITGLIEDER DER JÜDISCHEN GEMEINSCHAFT

So sehr die Arbeiterinnen der vorliegenden Dissertation als *Frauen* und als *Arbeiterinnen* spezifische Schwierigkeiten zu überwinden hatten, die ihre Betei-

Allerdings behauptete derselbe einige Wochen später, dass zum selben Zeitpunkt auch ein Arbeiter eine Maschine absichtlich kaputt gemacht habe und nicht mehr arbeiten gekommen sei (Befragungsprotokoll von Ėlija Jankelev Istorik, 07.12.1899, ibid., S. 159–159ob).

85 Befragungsprotokoll von Vul'f-Ben'jamin Jankev Fel'dman, 27.11.1899, GARF F. 102_3-d_100_2641č2, S. 94.

86 Befragungsprotokoll von Šaja Mendelev(ič) Dimitovskij, GARF F. 102_3-d_100_2641č2, S. 69–69ob.

87 Siehe Berman, In loyf fun yorn, S. 141.

88 Bericht des Polizeimeisters Grodnos an den Gouverneur Grodnos, 25.09.1899, NIAB Grodno, F. 1_9_1003, S. 65ob.

ligung an einer Streikaktion beeinflussten, so sehr bestimmte ihr Jüdischsein ihre Aktionen und die Taten der weiteren Protagonisten mit. Es ist ein schwieriges Unterfangen, genau definieren zu wollen, was Jüdischsein für die beteiligten Arbeiter:innen bedeutete. Die Quellenlage ermöglicht es nicht, präzise Rückschlüsse darüber zu ziehen. Unabhängig von der Selbstwahrnehmung oder Religiosität der einzelnen Streikenden prägten jedoch ihre Verbindungen zum jüdischen Milieu die Entscheidungen, Handlungen und Reaktionen vieler jüdischen und nichtjüdischen Akteur:innen, die in der vorliegenden Arbeit analysiert wurden.

Das erste und offensichtlichste Argument, das diese These unterstützt, ist dasjenige der Sprache. Alle jüdischen Arbeiter:innen, die im Rahmen der analysierten Streikfälle in Befragungs- bzw. Verhörprotokollen zu Wort kamen, hatten Jiddisch als Muttersprache.[89] Und nur die wenigsten von ihnen waren der russischen Sprache mächtig. Durch dieses Merkmal stellten die jüdischen Arbeiter:innen eine Gruppe dar, die sich von anderen Akteur:innen in Bezug auf gegenseitige Verständigung abgrenzte. Kommunikation mit den lokalen zarischen Behörden – vor allem mit Polizisten und Gendarmen, die in Streikfällen die Befragungen und Verhöre durchführten – stellte sich als eine Herausforderung heraus. Die Arbeiter:innen und weitere Zeug:innen mussten meistens in Anwesenheit des Kronrabbiners befragt werden, damit dieser den Übersetzungsdienst leistete. Somit erhielt er eine entscheidende Rolle als Bindeglied zwischen den Vertretern der zarischen Regierung und den jüdischen Arbeiter:innen. Er diente den Behörden auch als Übersetzer der zahlreichen Flugblätter, die in der Stadt verbreitet wurden. Über die Werdegänge der in den analysierten Streikfällen begegneten Kronrabbiner hat man keine Informationen. Allerdings zeugen sie durch ihre Brückenrolle und ihre Beherrschung beider Sprachen von Eigenschaften einer „neuen jüdischen Elite" im Sinne von Verena Dohrns Verständnis. Unter den Zielen seitens der russischen Regierung mit der Einrichtung der Rabbinerseminare in Vil'na und Žitomir (1847–1873) sowie der Unterstützung eines jüdischen weltlichen Schulwesens gehörten die Bildung einer neuen, russischsprechenden jüdischen Elite, die zwischen der traditionell orientierten jüdischen Gemeinde und der russischen Intelligenz vermitteln konnte.[90]

Wie die Kommunikation mit dem Fabrikinspektor auf der sprachlichen Ebene verlief, wird in den Berichten der Inspektoren selten thematisiert. Einzig

89 Dies lässt sich aus den Hinweisen auf Übersetzungen und aus den Beziehungen, die die Befragten miteinander unterhielten, ableiten.

90 Siehe Dohrn, Das Rabbinerseminar in Wilna.

im Streikfall vom August 1895 in der Fabrik der Brüder Ėdel'štejn kann man aus den Informationen des Fabrikinspektors schließen, dass der Fabrikinspektor ohne Unterstützung des Rabbiners die Arbeiter, die ihn ansprachen, nicht hätte verstehen können.[91] Dass in keinem der hier analysierten Fälle die Sprachfrage in den Berichten auftaucht, mag überraschen. Denn oft hatte der zuständige Fabrikinspektor wenn nicht mit allen zumindest mit einem Teil der streikenden Arbeiterinnen Gespräche geführt, um sie über die Illegalität des Streiks zu informieren und sie zur Wiederaufnahme der Arbeit aufzumuntern. Zudem gehörte es zu seinen Aufgaben, die Fabriken auch ohne Arbeitsniederlegungsaktionen zu besichtigen. Dabei sollte er die Anlaufstelle für eventuelle Beschwerden der Arbeiter:innen gegenüber der Fabrikleitung darstellen. Aber wie konnte die Kommunikation zwischen dem Fabrikinspektor und den Arbeiter:innen funktionieren, wenn sie nicht dieselbe Sprache sprachen? Selbst wenn sich unter den Streikenden russischsprachige Vertreter:innen fanden, die zur Verhandlung geschickt wurden, entnahm dies dem Gespräch direkten Austauschmöglichkeiten, weil nicht alle in der Lage waren, ihre Meinung unmittelbar auszudrücken. Die jüdischen Fabrikbesitzer sowie die Abteilungsleiter, die in der vorliegenden Arbeit vorkommen, konnten sich hingegen alle auf Russisch ausdrücken und verfügten so über einen deutlichen Vorteil in ihrem Verhältnis zum Fabrikinspektor als die Arbeiterinnen. Aber niemand scheint diese Frage damals reflektiert zu haben. Ein ähnliches Kommunikationsproblem ist bei den in der Fabrik aufgehängten Proklamationen zu finden, die vom Oberfabrikinspektor bzw. vom Gouverneur unterschrieben worden und nur auf Russisch vorhanden waren. Zum einen verstanden die Arbeiter:innen die Sprache nicht, zum anderen konnten nur wenige überhaupt lesen. Die lokalen Behörden setzten also die Maßnahmen ein, die die zentrale Regierung in Sankt Petersburg von ihnen erwartete, aber ohne die sprachlichen Besonderheiten der Region, in der sie sich befanden, zu berücksichtigen.

Die regionalen sprachlichen Spezifika betrafen nicht nur das Verhältnis zwischen den jüdischen Arbeiter:innen und den lokalen Behörden, sondern auch die Arbeiter:innen derselben Fabrik. In der Fabrik von Zaks, in der sowohl jüdische, jiddischsprachige als auch christliche, polnisch- bzw. russischsprachige Arbeiter:innen beschäftigt waren, spielte nicht nur der religiöse, sondern auch der sprachliche Unterschied eine bedeutende Rolle, wie der Streik vom November 1899 zeigte. Auf Jiddisch betriebene mündliche und schriftliche Propaganda riss die christlichen Arbeiterinnen sicher nicht mit, da sie den In-

91 Bericht des Fabrikinspektors, 24.08.1895, RGIA, F. 23_30_38, S. 4.

halt nicht verstehen konnten. Sie fühlten sich deshalb wahrscheinlich von den durch den Streik angesprochenen Themen wie Lohnerhöhung und Verkürzung des Arbeitstages wenig betroffen, obwohl solche Forderungen eigentlich auch in ihrem Sinne waren. Umgekehrt mussten die jüdischen Sozialdemokrat:innen auf Jiddisch (und nicht auf Russisch oder Polnisch) agitieren, sonst hätten sie die jüdischen Arbeiterinnen nicht verstanden. Dies zeigt also, wie wenig Austausch es zwischen den zwei Sprachgruppen auf der Ebene der wenig gebildeten Arbeiterinnen geben konnte. Mehrsprachigkeit und Kontakte zwischen der christlichen und jüdischen Bevölkerung fanden zwar in bestimmten Kontexten des ökonomischen Lebens statt, wie die Historiker Heiko Haumann oder Theodore R. Weeks aufgezeigt haben.[92] Für eine gemeinsame Mobilisierung der Arbeiter:innen zum Protest gegen ihre schlechten Arbeitsbedingungen reichte es aber nicht.

Das zweite Argument, das den Einfluss des Jüdischseins auf die Streikenden demonstriert, ist die Auswahl des Zeitpunktes der zwei ersten Streiks in der Tabakfabrik von Šereševskij und Russota im September 1899 und Oktober 1900. Beide Arbeitseinstellungsaktionen brachen unmittelbar nach dem Sukkot-Fest aus. Dies könnte zwar als reine praktische Überlegung interpretiert werden: Die Anführer:innen profitierten von der Schließung der Fabrik über die Festtage, um die Arbeiterinnen anzusprechen, und machten Gebrauch von den Festlichkeiten, um Versammlungen ohne großen Verdacht zu organisieren; eine Strategie, die im September 1899 gut funktioniert hatte.[93] Allerdings blieb eine solche Überlegung, auch wenn ausschließlich strategisch motiviert, eng mit dem jüdischen Rhythmus des Lebens der Arbeiterinnen verbunden. Zudem stellte die Entscheidung einer Fabrikarbeiterin, eine Arbeiter:innenversammlung während der religiösen Feierlichkeiten zu besuchen, eine selbstbewusste Handlung dar. Dass das Sukkot-Fest überhaupt als Versammlungsgelegenheit benutzt werden konnte, ist mit der Tatsache verbunden, dass die Fabrikbesitzer Šereševskij und Russota jüdisch waren und deshalb auch dem jüdischen Kalender folgten.

Das leitet zum dritten Argument über, das die Bedeutung der Einbindung der Arbeiterinnen in die jüdische Gemeinschaft beweist: Die Streikenden waren von wichtigen Akteuren umgeben, die auch jüdisch waren und als solche

92 Wie beispielsweise im Handel oder auf dem Marktplatz. Siehe dazu Weeks, Jews and Others; Haumann, Kommunikation im Schtetl.

93 Die Versammlung zahlreicher jungen Jüd:innen im Wald in der Nähe der Stadt Grodno hatte die Aufmerksamkeit des Waldwächters nicht besonders erregt, weil er dachte, dass es etwas mit dem Sukkot-Fest zu tun habe (Befragungsprotokoll von Osip Veržbickij, 25.10.1899, GARF, F. 102_7-d_196_487, S. 21).

eine besondere Rolle im Streikfall auszuüben versuchten. Als erfolgreiche Unternehmer gehörten die Fabrikanten Ėdel'štejn, Zaks, Šereševskij und Russota zu den angesehensten Mitgliedern der jeweiligen jüdischen Gemeinschaft. Ihre Bedeutsamkeit für den regionalen Stellenmarkt, ihr Engagement für jüdische Wohltätigkeitsaktivitäten und ihre Vernetzung im In- und Ausland machten sie zu einflussreichen Figuren einer jüdischen Gesellschaft, die noch weitgehend traditionell organisiert war.[94] Deshalb nahmen Streiks in diesen Fabriken zum Teil Ausmaße an, die eine hohe Resonanz innerhalb der jüdischen Gemeinschaft haben konnten. Außerdem wurden die Konflikte zwischen Arbeiter:innen und Fabrikanten durch die Aufrufe in den Synagogen für die gesamte jüdische Gemeinschaft öffentlich ausgetragen. Gerade das Jüdischsein der Protagonist:innen bestimmte also den Verlauf einiger Ereignisse. Am deutlichsten beleuchtet dies die Rolle der verschiedenen Rabbiner. Wie oben bereits erwähnt wurde, stellte der Kronrabbiner dank seiner Übersetzungstätigkeiten oft das Bindeglied zwischen den jüdischen Arbeiter:innen und den zarischen Behörden dar. Zudem mischten sich weitere jüdische Persönlichkeiten unmittelbar in die Streikkonflikte ein und versuchten, eine Mittlerrolle zu spielen. In dieser Funktion versuchten sie, wie es scheint, die Streikenden wieder zur Arbeit zu bringen. Deswegen klagten die Revolutionär:innen sie an, systematisch auf der Seite des Fabrikbesitzers zu stehen; so zum Beispiel im August 1895 in Vil'na, als der *shtodt magid* in der Synagoge gegen die Streikaktion predigte, oder in Grodno im September 1899, wo der Rabbiner nach seinen Worten gegen die Streikenden die Bima hatte verlassen müssen und wo Verhandlungsgespräche zwischen den Streikenden und den Fabrikbesitzern im „Gebäude des jüdischen Priesters“[95] stattgefunden hatten.

Diese Kooperation der Kronrabbiner mit den zarischen Behörden sowie die Interventionen der anderen, von den jüdischen Gemeinden selbst anerkannten Rabbiner hatten unterschiedlichen Charakter. Im ersten Fall treten die staatlichen Kontrollversuche der Zarenmacht auf ihre jüdische Bevölkerung und ein bestimmter Aspekt dessen, was Robert Crews als „confessional state“ bezeichnet,

94 Wenigstens für Zaks und Šereševskij hat man Hinweise auf ihre führende Position in der jüdischen Gemeinschaft von Dvinsk bzw. Grodno (siehe Kapitel 5.1, S. 131 und Kapitel 6.1, S. 195 dieser Arbeit).

95 Befragungsprotokoll von Michel' Matusov Grinberg, 29.11.1899, GARF, F. 102_7-d_196(1899)_487, S. 50. Obwohl nicht eruiert werden konnte, um welchen der Rabbiner der Stadt Grodno es sich handelte, ist es plausibel, dass dieser zusammen mit den zwei anderen Mittelmännern der Fabrikbesitzer und den Vertreter:innen der Streikenden anwesend war.

zu Tage. Die zarischen Behörden hatten versucht, eine jüdische geistliche Elite zu schaffen, die der Regierung treu war und bürokratische sowie soziale Funktionen innehatte.[96] Diese Strategie scheiterte aber am Misstrauen der Mehrheit der jüdischen Bevölkerung, die solche Rabbiner nicht für legitim hielt.[97] In den hier analysierten Streikfällen ging es also bei der Mitarbeit des Kronrabbiners um eine von den zarischen Behörden angestoßene Zusammenarbeit. Der Kronrabbiner erfüllte die Verwaltungsfunktion, für die er angestellt worden war. Im Gegensatz dazu war es beispielsweise in Vil'na der Maggid gewesen, der während der Samstagspredigt eingegriffen hatte. Im Fall des Maggids handelte es sich also um den Versuch, mittels der moralischen und sozialen Autorität des anerkannten Rabbiners Ruhe und Gehorsamkeit in einer gespaltenen jüdischen Gemeinschaft wiederherzustellen, damit die innerjüdische gesellschaftliche Ordnung fortbestand.

Die Zugehörigkeit der Streikenden und Fabrikbesitzer zum gleichen, jüdischen Kommunikations- und Kulturraum konnte auch zu einem deutlichen Vorteil für einen friedlichen Streikabbruch werden. In Grodno war der erste Streikkonflikt im September 1899 dank einer innerjüdischen Konfliktvermittlung gelöst worden. Weder die Gespräche mit dem Oberfabrikinspektor noch die Drohungen und Verhaftungsbefehle des Gouverneurs hatten auf die Streikenden gewirkt. Die Beteiligten hatten also einen Ausweg „unter sich" gefunden und dadurch war es zu einem Kompromiss gekommen, ein Teil der Forderungen der Streikenden (Lohnerhöhung) war befriedigt worden. Dies zeugt von spezifisch jüdischen Strukturen, denen im Gegensatz zu den offiziellen, zarischen Lösungsansätzen alle Beteiligten vertrauten und die deswegen von Erfolg gekrönt waren. Ob und inwiefern weitere Streiks so gelöst wurden und wie genau diese innerjüdischen Strukturen der Konfliktlösung für die jüdische Arbeiter:innenbewegung funktionierten, würde eine detaillierte Studie verdienen. Dabei sollten innerjüdische Quellen wie beispielsweise Gemeindeprotokolle oder rabbinische Responsen – sofern noch vorhanden – erkenntnisreiche Informationen dazu liefern können. Eine genauere Analyse davon, in welchen Arten von jüdischen Gemeinden bzw. Gemeinschaften die jüdischen Protagonist:innen unterwegs waren, könnte viele noch offene Fragen über den

96 Zum Konzept von „confessional state" und für ein ausführliches Beispiel dafür im muslimischen Fall siehe Crews, Empire and the Confessional State.

97 Polonsky, Jews in Poland and Russia, Bd. 2, S. 330–334; Kaplan Appel, Tamar: Crown Rabbi, in: YIVO Encyclopedia of Jews in Eastern Europe, <http://www.yivoencyclopedia.org/article.aspx/Crown_Rabbi> [22.01.2018].

Zusammenhang zwischen einer bestimmten Form von Jüdischsein und den Aktionen der Akteur:innen beantworten.

Diese Verbundenheit der Arbeiterinnen mit ihrem jüdischen Milieu stellten die Revolutionär:innen, die Flugblätter während eines Streiks verfassten und verbreiteten, in ihren Schriften nicht in den Vordergrund. Die bundistischen Flugschriften sprachen ihr Verhältnis zu einer jüdischen Identität bzw. jüdischen Nation – wie auch immer sie diese definierten – gar nicht an. Denn, wie oben schon geschildert, definierten sie ihre Adressat:innen in erster Linie als „Arbeiter:innen". Wenn sie die Zugehörigkeit zur jüdischen Bevölkerung unterstrichen, war es entweder, um den Mangel an Einigkeit zwischen jüdischen und christlichen Arbeiter:innen als Angehörige einer gemeinsamen Klasse zu bedauern, oder, um das neue Identitätsangebot, das der Marxismus vorschlug, hervorzuheben. Die Kategorie *Klasse* sollte eben dabei diejenige der *Religion* bzw. *Ethnie* oder *Nation* als Identitätsmerkmal ersetzen. Diese Argumentation kann man besonders gut in der Broschüre *der shtodt-magid* nachverfolgen. Auch für die späteren Streiks beschränkte sich die gesamte Befreiungsargumentation der Flugblätter auf das Klassenkonzept: Der Sozialismus werde die Befreiung und die Gleichberechtigung als Arbeiter:innen mit sich bringen, was implizierte, dass die Unterdrückung als Jüd:innen auch überwunden sei.[98] Ein solches Ausbleiben der sogenannten nationalen Frage in den Flugblättern sollte aber nicht zu sehr erstaunen. Erstens lag es am Genre der Flugblätter: Sie hatten zum Ziel, im Streikkonflikt die Arbeiter:innen und die weiteren möglichen Verbündeten zum Widerstand und Kampf aufzurufen und dienten nicht der Diskussion komplexer theoretischer Konzepte. Für Letzteres existierten die (Partei)Zeitschriften. Zweitens entflammten die Auseinandersetzungen unter den Anführer:innen des Bundes erst im Dezember 1899, als der Bund seinen dritten Parteitag hielt.[99] Bis die unterschiedlichen Stellungnahmen diskutiert worden waren und eine gemeinsame Strategie – diejenige der kulturellen, nicht territorialen Autonomie – in ihren ersten Zügen offiziell festgelegt wurde, vergingen noch fast vier Jahre.[100]

98 Siehe beispielsweise das Zitat auf S. 275.

99 Tobias, The Jewish Bund in Russia, S. 105.

100 Dieser Punkt der national-kulturellen, nicht territorialen Autonomie wurde beim sechsten Kongress des Bundes (1905) ins Parteiprogramm aufgenommen. Siehe Kassow, Samuel: The Historiography of the Bund, in: Polin. Studies in Polish Jewry 29 (2017), S. 121–140, hier S. 131.

Die detaillierten Streikanalysen haben bewiesen, dass ein mikrogeschichtlicher Ansatz zu einer Vielfalt der Erkenntnisbereiche führt. Durch eine minutiöse Quellenanalyse und Quellenkritik konnten Schlussfolgerungen über das Funktionieren der jüdischen revolutionären und Arbeiter:innenbewegung, über die Reaktionen und Interpretationen der verschiedenen lokalen Behördenvertreter in Bezug auf diese Arbeiter:innenunruhen sowie über die Charakteristika der streikenden Arbeiterinnen und die Wichtigkeit ihrer Einbindung im jüdischen Milieu gezogen werden.

Ob die Erfahrungen, welche die Arbeiterinnen der Fabriken von Zaks und von Šereševskij und Russota während der Unruhen Ende der 1890er, Anfang der 1900er Jahre machten, eine aktive Beteiligung an den revolutionären Ereignissen der Jahre 1905/1907 beeinflussten, wie es McDermid und Hillyar im Allgemeinen behaupten,[101] sollte noch recherchiert werden.

Auch wenn die in der vorliegenden Doktorarbeit dargestellten Geschehnisse über 115 Jahre her sind, hinterlassen gewisse Erkenntnisse einen tiefen Eindruck: das Selbstbewusstsein dieser jungen Frauen, die durch die Streikaktion gegen ein System rebellierten, das ihr bisheriges Leben geprägt hatte; die Überzeugung der Revolutionär:innen, die in den Streikausbrüchen eine Bestätigung ihrer Weltanschauung sahen und die wussten, wie sie sich dieser zu Propagandazwecken bedienen sollten; die Eilfertigkeit eines Teils der zarischen Behörden, die Arbeiter:innenbewegung als eine Wirkung auswärtiger Kräfte zu betrachten. Um die Jahrhundertwende, eine Zeit bedeutender wirtschaftlicher und sozialer Umbrüche, versuchten alle Protagonist:innen die Situation so zu interpretieren, dass sie in ihr Weltbild passte. Diese Interpretationen wiederum nährten ihre Weltvorstellungen. Die jüdischen Sozialdemokrat:innen kämpften weiter. Sie verabschiedeten sich sowohl von der innerjüdischen, traditionell organisierten gesellschaftlichen als auch von der allgemeinen sozialen Ordnung im Zarenreich. Sie erwarteten die Revolution. Die jüdischen Fabrikbesitzer und die ihnen wohlgesinnten Rabbiner versuchten, die jeweilige jüdische Gemeinschaft trotz der Arbeiter:innenunruhen zusammenzuhalten. Die zarischen Behörden suchten lieber eine Erklärung der Streiks als etwas, das fremdgesteuert war, als die eigenen System- und Strukturfehler zu erkennen und zu versuchen, sie durch dringend notwendige Reformen zu korrigieren. Mitten zwischen diesen unterschiedlichen Polen befanden sich die streikenden jüdischen Arbeiter:innen, die mit ihren Streikaktionen versuchten, ihre miserablen Arbeits- und Lebensbe-

101 Siehe McDermid, Hillyar, Midwives of the Revolution, S. 42.

dingungen zu verbessern, und dadurch die bisherige Ordnung auf den Kopf stellten.

Bibliographie

Archivbestände

Gosudarstvennyj archiv rossijskoj federacii (Staatsarchiv der Russländischen Föderation, Moskau, GARF)
Fond 102, 2oe-deloproizvodstvo, op. 52(1895), d. 26č19
Fond 102, 3oe-deloproizvodstvo, op. 100(1902), d. 2641 (č1 und č2)
Fond 102, 7oe-deloproizvodstvo, op. 195, d. 286
Fond 102, 7oe-deloproizvodstvo, op. 196 (1899), d. 487
Fond 102, 7oe-deloproizvodstvo, op. 201, d. 104
Fond 102, Osobyj Otdel, op. 95(1897), d. 1387
Fond 102, Osobyj Otdel, op. 226(1898), d. 5č30 l. G
Fond 102, Osobyj Otdel, op. 232(1904), d. 4č12
Fond 124, op. 10, d. 209
Fond 124, op. 8, d. 127
Fond 124, op. 8, d. 130
Fond 124, op. 8, d. 141
Fond 124, op. 9, d. 202
Fond 124, op. 13, d. 1121
Fond 533, op. 1, d. 457
Fond R6889, op. 1, d. 2
Fond R6935, op. 2, d. 13

Internationales Institut für Sozialgeschichte (Amsterdam, IISH)
Algemeyner Yidisher Arbeyter Bund Collection, Dossier 29

Lietuvos Valstybes Istorijos Archyvas (Historisches Saatsarchiv Litauens, Vilnius, LVIA)
Fond 378, op. ps1899, d. 2č3
Fond 378, op. ps1904, d. 13
Fond 420, op. 2, d. 208
Fond 446, op. 4, d. 243
Fond 446, op. 4, d. 311
Fond 446, op. 4, d. 398
Fond 446, op. 5, d. 40
Fond 602, op. 1, d. 9

Nacional'nyj istoričeskij archiv Belarusi (Nationales Historisches Archiv von Belarus, Minsk, NIAB Minsk)
Fond 1430, op. 2, d. 270

Nacional'nyj istoričeskij archiv Belarusi v g. Grodno (Nationales Historisches Archiv von Belarus in der Stadt Grodno, NIAB Grodno)
Fond 1, op. 9, d. 1003
Fond 2, op. 24, d. 2714
Fond 8, op. 2, d. 596
Fond 8, op. 2, d. 1115
Fond 14, op. 1, d. 401

Rossijskij gosudarstvennyj archiv social'no-političeskoj istorii (Russländisches Staatsarchiv für Sozial- und Politikgeschichte, Moskau, RGASPI)
Fond 271, op. 1, d. 26

Rossijskij gosudarstvennyj istoričeskij archiv (Russländisches Historisches Staatsarchiv, Sankt Petersburg, RGIA)
Fond 20, op. 15, d. 149
Fond 22, op. 5, d. 272
Fond 23, op. 19, d. 357
Fond 23, op. 23, d. 171
Fond 23, op. 30, d. 7
Fond 23, op. 30, d. 38
Fond 23, op. 30, d. 39
Fond 23, op. 30, d. 41
Fond 37, op. 65, d. 2813
Fond 1263, op. 2, d. 5266 st. 309

Zeitschriften

Arbeyter shtimme
Der bund
Der yidishe arbeyter
Dvinskij listok
Poslednija izvestija
Rabočaja mysl'
Rabočee delo
Rabotnik

Literatur

Abezgauz, Z. E.: Rabočij klass Belorussii v načale XX v. (1900–1913 gg.), Minsk 1977.
Abramson, Henry: Two Jews, Three Opinions: Politics in the Shtetl at the Turn of the Twentieth Century, in: Katz, Steven T. (Hrsg.): The Shtetl. New Evaluations, New York 2007, S. 85–101.
Agurskij, Samuel: Očerki po istorii revoljucionnogo dviženija v Belorussii (1863–1917), Minsk 1928.
Avrich, Paul: The Russian Anarchists, Princeton 1967.
Baberowski, Jörg: Autokratie und Justiz. Zum Verhältnis von Rechtsstaatlichkeit und Rückständigkeit im ausgehenden Zarenreich 1864–1914, Frankfurt a. M. 1996.
Bartal, Israel: Geschichte der Juden im östlichen Europa 1772–1881, Göttingen 2010.
Baum, Charlotte: What Made Yetta Work? The Economic Role of Eastern European Jewish Women in the Family, in: Response: A Contemporary Jewish Review 18 (1973), S. 32–38.
Belorusskaja sovetskaja ėnciklopedija (Hrsg.): Grodno. Ėnciklopedičeskij Spravočnik, Minsk 1989.
Berman, Leybetshke [Leyb]: In loyf fun yorn. Zikhroynes fun a yidishn arbeter, 2. erweiterte Ausgabe, New York 1945.
Bič, M. O.: Razvitie social-demokratičeskogo dviženija v Belorussii v 1883–1903 gg., Minsk 1973.
Birnie, Arthur: Histoire économique de l'Europe (1760–1932), Paris 1932.
Blackwell, William L.: The Beginnings of Russian Industrialization 1800–1860, Princeton 1968.
Blackwell, William L.: The Industrialization of Russia. A Historical Perspective, 3. Auflage, Arlington Heights (IL) 1994.
Bobrowskaja, Cecilia: Die ersten 20 Jahre, Aufzeichnungen einer alten Bolschewikin, Zürich 1934.
Bohn, Ingrid: Finnland. Von den Anfängen bis zur Gegenwart, Regensburg 2005.
Boniece, Sally A.: The Spiridonova Case, 1906: Terror, Myth, and Martyrdom, in: Kritika: Explorations in Russian and Eurasian History 4, 3 (2003), S. 571–606.
Bonnell, Victoria E. (Hrsg.): The Russian Worker. Life and Labor under the Tsarist Regime, Berkeley 1983.
Bonnell, Victoria E.: Roots of Rebellion. Workers' Politics and Organization in St. Petersburg and Moscow, 1900–1914, Berkeley 1983.
Bonwetsch, Bernd: Die russische Revolution 1917. Eine Sozialgeschichte von der Bauernbefreiung 1861 bis zum Oktoberumsturz, Darmstadt 1991.
Borisova, Raisa: V ogne revoljucionnoj bor'by, Moskva 1957.
Bösch, Frank: Ereignisse, Performanz und Medien in historischer Perspektive, in: Bösch, Frank; Schmitdt, Patrick: Medialisierte Ereignisse: Performanz, Inszenierung und Medien seit dem 18. Jahrhundert, Frankfurt/New York 2010, S. 7–29.
Bovykin, V. I.; Borodkin, L. I.; Kiryanov, Y. I.: Strikes in Imperial Russia, 1895–1913: A Quantitative Analysis, in: Haimson, Leopold H.; Tilly, Charles (Hrsg.): Strikes,

Wars, and Revolutions in an International Perspective. Strike Waves in the Late Nineteenth and Early Twentieth Centuries, Cambridge 1989, S. 197–216.

Bovykin, V. I.; Kir'janov, Ju. I. [et al.] (Hrsg.): Rabočee dviženie v Rossii 1895 – fevral' 1917 g. Chronika, 10 Bde, Moskau 1992–2008.

Bowman, Linda: Moral Economies and Management at the Morozov Mills, 1885–1905, in: Social History 28, 3 (2003), S. 322–345.

Brinkman, Tobias: „Mit Ballin unterwegs". Jüdische Migranten aus Osteuropa im Transit durch Deutschland vor dem Ersten Weltkrieg, in: Aschkenas 10, 1 (2007), S. 75–96.

Broido, Eva: Wetterleuchten der Revolution, Berlin 1977.

Brower, Daniel R.: The Russian City between Tradition and Modernity, 1850–1900, Berkeley/Los Angeles 1990.

Brubaker, Rogers: Ethnicity without Groups, in: Archives européennes de Sociologie 43, 2 (2002), S. 163–189.

Buchbinder, N. A.: Istorija evrejskogo rabočego dviženija v Rossii. Po neizdannym archivnym materialam, Leningrad 1925.

Budnitskii, Oleg: The Jews and Revolution: Russian Perspectives, 1881–1918, in: East European Jewish Affairs 38 (2008), S. 321–334.

Burbank, Jane; von Hagen, Mark: Coming into the Territory: Uncertainty and Empire, in: Burbank, Jane; von Hagen, Mark; Remnev, Anatolyi (Hrsg.): Russian Empire. Space, People, Power, 1700–1930, Bloomington/Indianapolis 2007, S. 1–29.

Burds, Jeffrey: The Social Control of Peasant Labor in Russia: The Response of Village Communities to Labor Migration in the Central Industrial Region, 1861–1905, in: Kingston-Mann, Esther; Mixter, Timothy (Hrsg.): Peasant Economy, Culture, and Politics of European Russia, 1800–1019, Princeton 1991, S. 52–100.

Burghartz, Susanna: Historische Anthropologie/Mikrogeschichte, in: Eibach, Joachim; Lottes, Günther (Hrsg.): Kompass der Geschichtswissenschaft. Ein Handbuch, Göttingen 2002, S. 206–218.

Cilevič, L. M.; Volkovič, B. Z.; Fišil', A. C.: Evrei v Daugavpilse, istoričeskie očerki, Daugavpils 1993.

Crews, Robert: Empire and the Confessional State. Islam and Religious Politics in Nineteenth-Century Russia, in: The American Historical Review 108, 1 (2003), S. 50–83.

Davis-Kram, Harriet: The Story of the Sisters of the Bund, in: Contemporary Jewry 5, 2 (1980), S. 27–43.

Dejateli revoljucionnogo dviženija v Rossii, Bd. 5, Moskau 1931–1933.

Denz, Rebekka: Bundistinnen. Frauen im Allgemeinen Jüdischen Arbeiterbund („Bund") dargestellt anhand der jiddischen Biographiensammlung „Doires Bundistn", Potsdam 2009.

Der shtodt-magid. A-n ertsohlung fun yidishen leben, in: Tsherikover, E.; Menes, A.; Kurski, F.; Rozin, A. (Hrsg.): Historishe shriftn, Bd. 3: Di yidishe sotsialistishe bavegung biz der grindung fun „bund", Vilnius 1939, S. 721–730.

Diner, Dan (Hrsg.): Enzyklopädie jüdischer Geschichte und Kultur, Bd. 6, Stuttgart 2015.

Dohrn, Verena: Das Rabbinerseminar in Wilna (1847–1873). Zur Geschichte der ersten staatlichen höheren Schule für Juden im Russischen Reich, in: Jahrbücher für Geschichte Osteuropas 45, 3 (1997), S. 379–400.

Dohrn, Verena: Jüdische Eliten im Russischen Reich. Aufklärung und Integration im 19. Jahrhundert, Köln 2008.

Doklad o russkom socialdemokratičeskom dviženii meždunarodnomu socialističeskomu kongressu v Pariže 1900 g. Istorija Evrejskogo Rabočago dviženija v Rossii i Pol'še, Genf 1901.

Dokumenty i materialy po istorii Belorussii 1900–1917 gg., Bd. 3, Minsk 1953.

Dolbilov, Michajl; Miller, Aleksej (Hrsg.): Zapadnye okrainy Rossijskoj imperii, Moskau 2006.

Dolbilov, Michail: Russkij kraj, čužaja vera: ėtnokonfessional'naja politika imperii v Litve i Belorussii pri Aleksandre II, Moskau 2010.

Engel, Barbara A.: Between the Fields and the City. Women, Work, and Family in Russia, 1861–1914, Cambridge 1994.

Etkes, Immanuel: The Gaon of Vilna. The Man and his Image, Berkeley 2002.

Felix Schnell: Ordnungshüter auf Abwegen? Herrschaft und illegitime polizeiliche Gewalt in Moskau 1905–1914, Wiesbaden 2006.

Field, Daniel: Rebels in the Name of the Tsar, Boston 1976.

Fieseler, Beate: The Making of Russian Female Social Democrats, 1890–1917, in: International Review of Social History 34, 1 (1989), S. 187–226.

Fieseler, Beate: Frauen auf dem Weg in die Russische Sozialdemokratie, 1890–1917. Eine kollektive Biographie, Stuttgart 1995.

Fishman, David E.: The Rise of Modern Yiddish Culture, Pittsburgh 2005.

Frankel, Jonathan: Prophecy and Politics. Socialism, Nationalism, and Russian Jews, 1862–1917, Cambridge 1981.

Frankel, Jonathan: Crisis, Revolution, and Russian Jews, Cambridge 2009.

Gajdukevič, Iosif Iosifovič; Kren', Ivan Platonovič (Hrsg.): Očerki istorii profsojuzov grodnenščiny (1905–2005 gody), Grodno 2005.

Gatrell, Peter: The Tsarist Economy 1850–1917, London 1986.

Geertz, Clifford: Dichte Beschreibung. Beiträge zum Verstehen kultureller Systeme, 5. Auflage, Frankfurt a. M. 1997.

Gestwa, Klaus: Proto-Industrialisierung in Russland. Wirtschaft, Herrschaft und Kultur in Ivanovo und Pavlovo, 1741–1932, Göttingen 1999.

Getzler, Israel: Martov. A Political Biography of Russian Social Democrat, Cambridge/Melbourne 1967.

Geyer, Dietrich: Lenin in der russischen Sozialdemokratie. Die Arbeiterbewegung im Zarenreich als Organisationsproblem der revolutionären Intelligenz 1890–1903, Köln 1962.

Ginzburg, Abram Moiseevič: Načalnye šagi vitebskogo rabočego dviženija, in: Dimanštejn, S. (Hrsg.): Revoljucionnoe dviženie sredi evreev, Bd. 1, Moskau 1930, S. 100–126.

Gitelman, Zvi (Hrsg.): The Emergence of Modern Jewish Politics: Bundism and Zionism in Eastern Europe, Pittsburgh 2003.
Glenn, Susann A.: Daughters of the Shtetl. Life and Labor in the Immigrant Generation, Ithaca/ London 1990.
Glickman, Rose L.: Russian Factory Women. Workplaces and Society 1880–1914, Berkeley 1984.
Gožanskij, S.: A briv tsu di agitatorn, in: Tsherikover, E.; Menes, A.; Kurski, F.; Rozin, A. (Hrsg.): Historishe shriftn, Bd. 3: Di yidishe sotsialistishe bavegung biz der grindung fun „bund", Vilnius 1939, S. 626–648.
Gožanskij, Samuel: Evreiskoe rabočee dviženie načala 90-ch godov, in: Dimanštejn, S. (Hrsg.): Revoljucionnoe dviženie sredi evreev, Bd. 1, Moskau 1930, S. 81–93.
Grac, Ch. B. (Hrsg.): Ukazatel' fabrik i zavodov i nekotorych drugich zavedenij severozapadnogo kraja, carstva pol'slkogo, S.-Peterburga, Moskvy i Rigi, Vilnius 1895.
Gurvič, A. E.: Evreiskoe rabočee dviženie v Minske v 80-ch gg., in: Dimanštejn, S. (Hrsg.): Revoljucionnoe dviženie sredi evreev, Bd. 1, Moskau 1930, S. 33–64.
Gvozdev, Sergej [Klepikov, A. K.]: Zapiski fabričnogo inspektora (iz nabljudenij i praktiki v periode 1894–1908gg.), Moskau 1911.
Haberer, Erich: Jews and Revolution in Nineteenth-Century Russia, Cambridge 1995.
Hadar, Gila: Jewish Tobacco Workers in Salonika: Gender and Family in the Context of Social and Ethnic Strife, in: Buturović, Amila; Schick, İrvin Cemil (Hrsg.): Women in the Ottoman Balkans. Gender, Culture and History, London/New York 2007, S. 127–152.
Haimson, Leopold H.: Russian Workers' Political and Social Identities: The Role of Social Representations in the Interaction Between Members of the Labor Movement and the Social Democratic Intelligentsia, in: Zelnik, Reginald E. (Hrsg.): Workers and Intelligentsia in Late Imperial Russia: Realities, Representations, Reflections, Berkeley 1999, S. 145–171.
Happel, Jörn: Nomadische Lebenswelten und zarische Politik. Der Aufstand in Zentralasien 1916, Stuttgart 2010.
Harding, Neil: Lenin's Political Thought. Theory and Practice in the Democratic and Socialist Revolutions, Chicago 2009 [1983], S. 141–160.
Haumann, Heiko: Geschichte der Ostjuden, 5. aktualisierte und erweiterte Neuausgabe, München 1999.
Haumann, Heiko (Hrsg.): Luftmenschen und rebellische Töchter. Zum Wandel ostjüdischer Lebenswelten im 19. Jahrhundert, Köln 2003.
Haumann, Heiko: Geschichte Russlands, Zürich 2003.
Haumann, Heiko: Kommunikation im Schtetl. Eine Annäherung an jüdisches Leben in Osteuropa zwischen 1850 und 1930, in: ibid.: Lebenswelt und Geschichte. Zur Theorie und Praxis der Forschung, Wien/Köln/Weimar 2012, S. 419–442.
Heller, Klaus: Revolutionärer Sozialismus und nationale Frage. Das Problem des Nationalismus bei russischen und jüdischen Sozialdemokraten und Sozialrevolutionären im Russischen Reich bis zur Revolution 1905–1907, Frankfurt a. M. 1977.
Hertz, J. S. (Hrsg.): Doires Bundistn, 3 Bde, New York 1956–1968.

Hiebl, Ewald; Langthaler, Ernst: Einleitung: Im Kleinen das Große suchen. Mikrogeschichte in Theorie und Praxis, in: ibid. (Hrsg.): Im Kleinen das Große suchen. Mikrogeschichte in Theorie und Praxis, Innsbruck 2012, S. 7–21.

Hilbrenner, Anke: Diaspora-Nationalismus. Zur Geschichtskonstruktion Simon Dubnows, Göttingen 2007.

Hildermeier, Manfred: Die Russische Revolution 1905–1917, Frankfurt a. M. 1989.

Hildermeier, Manfred: Geschichte Russlands. Vom Mittelalter bis zur Oktoberrevolution, München 2013.

Hillyar, Anna; McDermid, Jane: Women and Work in Russia 1880–1930. A Study in Continuity Through Change, London 1998.

Hillyar, Anna; McDermid, Jane: Revolutionary Women in Russia, 1870–1917. A Study in Collective Biography, Manchester 2000.

Hirsch, Luise: Vom Schtetl in den Hörsaal: Jüdische Frauen und Kulturtransfer, Berlin 2010.

Hyman, Paula E.: East European Jewish Women in an Age of Transition, 1880–1930, in: Baskin, Judith R. (Hrsg.): Jewish Women in Historical Perspective, 2. Auflage, Detroit 1998, S. 270–286.

Hyman, Paula E.: Two Models of Modernization: The Jewish Women in the German and the Russian Empires, in: Frankel, Jonathan (Hrsg.): Jews and Gender: The Challenge to Hierarchy, New York 2000, S. 39–53.

Jacobs, Jack (Hrsg.): Jewish Politics in Eastern Europe. The Bund at 100, Basingstoke 2001.

Jakub, Z.: Gorod Daugavpils, chronologičeskij obzor 1275–2001, Daugavpils 2002.

Jewish Women: A Comprehensive Historical Encyclopedia, Jewish Women's Archive, <https://jwa.org/encyclopedia>.

Jordan, Stefan: Theorien und Methoden der Geschichtswissenschaft, Paderborn 2009.

Judge, Edward H.: Easter in Kishinev. Anatomy of a Pogrom, New York 1992.

Kappeler, Andreas: Russland als Vielvölkerreich. Entstehung, Geschichte, Zerfall, 2. um ein Nachwort ergänzte Auflage, München 2008.

Karipidi, Galina: OAO „Grodnenskaja tabačnaja fabrika Neman", 150 let stabil'nogo kačestva, Grodno 2011.

Karlip, Joshua M.: The Tragedy of a Generation. The Rise and Fall of Jewish Nationalism in Eastern Europe, Cambridge (MA) 2013.

Kassow, Samuel: The Historiography of the Bund, in: Polin. Studies in Polish Jewry 29 (2017), S. 121–140.

Kautsky, Karl: Der politische Massenstreik. Ein Beitrag zur Geschichte der Massenstreikdiskussionen innerhalb der deutschen Sozialdemokratie, Berlin 1914.

Kir'ianov, Iurii I.: The Mentality of the Workers of Russia at the Turn of the Twentieth Century, in: Zelnik, Reginald E. (Hrsg.): Workers and Intelligentsia in Late Imperial Russia: Realities, Representations, Reflections, Berkeley 1999, S. 77–101.

Klier, John D.: Imperial Russia's Jewish Question, 1855–1881, Cambridge 1995.

Klier, John D.: Russians, Jews and the Pogroms of 1881–1882, Cambridge 2011.

Kobrin, Rebecca: „The Murdered Hebrew Maidservant of East New York": Gender,

Class, and the Jewish Household in Eastern Europe and Its Diaspora, in: Kaplan, Marion A.; Moore, Deborah D. (hrgs.): Gender and Jewish History, Bloomington/Indianapolis 2011, S. 72–87.

Kopynskij, Z. Ju. (Hrsg.): Grodno (istoričeskij očerk), 2. aktualisierte und erweiterte Ausgabe, Minsk 1964.

Kovalevskij, G. T.: Ėkonomika Belorussii v ėpochu imperializma, Minsk 1963.

Kravtsov, Sergey; Levin, Vladimir; Mickūnaitė, Giedrė: Vilnius, in: Cohen-Mushlin, Aliza [et al.] (hrgs.): Synagogues in Lithuania. A Catalogue, Bd. 2, Vilnius 2012, S. 239–353.

Kremer A.; Martov, Yu.: On Agitation, in: Harding, Neil (Hrsg.): Marxism in Russia. Key Documents 1879–1906, Cambridge 1983, S. 192–205.

Kren', Ivan Platonovič (Hrsg.): Grodno. Istoriko-ėkonomičeskij očerk, Minsk 1988.

Laue, Theodore H. von: Factory Inspection under the „Witte System": 1892–1903, in: American Slavic and East European Review 19, 3 (1960), S. 347–362.

Lederhendler, Eli: Classless: On the Social Status of Jews in Russia and Eastern Europe in the Late Nineteenth Century, in: Comparative Studies in Society and History 50, 2 (2008), S. 509–534.

Levickij [Cederbaum], Vladimir Ossipovič: Za četvert' veka: revoljucionnye vospominanija, Moskva/Leningrad 1926–1927, Bd. 1/1 und 1/2.

Levin, Shmarya: The Arena, London 1932.

Levin, Vladimir: Synagogues in Lithuania. A Historical Overview, in: Cohen-Mushlin, Aliza [et al.] (Hrsg.): Synagogues in Lithuania. A Catalogue, Vilnius 2010, S. 17–41.

Litvak, A.: Die „zhargonishe komitetn", in: Royter pinkes. Tsu der geshikhte fun der yidisher arbeter-bavegung un sotsialistishe shtremungen bey yidn, Bd. 1, Warschau 1921, S. 5–30.

Litvinov-Falinskij, Vladimir Petrovič: Fabričnoe zakonodatel'stvo i fabričnaja inspekcija v Rossii, 2. korrigierte und erweiterte Ausgabe, Sankt Petersburg 1904.

Löwe, Heinz-Dietrich: The Tsars and the Jews. Reform, Reaction and Anti-Semitism in Imperial Russia, 1722–1917, Chur 1993.

Lüdtke, Alf: Arbeit, Arbeitserfahrungen und Arbeiterpolitik. Zum Perspektivenwandel in der historischen Forschung, in: ibid.: Eigen-Sinn. Fabrikalltag, Arbeitserfahrungen und Politik vom Kaiserreich bis in den Faschismus. Ergebnisse, Hamburg 1993, S. 351–440.

Lüdtke, Alf: Alltagsgeschichte, Mikro-Historie, historische Anthropologie, in: Goertz, Hans-Jürgen (Hrsg.): Geschichte. Ein Grundkurs, Reinbek bei Hamburg 2007, S. 628–649.

Luxemburg, Rosa: Organisationsfragen der russischen Sozialdemokratie (1904), in: ibid.: Gesammelte Werke, Bd. 1/2, Berlin 1970, S. 422–444.

Luxemburg, Rosa: Massenstreik, Partei und Gewerkschaften (1906), in: ibid.: Gesammelte Werke, Bd. 2, Berlin 1972, S. 91–170.

Marten-Finnis, Susanne: Vilna as a Centre of the Modern Jewish Press, 1840–1928, Bern 2004.

Martov, Julij: Zapiski social-demokrata, Moskau 2004.

Masé, Aline: Student Migration of Jews from Tsarist Russia to the Universities of Berne and Zurich, 1865–1914, in: Lewinsky, Tamar; Mayoraz Sandrine (Hrsg.): East European Jews in Switzerland, Berlin/Boston 2013, S. 99–121.

Masé, Aline: Naum Reichesberg (1867–1928). Sozialwissenschaftler im Dienst der Arbeiterklasse, Zürich 2019.

Mayoraz, Sandrine: Alexandra Kollontai, in: Degen, Bernard; Haumann, Heiko; Mäder, Ueli [et al.] (Hrsg.): Gegen den Krieg. Der Basler Friedenskongress 1912 und seine Aktualität, Basel 2012, S. 61–63.

Mayoraz, Sandrine: The Jewish Labor Bund in Switzerland, in: Lewinsky, Tamar; Mayoraz, Sandrine (Hrsg.): East European Jews in Switzerland, Berlin/Boston 2013, S. 54–76.

McDaniel, Tim: Autocracy, Capitalism, and Revolution in Russia, Berkeley 1988.

McDermid, Jane; Hillyar, Anna: Women and Work in Russia 1880–1930. A Study in Continuity through Change, London 1998.

McDermid, Jane; Hillyar, Anna: Midwives of the Revolution. Female Bolsheviks and Women Workers in 1917, Athens (OH) 1999.

Medem, Vladimir: Ma vie, Paris 1999.

Mendelsohn, Ezra: Jewish and Christian Workers in the Russian Pale of Settlement, in: Jewish Social Studies 30, 4 (1968), S. 243–251.

Mendelsohn Ezra: Class Struggle in the Pale. The Formative Years of the Jewish Workers' Movement in Tsarist Russia, Cambridge 1970.

Mikhalevitsh, B[eynish]: Erev Bund, in: Royter pinkes. Tsu der geshikhte fun der yidisher arbeter-bavegung un sotsialistishe shtremungen bei yidn, Bd. 1, Warschau 1921, S. 31–44.

Mill, John: Pionern un boyer: memuarn, New York 1946.

Miłosz, Czesław: Die Strassen von Wilna, München 1997.

Minczeles, Henri: Vilna, wilno, vilnius. La Jérusalem de Lituanie, Paris 1992.

Minczeles, Henri: Histoire générale du Bund, un mouvement révolutionnaire juif, Paris 1995.

Minczeles, Henri: Le mouvement ouvrier juif. Récit des origines, Paris 2010.

Minczeles, Henri; Plasseraud, Yves; Pourchier, Suzanne: Les Litvaks. L'héritage universel d'un monde juif disparu, Paris 2008.

Moon, David: The Abolition of Serfdom in Russia, 1762–1907, Harlow 2001.

Mullin, Richard: The Russian Social-Democratic Labour Party, 1899–1904. Documents of the „Economist" Opposition to Iskra and Early Menshevism, Leiden 2015.

Nathans, Benjamin: Beyond the Pale: The Jewish Encounter with Late Imperial Russia. Berkeley 2002.

Neumann, Daniela: Studentinnen aus dem Russischen Reich in der Schweiz (1867–1914), Zürich 1987.

Neutatz, Dietmar: Träume und Alpträume. Eine Geschichte Russlands im 20. Jahrhundert, München 2013.

Niger, Shmuel; Shatski, Yankev (Hrsg.): Leksikon fun nayer yidisher literatur, Bd. 1, New York 1956.

Norman, Davies: God's Playground. A History of Poland, Bd. 2, Oxford 1981.
Online-Lexikon zur Kultur und Geschichte der Deutschen im östlichen Europa, 2013, <ome-lexikon.uni-oldenburg.de>.
Parush, Iris: Reading Jewish Women. Marginality and Modernization in Nineteenth-Century Eastern European Jewish Society, Waltham (MA) 2004.
Pearl, Deborah: Creating a Culture of Revolution. Workers and the Revolutionary Movement in Late Imperial Russia, Bloomington 2015.
Peled, Yoav; Shafir, Gershon: Split Labor Market and the State. The Effect of Modernization on Jewish Industrial Workers in Tsarist Russia, in: American Journal of Sociology 92, 6 (1987), S. 1435–1460.
Pfiffner, Albert: Henri Nestlé (1814–1890). Vom Frankfurter Apothekergehilfen zum Schweizer Pionierunternehmer, Zürich 1993.
Pickhan, Gertrud: „Gegen den Strom". Der Allgemeine Jüdische Arbeiterbund „Bund" in Polen 1918–1939, Stuttgart/München 2001.
Pinsker, Leon: „Autoemanzipation!" ein Mahnruf an seine Stammesgenossen von einem russischen Juden, 6. Auflage, Berlin 1934.
Pipes, Richard: Social Democracy and the St. Petersburg Labor Movement 1885–1897, Cambridge (MA) 1967.
Pjatnizki, Ossip: Aufzeichnungen eines Bolschewiks. Erinnerungen aus den Jahren 1896–1917, Berlin 1972.
Polexe, Laura: Netzwerke und Freundschaft. Sozialdemokraten in Rumänien, Russland und der Schweiz an der Schwelle zum 20. Jahrhundert, Göttingen 2011.
Političeskaja katorga i ssylka. Biografičeskij spravočnik, Moskau 1930.
Političeskie dejateli Rossii 1917: Biografičeskij slovar', Moskau 1993.
Polonsky, Antony: The Jews in Poland and Russia, 3 Bd., Oxford 2009–2012.
Portal, Roger: The Industrialization of Russia, in: The Cambridge Economic History of Europe, Bd. 6/2, Cambridge 1966, S. 801–863.
Pospelow, P. N. [et al.] (Hrsg.): Geschichte der Kommunistischen Partei der Sowjetunion, Bd. 1: Die Gründung der bolschewistischen Partei 1883–1903, Moskau [ohne Datum].
Privovarčik, Sergej: Grodnenskie evrei: chronologija sobytij, in: Kemerov, M.; Pivovarčik, S. (Hrsg.): Evrei Grodno. Očerki istorii i kul'tury, Grodno 2000, S. 5–19.
Prochorov, A. M. (Hrsg.): Bol'šaja sovetskaja ėnciklopedija, 3. Auflage, Moskau 1970.
Puškareva, I. M.; Borodkin, L. I.; Glazunov, S. V. [et al.] (Hrsg.): Trudovye konflikty i rabočee dviženie v Rossii na rubeže XIX–XX vv., Sankt Petersburg 2011.
Puttkamer, Joachim von: Fabrikgesetzgebung in Russland vor 1905. Regierung und Unternehmerschaft beim Ausgleich ihrer Interessen in einer vorkonstitutionellen Ordnung, Köln/Weimar/Wien 1996.
Quataert, Donald: The Workers in Salonica 1850–1912, in: ibid.; Zürcher, Erik J. (Hrsg.): Workers and the Working Class in the Ottoman Empire and the Turkish Republic 1839–1950, London/New York 1995, S. 59–74.
Rabe, Volker: Der Widerspruch von Rechtsstaatlichkeit und strafender Verwaltung in Russland 1881–1917, Karlsruhe 1985.

Rabinovitch, Simon: Jewish Rights, National Rites: Nationalism and Autonomy in Late Imperial and Revolutionary Russia, Stanford 2014.

Rabow-Edling, Susanna: Married to the Empire. Three Governors' Wives in Russian America 1829–1864, Fairbanks 2015.

Raggam-Blesch, Michaela: Zwischen Ost und West. Identitätskonstruktionen jüdischer Frauen in Wien, Innsbruck 2008.

Reichman, Henry: The Rostov General Strike of 1902, in: Russian History 9, 1 (1982), S. 67–85.

Richers, Julia: Die Schweiz als Zufluchtsort und Wegbereiterin der Revolution, in: Deutsches Historisches Museum; Schweizerisches Nationalmuseum (Hrsg.): 1917 Revolution. Russland und die Folgen, Dresden 2017, S. 68–81.

Rindlisbacher, Stephan: Leben für die Sache. Vera Figner, Vera Zasulič und das radikale Milieu im späten Zarenreich, Wiesbaden 2014.

Robbins, Richard G. Jr.: The Ţsar's Viceroys. Russian Provincial Governors in the Last Years of the Empire, Ithaca/London 1987.

Rodkiewicz, Witold: Russian Nationality Policy in the Western Provinces of the Empire (1863–1905), Lublin 1998.

Rossijskaja Evrejskaja Ėnciklopedija, Moskau 1994.

Rule, John (Hrsg.): British Trade Unionism 1750–1850. The Formative Years, London 1988.

Ruppin, Arthur: Die russischen Juden nach der Volkszählung von 1897, in: Zeitschrift für Demographie und Statistik der Juden 2, 1 (Januar 1906), S. 1–6.

Rüthers, Monica: Frauenleben verändern sich, in: Haumann, Heiko: Luftmenschen und rebellische Töchter. Zum Wandel ostjüdischer Lebenswelten im 19. Jahrhundert, Köln 2003, S. 223–307.

Salin, Sandra: Women and Trade Unions in France. The Tobacco and Hat Industries, 1890–1914, Oxford 2014.

Schafroth, Anina; Hofer, Adrian; Happel, Jörn: Die Revolutionäre im Exil. Prägungen einer Generation, in: Haumann, Heiko (Hrsg.): Die Russische Revolution 1917, 2. überarbeitete und erweiterte Auflage, Köln/Weimar/Wien 2016, S. 55–72.

Schenk, F. Benjamin: Russlands Fahrt in die Moderne. Mobilität und sozialer Raum im Eisenbahnzeitalter, Stuttgart 2014.

Schick, David: Vertrauen, Religion, Ethnizität. Die Wirtschaftsnetzwerke jüdischer Unternehmer im späten Zarenreich, Göttingen 2017.

Schmidt, Christoph: Ständerecht und Ständeswechsel in Russland 1851–1897, Wiesbaden 1994.

Schneiderman, Jeremiah: Sergei Zubatov and Revolutionary Marxism. The Struggle for the Working Class in Russia, Ithaca/London 1976.

Schoeps, Julius H.: Pioneers of Zionism: Hess, Pinsker, Rülf. Messianism, Settlement Policy, and the Israeli-Palestinian Conflict, Berlin 2013.

Schulz, Heinrich E.; Urban, Paul K.; Lebed, Andrew I.: Who Was Who in the USSR. A Biographic Directory Containing 5'015 Biographies of Prominent Soviet Historical Personalities, Metuchen (NJ) 1972.

Shepherd, Naomi: A Price Below Rubies: Jewish Women as Rebels and Radicals, Cambridge (MA) 1993.

Shtakser, Inna: The Making of Jewish Revolutionaries in the Pale of Settlement. Community and Identity during the Revolution and Its Immediate Aftermath, 1905–1907, Basingstoke 2014.

Siennicka-Kondracka, Mariola: Private und öffentliche Aktivitäten von Frauen aus Warschauer Unternehmerfamilien (Ende 19./Anfang 20. Jahrhundert), in: Gebhard, Jörg; Lindner, Rainer; Pietrow-Ennker, Bianka (Hrsg.): Unternehmer im Russischen Reich. Sozialprofil, Symbolwelten, Integrationsstrategien im 19. und frühen 20. Jahrhundert, Osnabrück 2006, S. 91–107.

Sirot, Stéphane: La grève en France. Une histoire sociale (XIXe–XXe siècle), Paris 2002.

Sirot, Stéphane: Le syndicalisme, la politique et la grève. France et Europe, XIXe–XXe siècles, Nancy 2011.

Slezkine, Yuri: Das jüdische Jahrhundert, Göttingen 2006.

Sobolevskaja, Ol'ga: V Rossijskoj Imperii (1795–1915 gody), in: Kemerov, M.; Pivovarčik, S. (Hrsg.): Evrei Grodno. Očerki istorii i kul'tury, Grodno 2000, S. 21–46.

Sobolevskaja, Ol'ga: Grodnenskie evrei v ėkonomičeskij žizni goroda konca XIX veka, in: Rocznik Grodzieński 3, Grodno 2011, S. 76–96.

Solomon, Simon: Derinerungen fun der yidisher arbeter bavegung, New York 1952.

Spector, Shmuel; Wigoder, Geoffrey (Hrsg.): The Encyclopedia of Jewish Life Before and During the Holocaust, New York 2001.

Staliūnas, Darius: Between Russification and Divide and Rule: Russian Nationality Policy in the Western Borderlands in mid-19th Century, in: Jahrbücher für Geschichte Osteuropas 55, 3 (2007), S. 357–373.

Staliūnas, Darius: Enemies for a Day. Antisemitism and Anti-Jewish Violence in Lithuania under the Tsars, Budapest 2015.

Staliūnas, Darius: Poland or Russia? Lithuania on the Russian Mental Map, in: Staliūnas, Darius (Hrsg.): Spacial Concepts of Lithuania in the Long Nineteenth Century, Boston 2016, S. 23–95.

Stampfer, Shaul: Families, Rabbis and Education. Traditional Jewish Society in Nineteenth-Century Eastern Europe, Oxford 2010.

Stanislawski, Michael: For Whom Do I Toil? Judah Leib Gordon and the Crisis of Russian Jewry, Oxford 1988.

Steinberg, Mark D.: Moral Communities. The Culture of Class Relations in the Russian Printing Industry 1867–1907, Berkeley 1992.

Stern, Eliyahu: The Genius. Elijah of Vilna and the Making of Modern Judaism, New Haven 2013.

Surh, Gerald D.: The Petersburger Worker's Organization and the Politics of „Economism", 1900–1903, in: Zelnik, Reginald E. (Hrsg.): Workers and Intelligentsia in Late Imperial Russia: Realities, Representations, Reflections, Berkeley 1999, S. 116–144.

Suvorin, A. S. (Hrsg.): Vsja Rossija. Russkaja kniga promyšlennosti, torgovli, sel'skogo chozjajstva i administracii, adres-kalendar' Rossijskoj Imperii, [ohne Ort] 1895.

Tobias, Henry J.: The Jewish Bund in Russia. From its Origins to 1905, Stanford 1972.

Tokareva, S. N.: Policejskij nadzor v Rossijskoj Imperii, in: Voprosy istorii 6 (2009), S. 94–104.

Ulianova, Galina: Female Entrepreneurs in Nineteenth-Century Russia, London 2009.

Varzar, V. E. (Hrsg.): Spiski fabrik i zavodov Rossijskoj imperii, Sankt Petersburg 1903.

Vasilevskaja, Ol'ga (Hrsg.): Russkij Parižanin. Fotografii Petra Šumova, Moskau 2000.

Verhoeven, Claudia: Time of Terror, Terror of Time. On the Impatience of Russian Revolutionary Terrorism (Early 1860s – Early 1880s), in Jahrbücher für Geschichte Osteuropas 58, 2 (2010), S. 254–273.

Volodin, Andrej Jur'evič: Istorija fabričnoj inspekcii v Rossii 1882–1914 gg., Moskau 2009.

Weeks, Theodore R.: Defining Us and Them: Poles and Russians in the „Western Provinces", 1863–1914, in: Slavic Review 53, 1 (1994), S. 26–40.

Weeks, Theodore R.: Nation and State in Late Imperial Russia. Nationalism and Russification on the Western Frontier 1863–1914, DeKalb 1996.

Weeks, Theodore R.: Repräsentationen russischer Herrschaft in Vil'na: Rhetorik, Denkmäler und städtischer Wandel in einer Provinzhauptstadt (1864–1914), in: Baberowski, Jörg; Feest, David; Gumb, Christoph (Hrsg.): Imperiale Herrschaft in der Provinz. Repräsentationen politischer Macht im späten Zarenreich, Frankfurt/New York 2008, S. 121–144.

Weeks, Theodore R.: Jews and Others in Vilna-Wilno-Vilnius. Invisible Neighbors, 1831–1948, in: Bartov, Omer; Weitz, Eric D. (Hrsg.): Shatterzone of Empires. Coexistence and Violence in the German, Habsburg, Russian and Ottoman Borderlands, Bloomington/Indianapolis 2013, S. 81–99.

Weill, Claudie: Les cosmopolites. Socialisme et judéité en Russie (1897–1917), Paris 2004.

Weinstock, Nathan: Le pain de misère. Histoire du mouvement ouvrier juif en Europe, Bd. 1: L'Empire Russe jusqu'en 1914, Paris 1984.

Wildman, Allan K.: The Making of a Workers' Revolution. Russian Social Democracy, 1891–1903, Chicago 1967.

Wolff, Frank: Historiography on the General Jewish Labor Bund. Traditions, Tendencies and Expectations, in: Medaon, Magazin für Jüdisches Leben in Forschung und Bildung 3, 4 (2009), <http://www.medaon.de/de/artikel/historiography-on-the-general-jewish-labor-bund-traditions-tendencies-and-expectations/> [22.01.2018].

Wróbel, Piotr: From Conflict to Cooperation: the Bund and the Polish Socialist Party, 1897–1939, in: Jacobs, Jack (Hrsg.): Jewish Politics in Eastern Europe: The Bund at 100, Basingstoke/London 2001, S. 155–171.

Wynn, Charters: Workers, Strikes, and Pogroms. The Donbass-Dnepr Bend in Late Imperial Russia 1870–1905, Princeton 1992.

YIVO Encyclopedia of Jews in Eastern Europe, <http://www.yivoencyclopedia.org>.

Zelnik, Reginald E.: Labor and Society in Tsarist Russia. The Factory Workers of St. Petersburg 1855–1870, Stanford 1971.

Zelnik, Reginald E.: Law and Disorder on the Narova River. The Kreenholm Strike of 1872, Berkeley 1995.

Zimmerman, Joshua D.: Poles, Jews and the Politics of Nationality: The Bund and the Polish Socialist Party in Late Tsarist Russia, 1892–1914, Madison 2004.

Register